国/际/商/务/经/典/译/丛

国际贸易

第15版

托马斯·A·普格尔(Thomas A. Pugel) 著

赵曙东 沈艳枝 译

INTERNATIONAL TRADE

Fifteenth Edition

中国人民大学出版社

·北京·

出版说明

随着经济全球化的深入发展，国际贸易、投资和商务活动日益频繁，企业不可避免地要应对来自全球范围的更加激烈的竞争。与许多跨国公司相比，我国企业在国际化环境下成功运作的经验不足，国际化经营水平还比较低。更重要的是，我国国际商务专门人才极度短缺。

适应经济发展的要求，加速国际商务专门人才的培养和培训，已成为我国高等院校面临的紧迫任务。2010 年，经国务院学位委员会批准，在部分高校设立国际商务硕士专业学位；2012 年，教育部颁布了《普通高等学校本科专业目录（2012 年）》，将国际商务专业从目录外专业调整为基本专业。

顺应这一教育发展趋势，中国人民大学出版社在成功出版“工商管理经典译丛”的基础上，精心策划并适时推出了“国际商务经典译丛”（翻译版）和“国际商务经典教材”（英文版）两套丛书。丛书所选书目，都是国际知名教授所著的经典教材，经过长期教学实践检验，多次再版且畅销不衰，被许多国家的著名大学和专业经管院校采用，包括查尔斯·希尔的《国际商务》、托马斯·普格尔的《国际贸易》和《国际金融》、沃伦·基根的《全球营销》等。

在引进和出版这两套丛书的过程中，我们力图基于目前国际商务专业的核心课程，兼顾企业国际化经营的实际需要。我们希望，通过政府相关部门的大力支持，通过教育机构、高等院校对企业需求和学科发展的关注，通过学生在学习过程中的积极努力和反馈，以及通过像中国人民大学出版社这样一批职业出版人的不懈追求，最终促进我国管理教育国际化的发展、我国企业国际竞争力的提升以及具有全球视野的国际商务专门人才的成长。

愿我们出版的这两套丛书，能对读者在系统学习国际商务基本理论知识、改善自身国际商务实践、全面提升自己的英语表达和跨文化沟通能力等方面有所助益。

中国人民大学出版社

译者前言

美国国际经济学家托马斯·普格尔撰写的《国际经济学（第15版）》是非常经典的一本教材，包含国际贸易和国际金融两部分内容。为适应国内的教学需要，中国人民大学出版社决定将其翻译版分成《国际贸易》和《国际金融》两本书出版。呈现在读者面前的《国际贸易（第15版）》由原著第1～15章整合而成。

这本《国际经济学》自1953年初版以来，每隔5年左右修订一次，至今已经推出第15版。这本先后由三位著名的国际经济学家——麻省理工大学的查尔斯·金德尔伯格教授、加州大学的彼得·林德特教授、纽约大学的托马斯·普格尔教授——担纲编写的国际经济学教材，历经数十年的考验，已经成为深受世界各地高校欢迎的国际经济学教材之一。

自1985年上海译文出版社首次将彼得·林德特和查尔斯·金德尔伯格合著的《国际经济学（第7版）》引进我国以来，每当此书新版发行，我国总是有出版社及时地将其引进并翻译、介绍给国内各高校。因此《国际经济学》已经成为我国很多高校本科生、研究生以及MBA班的教材和主要参考书之一。

我们曾编译了《国际经济学》的第13版，同时也在教学实践中使用了这本教材，对其内容和编写风格比较熟悉。在翻译了第15版之后，我们更觉得它是我国高校国际经济学课程的理想教材之一。

第一，普格尔撰写的教材结构合理，表述清晰，深入浅出，可读性强。为了便于教学，每章开头和中间都有大量的快速导航，结尾处的本章小结将前面所讨论的重点内容做了整合，使学生能明确学习目标和主要内容。为了将学生的独立思考和教师的指导与启发结合起来，作者还在本书最后提供了部分习题的参考答案。

第二，普格尔是一位异常勤奋的学者。他及时更新了教材中的案例和内容，将风云突变的世界经济事件纳入教材，使国际经济学理论在日新月异的世界中依然生命之树长青。美国的金融危机、中国崛起对国际贸易和世界经济的影响、美国移民政策的争论……这些真实的案例，让学生感悟深刻，受益匪浅。

第三，与其他国际经济学教材相比，本书对贸易和环境的关系、垄断竞争和贸易、自愿出口限制的分析具有新颖性和独特性。

具体翻译分工如下：朱明珠（第1章）、许欣（第2～4章）、黄超（第5～7章）、张慧慧（第8～10章）、郑瑞娟（第11～13章）、赵梦成（第14～15章）。我和沈艳枝老师对全书进行了统校，沈艳枝老师还对最后的校稿进行了梳理和校对。

我在编译的《国际经济学（第13版）》后记中曾经说过，正如普格尔的《国际经济学》是对金德尔伯格、林德特的《国际经济学》的传承和发展一样，我们的翻译也是对这本《国际经济学》以前的中译本翻译者工作的传承和发展。因此在这里我们要对以前版本的中文译者表示感谢；同时，还要对中国人民大学出版社熊鲜菊编辑和其他编辑表示感谢，感谢他们为出版这本书所做的辛勤工作。在译校过程中，虽然我们如履薄冰、逐句推敲，但依然可能存在瑕疵和不妥之处，敬请同仁和读者指正。

赵曙东

前　言

国际贸易是国际经济学的重要组成部分。国际经济学是一门将令人激动的全球事件和深刻敏锐的经济分析合二为一的学科。当下我们正经历着如火如荼的第二次全球化浪潮，各国间的产品、资本和劳动力市场高度一体化。这场全球化浪潮大约始于 1950 年，并在 20 世纪 80 年代逐渐形成势头，已经持续了至少和第一次浪潮一样长的时间。第一次全球化浪潮始于 19 世纪 70 年代、结束于第一次世界大战（或可能是在 20 世纪 30 年代的大萧条开始之时）。

作为当前全球化进程的风向标，国际贸易、外国直接投资、跨境贷款和国际间接投资的增长速度远高于世界产出的增长速度。如今通过互联网和其他全球电子媒介，信息、数据乃至谣言都能迅速地在世界范围内传播。

随着世界更加一体化，国家之间也更加相互依赖。一国发生的事件和政策变化对其他国家的影响越来越大。公司在进行生产和产品开发决策时，要更加全面地考虑全球市场。

笔者编写和修订本书的目的是将全球事件和经济分析最佳地结合起来，培养读者理解全球经济发展和评估经济政策变化的能力。本书呈现了当前全球发生的最新事件和国际研究的最前沿。为了有助于学习，本书的原则是：

- 结合严密的经济分析与当今活跃且重要的经济政策问题；
- 写作简明精炼、可读性强；
- 在有助分析的情况下才使用经济学术语，不会为了使用术语而使用术语。

笔者在给本科生和硕士生教授国际经济学时，就遵循着这些原则。笔者也相信，将教学相长的心得纳入书中，必定使本书的读者受益匪浅。

时事和新案例

对笔者来说，将持续改变全球经济的最新事件和政策变化结合起来，并寻找全球化影响（包括正面和负面影响）的新案例，既是一个挑战也是一种荣幸。下面是本版中包含的一些当前和最近发生的事件和问题，它们为我们实际运用经济学分析提供了最新案例。

- 始于 2007 年的全球金融和经济危机动摇并重塑了全球经济。许多金融市场被“冻结”，危机的影响迅速蔓延至全球。世界经济陷入深度衰退中。在 2008 年年末和 2009 年，国际贸易、外国直接投资和其他国际资本流动急剧减少，但在 2010 年又出现了强劲复苏。
- 2009 年，为了应对激增的中国轮胎进口问题，美国总统奥巴马决定对由中国制造并出口至美国的汽车轮胎征收高额关税。

● 为了应对价格上升，印度等国减少了食品出口。中国因限制原材料的出口而面临违反世界贸易组织（WTO）规则的投诉。

● 韩国政府创新性地使用非关税壁垒来阻碍汽车进口，包括不寻常的产品标准，以及暗示购买外国汽车的韩国人更有可能面临税务审查。

● 2009 年，美国钢铁业提起 7 宗新的倾销诉讼案，大多数是针对来自中国的钢铁出口品，并更新了它使用了几十年的法律策略，以保护美国国内的钢铁业。

● 2010 年和 2011 年，WTO 发现欧盟对空中客车公司提供大量补贴，违反了 WTO 规则，同时也发现美国对波音公司提供了大量补贴，同样违反了 WTO 规则。

● 福特公司发现了如何规避美国对其在土耳其制造并销回美国的商务车征收高额关税的方法。福特公司给商务车安装后窗和后座，将它作为客车进口，一旦车辆运入美国，就拆除那些后窗和后座。

● 2008 年，世界石油价格飙升。快速发展中的亚洲国家对石油的需求不断上升，是导致油价上涨的主要原因。

● 移民仍然具有争议。美国的许多州，尤其是亚利桑那州，通过了针对移民的新法律。在其他国家，只要是反对移民的政党就能获得选票。

● 尽管在全球危机最严重的时候外汇市场有所下滑，但它的规模还是持续扩张。2010 年一种货币与另一种货币的交易量每天将近 4 万亿美元。从 2004 年以来，外汇交易量增加了一倍多。

● 在全球危机期间，乔治·索罗斯（George Soros）复出，指导量子对冲基金（Quantum hedge fund）获取巨额利润。

● 中国于 2010 年恢复人民币的逐渐升值。然而，中国经常项目顺差仍然很大，中国政府持有的国际储备不断增加。到 2011 年年中，中国的外汇储备已经超过 3 万亿美元。

● 2009 年，斯洛伐克加入欧元区；2011 年爱沙尼亚也加入了欧元区。欧盟中使用欧元作为其货币的国家数达到了 17 个。

● 2009 年国际货币基金组织（IMF）将其贷款能力增加至 7 500 亿美元，并且将大量新的特别提款权（SDR）分配给各成员国。为了应对全球经济危机及其后果，在 2008—2011 年间 IMF 对其成员国的未偿贷款几乎增加到 8 倍。

● 2008 年，冰岛银行的破产让人瞠目结舌。冰岛也成为 20 多年来第一个向 IMF 借款的工业化（或高收入）国家。

● 由于美国短期利率实际上已接近零，美联储（U. S. Federal Reserve）试图通过几轮量化宽松，采取扩张性货币政策，即美联储购买大量长期债券来推动美国经济。其他一些国家纷纷抱怨，这个政策将会给美元带来贬值压力。

● 财政政策危机席卷了希腊、爱尔兰和葡萄牙这三个欧元区的国家。每个国家都需要来自 IMF 和其他欧元区国家的一揽子救援计划。

● 由于众多的不确定性和恐慌，包括伴随的全球危机、欧洲财政危机和美国巨额财政赤字，黄金价格进入长期、快速的上涨通道。

● 2009 年，巴西用对资本流动征税的方式重新实施资本管制，试图限制外国人在巴西大量投资，因为这些资本流入会使巴西货币雷亚尔升值，带来许多宏观经济问题。

● 为了结束由失控的货币和财政政策引发的超级通货膨胀，津巴布韦在 2010 年实行了

"美元化"，在国内交易中废除本币而使用外币。

本书的改进：组织和主题

本部分中，笔者对本书的内容结构和专题讨论进行概要介绍并加以延伸。

● 始于2007年的全球金融和经济危机给世界经济带来深刻的影响。本版在各章之间穿插讲述了全球危机的原因和影响。危机起源见第1章的全球危机回顾部分。危机始于美国次级抵押贷款；随着这些贷款支持的资产损失，危机爆发；继而引发了2008年雷曼兄弟（Lehman Brothers）破产，危机恶化。然后笔者在新增的"全球危机"专栏中讨论了危机的其他重要方面。"全球危机"系列专栏与其他五个系列专栏，包括"聚焦中国"、"全球治理"、"关注劳动力"、"案例研究"及"扩展阅读"，构成六个系列专栏。在"全球危机"系列专栏中，考察了危机与国际贸易的关系。第2章的专栏描述了2008年年末和2009年国际贸易的萎缩。第9章的专栏讨论了国家领导人如何最大限度地避免对国际贸易施加新壁垒，以使全球避免遭受类似20世纪30年代大萧条中不断升级的保护主义对全球经济的损害。

● 中国作为全球经济的推动力量正在持续快速地发展。中国全球角色的展现，包括"聚焦中国"这个系列专栏，成为本书的亮点。在第1章中，我解释了中国政府汇率政策的新发展，包括随着全球危机愈演愈烈，中国在2008年重新固定人民币与美元之间的汇率，以及在2010年中国的汇率制度再次转向爬行钉住汇率制度，允许人民币逐渐升值。第9章的专栏讨论了中国越来越多地作为被告（违规者）或原告，参与WTO的争端解决程序。这个系列专栏也关注了中国在服务贸易领域和知识产权保护方面尚未完全履行其对WTO的承诺。第15章的专栏介绍了中国政府鼓励或限制外国直接投资进入的行业所发生的变化。

● 第6章关于产业内贸易和垄断竞争的各个小节进行了重新组织和编写，以使全文更紧凑流畅、更有逻辑性。关于产业内贸易的小节现在分为两个小部分："产业内贸易有多重要"和"产业内贸易的原因"，还把垄断竞争作为经济模型的章节简化为一个小节"垄断竞争和贸易"，其中分为四个小部分："无贸易的市场"，"开放自由贸易"，"贸易的基础"，"贸易收益"。文中正式的分析集中于市场层面。第6章新增了三张图：一张描述了没有贸易的国内市场；另一张描述了无贸易的两国市场，以及转向自由贸易后的世界市场；还有一张图则描述了两国间两种产品的自由贸易流动，以说明净贸易和产业内贸易效应。将对垄断竞争市场中单个公司的分析转入"扩展阅读"专栏。此外，对应于这一章关于垄断竞争和贸易的市场层面的分析，该章结尾也给出了新的习题。除此之外，笔者还对图表6—1增加了数值实例，将产量和总成本联系起来，通过平均成本降低从而形成规模经济。其中还增加了一些案例，以讨论垄断竞争中经济利润的损失和一些地区由于能获得大量外部规模经济，成为行业主要生产地点。

● 第9章也进行了大幅度的改动。笔者对"自愿出口限制"这一小节进行了改编以使内容更加紧凑，并将第14版中的自愿出口限制的例子从两个专栏合并成一个专栏；还精简了有关保护成本大小的描述，将重点放在分析上。更新了世界贸易组织中有关中国的专栏，还介绍了在全球金融与经济危机中抬头的保护主义，并在"本章小结"部分更新了进口配额分析。

● 本书的亮点仍然是对一系列贸易和贸易政策问题进行深入的分析。第 8 章的新增专栏考察了税收及其他限制政策对出口的经济影响，同时对进口关税的经济意义进行了类似的分析。这个新增专栏源于包括印度和中国在内的很多国家越来越多地使用出口限制政策。第 10 章关于糖政策的专栏援引了经济合作与发展组织（OECD）近期的研究成果，重新估算了美国糖政策所带来的成本和其他影响。第 3 章的专栏更新和扩展了各国劳动生产率和工资方面的数据。第 5 章则完全重新估算了国家的要素禀赋。第 6 章有关贸易的引力模型的专栏则说明了移民和产品双边贸易之间的联系。

● 第 13 章的贸易与环境是一个独特且强大的议题，一直吸引着许多同学的兴趣。本书引用了世界银行（WB）和联合国粮食与农业组织（Food and Agriculture Organization）的最新研究，对全球无效率的过度捕捞进行了成本估算。第 13 章也涉及了亚洲关于印度河和湄公河的跨界争端。

● 笔者使用了可获得的最新资料，更新了本书中图表和文字的数据和信息。在其他补充资料中，本书提供了以下方面的最新信息：美国、中国和日本特定产品的国际贸易数据；国家平均关税税率；倾销和补贴案例；人均国民收入的水平和增长率；初级大宗产品相对价格的趋势；外国直接投资的总模式和主要流入国模式；移入美国、加拿大和欧盟的移民率等。

格式和文风

笔者一直很注意保持本书文风简洁诚恳，这使本书在世界各地的课堂上都能取得巨大成功。每章开头和中间都有大量的快速导航。每章结尾处的小结将前面所讨论的内容做了整合。学生能获得这样的信号：“这是我们的目标；这是我们刚刚学过的内容。”书中使用项目符号和编号列表来增加本书的视觉吸引力，强调一系列的决定因素或影响，也努力让段落保持合理的长度，增加可读性。

笔者还将一些方法或数据进行排序。不可否认，笔者反复应用了一些经济学家强大的分析方法，但也不会过分吹嘘那些无助于增进常识的理论和概念。

为了便于学习，本书在格式上进行了微调。学生需要掌握国际经济学的语言，书中大多数有考试价值的术语用了黑体字，并且通常附有定义。每章结尾的资料中会包含这些关键术语。

每章（除了第 1 章）至少给出了 10 道习题。其中，标注为奇数的习题的答案附在本书结尾的资料中。同时，标注为奇数的习题用标记✦作为提示。

为了与正文区分，专栏使用了不同的字体和版式。这些专栏按照类型标注，涵盖了始于 2007 年的全球金融和经济危机、全球管理中 WTO 和 IMF 的角色、中国的国际贸易和投资、劳动力问题、案例研究和概念扩展。

补充资料

幻灯片

幻灯片中包含图表，使教与学都更便捷。

题库和 EZTest 在线测试程序

第 15 版的题库中包含 1 500 个题目。这个题库由佩斯大学（Pace University）的 Harvey Poniachek 进行更新扩展，为教师提供了大量的测试选项，包括多选、填空、配对、是非和简答题。

教师手册

教师手册由本书作者编写，包含章节回顾、教学建议和文中偶数题的参考答案。为增加灵活性，每章的小贴士也提供了作者对一些章节处理的想法和建议。

学习指南

学习指南由斯克利普斯学院（Scripps College）的 Kerry Odell 编写，与之前的版本是同一个作者，为学生提供资料和习题，以提升他们的学习效率。每章分为六个部分——本章目标、重要术语、热身问题、多选题、疑难问题和讨论主题。

网上测验

每章的小测验由南哥伦比亚大学（Columbia Southern University）的 Robert Allen 编写，强调每章重要的概念，帮助学生检查进度，而且提供答案，确保学生阅读理解正确，帮助学生复习考试。小测验也是在课前温习重要知识的极佳方法。

课程网站

所有更新的补充资料都能在网站上获得。网站分为教师门户和学生门户，并且提供了大量与特定的群体相适应的学习工具。请访问 www. mhhe. com/pugel15e，获取这些补充资料。

学生：

- 学习指南；
- 幻灯片下载；
- 全书术语表；
- 每章测验。

教师：

- 教师手册下载；
- 幻灯片下载；
- EZTest 在线测试程序；
- 学生部分的所有资料。

目　录

第1章 国际经济学的特殊性

国家不同于地区或家庭。国家拥有最高统治权，这意味着没有一个全球性的中央法院可以凭借全球警察的力量把自己的意志强加到某一个国家之上。作为一个主权国家，可以在本国公民和外部世界之间设置各种各样的壁垒。然而，一个地区或家庭却必须面对这样一个政治现实，即同一个国家中的某些人可以通过选举取得政治地位，进而可以推行强制性的政策或征税。地区或家庭不得不对拥有政治发言权的人妥协。而国家则不会面临如此强大且需要妥协的压力，因此常常会无视其他国家的利益。而且，国家可以采用一些地区很少使用、家庭无权使用的政策工具，比如国家可以拥有自己的货币、设置对外贸易壁垒、制定政府税收和财政支出以及制定自己的公民权和居留权法律。

只要存在国家，国际经济学就将成为独立于其他经济学的分析体系。国际经济学的特殊性使它既迷人，又扑朔迷离。下面首先介绍为本书提供讨论框架的四大有争议的国际经济的新发展。

1.1 四大争议

1.1.1 汽车轮胎的进口

2004 年，美国在汽车和轻型卡车上使用了 3.07 亿个新轮胎，其中 1.94 亿个轮胎（占所有轮胎的 63%）是美国自产的。2008 年，美国投入使用的新轮胎下降到 2.76 亿个。其中发生的巨大变化是，在这些新轮胎中，美国自产的轮胎比例下降至 50%（仅为 1.37 亿个）。还有什么不同呢？美国正在更多地使用从国外进口的轮胎。从 2004 年到 2008 年，美国进口轮胎的数量增加了 2 600 万个。而且，新增进口轮胎基本上来自中国。这一数字从 2004 年的 1 500 万个上升到 2008 年的 4 600 万个。

在美国，这种轮胎进口数量的激增颇具争议。美国轮胎产量的减少以及进口的激增，导致大量轮胎制造业的美国工人失业。轮胎制造业的就业人数从 2004 年的 35 000 人下降至 2008 年的 31 000 人。2006 年到 2007 年，四家美国轮胎厂倒闭。

美国轮胎业的工人中几乎有一半加入了美国钢铁工人联合会（United Steel Workers Union）。美国钢铁工人联合会找到了一个反击从中国进口的方法。2001 年，中国在加入 WTO 时接受的一个条款是，如果从中国进口品的激增给他国产业带来实质性伤害，他国可以对其强行实施临时性壁垒（或称为保护措施）。

2009 年 4 月，美国钢铁工人联合会向美国政府递交申请书。美国国际贸易委员会（ITC）经过调查得出结论：从中国进口的轮胎数激增，损害了美国轮胎产业。至于应该采取何种应对措施，最后的决定取决于美国总统。美国国际贸易委员会向美国总统奥巴马建议对中国轮胎征收巨幅附加关税，第一年 55%，第二年 45%，第三年 35%。（这些专门针对中国的关税是在美国进口轮胎标准关税 4%的基础上附加的关税。）

如果你是美国总统，你会怎么做？到目前为止，所有的一切听起来都非常简单，遵循法律即可。你有法律以及相关的法律程序可以遵循，而且事实也与法律要求相吻合。在美国有一些群体（轮胎生产厂商和工人）受到了损害，显然，这种痛苦将要转移到他国（中国）出口商那里。因此，从美国的立场来看，有什么可争议的呢？

以下就是争议。作为总统，你应该考虑美国整体的利益，而此时你还未考虑美国另外一些群体的利益。最重要的是，轮胎使用者会怎么样？大部分进口轮胎是作为数百万辆使用中的汽车和轻型卡车的备胎使用的。作为总统，如果你征收关税，那么在美国，中国制造的轮胎的价格将会上升，而且与中国制造的轮胎相竞争的其他轮胎的价格也会上升。美国的轮胎消费者将要为备胎支付更高的价格，所以他们的境况会变得更差。

作为总统，你必须权衡所有这些问题甚至更多的问题。通过学习国际经济学，你将知道部分答案。正如本书第Ⅱ篇所示，一般来说，提高关税对国内消费者的损害要比国内生产者的收益（包括工人的收益）大。而且，虽然有一些例外情况，但是提高关税通常会使一国失去一些福利，即便算上政府从关税中得到的收益也是如此。

不管你想采取什么措施，我们知道在 2009 年 9 月，奥巴马决定对进口的中国轮胎征收关税，尽管税率比国际贸易委员会建议的要低一些——第一年 35%，第二年 30%，第三年 25%，但这一税率仍然很高。因为美国钢铁工人联合会是他竞选时主要的支持者。这个案例的结论是，政治打败了经济学。

那么，在他征收关税后发生了什么？政治虽然可能打败了经济学，但不能废除经济学。在更高的关税开始生效后的 9 个月，尽管当时美国对轮胎的总体需求是上升的，但从中国进口的轮胎依然减少了大约 40%。轮胎批发价上涨了大约 25%。（在美国，中国轮胎的价格并没有以关税的幅度全额上升，这是因为中国制造商为了不失去美国市场而承受了部分关税。这就是本书第 8 章的大国案例。）美国消费者在轮胎上多花费了数百万美元，而这些钱原本可以用于购买其他物品。备胎价格的提高使得美国司机选择延长旧轮胎的使用时间。这是本书第Ⅱ篇考察的关税导致国家经济无效率的一部分。在这个例子中，使用陈旧、不安全的轮胎行驶越长时间，意味着发生意外事故的风险越大。

如果关税给美国轮胎制造商和工人带来了好处，也许这些代价都是值得的。但现在，政策所引发的国际形势变得更加有趣。大部分中国轮胎是能满足基本使用需求的标准轮胎。由于 2009 年以后，美国轮胎制造商已经基本放弃生产这种轮胎，随着中国轮胎的进口量下降，同时美国又没能及时扩大低端轮胎的产量，使得美国从韩国、印度尼西亚和泰国进口的轮胎数量几乎翻倍。

除了这些，中国轮胎制造商受到的损害也是显而易见的。因此，在此次事件中，中国如何应对也是非常有争议的。中国政府以两种方式做出反应。首先，中国政府向WTO投诉美国违反了WTO的规则。正如第9章将讨论的，WTO的一个重要功能是解决争端。2010年年末，WTO裁定美国政府专门针对中国征收保护关税是符合WTO规则的。我们注意到，有些事情可能是符合WTO规则的，然而却不是明智的经济学。

中国政府的另一个反应就更有争议了。似乎中国政府要对美国向中国的出口品采取类似方式来表达不满。中国政府对美国公司是否倾销鸡肉和汽车零部件、美国政府是否对这些产品的出口进行补贴发起调查。（第11章分析了倾销和出口补贴。）不久后，中国便对美国这些出口品征收大额关税，比如，对美国进口鸡肉征收超过50%的关税。一位美国的贸易官员说，美国有理由对这种看似报复的行为做出反击。这是一场可能会造成贸易战的博弈，给双方都带来巨大损失。幸运的是，它并没有升级。

从中国进口轮胎说明了为什么国际经济学具有特殊性。消费者会寻找物美价廉的产品，但是当他们转向购买更多的外国进口品时，就变成了颇具争议的政治问题。国家政府官员有权颁布政策以限制诸如进口等国际交易。如果整个世界就是一个国家，那么是否改变购买选择的问题可以交给市场。在一个国家内部，通常不允许限制某一地区与另一地区进行贸易往来。但是事实上，当这个世界被分成不同的国家时，每个国家都有自己的政策。

总体来说，美国经济很可能从不断增加的中国轮胎进口中受益，因为美国人可以用低成本的中国轮胎代替高成本的轮胎。这就是本书第Ⅰ篇讨论的话题，即在国际贸易中的比较优势的基础上获益。同时，我们也对由于进口增加而失去工作的轮胎工人表示同情。如果对进口设置更多障碍不是帮助这些工人的最好办法，那么我们应该考虑其他可能的方法。其中一个方案是贸易调整援助计划，第10章将对其有更深入的讨论。

1.1.2　移民

全世界大约有3%的人口即2亿人居住在出生地以外的国家。对于大多数工业化国家（除了日本），国外出生的人口占该国人口的比例相当高——美国和瑞典为14%，加拿大为20%，英国为11%，澳大利亚为25%——这些比例还在上升。他们中很多都是非法移民——对美国来说，非法移民大约占总移民人数的1/3。在某种程度上，移民的增加引发了强烈的反应。

2007年，美国国会（U. S. Congress）否决了一项对美国移民政策进行全面改革的法案。这项法案得到美国总统布什和许多国会领导人的支持，将向受过良好教育、技能水平更高的新移民倾斜，包括建立一项新的临时客工计划，加强雇主对雇员合法地位的审核，在美国和墨西哥边界设立障碍、增加新的边界防护，以及对非法移民获得合法身份设置复杂的程序。然而由于美国不同群体提出抗议，包括一些保守人士加入反对者行列，认为法案后面的附加条款是令人无法接受的大赦，对这项法案的支持力量最后土崩瓦解了。

在联邦法律没有发生变化的情况下，近几年来各州颁布了数百部关于移民的法案。其中许多法律加强了对非法移民的防备。例如，从2004年开始，亚利桑那州通过了一系列的法令阻止政府对非法移民的帮助（联邦法律明确要求帮助的除外）：如果一家公司雇用非法移民，就取消其做生意的权利；判定一个正在寻找或拥有工作的非法移民有罪；要求移民随身携带登记文件；警察有权检查任何一个他们怀疑是非法移民的人员的身份证明。后面几条存在鼓励种族歧视的可能性。凤凰城的警长对逮捕非法移民尤其显得咄咄逼人。

在其他国家，反移民的言论和行为在不断升级。法国总统萨科齐坚定地反移民，并在2007年赢得了大选。丹麦、瑞士和挪威的选举人都倾向于承诺减少、限制移民的候选人。在2010年澳大利亚的选举中，两大主要政党中，其中一党的领导者是移民，另一党的领导者的父母是出生在外国的澳大利亚人。然而，社会舆论迫使两位领导者承诺收紧移民政策、大幅减少移民。

移民的反对者们强调他们确信是移民引发了一系列问题，包括总体经济损失，移民占用政府服务（如医疗保健和教育）而引起的财政负担，移民融入新的国家对其文化、价值观和语言的影响，犯罪率上升以及一些移民和恐怖主义有关。我们应该怎样理解这些反对者的言论？大多数移民是为了获得比他们在祖国更好待遇的工作而移民的，所以，考察经济效应很重要。

那么，移民对移入国的经济会带来多少损害呢？国际经济学的分析可以帮助我们不被情感左右而客观透彻地思考这个问题。有鉴于移民反对者们群情激奋，问题的答案可能很令人惊讶。

正如我们将在第15章进行的深入分析，这种求职移民不仅给移民者，而且给移入国总体带来了净经济效益。基本分析表明，在移入国中存在赢家和输家。赢家包括雇用移民的公司和购买由移民生产的产品的消费者。输家是与移民竞争工作岗位的工人。例如，在工业化国家，低技能工人的实际工资会被从发展中国家流入的低技能工人压低。综合以上所有因素进行分析，就会发现移入国的净效应为正——赢家获得的收益比输家蒙受的损失要多。

承认这种净经济效益是很重要的，但是只要存在国家界限，对移民问题的争议就会存在。国家政府有能力对移民强加限制，而且很多国家都这么做了。如果国家政策对合法移民进行严格限制，那么一些移民就会非法移入该国。合法和非法的移民都给全球经济福利带来了收益，但是从社会和政治的角度看，它们饱受争议。

1.1.3 中国的汇率

汇率是一国货币换算成其他国家货币的价值。汇率往往是争议的来源。近几年最引人关注的争议是对中国货币（也称为人民币）的汇率值的争议。

1994年，中国的汇率体系从汇率双轨制，转变为非官方但明显是钉住美元的固定汇率制度。事实上，从1997年到2005年，人民币汇率一直锁定在大约8.28元兑1美元。在1997—1998年的亚洲金融危机中，美国政府赞扬中国政府的固定汇率制度是稳定经济的磐石。

然而，到了2003年，美国政府开始批评中国的固定汇率政策，认为是实际上"让人不能接受的货币操控"。2004年，美国对中国的贸易赤字（进口超过出口的数额）达到1 610亿美元，占了美国对全球贸易赤字6 090亿美元中相当大的一部分。这些赤字在2005年甚至更高，因此来自美国政府的压力也更大。美国国会提出法案威胁要进行报复：除非中国政府对人民币进行大幅升值，否则美国将对从中国进口的货物征收高额关税。由于欧盟对中国同样有大量贸易赤字，它也对中国政府施加很大压力，要求对人民币重新估值。

保持人民币汇率稳定就是操纵汇率吗？这里的言下之意是，人民币汇率应当改变却没有改变。依据是什么呢？最基本的依据是，尤其是在2001年之后，中国政府不得不持续在外汇市场购买美元出售人民币，以保持市场上的汇率与固定汇率相符。如果它不这样做，对人民币强烈的私人需求会导致人民币价格（汇率）上升。（同样，为获得人民币而出售的大量美元，导致美元相对于人民币贬值。）

有迹象表明，中国货币的汇率太低，但是低多少？经济学家对人民币被低估的幅度做出了各种各样的估算，大部分在15%～40%的范围。即便对专家来说，做这样的估计也是很有挑战性的。

第一，尽管中国对美国和欧盟有巨额的贸易顺差，但是它对其他许多国家却是贸易逆差，包括韩国、泰国、菲律宾、澳大利亚、俄罗斯、日本和巴西。总的来说中国的贸易是顺差。尽管顺差在不断增长，但在2004年时顺差并不那么大。

第二，中国有极高的国民储蓄率。对于一个典型的发展中国家来说，低储蓄率通常会导致贸易赤字，但是中国并非如此。所以中国的贸易顺差也是有一定经济原因的。

第三，随着迫使人民币升值的压力日益剧增，私人投机者开始把"热钱"转移到中国，希望在人民币升值时获益。中国政府对美元的购买中很大一部分就是用来购买这种热钱，而一旦投机者认为游戏结束，热钱就会倒流回去。

中国政府对国外施压要求其改变汇率政策抵制了好多年。与美元挂钩的固定汇率制使中国经济运行良好。中国政府不愿意屈服于外国的压力，并重复申明，中国会独立自主地做出适合中国经济发展的汇率决策。

然后，在2005年7月21日，中国政府宣告并且执行了一系列针对人民币汇率调整的政策。人民币汇率从1美元兑8.28元升值到8.11元，升值了2.1%。（是的，这看起来确实很奇怪，更小的数字表明人民币更加值钱了。欢迎来到有时会令人困惑的外汇世界。正如所说的，这个数字显示了美元的贬值，同时也就是人民币的升值。）从那以后，中国政府采用了所谓的"爬行钉住汇率制度"，即政府允许汇率发生细微的日常浮动，且在长时间内发生缓慢的、严格控制的浮动。截止到2008年7月，人民币一共升值了约21%，到1美元兑换6.83元。但由于中国政府担心不断恶化的全球金融和经济危机（将在下一部分讨论），所以决定回归与美元挂钩的较为稳定的固定汇率制。在将近两年的时间里，人民币一直保持在大约6.83元兑1美元。

中国持续保持贸易顺差，外国投资也在不断涌入中国。在外汇市场上，为阻止人民币升值，中国不断买入美元、卖出人民币进行干预，增加对美元的官方国际储备资产的持有。在2001年年初，中国政府持有的以外币计值的金融投资和类似的资产为1 680亿美元；2005年中期增加到7 150亿美元；到2010年中期，达到了2.47万亿美元。

随着世界经济从最严重的全球危机中逐渐复苏，美国和其他国家重新开始对中国施压，要求人民币升值。尽管估算的方式千差万别，但许多分析家认为，人民币仍然被低估了约15%～30%。2010年6月18日，中国政府恢复对人民币的缓慢升值，次年人民币对美元升值了5%多一点。

尽管外国的压力可能会有些效果，但是中国政府恢复对人民币升值的最重要原因是中国国内经济状况发生了改变。政府在外汇市场上买入美元进行干预，同时也在卖出人民币。中国的人民币供给增长太快，刺激了国内的借贷和支出，所以给通货膨胀带来了上升的压力。考虑到这些情况，人民币升值至少可以通过三个渠道帮助中国政府把国内经济治理得更好。第一，它降低了中国进口商品的价格，因此减少了通胀压力；第二，它放缓了中国出口，消除了对资源和产品价格的部分需求压力；第三，它减少了必须干预外汇市场的人民币数额，减轻了中国国内货币供给增长的压力。

由于外汇干预持续进行，截止到 2011 年 3 月，中国官方国际储备已经达到了让人震惊的 3 万亿美元之巨，所以在 2011 年中期，对中国汇率的国际争议依然热火朝天。很显然，对中国汇率政策的争议，说明一个国家的政策决定对其他国家有溢出效应。汇率是影响国际货物和服务贸易以及国际资本流动的一种重要价格。

1.1.4　全球金融与经济危机

2004—2007 年，世界产出和实际收入以一个健康的、大约 4%～5%的年增长率增长。大多数国家的通货膨胀率都较低，且就业情况良好。一个看起来如此稳定的全球宏观经济是如何迅速陷入自 20 世纪 30 年代大萧条以来最严重的全球金融与经济危机的呢？

这一事件始于美国。由于美国经济的强劲增长和低通胀率，美国采取了扩张性的货币政策。利率也维持在适度水平，并且几乎不存在风险定价。在这样的经济环境中，许多金融机构、企业、家庭和政府，都愿意承担新的债务，包括贷款和发行债务证券。美国未偿还的债务与其国内生产总值（GDP）的比率从 2002 年的 299%增加到 2007 年的 357%。银行和其他金融机构都乐意借款给企业和家庭。银行不断地把这些贷款打包成资产抵押债券（asset-backed security），出售给全世界的投资者，并且这些资产抵押债券经常被拆分成好几块，因此，最高等级的那一部分就显得风险很低。美国的住房价格开始上涨，从 2002 年开始每年大约上涨 13%，并在 2006 年 4 月达到顶峰。美国正处于一个信贷热潮之中，其中一个表现就是房地产泡沫。

2007 年，危机的第一个迹象出现了。更多的面向高风险借款者的次级抵押贷款开始违约。这些抵押贷款支持证券的亏损越来越大。同年 8 月，当法国巴黎银行（BNP Paribas）宣布不能为这些共同基金的美国次级抵押贷款资产进行估值，并暂停赎回它的三个共同基金时，人们清醒地意识到要出问题了。这一冲击在金融部门内敲响了一记警钟。金融盛宴曲终人散，危机正在到来。银行和其他投资者马上开始怀疑其他金融机构是否亏损，因为它们也持有不良资产。银行之间也不愿意向对方贷款——每个银行都想加强自己的流动性，而不愿承担给其他银行的贷款得不到偿还的风险。投资者开始谨慎购买资产抵押商业票据。资产抵押商业票据是一种短期债务证券，并且随着新发行量直线下降，市场也陷入低潮。更为普遍的是，银行加强了新贷款的标准。美国的股票价格在 10 月达到最高值。12 月，美国经济开始出现衰退，尽管一开始它还表现得很温和。到 2008 年年初，抵押贷款支持金融证券的损失总额达到约 5 000 亿美元。

在危机的第一阶段，主要问题似乎是银行和其他金融机构难以融资。信贷热潮已经转变成信贷紧缩。美联储和其他中央银行还是像往常一样地做出反应，采用货币政策以试图稳定金融部门和整个经济。2007 年 8 月，美联储开始逐渐降低利率，但是银行和投资者仍然不愿意贷款和投资。因此，在 12 月，美联储不得不采取更多措施。它引进了两个不同寻常的项目来增加额外的流动性。首先，它开始运用定期拍卖工具*（term auction facility，TAF）向银行拍卖资金，以解决银行不愿采用传统的贴

* 定期拍卖工具是美联储在 2007 年 12 月推出的救市手段，用以舒缓银行资金周转的紧张情况。定期拍卖工具所拍卖的是短期美元贷款，其操作与央行惯用的货币政策公开市场操作相似。定期拍卖工具的具体操作为：需要资金周转的银行，可在美联储设定的拍卖期内，以暗投形式竞投贷款利率，当宣布结果后，中标银行需根据其获批贷款的额度，向美联储提交金融抵押品。当局会依照抵押品市值作出折让计算最终贷款额度。如果在贷款期间抵押品市值下降，美联储有机会向银行追收额外抵押品，以符合贷款要求。——译者注

息贷款方式向美联储借款的问题。其次，它与欧洲中央银行和瑞士中央银行开展外国中央银行流动性互换业务。外国中央银行可以利用互换来获得美元，然后借给它们国内自己的银行。通常情况下，原来这些银行难以通过正常的银行间借贷来获得美元。

尽管这些中央银行的行为具有一些积极效应，金融市场的情况却依然没有好转。2008年3月，贝尔斯登投资银行（Bear Stearns）无法获取短期资金，幸亏纽约联邦储备银行（New York Federal Reserve Bank）安排JP摩根大通（J. P. Morgan Chase）去收购它，它才避免了破产。

9月15日，当雷曼兄弟破产时，一切都发生了改变。这一冲击使整个世界进入全球危机的第二阶段，并且是更为严重的阶段。情况瞬息万变。主要储备基金（Reserve Primary Fund）是一只货币市场基金，它大量投资于由雷曼兄弟发行的债务。9月16日，当大量储户恐慌地赎回他们的资金时，主要储备基金跌破面值，支付给储户的回报低于当时承诺的每股1美元。陷入恐慌的储户随后从其他货币市场基金中抽离资金。这些基金清偿了投资后，也导致了随后的紧缩效应。作为短期资金重要来源的商业票据市场也遭到冻结。同样是在9月16日，发行了大量的信用违约掉期而手上又没有足够的资金用来偿还的保险公司美国国际集团（AIG），靠着美联储的850亿美元的贷款才免于破产。

其实早在雷曼兄弟破产之前，金融机构之间就已经不愿意相互借贷。需要资金的金融机构试图变卖其资产，但是这样的资产甩卖只会使资产价格下降得更快。金融市场的冻结和借贷的停滞加深了美国的衰退，并且这一衰退迅速演变成全球性的衰退。在2008年年末至2009年年初的6个月时间内，世界实际GDP萎缩了大约6%。

中央银行为应对金融和经济崩溃做出了勇敢的努力。从2008年9月中旬至11月，美联储的资产不止翻了一番。美联储购买了大量金融资产，以向特定的金融市场（包括商业票据和资产抵押债券）以及特定的金融机构（不仅包括美国国际集团，还包括一级交易商和货币市场基金）提供支持。美联储也大力扩展了与外国中央银行的流动性互换，增加了可用的流动性和互惠额度，首先与日本、英格兰和加拿大的中央银行达成协议，接着又与澳大利亚、瑞典、挪威、丹麦、新西兰、巴西、墨西哥、韩国和新加坡的中央银行达成协议。然后，从2008年年末开始，当美联储的其他资产储量开始下降时，它又购买了大量与抵押相关的债券，对美国萧条的房地产部门提供支持。从2006年4月到2009年4月，美国的房价平均以每年约12%的速度下降，新建设量也出现暴跌。

金融市场从2009年年初开始恢复，到2009年年末，大多已运转良好。美国的股票价格于2009年3月到达谷底，然后在接下来的一年内上涨超过50%。美国的衰退也于2009年6月结束，但是货物和服务市场的恢复远比金融市场的恢复缓慢得多。（许多发展中国家，包括中国，恢复得更快。2010年，世界实际GDP的增长率超过了4%。）

美国次级抵押贷款的损失是如何演变成一场巨大的全球金融与经济危机的？金融部门的一个小小的部分是如何做到的？在这里我们看到了全球化的一个消极影响。全球化是不断实现跨国界的产品、资本与劳动力市场一体化的过程。正如我们将在全书中看到的，在许多方面，全球化是一种积极的推动力量。它可以促进稀缺资源更有效的利用，提高人们的生活水平。但是，它也会推动负面冲击的扩散。

从始于2007年的全球危机中，我们可以通过跨国界的金融投资直接看出国家之间联系的作用。2007年，投资于美国抵押债券的欧洲金融机构遭受了巨大损失。而且，由于借贷意愿的降低，资产甩卖使其价值下降得更多，损失效应被放大。货物和服务的国际贸易的变化也会传播负面冲击。2008 年年末，随着雷曼兄弟的破产，金融市场和借贷遭受冻结，美国和其他许多国家陷入了更深的衰退之中。随着这些国家的产出和收入的下降，其进口量也下降了。（我们在第 2 章将考察国际贸易的崩溃。）进口减少意味着其他国家出口的减少，因而它们的衰退也加深了。即便像中国这样的金融系统具有韧性的国家也受到出口减少的损失。

最后一个有争议的问题是国家政府是否能够或者应当试图协调它们的宏观经济政策。从始于 2007 年的全球危机中，我们看到了成功协调的一个典型例子。美联储与其他许多国家的中央银行实施的流动性互换为外国金融机构提供了急需的美元流动性。

1.2 经济学和国家政府

从上述四大争议事件可以看到，国际经济学是一个特殊的研究领域，因为国家都是有独立主权的，因而有自己的政府政策。对每个国家，这些政策几乎都是用来为国内某些利益集团服务的，几乎完全不关注外国的利益。想一下那个美国从中国进口轮胎的争议。当美国对中国的进口轮胎施加高关税时，美国人为保卫中国人的工作和收入的呼声有多大？相反，在中国，也会有呼声抵制美国的进口、导致美国人的工作和收入减少，但又能听到多少保卫美国人的工作和收入的声音？

国家拥有主权、各自的利益和政策，这一事实意味着没有人可以掌控整个世界经济。全球经济中不存在全球性的政府，不管是慈善性的还是其他什么形式的。的确，有一些国际组织试图去掌管全球经济某些方面的事务，尤其是世界贸易组织、国际货币基金组织、联合国和世界银行，但是，每个国家都可以无视或者藐视它们，如果它选择这么做。

每个国家都可以独立掌控的最重要政策中，有生产要素（人力资本和金融资本）的国际流动政策、政府税收和支出的财政政策、货币政策以及汇率政策。

1.2.1 要素流动性

古典经济学家强调生产要素的流动性是国际经济学与国内经济学的重要区别之一。劳动力、土地和资本在一国国内可以视为是流动的，因为这些资源可以在一国范围内用于不同产品的生产。例如，一国的土地可以用来生产小麦或者饲养奶牛或是建立一家工厂。但是，古典经济学家认为，这些资源是不能跨国界流动的。除非通过战争，否则土地不能从一国划入另一国。他们还忽视了劳动力或资本等要素从一国移动到另一国的可能性。

要素的国内流动性与要素的国际非流动性的差别，对国际经济来说，有许多重要的含义。例如，在法国，不管在哪个行业，一个拥有特定技能的法国工人的工资大体上是一样的。但是这个法国工人的工资水平很可能与德国、意大利、加拿大和澳大利亚类似工人的工资水平有很大不同。对土地和资本来说，报酬率也是在国内相同，但与国外有差异。

时至今日，古典经济学家对要素流动的区分只能算是半对半错。土地是国际流动性最差的要素，而劳动力和资本可以为了获取经济利益在国家间流动。但是要素流动的程度在区域内和在国际上还是有差别的。通常人们在本国内移动要比向国外移民容易得多，部分原因是一国内部的语言、风俗和传统比国家之间的更相近。另外，一国政府对国际移民的限制比其对国内移民的限制更严格。资本在国内流动也比国际流动容易。甚至是在许多情况下本可以在国际上自由流动的金融资本，也会由于“国民歧视”，导致人们更喜欢在本国内部进行投资。在本书对国际贸易的分析中，通常假定一些重要的投入资源（用于贸易品的生产）在国家之间不能轻易地直接流动。之后，我们将在第15章探讨资源的国际流动。

1.2.2　不同的财政政策

对每个主权国家来说，各自的政府都有自己的公共支出权、税收权和管制权。当政府利用关税（进口关税）或者管制来减少进口、移民和资本流动时，就是在用这些政策限制国际贸易。财政政策的其他方面，包括出口补贴，却是鼓励更多的国际贸易。税收和管制政策在国际层面的差异也会导致基金和产品的大量流动。一些银行在巴哈马群岛开设支行，因为那里对资本收益征税较少，而且对账户的检查也不是很严格。一些航运公司在利比里亚或巴拿马注册，因为那里的注册费用低廉而且可以规避其他国家聘用高薪国际船员的要求。我们将在本书第Ⅱ篇讨论国际贸易政策的宏观经济效应。

1.2.3　不同的货币

对许多经济学家，特别是普通人来说，国内和国际的贸易和投资的主要不同之处是国际贸易要经常使用不同的货币。这和国内贸易是完全不同的。你不可能发行自己的货币，你的家庭也不行，俄亥俄州也不行。

不同的货币意味着一种货币同另一种货币的交换比率是可以变化的。我们可以换个角度思考。如果一直以来1美元都恰好值10瑞典克朗，人们当然会认为1瑞典克朗相当于10美分。但事实并非如此。20世纪70年代以来，各主要货币之间的汇率每时每刻都在波动。我们必须把美元和瑞典克朗看成是不同的货币。有些货币的币值是有争议的，比如人民币。

大多数国家都有自己的法定货币，不过有一些国家会使用同一种货币。每种货币的供给都由负责此种货币的货币当局或中央银行控制。货币政策不仅影响该货币的使用国，也会影响其他的国家，即使它们使用不同的货币。

第 I 篇 国际贸易的基本理论

The Theory of International Trade

第 2 章
需求和供给的基本理论

几个世纪以来，人们一直对政府是否应该允许国家之间进行自由贸易而争论不休。一些人认为，让每个人进行自由贸易对国家和世界来说都是最好的；另一些人认为，与其他国家进行贸易会使一部分人更难谋生。这两种观点至少都有部分是正确的，而且这样的争论很有可能一直持续下去。

国际贸易对一国人民的经济生活影响巨大。想象这样一个世界，你的国家从来不与其他国家进行贸易。再想象一下你有可能会获得什么样的工作，同时想象一下，在这样一个世界里你能买到（或买不到）什么商品。例如，对于美国来说，如果没有每年 2 000 亿美元的石油进口，美国将不得不减少能源的使用；因为仅有国产石油（加上天然气及其他能源），美国的能源将变得异常昂贵。生产石油和其他能源的美国人将兴高采烈。那些在汽车行业工作的和需要消耗能源取暖的人就不高兴了。其他经济部门，例如影碟机和服装行业，突然禁止进口也会使生产者和消费者感受到类似的冲击。在出口方面，假设波音公司只能在国内销售飞机，美国农民只能在国内销售农产品，美国大学只接收本国学生，会产生什么结果？在上述的每个例子中，都有人从禁止国际贸易中受益，也有人从中受损。减少贸易和增加贸易所带来的任何差异，都将会对你的择业产生很大影响。所以，人们对更多地进行国际贸易还是更少地进行国际贸易总是争论不休，就不足为奇了。

贸易争论中的每一方都需要一个令人信服的事例来证明贸易会产生怎样的影响以及会对谁产生影响。尽管如此，在谈及这个在政府辩论时非常重要的议题时，我们有必要对国际贸易有一个基本理解，即如果允许贸易，那么出口哪些商品、进口哪些商品以及为什么。如果我们不知道人们如何决定交易什么货物和服务，就很难说明贸易的影响，或者政府是否应该对贸易进行限制。

2.1 贸易的四个重要问题

本章和第Ⅰ篇中其他各章通过比较两种世界来说明贸易是如何运作的。一种世界是禁止贸易的，而在另一种世界里，政府放任企业和家庭进行自由贸易。本篇将探求以下四个关键问题的答案。

1. 为什么国家之间要进行贸易？更确切地说，什么决定一国出口何种商品，进口何种商品？

2. 贸易对各国的生产和消费产生了怎样的影响？

3. 贸易是如何影响一国的经济福利的？衡量一国从贸易中获益或受损的依据是什么？

4. 贸易对国内不同利益集团的经济福利或收入分配会产生怎样的影响？哪些利益集团经由贸易而获益或受损？

2.2 概　述

第Ⅰ篇的各章节将对上述四个有关贸易的关键问题进行深入的探讨。基本的贸易理论认为，贸易是由竞争性的供需矛盾所致。所以本章将从需求与供给入手，阐述针对不同的利益集团，衡量其因贸易获益和受损的标准各是什么。第 3 章将揭示需求与供给曲线背后的原因，并引入比较优势的概念。第 4 章将分析国家之间存在不同比较优势的基本原因：不同的人或者国家拥有的生产资源是不同的。第 5 章将考察贸易如何对不同的生产资源（包括劳动力和劳动技能、资本、土地以及其他资源）所有者产生影响。如前所述，贸易会使一部分人的境况改善，也会使另一部分人的境况恶化。第 6 章将探讨为了应对现实贸易出现的种种状况，应当如何拓展基本的供给与需求理论和比较优势理论。第 7 章将讨论贸易与经济增长之间的主要联系。

第Ⅰ篇探讨了一系列主流贸易理论。尽管基本理论包括了一些特殊的案例和扩展，并且也受到了一些新观点的挑战，但幸运的是，基本的竞争性供给与需求理论适用性很强，应用广泛。

第Ⅱ篇将结合第Ⅰ篇相关的贸易理论来探讨政府的相关决策。第 8～10 章将着手分析如何区分有利的贸易壁垒与不利的贸易壁垒。这一过程极具挑战性，并需要细致推理。第 11 章分析企业和政府积极推动贸易、促进出口的原因。第 12 章探讨诸如欧盟以及北美自由贸易区等经济集团。第 13 章从环保入手，阐述环保问题如何对各国的贸易政策产生影响。第 14 章论述自由贸易为发展中国家带来的机遇与挑战。第 15 章则从经济学角度分析移民问题及全球性大公司在国家之间的资源转移（包括技术）。

我们将对国际贸易进行全面的探究。本章的第一个专栏是“贸易的重要性”，它为我们的分析提供了一个良好的开端。本章的第二个专栏是“2009 年国际贸易的小型崩盘”，说明在全球金融和经济危机中贸易萎缩的程度远超过一般经济活动。

2.3 需求和供给

在应用这些工具分析国际贸易之前，让我们回顾一下经济学的供给和需求原理。以摩托车为例，假定其市场是一个完全竞争市场。尽管这个例子中仅仅涉及一种商品（摩托车），但实际上这个理论可以适用多种产品。需求方要做出决定是否购买摩托车或其他商品，供给方则需要决定如何利用所拥有的资源来生产摩托车（假设该类资源仅能用来生产摩托车）。

2.3.1　需求

决定摩托车需求量的因素是什么？众所周知，消费者都希望以其有限的收入换取尽可能多的快乐或福利（经济学称之为效用），所以消费者的品位、偏好以及对商品的评价是决定其是否购买该商品的首要因素。假设消费者偏好不变，摩托车的价格（相对于其他产品的价格）将成为决定消费者最终购买摩托车数量多少的第一要素。如果相对于其他商品，摩托车的价格上升，消费者就会厉行节俭、减少购买数量。同时消费者的收入也对其购买数量有重要影响。如果消费者收入提高，他将会购买更多的商品，很可能也包括更多的摩托车。（如果此种商品是正常品，消费者就会增加其购买。但是这并不是唯一的可能性——如果需求与收入无关，则购买量不变；如果此种商品是劣等品，则购买量会下降。在本书中基本上只考察正常品，因为正常品是更普遍的情况。）

综上所述，决定消费者购买摩托车数量的因素如下：消费者偏好、摩托车价格的高低、其他产品的价格、消费者的收入。为了能够描述需求，可以将分析重点放在影响需求的主要因素，即产品价格的变化上。在将所有消费者对摩托车数量的需求加总后即可以得到一条市场需求曲线，如图表 2—1 的 A 图中的需求曲线 D 所示，是摩托车市场需求曲线。① 我们假定需求曲线是向下倾斜的。随着摩托车价格的上升（每辆摩托车由 1 000 美元上升到 2 000 美元），消费者对摩托车的需求量下降（每年的购买量会从 65 000 辆下降到 40 000 辆）。随着商品价格的变化，需求量沿着需求曲线移动。价格的上升会导致需求量的减少，这是因为消费者（某种程度上不情愿购买）会决定购买替代商品（如自行车）或者减少对其他昂贵商品的购买量（如放弃购买第二辆不同颜色的摩托车）。

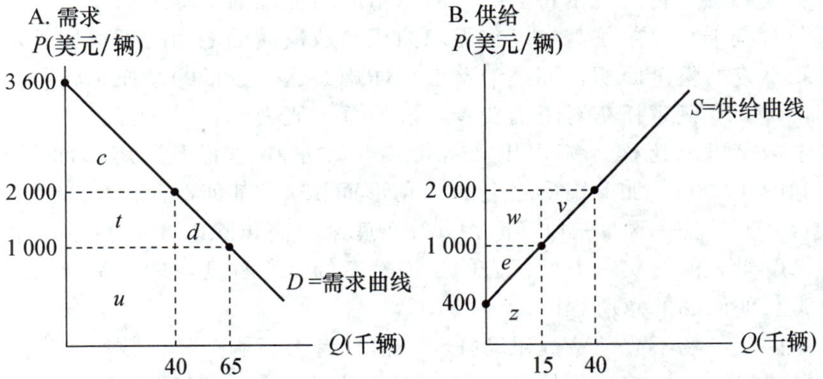

摩托车市场的需求曲线向右下倾斜，表示更低的价格带来了更大的需求量。而摩托车市场的供给曲线向右上倾斜，表示更高的价格带来了更大的供给量。

图表 2—1　摩托车市场的需求和供给曲线

需求数量对价格变动的反应程度如何？一种测量反应程度的方法是利用需求曲线的斜率（实际上是斜率的倒数，因为价格是在纵轴）。需求曲线陡峭，说明消费者对价格变化不敏感（需求量并没有改变多少）；需求曲线平缓，说明消费者对价格变化

① 需求曲线的方程是 $Q_D=90\,000-25P$（或者 $P=3\,600-0.04Q_D$）。

极为敏感。斜率是反应敏感程度的度量，但它也可能产生误导。因为改变数轴上的单位，就可以使需求曲线看起来更平缓或是更陡峭。

衡量反应敏感程度的是“无单位”的**弹性**（elasticity），即一个变量变化1%引起另一个变量变化的百分比。**需求价格弹性**（price elasticity of demand）是价格上升1%引致需求量变化的百分比。价格上涨，需求量下降（如果需求曲线向下倾斜），所以需求价格弹性是一个负数（尽管经常忽略其负号）。如果价格弹性是一个很大的数字（大于1），那么需求量对价格变化很敏感——需求具有弹性；如果价格弹性是一个很小的数字（小于1），那么需求量对价格变化就没那么敏感——需求缺乏弹性。

在绘制需求曲线时，假设其他影响需求的因素——收入、相关商品的价格、消费者偏好等——是不变的。如果其中任何因素发生改变，那么整个需求曲线就会移动。

2.3.2 消费者剩余

需求曲线表明消费者对单位商品的认可价值，因为它显示了一些消费者为了购买一单位商品所愿意支付的最高价格。尽管如此，在自由竞争的市场中，消费者只需按照市场价格来购买这些商品。那些愿意支付更高价格的消费者可以按市场价格支付从而获益。我们可以用这种方法衡量消费者经济福利增加的数量。

为了分析这一问题，首先假设消费者实际购买的全部商品对他们认可的价值，可以逐个单位地测量。从图表2—1中A图的需求曲线可知，有的消费者愿意为第一辆摩托车支付很高的价格（约3 600美元），这一价格即为需求曲线与价格轴的交点。而其他消费者愿意为第二辆摩托车支付的价格略低于前者，以此类推。需求曲线显示消费者愿意支付的价格将会随着需求量的增加逐渐下降。

对应于每一单位需求，将需求曲线与数量横轴之间的距离加总，由此得到的需求曲线下方的整个面积，即是消费者总体购买这一数量的摩托车后所获得的总价值。例如，40 000辆摩托车对于消费者来说的总价值为1.12亿美元，等于$c+t+u$的面积。这个数字可以这样计算得出，将价格与数量相乘而得到矩形面积$t+u$，其值等于2 000×40 000，加上矩形之上的三角形面积c，其值等于（1/2）×（3 600－2 000）×40 000（回想一下，三角形面积c等于底乘以高再除以2）。尽管这个总价值可以用货币来度量，但它实际上所代表的是消费者的意愿程度，即消费者为购买这些商品愿意放弃其他商品的意愿程度。

由于市场不会免费提供摩托车，消费者为了购买某一数量的商品必须支付相应的市场价格（这个市场价格代表了消费者为购买该种商品而实际放弃的其他商品的价值）。例如，单价2 000美元时，消费者购买了40 000辆摩托车，共计支付了8 000万美元（等于$t+u$的面积）。

由于很多消费者对该商品的认可价值超过每辆2 000美元，当这些消费者以2 000美元的市场价格购买该商品时，便获得了福利净收益。这种净收益是消费者对该商品的认可价值和购买该商品实际支付价格之间的差额，称为**消费者剩余**（consumer surplus）。它是消费者福利的增加，源于人们支付的市场价格低于他们愿意并且有能力支付的价格。在图表2—1中A图的2 000美元的市场价格下，消费者剩余是消费者获得的总价值（$c+t+u$的面积）与消费者购买该商品时支付的总金额$t+u$之差，即c的面积，这正是需求曲线与价格线之间的面积。消费者剩余（消费者所获得的福利净收益）是 3 200 万美元，即 (1/2)×(3 600－2 000)×40 000。

消费者剩余主要用于计算市场价格变化对消费者产生的影响。例如，在本例中当摩托车的市场价格从 2 000 美元下降为 1 000 美元时，将会产生什么样的影响？消费者将能以更低的价格购买更多的商品，即消费者所获得的福利净收益会增加。净收益会增加多少呢？消费者剩余从一个小三角形（以 2 000 美元价格线为底）转变为一个更大的三角形（以 1 000 美元价格线为底）。消费者剩余的增加面积为 $t+d$，其中矩形 t 的面积为 (2 000－1 000)×40 000，三角形 d 的面积等于 (1/2)×(2 000－1 000)×(65 000－40 000)。消费者剩余的增加值为 5 250 万美元。市场价格降低之后，原本愿意支付更高价格购买该类商品的消费者将获得更多的经济福利（面积 t），与此同时，价格降低之后，又有更多的消费者购买该类商品，他们的经济福利也有所增加（面积 d）。

案例研究

贸易的重要性

要理解贸易是如何开展的，就有必要了解一些有关贸易的重要事实。首先我们一起回顾一下可贸易商品以及贸易的重要性。

国际贸易的规模有多大？进行贸易的是哪些商品？表 1 显示了全球和两大经济集团——工业化国家（或发达国家）和发展中国家的主要商品的出口情况。

表 1　　2009 年出口额

单位：10 亿美元

	全球	工业化国家	发展中国家
出口总量	15 753	9 369	6 384
初级产品	3 570	1 512	2 058
农产品	1 150	698	452
燃料	1 741	482	1 259
矿石	679	333	346
工业制成品	8 370	5 106	3 264
化学制品	1 433	1 093	340
机械和运输设备	4 243	2 524	1 719
纺织品和服装	581	201	380
其他产品	2 113	1 288	825
服务项目	3 415	2 420	995

注：初级产品、工业制成品和服务项目之和并不等于世界总量，这是由于少量商品无法进行归类。

资料来源：UNCTAD，UNCTADStat.

2009 年，全球贸易额近 16 万亿美元，其中工业化国家的出口大约占世界出口总量的 3/5。大多数商品都是跨国交易的，包括交通、计算机和信息服务，以及保险、咨询和教育服务等。从世界范围看，超过一半的贸易商品是制造品，剩余部分由初级产品和服务贸易平分秋色。通过比较上表中各栏的数据，可以发现，工业化国家与发展中国家的出口模式之间存在很大的差异。工业化国家初级产品的出口相对较少，尤其是燃料和矿石的出口。在工业制成品方面，工业化国家出口了更多的化学制品，而发展中国家出口了更多的纺织品和服装。同时，工业化国家更多地出口服务。类似地，我们可以通过观察跨产品类别来分析为什么国家之间会互相贸易。

对不同国家的经济而言，国际贸易究竟有多重要？表 2 提供了一种可用于测量贸易对一国重要性的指标，即一国总贸易量（出口加上进口）占该国 GDP（测量一个国家经济规模的标准方式）的比例。这两个值并不完全具备可比性（出口和进口衡量的是全部发生值，而 GDP 衡量的是增加值）。但是，该方法仍然提供了一种相对合理的，可用于衡量跨时和跨国贸易重要性的方法。

以下是通过观察表 2 得到的结论：第一，对于表中所列的每个国家（和世界上大多数其他国家一样），国际贸易都变得更重要了。贸易的重要性在全球化进程中不断提升。全球化将原本相对独立的国家经济体越来越多地联系在一起。第二，对较小的经济体（如加拿大和丹麦）来说，贸易往往显得更为重要。但对于较大的经济体（如美国和日本）而言，贸易则不那么重要。第三，中国和印度都已经从全封闭走向自由贸易，并逐步加大开放和参与的力度。中国和印度过去几十年的经验，相当契合我们在第Ⅰ篇采用的方法，即设想一个国家完全没有贸易，然后描绘出其参与自由贸易将会发生的情况。

表 2　进出口总额占 GDP 的比重（%）

	1970 年	2009 年
美国	11.1	25.1
加拿大	42.0	59.1
日本	20.3	24.8
法国	31.1	48.0
英国	43.6	57.8
澳大利亚	25.8	40.3
丹麦	57.3	90.9
中国	5.3	47.1
印度	8.0	45.8
韩国	37.7	95.9
巴西	14.9	22.6

资料来源：International Monetary Fund，*International Financial Statistics*.

2.3.3 供给

是什么决定一个企业（或者生产厂商）应该向市场提供多少商品？企业之所以提供商品是由于它能从生产和销售活动中获得利润。影响企业提供商品数量的主要因素，除了它销售产品所能获得的销售价格，还有商品生产和销售的成本。

对于一个竞争性厂商来说，只要销售额外一单位产品的价格能超过生产该产品的额外成本（边际成本），该厂商就会增加供给，因为增加供给可以获利。供给将一直增加到厂商供给下一单位产品的价格等于生产该单位产品的边际成本为止。增加下一单位产品的成本取决于两个因素：增加生产下一单位产品所需要的投入品数量（例如劳动、资本、土地以及原料）；以及为此所需要支付的投入品价格。

可以通过集中考察价格如何影响供给的数量来描述供给曲线。在将某一商品的所有生产厂商供给量加总后，就可以得到市场供给曲线，如图表 2—1 中 B 图的 S 线所示，即摩托车市场供给曲线。① 我们通常认为供给曲线是向上倾斜的。随着价格的上升（比如，摩托车的价格从每辆 1 000 美元上升到每辆 2 000 美元），供给量将沿着供给曲线逐步增加（每年摩托车的生产和销售从 15 000 辆上升到 40 000 辆）。在竞争性的摩托车行业中，如果多销售一辆摩托车所获得的价格高于生产和销售这辆摩托车所需要的成本，企业就会生产和供给这辆摩托车。如果多生产的一个产品的边际成本递增，那么增加下一个产品的供给就会索要更高的价格。实际上供给曲线与表示增加生产一单位产品的边际成本曲线是相同的。

供给量对市场价格变化的敏感程度如何？供给曲线的斜率是测量敏感程度的一种方法。供给曲线越平缓，表明生产者对产品价格的变化越敏感。**供给价格弹性**（price elasticity of supply）衡量的是市场价格上升 1%，引起供给量增加的百分比。它同样也是个“无单位”的测量标准。如果供给价格弹性小于 1——供给量对价格的反应不那么敏感，表示供给缺乏弹性；如果供给价格弹性大于 1——供给量对价格很敏感，表示供给具有弹性。

在绘制供给曲线时，假设其他影响供给的因素是不变的。这些其他影响因素包括

① 供给曲线的方程是 $Q_S=-10\,000+25P$（或者 $P=400+0.04Q_S$）。

投入品可获得的条件、投入技术（它决定生产额外单位商品所需的必要投入）。如果其中任何一个影响因素发生改变，那么供给曲线就会移动。

2.3.4 生产者剩余

供给曲线显示了一些生产者所愿意提供的每一单位商品的最低价格。事实上生产者提供的每一单位商品都可按市场价格出售。那些能以较低价格提供商品的生产者从按市场价格的销售中获益。实际上可以用生产者剩余衡量这些厂商的福利到底增加了多少。

为了分析这一问题，首先假设实际生产和销售的商品总量的总（变动）成本，可以逐个单位地计算。由图表2—1中B图可知，对于向市场供应的第一辆摩托车，有的厂商能够接受的销售价格为400美元，即供给曲线与价格轴的交点。其与该厂商生产和销售第一辆摩托车耗费的边际成本相等。此后，生产者愿意以略高一点的价格向市场提供第二辆摩托车，因为第二辆摩托车的边际成本略高于第一辆。以此类推，供给曲线将会随着供给量的增加逐步上升。

将供给曲线表示的供给每一单位商品至横轴的垂直距离加总，至全部供给量为止。可以发现供给曲线以下的全部面积即为生产者生产和销售一定数量摩托车所耗费的总成本。例如，生产15 000辆摩托车的总成本相当于图表2—1中B图中的面积z。总成本也可以用货币总额来衡量，但是对于整体经济来说，也可以用**机会成本**（opportunity cost）——由于将资源用于生产该商品（摩托车）而放弃的生产其他商品可能获得的价值来表示。

生产者的总收入是市场价格与销售数量的乘积。例如，假设摩托车的销售单价为1 000美元，销售15 000辆摩托车的总收入即为1 500万美元（等于$e+z$的面积）。

生产者原本愿意以不到1 000美元的价格售出相应数量的商品，但当其能以1 000美元的市场价格销售所有商品时，便获得了福利净收益。净收益是实际获得的市场价格与生产者愿意接受的价格之间的差额，称为**生产者剩余**（producer surplus）。生产者剩余是生产者福利的增加，它源于生产者能以较低的成本生产商品，而以较高的市场价格销售商品。在图表2—1中B图的1 000美元的市场价格下，生产者的总收入为$e+z$的面积，其中面积z为总成本，两者之间的差额面积e（供给曲线之上，价格线之下的面积）为生产者剩余，即$(1/2)\times(1\,000-400)\times15\,000$，总计450万美元。

生产者剩余主要用于衡量市场价格变化对生产者利益产生的影响。例如，在本例中，当摩托车的市场价格从1 000美元上升为2 000美元时，将会产生怎样的影响？生产者获得的福利将会增加，它们得到更高的价格就会生产和销售更多的产品。生产者剩余从一个小三角形（以1 000美元价格线为底）变为一个大三角形（以2 000美元价格线为底），生产者剩余增加面积为$w+v$，等于$(2\,000-1\,000)\times15\,000+(1/2)\times(2\,000-1\,000)\times(40\,000-15\,000)$，生产者剩余的增加值为2 750万美元。较高的市场价格会使愿意以较低价格销售商品的生产者的经济福利增加（面积w），并使增加产品供给量的生产者的福利增加（面积v）。

2.3.5 没有贸易国家的市场

如果图表2—1中A图的需求曲线D代表国内对摩托车的需求总量，图表2—1

中 B 图的供给曲线 S 代表该国摩托车的市场供给总量，将需求曲线 D 和供给曲线 S 合并为一张图，即为该国摩托车市场的供给与需求图，见图表 2—2。如果没有国际贸易，那么当市场价格等于国内市场出清（国内需求量与国内供给量相等）价格时，就达到了市场均衡，即图表 2—2 中所示的均衡点 A。此时，摩托车的销售单价为 2 000美元，供给和需求总量皆为 40 000 辆，消费者和生产者都可以从中获益。此时消费者剩余面积为 c，生产者剩余面积为 h（即图表 2—1 中 B 图所示的 $e+w+v$）。在本例中消费者剩余和生产者剩余相等，同为 3 200 万美元。但实际上两者面积是不一定相等的。如图表 2—2 所示，当需求曲线更为陡峭（更缺乏弹性）或者供给曲线更为平缓（更有弹性）时，消费者剩余便会大于生产者剩余。

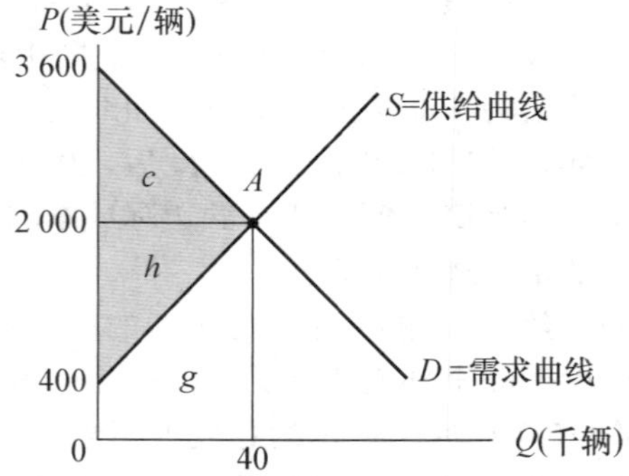

可用需求与供给曲线来描述摩托车市场。在本例中，这是一个不存在国际贸易的国内市场。市场在每辆摩托车价格为 2 000 美元时达到均衡，在一定时期内（如一年）共有 40 000 辆摩托车被生产和购买。在这样的条件下，消费者得到的消费者剩余为面积 c，生产者得到的生产者剩余为面积 h。

图表 2—2　摩托车市场供给和需求

全球危机

2009 年国际贸易的小型崩盘

始于 2007 年的全球金融危机在 2008 年年末进一步恶化，其影响范围之广远远超出了金融市场。这次危机导致了大半个世纪以来世界贸易量第一次大规模下滑，并终结了数十年来国际贸易增长速度几乎年年超过世界生产增长速度的状况。让我们先看看几十年来贸易的增长情况，然后再研究一下这场始料未及的小型崩盘。

下图显示了世界货物和服务的出口和生产状况。每个数据均已经剔除了通货膨胀的影响，所以可以通过数值来进行判断。每个结果都以指数来衡量，以 1960 年＝100 为基期。使用这些指数值，我们可以看出在过去的半个世纪中，世界货物和服务的出口和生产都发生了怎样的改变。

纵观整个时期，世界出口的爆炸式增长是显而易见的。自 1960 年以来，世界产量增加到了 6 倍（从 1960 年的 100 到 2010 年的近 600）。然而，自 1960 年以来，世界出口量已经增加超过了 19 倍。这是用另一种方式来理解我们在前面的案例研究专栏中所一直强调的，即贸易的重要性与日俱增。

图中还描绘了国际贸易近期惊人的衰退。从 2008 年年底开始，世界出口量下降了大约 11%。这个降幅远高于世界产量的 2%的降幅。为什么贸易量下降幅度如此之大？当前贸易模式的两个基本特征起了很大的作用。第一，贸易中相当大的一部分是耐用品，如机械和汽车等。在一场危机四伏的经济衰退中，耐用品的购买计划很可能被推迟或取消，那么这些产品的贸易就会大受影响。第二，有越来越多的贸易品是全球供应链中的材料和组件，而它们都必须在最终装配之前进行跨境贸易。因此，如果某一最终商品的售价减少 100 美元，那么将会导致投入的材料、组件和最终商品的贸易累积值减少好几百美元。由此可知，由危机导致的衰退引起了世界产量和最终销售量的下降，从而放大了全球贸易的损失。

2009 年国际贸易的崩溃，唤起了人们对 20 世纪 30 年代大萧条的回忆。从 1929 年到 1933 年的四年间，国际贸易量萎缩了 25%。幸运的是，本次的贸易量下降只是一个小型的崩盘。国际贸易从 2009 年中期开始到 2010 年，已经恢复了强劲的增长。

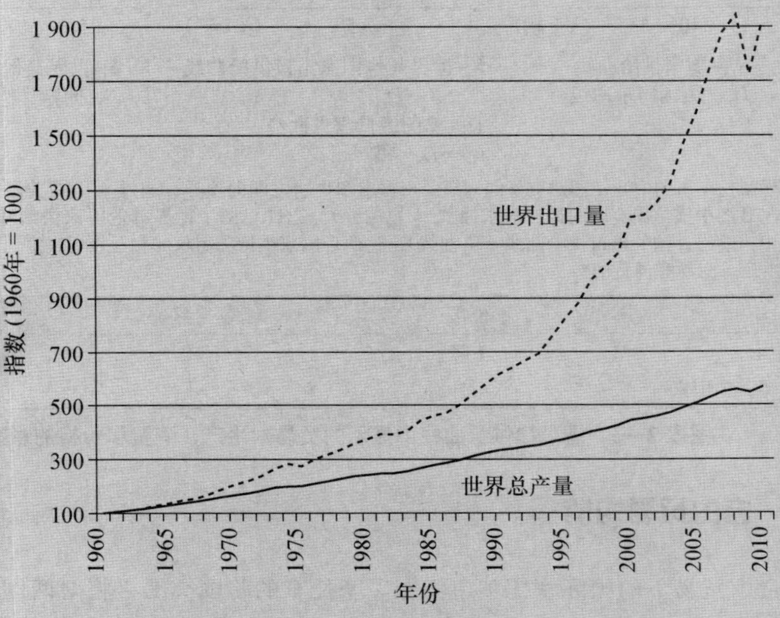

1960—2010 年世界贸易量和世界年份产量

资料来源：World Bank，*World Development Indicators*.

2.4　两个国家和贸易开放

为讨论摩托车市场国际贸易的形成，我们至少需要考虑两个国家。图表 2—2 和图表 2—3 中的 A 图均为美国摩托车市场，图表 2—3 中 A 图用下标 US 加以表示。我们称其余的国家为“世界其他国家”，图表 2—3 中 C 图表示其摩托车市场，需求量为 D_f，供给量为 S_f，在没有贸易时，均衡点为 H，摩托车单价为 700 美元。为方便分析，假设价格都使用相同的货币单位。

最初两国（即美国和世界其他国家）之间并没有贸易，那么细心的人是否可以通过贸易赚取利润呢？精明的商人可以利用“低买高卖”原则来赚取丰厚利润，他们会想尽一切方法从世界其他国家市场以 700 美元的单价进口摩托车，然后以每辆 2 000 美元在美国售出，从而获取每辆 1 300 美元的利润（不考虑其他方面的开销）。在一个市场上以较低价格买入某商品，然后在另一个市场以较高价格卖出，从而赚取差价，这种行为称为**套利**（arbitrage）。

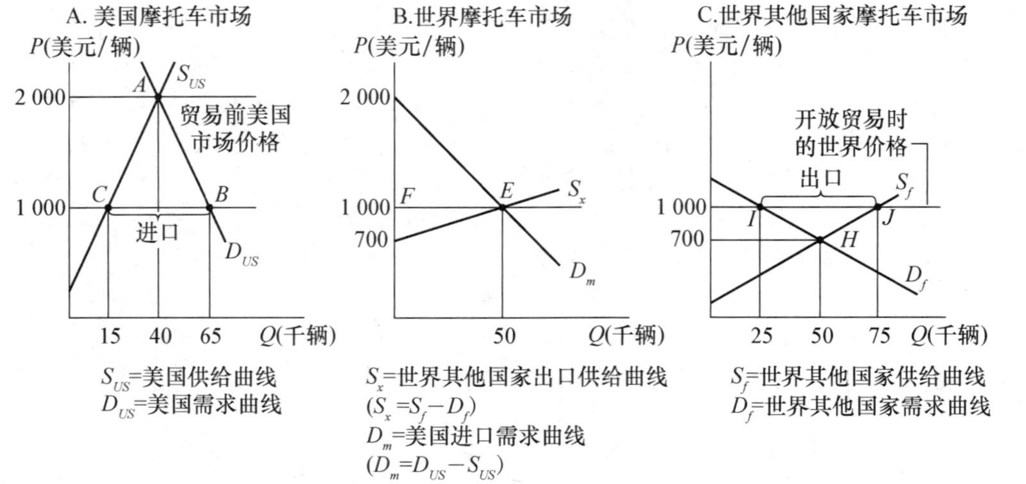

在国际摩托车市场中，一国对贸易的渴望源于需求和供给之间的差异。通过 A 图中美国需求和供给之间的差异，可在 B 图中描绘出美国的进口需求曲线（D_m 曲线）。通过 C 图中世界其他国家供给和需求之间的差异，可在 B 图中描绘出外国的出口供给曲线（S_x 曲线）。这两个国家供给和需求的相互作用决定了世界摩托车市场的价格以及生产、交易和消费的数量。

	价格	供给量	需求量
美国	下降	下降	上升
世界其他国家	上升	上升	下降

图表 2—3　需求和供给曲线中显示的贸易对生产、消费和价格的影响

2.4.1　自由贸易均衡

在自由贸易下的国际摩托车市场上，摩托车的跨国交易必将对两国的市场价格产生影响。

- 由于进口，美国市场摩托车供给总量增加，与此相应的市场反应是价格降低。
- 与此同时，美国市场对摩托车的额外需求，导致世界其他国家价格的上升。

实际上，如果不存在运输成本和其他的贸易障碍，自由贸易的最终结果必定是两国摩托车的市场价格趋同。这种由自由贸易形成的均衡价格称为**国际价格**（international price）或**世界价格**（world price）。

国际市场的均衡价格是如何确定的？可以通过摩托车国际贸易市场来描述这一过程。美国摩托车的**进口需求**（demand for imports）是由每个可能的进口价格和在这个价格水平下相对应的进口需求量所决定的。整个进口需求量称为超额需求（等于美国国内摩托车市场需求量减去国内供给量）。如图表 2—3 中 A 图所示，当摩托车单价为 2 000 美元时，美国国内市场自动出清，因此不存在超额需求和进口需求。如果当美国市场的摩托车单价下降为 1 000 美元时，美国市场对摩托车就会产生一个超额需求量，即图表 2—3 中 A 图的 *CB* 段，等于 50 000 辆摩托车。通过计算出 2 000 美元以下其他各个价格点的超额需求数量，可画出美国进口需求曲线 D_m，如图表 2—3 中 B 图所示。

可用类似的方法确定世界其他国家的出口供给。**出口供给**（supply of exports）为世界其他国家摩托车的超额供给（世界其他国家摩托车市场供给量减去国内的需求量）。如图表 2—3 中 C 图所示，当摩托车单价为 700 美元时，世界其他国家国内市场将会自动出清，因此不存在超额供给和出口供给。如果当摩托车的市场价格上升为 1 000 美元时，则会产生一个超额供给量，即图表 2—3 中 C 图的 IJ 段，等于 50 000 辆摩托车。在此价格下，将产生一个超额供给量，即 50 000 辆摩托车。计算超过 700 美元单价以上各个价格点的超额供给数量，可以得到一条代表世界其他国家出口供给曲线 S_x，如图表 2—3 中 B 图所示。

国际市场出清的价格点即为自由贸易的均衡点。图表 2—3 中 B 图的点 E 即为自由贸易下的均衡点。此时，美国对摩托车的进口需求量与世界其他国家的出口供给量相等，贸易量（FE）为 50 000 辆摩托车，自由贸易的均衡价格为每辆摩托车 1 000 美元。

这一均衡也可以看成是世界总需求和总供给相等。国际价格就是自由贸易下各国国内的市场价格。从图表 2—3 中 A 图与 C 图可知，在摩托车单价为 1 000 美元时，世界总需求量为 90 000 辆（美国需求量为 65 000 辆，世界其他国家需求量为 25 000 辆），世界总供给量也为 90 000 辆（15 000 辆加上 75 000 辆）。美国市场的超额需求（CE）与世界其他国家市场的超额供给量（IJ）相等，皆为 50 000 辆。

假设摩托车的国际价格由于某种原因（暂时）偏离了 1 000 美元，又会发生怎样的变化？例如在一个略高一点的价格上（如每辆摩托车 1 100 美元）：

- 美国的超额（或进口）需求将会少于 50 000 辆。
- 世界其他国家的超额（或出口）供给将会超过 50 000 辆。

因为此时出口供给量超过了进口需求量，这种不均衡对价格产生的压力会导致价格下降，使其回归到每辆 1 000 美元的均衡点上；反之，低于 1 000 美元的价格也不会持续，因为此时美国的进口需求量将会大于外国出口供给量。

2.4.2 贸易对进口国的影响

开放摩托车贸易对美国和世界其他国家的经济福利都会产生影响。首先考察进口国——美国的变化。图表 2—4 是从图表 2—3 演化而来的，增加了与消费者剩余和生产者剩余有关的面积标识。

对进口国消费者和生产者的影响

对美国（进口国）而言，从没有贸易到有自由贸易，市场价格降低了。购买摩托车的美国消费者从这一变化中受益，并且增加了他们的消费量。可以用消费者剩余概念对价格降低给进口国（美国）的消费者带来的福利进行定量分析。如图表 2—4 中 A 图所示，在自由贸易下，需求曲线下方与单价为 1 000 美元的国际价格线之间的面积 $a+b-c+d$ 即为消费者剩余（相当于图表 2—1 中 A 图所示的 $t+c+d$ 的面积）。因此，将其与封闭经济下的消费者剩余面积 c 相比，美国摩托车消费者因开放贸易所获得的额外福利为面积 $a+b+d$（等于 5 250 万美元，相当于图表 2—1 中 A 图的 $t+d$）。这一额外增加值将由消费此种商品的很多消费者共享（包括也会消费这种商品的某些生产者）。

与此同时，美国的摩托车生产者则因自由贸易而遭受损失。由于市场价格降低，它们将被迫缩小生产规模。生产者剩余由没有贸易时的面积 $e+a$（即图表 2—1 中 B 图的 $e+w+v$ 的面积）缩小为有自由贸易情况下的面积 e。生产者剩余损失为面积 a（等于 2 750 万美元）。面积 a 是源于以下两方面的损失：一是 15 000 辆仍然在美国生产却是以较低价格销售的摩托车；二是 25 000 辆不在美国生产的摩托车，因为这部分

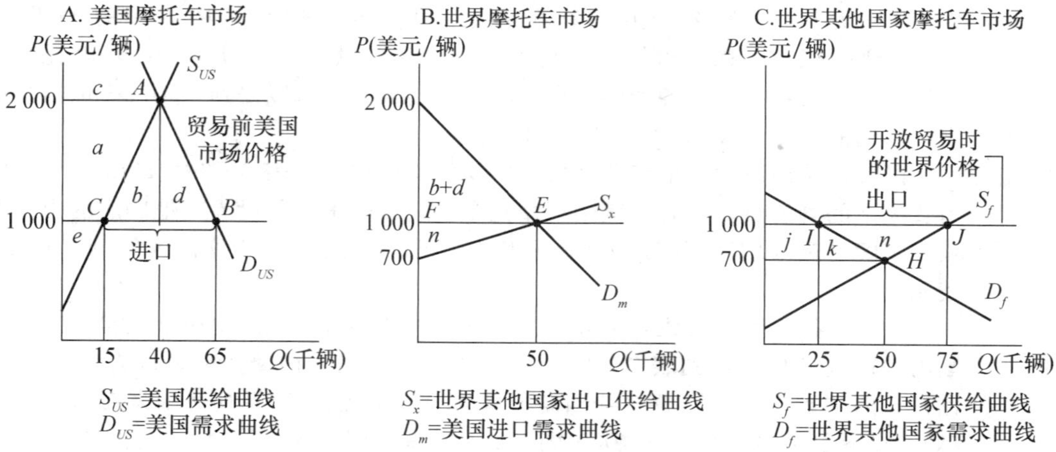

自由贸易的福利影响

美国				世界其他国家	
集团	自由贸易时的剩余	无贸易时的剩余	贸易的净效应	集团	贸易的净效应
消费者	$a+b+c+d$	c	$a+b+d$	消费者	$-(j+k)$（净损失）
生产者	e	$a+e$	$-a$（净损失）	生产者	$j+k+n$
作为整体的美国（消费者+生产者）	$a+b+c+d+e$	$c+a+e$	$b+d$	作为整体的世界其他国家	n

图表 2—4　国际贸易对生产者、消费者以及整个国家的福利影响

市场被进口攫取了。①

国家净收益

如果美国的消费者从自由贸易中获得了 $a+b+d$ 面积的收益，而美国的生产者却遭受了面积 a 的损失，如何分析贸易对美国经济福利的净影响呢？这里无法回避一个基本观点：如果不对每个集团所占的经济份额设定一个主观权重，将无法比较贸易对不同集团的福利影响。我们使用的方法可以对不同集团的福利效应进行量化，但是它不可能表明哪个集团对这个国家来说到底有多重要。在以上的例子中，到底有多少消费者的收益才能弥补 2 750 万美元的生产者损失？没有哪个理论或对经济行为的观察可以告诉我们答案。其结果取决于我们的价值判断标准。

经济学家倾向于将**一元一票制**（one dollar，one vote metric）运用于价值判断来解决此类问题。一元一票制是指分析者将把一元的收益或是损失视为等价，而不管谁获得了这一收益或是遭受了这一损失。这一标准意味着判断贸易问题是基于贸易对总收益的影响，而不管贸易如何影响福利分配。这并不是说我们对分配问题不感兴趣，

① 图表 2—4 并不能使我们看到“生产者”如何经历了生产者剩余的损失。如果有人把供给曲线看成是具有固定投入和产出品价格的竞争性厂商的边际成本曲线，则生产者剩余的变化就是这些厂商利润的变化。这种方法暗含了劳动力和资本提供者完全不受行业形势影响的假定，因为他们可以把劳动力和资本投入到任何其他行业并获得相同的收益。但是，不管是基于供给和需求曲线的实际情况还是模型，这种狭隘的视角都是说不通的。

图表 2—4 是基于贸易如何影响生产投入的收益分配以及商品价格和数量的一般均衡模型，因此无法显示国际贸易的整个模型。我们将在第 5 章看到，任何改变产品相对价格的因素，都将影响国内收入分配。对于贸易如何影响收入分配这个问题稍后将作讨论。现在的关键点仅仅是当摩托车价格下降，从点 A 移到点 C 时，损失的生产者剩余可能是这个行业的劳动力和其他投入要素提供者的收入损失，而不仅仅是该行业企业家的损失。要想知道生产者剩余的变化在这些集团中如何分配，我们得借助第 5 章末提到的分析工具才能得到完整的模型。

它仅仅意味着我们认为福利分配可以更好地得到解决，如采取一些直接的福利再分配的方式，给那些受损集团（如穷人）提供补偿，因为对穷人而言，其美元的幸福感似乎对我们更重要。

你不必接受这种价值判断标准。你也可能会认为摩托车生产者的权益比摩托车消费者的权益更为重要。你这么想，是因为你知道生产者都是贫困的低技能劳动力，而消费者却是有钱人。同时，你可能还会觉得，并没有可行的政策路径来弥补贫困的劳动力从开放贸易中遭受的收入损失。如果是这样的话，你可能会说生产者损失的每一美元，对你来说，相当于消费者获得的每一美元的五倍或六倍。运用这种标准可以使你得出这样一个结论，即贸易开放危害了你所认为的国家利益。但是，即使在这样的情况下，供给和需求分析还是有效的，因为它是一种针对你对不同集团利益赋予不同权重的分额分割的定量分析方法。

如果一元一票制被接受的话，那么**国家贸易净收益**（net national gains from trade）相当于一个集团的收益与另一个集团损失的差额。如果美国摩托车的消费者获得面积 $a+b+d$ 的收益，摩托车的生产者损失面积 a，贸易导致的净国家收益是 $b+d$，或者说每年价值 2 500 万美元的三角形面积＝(1/2)×(65 000－15 000)×(2 000 －1 000)。由此可以发现计算国家贸易净收益只需要很少的信息：所需的只是贸易总量变化和贸易带来的价格变化。

2.4.3　对出口国的效应

类似的方法也可用于分析出口国（世界其他国家）因自由贸易所面对的影响。当从无贸易转到自由贸易时，世界其他国家国内的摩托车市场价格将会因此上升。世界其他国家的摩托车生产者将由此获得额外的收益。如图表 2—4 中 C 图所示，当价格为 1 000 美元时，生产者剩余的增加量为面积 $j+k+n$。其摩托车消费者则会因摩托车价格的上涨遭受损失，即图表 2—4 中 C 图所示的世界其他国家消费者剩余面积减少了 $j+k$。因此在出口国，国际贸易使得出口产品的生产者受益而消费者受损。但是根据一元一票制，可以认为世界其他国家也从自由贸易中获益，自由贸易的利益相当于面积 n。

2.4.4　哪一个国家受益更多

通过上文的分析可得出如下结论：进口国与出口国都会因为自由贸易而受益，因此显而易见，整个世界都能从贸易中受益。国际贸易是双赢博弈。当然，与此同时，各国净福利的增加不可能相等——进口国的面积 $b+d$ 不等于出口国的面积 n。这两个三角形很容易进行比较，它们的底相同（相当于 50 000 辆的贸易量），而高随着每个国家从没有贸易到自由贸易的价格变化而变化。因此，价格变化越大的国家从贸易中获得的净收益越大。

自由贸易的收益与贸易带给两国的价格变化成比例。如果一个国家价格变动百分比为 x（作为自由贸易价格的一个百分比），世界其他国家价格变动百分比为 y，那么有：

$$\frac{\text{美国的贸易收益}}{\text{世界其他国家的贸易收益}}=\frac{x}{y}$$

具有较低弹性（更为陡峭）的贸易曲线（进口需求曲线或者出口供给曲线）的那一方获得的贸易利益较多。

如图表 2—4 所示，美国从贸易中获益更多，所得国民净福利约为 2 500 万美元。其单位摩托车价格由 2 000 美元下降为 1 000 美元，与自由贸易价格 1 000 美元相比，下降幅度为 100%；而世界其他国家所获国民净福利为 750 万美元。其单位摩托车价格从 700 美元上升为 1 000 美元，与自由贸易价格相比，上升幅度约 30%。

本章小结

对本章开头所提四个贸易问题的初步解答

运用需求—供给分析框架对国际贸易所作的分析，可以对本章开头提出的有关国际贸易的四个基本问题做出初步的解释。通过对没有贸易和自由贸易之间的对比，可以得到以下结论：

1. 为什么国家之间要进行贸易？国家之间之所以进行贸易交往，是因为各国的需求和供给状况存在差别，进而导致各国国内商品价格之间产生差异。贸易开始于一些利用原先分离的市场开展套利活动以赚取利润的人。商品将从价格较低的国家出口到价格相对较高的国家，贸易交往由此产生。

2. 贸易对各国的生产和消费产生了怎样的影响？从没有贸易到自由贸易的转变，使各国的商品价格发生了变化，其结果是形成了自由贸易下的国际价格或世界价格。而价格的变动又会引起各国消费量和生产量的变化。商品进口国的消费量上升，生产量下降。商品出口国的生产量上升，消费量下降。

3. 哪些国家会在自由贸易交往中受益？如果用一元一票制来衡量，两国都会从自由贸易中受益。每个国家的贸易净收益与贸易带来的价格变化成比例。价格变化越大，获益越多。

4. 对于每个国家内部来说，谁是贸易开放的受益者，谁又会受损？简言之，进口国的消费者和出口国的生产者将由此受益，而进口国的生产者和出口国的消费者将遭受损失。

关键词

弹性（elasticity）
需求价格弹性（price elasticity of demand）
消费者剩余（consumer surplus）
供给价格弹性（price elasticity of supply）
机会成本（opportunity cost）
生产者剩余（producer surplus）
套利（arbitrage）
国际价格（international price）
世界价格（world price）
进口需求（demand of import）
出口供给（supply of export）
一元一票制（one-dollar，one-vote metric）
国家贸易净收益（net national gains from trade）

推荐读物

Suranovic（2000）讨论了 7 种形式的公平，并将它们运用于国际贸易分析中。他认为“一元一票制”使“福利公平最大化”。Henn & McDonald（2010）对造成 2009 年全球贸易崩溃的主要原因进行了回顾。

习 题

✦1. 消费者剩余是什么？度量某种商品的消费者剩余需要哪些信息？举例说明。

2. 生产者剩余是什么？度量某种商品的生产者剩余需要哪些信息？举例说明。

✦ 3. 如何运用一国某商品的供给与需求曲线来决定该国的出口供给曲线？出口供给曲线的含义是什么？

4. 如何运用一国某商品的供给与需求曲线来决定该国的进口需求曲线？进口需求曲线的含义是什么？

✦ 5. 假设某热带国家生产冬衣，但国内对冬衣没有需求。请解释该国如何从冬衣的自由贸易中获利。

6. 美国出口大量的钢铁废料给日本和其他国家。为什么美国一些钢铁废料使用者赞成应当禁止这些产品的出口呢？

✦ 7. 有人认为"贸易具有自我消除性。开放贸易会使不同国家的价格和成本逐步趋同。一旦价格和成本均等化，此时，将没有任何理由在两国之间交易这些产品。贸易交往将由此停止"。请分析其观点错误在哪里。

8. 2009 年，美国年进口约 33 亿桶石油。假设不进口这些石油，美国将因此节省数十亿美元的对外支付，这也许对美国更为有利。毕竟，美国也能够生产本国所需要的石油（或者其他可替代石油的能源产品）。如果美国突然停止了所有的油品进口，对美国的影响是具有破坏性的。但是如果美国有序地逐渐限制并终止油品进口，美国则可以获利。假设给美国的石油生产者和消费者以充分的时间调整，并假设任何调整都是可能的，以下是两个关于美国国内需求和供给条件的方程：

需求方程：$P=325-50Q_D$

供给方程：$P=2+29Q_S$

式中，数量 Q 是指每年桶数（单位为 10 亿桶/年），P 是每桶的价格（单价为美元）。

a. 自由贸易条件下，国际价格是每桶 60 美元，此时美国国内生产的石油总量是多少？美国国内的石油消费总量又是多少？请画出需求和供给曲线图，标示出相关的点并标明美国进口的石油数量。

b. 如果美国停止一切石油进口（以一种有足够时间调整的方式），美国的石油生产量是多少？消费量是多少？在没有石油进口时，石油价格又是多少？请在图上标示出来。

c. 如果美国禁止一切石油进口，美国的哪些集团会获益？哪些集团会受损？相应地，请在图中说明你的答案。

✦ 9. 以图表 2—3 所示的摩托车自由贸易为例。假定美国消费者对摩托车的偏好增强，美国国内的需求和供给曲线将会如何变化？这又将如何影响美国的进口需求曲线以及国际均衡价格？

10. 仍以图表 2—3 所示的摩托车自由贸易为例。假定美国摩托车的厂商的生产效率提高了，这将如何影响美国国内的需求和供给曲线？美国出口供给曲线以及国际价格又将如何变化？

✦ 11. 比利时的稿纸需求曲线方程和供给曲线方程分别如下：

$Q_D=350-P/2$（或 $P=700-2Q_D$）

$Q_S=-200+5P$（或 $P=40+(Q_S/5)$）

a. 无国际贸易往来下，均衡价格和均衡产量是多少？

b. 假设比利时与他国稿纸自由贸易交易的价格为 120，此时的均衡产量是多少？

c. 请对比贸易往来前后比利时消费者剩余以及生产者剩余的变化。比利时的国民福利净收益的变化量是多少？

12. 国家Ⅰ对 Murky Way 糖果需求和供给曲线为一般曲线，而国家Ⅱ对 Murky Way 糖果也具有一般的需求曲线，但是不能生产该产品。

（1）使用供给和需求曲线来分析国内市场及国际市场，用图表示出 Murky Way 糖果的自由贸易均衡点，并标出均衡世界价格。将该世界价格与国家Ⅰ无贸易时国内价格相比，有何不同？另外，请指出每个时期的自由贸易量。

（2）画图表示并解释从无国际贸易到自由贸易对每个国家经济福利的影响，并指出每个国家获得的净收益或是遭受的净损失。

第 3 章 国际贸易存在的缘由：比较优势

第 2 章考察了只有一种产品情况下的国际贸易，这种分析有助于回答有关国际贸易的一些主要问题，但只是间接地涉及了其他一些问题。比如，一个扩张的产业需要增加投入，资源来自何方？一个萎缩的产业不再需要的资源会对经济和社会产生什么影响？如果消费者增加或者减少对一种产品的需求，对于其他产品的需求又会产生什么影响？

全面分析国际贸易问题需要从经济全局来考虑。然而全球经济系统是非常复杂的，是由成千上万种产品以及生产这些产品所需要的资源组成的。幸运的是，通过构建一个只生产两种产品的经济体模型，我们就能够了解国际贸易的主要特征。因为国际贸易究其根本而言，即为一种产品的出口和另一种产品的进口。通过构建只有两种产品的经济模型，就可以抓住国际贸易的基本特征，即一国趋向于成为某些产品的净出口国和另一些产品的净进口国。

本章通过分析两种产品经济的一般均衡状况，回答在前文所提及的国际贸易四个问题中的第一个问题：国家之间为什么进行贸易？实际上，每个国家、每个社会都认为贸易交往有利可图，其原因是什么？本章的分析按如下三个步骤进行：

1. 从亚当·斯密对国际贸易模式的最初解释开始。他的解释形成于他对重商主义的批判。

2. 然后介绍大卫·李嘉图的比较优势原理。比较优势理论让我们对国际贸易的理解比大多数人的直觉更为理性，也比亚当·斯密的最初解释更为深入。

3. 在对两种产品经济体的分析中，本章拓展了分析工具，使用了概述一国生产能力的生产可能性曲线。使用该曲线，可以展示基于比较优势的国际贸易是如何提高一国福利的。

在阅读本章时，请注意以下基本信息：比较优势的解释力。如果你认为这个分析框架太简单，别失望，以后的章节将在这个分析框架的基础上，增加更多的现实特征。

3.1 亚当·斯密的绝对优势理论

18 世纪末 19 世纪初，为支持自由贸易、驳斥当时盛行的重商主义学说（参考“案例研究”专栏中的“重商主义：先于斯密——遗风尚存”），亚当·斯密与大卫·李嘉图先后对国际贸易的基础和贸易自由化进行了研究。之后的一个世纪里，他们的经典理论对各国政策制定者产生了深远的影响。时至今日，这些理论仍被视为最基础、最有说服力的国际贸易理论的典范。

亚当·斯密在《国富论》(*Wealth of Nations*) 一书中，将国家比作家庭，论述了自由贸易所带来的益处。斯密认为每个家庭都只愿意生产其所需要的几种产品，并将生产出来的一部分产品在市场上出售，以换取其他产品。对国家来讲亦是如此：

> 如果一件物品的购买费用小于自己生产的成本……就不应该自己生产，这是每一个精明的家长都知道的格言。裁缝不想制作鞋子，而是向鞋匠购买……
>
> 如果每一个私人家庭的行为是理性的，那么整个国家的行为就很难是荒唐的。如果一个国家能以比我们低的成本提供商品，那么我们最好用自己有优势的商品同它交换。

举一个例子来论证斯密的推理。有两个国家，一个为美国，另一个为世界其他国家，两者生产的产品分别为小麦和布匹（分别宽泛地代表农产品和工业制成品）。产品生产所需要的唯一资源是劳动。（斯密将注意力放在劳动力资源上，是因为他认为所有的“价值”都是由劳动时间决定和计算的。大卫·李嘉图和马克思继承了亚当·斯密劳动价值论的观点，认为劳动是所有价值的基础。当然，我们无须只从字面理解“劳动”的含义，这里的劳动时间可泛指生产产品所需的所有资源。）

假定美国可以比世界其他国家更好地生产小麦；而世界其他国家则在布匹生产上优于美国。也许双方都可以通过自由贸易获益，这并不出人意料。因为美国可集中精力从事小麦的生产，然后将其出口；世界其他国家则全力投入布匹的生产与出口。让我们来更仔细地研究这个例子。

这里的“更好地生产”究竟是什么意思？可以用下面两个相似概念之一来表示某个国家生产某种产品的能力。其一，**劳动生产率** (labor productivity)，即一个劳动力在单位时间（1 小时）内生产的产品总量；其二，一个劳动力生产单位产品所耗费的时间，这是劳动生产率的倒数形式。这个例子的数据如下：

	美国		世界其他国家
劳动生产率			
单位时间生产的布匹量	0.25	$<$	1.0
单位时间生产的小麦量	0.5	$>$	0.4
生产单位产品所耗费的时间			
1 单位布匹	4.0	$>$	1.0
1 单位小麦	2.0	$<$	2.5

在这个例子中，美国在小麦方面的劳动生产率高于世界其他国家，即美国在小麦生产上具有**绝对优势** (absolute advantage)；类似地，世界其他国家在布匹生产上则具有绝对优势。

如果不存在自由贸易，两国将不得不生产两种产品以满足各自的国内需求。然而如果开展自由贸易，双方就能将其劳动力资源转移至各自具有绝对优势的产品生产上。世界总产量将会增加。就美国而言，1 小时劳动时间的转移意味着放弃生产 0.25 单位的布匹，增加 0.5 单位小麦产量。对世界其他国家而言，1 小时劳动时间的转移则意味着减少 0.4 单位小麦产量，而增加 1 单位布匹。这样在两个国家，对于每个产品而言，高劳动生产率的生产将取代低劳动生产率的生产。

案例研究

重商主义：先于斯密——遗风尚存

重商主义（mercantilism）是 1776 年亚当·斯密出版《国富论》之前的几个世纪支配欧洲有关国际贸易思想的哲学。重商主义者把国际贸易视为一国福利的主要来源。从事贸易的商人，尤其是那些从事出口贸易的，是劳苦功高的，因此这一理论被称为重商主义。但是重商主义者也坚信为了实现最大的国民福利，政府对贸易的管制是必要的。如果没有政府的管制，贸易商人只会考虑自己的利益而不顾国家的利益。

重商主义的中心思想是国民福利或财富是基于国家的金银（货币或金银）存量。基于这种国家财富观，出口被认为是好的，而进口（除了本国不能生产的原材料）被认为是不好的。如果一个国家卖（出口）给外国的产品比外国人卖给这个国家（该国进口）的产品多，那么外国人就必须运送金银到这个国家，以支付超额购买。根据重商主义者的观点，所得到的金银可以增加一国的福利。进口是不受欢迎的，因为它降低了一国积累贵金属的能力。进口也是不可靠的，因为一国在战时将得不到进口产品。另外，金银对于一国统治者来说特别重要，因为它有助于国家维持庞大的军队。基于重商主义者的观点，政府应该：（1）为限制进口而对进口课以重税并设置禁令；（2）对出口进行补贴和鼓励。

由于对金银的特别重视，重商主义者将国际贸易视为零和博弈活动——一个国家的所得来自其他国家的损失，因为一国贸易顺差必然意味着其他国家的逆差。重商主义鼓励出口限制进口的政策也为国内生产者（包括出口行业和进口竞争行业）带来了很大利益。

亚当·斯密及之后的经济学家指出，重商主义者对鼓励出口限制进口的推动颠倒了社会的优先次序。以下是他们驳斥重商主义思想的关键点：

- 国民福利基于现在和未来消费产品（以及其他诸如闲暇和清洁的环境之类的“产品”）的数量和能力。进口是一国的扩大的一部分国内消费，而不该当作一种邪恶来抑制。
- 一国生产和出口的重要性是间接的：它们提供了购买消费品的收入。出口商品并不是出口国自己需要的，更确切地说，出口商品是为了支付进口费用。
- 国家之间的自由贸易给所有的国家都带来了利益——贸易是双赢博弈。

另外，如果所获得的金银扩大了国内货币供给并且导致了国内产品价格通货膨胀——这一观点在斯密写下他的著作之前就已由大卫·休谟（David Hume）首先提出，那么获得金银的目的甚至就是自欺欺人的。

尽管重商主义者的主张遭到了批驳，国家也不再热衷于积累金银，但是重商主义思想至今仍存。现在它的表现主要集中在就业方面。新重商主义者认为出口是好的，因为它创造了就业机会。进口是不好的，因为它把工作机会从本国转移到了国外。新重商主义者仍把贸易视为零和博弈，并不认同贸易会给所有国家带来收益（包括全球繁荣带来就业的共同收益）。重商主义者的思想尽管是误导性的，但是仍然见诸世界各国对国际贸易的争论中。

国际贸易使得这种生产转移成为可能，甚至使每个国家的消费者都想购买本国不生产的另一种产品。例如，在美国，随着布匹产量的下降，其布匹的短缺可通过从世界其他国家进口解决，进口所需支付的货币可通过小麦出口所得来解决。

因此，亚当·斯密说明了自由贸易的利益是来源于全球生产效率的提高，因为自由贸易使得各国可以充分发挥其在某些产品生产上的绝对优势。至少有一个国家可以在不损害其他国家利益的前提下通过贸易获利。很多案例都显示了贸易双方均可以从全球生产效率的提高中获利。

总体而言，斯密的推论是正确的。在斯密写下《国富论》100多年后，他的思想仍然有助于说服一些政府消除国际贸易中的壁垒。然而斯密的观点并未消除在他写作之前就存在的一些担心：假若我们的国家在任何产品的生产上都不具有绝对优势该如何作为？假若外国在所有产品的生产上都比我们具有绝对优势，它们会进行贸易吗？如果它们进行贸易，我们又该做些什么？

实际上，这种担心一直存在于与斯密同时代的许多英国人脑海之中，他们害怕荷兰在所有产品的生产中生产效率都高于英国。时至今日，类似担忧仍在持续。第二次世界大战结束时，许多国家都认为自己在任何产品的生产上都无法与高生产率的美国相提并论，进而怀疑自己究竟能否从自由贸易中获得收益。如今，很多美国人也开始担忧：其他国家是否会通过国际贸易提高其各类产品的生产效率？美国是否会因自由贸易而遭受损害？本章下一节将利用比较优势理论对这类问题做出解答并建立一套基本的国际贸易准则。

3.2 李嘉图的比较优势理论

大卫·李嘉图对国际贸易理论做出的主要贡献是，告诉我们不论各国是否具有绝对优势，皆会从国际贸易中获利。他的理论贡献以**机会成本**（opportunity cost）分析为基础。机会成本是指一国为了多生产一单位的某种产品，而放弃生产的另外某种产品的数量。生产变化必然会引起生产资源从一种产品转移到另一种产品，这就是机会成本存在的理由。（实际上在讨论绝对优势理论时，分析劳动力从一个生产部门转移到另一个生产部门时，已经运用了机会成本的观点。）

19世纪早期，李嘉图在著作中阐述了**比较优势原理**（principle of comparative advantage）：一个国家将出口机会成本比较低的产品或服务，进口机会成本比较高的其他产品或服务。

这里的关键词是“比较”，即是相对的而非绝对的优势。即使某个国家在所有产品的生产上效率都高于另一国，而另一个国家所有产品的生产效率都绝对低，但只要双方在生产某种产品时，其相对优势（或者劣势）存在细微的差别，双方就都能通过贸易而获利。每个国家都可以通过出口生产上具有最大相对优势（最小相对劣势）的产品，进口生产上具有最小相对优势（最大相对劣势）的产品而从贸易中获利。李嘉图的方法实际上是一种存在于国家之间和产品之间的双重比较。

李嘉图用了一个简单的两种产品（毛呢和葡萄酒）在两个国家（英格兰和葡萄牙）之间交易所获收益的数字实例来论证自己的观点。下文中是一个类似的例子，是关于美国与世界其他国家之间交换小麦和布匹的。

	美国		世界其他国家
劳动生产率			
单位时间生产的布匹量	0.25	<	1.0
单位时间生产的小麦量	0.5	<	0.67
生产单位产品所耗费时间			
1 单位布匹	4.0	>	1.0
1 单位小麦	2.0	>	1.5

由上表可知，在两种产品的生产上，美国的劳动生产率都落后于世界其他国家，即美国在生产这两种产品时，都具有绝对劣势——劳动生产率更低或生产单位产品所耗费的劳动时间更长。美国应当从事何种产品的贸易？双方还能经由贸易获得净收益吗？

正如绝对优势中的例子一样，我们首先分析两国之间不存在贸易的情形。为满足国内需求，各国必须生产两种产品。各国国内的产品价格是多少？在没有贸易时，各国两种产品的价格由各国的内部情况决定。为了保持对产品实际价值的分析，这里将尽可能忽略货币因素，不是关注货币价格（美元/单位布匹和美元/单位小麦），而是使用了**相对价格**（relative price），即一种产品与另一种产品的交换比率。就如我们生活在一个没有货币的世界里，用小麦和布匹物物交换。①

与斯密一样，与李嘉图认为在竞争市场中，产品价格取决于生产该种产品所需的劳动成本。在没有贸易的情况下，美国 4 小时的劳动可产出 2 单位的小麦或 1 单位的布匹，即 2 单位的小麦价格等同于 1 单位的布匹（或者说生产 1 单位布匹的机会成本是 2 单位小麦——产品价格反映生产成本）。而在世界其他国家，耗费 1 小时的劳动即可产出 1 单位的布匹或 2/3 单位的小麦，即 1 单位布匹的价格（机会成本）与 0.67 单位的小麦相等。因此，在这两个互相独立的经济体中，其价格水平取决于布匹与小麦的相对劳动成本，如下所示：

	美国	世界其他国家
在不存在贸易的情况下：		
布匹的价格	2.0 W/C	0.67 W/C
小麦的价格	0.5 C/W	1.5 C/W

我们将使用 W 与 C 分别表示单位小麦与单位布匹。布匹的相对价格由每单位布匹交换的小麦数量表示，用 W/C 表示；同理用 C/W 表示小麦的相对价格。注意，实际上在每个国家只有一个价格比率，因为小麦相对价格的倒数就是布匹的相对价格。

现在这两国间可以开展自由贸易。精明的商人必定会觉察到两国之间两种产品价格的差异，他们会利用这种价差牟利。原理很简单也很通用：只要两地之间产品的价格存在差异（这个价差大于两地之间的运输成本），即存在**套利**（arbitrage）的机

① 在第Ⅰ篇和第Ⅱ篇的大部分地方都忽略了货币因素。在本章后面的“扩展阅读”专栏“如果贸易不平衡……”中，简单提到了货币；之后在第 5 章也有提及。这两处都是为了帮助我们理解汇率是如何与真实价格相联系的，比如每单位布匹对应的小麦数量。第Ⅱ篇开始出现那些我们看似熟悉的货币价格，比如第 8 章中每辆摩托车的美元价格。即便如此，价格和货币之间没有太多关系。就如第 2 章中所述，美元是所有产品的价格单位，而不仅仅是被描述的那一个产品（例如摩托车）的价格单位。

会——在某地低价买进某产品，然后在另一地高价卖出。

也许第一个察觉到的人会想到将布匹运送到美国以换取美国的小麦。考虑此人可以获得的套利利润。他从世界其他国家市场获取布匹，布匹价格仅为 0.67 W/C，然后将布匹贩运至美国，以 2.0 W/C 的价格卖出。为了简单起见，假设两国之间的运输成本为零。① 因此，通过低买（0.67 ）高卖（2.0），由世界其他国家出口到美国（美国为进口），商人可以赚取 1.33 W/C 的套利利润。当然，亦会有商人以 0.5 C/W 的价格从美国市场购入小麦，然后以 1.5 C/W 的价格出口到世界其他国家赚取利润。

开展互惠自由贸易交往之后，两国之间原本相互分离的产品价格比将会逐步趋于新的世界均衡价格。当商人为向美国出口而在世界其他国家市场大量购进布匹时，世界其他国家市场的布匹相对于小麦的价格比率将会上升。与此同时，由于美国从世界其他国家进口布匹，其额外供应量增加，价格将会下跌。简言之，在原本布匹价格比较低廉的世界其他国家市场，布匹的价格逐步上涨；而在原本布匹价格相对高的美国市场，布匹的价格会逐步下降而且越来越便宜（对小麦来说，亦是如此）。

此类价格变化趋势将一直持续下去，直至两国的布匹与小麦价格达到世界均衡相对价格为止。正常贸易就是以此均衡价格为基础进行的。

那么，均衡国际价格到底是多少呢？由于无从得知两国对布匹与小麦的需求强度，所以是不能确定的。但可以肯定的是，这一均衡价格点必定位于自由贸易之前两国产品的相对价格水平之间：

2.0 W/C≥布匹的国际价格≥0.67 W/C

0.5 C/W≤小麦的国际价格≤1.5 C/W

为什么？考虑一下如果不是这样将会发生什么。例如，布匹的国际价格仅为 0.4 W/C，世界其他国家必定会大量进口布匹并出口小麦，因为此时布匹的国际价格已经低于其国内的生产成本（0.67 W/C）。不过，这样国际贸易将无从实现。因为在如此低的价格下，美国也想要进口布匹并出口小麦。市场均衡将无法实现，对布匹的过度需求只会导致其价格的回升。（如果布匹的价格高于 2.0W/C 也可以进行同样的推理。）所以均衡国际价格只有在 0.67 W/C～2.0 W/C 之间，双方才可能进行贸易。

假设需求强度使得布匹的国际价格为 1.0 W/C。那么，双方都将从国际贸易中获利。

美国得到的利益为：

- 生产 1 单位的小麦只需放弃 0.5 单位的布匹。
- 出口 1 单位小麦，通过进口可以获得 1 单位的布匹。

世界其他国家所获收益为：

- 生产 1 单位的布匹只需放弃 0.67 单位的小麦。
- 出口 1 单位布匹，通过进口可以获得 1 单位的小麦。

绝对优势与比较优势是怎样联系在一起的？答案分为两部分。首先，亚当·斯密有关绝对优势的例子亦可用比较优势理论来表述。有关比较优势的详细分析也可以应

① 零运输费用的假设是相对可行的。如果运输费用是正的，只要不是很大，就只是减少了贸易收益但不会推翻任何主要结论。另外，在一个有许多种产品的世界里，某些产品的高昂的运输费用可以阻止这些产品的贸易。例如，许多服务是非贸易品，这是因为把卖方和买方集中到一起的费用太高了。（没有加拿大人或美国人为了便宜地剪一次头发，特意到中国去。）但是其他那些能够以低成本进行交易的服务，特别是那些能以电子“传输”的，可以称为贸易品。例如，本书作者最近完成了对欧盟的咨询研究。在这一研究中，所有的交流，包括终稿的递交，都是通过电子邮件和电话完成的。

用到前面章节里绝对优势的数值例子中。

其次，与绝对优势理论相比较，比较优势更具有普遍性和说服力。关键在于两国的价格比率在国际贸易交往之前即应存在差异。即使一个国家不具有绝对优势，只要两个国家产品的机会成本存在差异，就可具有相对优势，这就是两国国际贸易及获利的基础。如以上的比较优势的例子所示，美国生产单位小麦的机会成本（0.5 C/W），低于世界其他国家的机会成本（1.5 C/W），所以美国会出口小麦，尽管美国在小麦与布匹的生产上皆具有绝对劣势。

比较优势能解答一切问题吗？也不尽然。虽然在以上的案例中，绝对优势不能决定贸易模式，但绝对优势是区别生活水平差异的关键指标。某个国家在所有产品的生产上都具有绝对劣势，意味着这个国家的劳动生产率低于其他国家。低生产率国家的实际工资比较低，因此是贫穷的国家；而高生产率国家的实际工资比较高，所以是富裕的国家。参见“关注劳动力”专栏中的“绝对优势确实重要”。

3.3 不变成本的李嘉图模型和生产可能性曲线

李嘉图的数字实例成功证明了比较优势理论。本节将用图形描绘出每个国家的生产和消费状况，以证明李嘉图比较优势理论。

图表 3—1 显示了美国和世界其他国家的生产、消费和贸易。首先分析各国的生产状况。每个国家都可以利用自己的资源（劳动力）生产两种产品——小麦和布匹。为显示一国的生产能力，需要用一条曲线（或直线）来表示所有的生产可能组合。例如，假设美国可获得的年劳动时间为 1 000 亿小时，劳动生产率水平如图表 3—1 中左图的数字所示——单位时间生产的小麦与布匹分别为 0.5 与 0.25。如果只生产小麦则每年可以生产 500 亿单位；如果只生产布匹，则每年可以生产 250 亿单位。美国也可以同时生产小麦与布匹的各种产量组合，如年产出 200 亿单位小麦和 150 亿单位布匹。如果将其生产两种产品组合的所有可能性连成线，即可得到美国的**生产可能性曲线**（production possibility curve，PPC），它显示了一个经济体的全部资源充分就业并且发挥最大生产效率时，生产两种产品的所有组合。

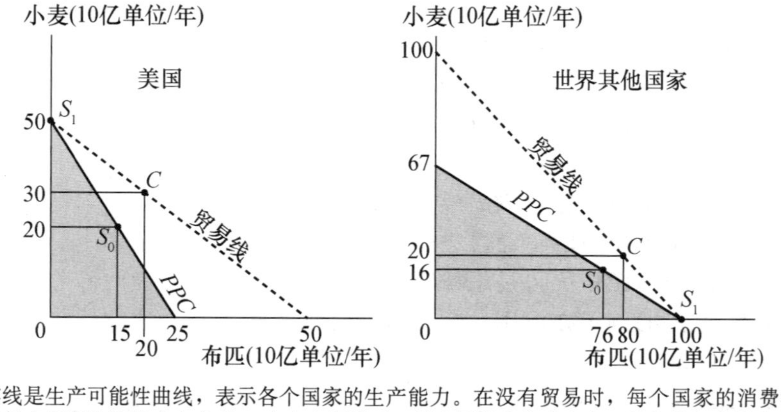

图中粗实线是生产可能性曲线，表示各个国家的生产能力。在没有贸易时，每个国家的消费都受其生产能力限制，假设每个国家的消费点在点 S_0。在自由贸易时，每个国家专业化生产一种产品，分别在点 S_1 上。通过国际贸易两个国家都可以在国际贸易线上，例如点 C 消费。

结果：两个国家从国际贸易中受益。专业化生产和贸易使得两个国家可以在点 C 消费，比没有贸易时在生产可能性曲线点 S_0 上消费更多的商品。

图表 3—1　李嘉图不变成本模式下的国际贸易收益

图表 3—1 中的左右两图中的粗实线分别代表美国与世界其他国家的生产可能性曲线（假设世界其他国家可获得的年劳动量也为 1 000 亿小时），且皆为直线。请注意：每条直线都有一个固定的斜率（负数）。斜率表示生产额外一单位布匹的成本，即两国为生产单位布匹所必须放弃的小麦量。在这个例子中，美国生产单位布匹的边际成本是 50/25＝2 W/C，同时也是布匹的机会成本。假设无自由贸易，并且美国市场为竞争性市场，该成本也是美国市场布匹的相对价格。对世界其他国家而言，生产单位布匹的边际成本是 $67/100=\frac{2}{3}$ W/C，这也是无自由贸易情况下的世界其他国家竞争市场上布匹的相对价格。图表 3—1 中，生产可能性曲线为直线，反映了李嘉图“劳动生产率是不变的”的观点。生产率不变，就意味着生产的权衡——每个产品的边际或机会成本——在每个国家内是一致的。

我们可以结合图表 3—1 再分析李嘉图关于贸易获益的结论。在尚未开展自由贸易之时，两国所能消费的小麦和布匹组合应位于生产可能性曲线上或线内，如图表 3—1 中的两图所示的点 S_0。当开展自由贸易之后，两国贸易市场的布匹价格贸易线介于$\frac{2}{3}$ W/C 与 2 W/C 区间内。再次，假设需求条件使自由贸易布匹价格为 1 W/C，并且两国只生产其具有比较优势的产品，在图表 3—1 中的两图所示的点 S_1 上生产。

为了表明在此价格下，每个国家如何从交易中获利，我们需要观察贸易是如何被绘制在图中的。当一个国家通过出口获得进口时，可以最终消费一组不同的商品。这与贸易之前有什么不同呢？如图表 3—1 所示，沿着连接一个国家生产点 S_1 和消费点 C 的直线，它可以按世界价格比率 1 W/C 来用小麦交换布匹。两条贸易（或价格）线如图表 3—1 所示。

关注劳动力

绝对优势确实重要

如果自由贸易真这么好，那为什么会有这么多人反对它呢？积极分子和反对者们近来一直在强烈抱怨，说贸易对发展中国家的工人、工业化国家的工人和自然环境都有负面影响。由于对绝对优势和比较优势的分析都集中在劳动力资源上，因此我们现在来关注贸易对工人产生的影响。（贸易对环境的影响将放在第 13 章分析。）

亚当·斯密和李嘉图引领的古典分析真能用来解释当下的争端吗？我们举一个有趣的例子。假设一个国家（现称为北方）在所有产品的生产上都具有绝对优势，而另一个国家（现称为南方）都处于绝对劣势。在这个框架下，研究以下三个主要问题：

1. 如果北方劳动力生产率都非常高，那么南方工人所受的影响会大到以至于自由贸易会让南方愈发贫困吗？

2. 如果南方的工资都非常低，那么北方工人所受的影响会大到以至于自由贸易会让北方变得贫困吗？

3. 由于南方的低工资（同时/或存在恶劣的工作环境），贸易会给南方的工人带来伤害和剥削吗？

实际上教材中已经回答了第一个问题。南方在一些产品上会拥有比较优势。在南方，这些产品的生产会出现欣欣向荣的景象。贸易的开展会减少那些进口替代产品（从北方进口）的工作机会，但这些工人可以转到日益扩张的以出口为导向的领域中去。尽管有些工人必须承受从一个行业转到另一个行业的转型成本，南方仍然能从贸易中获利——总的来说，它会更加富裕，而不是更贫困。

由生产率（绝对）低的南方工人生产的产品，如何与北方竞争并取得成功？答案是南方的工人工资相对于生产率更低。生产单位产品的成本是付给工人的工资与工人的劳动生产率之比。如果工资偏低，或是生产率偏高，那么生产成本就降低。真正重要的是两者的比率。

对于南方的比较优势产品（该产品劳动生产率劣势是最小的）来说，低工资使得生产成本很低，并能够成功出口。对于比较劣势产品来说，较大的生产率劣势并未被低工资所抵消，所以这些产品仍从北方进口。

但是如果南方的工资低，那么高工资的北方工人如何与他们竞争呢？第二个问题的答案其实是第一个问题答案的另一半。北方在一系列产品上有比较优势，因为这些产品的（绝对）生产率优势是最大的。即便是高工资，生产这些产品的成本也低，因为这些工人生产率更高。北方可以成功地出口这些产品，高生产率带来的是低生产成本。通过它的比较优势（使其绝对生产率优势最大化），北方从贸易中获利——总的来说，它也变得更加富裕，而不是更加贫穷。

但这样公平吗？为什么北方的工人可以获得高工资而南方的工人只能赚取低工资？这是不是意味着南方的工人被贸易剥削了？这些问题的答案是绝对优势确实重要。它的重要之处不在于决定了贸易模式，而在于它决定了国家的工资水平和人们的生活标准。如果工人的生产率高，那么他们就可以获得高工资，享受舒适的生活。生产率低的工人只能拿到低工资（从如右图所示的一些国家最近的数据，可知这一点是多么正确）。南方的低工资是因为劳动生产率低。无论是不是有国际贸易，南方工人的工资都可能继续低下去。贸易并没有剥削他们。实际上，由于从贸易中获得的收益，南方的工人可以赚取更高一些的工资，过上更好的生活。然而，只要南方的劳动生产率处于低下的水平，南方的工人就会一直相对贫困下去。

如果我们认为南方的工人赚取这么微薄的工资是非常不公平的，我们能做些什么呢？贸易本身并不是解决方案（它也不是罪魁祸首）。一些要求支付更高工资的政令也不是解决问题的办法。强制实行更高的工资会提高生产成本，这会导致一些出口导向的产业萎缩，因为这样它们的生产成本和北方的生产成本就会相差无几。

真正的解决方案在于一定要找到办法来提高南方工人的劳动生产率。尽管李嘉图模型并没有指出到底是什么决定了劳动生产率，但我们知道以下方法有助于提高生产率：增加教育和卫生投入，提高工人素质；促进技术进步和改善管理方法；实行改革，放宽或取消限制性的、扭曲的政府政策。总而言之，绝对优势确实重要——要提高工资和生活水平，我们必须提高劳动生产率。

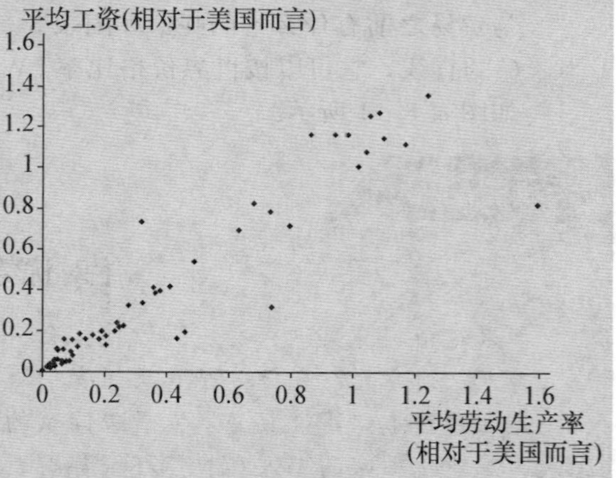

对63个国家的制成品行业来说，平均劳动生产率和平均工资是相对于美国2006年的水平衡量的。图中显示了平均劳动生产率越高的国家，其平均工资也越高。（劳动生产率最低的国家是爱尔兰。）

2006年制造业平均劳动生产率和平均工资

资料来源：For 28 industrialized and other European countries, value added per hour and labor compensation per hour from EU KLEMS, Growth and Productivity Accounts, November 2009 Release. For 35 other developing countries, value added per employee and wage per employee from UNIDO, *International Yearbook of Industrial Statistics*, *2010*. Based on Golub (1999).

扩展阅读

如果贸易不平衡……

你也许会对贸易理论的精髓同报纸上有关国际贸易的头条之间的相互矛盾惊讶不已。

贸易理论假设贸易是平衡的。如图表3—1所示，理论假设出口和进口的市场价值相等（两个价值都用国际价格比计算）。一般地，虽然图示中不使用货币，贸易也是平衡的。只要国家之间以货易货，用小麦换布匹，它们就会认为美国小麦出口的价值与进口的布匹价值相等，从而贸易是平衡的。

然而，新闻媒体一直在报道美国自1975年起就出现了巨额贸易赤字。货物和服务的进口一直超过出口。（相反，日本、德国和法国自1975年起大多数时间都是贸易盈余。）那么到底发生了什么？基础的贸易理论怎么能对这个最具新闻价值的国际贸易问题不闻不问呢？在论及贸易的原因和从贸易中获得的收益时，理论是不是出错了？是不是李嘉图过于乐观，认为每个国家都有比较优势，足以使整个贸易平衡？

这些都是非常好的问题，值得给出一个比简单而又敷衍性的“是啊，可是模型假设贸易是平衡的”更好的回答。在随后的章节中，我们会讨论贸易赤字和盈余是如何影响汇率、货币和金融的。不过真正的答案却是更基本的，即模型假设贸易是平衡的并没有错，即便是一个国家现在正经历着巨额的贸易顺差或逆差！

以美国的贸易逆差为例。似乎美国的出口总是小于进口。这样认为可以说对，也可以说不对。对的是，贸易平衡账户多年来一直都是赤字。但是一个经常项目赤字的国家偿还赤字的办法，要么是拆东墙补西墙，要么就是向外国债权人出售资产。比如，一国出口“欠条”，如政府债券，保证在未来可以偿还商品。这些“欠条”的出口额正好与经常项目赤字的额度相当。

没有必要在我们的小麦、布匹的例子中添加关于债券的讨论，因为美国的债券是出口布匹国家对美国未来小麦的要求权。今天，美国进口的布匹也许比它出口的小麦多，但是这种赤字与它在将来某天额外的小麦出口额度相当。在长期，贸易会得到平衡。尽管在未来可能预期没有实现：也许美国会拖欠它的外债，或者也许通货膨胀（或通货紧缩）会让美国少（或多）出口小麦。但无论如何，今天的国际贸易是建立在贸易会在长期得到平衡的预期上的。

假设美国在图表3—1中左图的点S_1专门生产小麦，并且沿图中的贸易线，以世界价格比率向世界其他国家出口小麦及进口布匹。放弃小麦以获得布匹进口意味着沿着贸易线逐步向右下方移动。如果世界价格为1 W/C，美国可以在贸易线上的任何一点进行消费。显而易见，贸易线上的任何一点消费组合都优于自由贸易之前。对于任一点，如自给自足的点S_0，贸易线上都存在更好的消费点如点C，在点C可以通过专业化生产和交换使消费者达到更大的消费量。由此可见，美国可以通过自由贸易而获利。同样显而易见的是，世界其他国家也可以通过专业化生产布匹（即图表3—1中右图所示的点S_1），然后用其交换小麦而获利，即沿着贸易线向左上方移动，达到某一消费点如点C。因此，图表3—1是用另一种方式观察了李嘉图不变成本假设下的比较优势的运作。

这样的分析清晰而且有力，但它也有严重的不足。图表3—1中边际成本不变的假设，会让我们得出这样的结论：每个国家通过完全专业化生产有比较优势的产品，都能够实现贸易收益的最大化。①

但是在现实生活中也没有出现完全专业化。在李嘉图的时代，假设英格兰不种植葡萄，而完全依靠从国外进口，这也许是可能的。但是，即便是有从英格兰进口的毛呢，在李嘉图的例子中，葡萄牙还是生产大部分所需的毛呢。在今天，完全专业化也并不普遍。美国和加拿大仍然继续生产它们需要进口的产品——纺织品、汽车、家具等。我们将在第 4 章引入现实的边际成本递增及非完全专业化生产的概念。

本章小结

没有贸易时各国产品价格存在差异，由此形成了各国之间国际贸易的基础。本章首先分析了没有贸易时各国产品价格存在差异的原因来自生产方面的差异性。在亚当·斯密的绝对优势理论中，各国都将选择出口其劳动生产率高于他国的产品。大卫·李嘉图的比较优势原理说明即使一个国家在所有产品生产上都处于更低的生产率，互利的贸易依然能够发生。

比较优势原理建立在机会成本的基础上。机会成本即为生产一单位的特定商品所必须放弃生产的其他商品的数量。这个原理说明一个国家应该出口机会成本较低的产品，进口机会成本较高的另外一种产品。

可以利用生产可能性曲线来描述一个国家的生产能力。李嘉图模型假设边际成本不变，所以一国的生产可能性曲线是一条直线。我们可以利用国家的生产可能性曲线说明基于比较优势，国家之间进行贸易的原因，另外也能显示两个国家通过国际贸易都能获利。与重商主义思想相反，贸易不是只有当一个国家受损时另一个国家才能获利的零和博弈。

关键词

劳动生产率（labor productivity）
重商主义（mercantilism）
绝对优势（absolute advantage）
机会成本（opportunity cost）
比较优势原理（principle of comparative advantage）
相对价格（relative price）
套利（arbitrage）
生产可能性曲线（production possibility curve）

推荐读物

Irwin（1996）对自由贸易优缺点的各种思想流派做了详细的研究。他的研究始于古希腊，历经重商主义、斯密、李嘉图直至最近的经济分析。Bhagwati（2004）和 Wolf（2004）分析及回应了自由贸易批判者的观点，并对经济全球化进行了系统分析。

习　题

✦ 1. “根据李嘉图的分析，一国出口的产品，其单位产品所耗劳动时间应低于国外同类产品所耗时间。即该类产品的劳动生产率应高于国外同类产品。”对此观点，你是否同意？为什么？

---

① 在成本不变的前提下，两个贸易国家中的一方也可能不能实现完全专业化。在特殊条件下，即世界价格刚好是一个国家在没有自由贸易时的国内价格时，这个相对价格不变的国家是个“大”国，而另一个国家是个“小”国。“大”国在自由贸易的条件下，会继续生产两种产品，这是因为“小”国的出口量不能满足“大”国的需求。图表 3—1 假设两国经济规模相当，并能实现完全专业化。

2. 有人认为“进口对我国是有益的，而出口则是被迫遭受的损失”。对该观点，你赞成吗？为什么？

✦ 3. “重商主义认为一国必须限制出口，所以更多本来可出口的产品应该留下来满足国内的消费。”你同意这一对重商主义的概括吗？

4. 以图表 3—1 中的两个国家为例。在自由贸易的情况下，每一个国家是否都应该完全专业化，只生产一种产品？也许每个国家都应该沿着生产可能性曲线移动，在 S_0（封闭条件的生产点）与交点 S_1 的中间生产？如果两国还是以相对价格 1 W/C 进行贸易，两个国家的境况是改善了还是恶化了（与完全专业化点 S_1 相比较）？

✦ 5. 我们在 3.2 节中使用了数值的例子来说明亚当·斯密的观点。假设现在没有国际贸易。你是第一个发现两国之间产品存在差价，并有国际贸易可能性的人。你如何进行套利？你从第一笔套利中，可以获取多少利润？

6. 再次使用 3.2 节中的数字来说明亚当·斯密的观点。当两国开始贸易时，布匹的世界均衡价格有可能是 1.5 W/C 吗？

✦ 7. 设定普格罗维亚（Pugelovia）和世界其他国家这两个国家生产单位大米及布匹的投入如下：

国家	生产单位大米的投入	生产单位布匹的投入
普格罗维亚	75	100
世界其他国家	50	50

假设普格罗维亚和世界其他国家仅生产这两种产品，且投入产出比保持恒定，而且两国市场均为竞争性市场。

a. 普格罗维亚的大米及布匹生产有无绝对优势？

b. 普格罗维亚的大米及布匹生产有无比较优势？

c. 开展国际贸易之前，普格罗维亚市场的大米与布匹的价格比率是多少？

d. 开展国际贸易之后，世界均衡价格比率的最高及最低限各是多少？普格罗维亚进出口的产品分别是什么？

8. 请使用标准的李嘉图假设，分析如下模型：

国家	生产单位葡萄酒耗费的时间	生产单位奶酪耗费的时间
Vintland	15	10
Moonited Republic	10	4

假设 Vintland 的年劳动量为 3 000 万工时；Moonited Republic 的年劳动量为 2 000 万工时。

a. 就葡萄酒生产而言，哪国具有绝对优势？哪国在生产奶酪上有绝对优势？

b. 仍就葡萄酒生产而言，哪国具有比较优势？哪国在生产奶酪上有比较优势？

c. 画出两国的生产可能性曲线，并标出在没有自由贸易以前，两国的生产点（假设无贸易时，两国的奶酪消费分别为 150 万千克与 300 万千克）。

d. 开展自由贸易之后，两国各自出口何种产品？假设世界均衡价格比率为 1 千克奶酪换 1/2 瓶葡萄酒，两国的生产状况将怎样变化？

e. 假设 200 万千克奶酪换取 100 万瓶葡萄酒时，自由贸易达到均衡。在自由贸易下两国的消费点在哪里？作图说明。

f. 请作图说明两国是否都可从自由贸易交往中获利。

✦ 9. 实际工资的含义是每小时劳动报酬所得到的实际购买力，即某人 1 小时的劳动报酬所能买到的某产品的数量。在李嘉图模型中，工人根据其劳动生产率（每小时劳动的产出量——单位产量所需劳动时间的倒数）得到报酬，亦称为实际工资。在回答以下问题时，请使用本章有关比较优势的数字模型回答以下问题：

a. 没有贸易时，用小麦、布匹表示的美国和世界其他国家每小时劳动的实际工资分别是多少？哪国的“平均”实际工资更高？

b. 假设自由贸易下，世界均衡价格比为 1 W/C，且两国都进行完全专业化的生产。以小麦表示的美国实际工资是多少？在自由贸易后美国获得布匹，此时美国用布匹表示的新的实际工资是多少？美国的贸易收益如何？世界其他国家用布匹表示的实际工资是多少？其通过自由贸易获得小麦后，用小麦表示的新的实际工资是多少？此时贸易收益如何？

c. 自由贸易之后，哪国每小时劳动的“平均”

实际工资更高？此时绝对优势的重要性如何？

10. 请使用关于李嘉图比较优势理论一节中的数字模型回答以下问题：假设美国生产单位小麦的工时数减为原先的一半，即劳动生产率提高了一倍，贸易模式将会有怎样的变化？再回到原来的数据。假设美国生产单位布匹的工时数量减为原先的一半，即劳动生产率提高了一倍，贸易模式又将如何变化？

第4章 贸易：要素可获得性和要素比例是关键

第3章用一种简单的类似于李嘉图所用的例子介绍了比较优势的概念。然而，正如在第3章结尾所提到的，李嘉图模型的不足之处是假设机会成本不变。实际生活中，许多产业都会遵循边际成本上升的原则，而非成本不变。例如，美国小麦生产的扩张将会很快地推高生产成本，这是因为生产的扩张受到以下三个方面的限制：(1) 有多少额外的土地可供小麦种植，这些额外的土地是否适宜小麦种植；(2) 能雇用到的额外的工人是否愿意并且适合在农场工作；(3) 种子、肥料和其他原料投入的可获得性。

本章将对边际成本递增情况下的贸易进行分析，这一方法通常被认为是贸易理论的标准模型。本章第一部分论述了分析两种产品的一般均衡经济模型工具的发展过程。第一，证明在边际成本递增的情况下，第3章中引入的生产可能性曲线将会外凸；第二，引入产品无差异曲线来描述在两种产品模式下消费者的购买决策；第三，利用这些工具分析一国在无贸易和自由贸易情况下的经济状况。

在本章的第二部分中，将利用这一架构来探求贸易的四个关键问题中的三个问题的答案：贸易的基础、贸易的收益以及贸易的生产和消费效应。分析显示有三种可能的贸易基础：第一种是不同国家对产品需求存在差异。第二种是技术和资源生产率的差异带来了比较优势，这是在李嘉图模型中提到过的。本章引人注目的部分在于分析了第三种可能的国际贸易基础，即赫克歇尔-俄林的贸易理论所强调的各国之间存在生产要素禀赋差异（土地、劳动、技术、资本和自然资源）。也就是说要素可获得性差异也是比较优势的来源之一，这是因为不同商品生产需要的要素组合存在差异。

4.1 边际成本递增下的生产

在国际贸易理论的标准模型中，经济学家用一个更现实的边际成本变动的假设代替李嘉图模型中边际成本不变的假设。这里假定**边际成本递增**（increasing marginal cost）：当某一产业以其他产业为代价进行扩张的时候，该扩张产业多生产一单位产品，所需放弃其他产业的产品数量将逐渐增多。

第 3 章引入了**生产可能性曲线**（production-possibility curve，ppc），它表示在给定一国的生产资源时和最大可能生产率的情况下，该国所能生产的各类产品的最大产量的组合。那么在边际成本递增的情况下，生产可能性曲线将会呈现怎样的变化？正如图表 4—1 中 A 图所示，它的形状是"外凸"的。要知道为什么外凸的生产可能性曲线显示了递增的边际成本，就要考虑当把越来越多的资源从小麦生产转移到布匹生产时，会对多生产一单位布匹的边际成本产生什么样的影响。当一国只生产 200 亿单位的布匹时，生产可能性曲线上点 S_1 的斜率显示，每年多生产 1 单位布匹需要的资源意味着放弃 1 单位小麦。当一国每年生产 400 亿单位的布匹时，就如点 S_0 更陡峭的斜率所示，每年多生产 1 单位布匹所需资源意味着放弃 2 单位小麦。当把布匹的产量提高到每年 600 亿单位时，多生产 1 单位布匹所需要放弃的小麦数量增加到 3 单位。

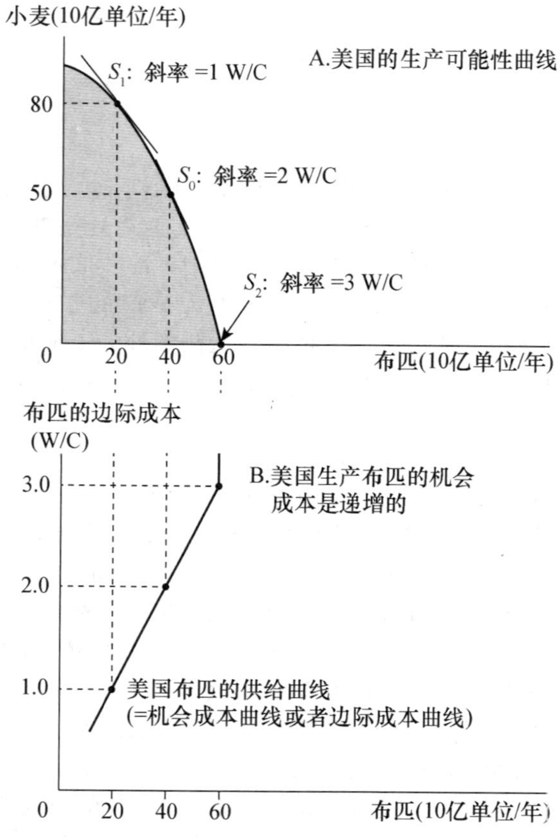

增加的机会成本可以用以下两种方式来表示：用沿着外凸的生产可能性曲线不断变化的斜率来表示；也可以用向上倾斜的供给曲线（边际成本曲线）来表示。

注意：在分析生产可能性曲线时，我们忽略了切线斜率的负号。

图表 4—1　递增成本下的生产可能性曲线

多生产 1 单位布匹递增的成本也可转化为多生产 1 单位小麦递增的成本。当一国从只生产布匹（在点 S_2）的经济开始，逐步递增地把资源投入小麦的生产，那么多生产 1 单位小麦的机会成本逐步增加（从点 S_2 的 1/3 单位布匹到点 S_0 的 1/2 单位布匹，再到点 S_1 的 1 单位布匹等）。

递增的边际成本在图表 4—1 中 B 图以类似的形式再次出现。这里纵轴显示了多生产 1 单位布匹的边际成本，即 A 图中的斜率。由此所得到的曲线是布匹的供给曲线（就像第 2 章中所使用的供给曲线一样）。在布匹市场每个可能的价格下，美国竞争性厂商根据增加 1 单位布匹需要的边际成本，来决定生产多少单位的布匹。图表 4—1 中的 A 图和 B 图中两种描述边际成本递增的方法显示了两种产品分析法（从第 3 章开始直到此处）和第 2 章中所关注的一种产品分析法之间的联系。

4.1.1　外凸的生产可能性曲线的含义

要得到各国的生产可能性曲线需要什么信息？为什么边际成本递增的生产可能性曲线（形状外凸）比第 3 章中所说的边际成本不变的生产可能性曲线（直线）更接近现实？

一国的生产可能性曲线可以通过该国的要素（资源）供给总量和各行业要素投入产出的生产函数两方面信息得出。生产函数表明在不同行业中，如何运用要素投入进行生产。附录 B 显示了在一些共同假设下相关行业生产函数的生产可能性曲线是如何推导出来的。

即使没有严格的证明，也可以大致解释成本递增（即生产可能性曲线的形状外凸）的现实性。假设：

- 有不同的投入要素（土地、高技能劳动力、低技能劳动力和资本等）；
- 不同产品使用不同的要素投入比率。

仍以小麦和布匹为例，不管生产布匹的纱线是来自合成纤维还是棉花或丝等天然纤维，小麦生产都比布匹使用相对更多的土地和更少的劳动力。

即使每个行业的规模报酬不变，只要投入比率存在差异，就会导致成本递增（形状外凸）的生产可能性曲线。资源从布匹生产中释放出来并转移到小麦的生产时，释放出的资源比率与小麦生产所需要的资源比率不同。布匹行业会释放出大量劳动力和少量土地，但是小麦生产需要大量土地和少量劳动力。为了吸收这些释放出来的生产要素，小麦行业必须使用更多的劳动密集型技术。其效果相当于报酬递减法则（严格地说，相当于在其他投入要素固定的情况下，不断增加一种要素投入的情形）：在土地投入数量增加缓慢的情况下，要吸收如此多的劳动力，将导致这样一种情况，即随着越来越多的资源，主要是劳动力，从布匹生产中释放出来，小麦产量的增量逐渐下降。因此，多生产 1 单位布匹的损失仅获得越来越少单位的小麦增量。

4.1.2　如何选择产品组合

在生产可能性曲线上所有可能的生产点中，一个国家会选择哪一点生产？这取决于竞争中厂商所面临的价格比率。假设以小麦衡量的布匹市场价格比率为 2 W/C。如果你是一个和周边其他厂商竞争的厂商，你将在生产点的选择中面临以下三种情况：

- 如果多生产 1 单位布匹的机会成本小于 2 W/C（单位布匹的售价），那么你就会尽量多生产布匹（并从小麦生产中转移出资源）。如图表 4—1 中的点 S_1 所示，在这点上生产布匹的机会成本小于（生产可能性曲线上这点的斜率更平坦）2 W/C。

● 如果多生产 1 单位布匹的机会成本大于 2 W/C，就会尽量少生产布匹（并把资源转移到种植小麦上）。如点 S_2，在这点上生产布匹的机会成本大于（生产可能性曲线上这点斜率更陡峭）2 W/C。

● 如果多生产 1 单位布匹的机会成本等于 2 W/C，那么在这一点生产是合适的。没有理由在布匹和小麦之间进行生产转移，如点 S_0 所示。

选择在相对价格为 2 W/C 的点 S_0 进行生产（400 亿单位布匹和 500 亿单位小麦），一国的生产总值实现了最大化。在图表 4—1 中这一价格以斜率为 2 W/C 的价格线表示。这一价格线与生产可能性曲线相切于点 S_0。① 这一切点非常重要，因为根据这条价格线的斜率所显示的价格，国内生产总值不管用布匹的产量还是小麦的产量来衡量，你都不可能在这条生产可能性曲线上通过将生产点移动到其他任何位置来增加国内生产总值。②

如果布匹的相对价格下降到 1 W/C 时将会怎样？在一个更低的布匹价格上，我们认为布匹生产将会减少。由减少布匹生产而释放出来的资源会转移到小麦生产中，小麦产量增加。经过一段时间的调整以后，资源陆续从布匹产业转移到小麦产业，该国将会选择点 S_1 作为生产点。点 S_1 的切线斜率为 1 W/C，代表一条新的价格线。所选择的生产组合表现为更少的布匹（20 亿单位）和更多的小麦（80 亿单位）。

4.2 社会无差异曲线

生产可能性曲线反映了一国经济中的生产状况。要完整地描述一国总体的经济状况，必须引入一种分析方法来同时描述两种商品需求的决定因素。

对单个消费者而言，经济学家通常认为消费者通过对各类商品的消费而获得福利（或幸福、效用）。图表 4—2 显示了消费两种商品（仍是小麦和布匹）的数量以及所获得的个人效用之间的关系。经济学家并没有在平面图上再给出一个轴，表示效用水平，而是引入了一组无差异曲线，如图表 4—2 所示。**无差异曲线**（indifference curve）表示消费者消费两种商品时能获得相同效用或福利水平的各种数量的组合（这里指小麦和布匹）。例如，以布匹与小麦为例，无差异曲线 I_0 表示消费者在点 A、点 B 和点 C 之间选择任何一点，消费组合的效用都是无差异的，每点都能获得相同的效用水平。也就是说，消费 80 单位的小麦和 20 单位的布匹，或者消费 20 单位的小麦和 80 单位的布匹都会得到同样的满足和幸福。

但是在消费者眼中，曲线 I_0 左下方的任何一个消费组合点的效用都低于点 A、点 B 或点 C，而曲线 I_0 右上方消费组合点的效用则要更优。如图表 4—2 所示，更高的无差异曲线 I_1 上点 D 所表示的效用水平高于点 A、点 B 或点 C。而曲线 I_2 上的点 E 所表示的效用水平则更高。

---

① 为了简化描述，我们将自始至终用正值表示价格线（以及其他曲线，如生产可能性曲线的切线）的斜率，尽管这些曲线的斜率其实是负的。

② 这一点可在图表 4—1 中通过把 2 W/C 的价格线从点 S_0 延长到坐标轴上看出来。价格延长线与横轴的交点是以布匹数量表示的布匹和小麦的国内生产总值。类似地，价格延长线和纵轴的交点同样也是以小麦数量来表示的布匹和小麦的国内生产总值。你可以看到，只要价格（并且价格线的斜率等于 S_0 的斜率）保持在 2 W/C，一国在点 S_0 生产时的价值比在生产可能性曲线上的任何其他点上都高。

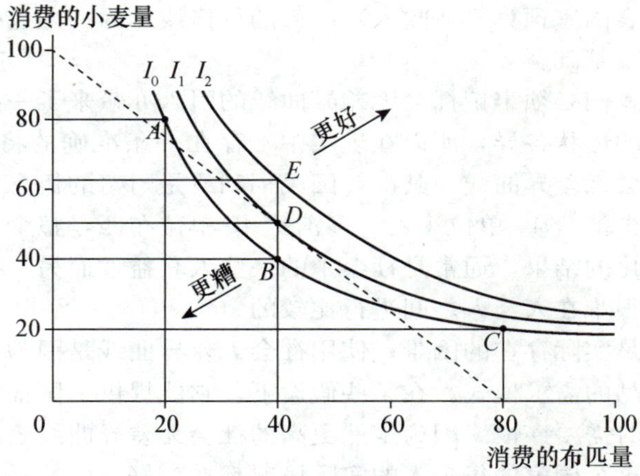

同一条无差异曲线上各点所表示的两种产品不同的消费数量组合，如在 I_0 上的点 A、点 B 和点 C 三点，都可以给消费者带来相同的福利水平或效用。能给消费者带来更高福利水平的消费点在更高的无差异曲线上。（例如：I_2 曲线上的点 E 比 I_1 曲线上的任何一点福利水平都高）。如果虚线是预算约束线，那么个人可以通过购买和消费点 D 所示的两种产品的消费数量实现最高可能的福利水平，这里无差异曲线 I_1 是他所能达到的最高的无差异曲线。

图表 4—2　反映消费两种商品的个人效用水平的无差异曲线

如图 4—2 所示，通常情况下，无差异曲线都凸向原点。每个消费者都有无数条（一组完整的图谱）无差异曲线，代表了无限细分中的福利水平的细微差别，并且显示了消费者对各种商品组合的偏好。图表 4—2 仅从这一完整的图谱中选取了几条无差异曲线。

消费者实际选择的消费点取决于他所面临的预算约束——消费者所能获得的用于购买这些商品的收入以及这些商品的价格。预算约束公式是：

$$Y = P_W \cdot Q_W + P_C \cdot Q_C,$$

这个公式假设消费者在两种商品——小麦（W）和布匹（C）上用完了他的收入 Y。在给定收入和商品价格的条件下，该等式是一条直线，表明在该收入下，消费者所能购买的布匹和小麦两种商品的组合：$Q_W = Y/P_W - (P_C/P_W) \cdot Q_C$。这条预算约束线的斜率是（负的）商品价格比（$P_C/P_W$），即布匹的相对价格，所以通常把这条预算线称为价格线。

给定预算约束线或价格线时，消费者会选择效用尽可能大的消费点——位于能达到的最高的无差异曲线。这就是与价格线相切的无差异曲线。在图表 4—2 中，虚线表示了消费者的预算约束，他在市场上面临的布匹相对价格为 1.25（$P_C/P_W = 1.25$）。如果把所有收入用于购买小麦（$Y/P_W = 100$），他能买到 100 单位小麦。在给定这一预算约束时，消费者应该选择消费 50 单位小麦和 40 单位布匹（在点 D）。这样消费者就能达到福利水平最高的无差异曲线 I_1。

考察国际贸易时，我们需要描述的是整个国家而不仅仅是个人的消费决定，以及这一决定对国家的整体经济福利意味着什么。我们可以把一大群人（如一个国家）的偏好描绘成只有一组无差异曲线吗？这样的描绘肯定是有问题的，这些问题将在下一节中讨论。但是，对一群人使用一组单一的无差异曲线作为分析工具却是非常有用的。我们将使用**社会无差异曲线**（community indifference curve）的概念，它主要显示了整个群体的经济福利是如何取决于这个群体对商品的消费选择。下文中将把与图表 4—2 类似的无差异曲线系列视为一个国家整体的社会无差异曲线，用社会无差异曲线以及代表国家预算（或收入）约束的价格线作为一国选择小麦和布匹的需求量和消费量的决策基础。

当然，我们必须牢记社会无差异曲线的引入亦带来了一些难题。首先，由于个人无差异曲线的形状各异，所以在现实中不存在一条准确的将个人无差异曲线“加总”而得到的社会无差异曲线。其次，国民福利或是财富的概念没有得到很好的界定。很难判断人均少消费40单位小麦、多消费40单位布匹，整个社会的福利水平是否会提高。这一变化的结果，通常是社会中的一些人获益，而另一些人受损。幸福程度或是效用水平是很难在人与人之间进行比较的。

以上都是实际存在的困难。使用社会无差异曲线是因为它可以便捷合理地描述一国对两种商品的需求模式。在某些假设下，它能提供一国福利或财富的信息，但是使用这种方式时需要谨慎。因为虽然更高的社会无差异曲线表示更高的国民福利，但这并不意味着这个国家的每个人的实际境况都在变好。

4.3 将生产与消费同时纳入分析范畴

假设图表4—3概括了美国经济的一些信息。美国的生产能力用外凸（成本递增）的生产可能性曲线表示，消费偏好通过一组社会无差异曲线表示，图中仅显示了其中的三条。

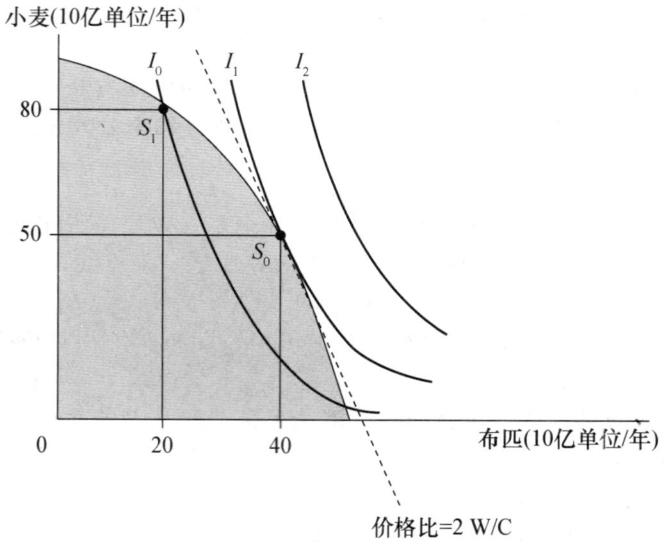

无贸易时，一国的最佳做法是把生产点移到和最高的社会无差异曲线相切的那个点。这一最佳无贸易点是点 S_0。一国在这点上进行生产和消费，达到无差异曲线 I_1 所示的福利水平。

图表4—3 无贸易时的社会无差异曲线和生产可能性曲线

4.3.1 开展自由贸易前

在不存在贸易的情况下，美国必须自给自足，并且必须找到社会福利最大化的小麦和布匹的国内生产组合。在本例中，I_1 是美国所能达到的最好（最高）的社会无差异曲线。为达到无差异曲线 I_1 的福利水平，美国必须在生产可能性曲线上的点 S_0 从事生产。在切点 S_0 上，美国生产并消费 400 亿单位的布匹和 500 亿单位的小麦。无贸易时美国布匹的相对价格是 2 W/C。

点 S_0 即为无贸易时美国的均衡点。如果此时美国发现其处于生产可能性曲线上的其他任意生产组合点，消费者或者生产者（或两者）会要求向点 S_0 移动。为了分析这一问题，考虑经济的初始点为点 S_1 的情况，价格比率由生产可能性曲线上点 S_1 的斜率决定（相对价格为 1 W/C）。消费者会发现布匹非常便宜，以至于他们情愿减少小麦的消费，并增加布匹的消费。生产者将会跟随这一需求变化，把资源从小麦种植转移到布匹生产中。生产转移的趋势将会一直持续下去，直到经济体在点 S_0 生产和消费，即达到无贸易（自给自足）时的供需均衡。

4.3.2　有自由贸易时

为了显示国际贸易带来的影响，这里考察两个国家的经济。图表 4—4 中 A 图的左图表示美国的经济（与图表 4—3 相同），右图表示世界其他国家的经济。两国的无

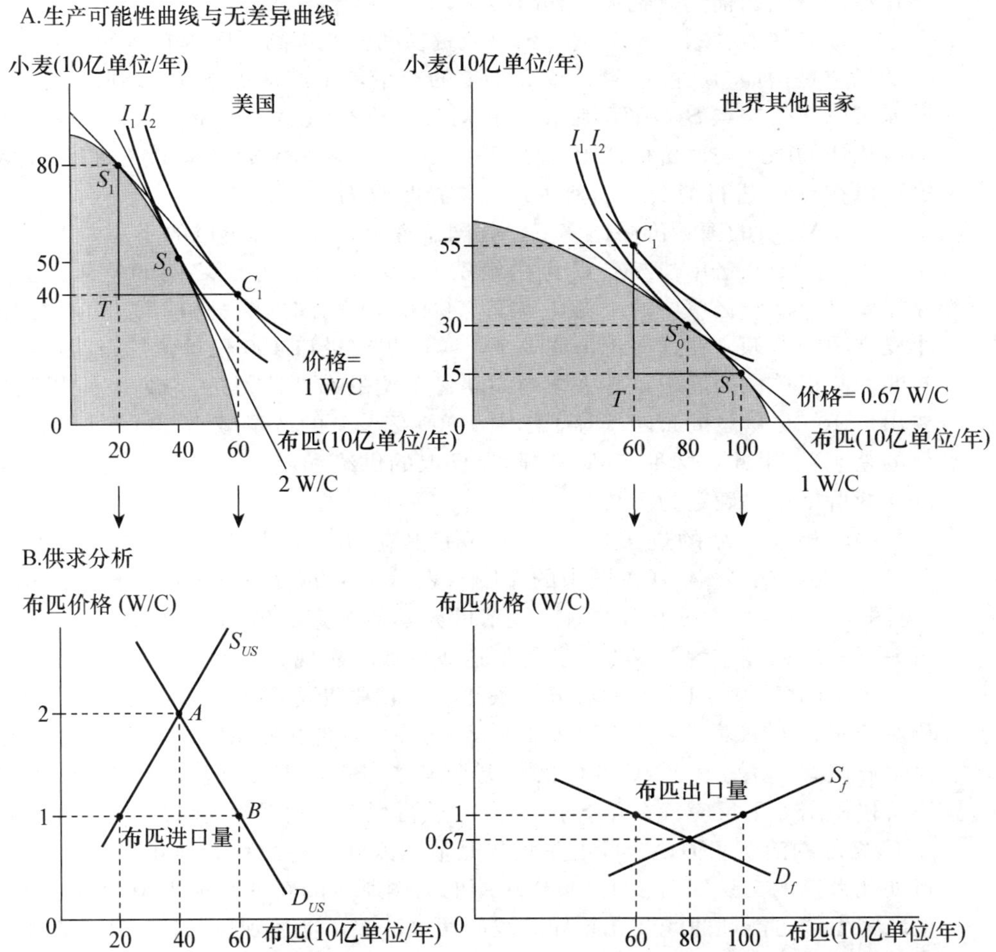

有两种简便的方法可以描绘自由贸易均衡。图的上半部分显示了两国两种商品之间的贸易，各国都在点 S_1 进行生产，在点 C_1 进行消费。图的下半部分用供给和需求曲线表达了同样的意思，即利用第 2 章的方法，集中分析一种商品（布匹）的贸易均衡。

图表 4—4　自由贸易下的均衡

贸易均衡点皆在点 S_0。无贸易时美国布匹的相对价格为 2 W/C，而世界其他国家布匹的相对价格为 0.67 W/C。

如前所述，两国之所以会贸易，原因在于相关产品的相对价格存在差异。在自由贸易条件下，美国会从世界其他国家进口布匹，并向世界其他国家出口小麦。自由贸易降低了美国市场布匹的相对价格，提高了世界其他国家市场上布匹的相对价格。在自由贸易条件下（假设没有运输费用），贸易使得国际均衡相对价格介于 0.67 W/C～2 W/C 之间。自由贸易形成的均衡相对价格使美国小麦出口量等于世界其他国家小麦进口量，世界其他国家布匹出口量等于美国布匹进口量。

由两国各自的生产可能性曲线与社会无差异曲线可知，自由贸易均衡相对价格为 1 W/C。在从无贸易到自由贸易的转变中，美国生产者对布匹相对价格的降低（小麦相对价格的提高）做出了反应，减少了布匹生产，增加了小麦生产，把生产从点 S_0 转移到点 S_1。在点 S_1 进行生产时，美国以 1 W/C 的价格出口小麦和世界其他国家交换布匹。消费可以在和生产可能性曲线相切于点 S_1 的相对价格线上，即表示价格比率为 1 W/C 的价格线上任意一点进行。沿着这条价格线，美国将在点 C_1 消费，因为该切点使美国的福利达到无差异曲线 I_2。

在世界其他国家，从无贸易到自由贸易的转变提高了国内布匹的相对价格。生产者的反应是增加布匹的产量，减少小麦的产量，生产从点 S_0 转移到点 S_1。世界其他国家可以在生产点 S_1 按照国际均衡相对价格进行贸易。消费可以沿着和生产可能性曲线相切的国际均衡价格线上的任意一点进行。在给定的这条价格线上，世界其他国家可以在点 C_1 进行消费，福利达到无差异曲线 I_2。

在 1 W/C 的国际价格比率下，美国愿意出口 400 亿单位的小麦，即等于在点 S_1 国内生产的 800 亿单位与点 C_1 国内消费的 400 亿单位小麦之间的差额。世界其他国家想要进口 400 亿单位的小麦，等于 550 亿单位的国内消费和 150 亿单位的国内生产小麦之间的差额。在这一价格比率下，美国想要进口 400 亿单位的布匹（等于国内对布匹 600 亿单位的需求量减去国内 200 亿单位的布匹产量的差额）。世界其他国家想要出口 400 亿单位的布匹（等于国内 1 000 亿单位的产量减去 600 亿单位的国内消费量的差额）。由此，两种产品在国际市场上的供给和需求以及价格均达到了均衡，国际均衡价格比率确定为 1 W/C。

两国相关产品的进出口数量亦可用相应的“贸易三角形”表示。直角三角形 S_1TC_1（见图表 4—4 中 A 图中的左图）表示美国的贸易三角形，直角三角形 C_1TS_1（见图表 4—4 中 A 图中的右图）表示世界其他国家的贸易三角形。国际均衡在两个贸易三角形相等，贸易双方就贸易量达成一致时实现。

给定两国的一组生产和需求的条件下，通常假设只有一种自由贸易下的国际均衡相对价格。为了说明为什么除了 1 W/C 之外，其他相对价格通常不会达到国际均衡，这里假设有一条比 1 W/C 的价格线更平坦（即布匹更便宜）的价格线。美国将对这一价格做出如下反应：在点 S_1 的左上方进行生产，并用大量的小麦交换布匹以达到点 C_1 之外的消费。但是，问题是世界其他国家并不愿意在布匹价格低于 1 W/C 时进行如此大量的交易。图表 4—4 中 A 图的右图所示的新的较为平坦的价格线与世界其他国家生产可能性曲线及无差异曲线的切点证实了上述观点。所以当布匹的价格比小于 1 W/C 时，其结果是贸易量接近于点 S_0，即无贸易点。当世界其他国家在此价格下只愿意出口少量布匹时，美国对布匹进口的过度需求将会提高布匹的相对价格，价格将重新回到图表 4—4 所示的唯一均衡价格。

聚焦中国

贸易开放和中国从农业国的华丽转身

现实世界确实展示了本章的图形和讨论中所描绘的模式。各国像图表4—4所预测的那样对贸易开放做出反应。

一个正在发生的极好例子是中国。1958—1976年，中国几乎完全与世隔绝、自给自足。之后，中国成功转型为世界主要贸易国。尽管中国幅员辽阔，但中国并不是一个土地资源丰富的国家。相反，它是一个劳动力丰富、土地稀缺的国家。这个国家拥有超过世界20%的人口，却仅有世界大约10%的耕地。对于这样一个劳动力资源丰富的国家来说，根据本章的理论预测，中国为了抓住和世界其他国家进行贸易的机会，将做出如下反应：

- 中国应该出口劳动密集型产品（如布匹），进口土地密集型产品（如小麦）。
- 中国应该把资源从土地密集型产品（如小麦）的生产中转移出来，投入到劳动密集型产品（如布匹）的生产中。
- 中国应该进行不完全的专业化生产。应该继续生产一些土地密集型产品，尽管这些产品所占的份额比之前要少。
- 与无贸易时相比，中国通过贸易应该成为一个更繁荣的国家。该理论甚至认为存在这样一种可能性，即中国可以增加对所有产品的消费，包括小麦和布匹。

所有这些预测在中国都已成为现实。贸易模式正是我们所预期的：中国已经成为一个强大的各种制造品的出口国，包括布匹；它利用了自身丰富的劳动力供给的优势。中国也开始进口一部分它所消费的土地密集型产品，包括小麦。

在整个中国，人们都已经意识到要把劳动从农业中转移出来，并投入到出口导向型产业中。例如，在人口密集的山东省农村，那些曾经在贫瘠的土地上挣扎着种植小麦和棉花以供给北京和天津这些城市的村庄，现已放弃了耕作，转而生产家具和药品。甚至在土地相对肥沃的江苏农村，在长江沿岸，也在生产纺织品、钢铁和其他工业制品。类似地，在南方，广东省曾经向北京出售它的大米。而现在，广东作为中国快速工业化的领头羊，消费的大米多于它的生产，反而需要从泰国进口大米来满足当地的需求。

公众舆论和所能得到的数字资料都显示：中国绝大多数人的购买能力都有所提高。一些中国人确实担心会对进口食物产生依赖。政府似乎比普通民众更担心这一问题。20世纪90年代，中国政府决定把税收的一大部分用于推进农业生产，以阻止这种粮食逐渐不能自给自足的趋势。但是也有许多人并不怎么担心。江苏某一从粮食种植转向纺织品生产的村子的官员，对这种转变表示乐观。就像他在1995年所说的，“只要现在允许农民从事工业生产的政策不变，我们就会继续快速发展”。至于对进口食物的依赖问题，他说：“美国有很多粮食，对吗？如果美国买我们的钢铁，我就买美国的粮食。那么我们都会变富。”*

中国大陆的经历反映了日本、韩国以及中国台湾和香港早期的经历。所有这些劳动力丰富而土地稀缺的地区，在国际贸易中，都是从土地密集型产业转移到劳动密集型产业，并且全都繁荣起来了。

*注意这句话中的“如果”两个字。如果美国利用将在第Ⅱ篇中讨论的方式来阻止从中国进口工业产品，中国也将减少从美国的进口。那么贸易所得将会减少。

资料来源：Source of the two quotes from Wu Xiedong: *Wall Street Journal*, March 10, 1995.

4.3.3 再次讨论需求曲线与供给曲线

结合社会无差异曲线和生产可能性曲线，可以推导出布匹或小麦的需求曲线。布匹的需求曲线显示了布匹的需求量对价格的反应。为了得出美国布匹的需求曲线，可以从图表 4—4 中 A 图的某个价格比开始，找出在这一价格下美国愿意并且能够消费的布匹数量。在价格比率为 2 W/C 时，美国每年愿意并且能够消费 400 亿单位布匹（在点 S_0）。在价格比率为 1 W/C 时，美国将消费 600 亿单位的布匹（在点 C_1）。这些需求点可以在图表 4—4 中 B 图重新画出，纵轴为价格。上方图中的点 S_0 对应下方图中的点 A，上方图中的点 C_1 对应下方图中的点 B，以此类推。世界其他国家的需求曲线也可以这样得出。（对需求曲线的推导与一般价格理论的教材相同，不同之处是一国的收入约束线是沿着生产可能性曲线表面滑动，而不是在一个固定收入点上旋转。）通过这种方法，就可以方便地由社会无差异曲线和生产可能性曲线推导出需求与供给的分析框架。这样，单一商品的国际均衡（第 2 章中所讨论的方法，如图表 4—4 中 B 图所示）和两种商品的一般均衡就一致了。①

4.4 贸易收益

为表明两国都可从自由贸易中获益，可用两种方法来分析图表 4—4 中 A 图。首先，贸易允许各国在点 C_1 进行消费，该点位于各自的生产能力（生产可能性曲线）之外。只要我们认为消费更多的商品是令人满意的，那么这就是贸易收益。这与第 3 章李嘉图模型所证明的贸易收益相同。其次，贸易使得各国可以达到一条更高的社会无差异曲线 I_2，而不是无贸易时的 I_1。尽管如此，使用社会无差异曲线来表示一国的贸易收益可能会掩盖一个事实，即开放贸易事实上损害了部分集团的利益而给其他人带来了收益。我们将在下一章中详细探讨贸易利益和损失的分配。

一国从贸易中获益多少取决于国际贸易均衡时的国际相对价格。作为个体，我们受益于以较高的价格出售我们所有的商品（例如我们的劳动力、服务），以及为我们购买的商品支付较低的价格。对国家来说也适用同样的原理。

如果一国能以相对较高的价格出口商品，并以相对较低的价格购买进口品，那么一国就能从贸易中获益。对于每个国家来说，贸易的收益取决于一国的国际**贸易条件**（terms of trade），即该国收到外国支付的出口商品的价格和该国支付给外国的进口商品价格之间的比率。

在我们所举的例子中，世界其他国家出口布匹进口小麦，因此其贸易条件是布匹的相对价格。从图表 4—4 中 A 图可以发现，如果世界其他国家的贸易条件改善，即如果布匹的国际相对价格提高，世界其他国家将从贸易中获益更多。这样，国际价格线将比 S_1C_1 价格线更为陡峭，并且世界其他国家可以达到一条比 I_2 更高的社会无差异曲线。

对于美国来说，它的贸易条件是出口商品——小麦的相对价格。如果小麦的相对

① 国际贸易的理论文献经常利用无差异曲线和生产可能性曲线来推导提供曲线（offer curve）。提供曲线表示在一定的国际相对价格下，一国为进口商品所愿意提供的出口商品数量。一国的提供曲线与第 2 章中的出口供给曲线和进口需求曲线所表达的信息是一样的。附录 C 讨论了提供曲线的推导和使用。

价格提高，将得到一条比 S_1C_1 更为平坦的价格线，美国将从贸易中获益更多。这样，美国就可以达到一条比 I_2 更高的社会无差异曲线。

4.5　贸易对生产和消费的影响

图表 4—4 中 A 图显示贸易开放会对各国的生产量产生很大影响，主要有两种影响。

第一，在每个国家内，该国出口产品的产出将扩张——美国生产更多的小麦而世界其他国家生产更多的布匹。在每个国家中，扩张的产业通过从经济体中的其他行业获取要素资源进行扩张。进口竞争行业减少了国内生产——例如美国的布匹和世界其他国家的小麦产出降低了。尽管各国都会进行生产转移，但是生产可能性曲线因为边际成本递增而外凸，各国将不会完全专业化生产它们的出口商品，还是会继续生产需要进口的产品。

第二，从无贸易到自由贸易的转变导致了更有效的世界生产，因为各国都扩大了原先低成本产品的产出。在图表 4—4 所示的例子中，在世界布匹生产量保持 1 200 亿单位不变的情况下，效率的提高显示为世界小麦生产量的增加（从无贸易时的 800 亿单位（500 亿单位＋300 亿单位）到有贸易时的 950 亿单位（800 亿单位＋150 亿单位））。

在各个国家中，开放贸易也改变了对每种产品的消费量，消费点从无贸易时的点 S_0 移动到自由贸易时的点 C_1。消费者理论显示，各国可进口商品的消费量将会增加。由于各国可进口商品的相对价格将会下降，因此各国消费者将会增加购买（正的替代效应）。与此同时，各国的实际收入上升（贸易收益），消费者会购买更多产品（正的收入效应）。各国可出口商品的消费量可能会上升、不变或是下降，这是由于负的替代效应（导致可出口商品的相对价格上升）和正的收入效应（因为实际收入上升）的相互作用所造成的。在图表 4—4 中 A 图所示的例子中，可出口商品的消费量实际上下降了（美国的小麦消费从 500 亿单位下降到 400 亿单位，同时世界其他国家的布匹消费从 800 亿单位下降到 600 亿单位），但是也很有可能出现这两种产品消费量的其他组合。

4.6　贸易模式的决定因素

图表 4—4 中 A 图说明了一国经济参与国际贸易后的一般均衡理论。可以看到决定国际贸易模式最根本的原因是：未发生贸易前两国之间的产品相对价格存在差异。但是为什么在贸易前两国产品的相对价格会存在差异？存在相对价格差异是因为：

- 生产条件差异——国家之间生产可能性曲线的相对形状差异。
- 需求情况差异——国家之间无差异曲线的相对形状和位置差异。
- 以上两种差异的结合。

在我们的例子中，美国进口布匹的原因可能是美国有较高的布匹需求，这或许是因为严酷的气候，或许是由于时尚的观念带来的差异。尽管这种解释可以应用到一些商品上，但是大多数分析主要集中在生产方面的差异，把它作为无贸易时价格差异的基础，并假设国家之间需求模式相似。

当生产可能性曲线相对形状存在差异时，生产方面的差异就可以作为国际贸易模式的基础。例如，在图表 4—4 中 A 图，美国的生产可能性曲线偏向小麦产品轴，而世界其他国家的生产可能性曲线偏向布匹产品轴。

为什么会存在生产方面的差异？这里有两个基本原因。

第一个原因是生产技术或资源的生产率在国家之间也许会存在差异。例如，美国可能在小麦生产上有较高的技术，并基于某种原因向世界其他国家保密。美国小麦生产上更高的技术导致了相对较高的生产率。这将会使美国的生产可能性曲线偏向于小麦产品轴，相对生产更多数量的小麦，这就导致了美国生产和出口小麦的比较优势。这种类型的比较优势就是李嘉图模型中的贸易基础。

尽管技术或生产率的差异可能形成比较优势生产方面的基础，但在本章接下来的部分以及第 5 章中，我们假设它们在两国之间没有差异，即两国生产技术相同，并能够达到相似的资源生产率水平。这一假设是符合实际的，如果技术在国际上迅速扩散，那么一国很难进行技术保密。（本书将在第 6 章和第 7 章中讨论有关技术的问题。）

生产可能性曲线相对形状差异的第二个原因更为微妙，而且已经成为标准的现代比较优势理论的基础。这就是赫克歇尔-俄林理论，该理论主要基于：（1）各国要素资源可获得性的差异；（2）不同产品的生产要素投入比例的差异。

4.7　赫克歇尔-俄林（H-O）理论

由要素禀赋决定一国贸易模式的主要理论首先产生于瑞典。1919 年，著名的瑞典经济史学家埃利·赫克歇尔（Eli Heckscher）在一篇简短的文章中提出了这一理论的核心思想。他的学生伯蒂尔·俄林（Bertil Ohlin）在 20 世纪 30 年代对这一理论做出了系统完整的解释。像凯恩斯一样，俄林把卓越的学术生涯（在斯德哥尔摩任教授以及后来的诺贝尔奖得主）和政治生涯（瑞典国会议员、政党领导人以及第二次世界大战时的政府官员）完美地结合起来。后来，俄林对该理论有说服力的论述以及提供的支持该理论的依据被另一位诺贝尔奖获得者保罗·萨缪尔森（Paul Samuelson）所证实和肯定，他推导出了 H-O 理论成立的严格数学条件。①

有关贸易模式的赫克歇尔-俄林理论，用俄林自己的话说就是：

> 一国应出口在生产中需要使用大量丰裕生产要素和少量稀缺要素的商品，用来交换那些要素投入比相反的商品。因此就是间接地出口丰裕要素而进口稀缺要素。（Ohlin，1933，p. 92）

更简洁地说，**赫克歇尔-俄林理论**（Heckscher-Ohlin theory）预测一国应该出口密集使用本国相对丰裕要素生产的产品，进口密集使用本国相对稀缺要素生产的产品。

---

① 俄林通过对现实世界的观察以及运用自己的直觉来证明 H-O 理论。萨缪尔森利用数学方法，通过增加假设使得该理论的主要预测能够得到严格的证明。萨缪尔森假设：（1）有两个国家、两种商品以及两种要素（通常简称为“2×2×2”）；（2）要素供给对每个国家来说都是固定的，要素得到充分使用，并且在国内产业间可以自由流动，但在国家之间不能流动；（3）两国的消费模式相同；（4）两国都有相同的规模报酬不变的生产技术。在萨缪尔森定义的约束下，H-O 理论的预测合乎逻辑，并且在现实世界中具有广泛适用性。我们在文中的分析是基于萨缪尔森对于该理论的描述。

为了更好地理解这一根据推理得出的并经得起考验的理论，我们需要对要素丰裕度和要素使用密集度进行定义。以劳动力要素为例：

- 如果一国的劳动力要素相对于其他要素的比率高于世界其他国家，那么该国就是相对**劳动要素禀赋丰裕**（labor-abundant）的国家。
- 如果一种产品的价值构成中，劳动成本所占比例高于其他产品价值中劳动成本所占比例，那么这种产品就是相对**劳动密集型**（labor-intensive）的产品。

H-O 理论对贸易模式的解释源于对一个特定问题的探究，即为什么开放贸易前国家之间的产品价格存在差异。赫克歇尔和俄林认为，比较成本形成的关键在于产品生产中所使用的要素比例不同。如果美国布匹的相对成本是 2 W/C，而世界其他国家生产布匹的相对成本却低于 1 W/C，那么这主要是因为美国相对于世界其他国家来说，拥有相对较少的生产布匹密集使用的要素，而拥有相对较多的生产小麦密集使用的要素。

假设土地是小麦生产更为密集使用的要素，劳动力是布匹生产更为密集使用的要素。假设所有的成本都可分解为土地和劳动成本（例如，需要一定数量的土地和劳动来生产种植小麦所需要的肥料，需要一定数量的土地和劳动来生产织造布匹所需要的棉花）。H-O 理论预测美国将出口小麦并进口布匹，因为小麦是土地密集型产品而布匹是劳动密集型产品，并且

$$\frac{\text{美国土地供给}}{\text{美国劳动力供给}} > \frac{\text{世界其他国家土地供给}}{\text{世界其他国家劳动力供给}}$$

在这样的条件下①，没有国际贸易的时候，美国的土地租金比世界其他国家低，因为美国土地相对丰裕而世界其他国家土地相对稀缺。便宜的土地使小麦种植的成本比布匹制造的成本相对更低。所以美国是相对便宜的小麦生产者。相反，劳动力的稀缺使得美国工资比世界其他国家更高，因而在美国，布匹的生产相对更昂贵。根据 H-O 理论，这就是贸易前产品价格存在差异的原因。同时，该理论还分析到，正是相对要素禀赋的差异和要素密集度的模式二者的结合，使得美国在开放贸易时出口小麦，进口布匹。

本章小结

标准的现代贸易理论以每多生产一单位产品，边际成本递增的假设为基础，所以生产可能性曲线外凸。我们可以结合外凸的生产可能性曲线与社会无差异曲线，推导出某个国家在开放贸易时所受到的影响。

国际贸易是一个双赢博弈。因为整个世界都将因贸易而受益，并且各国所获福利至少不低于自由贸易前的状况。各国的贸易收益可以通过两种方法来证明。首先，伴随着贸易的开展，各国的消费量将超出其生产能力——它使消费能在生产可能性曲线之外。其次，贸易使得一国达到一条更高的社会无差异曲线，这意味着该国达到了一个更高的国家经济福利水平。

本章的分析为研究各国国际贸易模式（出口什

---

① 注意不要误解“相对要素禀赋不同”的意思。它不是说美国在绝对数量上拥有比世界其他国家更多的土地，也并不是说美国在绝对数量上有更少的劳动力。事实上，美国二者的拥有量确实都较少。它更不是说美国的土地拥有量比劳动力拥有量多——在任何情况下这一提法都是无意义的。(多少英亩或公顷比多少小时劳动“更多”呢?）事实上，它所说的是相对禀赋的不同。现在有两种正确的方法来描述它：(1）美国人均占有的土地量比世界其他国家多；(2）美国土地的世界占有率比它的劳动力的世界占有率高。

么和进口什么）提供了重要的视角。尽管贸易可以源于需求差异，但是本章仍将大部分注意力集中在生产方面的差异上。生产方面的差异导致各国的生产可能性曲线偏向于不同的产品轴，反映了不同的比较优势。而生产方面差异的一个来源是技术或者要素生产率的差异。

赫克歇尔-俄林（H-O）理论分析了生产方面存在差异的另一个重要原因。国家之间外凸的生产可能性曲线形状差异是由于：(1) 不同产品生产所使用的生产要素比例不同；(2) 各国相对要素禀赋存在差异。据此，H-O 理论认为，一国出口密集使用该国相对丰裕要素生产的产品，进口密集使用该国相对稀缺要素生产的产品。

关键词

边际成本递增（increasing marginal cost）
无差异曲线（indiference curve）
社会无差异曲线（community indifference curve）
贸易条件（terms cf trade）
生产可能性曲线（production-possibility curve, ppc）
赫克歇尔-俄林理论（Heckscher-Ohlin theory）
劳动要素禀赋丰裕（labor-abundant）
劳动密集型（labor-intensive）

推荐读物

对于自由贸易经济分析的更进一步的技术性探讨，请参见 Jones & Kenen，Vol. I（1984）的第 1～3 章和第 7、8 章。Ruffin（1988）对李嘉图比较优势模型进行了改进，因此得出了赫克歇尔-俄林模型的结论。他通过相对要素禀赋差异来解释单要素李嘉图模型的生产率差异，由此得出了与 H-O 模型类似的结论。

Bernhofen & Brown（2005）发现，19 世纪日本从自由贸易中获得的收益，相当于当时 GDP 的 8%。

习　题

✦ 1. “根据赫克歇尔-俄林理论，假设两个国家生产各类产品的技术相同，此时两国之间不可能进行多少贸易往来。”请阐述你对该观点的看法及理由。

2. “对于一个认为国际贸易是以赫克歇尔-俄林理论所定义的要素禀赋差异性为基础的世界来说，从无贸易到自由贸易类似于一场零和博弈。”请阐述你对该观点的看法及理由。

✦ 3. 假设普格罗维亚总计拥有 20 单位的劳动力和 3 单位的土地资源禀赋（总供给）。世界其他国家则共计拥有 80 单位的劳动力和 7 单位的土地资源禀赋（总供给）。据此，普格罗维亚属于劳动力丰裕型国家还是土地丰裕型国家？假设小麦与布匹生产分属土地密集型和劳动密集型，能否根据赫克歇尔-俄林理论分析出普格罗维亚和世界其他国家之间的贸易模式？

4. 请解释如何从边际成本递增的生产可能性曲线推导出供给曲线。利用图表 4—3 来推导布匹的供给曲线。更具挑战性的问题是，利用图表 4—3 来推导小麦的供给曲线。

✦ 5. 在回答本题时，请使用类似图表 4—3 所示的图形，把它画大些，这样你可以很清楚地看到曲线和数量。无贸易点就如图表 4—3 中所示，价格比为 2 W/C，对布匹的需求量为 40 单位。画出布匹价格等于或小于 2 W/C 时，一国布匹的相对需求曲线。（请考察价格比分别为 1.5 W/C，1.0 W/C 以及 0.5 W/C 时的情况。在你的分析中，需要画出另一些社会无差异曲线——这些曲线是存在的，但图表 4—3 中没有给出。）

6. 回到你对问题 5 的回答。价格比低于 2 W/C

时，该国出口何种商品？进口何种商品？当价格比变化时，进口量（需求）如何变化？当价格比下降时，该国的贸易条件将会怎样变化？此时该国的福利或财富又将如何变化？

✦ 7. 普格罗维亚生产和消费两种产品——意大利面（P）和宽外袍（T），且两种产品的边际机会成本皆为递增。在开展自由贸易之前，意大利面与宽外袍的相对价格比为 4 T/P 。

a. 作图描述该国的生产可能性曲线及社会无差异曲线，以此来表示该国的经济状况。

b. 开展贸易交往之后，国际市场上的意大利面与宽外袍的相对价格比为 3 T/P，该国分别进出口何种产品更为有利？请在 a 题的图中，标出该国的自由贸易均衡点。

c. 作图解释该国能否受益于自由贸易。

8. 如图表 4—4 中 A 图中的右图所示，考虑自由贸易条件下的世界其他国家（在点 S_1 生产，在点 C_1 消费）。布匹的国际相对价格现在变为 1.3 W/C。

a. 作图描述这一国际相对价格的变化对世界其他国家的生产和消费的影响。

b. 这一国际相对价格的变化，改善还是恶化了世界其他国家的贸易条件？根据你所作的图，世界其他国家的福利增加了还是减少了？请解释。

✦ 9. 拓展你所掌握的生产可能性曲线的知识。试作一条生产可能性曲线，它是由独立工作的四个人（A，B，C，D）所组成。这四个人有如下不同的能力：

A 能生产 1 单位布匹或 2 单位小麦，或是之间的任一组合（如将时间对半用于布匹及小麦的生产时，则能生产 0.5 单位布匹与 1 单位小麦）。

B 能生产 2 单位布匹或 1 单位小麦，或是之间的任一组合。

C 能生产 1 单位布匹或 1 单位小麦，或是之间的任一组合。

D 能生产 2 单位布匹或 3 单位小麦，或是之间的任一组合。

请用生产可能性曲线表示出四个人能够共同生产时的最佳产品组合。作图步骤如下：

a. 假设四个人的劳动时间皆用于小麦生产，请在小麦—布匹生产图上标出此时小麦的产量。

b. 假设四个人的劳动时间皆用于布匹生产，请在图例中标出布匹产量的最大点。

c. 现在是最复杂的部分。找出四个人同时生产两种产品的最佳组合。“最佳”即四个人按照该产品组合进行生产时，如果要多生产一单位的某种产品，他们必须放弃一定数量的另一种产品。

10. 在你对本题的回答中，请使用类似于图表 4—3 的图形，从像点 S_0 一样的无贸易点开始，无贸易时的价格比为 2 W/C。现在开放贸易，该国可以在 1 W/C 的国际价格比下进行任意数量的贸易。（在你的回答中，需要作出另一些的社会无差异曲线，即在图表 4—3 中没有画出，却事实上存在的曲线。）

a. 作图证明：即使一国没有改变生产点（生产点仍在点 S_0），它也能从国际贸易中获益。（提示：斜率为 1 的价格线将会穿过点 S_0，但不会与生产可能性曲线相切。）

b. 如果一国把生产点调整到最佳位置，作图证明该国可以从贸易中获得更多的利益（给定价格比为 1 W/C）。

c. 当一国的生产点由上述 a 中位置转移为 b 中位置时，该国的贸易量如何变化？

第5章 国际贸易对谁有利？对谁有害？

如果一国能从开放贸易中获益，那么为什么一直以来对自由贸易政策还有这么多的反对者？答案不是因为公众对贸易收益的无知。在各个国家中，贸易确实损害了某些集团的利益。很多自由贸易的反对者可能非常正确地认识到了这一点。通过对贸易的全面分析，我们可以判别出自由贸易的受益者和受损者。第2章曾通过分析一种商品的生产者和消费者来探究这些群体。但这种区分并不完全有效。消费者自身也拥有并提供生产中使用的要素资源。那么，还有其他有效的方法来判别贸易的受益者和受损者吗？

赫克歇尔-俄林（H-O）理论中的贸易模式的一个优点，在于它现实地预测到了贸易是如何影响代表不同生产要素的集团（如土地所有者、劳动所有者）的收入的。在每个国家，国际贸易都把整个社会划分成贸易受益者和贸易受损者两个集团，因为相对价格的变化可能会提高某些要素的报酬，同时降低其他要素的报酬。本章第一个重要的学习目标，就是阐述赫克歇尔-俄林理论中有关国际贸易对不同生产要素所有者收入影响的结论。

赫克歇尔-俄林理论为分析贸易基础和贸易影响、不同生产要素的收益和损失提供了独特的视角。它在多大程度上能解释现实生活中的国际贸易？本章的第二个重要学习目标，就是用实证检验来考察赫克歇尔-俄林理论。赫克歇尔-俄林理论解释了现实中的贸易模式吗？它能判别出贸易中受益和受损的要素吗？

5.1 一个国家内部谁受益和谁受损

赫克歇尔-俄林理论认为，各国之所以会开展贸易是因为：首先各国要素资源禀赋是不同的；其次不同产品投入的要素比率是不同的。开展贸易会改变各国的生产状况（例如，在第4章的图表4—4中A图从点S_0移到点S_1）。也就是说，在生产过程中密集使用本国禀赋丰裕要素的出口导向型产业将会扩张，而密集使用本国禀赋稀缺要素的进口竞争型产业将会收缩。由此带来的生产格局的变化在短期和长期将对收入造成不同的影响。

5.1.1　自由贸易的短期效应

在**短期**（short run），劳动力、土地和其他要素投入仍然固定在现有的生产中。对这些要素的需求以及由此产生的要素收入或回报，取决于这些要素所投入的产业。一些人将会从他们所提供要素的需求增加中获益，因为他们提供的要素应用于正试图扩大生产的产业。开展自由贸易后，以上例子中的扩张性产业对于美国是小麦产业，而对于世界其他国家是布匹产业。在美国，小麦种植区的地主可以索取更多的地租，因为土地需求增加了。美国种植小麦的农民也很有可能（暂时）获得更高的工资。与此同时，世界其他国家的纺织工人也可以得到更高的工资；其他国家拥有棉花种植的土地的地主也可以得到更高的地租。

与此同时，缩减产业所密集使用的要素所有者——美国的纺织工人、美国向布匹产业提供土地要素的所有者、世界其他国家种植小麦的农民、世界其他国家为种植小麦提供土地要素的所有者——由于需求的下降以及由此造成的要素价格的下降而收入减少。

因此，在短期，受益者与受损者可依其所投入产业而分类：所有与出口扩张产业有关的要素集团，其收入都会增加；所有与进口替代萎缩产业有关的要素集团，其收入都会减少。可以预期，萎缩产业的雇主、地主和工人将会联合起来抗议自由贸易政策。

5.1.2　要素价格的长期反应

在**长期**（long run），各要素所有者会对不同产业之间的要素报酬差异做出反应，并在产业之间流动。相同要素的所有者最终将会对短期内拉大的要素报酬差距做出反应。美国生产布匹的工人将在小麦产业找到收入比较高的工作；而当小麦产业的劳动力供给上升时，劳动的边际产出下降，小麦产业的工资又会下降。当布匹产业的劳动力供给持续缩减时，劳动的边际产出上升，布匹产业的工资又会上升。美国的一些生产棉花的土地也会转向与小麦相关的生产而得到更高的地租收入，这将导致不同生产部门的地租趋于一致。类似地，世界其他国家的劳动力和土地所有者也将从与布匹相关的产业中得到更高的报酬。当布匹和小麦两个产业的要素供给在长期内出现变化时，美国布匹产业的工资和地租下降，而小麦产业的工资和地租上升。在世界其他国家则是布匹产业的工资和地租上升，而小麦产业的工资和地租下降。图表5—1即为开展自由贸易后要素价格长期变动的全部过程。

当要素做出反应转移到报酬更高的产业时，所有的工资和地租都会回到贸易前的水平吗？答案是否定的。从长期角度分析，与封闭时的水平相比，美国所有工人的工资率最终会下降，而世界其他国家工人的工资率最终会上升；在美国所有土地的地租最终都会上升，而世界其他国家所有土地的地租最终都会下降。

之所以出现上述重要结果，关键在于要素供给和需求变化的不平衡。由于各产业

	美国	世界其他国家
初始价格	小麦便宜，布匹贵	布匹便宜，小麦贵
	自由贸易：—— 小麦 → ← 布匹 ——	
价格对贸易的反应	小麦价格上涨 布匹价格下跌	小麦价格下降 布匹价格上升
生产对价格变化的反应*	小麦生产增加 布匹生产减少	小麦生产减少 布匹生产增加
关键步骤——国内要素市场变化	少生产一单位布匹会释放出大量工人和少量土地。而更多小麦的生产只需要少量的工人，但是需要大量的土地投入	少生产一单位小麦，会释放出大量土地和少量工人。而更多布匹的生产需要更多工人和少量土地的投入
国内要素价格变化	工资下降，地租上升（两个行业）	工资上升，地租下降（两个行业）
长期结果	两个国家的产品价格均等化，两个国家都获利，但是对不同要素集团的影响不同：美国的土地所有者、世界其他国家的工人受益；美国的工人、世界其他国家的土地所有者受损	

图表 5—1　自由贸易对长期收入分配的影响：影响的整个流程

* 此时，短期效应开始显现。经济继续朝着长期效应发展，如图表的下半部分所示。

所需要的投入要素比率不同，小麦生产相对于布匹生产来说是土地密集型而非劳动密集型。由于两国扩张性产业所需要的各类要素数量与萎缩性产业转移出来的要素供给量不相匹配，这一不平衡造成了要素价格调整的压力。

例如，在美国，小麦生产的扩张需要大量的土地和很少数量的工人，而布匹产业的缩减却释放出大量的工人和很少数量的土地。①唯一能够使劳动力和土地的需求量与国家可供给量相适应的方法就是调整要素价格。从长期看，转向土地密集型的小麦生产会使整个美国的地租提高、工资下降。地租提高、工资下降这一趋势会持续下去，直到生产者能够以更少使用土地和更多使用劳动的方式来生产小麦和布匹。当达到这一点的时候，地租和工资水平就稳定下来了——但是与开放贸易前相比，美国的地租最终还是上升了而工资最终还是下降了。在世界其他国家，用同样的推理可以得到相反的结果。

由此可见，自由贸易使得各个国家的一部分利益集团绝对境况变得更好，但也使得另一部分利益集团的绝对境况更加糟糕。当然，短期内的利益得失可能与长期不一样，因为在长期会出现更多的调整。图表 5—2 归纳了短期和长期中的受损者和受益者的讨论。

① 本节使用了方便的、但在数量上有些模糊的简略词："大量的"土地，"很少数量的"工人等。这些词语应该以最简洁的语言给人以正确的印象。对于这种差异的更为精确的描述见"要素比率悖论"的数字实例。

图表 5—2 **受益者和受损者：短期和长期**

自由贸易的短期效应：生产随着产品价格的变化而调整，但是生产要素还没有在部门之间流动。

	美国		世界其他国家	
	土地所有者	劳动所有者	土地所有者	劳动所有者
小麦产业	受益	受益	受损	受损
布匹产业	受损	受损	受益	受益

自由贸易的长期效应：对要素需求的变化引起要素在部门之间流动，如图表 5—1 所示。

	美国		世界其他国家	
	土地所有者	劳动所有者	土地所有者	劳动所有者
小麦产业	受益	受损	受损	受益
布匹产业	受益	受损	受损	受益

记住：不同集团的受益和受损情况并没有排除净收益为零的可能性。在长期，两国都得到净收益。在短期，一国是净收益还是净损失，部分取决于要素处于暂时闲置状态的严重性。

扩展阅读

要素比率悖论

贸易对要素的影响有相互矛盾的一面。根据假设，在长期内一国要素总供给的数量将是固定不变的。但是有关要素使用的方面发生了变化。为了深入理解贸易造成受益和受损原因的细微之处，本专栏给出了要素比率悖论：

> 在美国，贸易使两个行业的土地/劳动比率都下降——但是对于整个国家来说，这一比率却是保持不变的。在世界其他国家也存在同样的悖论：贸易使两个行业的土地/劳动比率都上升——但是就世界其他国家整体来说，这一比率也是保持不变的。

在美国，土地/劳动的要素密集度如何能在两个行业内都下降，而对两个行业合计来说却是保持不变的？在其他国家，土地/劳动要素密集度又是如何在两个行业内都上升，而对两个行业合计来说却又保持不变的？

对上述谜团的解释就是在本章正文中隐含的一种相互抵消作用。下面的例子就阐述了在美国所发生的相互抵消作用。贸易导致土地和劳动力转移到土地密集型的小麦产业，但是上升的地租和下降的工资却引起两个产业都用劳动密集型的生产方式。两种效应正好相互抵消，最终仍和原来固定的要素总供给保持一致。

让我们来看一组数据，这组数据证明了小麦—布匹贸易是如何改变了美国和世界其他国家的产业要素使用比例的：

要素	美国（没有贸易）				世界其他国家（没有贸易）			
	产出	使用土地	使用劳动	土地/劳动比率	产出	使用土地	使用劳动	土地/劳动比率
小麦	50	35	35	1.000	30	16	32	0.500
布匹	40	18	65	0.277	80	18	160	0.113
合计		53	100	0.530		34	192	0.177

要素	美国（没有贸易）				世界其他国家（没有贸易）			
	产出	使用土地	使用劳动	土地/劳动比率	产出	使用土地	使用劳动	土地/劳动比率
小麦	80	48	64	0.750（下降）	15	9	12	0.750（上升）
布匹	20	5	36	0.139（下降）	100	25	180	0.139（上升）
合计		53	100	0.530（相同）		34	192	0.177（相同）

这里给出了要素比率悖论和对它的解释。在美国，要素价格的变化引导小麦生产者和布匹生产者采用更低的土地/劳动比率的生产方法（即更加劳动密集型的技术），同时，美国要素总供给的比率是保持不变的。

我们可以看到，美国的产出转移到土地密集型的小麦生产上这一点非常关键。如果这只是唯一的变化，那么该国生产的土地/劳动比率将会上升。但是这会导致地租上升，工资下降。土地成本的上升和劳动成本的下降转而会导致厂商在两个产业都使用更多劳动密集型（更少土地密集型）生产技术。（同样的道理在世界其他国家会发生相反的作用。）

5.2 赫克歇尔-俄林理论衍生的三个推论

关于要素收入，赫克歇尔-俄林模型有三个主要的推论。这三个推论来源于之前所做的分析。

5.2.1 斯托尔珀-萨缪尔森定理

在长期，贸易把一国的利益阶层分为受益者和受损者两类，这一推论是运用**斯托尔珀-萨缪尔森定理**（Stolper-Samuelson theorem）得出的。① 该定理认为：在一些条件和假设下，一国产品相对价格的变化毫无疑问会产生两种效应：

- 价格上升的产业中密集使用要素的实际收益将会提高。
- 价格下降的产业中密集使用要素的实际收益将会降低。

从封闭到自由贸易的转变就是一个产品价格变化的过程。比如，在我们所举的例子中，贸易提高了美国小麦的相对价格。斯托尔珀-萨缪尔森定理因此推断：在美国，土地（小麦生产密集使用的要素）所有者的实际收入上升，而劳动（布匹生产密集使用的要素）提供者的实际收入下降。在世界其他国家，劳动提供者的实际收入上升，而土地所有者的实际收入下降。

斯托尔珀和萨缪尔森指出，这一结论与土地所有者和劳动者家庭对每种产品的消费量毫无关系。当然，该结论与众多经济学家的直觉相反。例如，如果美国的劳动者

---

① 斯托尔珀-萨缪尔森定理需要四个重要的条件和假设：(1) 两国生产两种产品（例如：小麦和布匹），每种产品的生产使用两种生产要素（例如：土地和劳动）。一种产品（小麦）相对来说是土地密集型的，另一种产品（布匹）相对来说是劳动密集型的。(2) 要素在国内产业间可以流动并且充分就业。另外，通常假设要素总供给（要素禀赋量）是固定的，尽管这一条件也可以有一定程度的放松。(3) 所有的市场都是竞争性市场。(4) 生产技术是规模报酬不变的。（例如：如果生产一种产品的所有要素投入数量加倍，那么该产品的产出数量也加倍。）

用他们收入的大部分来购买布匹，那么看起来他们就很可能通过消费更便宜的布匹而从自由贸易中获益。但是，根据斯托尔珀-萨缪尔森定理，情况并非如此。开放贸易必定会使两种要素中的一种要素所有者有能力购买更多的各种商品。它也会导致另一种要素所有者购买各种商品的能力下降。

我们举个例子来说明其中的原因。在竞争条件下，每种商品的价格必须等于它的边际成本。在小麦—布匹经济中，小麦及布匹的价格与该产业所投入的土地和劳动力边际成本之和相等：

$$P_{小麦}=小麦的边际成本=ar+bw$$
$$P_{布匹}=布匹的边际成本=cr+dw$$

式中，商品的价格用同样的单位（例如：商品的单位数或是美元）来衡量，r 表示土地所得的租金率，w 表示支付给劳动力的工资率。系数 a，b，c 和 d 为要素的投入产出比。上述等式表明了生产一个单位的每种产品需要多少土地（a 和 c）或劳动力（b 和 d）的投入。最简单的假设就是把这些投入产出系数看成是固定的。

假设小麦的价格上涨 10%，而布匹的价格保持不变。小麦价格的上涨（以及导致的小麦产业的扩张）将会提高至少一种要素的收入。事实上，小麦价格的上涨很有可能会提高土地的租金，因为种植小麦需要密集使用土地，r 将会上升。结合布匹价格公式，如果 r 上升而布匹的价格保持不变，那么工资率 w 必将绝对下降。由此可见，伴随着布匹产业的缩减，该产业劳动者的工资收入将会下降。回到小麦价格公式，为保持等式成立，当 w 下降，而$P_{小麦}$涨 10%时，r 的上升幅度必定大于 10%。

因此，如果小麦生产是土地密集型产业，$P_{小麦}$上涨 10%而$P_{布匹}$保持不变，意味着 r 上涨大于 10%，而 w 下降。

因此，产品相对价格的变化带来了密集使用要素价格更大的变化。价格上升的产业生产中密集使用要素的市场回报（在本例中的 r）上升幅度甚至比产品价格上升幅度还大。结果，它的实际报酬（相对各种产品的购买力）上升了。而另一产业密集使用要素的实际购买力下降了。在我们的例子中，更低的工资率意味着，相对于价格上升的小麦和价格不变的布匹来说，工人的购买力下降。实际工资率下降了。

不管如何改变所举的例子（例如让小麦的价格保持不变而提高布匹的价格，这样实际工资率上升而实际租金率下降，或者即使让生产者对 r 和 w 的变化做出反应，改变投入/产出系数 a，b，c 和 d），都会出现同样的结果。①当然，其前提是完全竞争条件下，在贸易（或是一些其他事件）改变小麦和布匹的相对价格之前以及之后，价格都必须等于边际成本。

5.2.2　专业化要素模式

斯托尔珀-萨缪尔森定理只以两种产品及其生产所需的两种要素作为研究对象。实际上，它的结论是一个更普遍的模式的一部分，该模式适用于任何数量的要素和

---

① 举一个数字模型，让两种商品的初始价格都为 100，初始的 r 和 w 都为 1，并令 $a=40$，$b=60$，$c=25$，$d=75$。假设小麦的价格上升 10%，达到 110。你的任务就是计算什么样的 r 和 w 能够满足新的小麦价格方程 $110=40r+60w$，同时仍然满足布匹价格的方程 $100=25r+75w$。你必须使 r 上升到 1.5 而使 w 下降到 5/6。

文中提到，即使 a，b，c 和 d 变化，上述结论仍然成立。更准确地说，即使当 r 上升，a 或 c 下降，或者当 w 上升，b 或 d 下降，该结论仍然成立。（这里是符合经济合理性的反应方向，所以在所有例子中，该结论都成立。）

产品。

- 某个要素越是密集和专业化地用于某种产品的生产，就越会因为该产品相对价格的上升而获益。
- 某个要素越是密集和专业化地用于某种产品的生产，就越会因为该产品相对价格的下降而受损。

这一模式的结论看起来很合理。那么它是适用于要素不能流动的短期情况，还是适用于长期情况？答案是两种情况都适用。考虑一下自由贸易的情况，某一要素与出口产品关联的持续时间越长，其因自由贸易获取的收益越丰厚；某一要素与进口替代产品关联的持续时间越长，其因贸易壁垒获取的收益也越丰厚。在极端的情况下，如果某种要素仅仅用于一个产业，该要素所获收益将持续固定地取决于该产业产品的价格。非流动性要素的一个很好的例子便是耕地。假设某块耕地仅适用于一种农作物，除此之外，它几乎没有其他用途，那么，对于这块耕地来说，长期和短期几乎没有区别。如果这块耕地仅适用于种植一种进口替代型农作物，那么该耕地主人的收益与禁止该种农作物进口的政策息息相关就不足为奇了。

5.2.3 要素价格均等化定理

赫克歇尔-俄林的贸易模型衍生出了斯托尔珀-萨缪尔森定理，也衍生出了一个有关贸易对不同国家之间要素价格影响的更令人惊讶的推断。从20世纪40年代末保罗·萨缪尔森的论证开始，贸易对国际要素价格差异的影响——**要素价格均等化定理**（factor-price equalization theorem）逐步建立。① 该理论认为，在特定的条件和假设下，自由贸易不仅使产品价格在两国之间趋同，而且使各种要素的价格也在两国之间趋同。为了理解该定理的含义，继续考虑布匹和小麦的自由贸易的例子。该定理认为：即使要素不能在国家之间直接流动，通过自由贸易也可以达到以下状态：

- 两国（拥有相同技术水平的）劳动力获得相同的工资率。
- 两国相同单位面积的（质量可比的）土地获得相同的租金报酬。

这是一个很重要的结论，它来源于自由贸易对各国要素价格的影响。在封闭条件下，美国（劳动力稀缺的国家）的工人工资率较高，而世界其他国家（劳动力丰裕的国家）的工人工资率较低。贸易的开放导致美国的工资率下降而世界其他国家的工资率上升（见图表5—1）。如果两国在自由贸易条件下产品价格相同，生产技术相同，并且都生产两种产品（满足其他必要条件），那么在自由贸易条件下两国的工资率也相同。(你可以试着对土地租金作类似的推导。)

要素价格均等化定理显示，即使劳动力在国家之间不能流动，所有国家的劳动力最终也将会获得相同的工资率。在该模型给定的一些假设下，贸易使这种情况成为可能。因为在国家之间不能流动的要素，最终可以以国家之间商品流动的形式替代要素流动。贸易使美国出口小麦，进口布匹。因为小麦是土地密集型商品，而布匹是劳动密集型商品，贸易事实上是把密集使用土地要素的小麦出口到世界其他国家，换取密集使用劳动要素的布匹。仿佛每种要素都在向贸易前该要素稀缺的国家流动。

---

① 要素价格均等化定理所需要的重要条件和假设包括斯托尔珀-萨缪尔森定理的全部四个假设和以下几个附加的假设：(5) 两国在自由贸易条件下都生产两种产品（生产都没有完全专业化）。(6) 自由贸易，贸易不受政府管制或贸易壁垒（如关税）的限制。(7) 没有运输费用。(8) 两国技术（生产函数）相同。(9) 没有要素密集度逆转。(如果小麦在一国是相对土地密集型的产品，那么它在另一国也是相对土地密集型的产品。)

5.3　赫克歇尔-俄林理论是否解释了现实贸易模式

赫克歇尔-俄林的贸易模型从理论上为贸易收益、贸易的生产和消费效应以及贸易对生产要素的收入影响提供了重要的见解。这些见解都是基于赫克歇尔和俄林对贸易基础的直觉——为什么各国出口一些商品而进口另外一些商品。要想知道赫克歇尔-俄林（H-O）理论是否真的有用，我们必须验证这一直觉是否正确。它能够有助于解释现实世界的贸易模式吗？

经济学家列昂惕夫（Leontief）在两要素生产的简单模型下，使用美国的数据首次对 H-O 理论进行了正式的检验。但是这些检验未能验证 H-O 理论（见“案例研究”专栏中的“列昂惕夫悖论”）。近期更多的研究认为，超过两种生产要素的情况有助于 H-O 理论对贸易模式的解释。

经济学家已经用许多方法检验了 H-O 理论。完整的检验需要不同国家的要素禀赋、各种商品的国际贸易以及生产这些商品所使用的要素比率的数据。这些检验的结果可以通过对要素禀赋和贸易模式的观察得出。

案例研究

列昂惕夫悖论

我们现在所知的关于主要国家的进出口商品的生产要素结构的内容，在很大程度上源自 20 世纪 50 年代列昂惕夫提出的悖论。列昂惕夫是诺贝尔经济学奖获得者，出于探索科学的本能，他检验了 H-O 理论对贸易结构的预测是否符合事实，由此引发了一场富有成效的辩论。

列昂惕夫决定检测赫克歇尔-俄林理论，即一国将出口密集使用本国丰裕要素生产的产品，而进口密集使用本国稀缺要素生产的产品。他假设当时的美国经济相对于世界其他国家来说是资本丰裕（并且劳动力稀缺）的国家。

列昂惕夫的资本/劳动（*K*/*L*）检验

列昂惕夫计算了 1947 年美国出口行业和进口替代行业的资本存量与工人数量的比率。这一计算不仅需要算出几十个行业中每个行业直接使用了多少资本和劳动，还需要算出生产过程中从其他行业购买的原材料需要多少资本和劳动。作为投入—产出分析法的领军人物，他知道如何通过美国经济的投入—产出矩阵与资本和劳动投入、出口价值和进口价值的向量相乘，得出所需要的出口行业和进口竞争行业的资本/劳动比率的估算值。至此，对 H-O 理论的检验就建成了。如果美国是相对资本丰裕的，那么美国出口产品的资本/劳动比率（K_x/L_x）应该高于进口替代产品的资本/劳动比率（K_m/L_m）。

然而列昂惕夫的结论却提出了一个让他自己和其他人都迷惑不解的悖论：在 1947 年，美国向世界其他国家出口相对劳动密集型的产品，而进口相对资本密集型的产品！美国出口产品和进口产品的资本/劳动比率之比（K_x/L_x）/（K_m/L_m）只有 0.77，而按照 H-O 理论它应该远大于 1。其他的研究也证实了美国从第二次世界大战到 1970 年之间存在这一恼人的列昂惕夫悖论。

更广泛和更完善的检验

对列昂惕夫悖论最有成效的解答是引入除资本和劳动之外的其他生产要素。或许，就像许多经济学家（包括列昂惕夫本人）所说的，我们应该面对这样一个事实并且将其加以考虑，即存在不同类型的劳动、不同类型的自然资源和不同类型的资本等。对要素构成的更广泛的计算有助于更深入地研究美国的贸易基础。诚然，在某种意义上美国是资本丰裕型国家，但是相对于进口，美国没能出口更多的资本要素。然而列昂惕夫之后的研究显示，美国也有丰裕的耕地和高技术劳动力。并且，就像 H-O 理论所预测的一样，美国确实也是密集使用这些要素的产品的净出口国。

5.3.1　要素禀赋

图表 5—3 为全球一些国家所拥有的各类生产要素占其“全球”总量的比例。为了辨别要素的相对丰裕和相对稀缺的模式，一国某种要素在世界禀赋总量中所占的份额应该与其他要素在世界禀赋总量中所占的份额相比较。包括美国和图表中所示的其他 5 个国家在内的工业化国家中，实物（非人力）资本相对丰裕。

图表 5—3　　**2007—2010 年世界要素禀赋份额（%）**

	实物资本	高技能劳动力[a]	中等技能劳动力[b]	低技能劳动力[c]	可耕地	森林资源
美国	24.6	22.2	5.5	0.1	15.3	11.1
加拿大	2.4	3.1	0.6	0.0	4.1	11.4
日本	14.4	8.1	2.8	0.0	0.4	0.9
德国	6.6	4.0	2.0	0.0	1.1	0.4
法国	4.9	2.4	1.5	0.1	1.7	0.6
英国	4.2	2.6	1.5	0.0	0.5	0.1
其他工业化国家	18.0	8.2	5.6	0.3	7.3	10.1
中国	7.8	7.4	31.0	17.4	12.6	7.5
其他发展中国家	17.0	42.0	49.5	82.2	57.0	57.9

注：所有的数据都是近似估计。这里的“世界”是指 95 个国家（21 个工业化国家及 74 个发展中国家），这些国家提供了可用数据；实物资本、可耕地和森林资源是 2007 年的数据，劳动力类别是 2010 年的数据。

a. 完成大学教育（高等教育）的成年人。

b. 完成初等教育但没有完成大学教育的成年人。

c. 没有完成初等教育的成年人。

资料来源：Physical capital estimated using data on gross capital formation from Heston，Summers，and Aten (2009). Data on labor from the database for Cohen and Soto (2007). Data on land from World Bank，*World Development Indicators*.

以完成大学或类似高等教育表示的高技能劳动力在工业化国家也相对丰裕。这一类别劳动力包括科学家和工程师，他们是研发的关键投入，而研发影响着高技术商品的国际竞争力。

但在上述发达国家中，以从未接受过正规教育以及未完成小学教育表示的低技能劳动者则是稀缺资源，而发展中国家的状况恰恰与此相反。发展中国家拥有丰裕的低技能劳动者，但实物资本与高技能劳动者则呈现相对稀缺状况。对于中等技能的劳动者来说，国际差异并不如此明显。上述两类国家所拥有的中等技能劳动者数目处在稀缺和丰裕的中间范围，但中国是一个有趣的例外。

图表 5—3 也提供了全球可耕地及森林的分布详情——这类资源相对集中在北美洲和其他一些发达及发展中国家（如澳大利亚和阿根廷），而欧洲和日本等国家则缺

乏可耕地和森林资源。

图表 5—3 中没有列出关于地下燃料的自然资源禀赋的信息，包括石油、天然气及煤炭自然资源。其分布如下：已探明石油及天然气总量的 2/3 集中于中东。已探明煤炭的分布则比较分散，美国、俄罗斯、澳大利亚等国都拥有丰富的煤炭资源。尽管其他自然资源（地下的矿藏和金属矿石）的数据尚不完整，但是仍然可以推测一些贸易模式。总体而言，加拿大相对来说是资源丰裕的，而美国则不是。一些国家，如澳大利亚、玻利维亚、智利、牙买加、扎伊尔和赞比亚，拥有丰富的金属矿石。

5.3.2　国际贸易

如果赫克歇尔和俄林的预测是正确的，各类资源性要素的分布不均等必定会在各国的贸易模式中得以体现：各国将出口相对密集使用其丰裕要素的产品和服务。

国际贸易模式与 H-O 理论的预测具有广泛的一致性，即一国倾向于出口密集使用其丰裕要素的产品。先看美国的情况，图表 5—4 显示了美国出口和进口的一些商品。美国是可耕地资源相对充裕的国家，且地处温带，所以美国成为小麦、谷物和大豆等温带农作物的净出口国（出口超过进口）。与此同时，美国进口了诸如咖啡之类的热带农作物。美国有丰富的自然资源，如煤矿资源，并成为这些资源产品的净出口国。美国也是许多其他自然资源产品的净进口（进口超过出口）国，如石油，因为其他一些国家拥有比美国更加丰裕的石油资源。

图表 5—4　　2009 年美国部分商品的进出口情况

A. 与 H-O 理论一致的商品贸易

	美国出口（10 亿美元）	美国进口（10 亿美元）	净出口占贸易总额的比重*（%）
小麦（041）	5.38	0.72	+76
谷物（044）	9.09	0.32	+93
咖啡（071）	0.74	4.21	−70
大豆（2222）	16.48	0.22	+97
煤炭（321）	6.00	1.62	+57
石油（333）	1.82	200.59	−98
塑料制品（57）	25.00	8.55	+49
微型电路（7764）	29.16	16.49	+28
飞机（792）	82.92	18.45	+64
服装（84）	4.18	72.06	−89
鞋类（85）	0.95	18.25	−90
玩具（8942）	0.64	9.83	−88

B. 与 H-O 理论不一致的商品贸易

	美国出口（10 亿美元）	美国进口（10 亿美元）	净出口占贸易总额的比重*（%）
药品（54）	44.08	60.16	−15
香水、化妆品（553）	6.40	4.79	+14
钢铁（67）	13.24	21.65	−24
汽车（781）	27.98	82.06	−49
医疗器械（872）	16.96	12.64	+15

注：括号中为标准国际贸易分类（第 3 版）中的商品编号。

* 净出口占贸易总额的比重，等于一种产品的出口量减去该产品的进口量，再除以该产品的出口量和进口量之和。这一百分比是该产品“显性比较优势”的指标。

资料来源：United Nations，Statistics Division，*UN Comtrade Database*.

美国拥有相对丰裕的高技能劳动者，即从事研发类工作的科学家和工程师，并成为高技能劳动密集型或技术密集型产品的净出口国，诸如塑料制品、集成电路与飞机等。但低技能劳动者在美国则相对稀缺，所以美国从国外大量进口低技能劳动密集型产品，诸如服装、鞋与玩具等。（美国也是商务服务的主要净出口国，如营销、管理、会计和咨询，这反映了丰裕的高技术劳动力禀赋对提供这些服务是至关重要的。）

然而美国在其他一些产品上显示出的贸易模式与赫克歇尔-俄林理论相悖。图表 5—4 显示了其中的五种。美国是钢铁和汽车的净进口国；同时，美国每年都进出口大量的药品，香水、化妆品，以及医疗器械。要素禀赋比率似乎不能解释美国在这些商品上的贸易模式。本书的第 6 章将会讨论和解释这些贸易现象的其他理论。

日本的贸易模式与赫克歇尔-俄林理论大致相符。日本的可耕地及其他自然资源严重匮乏，该国对农产品、鱼类、木材和矿石的消耗严重依赖进口。没有自由贸易，日本将是一个极度贫困的国度。由于日本拥有的高技能劳动者（如科学家与工程师）相对丰裕，所以该国倾向于向国外出口高技术劳动密集型产品。尽管半个世纪前，日本还是一个低技能劳动密集型产品的净出口国，但现在这个国家已成为这些产品的净进口国。这种贸易模式与它目前相对缺乏低技能劳动力的情况相一致。

加拿大自然资源相对丰裕，倾向于出口初级产品。即便是出口的制成品也是生产过程中密集使用自然资源的产品。这些产品包括化学肥料、有色金属、木制品和纸张。

发展中国家的贸易模式大多与 H-O 理论相符。对发展中国家贸易的更详细的考察，参见聚集中国专栏中的“中国的进出口”。

通常情况下，贸易模式与 H-O 理论能够很合理地吻合，当然并非完全吻合。①

聚焦中国

中国的进出口

全球经济取得的最令人惊讶的成就之一，就是中国在 20 世纪 70 年代末采取对外开放政策后，逐步崛起成为一个贸易新兴国家。1980 年中国占全球贸易总量不到 1%。但此后，其进出口贸易发展迅速，2009 年中国贸易已占全球贸易总量的 8%。

众多境外媒体的文章和评论员认为中国一直在不遗余力地扩大出口，是明显的重商主义者。然而有证据表明，实际情况并非如此。事实与我们假定的情况更加接近，即中国的进口与出口总量一直相当，因此贸易长期以来是近乎均衡的。下页图中的数据显示了 1976—2009 年中国出口总额和进口总额的状况。中国贸易的快速增长是显而易见的。很明显，截止到 1996 年，中国的进口额和出口额几乎完全相等。1996—2004 年，

① Bowen，Leamer & Sveikauskas（1987）测量了要素禀赋和美国的投入—产出模式，并以此预测 1976 年通过贸易实现的净要素流动。在包括了 12 种要素、27 个国家的 324 个案例中，H-O 理论正确地预测了其中 61%的净出口情况。这一比例比抛掷硬币的情况要好，但也只是好一点而已。Trefler（1995）检验的结果指出，第 4 章中所提到的三种贸易基础——要素禀赋差异、技术差异以及对本国生产产品的消费偏好可以很好地解释实际贸易。Trefler 发现技术差异的大小类似于劳动生产率差异的大小，这可以从第 3 章中有关比较优势专栏的图中的横轴看出来。Davis & Weinstein（2001），Schott（2003），Trefler & Zhu（2010）近期的研究更加深入，指出要素禀赋差异是预测国际贸易模式的一个重要部分。

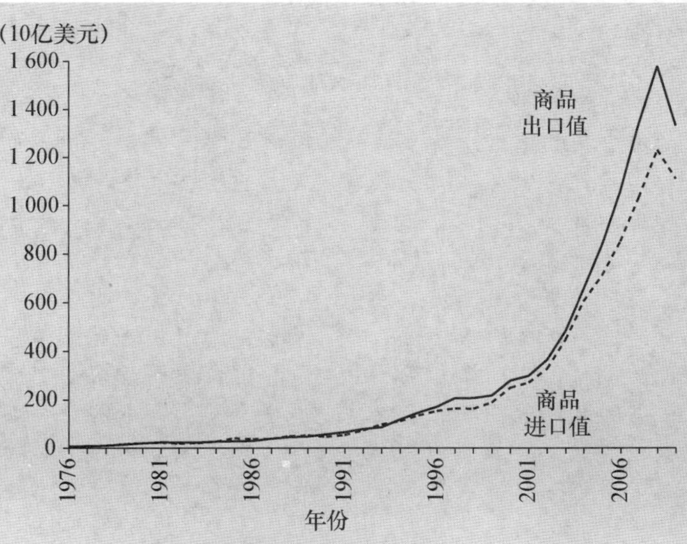

中国 1976—2009 年的出口和进口

资料来源：World Bank, *World Development Indicators*.

在进出口额持续快速增长的同时，出口额每年都以一定的量超过进口额。出口额与进口额之差在2008年达到了3 500亿美元，但在2009年下降至约2 200亿美元。在进出口额保持快速增长的情况下，与只强调出口的重商主义相比，中国的贸易增长仍然更接近教材中所说的平衡式贸易模式。

中国主要从事哪些产品的进出口贸易？中国的进出口贸易模式是否与赫克歇尔-俄林理论相符？如图表5—3所示，中国拥有相对丰裕的中等技能以及低技能劳动者，但在实物资本、森林资源、可耕地及高技能劳动者方面则显得相对缺乏。尽管表中并没有表示出来，但是我们也知道中国的地下自然资源也相对贫乏。

下表是2009年中国进行国际贸易的一些代表性产品。

2009年中国某些代表性产品的出口和进口总值

	中国出口值（10亿美元）	中国进口值（10亿美元）
大豆（2222）	0.2	18.8
金属矿石（28）	0.2	85.9
石油（333）	2.2	89.3
特种工业设备（72）	17.1	24.9

续前表

	中国出口值（10亿美元）	中国进口值（10亿美元）
计算机（752）	111.9	22.7
音响设备（763）	21.5	3.5
微型电路（7764）	24.0	120.2
服装（84）	107.3	1.8
鞋类（85）	28.0	0.9
科研设备（87）	31.4	55.2
玩具（8942）	7.8	0.1
谷物（044）	0.5	0.2
蔬菜（054和056）	7.5	1.2

注：括号中为标准国际贸易分类（第3版）中的商品编号。

资料来源：United Nations, Statistics Division, *UN Comtrade Database*.

与其他国家一样，中国多数产品的进出口状况与赫克歇尔-俄林理论相符，但并非完全相符。第一，依据赫克歇尔-俄林理论，中国应为土地密集型农作物的净进口国，如大豆等。第二，该理论预测，中国将成为自然资源的净进口国，如金属矿石和石油等。第三，该理论预测中国应该是如工业设备、微型电路和科研设备等高技能劳动力密集型的制造品的净进口国。第四，该理论预测中国应该是如服装、鞋类和玩具等低技能劳动力密集型的制成品的净出口国。

然而，表中的第五行数据看起来非常令人迷惑。为什么中国是计算机和音响设备等产品的净出口国呢？这里我们必须注意到，在中国进行的生产环节主要是这些产品的装配，而装配过程中需要密集使用低技能劳动力。实际上，在上述产品所需的原材料、部件（以及产品设计及机器设备）等方面，中国是净进口国。中国的生产主要集中于低技能劳动力和中等技能劳动力组装最终产品，然后将其出口。

尽管大部分中国的国际贸易与赫克歇尔-俄林理论相符，但是也有一些产品与之不符。最重要的是，中国是一系列农产品的净出口国，包括表中底部所列的谷物和蔬菜。这些农作物的异常出口，部分归结于中国政府对农作物生产给予持续的政策支持和经济补贴。

总体而言，中国的贸易状况极其符合课本中的贸易理论。首先，中国的进口贸易和出口贸易发展迅速且保持几近相等的态势。其次，中国的多数净进口产品和净出口产品的类型符合赫克歇尔-俄林理论的预测。

5.4 出口导向性要素和进口竞争性要素

赫克歇尔-俄林理论所强调的要素禀赋与国际贸易模式之间的联系，通过斯托尔珀-萨缪尔森定理的逻辑，阐述了贸易对各要素集团收入及其购买力产生的影响。各国政策制定者必须认清哪些要素集团会从自由贸易中受益，哪些要素集团又会因自由贸易而受损，进而预见不同集团对国际贸易的态度，事先计划好对受损集团的补偿方法。

5.4.1 美国模式

图表5—5显示了美国出口产品和国内进口竞争产品中的要素构成。总体而言，劳动收入在美国出口产品价值中的比重比在进口产品价值中的比重要大。这反映了两个事实。第一，与美国出口产品相关的就业数量大约等于与美国进口产品相关的就业数量（见“关注劳动力”专栏中的“美国的就业和对外贸易”）；第二，出口行业的技术和工资水平相对更高。事实上，至少可以把劳动力划分为两类——高技能和低技能，如图表5—5所示。美国高技能劳动力是出口导向性要素，而低技能劳动力是进口竞争性要素。美国的耕地是另一出口导向性要素。实物资本（如列昂惕夫悖论中所提到的）和采矿权一般是进口竞争性要素。

5.4.2 加拿大模式

图表5—6大致描绘了加拿大出口产品和进口产品的要素构成。与美国的贸易模式很明显的相似之处是，加拿大也因它是主要粮食出口国而成为耕地要素的净出口国。另一个相似之处是，加拿大是低技能劳动力的净进口国。与美国相比，加拿大是劳动力要素的净进口国，略微是非人力资本的净出口国。最后，加拿大通过出口矿石产品及其加工制品而成为采矿权要素的重要净出口国。

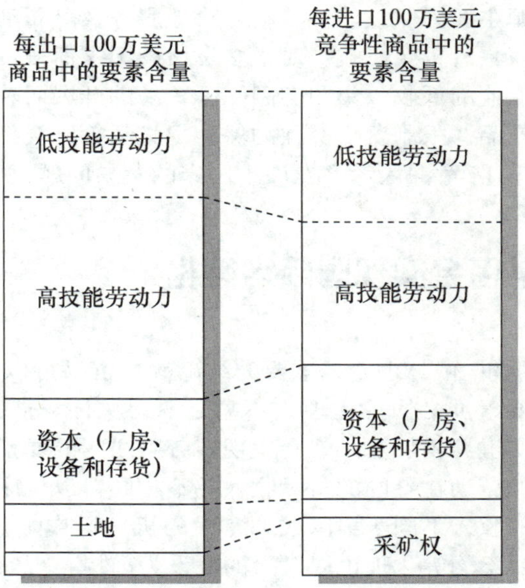

图表5—5 美国进出口产品要素构成图

说明：图中矩形的垂直距离粗略地表示了美国出口产品和与国内进口竞争产品的要素构成比例。

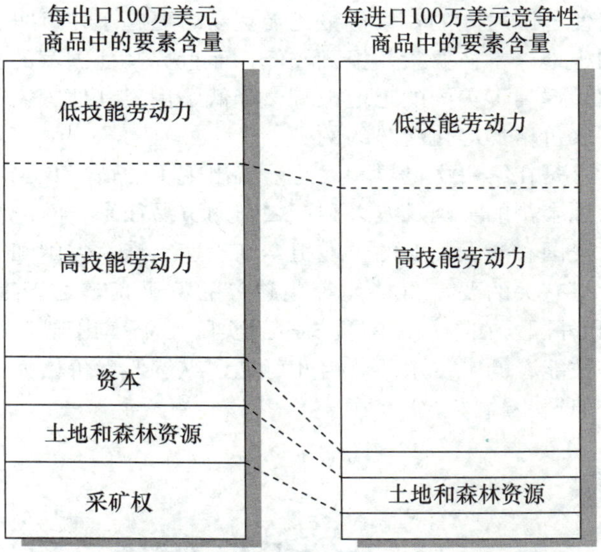

图表5—6 加拿大进出口产品要素构成图

5.4.3 其他国家的模式

其他一些国家的要素构成模式也被粗略地测算过。有两点结论值得简要地提及。

石油输出国家的要素构成并不令人惊讶。它们显然是大量出口采油权。一些人口更少的石油输出国，尤其是阿拉伯半岛的石油输出国，还通过向外国投资大量金融财富而出口资本服务。当然，这类国家进口的资源要素几乎涵盖所有其他领域：所有人力要素、耕地等。

进口石油的发展中国家在进口石油的同时，实际隐含地进口了资本及人力技能，而其出口的资源主要为非技能性劳动、耕地服务及除石油外的其他矿产品。该模式对贸易的分配效应具有重要影响。对很多发展中国家而言，大多数出售非技能性劳动及从事小块耕地作业的低收入集团会因国际贸易的开展而获得最大的收益，因为它们的产品成了出口产品。限制贸易交往的保护主义政策则会扩大发展中国家国内的贫富差距。我们将在第 14 章深入考察发展中国家的贸易问题。

5.5 要素价格是否会实现国际均等化

或许赫克歇尔-俄林理论最重要的结论就是贸易可以使各国之间各种生产要素的价格均等化。要素价格均等化理论不只是值得关注，严格地讲，该理论存在明显谬误。只要对现实世界稍加观察就会发现，各国之间的要素价格并没有完全均等化。比如，相同技能的劳动在各国的实际收入并不相同。以机床操作工为例，墨西哥或印度的机床操作工的收入不同于美国或加拿大的机床操作工，发型师也是如此。实际上，严格意义上的要素均等化理论以大量的假设为前提，现实世界中该类条件不可能全部满足，所以，现实世界并不完全适用该理论，这并不令人惊讶。例如在自由贸易中，各国政府会设置种种贸易壁垒，各国的技术（或生产函数）也不可能完全相同，等等。

贸易会使各国之间的要素价格比无贸易时更趋于相近吗？在我们的例子中，无贸易时美国的土地（丰裕要素）报酬较低，而世界其他国家的土地（稀缺要素）报酬较高。开放贸易提高了美国的土地报酬，降低了世界其他国家的土地报酬——这是一个有关国际要素价格均等化趋势的例子。

这实际上是在第一次世界大战之前就出现了的情况！当时，欧洲国家由于扩大了其与土地资源丰裕的美国及澳大利亚之间的贸易往来，欧洲高昂的土地租金呈现出稳定趋势，而美国和澳大利亚的土地租金则迅速上涨，各国间土地租金差距缩小。另一个与现实世界有关的要素价格均等化趋势的例子是，处于工业化过程中的亚洲国家（如新加坡和韩国）在参加国际贸易之后实际工资率出现上涨，并逐步接近西方工业化国家同等技能者的工资水平。由此可见，纵然要素价格完全均等化在现实世界中不可能出现，但这一趋势确实存在。

关注劳动力

美国的就业和对外贸易

美国国会有几次差点儿就通过了用关税或其他贸易壁垒来全面限制进口的法案。这些努力是以保护美国就业为理由的。更多的贸易是否意味着更少的美国就业？而更少的贸易是否意味着更多的美国就业？经济学家给出了一个相对明了而又令人惊讶的答案。

假设通过了一般性限制措施，减少美国进口。这些限制措施很有可能导致在给定的工资率下，美国的就业并不增长的结果。这是因为：(1) 美国进口的减少也趋向于减少美国的出口；(2) 美国出口产业的平均就业量大约和美国进口产业的平均就业量相同。

有四个理由来说明减少进口也会减少出口。第一，出口产品使用的是进口投入品。如果这些进口产品不那么容易得到，那么美国出口品的竞争力就没那么强了。第二，由于美国购买外国商品的减少，外国人购买美国的商品也会减少。因为外国人对美国出口的收入减少，他们会减少许多商品的购买，其中就包括美国的出口品。第三，外国政府可能会通过增加它们自己的进口保护措施来实施报复。面对增加的外国壁垒，美国的出口将会下降。第四，减少美国的进口可能会对汇率造成压力。现在，我们暂时不讨论易货贸易，而认为大多数国际贸易都是通过国家货币来支付的。减少进口需求也减少了用来支付进口品的外国货币的需求。如果外国货币因此贬值——由此提高了美国美元价值的交换比率，则更高的美元价值致使美国商品相对于外国购买者变得更为昂贵。外国购买者对此做出反应，将减少购买美国的出口品。

以上四种效应组合在一起导致了进口削减多少，出口就削减多少。如果出口和进口都减少，对美国就业的影响就取决于扩张的进口竞争行业所创造的就业量是否多于收缩的出口行业所失去的就业量。不同的研究所得出的结论各不相同。总的来说，研究指出，如果美国的进口和出口削减量相同，很有可能总就业量几乎不变。（另外，出口行业的平均工资率趋于变得更高。）

如果对进口大规模的削减可能不会增加多少就业，为什么工会组织喜欢这样的进口削减呢？要求进口保护的最大游说者是美国劳联—产联（AFL-CIO）。该组织产业部门的成员受到的进口品竞争比整体经济（劳动者）受到的冲击要大。因此，对劳联—产联来说，向国会游说保护法案，来捍卫劳联—产联成员的就业和工资是很实际的做法，即使这些法案将会使劳联—产联之外的其他工会组织的就业和工资受损。因此，要理解是谁在推动保护，知道谁的收入和进口竞争联系最为紧密是很重要的。

以上讨论的是关于美国进口的一般性限制措施。针对特定商品采取的选择性贸易保护将会改变美国就业的净影响。例如，对美国现有的选择性壁垒的研究表明，它们对高于平均就业量，特别是低技能就业类商品的限制性是最强的。因此，现有的美国进口壁垒会稍微提高美国的就业量，但是全面提高贸易壁垒来限制所有的进口可能并不会增加美国的就业。

我们认为，单纯讨论贸易导致的就业量增加或是减少这一做法的有效性本身就值得商榷。国际贸易造成的就业量的增加或减少，只是经济中就业量总体变化的一个很小部分。不同种类的压力造成的变化，比如需求的转移和技术的变迁，都会导致一个国家就业数量和种类发生变化。一个运作良好的经济是动态变化的——就业在不同产业之间转移，把工人（和其他资源）配置到其价值最高的地方。尽管这种转移在短期内会对经济造成一定损害，但是资源的重新配置对经济增长来说非常重要。

本章小结

全面回答有关贸易的四个基本问题

本章检验了有关贸易对收入分配的影响，结合在第2～4章中提出的贸易基本观点，我们可以通过对第2章提出的四个问题进行解答，来总结本章。

1. 为什么国家之间要进行贸易？鉴于各国之间生产条件和消费偏好的差异，各国的供给和需求条件也不尽相同。相对于消费偏好的差异来说，主流的理论更集中于生产条件的差异。大卫·李嘉图认为：各国之所以可以通过贸易获利，是由于各国各类产品生产具有不同的比较优势。李嘉图的例证即强调了要素生产率的差异。之后的赫克歇尔-俄林理论认同贸易基础源于各类产品生产的比较优势，但赫克歇尔-俄林理论借助要素禀赋差异对比较优势做出了解释，即各国倾向于出口密集使用相对丰裕要素生产的产品。赫克歇尔-俄林理论解释了很多国家实际的贸易模式，但是各国贸易模式中的某些重要方面与赫克歇尔-俄林理论并不一致。

2. 贸易对各国的生产和消费产生了怎样的影

响？就某国进口某类产品而言，进口会增加该国对这类产品的消费，减少该类产品的生产。反之，在出口国，这类产品的生产将会增加，但是在一般情况下，不能肯定地说这类产品的消费量会发生什么变化。除了后一个结论外，这些答案从第 2 章起就没变过。

3. 哪些国家会因自由贸易而获益？第 2 章得出的结论是，从国家净收益的角度来看，贸易使每个国家的福利都增加；并且每个国家的净收益与开展自由贸易之前的产品价格成比例：产品的价格变动越大，该国所获收益越多。之后的章节将会探讨贸易的增加有时会减少贸易国家的社会福利，尽管存在贸易总比没有贸易要好。

4. 对于每个国家内部来说，谁是贸易开放的受益者，谁又是受损者？本章对该问题的探讨颇多，所得出的答案超出了第 2 章结尾所概括的结论。

短期而言，由于各产业间的资源要素尚未实现流动，因此此时受益者和受损者是通过产品的行业来划分，而不是通过人们所提供的生产要素来划分。获利者为进口品的消费者及从事出口产品生产的生产者，而从事进口竞争品生产的生产者以及出口产品的消费者皆为贸易的受损者。至此，上述答案仍旧与第 2 章的小结相似。

长期而言，生产要素可以在部门间自由流动并且经济达到充分就业，此时贸易受益者及受损者的划分将有别于短期标准。斯托尔珀-萨缪尔森定理认为：

- 当某要素所有者提供的要素在本国比较他国更为丰裕时，经由贸易，该所有者将会从贸易中获益（通过得到更高的实际收入），无论他从事何种产业或消费何种产品。例如美国的科技人员和可耕种土地的所有者，以及中国的低技能工人即属于这一行列。
- 当某要素所有者提供的资源要素在本国比他国相对稀缺时，该所有者将由于贸易而受损（实际收入更低），无论他从事何种产业或是消费何种产品。例如美国的低技能工人，以及中国的科技人员和可耕种土地的拥有者。

通过对各类集团利益的长期效应分析，可知：不同国家之间各类生产要素的收益差异将会因贸易而缩小。假设在开展贸易之前，某个国家缺乏某种生产要素，如低技能劳动者，贸易将使得该国该生产要素的收益降低。而在自由贸易之前，属于丰裕的生产要素将因自由贸易获得更多的收益。在特定条件下要素价格均等化定理成立，即使某种要素本身不能在国家之间自由流动，自由贸易将会使各国之间该要素的报酬率趋于一致。由于现实世界中要素收入完全均等化的条件不经常出现，所以这仅是理想状况。但是确有实际证据表明，开放贸易使各国之间要素价格不均等的差距缩小。

关键词

短期（short run）

长期（long run）

斯托尔珀-萨缪尔森定理（Stolper-Samuelson theorem）

要素价格均等化定理（factor-price equalization theorem）

推荐读物

Mussa（1974）清楚地阐释了扩张贸易所导致的要素短期收益和长期收益之间的对比。

对贸易理论出色的实证检验见 Deardorff（1984），Leamer & Levinsohn（1995），以及 Davis & Weinstein（2003）。对赫克歇尔-俄林理论严格的检验见 Bowen，Leamer & Sveikauskas（1987）；Trefler（1993，1995）；Davis & Weinstein（2001）；Schott（2003）；以及 Trefler & Zhu（2010）。

贸易（以及全球化的其他方面）对发展中国家不同集团的收入影响的探索见 Goldberg & Pavcnik（2007）；Gonzaga，Menezes Filho & Terra（2006）；以及 Robertson（2007）。

习　题

✦ 1. 依据《北美自由贸易协定》（NAFTA），美国、加拿大以及墨西哥之间正逐步采取自由贸易政策。请根据斯托尔珀-萨缪尔森定理，阐述贸易政策的变化对美国、加拿大、墨西哥高低技能劳动者实际工资收入的影响。

2. “依据要素价格均等化理论，自由贸易条件下的工人实际工资收入将与土地所有者的土地实际租金相等。”请辨析该理论是否正确，并说明原因。

✦ 3. 有经济学研究者认为：就短期而言，自由贸易会损害进口替代产业从业人员的利益。但当长期内人员和资源实现不同产业间的流动时，人人都将受益于自由贸易。请辨析该理论是否正确，并说明原因。

4. 有人认为：我国应当停止与其他国家开展贸易往来，因为我国的就业机会以及国民福利皆因外国产品的进口而降低。请利用你所掌握的贸易学理论对这一说法进行纠正。

✦ 5. 为什么列昂惕夫得出的实证结果被称为悖论？

6. 假设现有经济模型涉及两种产品（小麦和布匹）、两种要素（土地和劳动）。请分析随着小麦相对价格的下降，小麦及布匹产业从业者短期和长期收入的变化状况；以及小麦、布匹产业各自占用的土地收入状况短期和长期的变化。

✦ 7. 从长期来看，完全竞争的产业中产品的价格等于其边际成本，厂商将无经济利润可言。下面的两个等式描述了价格和成本的这一长期情况，数字表示生产一单位产品所需要的每种要素投入（劳动和土地）的数量：

$$P_{小麦}=60w+40r$$
$$P_{布匹}=75w+25r$$

a. 假设小麦和布匹的初始价格皆为 100，求出 w，r 的值，并分别计算生产单位小麦和布匹的劳动成本和土地成本。

b. 布匹价格经历长期调整，上涨至 120 时，w，r 分别是多少？

c. 上述两类产品从业者的实际工资（劳动者收入的购买力）的变化是什么？“平均”来说，实际工资是提高了还是降低了？与上述两种商品相关的实际土地收入（土地收入的购买力）的变化是什么？“平均”来说，土地收入是提高了还是降低了？

d. 请将你对 c 的答案与斯托尔珀-萨缪尔森定理相联系。

8. 普格罗维亚的小麦和车辆产业的投入成本份额如下：

单位：美元

	小麦产出	车辆产出	总国民收入
总劳动投入	0.60	0.59	0.60
总土地投入	0.15	0.06	0.10
总资本投入	0.25	0.35	0.30
合计	1.00	1.00	1.00

假设随着世界其他国家需求状况的变化，小麦相对于车辆的价格上升，普格罗维亚小麦生产者为增加小麦出口而扩大了小麦的生产。

a. 如果小麦与车辆产业间的要素不能流动，该变化的受益者及受损者分别是谁？

b. 当小麦与车辆产业间的要素实现自由流动时，该变化的受益者及受损者又将分别是谁？

✦ 9. 依据以下信息，计算出单位美元的布匹产出所投入的劳动和资本额：

单位：美元

	布匹产出	合成纤维产出	棉纤维产出
直接劳动投入	0.50	0.30	0.60
直接资本投入	0.20	0.70	0.40
合成纤维投入	0.10	0.00	0.00
棉纤维投入	0.20	0.00	0.00
总投入	1.00	1.00	1.00

布匹是该国唯一的出口产品。该国生产 1 美元进口替代品的总劳动投入额与总资本投入份额分别为 0.55 美元 、0.45 美元。

试问该贸易模式是否符合该国属于劳动力相对丰裕及资本相对稀缺的描述？

10. 下表为 2009 年日本部分进出口产品数据：

单位：10亿美元

产品	出口	进口
食品（0）	3.3	47.3
金属矿石（28）	4.7	22.3
石油（333）	0.0	80.0
药品（54）	4.1	14.2
肥皂和清洁用品（554）	0.8	0.6
钢铁（67）	31.1	5.3
汽车（781）	62.1	4.6

续前表

产品	出口	进口
飞机（792）	2.5	4.9
服装（84）	0.5	25.6
鞋类（85）	0.1	4.4
医疗器械（872）	2.2	4.2

注：括号中的数字表示标准国际贸易分类的商品编号。

分别列出与赫尔歇尔-俄林理论的预测相符及不符的日本进出口产品。

第6章 规模经济、不完全竞争和贸易

根据标准的比较优势理论，由于国家之间存在要素禀赋、技术和生产力方面的差异，所以可以利用相对成本的不同来开展贸易。如同我们在上一章讨论的，很多国际贸易符合该预测模式。工业化国家会与发展中国家进行贸易。有着丰富石油储备的国家会与缺乏石油储备的国家进行贸易。

然而，另一部分国际贸易并不符合该模式。根据比较优势理论，比较优势相似的国家之间几乎不会有贸易。工业化国家，在很多要素禀赋方面（实物资本、高技能劳动力以及低技能劳动力），以及技术和技能方面都类似。而事实上，工业化国家之间的贸易十分广泛：工业化国家出口中70%以上是到其他工业化国家的，且世界贸易总量的40%发生在工业化国家之间。

根据标准的比较优势理论，一个国家应该出口具有相对成本优势的产品并进口相对成本劣势的产品。许多贸易都以这种形式开展。例如，石油出口国通常不会进口很多的石油，而是进口其他产品，如机械。但需要再次提醒的是，有一部分国际贸易不符合这种模式。例如，许多工业化国家的贸易是双向贸易，该国同时出口和进口相同或非常相似的产品。

要理解为什么工业化国家之间会发生如此多的贸易，以及为什么它们在相似产品上有这么多的双向贸易，我们需要扩展完全竞争假设下的标准比较优势模型。在本章中，我们将结合现实全球市场的重要特征——不完全竞争。

大规模生产将会降低每单位生产的成本，我们的讨论就从规模经济开始，规模经济导致市场出现不完全竞争。我们将考察一国同时出口和进口相同或非常相似产品的产业内贸易。

在掌握了这些概念后，本章的主要任务是通过对三种理论的学习，加深对国际贸易的理解。每种理论都是建立在与完全竞争市场有别的市场结构基础上，即：

1. 产品差异化和垄断竞争；
2. 全球寡头垄断；

3. 一些地区的产业集聚（这主要是由于相同产业企业的集聚带来的规模效应）。

每一种理论都分别适用于具有不同特点的具体行业，并能加深我们对四大贸易问题的理解。

6.1　规模经济

在不同种类的不完全竞争中，规模经济都扮演着重要的角色。什么是规模经济？它从何而来？我们正在进入全新的领域，因为原先标准的国际贸易理论假定**规模报酬不变**（constant returns to scale）。

假设各种投入要素的调整是长期的，且投入要素价格不变，我们来思考这样一个问题：随着一家企业产量的变化，成本会发生怎样的变化？如果企业希望增大产量，总成本就会增加，所以总成本和总产量的比例变化是问题的关键。在规模报酬不变的前提下，投入和总成本随着产量的增加而同比上升。一些服饰行业的生产可能非常接近规模报酬不变。

用总成本除以产量所得到的平均成本代表什么？在规模报酬不变的情况下，总成本和产量同比增长，所以平均成本（它们之间的比例）是恒定的（或稳定的）。以下是一个规模报酬不变的简单例子。如果一个企业要实现产量翻番，它使用的所有投入也必须翻番。如果投入的价格是不变的，那么总成本也增加了一倍。如果总成本和产量都翻番了，那么平均成本也不变。

当然，规模报酬不变不是唯一的可能性。事实上，我们认为，许多行业中都存在规模经济，且规模报酬会在一个范围内变动。在规模经济下，随着产量的增加，单位产品的平均成本随着产量的增加而减少。（记住，假设随着产量的变化，我们可以在长期进行任何调整以改变要素投入，同时我们假设要素投入价格不变。）

图表 6—1 显示了规模经济是如何影响平均成本的。不同产出水平下的总成本数据如图中的横轴所示，每一个产出水平的平均成本为总成本除以产量。如图表 6—1 所示，如果这个时期内产量为 25 000 单位，则平均成本为每单位 26 美元；产量为 50 000 单位时，则平均成本降到每单位 23 美元。当产出水平上升到 75 000 单位时，

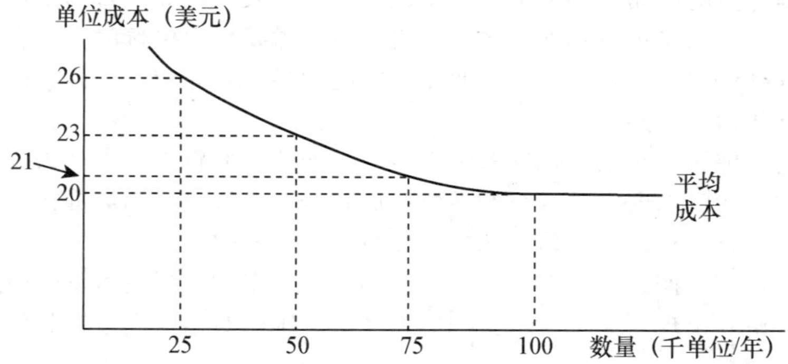

产出数量（单位）	25 000	50 000	75 000	100 000
总成本（美元）	650 000	1 150 000	1 575 000	2 000 000

规模经济存在于产出水平不超过 100 000 单位的区间内，在这个区间内平均成本随着产出的上升而下降。

图表 6—1　规模经济

平均成本继续下降到每单位 21 美元。当产出水平达到 100 000 单位时，平均成本降到最低为每单位 20 美元。我们可以看到，在产量上升到 100 000 单位之前，生产出现了规模经济，即平均成本随着产量的上升而下降。（当产出水平超过 100 000 单位时，规模报酬不变开始发生效应，平均成本线呈现为一条水平线。）

6.1.1　内部规模经济

规模经济从何而来？事实上存在两种类型的规模经济。首先，规模经济对各个厂商来说，可以是内部性的。厂商个体的行为和决策本身会导致**内部规模经济**（internal scale economies）。一个大厂商可能因为种种不同的原因而有着较低的平均成本。我们举一些例子。(1) 任何产品生产前都经常会发生前期费用。例如，设计和开发一个新的大型民用飞机的成本通常接近 10 亿美元。因为可以生产多架这种飞机，每架飞机的平均成本会变得更低，因为前期的固定开发成本均摊到大量飞机上。(2) 大型装备和使用大型的、专业化的资本设备有时会很有优势。采用高速自动灌装和封口机会使得瓶装或罐装啤酒生产达到最低单位成本，但只有当它可以每分钟生产超过 1 000 瓶（或罐）的时候，使用这种机器才是经济的。(3) 生产化学品的罐、桶和管道都是规模经济的来源。这种类型的投入成本在很大程度上是由表面积决定的，但其对产出的贡献由它包含的体积决定。随着尺寸的增加，体积增加的比例比表面积更大。

企业内部的规模经济可以导致一个产业偏离教材中提出的完全竞争模型，因为在规模经济的带动下，个别厂商的规模比完全竞争性行业的小厂商要大得多。但这种模式到底能偏离多远？这取决于规模经济的大小或程度。一个厂商要多大才能实现全部或大部分的规模经济？例如，在图表 6—1 中，当产量达到 100 000 单位时，可以达到很低的平均成本。那么如果产量低于 100 000 单位，每单位需要多付出多少成本？在图表 6—1 中，产量 50 000 单位时的平均成本，比产量为 100 000 单位时的平均成本高出约 15%（即（23－20)/20)。这些问题的答案对于判断供给市场的结构类型起着非常重要的作用。

如果规模经济是适度的，那么该产业中便仍有空间容纳大量的公司。如果产品是差异化的，便产生了一个较为温和的不完全竞争，我们称之为**垄断竞争**（monopolistic competition）。这种市场结构的特点是：大量的厂商在某一产品不同品种的生产和销售中激烈竞争。由于各厂商的产品之间存在一定程度的差异，使其可以对自己生产的产品价格有一定程度的控制。这就与标准贸易理论中的完全竞争市场形成了对比。在完全竞争市场结构中，众多小厂商中的每一个厂商都生产相同的商品产品，都是价格的接受者，无法控制市场价格或者对市场价格施加影响。

如果大规模生产的规模经济收益十分巨大，则很可能会导致少数厂商发展得很大从而取得规模经济的收益。巨大的规模经济收益使少数厂商垄断了全球的某一产业，于是便产生了**寡头垄断**（oligopoly）。处于寡头垄断地位的大厂商知道它们可以控制或影响价格。寡头垄断中的关键问题在于大厂商之间竞争的程度。如果它们的竞争不是那么激烈，各个厂商便可能获得经济利润（或纯利润），即超过资本投资正常收益的那部分超额利润。

在本章后面的小节中，我们将从垄断竞争的角度深入分析国际贸易的基础和影响。然后，再观察寡头垄断在国际贸易中的作用。

6.1.2 外部规模经济

对各厂商个体来说，规模经济也可以是外部性的。相对于单个厂商，**外部规模经济**（external scale economies）是基于一个特定地理区域的整个产业的规模。随着该区域特定产业产量（当地所有该产业的厂商的全部产量）的扩大，厂商的平均成本下降。外部规模经济可以解释一些产品的生产在特定地区的集聚。外部规模经济的来源是什么？有以下几种可能性。

如果某产业的厂商在地理上的集聚能够吸引当地更多的产业需要的专业化服务以及专业化劳动力的供给，外部规模经济效应就产生了。电影制作公司在好莱坞集聚的原因之一是，好莱坞拥有一大批在电影制作各方面都非常熟练的人员和提供电影制作需要的特殊服务的诸多公司。（你也可以看到外部规模经济的自我强化性——如果你想进入电影圈和电影制作圈，或提供服务给电影公司，你知道你应该去哪儿。）当产品和生产技术的新知识（或者其他有用的商业信息）通过厂商之间的直接接触或高技能劳动力的流动而在某一地区的厂商之间迅速传播时，也会产生外部规模经济。在硅谷，拥有高科技的计算机、软件、半导体的相关制造商之间，知识扩散非常迅速，公司人员不断流动；在纽约集聚着金融、银行业；在意大利集聚着时装、鞋类及饰品产业；在瑞士集聚着制表业，这些都是外部规模经济很好的例子。本章最后一部分将着重介绍外部规模经济如何加深我们对国际贸易的分析能力。

6.2 产业内贸易

根据比较优势理论，如果一国参与国际贸易，通常出口其相对生产成本较低的产品，而进口其相对生产成本较高的产品。根据这一理论，我们只会在现实生活中看到**产业间贸易**（inter-industry trade），即一国出口某些产品是为了进口其他一些完全不同的产品。

诚然，许多贸易属于产业间贸易，尤其是农产品和其他初级产品。但是也存在大量的**产业内贸易**（intra-industry trade，IIT），即在一个国家的某个行业内，同时进口和出口相似产品的双向贸易（产品种类之间的替代性高，以至于它们被划分到同一产业）。图表 6—2 提供了一些美国产业内贸易的产品例子。比如，美国对香水和化妆品这两类产品的出口量与进口量几乎相当。

将贸易总额（出口加进口）分成两个部分，我们就可以量化产业内贸易在一个国家的某种产品贸易中的相对重要性。第一个组成部分是**净贸易**（net trade），指某类产品出口价值与进口价值之差。净贸易不是产业内贸易。净贸易额衡量的是这类产品在国家的产业间贸易的重要性，表明哪些产品是（净）出口的，而哪些产品是（净）进口的。在计算中我们约定俗成，如果该产品是净出口，则净贸易额为正值；如果该产品是净进口，则净贸易额为负值。（“正”和“负”不代表价值评判，只表示测量方法。）

产业内贸易是一国产品类贸易总额的另一个组成部分。这里有两种方法可以测定一国某种产品产业内贸易的数量。第一种方法是在某种产品的出口和进口价值中取较小数值的两倍（即这种产品出口数额被其进口数额相抵的数量）。第二种方法是 IIT，IIT 是贸易总额（出口加进口）去除净贸易剩下的那一部分。数学表达式为：

$$\text{IIT}=(X+M)-|X-M|$$

式中，X 代表该产品的出口量；M 代表该产品的进口量。此外，我们经常想要比较 IIT 在不同产品或不同国家之间的重要性。显然，不同产品或不同国家的总贸易额是不一样的，因此我们可以用 IIT 占总贸易额的比重衡量产业内贸易的相对重要性：

$$\text{IIT 比重}=\frac{\text{IIT}}{\text{总贸易额}}=\frac{(X+M)-|X-M|}{(X+M)}=1-\frac{|X-M|}{(X+M)}$$

图表 6—2 显示的是根据不同数据计算出的结果。在美国七种产品类别中有六种产品（即除大型飞机以外的所有产品），其产业内贸易都超过该产品贸易总额的一半。

图表 6—2　　2009 年美国部分产品的产业内贸易　　单位：百万美元

	美国出口 (X)	美国进口 (M)	总贸易额 ($X+M$)	净贸易额 ($X-M$)	产业内贸易	IIT 比重 (%)
香水（55310）	1 267	1 350	2 617	（－）83	2 534	96.8
化妆品（55320）	2 779	1 919	4 698	（＋）859	3 838	81.7
家用洗衣机（77511）	159	226	386	（－）67	319	82.7
微型电路（77640）	29 165	16 486	45 651	（＋）12 679	32 973	72.2
汽车（78120）	27 978	82 061	110 039	（－）54 083	55 956	50.9
大型民用飞机（79240）	27 633	5 776	33 409	（＋）21 857	11 552	34.6
数码相机（88111）	279	161	440	（＋）117	323	73.4

注：产业内贸易是每个产品的总贸易额和净贸易（绝对值）之间的差额。产业内贸易比重是产业内贸易占总贸易额的百分比。

圆括号中为标准国际贸易分类（第 3 版）中的 5 位商品编码。

资料来源：United Nations，Commodity Division，*UN Comtrade Database*.

6.2.1 产业内贸易有多重要

一般而言，产业内贸易的规模有多大？由于制造业产品的贸易相对于农产品和其他初级产品的贸易更重要，因此我们主要研究非食品类工业产品。图表 6—3 显示了 6 个工业化国家的非食品类工业产品贸易的产业内贸易的平均比重，这是将部门细分为 1 300 多种不同产品后测算的。具体步骤是，首先计算出每种产品的产业内贸易，然后对所有产品进行加权平均（使用该国该产品的总贸易额作为权重，这样总贸易额越大的产品，权重也越大）。①为了避免偏差，将产品细分到足够精细的程度是必要的。如果使用过于宽泛的产品类别编码，计算出的产业内贸易会过高。比如，当一国出口“苹果”，进口“橙子”，如果将产品类别过于宽泛地定义为“水果”，我们将（错误地）发现存在产业内贸易。②

① 我们可以给出 IIT 比重的加权平均数公式。需要明确的是，给每个产品的出口值和进口值添加下标 i，可以明确我们采用了一些不同的产品类别作加权平均。

$$\text{IIT 比重的加权平均数}=\sum_i\left[\left[\frac{X_i+M_i}{\sum_i(X_i+M_i)}\right]\cdot(\text{IIT 比重})\right]$$

式中，第一项（比率）是每类产品的权重比，第二项是每类产品的 IIT 比重。

② 在产业内贸易分析中，一个明确定义的产品类别包括被消费者视为品种接近的替代品并且在生产时使用非常相似的要素比例的产品。为了符合赫克歇尔-俄林的比较优势理论对于行业的定义，后者十分必要。虽然我们不能证明这些细分为超过 1 300 种产品的类别符合这个定义，但这样的类别不会过于宽泛。

图表 6—3　　非食品类工业产品贸易中，部分国家产业内贸易所占的百分比（%）

国家	1989 年	2005 年
美国	55.3	58.3
加拿大	54.3	63.2
日本	27.8	41.2
德国	62.6	67.5
法国	71.3	73.9
英国	69.0	71.7

说明：大多数工业化国家的非食品类工业产品（SITC 5 至 SITC8）的产业内贸易占总贸易额超过了一半。这个评估基于近 1 300 种不同产品的类别（SITC 的 5 位编码，第二次修订版）。

资料来源：Organization for Economic Cooperation and Development，*SourceOECD ITCS International Trade by Commodity Database*.

如图表 6—3 所示，6 个国家中有 5 个国家的非食品类工业产品的产业内贸易占总贸易额的比重超过了一半。同时在过去的几十年里，产业内贸易在上述所有国家中的重要性日趋上升。日本的增幅尤其显著。尽管如此，日本的产业内贸易比重仍然低于大多数工业化国家。

研究还表明，产业内贸易在贸易壁垒和运输成本较低的地区更加普遍，比如在像欧盟这样的贸易特惠区内。从图表 6—3 中可见，3 个欧洲国家的产业内贸易份额尤其高。此外，在高收入的工业化国家中，产业内贸易占较大比重；而在收入较低的发展中国家，产业内贸易所占比重则较低。比如，1992 年中国的非食品类工业产品的贸易中，产业内贸易仅占总贸易的 20.9%。随着中国逐步融入全球经济，这种差距也在缩小。2004 年中国非食品类工业产品的贸易中，产业内贸易占总贸易额的 41.1%。

6.2.2　产业内贸易的原因

为什么能观察到如此多的产业内贸易？有多种原因。有些测算出的产业内贸易可能反映了比较优势驱动下的国际贸易。比如，如果产品类别定义得过于宽泛，它就会包含使用不同方法生产的不同产品。又如，在一个产品类别中，美国会出口那些密集使用高技能劳动力生产出来的特定产品，而进口那些密集使用低技能劳动力生产出来的其他产品。另一个例子是，对于一些农产品，测算出的产业内贸易跨越了年度，可能反映了季节性的比较优势。美国在 7 月份出口樱桃，但是在 1 月份进口樱桃。

很多产业内贸易是由比较优势以外的因素驱动的，最具代表性的解释是**产品差异化**（product differentiation）。所谓产品差异化，即消费者认为产业内不同厂商生产的同一类产品看来十分相似，但是彼此之间不能完全替代。从图表 6—2 中，我们可以发现产品差异化的作用。香水和化妆品行业中的产品差异化是非常明显的，如强大的品牌、充满异国情调的包装、五花八门的产品效果以及对高质量的宣传。又比如洗衣机，来自美国以外地区的品牌包括 Miele、博世（Bosch）、LG、三星（Samsung）、海尔与惠而浦（Whirlpool）、美泰克（Maytag）、通用电气以及其他品牌。在集成电路行业中，有具体的电路设计以及功能规范的差异化，美国企业诸如英特尔（Intel）、得州仪器（Texas Instruments）、美光（Micron）与国外厂商如东芝（Toshiba）、三星、英飞凌（Infineon）竞争。汽车行业的消费者的选择范围显然更大。在大型民用飞机行业存在两家公司——波音公司和空中客车公司，每家公司都与另一家公司在机型的设计、技术和其他规范方面展开竞争。在照相机行业，消费者可以从一系列的品牌（包括佳能、索尼、三星、柯达、通用电气）中选择，每一种品牌都有不同的功能，质量也有区别。

产品差异化无疑可以被认为是贸易的基础。一国的一些买家偏好外国生产的产品，它们希望进口这些产品，尽管国外产品的价格并不一定比当地企业生产的便宜。与此同时，一些国外买家喜欢本国企业所生产的产品，因此本国企业能够将产品出口到国外。即使没有比较优势理论所强调的相对成本差异，国际贸易也会发生。它可以是产业内贸易，即一国同时进口和出口不同种类的相同的基础产品。

然而，在这种情况下，并不是只有产品差异化这一个因素在起作用。在极端情况下，每个消费者想要购买的是完全符合个人偏好的特定产品。由于每个人的偏好是不同的，所以产品差异应当完全按照每个人的偏好来定制。但这并不符合图表6—2中所列产品的实际情况：每类产品只有一定数量的差异，定制化是有限的。是什么限制了产品差异种类的数量与定制化的程度？答案是某种形式的内部规模经济，因此对某一特定差异化产品的大量生产会产生成本优势。

6.3　垄断竞争和贸易

为了理解为什么能观察到如此之多的产业内贸易，我们需要使用一种由产品差异化和规模经济推导出来的模型。在分析完全竞争时产品同质化是分析的假设之一，而产品差异化是对产品同质化假设的一种偏离，因此我们进入了不完全竞争的领域。我们的分析是基于不完全竞争，或者称为垄断竞争形式。爱德华·张伯伦（Edward Chamberlin）在20世纪30年代第一次对这种模型进行了分析，保罗·克鲁格曼（Paul Krugman）将这种模型应用于国际贸易的分析中，并因此一举获得2008年诺贝尔经济学奖。

垄断竞争行业主要有三个特点。第一个特点是，对于同一个产品大类，有多家厂商生产其中的一种产品，而从消费者角度看，每个厂商所生产的产品都具有自己的特色，因此不同的厂商提供的产品是差异化产品。消费者认知的产品差异可能是基于品牌、物理特性、质量、效益，或消费者关心的其他任何方面。由于每个厂商产品的独特性，因此每个厂商都具有一定的垄断力量。与此同时，不同厂商的差异产品几乎是可以相互替代的，因此在分析时我们把它们归入同一类产品市场。第二个特点是，生产某一种差异产品时会具有内部规模经济。第三，在长期，厂商的进入和退出是很容易的（长期到来得相当迅速）。

上述第三个特点，即厂商没有进入和退出壁垒，与完全竞争的假设是相同的。这个特点是非常重要的。比如一个厂商拥有一种非常成功的差异产品，并因此获得了巨大的经济利润。如果市场进入很容易，则其他厂商可以很容易推出类似的模仿品种，并获得一定利润。在这个过程中，第一个厂商的销售额和利润会减少。从长期角度观察，由于同样的原因（没有进入和退出壁垒），垄断竞争行业中的厂商将赚取零经济利润（资本投资的正常回报率），这与在完全竞争市场中厂商在长期均衡条件下赚取的零经济利润是相同的。

什么例子能很好地展现垄断竞争行业？较新的一个例子是上网本。2007年，一家台湾公司——华硕率先推出一种新型笔记本电脑。这款笔记本电脑价格低廉，因为在设计中刻意使用了低成本组件，产品功能也较少。华硕 Eee PC 风行一时，上市伊始就实现了巨大的销售额，并获得了高额的利润。其他公司包括戴尔、惠普、三星、东芝、宏碁等也看到了华硕在这个新型产品上的成功，并迅速推出各自品牌的上网本。当其他企业进入该市场之后，华硕上网本的销售和利润都下降了。汽车行业也是个有许多垄断竞争特点的行业。汽车行业看起来似乎是垄断的，因为每个公司都生产独特型号的汽车，有自己的品牌，且每家公司对每个车型的价格都有一定的控制权。丰田凯美瑞（Toyota Camry）与本田雅阁（Honda Accord）或者大众帕萨特（Volkswagen Passat）有某些不同之处。但是这也像是竞争，因为虽然已经存在相当多的生产商，但仍有新的生产者进入市场，并且对销售收入和利润虎视眈眈。克莱斯勒（Chrysler）首创了小型货车，如普利茅斯（Plymouth）Voyager 和道奇（Dodge）Caravan。一旦其他公司看到这些型号如此成功，它们便立即设计推出自己的小型货车，比如福特风之星（Ford Windstar）和丰田西耶那（Sienna）。此外，还有新的企业在不断地进入市场，如来自韩国的起亚（Kia）和现代（Hyundai）以及最近新兴的汽车企业，如中国的奇瑞。

我们仔细分析小轿车产品，以福特福克斯（Focus）和本田思域（Civic）为例，并使用标准分析方法比较它们在无贸易与自由贸易之间的区别。如果在一个无国际贸易的国家，小轿车的生产和消费会是怎样的？如果这个国家和世界其他国家进行贸易，那么会给这个国家（和世界）带来什么变化？在本章中，我们将重点放在市场分析和产品种类分析。专栏中的“垄断竞争中的单个企业”提供了一个生产差异产品的厂商的案例。

扩展阅读

垄断竞争中的单个企业

本专栏对垄断竞争的分析主要集中在一种差异化产品的市场分析上，以研究不同产品变体或车型的数量及其价格的关系。我们也能分析这会对某个单个企业（比如福特）和它的独特车型（比如福克斯）产生什么影响。通过对垄断竞争市场中的单个企业的分析，我们可以进一步加深理解。我们还能更好地理解某一车型进入市场的效应，以及该车型产量是如何影响价格的。

从垄断到垄断竞争

以福特的福克斯为例。假设具有适度的规模经济，所以福克斯的（长期）平均成本（AC）曲线是向下倾斜的，如图 1 和图 2 所示。如果平均成本呈现下降，那么我们就知道，此时边际成本是低于平均成本的。边际成本（MC）曲线的精确形状取决于生产技术，图中标出的是 MC 曲线的大致形状。

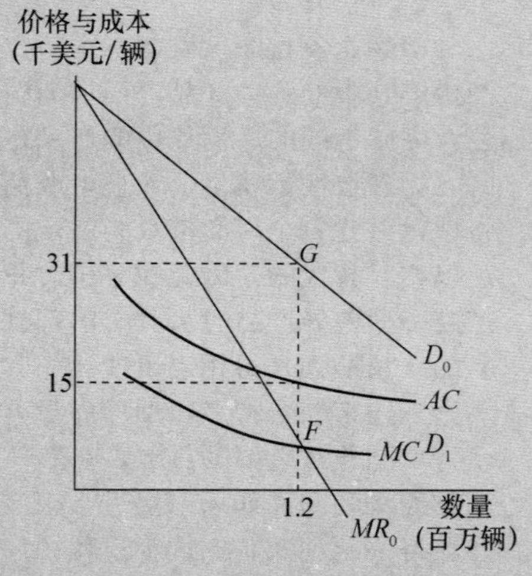

图 1 纯垄断

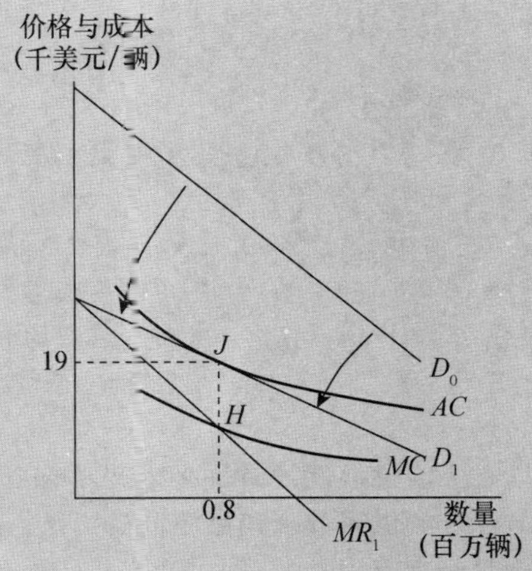

图 2　转变为垄断竞争

在开始分析之前，假设福克斯是这个市场上唯一的小轿车车型，所以福特公司是纯粹的垄断厂商。市场对唯一的小轿车福克斯有强烈的需求，如图中的需求曲线 D_0 所示。假设在一段时期内，福特公司对所有的福克斯买家设定了固定价格。因为在这段时期内，对额外的购买者，福特公司必须降价以增加额外的销售，所以，福特每增加一单位产品的销售，得到的边际收益小于该产品的单位价格，图 1 中，边际收益曲线 MR_0 位于相应的需求曲线 D_0 的下方。福特公司如何利用它的垄断地位来使利润最大化呢？利润为收益和成本的差额，因此福特公司应当生产和销售所有边际收益高于边际成本的产品。当边际收益等于边际成本时，厂商获得了最大利润，如图 1 中的点 F，所以福特每年应该生产和销售 120 万辆车。由需求曲线的点 G 可知，为了销售 120 万辆车，福特公司应该把价格设定为 31 000 美元。产量 120 万辆车的平均成本为 15 000 美元，因此福特公司获得 192 亿美元的总经济利润（等于每辆车 16 000 美元乘以 120 万辆车）。

这种高利润会持续吗？其他厂商会看到福特的销售和高利润。如果市场的进入门槛很低，那么其他厂商就会提供类似功能的新车型。这里会涉及垄断竞争的竞争部分：随着其他厂商提供类似的新车型，福特公司会失去一些对福克斯的需求。因为一些买家转向购买竞争对手的新车型。此外，相近替代品供应量的增加会增加对福克斯的需求价格弹性。由于进入新型竞争模式，福克斯的需求曲线向下移动，并变得有些平缓。如果新车型的进入很容易，那么这个过程将继续，只要有正利润，就会继续吸引厂商进入。只有当经济利润下降至零的时候，针对福特公司和福克斯（和其他生产竞争车型的厂商）的厂商进入才会停止。

图 3 显示了福克斯垄断时的初始需求曲线 D_0 和竞争对手的车型进入后福克斯销量的萎缩以及更为平缓的新需求曲线 D_1。福克斯仍是个独特车型，并且福特公司仍有一些定价权（需求曲线 D_1 仍然是向下倾斜的）。然而，福特公司所能做的就是在新的长期均衡的垄断竞争市场中，在点 J 生产，以每辆车 19 000 美元的价格销售 80 万辆。此时价格等于平均成本，福特公司赚取零经济利润。

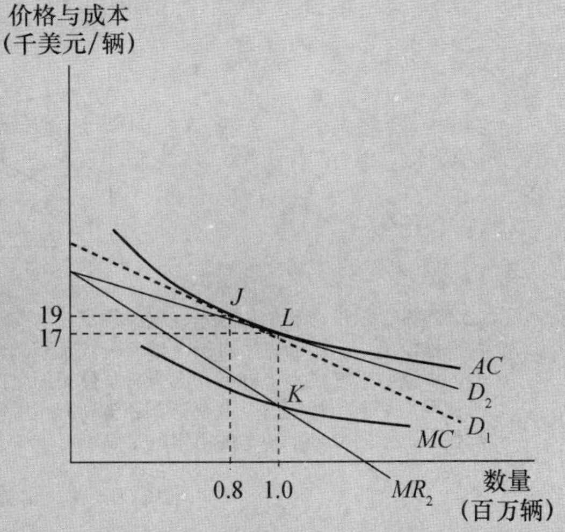

图 3　从无贸易到自由贸易

从无贸易到自由贸易

假设图 2 显示的福特公司垄断竞争均衡是无贸易条件下美国市场均衡的一部分。当美国市场向其他国家开放贸易时，福特公司和福克斯会发生什么变化？福特公司可以向国外的买家出口福克斯，但也面临来自国外进口车型的新竞争。本质上，通过自由贸易，福特公司现在是一个更大且竞争更激烈的世界小轿车市场的一部分。随着更多的替代车型可供选择，对福特公司的福克斯的需求变得更有价格弹性。而且，在有自由贸易的垄断竞争均衡状态下，福特公司仍然赚取零经济利润。

图 3 显示了福特公司在无贸易情况下的均衡和自由贸易情况下的均衡。新需求曲线 D_2 显示了自由贸易情况下美国和其他国家对福克斯的需求。与无贸易情况下的需求曲线 D_1 比较，由于存在大量竞争车型（美国车型和国外车型），自由贸易情况下的需求曲线 D_2 显得更为平缓一些。在自由贸易情况下的零利润均衡中，福特公司福克斯的价格下降至每辆车 17 000 美元，福特公司每年生产 100 万辆车，一部分在国内销售，另一部分在国外市场销售。位于点 L 的价格等于平均成本，福特公司赚取零经济利润。

我们想描绘出小轿车的整个市场，但这具有一定挑战性。有许多生产具有自己独有特征的小轿车的厂商。我们需要使用一个与标准的供需分析稍微不同的方法。这个方法在分析不同型号小轿车的生产和消费总量时非常有用。

6.3.1 无贸易的市场

图表 6—4 显示了无贸易时垄断竞争的国内（比如说美国）小轿车市场的情况。该图包括三部分，对应于垄断竞争的三个主要特点。

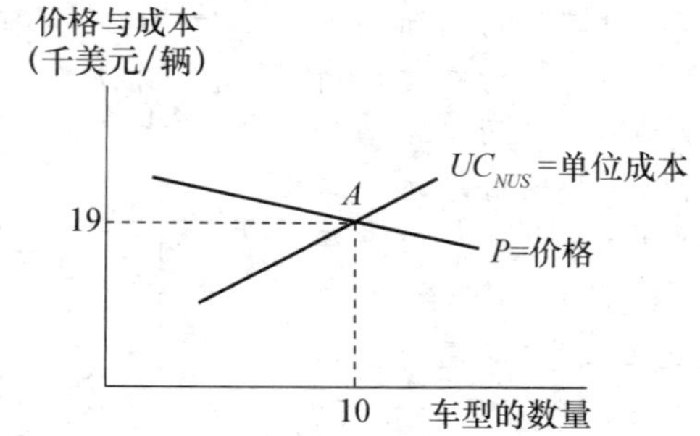

通过揭示价格和单位成本（或平均成本）如何随着企业在市场上销售的品种（车型）数量的变化而变化，可以描绘出一个垄断竞争市场。随着可选车型越来越多，产品的价格随之下降。然而，随着提供的车型越来越多，厂家的平均成本上升了，因为每家公司的生产规模将比较小。在无贸易的情况下，单位成本曲线是 UC_{NUS}。在长期均衡下，特定的企业获得零经济利润，所以市场均衡是价格曲线和单位成本曲线的交叉点。在无贸易均衡状态下不同型号小轿车的销售数量是 10，价格是每辆汽车 19 000 美元。

图表 6—4　无贸易情况下的美国小轿车市场

首先考虑价格曲线 P。对于买家来说，这些车型是有差别的。不过，随着越来越多车型的出现，对每一种车型来说，消费者都可以买到更多、更接近的替代品。因此任何一种车型的需求都变得更具价格弹性。由于有更多的车型，市场上的竞争也愈发激烈，因此每家公司都会失去一定的定价能力。典型的厂商（如福特）可以为其车型（如福克斯）获得的价格随着市场上车型数量不断增加而下降。因此，价格曲线 P 是向下倾斜的。

其次考虑单位成本曲线 UC_{NUS}。如果每家厂商都能生产更多数量的汽车，那么它们就能降低平均成本，获得内部规模经济。然而，在给定美国市场对小轿车的总需求时，生产的车型数量的增加意味着单个车型的产量将会很低。市场中，众多的车型降低了每家企业获取规模经济的能力。因为车型数量的增加将对规模经济起“反向”推动作用：随着车型生产规模的下降，平均成本会增加。因此，单位成本曲线 UC_{NUS} 向上倾斜。需要注意的是单位成本曲线 UC_{NUS} 不同于单个厂商的平均成本曲线（平均成本曲线如图表 6—1 所示）。当然，单位成本曲线是根据车型数量对各自厂商平均成本曲线的影响绘制的。

最后，没有进入和退出壁垒意味着特定的厂商在它的车型生产上得到的是零经济利润。零经济利润又意味着价格等于单位（或者平均）成本。没有贸易情况下的美国小轿车市场的长期均衡点是点 A，即价格曲线 P 和单位成本曲线 UC_{NUS} 的交点。① 在没有贸易的均衡状态下，有 10 种不同型号的小轿车在美国市场生产和销售，每辆汽车的价格是 19 000 美元。

6.3.2　开放自由贸易

图表 6—5 中的 A 图，将无贸易的世界市场描绘成两个国家的相互分割的轿车市场。无贸易的美国市场如图表 6—4 所示。假设世界其他国家的小轿车市场要大一点，那么在无贸易情况下的世界其他国家的单位成本曲线 UC_{Nf} 要比美国的单位成本曲线 UC_{NUS} 更靠右。在无贸易情况下，世界其他国家为零利润均衡状态时，点 B 的车型数量为 12，比美国更多一点，价格为 18 500 美元，比美国低一些。（一个小小的提醒——这两个国家的市场价格曲线是相同的，因为市场的整体规模不会直接影响消费者的购买决策。）

如果世界其他国家封闭的汽车市场现在对外开放，会有两件事发生：

● 福特（及其他美国汽车生产商）现在可以向世界其他国家的消费者出口汽车，因为国外的一些消费者偏好美国车型。

● 世界其他国家的汽车制造商可以向美国出口它们的车型（例如，现代伊兰特（Elantra），马自达 3（Mazda3）和 MINI Cooper），因为美国的一些消费者偏好外国车型。

自由贸易使世界变成了一个市场，如图表 6—5 中的 B 图所示。伴随着更大规模的全球小轿车市场，而不是无贸易情况下的两个独立封闭的国内市场，世界的单位成本曲线 UC_W 比无贸易情况下美国的单位成本曲线 UC_{NUS} 和世界其他国家的单位成本曲线 UC_{Nf} 更靠右。（世界价格曲线与无贸易情况下的国内市场的价格曲线一样），世界的自由贸易均衡点是点 E。特定型号的汽车价格下降至 17 000 美元，且有 18 种不同车型可供消费者选择。对每一个国家来说，这 18 种车型中，一些车型将在本国生产，另一些将通过进口获得。同时，本国生产的部分型号的轿车将被出口。还需要注意的是，在从封闭贸易到开放贸易的转型期内，一些受进口竞争冲击极大的车型和一些不足以吸引国外买家的车型将会消失。但总体上，每个国家的消费者仍然比没有贸易时能有更多的车型选择。

---

① 如果知道车型数量与交点所示的数量（暂时地）不同将会发生什么，我们就可以知道为什么美国小轿车市场的长期均衡点为价格曲线 P 和单位成本曲线 UC_{NUS} 的交点。考虑图表 6—4 中的价格曲线 P 和单位成本曲线。如果可供选择的车型数量比如为 7 种，那么特定车型的价格（车型数量为 7 时曲线 P 的高度）高于该车型的单位成本（UC_{NUS} 曲线的高度）。这 7 种车型能让厂商获得可观的经济利润，利润会吸引对手公司引进新的类似车型。提供的总车型数额上升后，特定车型的价格下降　单位成本增加。这个过程一直持续，直到提供了 10 种车型。在有 10 种车型时，价格等于单位成本，并且没有更多的激励刺激厂商推出更多的类似车型。相反，如果车型的数量是 14，这时单位成本超过价格。由于每个厂商均遭受了经济损失，一些厂商决定退出并停止生产。于是，提供的车型总数减少。特定车型的价格上涨，单位成本降低，损失减少。市场再次走向零利润（零亏损），并在 10 种车型处达到均衡。

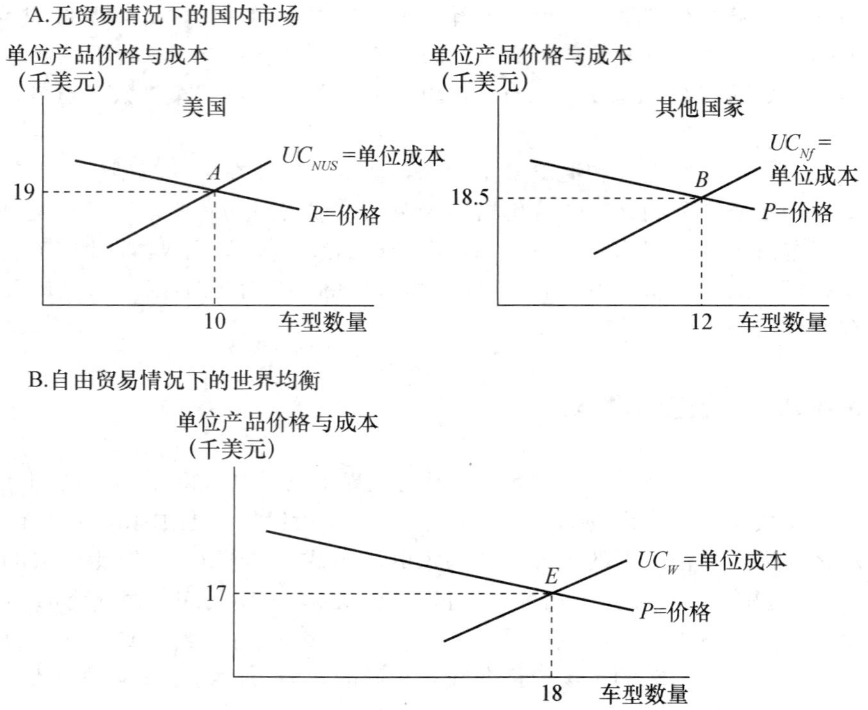

如果没有国际贸易，两国必须生产本国需要消费的所有车型。在没有国际贸易的情况下，两个市场容量也是有限的，因此单位成本曲线分别为 UC_{NUS} 和 UC_{Nf}。在无贸易的情况下，美国生产和消费 10 种不同的车型，每种车型的价格为 19 000 美元；世界其他国家生产和消费 12 种不同的车型，每种车型的价格为 185 000 美元。在自由贸易的情况下，世界市场变大了（为两个国内市场的总和），因此单位成本曲线为 UC_W。两国的消费者现在有 18 种车型可供选择，并且每种车型的价格下降到了 17 000 美元。

图表 6—5 小轿车市场：无贸易和自由贸易

6.3.3 贸易的基础

什么是福特和其他美国汽车制造商向世界其他国家出口汽车的基础？乍一看，似乎是规模经济。但是，规模经济并不是美国厂商所特有的。对于所有具有工程技术的汽车生产厂商，都存在内部规模经济。世界其他国家的汽车厂商也都拥有类似的规模经济，因此，在这里可能没有比较优势。

在这种情况下，实际上一国的贸易基础是产品差异化：

- 能否出口取决于外国消费者是否对本国商品的特定型号有需求。
- 能否进口取决于国内消费者是否对国外商品的特定型号有需求。
- 差异化产品的产业内贸易是巨大的，甚至在总体生产能力相似的国家之间也是如此。

规模经济在此仅扮演了辅助性的角色，它鼓励厂商在各个不同品种的生产中实现专业化，这使得各个国家的厂商只能生产品种数量有限的基础商品。[①]

除产业内贸易外，该产业还可能会存在一些净贸易——美国可能是汽车净出口国，也可能是净进口国。净贸易发生的基础可能是比较优势。

---

① 各国制造商品的产品差异化以及有限数量的产品种类为研究不同国家间的贸易方式提供了基础。见“扩展阅读”专栏中的“贸易的引力模型”。

图表6—6描绘了一个净贸易和产业内贸易共存的例子。稍微修改一下前面章节中对世界的假设：假设世界上的两个产品分别是小麦和小轿车。小麦的生产相对密集地使用土地，而小轿车的生产相对密集地使用劳动。假定小麦是一种没有差异的产品，而小轿车却在车型上各有不同。美国拥有相对丰裕的土地要素和相对稀缺的劳动要素。以下是我们对贸易模式的预测。首先，赫克歇尔-俄林理论可以解释净贸易。美国是小麦的净出口国（400亿美元），也是小轿车的净进口国（也是400亿美元，等于美国700亿美元的进口与300亿美元的出口之差）。其次，产品差异化引起了产业内贸易。对于小麦而言，不存在产业内贸易。对于小轿车而言，由于存在车型的差异化，有600亿美元的产业内贸易（为1 000亿美元的小轿车总贸易额与400亿美元净贸易额的差额）。产业内贸易占小轿车总贸易的比重为60%（600亿美元的产业内贸易占1 000亿美元的总贸易额的比例）。

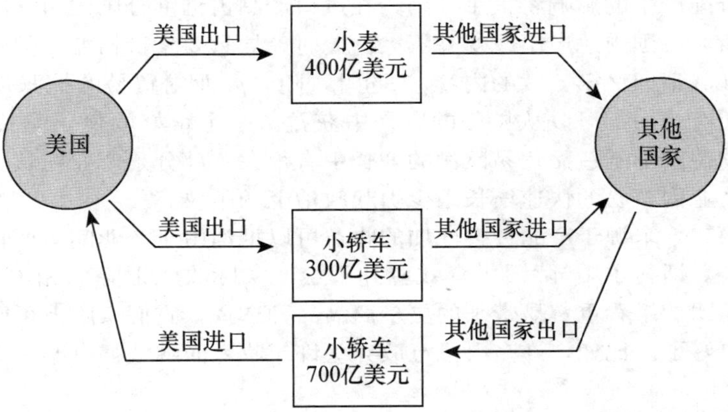

美国是小麦的净出口国（400亿美元）和小轿车的净进口国（也是400亿美元）。在小轿车行业中存在大量的产业内贸易，产业内贸易占总贸易的比重为60%。

图表6—6 净贸易与产业内贸易

一旦意识到产品的差异化，以及随之出现的具有竞争性的市场营销活动（在产品的式样、广告和服务等方面），某一产业产品的净贸易也反映了国家之间以及其厂商之间在其他方面的差异性。某种产品的净贸易可以是国际市场营销能力差异的结果，或者由于在特定的历史时期每个国家专门生产某些特定产品的结果，也可以反映消费者偏好的变化。例如，日本厂商专注生产小轿车。在20世纪70年代石油价格冲击下，美国消费者开始偏向选择小轿车，日本厂商便从中受益了。同时，日本汽车制造商善于进行市场营销，从而为其汽车产品赢得了物美价廉的声誉。从70年代至80年代，日本在与美国的汽车贸易中，有着巨额净出口，其中部分原因是比较成本优势，而另一部分则是因为在正确的时机专注生产并成功营销小轿车。

6.3.4 贸易收益

产品差异化、垄断竞争以及产业内贸易的观点，让我们更深入地了解了国际贸易给国家带来的收益以及贸易对一国的不同利益集团的福利的影响。当一个国家开放贸易后，通过进口可以让消费者拥有更多可供选择的商品品种，由此增加了该国消费者的经济福利。例如，美国消费者不仅可以选择像福特公司的福克斯这样的国内车型，还可以选择像MINI Cooper这样的进口车型。如果他们中有些人确实更喜欢MINI

Cooper 的时候，那么他们的经济福利就会增加。贸易增加国民福利的另一个源泉是：国际竞争会降低各品种产品的价格，从而为本国消费者带来福音，如图表 6—5 所示。

产品品种扩大究竟可以带来多大的收益？布罗达和温斯坦（Broda and Weinstein，2006）分析了美国 1972—2001 年非常详细的进口数据资料并作出了评估，得出的结论是：在这段时期内，进口的产品数量大约增长了 3 倍。他们通过估算新品种之间的差异性，来计算消费者可以从更多的产品种类中获得多少收益（产品差异化越大，消费者获得的收益也越大）。截止到 2001 年，美国消费者总获益大约为 2 600 亿美元，人均接近 1 000 美元。更多的品种选择带来的国家收益由广大消费者获得。它们可以被看成是贸易对一国国内不同集团福利产生的其他效应。因此我们可得出另外两个重要的结论：

第一，如果（增加的）贸易是产业内贸易，贸易开放（或扩张）对于国内要素收入的分配产生的影响将很小。因为在进口产品占据部分国内市场的同时，出口也增加了。所以，国内总产出改变并不大。此时，导致要素价格变化的产业间生产转移几乎不存在（请回忆第 5 章的内容）。同时，随着产业内贸易的扩张带来了更多的产品种类，所有集团都可以从扩张的贸易中获益。一个很好的例子是：在过去的半个世纪中，欧盟内部制造品贸易巨额的增长中有很大一部分是产业内贸易的扩张。正因为如此，产业内贸易的快速增长很少引起政治上的争议。

第二，来源于产品种类增加的收益可以抵消由于产业间生产转移而导致的要素收入损失。斯托尔珀-萨缪尔森效应并不会使实际收入下降的相关集团有很大的损失，这些集团如果看重贸易带来的更多商品品种选择，它们实际上可能会认为自己的福利变得更好了。比如，许多人愿意放弃些许年收入而继续拥有购买更多进口汽车品种的机会。

扩展阅读

贸易的引力模型

考察国际贸易的另一种方法是评估任意两国间的双边贸易量（进口以及出口）。以澳大利亚为例。其产品出口到哪些国家？又从哪些国家进口？2004 年澳大利亚的出口国从高到低的前 10 位排名分别为：中国、日本、韩国、印度、美国、英国、新西兰、新加坡、泰国以及印度尼西亚。其进口国从高到低的前 10 位排名则为：中国、美国、日本、泰国、新加坡、德国、马来西亚、韩国、新西兰以及英国。

通过观察这两个清单，我们可以得到三个结论：首先，两个列表中有许多重复的国家。10 个中有 8 个是重复的。其次，这些国家中的很多国家，包括美国、日本、中国、英国和德国，都是大经济体。最后，新西兰也同时出现在两个列表中，因为尽管新西兰只是小经济体，但它地理位置靠近澳大利亚。

当我们考察其他国家时，会在各国主要的贸易对象中发现类似的情况。这样的观察导致“引力模型”应运而生。之所以称之为“引力模型”是因为其与牛顿的万有引力定律有相似的地方：两个实体越大，其相互吸引力也越大；同时，两个实体间的距离越近，吸引力越大。

国际贸易的引力模型显示，两个贸易伙伴之间的贸易流量在以下条件下会变得更大：

- 两个经济体经济规模较大。
- 两个经济体之间地理距离较近。

● 其他贸易障碍较小。

运用引力模型对贸易伙伴间的统计数据进行验证是十分成功的。让我们来观察并学习这些决定条件。

经济规模

基于产品多样性和垄断竞争的贸易理论可以解释为什么国家的经济规模会是重要因素。首先考虑进口国家。运用基本的需求分析可知，一个有更大国民收入的进口国家能够购买（即进口）更多其他国家制造的产品种类。然后考虑出口国家。一个有较大的生产能力出口的国家，能利用其资源来制造较多种类的产品。既然能够提供给外国购买者更多种类的产品，当然就会出口更多。

经济规模通常用GDP来衡量，GDP同时代表了生产能力和生产能力所带来的收入。考察澳大利亚和美国、加拿大之间的贸易。美国的GDP是加拿大的14倍，澳大利亚与美国的贸易量是它与加拿大贸易量的8倍。在统计分析中，贸易价值量对经济规模（GDP）的弹性通常是1。（所以，在其他条件相等的情况下，一个国家如果GDP翻番，它和特定贸易对象的贸易量也翻番。）

地理距离

很明显，地理距离提醒我们应注意在理论分析中经常忽略运输成本的重要性，即国家间运输货物的成本。显然，运输的距离越长，成本也就越高。比如澳大利亚与新西兰及其与爱尔兰的贸易。后者与澳大利亚的距离是前者的7倍。尽管爱尔兰的GDP是新西兰的2倍，但是澳大利亚与爱尔兰的贸易量却只有与新西兰的1/7。（不是所有的巨额贸易不同都是因为距离的不同。澳大利亚和新西兰之间还有一个互惠贸易协定，但是大多数贸易差距是因为地理距离的远近。）

在统计分析中，一个典型的结论是贸易伙伴间的距离翻倍会导致它们之间贸易量减少1/3～1/2。这是一个非常令人吃惊的影响，这个影响已经不能只从运输成本的增加来解释了，因为运输成本并没有如此之高。这个结论让我们考虑由于远距离带来的其他一些影响因素。

其中一个影响因素是长距离水运，尤其是海运货物，需要很长的时间。较长的运输时间会导致货物更容易损坏或者变质。此外，还有一个更大的潜在危机就是进口国的情况可能会发生变化。比方说，那里的产品流行式样可能会变化，或者进口商可能破产，等等。

其他因素

正如我们将在第Ⅱ篇中讨论的，关税等政府政策也会对贸易带来一定的影响。引力模型可以测算出这些政策会减少多少国家间贸易。使用引力模型的统计分析最显著的结论可能是“在影响贸易的因素中，边境要比政府政策障碍更为重要”。即使是对于美国和加拿大之间的贸易来说，边境影响也十分明显。

从麦考伦（McCallum，1995）开始，包括安德森和范·温库普（Anderson and Van Wincoop，2003）的一系列研究，他们使用引力模型来测评加拿大各省之间的贸易，美国各州之间的贸易，以及美国各州和加拿大各省之间的国际贸易。不出所料，省和州的GDP是十分重要的，一样重要的还有它们之间的距离。他们的主要发现是，当州、省分属两国时，要比它们同属一国时贸易量减少44%。即使在政府政策阻碍相当低的时候，这个影响相当巨大的边境因素仍然存在，并且很难找到其他原因。比如说，加拿大的省会更多地和本国的省进行贸易，而不是和相邻的美国各州进行贸易。

引力模型可用来考察许多贸易的障碍（或者减少贸易障碍）的影响。我们将它们简单归纳如下：

● 使用相同语言的国家之间进行的贸易更多。

● 有着历史渊源的国家之间进行的贸易更多（比如说，殖民关系）。

● 同属一个优惠贸易区的国家之间进行的贸易更多。

● 使用相同货币的国家之间进行的贸易更多。

● 一国若是政治高度腐败，或者对于商业合同法律约束不强，它与其他国家的贸易会比较少。

6.4 寡头垄断与国际贸易

垄断竞争是不完全竞争的一种较为温和的形式，但依然对国际贸易产生了很大影响。本章研究的寡头垄断属于第二种较强形式的不完全竞争。世界上一些重要的行业都被少数几个大公司主导着。波音公司和空中客车公司这两家公司占据了世界上几乎所有的大型商用飞机的生产。索尼、任天堂（Hintendo）、微软这三家公司设计和销售了世界上大多数的视频游戏机。淡水河（CVRD）、力拓（Rio Tinto）以及必和必拓（BHP Billiton）这三家公司出产全球一半以上的铁矿石。完全竞争中假设有大量的小企业在市场上进行竞争，而这种集中在少数几个大公司的生产和销售形式严重偏离了完全竞争的假设。

少数厂商占有全世界大部分市场的情况称为全球寡头垄断。（在极端情况下，一家公司控制着全球市场——全球垄断，个人电脑的操作系统提供商微软公司就是这样一个例子。）全球寡头垄断（或全球垄断）是如何改变我们对国际贸易的理解的？我们主要关注两方面。第一，巨大的规模经济对贸易模式施加的影响。第二，寡头垄断（或垄断）定价对全球贸易收益分配施加的影响。①

6.4.1 巨大的规模经济

拥有巨大的内部规模经济是少数几家大公司能够主宰一些行业的一种解释。如果巨大的规模经济涵盖了一个较大产出范围，那么产品的生产往往集中在少数几个国家的几家公司，以充分利用规模经济降低成本的好处。（在极端情况下，生产会集中于一个国家的某一家企业。）这些国家会成为该产品的净出口国，同时其他国家成为这种产品的净进口国。大型民用飞机行业就是一个例子。波音公司大部分飞机的生产集中在美国，而空中客车公司大部分飞机的生产集中在欧洲。

为什么我们可以观察到这样的贸易模式？这是有历史原因的。厂商起初选择生产地点时是有众多原因的。其中一个重要原因可能是：这些地方拥有投入所需的生产要素，可以获得低成本的比较优势。

然而，尽管这些地区在开始的时候拥有比较优势，但随着时间的推移，还是会发生变化。虽然其他国家可能具有更低成本的生产潜力，但是一旦选定了生产区位并且依靠大规模的生产实现了规模经济，生产和贸易的模式便会一直持续下去。

生产区位在某个地区建立起来后，另一个潜在的低成本地区可能不一定会发展起来。这是因为新地区的厂商必须有足够的生产规模，才可以获得规模经济带来的成本收益。在新的生产地区实现高额的产量意味着新的生产者必须占有很大的市场份额，但是这对于新的市场进入者来说，不经历很长一段时间的亏损呼是不可能的。因为：（1）供给的增加会使产品价格降低；（2）原有的厂商可能会以（主动）降价或其他有竞争力的手段打击新进入者。鉴于可能会发生的损失，在这些低成本地区进行生产可能会失败。

---

① 其他垄断和寡头垄断的经济问题会在本书其他部分进行探讨。对竞争激烈的世界市场中的国内垄断的检验在第 9 章介绍。第 11 章表明，倾销的原因之一是一家有市场控制力的公司对国际价格的歧视行为。第 11 章还将运用博弈论来研究寡头垄断的决策制定。第 14 章将对国际卡特尔的行为和稳定性进行探索。

6.4.2 寡头垄断定价

在寡头垄断市场中，每家大厂商都知道，它在与其他少数几家大厂商进行竞争。它采取的任何行动（如降低价格、增加广告、开发新产品）都会刺激竞争对手做出反应。我们将寡头厂商之间的这种相互依存、相互影响的关系模型称为“博弈”。（这里仅稍微涉及这种分析，第 11 章将更正式地使用博弈论。）

有一个简单的例子：两个占市场主导地位的大厂商之间的竞争态势由这两个厂商所选择的竞争策略所决定。两个厂商都可以选择是采取积极竞争的策略（产品定价较低），还是采取保守竞争的策略（产品定价较高）。博弈的结局取决于两个厂商到底采用哪种策略。对两个厂商最好的结局是大家都抑制其价格竞争行为，此时两个厂商都可获得较高的经济利润。但是，如果它们不合作，博弈的结果将最可能变成双方均采取进攻性竞争策略，每个厂商获得的利润都非常低。因为如果一方决定采取保守的策略设定一个高价，那么，另一方将通过积极进攻的竞争策略，占领更大的市场份额，获取更高的利润。此时，前一个厂商非但不能获利，反而会遭受亏损。因为双方都知道对手可能会采取进攻性竞争策略，所以大家都不愿意采取保守策略，其结果是双方都采取进攻性竞争策略，结果都获得很低的利润。双方都陷入了所谓的“囚徒困境”(prisoners' dilemma)。

双方可以通过合作、抑制竞争尝试走出这种困境。这种合作可以通过签订正式的协议（尽管这样的卡特尔协议在美国以及其他很多国家是违法的），也可以是基于对共同利益和长期形成的行为方式的理解而形成的默契。但是，即使双方以某种方式同意合作，这种合作关系也常常处于失败的危险之中。因为每个厂商都有在协议中“作弊”、试图获得更大利润的动机。

虽然博弈论并未给出肯定的答案，但是博弈论确实表明，在寡头垄断格局中，竞争对手之间采取合作的态度是可能的（虽然不是确定的）。寡头垄断厂商可以获得经济利润，即使是在竞争被约束的情况下，经济利润也很可观。

定价对于由贸易带来的全球收益的分配至关重要。为了说明这一点，我们观察寡头垄断企业的出口销售。如果寡头垄断企业在价格上竞争激烈，那么更多的贸易收益会流向国外买家，而寡头垄断企业获益很少。相反，如果寡头垄断企业可以抑制自己的价格竞争，那么它可以从出口销售中赚取巨大的经济利润。如果一个国家的一家公司可以在其出口产品时收取高昂的价格，并从出口销售中赚取高额的利润，那么会产生两个相关的效应。首先，高出口价格改善了出口国的贸易条件。其次，通过攫取外国买家的消费者剩余，高利润增加了出口国的国民收入。更多的贸易收益流向出口国（或者更准确地说，流向寡头垄断企业主所在的那个或那些国家），而较少流向国外买家。

综上所述，我们看到，全球性寡头垄断厂商的分布格局在一定程度上是随意的，如果出口厂商依靠出口可以获得净利润，那么其所在的少数国家便可以从贸易中得到额外的收益。由于一个国家拥有具有高额利润的寡头垄断厂商便可以获得国民福利的增加，因此各国政府会试图建立那些寡头垄断行业的本土公司或者扩大该行业的本土生产和出口。本书将在第 10 章讨论幼稚产业理论以及在第 11 章讨论战略性贸易政策时进一步探讨这些问题。

6.5　外部规模经济与贸易

现在，我们把注意力转向从大量的外部规模经济中受益的行业。这是第三种偏离标准的完全竞争模式的市场结构。当整个行业的生产在某一区域内的扩张会导致该地区行业内的每个厂商的长期平均生产成本下降时，外部规模经济便产生了。这种类型的规模经济也叫做集聚经济，这表明企业互相靠近是有好处的。正如在有关规模经济的章节中提到的那样，从外部规模经济中受益的产业和区域包括好莱坞的电影制作行业、硅谷的计算机及相关的高科技行业、瑞士的手表制造行业和伦敦的金融服务行业。

为了研究外部规模经济的影响，假设每个区域的行业中都存在大量的小型厂商。也就是说，假设没有（或只有少量）内部规模经济，单个企业的规模不需要很大就能实现低成本生产。这样就存在一个大量的外部规模经济与激烈竞争并存的行业情形。

如果某一行业的扩张会降低该地区每个厂商的成本，那么新的出口机会（或有其他促进需求增长的因素）会带来戏剧般的效果。图表 6—7 表明一国的半导体行业既是竞争性的，也具有外部规模经济的特性。初始的均衡点位于点 A。在点 A，很多厂商按每单位 19 美元的价格竞争销售 4 000 万单位的产品。这里短期供给与需求曲线（S_1和 D_1）以通常的方式相交。向上倾斜的供给曲线是许多小厂商对市场供给的总和。各个厂商在给定的行业生产水平上运作，并且无法影响这一生产水平。它们根据自己的向上倾斜的供给曲线对价格的变化做出反应，这条供给曲线也是厂商的向上倾斜的边际成本曲线。这些供给曲线之和为 S_1。

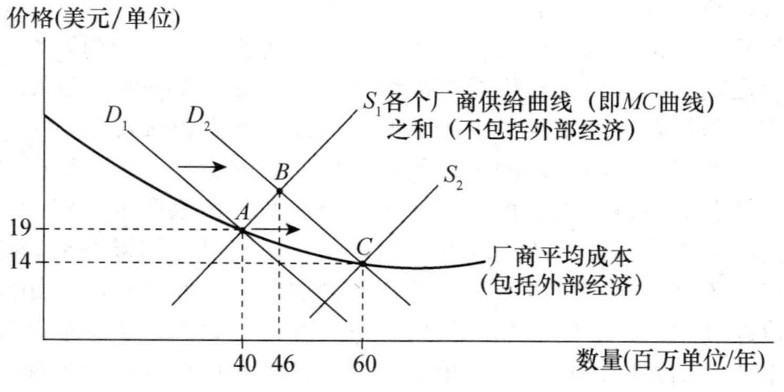

结论：

（1）可以获取外部经济（例如从厂商到厂商的知识外溢）的产业，需求的增加导致了供给的扩张，并且降低了成本和价格。

（2）因此，贸易的扩张使所有消费者（本国及外国）和出口生产者受益。

（3）推论：在要素禀赋、成本曲线和需求曲线方面拥有相同初始条件的国家，最先占领出口市场的厂商将在产品的生产中获得成本优势。

图表 6—7　在竞争性产业中，外部规模经济加剧了生产扩张

图表 6—7 的新颖之处在于向上倾斜的供给曲线 S_1与向下倾斜的长期平均成本曲线同时存在，呈现了外部规模经济的成本降低效应。当需求变动时，行业中向下倾斜的平均成本曲线开始发生作用。

为了显示发生国际贸易后的点，我们想象一个新的出口市场的开辟将使需求曲线从 D_1移至 D_2。每个厂商对更为强劲的需求做出的反应都是增加产出。如果各厂商单独做出反应且决策只影响自己，那么增加的需求就会将供给曲线 S_1 与需求曲线的交点推向点 B。但是，新的出口增加了整个产业的产出和就业，从最初点 A 的 40 上升至点 B 的 46。行业产出的增加带来了外部经济效益。比如，可能会有更多的有用信息的发展与交流，这会增加生产效率，降低生产成本。这实际上意味着行业供给曲线不断右移，比如移至新均衡中的 S_2。

为了用更清晰的方式表示成本节约，图表 6—7 描绘了一条包含了外部经济的行业平均成本曲线。行业产出增加时，外部经济效应导致行业的平均成本下降。如图表 6—7 所示，假设需求与供给的扩张相等，则在点 C 达到一个新的均衡。

开放贸易对具有外部规模经济的行业有什么样的福利效应？虽然价格的下降会抵消一部分收益，出口国的产品生产者仍会得到由行业产出增加带来的生产者剩余。进口国的生产者则会遭受生产者剩余减少的损失。由于价格的下降和消费的增加，进口国的消费者得到了消费者剩余的增加。而因为价格下降和消费数量的增加，出口国的消费者也得到了消费者剩余的增加。这与标准案例（如图表 2—4 所示）形成了鲜明的对照。在标准案例中，开放贸易会使可出口商品的价格上升，从而使本国的购买者遭受损失。

如何解释存在外部规模经济行业的贸易模式？很多观点都与那些具有内部规模经济的问题相似。如果没有贸易，每个国家都会为了满足自己的消费而生产。如果实现了贸易开放，生产将趋于集中在少数地区。一些地区的厂商将会扩张生产，厂商所在国将会出口，如图表 6—7 所示。同时，其他一些国家会减少或停止生产，并且依靠进口。

哪些地区的产量将会扩张、哪些地区将会收缩生产规模甚至停止生产是难以预测的。一个地区的厂商能在正确的时间决定生产的扩张，并成为领头企业，有时是可遇不可求的。瑞士的手表制造业似乎能大体符合这个特点。或者，没有贸易时的国内市场规模将是一个十分重要的因素。因为更大的国内市场会让国内厂商在开放贸易前就成为低成本的生产者。好莱坞就是从美国早期非常庞大的电影市场中获益的。或者，政府的政策推动可能也很重要。硅谷早期的发展得益于将用于国防和航空航天的设备出售给美国政府。这种结果与珍珠的形成有异曲同工之妙。到底哪一枚牡蛎产珠取决于运气或是人工干预。牡蛎产珠要么是由于偶然间一粒黄沙的进入，要么是人工植入一粒黄沙。

外部规模经济往往来自历史机遇或政府政策带来的长期生产优势。尽管其他地区也具有潜在的低成本优势，但生产的选址和贸易会倾向于在原来的地点持续下去。其他地区不会轻易替代已经建成并拥有了规模优势的地区。我们也注意到在拥有大量内部规模经济的例子中，进口国政府可能会认为这是培育本国幼稚产业发展的政策基础。第 10 章将深入探讨这个问题。

本章小结

贸易究竟如何运行？

本章探究的这些理论拓展了对于贸易的四个主要问题的答案。新贸易理论主要集中在以下方面：

(1) 产品差异化与垄断竞争。

(2) 巨大的内部规模经济与全球寡头垄断。

(3) 外部规模经济。

对于强调比较优势的标准贸易理论而言，由于工业化国家在要素禀赋和技术能力方面非常类似，它们之间应当很少发生贸易。但是这与我们观察到的事实完全相反：工业化国家之间的贸易大约占全球贸易总量的 40%。此外，同一门类产业之间的既出口又进口的双向贸易，即产业内贸易占国际贸易的份额还在不断上升。这种对传统的标准贸易理论的挑战需要对以下两种情况做出合理的解释：（1）为什么会有那么多的产业内贸易；（2）标准模型中关于贸易收益和效应的结论是否仍然成立。

很多产业内贸易包含有差异化产品的贸易——同一大类产品的不同品种的出口和进口。垄断竞争，这种不完全竞争的温和形式对于理解产业内贸易是很重要的。以产品差异化竞争的厂商，尽管它们面对外国厂商生产的一些产品品种的进口竞争，但也可以向一些外国需求者出口产品。这种差异化产品的净贸易原因可能仍然是比较优势。

另一个重要事实是，一些产业被少数全球性大公司垄断。当各个公司都存在巨大的内部规模经济时，就会形成全球性寡头垄断。为了实现利润最大化，在这些大公司作出选择生产区位决策时，比较优势可能是所考虑的重要因素。随着时间的推移，条件会发生变化，但生产布局和贸易模式并不一定会改变，因为成熟的生产区位的规模优势已经确立了。

在其他一些行业，尽管地区内有大量公司聚集，竞争激烈，但由于单个公司都能享有外部规模经济效应，也趋向于集中在少量地区生产。外部规模效应取决于该地区整个行业的规模。预测或者解释哪个生产地区会成功是很困难的，因为国内市场规模、机遇以及政府政策等都会影响哪些国家区域能最好地发挥外部规模经济效应。考虑不完全竞争和规模经济可以更好地理解不同集团的贸易收益和贸易效应。这与第 2～5 章中标准的竞争市场分析得出的主要结论并不矛盾，而且它还扩展了获得贸易收益的各种条件，并对收益或损失在集团之间的分配理论做了一定的修改。图表 6—8 总结了三种贸易的收益和损失：第 2～5 章中的标准竞争贸易，加上本章分析的三种贸易类型中的两种，这里并没有把寡头垄断包括在内，因为我们尚未获得一个被普遍接受的模型。

图表 6—8　　小结：三种贸易模式的收益与损失

集团	贸易方式		
	标准竞争（第 2～5 章）	垄断竞争（IIT）*（本章）	外部经济（本章）
出口国	收益	收益	收益
出口国生产者	收益	*	收益
出口国消费者	损失	收益	收益
进口国	收益	收益	收益
进口竞争生产者	损失	*	损失
进口消费者	收益	收益	收益
整个世界	收益	收益	收益

* 在导致产业内贸易（IIT）的垄断竞争中，生产者既是出口者，又是进口竞争者。如果大部分或全部贸易是产业内贸易，那么生产者作为一个整体受到的影响就不大。

说明：在所有的情况中，生产者和消费者的收益和损失都是指在短期内的生产者剩余以及消费者剩余的变化；而在长期来说，这些收益和损失则转变为与出口或进口替代产业联系最为紧密的要素收益的变化（依据斯托尔珀-萨缪尔森定理）。

相对于标准的竞争贸易模式，不论是基于垄断竞争的贸易，还是基于外部规模经济的贸易都为消费者提供了额外收益，特别是出口产品国家的消费者。在垄断竞争的例子中，额外收益来自：（1）可以选择更多品种的产品；（2）通过竞争有降低产品价格的趋势。在外部规模经济的情况下，出口国消费者的收益是由于当地产业扩张而带来的更大外部规模效应所致的产品价格下降。相对于标准竞争型贸易，基于垄断竞争的贸易对生产厂商和要素收益影响不大，这是因为有进口竞争压力的公司也有向国外市场出口的机会。

虽然全球性寡头垄断（或独家垄断）对福利也具有影响，但是在图表 6—8 中并没有完全将其描述出来。贸易使得厂商可以集中在少数地点进行生产，从而实现规模经济，降低产品的成本。此外，一个全球寡头垄断（或独家垄断）厂商还可以通过提高定价从其出口产品的销售中获得纯利润。与标准竞争贸易相比，这种出口纯利润改变了贸易的全球收益分配，它既增加了出口品生产者从贸易中获得的收益，也增加了出口国从贸易中获得的国民福利。

那么，标准贸易模式理论的立足点是什么？

第2～5章从供给和需求两方面形成的标准模型，具有普适性的优点。只要给该模型增加一系列的解释变量，它就可以用来解释大多数的贸易模式。作为标准模型的延伸，赫克歇尔-俄林理论提出，只要集中考察在生产中使用的少数主要生产要素在国家之间禀赋的差异，就可以解释贸易的方向。赫克歇尔-俄林理论模型的科学价值在于，它可以给出更多可检验的预测。但是，就像我们在第5章所分析的，对赫克歇尔-俄林理论模型进行的实证检验只给该理论打了个中间分，它只能解释贸易模式的一部分。

如果能够考虑到技术差异和基于规模经济和不完全竞争的模型，那么对贸易模式的预测（解释）能力将会提高。技术差异是构成比较优势的基础。下一章将对技术进步和贸易之间的关系做更深入的分析。

垄断竞争模型认为产品差异化是出口成功的基础，虽然它并不能预测哪一类产品将由哪个国家生产。基于巨大的规模经济（内部的或外部的）的模型表明，生产趋向于集中在少数地方，但它并不能准确地确定这些生产区位会在哪些国家。历史性机遇和早期的政府政策，都会对实际的生产区位的定位产生很大的影响。

关键词

规模报酬不变（constant returns to scale）
规模经济（scale economies）
垄断竞争（monopolistic competition）
寡头垄断（oligopoly）
产业间贸易（inter-industry trade）
产业内贸易（intra-industry trade，IIT）
净贸易（net trade）
产品差异化（product differentiation）
内部规模经济（internal scale economies）
外部规模经济（external scale economies）

推荐读物

对产业内贸易进行计算和解释的文献见 Grubel & Lloyd（1975），Greenaway & Milner（1988），以及 Brülhart（2009）。

Krugman（2009）在诺贝尔获奖演说中，总结了国际贸易分析中规模经济的作用。关于这一主题，更为技术性的研究见 Helpman（1990）。关于贸易的垄断竞争和全球寡头垄断模型的技术性表述见 Helpman & Krugman（1985）。Ottaviano & Puga（1998）就近期外部规模经济和“新经济地理学”做了分析。Porter（1990）研究了企业集聚在国际竞争中所扮演的角色。Helpman（1999）就传统贸易理论和其他贸易理论做了实证检验。Antweiler & Trefler（2002）指出规模经济有助于理解他们所研究的至少 1/3 的行业。Bernard et al.（2007）通过对出口企业的调查研究，拓宽了我们看待个别企业受国际贸易影响的视野。

习 题

✦1. 根据赫克歇尔-俄林理论，各国应当积极参与产业内贸易。你是否同意这个观点？为什么？

2. 在不完全竞争市场中，规模经济是非常重要的。那么，规模经济在分析垄断竞争市场中有什么样的作用？在寡头垄断市场中又如何？

✦3. “一旦我们认识到产品差异化是诸多国际贸易发生的基础，当一国由无贸易转向自由贸易时，会有更多的受益者和更少的受损者。”有许多可以表明这一论断准确的理由，指出这些理由，并简要解释它们。

4. 某国是某种超精细面条全球唯一的生产地：这种奇妙的产品是用某种树木美味但高度易腐烂的提取物生产的，此树木只在该国生长。除了可能有一定的规模经济之外，不存在内部或者外部的规模经济，也就是说产出本质上是规模报酬不变的。该国国内对这种商品没有任何需求，也就是说所有产品都将出口。该国政府面临这样的选择：该国的面条生产企业是采取垄断形式，还是由众多小企业组成完全竞争形式？对于面条产业选择哪一种市场结构，你将会给政府提什么样的建议？

✦ 5. 某种产品的生产具有外部规模经济，当前这种产品没有进行贸易，并且产品在两个国家生产。如果开放国际贸易，全部的生产将只在一个国家进行，那么：

a. 自由贸易条件下，为什么生产只会在一个国家进行？

b. 开放贸易会给两个国家同时带来收益吗？请解释。

6. 大型喷气式客机的世界市场是一个典型的寡头垄断市场，该市场由两家大公司——美国的波音公司和欧洲的空中客车公司垄断。

a. 解释为什么市场均衡会包括“低飞机价格”或者“高飞机价格”两种情况。

b. 从美国（或者欧洲）国民福利的角度出发，为什么高价格均衡对两国更加有利？

c. 对日本或者巴西来说，更希望出现哪种价格结局？

d. 如果是高价格均衡，日本或巴西进口飞机还能够获得收益吗？请解释。

✦ 7. 某一垄断竞争产业同时存在于普格罗维亚以及世界其他国家，但是这种产品没有开展贸易。现在开放这种产品的贸易：

a. 解释开放贸易会对普格罗维亚这种产品的消费者产生何种影响。

b. 解释开放贸易会对普格罗维亚这种产品的生产者产生何种影响。

8. 你的国家进口一种产品，你是这种产品的消费者。世界其他国家对这种类型的产品的需求上升了。你不知道这种变化对你作为这种产品的消费者有利还是有害。你的结论是否取决于以下两种情况：(a) 产品无差异并且处于完全竞争市场（所以第 2～5 章的标准化模型适用），或 (b) 产品具有差异化并且处于垄断竞争市场（所以本章的模型适用）？请解释。

✦ 9. 家用洗碗机的全球市场是垄断竞争市场。它最初处于自由贸易的均衡状态，有 40 款可供选择的品种，一台普通洗碗机要 600 美元。请在你的回答中用一张类似图表 6—5 的图形来说明以下变化。现在洗碗机的全球需求发生了永久性的增长，因此全球市场规模增加了约 15%。说明在全球市场调整到一个新的长期均衡后，全球需求增加对可供选择的洗碗机型号数量的影响。解释这个新的长期均衡的调整过程。

10. 回到问题 9 所描述的情况，即洗碗机市场的初始自由贸易平衡和全球需求的增加。在你的答案中，使用如同在专栏“垄断竞争中的单个企业”中出现的图形。

a. 用图形说明和解释典型的单个企业是否会在全球需求普遍上升之后的短期内赚取经济利润或遭受亏损。

b. 用图形说明和解释当全球市场调整到一个新的长期均衡后，典型的单一企业的处境。

✦ 11. 这是 2009 年日本进出口的数据，选择的 7 种产品与图表 6—2 中美国贸易的 7 种产品一致。

产品目录	日本出口（百万美元）	日本进口（百万美元）
香水（55310）	2	223
化妆品（55320）	968	919
家用洗衣机（77511）	15	618
微型电路（77640）	24 381	16 238
汽车（78120）	62 146	4 576
大型民用飞机（79240）	0	2 991
数码相机（88111）	12	35

a. 计算日本每种产品的产业内贸易比重。

b. 2009 年美国这 7 种产品的产业内贸易比重的加权平均值是 54.5%。日本为多少？哪个国家有相对更多的产业内贸易？

c. 日本是大型民用飞机的进口国。什么经济理论或概念能够最好地诠释这一部分的日本贸易？

12. 你是印度政府的一位顾问。直到现在，印度政府都严格限制进口，这也导致印度的出口处于较低水平。政府正在考虑转向更加自由的贸易政策。

a. 如果向印度政府提出“自由贸易对印度更为有利”的建议，你最有力的三个论据是什么？

b. 印度哪些利益集团会支持贸易政策转向自由贸易？哪些会持反对意见？

第7章 经济增长与贸易

随着世界的不断变化，贸易也随之改变。实际投资扩大了国家的有形资本存量。人口的增长（包括移民）增加了新的劳动力；教育和培训提高了劳动者的技能；资源矿藏的新发现改变了我们对于国家自然资源禀赋的预估。土地开发和土地用途的变化改变了可供生产的土地的供应量。新技术提高了生产和服务的能力。新产品进入市场。消费者偏好的变化改变了不同产品的需求。所有这些因素都影响着贸易模式。

第4章介绍的赫克歇尔-俄林理论，是一段时期内国际经济的缩影。我们也能够使用H-O模型分析时代的变迁带来的影响。前面章节中描述的从无贸易到自由贸易的转变就是这样一种变化。

本章关注的是生产能力的变化。这些供给方面发生的改变，通常被称作**经济增长**（economic growth）（尽管我们也会考虑经济衰退的情况）。有两种促进长期经济增长的源泉：

- 国家的生产要素禀赋的增长（例如实物资本、劳动力和土地）。
- 生产技术的发展（还有一些对资源生产率产生影响的无形因素）。

本章将分析经济增长的影响，特别是对国际贸易流向和国民经济福利的影响。分析侧重于“贸易前”及“贸易后”，其中“贸易后”是指分析经济进行了全面的调整（在长期）之后的状况。

这里出现的一些增长效应将会与人们的直觉相吻合，但是另一些却不然。尤其是我们将发现两种奇特的增长效应：第一，一国的某一种生产要素禀赋的增加实际上会导致其他一些产业的衰落。这一结论的基础是，自然资源储备（如石油）的新发现和开采会阻碍一国的工业发展。第二，扩大出口品的生产能力可能反而会使该国的境况变差。这种与常识相悖的结论对大量出口初级产品（例如咖啡豆和铜矿）的国家来说是应当考虑的。

上面这些令人惊讶的结论是本章研究的经济增长对贸易和国民福利的各种影响的一部分。本章还将研究技术与贸易之间的联系，包括作为比较优势基础的技术差异、新技术的创新周期和这些技术在全球的传播，以及开放国际贸易对经济增长的影响。

7.1　平衡型增长与偏向型增长的比较

一个国家生产能力的增长，无论是由于资源禀赋的增长还是技术进步，都会使得该国生产可能性曲线向外扩展。当生产可能性曲线向外移动时，我们感兴趣的是其产生的影响：

- 生产可能性曲线的一般形状；
- 在产品价格保持不变的前提下（维持增长前的水平），不同产品的具体产量。

图表 7—1 中的三个图形代表了美国经历的不同类型的增长。第一种情况是图表 7—1 中 A 图所示的是**平衡型增长**（balanced growth）。这种增长方式的生产可能性曲线按比例向外扩展，因此其相对形状保持不变。在这种情况下，如果产品的价格不变，经济增长会导致所有产品的产出按相同比例增加。例如，增长前，生产位于点 S_1，80 单位小麦和 20 单位布匹，布匹相对于小麦的价格是：每 1 单位布匹可换 1 单位小麦，即 1 W/C。增长带来的结果是生产可能性曲线向外扩展。当相对价格不变时（也就是说另一条价格线平行于通过 S_1 的价格线），在点 S_2 处该国生产 112 单位的小麦和 28 单位的布匹。平衡型增长方式可能是一国所有的要素禀赋都以相同比例增加的结果，也可能是两个行业同样取得相似程度的技术进步的结果。

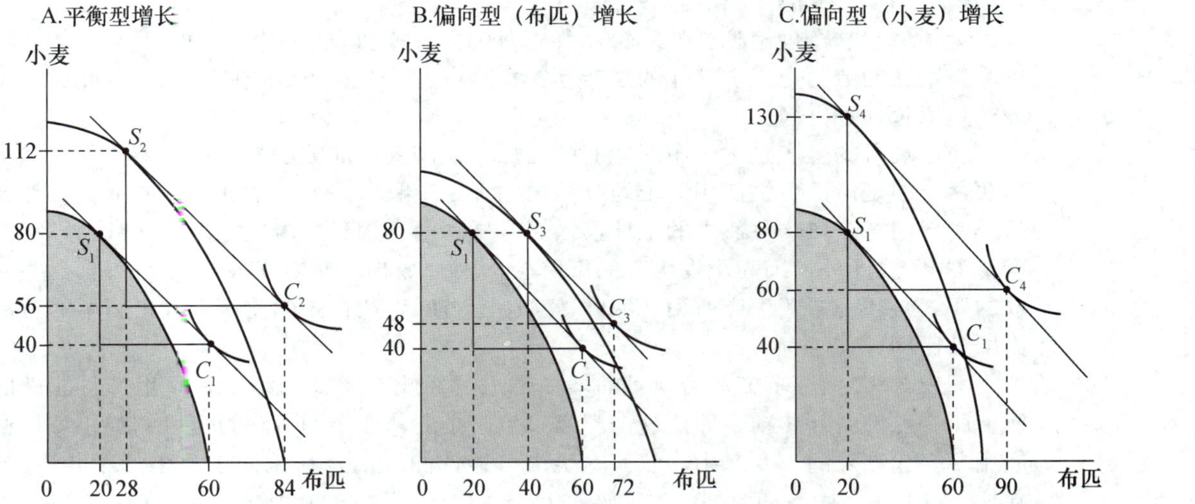

在增长之前，美国在点 S_1 生产，在点 C_1 消费。以等比例的或者说中性方式的平衡型增长使生产可能性曲线向外扩展。而偏向型增长则以偏向一种产品或其他产品的方式扩展生产可能性曲线。如果价格比率保持不变，那么生产增长（至点 S_2，S_3，S_4）将会增加国民收入并增加两种产品的消费（点 C_2，C_3，C_4）。通过生产和消费的调整，增长会改变一国贸易的规模（贸易三角形的面积）。对平衡型的增长和偏向小麦的增长，显示该国进行贸易意愿的上升。而偏向布匹的增长，则表明该国贸易意愿的下降。

图表 7—1　平衡型增长和偏向型增长

偏向型增长（biased growth）是增长更大比例地偏向于生产某一种产品。在这种情况下，生产可能性曲线的扩展会偏向产出增长更快的那个产品轴。图表 7—1 中 B 图描绘了增长偏向于生产更多的布匹。如果相对价格保持不变，那么产出并未按比例增加。例如，生产的初始点在点 S_1，相对价格仍为 1 W/C，偏向于生产更多布匹的增长会将生产点移至点 S_3。布匹的生产从 20 单位增加到 40 单位，而小麦的产量仍然是 80 单位。这种偏向型增长的其他例子亦可以是小麦的产量也有所增长（但小于布匹生产增长比例），或者降至 80 单位以下。

图表 7—1 中的 C 图描绘了偏向生产更多小麦的增长。生产可能性曲线偏向小麦产品轴。按照 1 W/C 的相对价格水平，生产点从点 S_1 移向点 S_4。在这种情况下，小麦的产量从 80 单位增加到 130 单位，而布匹的产量则保持不变。在其他偏向小麦增长的例子中，布匹产量的增长亦可能小于小麦产量的增长比例，或者出现布匹产量的绝对下降。

在一国不同的要素禀赋以不同的比率增长，或者一个行业的生产技术进步比其他行业技术进步大时会发生偏向型增长。要素禀赋不平衡增长中的特例是一种要素增长，但其他的要素不变；不同的行业技术进步速度不一致的一个特例是某行业的技术发生了进步，而其他行业的技术保持不变。①

7.2 仅有一种要素的增长

仅有一种要素的增长情况有着十分重要的含义，**雷布津斯基定理**（Rybczynski theorem）将其总结为：在一个有着两种产品的世界里，假设产品价格保持不变，一国的某一种生产要素禀赋增长，当其他要素不变时，会导致两个结果：

- 密集使用增长要素的产品的产出将以更大比率增长；
- 另一类产品的产出下降。②

为了理解这个理论隐含的逻辑，我们考虑只有劳动力禀赋增长的情况。显然，可以为新增加的劳动力提供就业的是劳动密集型产业——这里的布匹产业。因此，布匹的产量增长并不奇怪。

使用现有的生产技术，布匹生产的增加不仅需要增加劳动力，还需要另外一些土地要素。但是该国可供使用的土地（该国的土地禀赋）并没有增加。布匹部门必然要从小麦部门来获取这些额外的土地投入。这样，由于用于小麦生产的土地减少，小麦产量下降。（此外，因为小麦生产的下降会同时释放出土地和劳动力，而所有这些释放的要素必须为布匹生产所用。因此，实际上布匹生产扩张的比例会大于新增的劳动力增长比例。）

图表 7—2 描绘了劳动力禀赋的增长带来的影响。增长的结果是，生产可能性曲线上所有点都向外移动。即使这个国家只生产小麦，多余的劳动力也可能被小麦行业雇用，引起额外的小麦产出。然而，生产可能性曲线的外移偏向于更多的布匹生产，在这个行业生产中劳动力是更加重要的生产要素。如果初始相对价格是 1 W/C，并且保持不变，那么增长会使得生产点从点 S_1 移动到新生产可能性曲线上的点 S_5。布匹的生产从 20 个单位增加到 35 个单位，而小麦生产则从 80 个单位下降到 74 个单位。

---

① 一种产业技术进步而另外的产业技术没有增长的情况，实际上与图表 7—1 中 B 图以及 C 图所描绘的情况有一些不同。比方说，在只有布匹的生产技术进步的情况下，会发生偏向布匹的增长。在这种情况下，生产可能性曲线以偏向布匹生产的方式外移，但生产可能性曲线和纵轴（小麦）的交点并没有变化。生产可能性曲线与纵轴（小麦）的交点说明，在布匹生产为零的情况下，布匹生产技术的进步并没有扩大国家整体的产能。随着布匹生产受益于新的生产技术，生产可能性曲线的其他部分会向外移动。类似地，只有小麦生产技术得到改进的情况也这样解释：此时生产可能性曲线与横轴（布匹）的交点并没有变化，而曲线的其他部分会向外移动。

② 另外一些重要的条件和假设包括：(1) 该国在增长前后都生产两种产品，而且每一种产品的生产都需要使用两种要素；(2) 要素在产业间可以流动，并且充分利用；(3) 生产技术不变。雷布津斯基（Rybczynski，1955）还揭示了随着要素增长可能发生的贸易条件的变化，本章的后面将对比进行讨论。

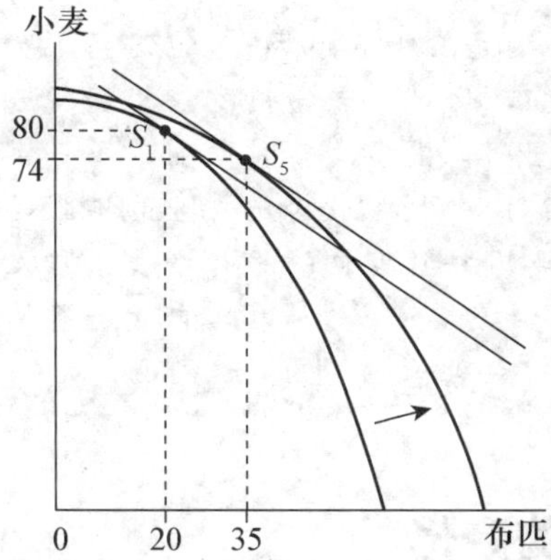

一种生产要素增长，其他要素不变，会导致生产可能性曲线出现严重的偏向型增长。如果只有劳动力增长，生产可能性曲线外移将更加偏向劳动密集型产品即布匹的生产。如果价格比率保持不变，实际生产点会从点 S_1 移动到点 S_5。雷布津斯基定理表明：布匹的生产增加，小麦的生产减少。

图表 7—2　单一要素的增长：雷布津斯基定理

雷布津斯基定理表明：一种新的自然资源的发展，比如在加拿大或英国的石油或天然气的开发，会阻碍其他行业比如制造业的发展（见专栏“荷兰病和去工业化”）。反之，新的资本与工人技能的快速积累，会导致国内自然资源产品生产的减少，并且使一国变得更加依赖进口原料。19 世纪的美国出现过这种现象。当美国相对于世界其他各国发展更快时，它从矿产品的净出口国转变为净进口国。这种转变的部分原因在于随着美国工人技能与资本的积累而引起的制造品生产的快速增长。

案例研究

荷兰病和去工业化

开发一种新的可以出口的自然资源会带来一些问题。其中一个问题是稍后本章将讨论的“贫困化增长”：如果一国已经在出口，并且出口的扩张降低了出口商品的全球价格，结果可能会使该国的福利变得更差。第二个明显的问题是“荷兰病”：自然资源的扩张导致了制造业产品产量的下降（去工业化）。

在荷兰，这种现象源于在北海开发了新的天然气田。人们发现，好像荷兰开发的天然气越多，其制造业中的贸易品的生产越衰落。甚至两次石油冲击（所有的燃料价格，包括天然气价格飙升）带来石油价格的上涨，都加重了荷兰工业的衰退。人们认为这种“荷兰病”也曾蔓延到英国、挪威、澳大利亚、墨西哥以及其他一些近期有新资源开发出来的国家。

这种担忧是正确的：在很多现实情况中，意外发现与开发新自然资源确实会侵蚀制造业产业的生产和利润。去工业化的发生恰好证明了本章介绍的雷布津斯基定理：新兴产业的发展从制造产业转移了部分资源。具体来说，为了新的自然资源的生产，必须雇用原来在制造业产业的劳动力，并且还需要得到本来可以投资于制造业生产的资本，于是导致制造业生产水平下降。

新闻媒体对自然资源开发与去工业化的联系的报道，用一种不同的方式诠释了雷布津斯基定理的基本效应。媒体倾向于关注可出口的自然资源的开发，使本币在外汇市场上升值。这是由于外国对本国资源购买的支付导致对本币需求上升。本币升值使得国内厂商更难与外国产品竞争，因为外国产品的相对价格更低。对制造业部门来说，这就类似于需求下降，产业萎缩。而在外汇市场，为了恢复到起初的贸易平衡，会产生与易货贸易相同的结果：如果一国出口更多的某种商品，该国必须或是减少另一种商品的出口，或者增加进口。贸易要恢复到期初的平衡，必须有所放弃。

尽管荷兰病确实引起了一些去工业化，但这会不会是个国家性的问题还不清楚。仅仅将资源从制造业部门转移到自然资源产业，不一定就是坏事，尽管人们普遍觉得工业的扩张是决定经济繁荣的关键。只要经济增长不陷入贫困化陷阱，一国一般会从发展自然资源的生产中获益。

7.3 国家贸易意愿的变化

增长会改变一个国家供给产品的能力。增长也会通过改变一国居民的可支配收入，改变一国对产品的需求。当生产和消费随着增长改变的时候，一国参与国际贸易的意愿和兴趣也会随之改变。也就是说，即使两种产品的相对价格保持不变，国家也可以：

- 增强贸易的意愿（希望更多出口或进口）。
- 减弱贸易的意愿（希望更少出口或进口）。

为了便于进一步分析，我们的假设和以前一样，两种商品均为正常品，那么收入的增长（在产品价格不变的情况下）会引起对每一种商品需求的增长。①

可以考察在图表 7—1 中每种增长模式下的一国贸易意愿的变化。在每张图中，贸易三角形面积的变化可以表示国家贸易意愿的改变。第 4 章中介绍过用贸易三角形描述贸易意愿是一种便捷的工具，因为该三角形显示了一国愿意出口及进口的数量。假设在经济增长前，该国处于自由贸易的均衡状态：在点 S_1 处生产和点 C_1 处消费。连接 S_1 和 C_1 形成的三角形显示：该国出口 40 单位小麦，进口 40 单位布匹。

首先分析图表 7—1 中 A 图所示的平衡型增长。如前所述，增长使得生产移动至点 S_2。供给按比例的扩张意味着小麦产量增加了 32 单位，同时布匹增加了 8 单位；在相对价格不变的条件下，价格线平行外移。国家收入增加，对两种商品的消费也在增加。然而，其本身并不足以说明国家贸易意愿的变化。这里有两种可能性：

- 如果小麦的消费增加少于 32 单位，那么可供出口的小麦数量就会增加。贸易三角形的面积就会增大，国家贸易意愿就会增强。
- 如果小麦的消费增加多于 32 单位，那么可供出口的小麦数量就会减少。贸易三角形的面积就会减小，国家贸易意愿将会减弱。②

消费数量的改变取决于这个国家消费者的偏好，偏好是由社会无差异曲线的形状以及与增长后新价格线相切的那条社会无差异曲线的位置决定的。在图表 7—1 中的 A 图，新的社会无差异曲线与新价格线相切于点 C_2，因此消费数量按比例增加至 56 单位的小麦和 84 单位的布匹。在这里，小麦消费的增长（16 单位）小于小麦生产的

---

① 另一种假设是：两种商品中的一种是劣质品，对该商品的需求会随着收入的上升而下降。尽管存在这种可能性，但它会使我们的讨论复杂化。

② 我们也可以通过关注布匹的生产和消费数量的变化得出相同的结论。如果布匹消费的增长超过布匹生产的增长，进口需求增加；或者消费的增长偏小，那么进口的需求就减少。当然，布匹生产和消费以同样的数量增长（小麦同理）也是有可能的，那么此时贸易三角形面积不变，国家贸易意愿也将保持不变。

增长（32 单位）。所以，贸易三角形和国家的贸易意愿增大。

假设下一个类型的增长是如图表 7—1 中 B 图所示的偏向于布匹的增长。增长使得生产点移动至点 S_3，布匹生产增加，而小麦的生产不变。更多的小麦被消费了（消费点移动到点 C_3），可供出口的小麦数量减少。在这种情况下，贸易三角形和国家的贸易意愿均缩小。

如果增长极大地偏向于期初进口商品的生产，一国的贸易模式可能会发生逆转，该国会变成布匹的出口国和小麦的进口国。比如在第 6 章中所提到的，从 19 世纪末开始，美国从矿物出口国转变为进口国。事实上没有一成不变的贸易模式——比较优势和劣势经过一定时期会发生逆转。

最后，如果增长是偏向于小麦，如图表 7—1 中 C 中图所示，国家对布匹需求增加，消费移动至点 C_4，于是布匹进口的需求增加。而小麦生产的增长也使得可供出口的小麦增加。贸易三角形扩大，这表明该国贸易意愿增强了。

7.4　对国家贸易条件的影响

如果一个国家是贸易大国，它的贸易会对国际均衡产生影响，那么该国贸易意愿的变化就会引起该国贸易条件的改变。反过来，该国贸易条件的任何改变又会影响从经济增长获得收益的程度。本节首先考察**小国**（small country）的情况：一国的贸易不能影响国际相对价格；接着考察**大国**（large country）的情况：一国贸易会对国际相对价格产生影响（也就是说，经济增长会影响一国出口商品的价格或进口商品的价格，或同时影响这两种价格）。注意这里的小国和大国的定义都是基于一国是否具有对一个或者多个国际价格有影响的能力。对于一些国家，尽管可以认为它们是一个小经济体，但它们也可能是贸易大国。例如，加纳（一个整体上被认为是相对小的国家）是可可的主要出口国。其出口量的变化（比如，由于农业技术的进步出口量增加 10%）就会影响可可的世界价格。另一方面，被视作大经济体的国家（比如日本）对于一些产品也可能是一个小国（例如牛奶和奶酪），在这种意义上，该国自身的生产或需求的变化对于这类世界产品价格并没有显著的影响。

7.4.1　小国的情况

如果一个国家是小国（也就是说，在国际市场上是价格接受者），那么其贸易对国际价格比（也是该国的贸易条件）没有影响力。图表 7—1 是对一个小国经济增长的全面分析。在每种情况中，国家都会从增长中获益，都达到了更高的社会无差异曲线（根据增长类型的不同，分别位于点 C_2，C_3 或 C_4）。

7.4.2　大国的情况

如果一个国家是大国，其贸易意愿的变化就会影响国际均衡价格。首先分析在给定的任何价格下，经济增长降低了一国贸易意愿的情况，如图表 7—3（移动了图表 7—1 中 B 图的生产可能性曲线的位置）所示。国家对进口品需求的减少会降低进口品的相对价格（或者国家出口品供给的下降会提高出口品的相对价格）。这种国际价格比的变化，改善了该国的国际贸易条件。本例中，该国从增长中可以获得两种收益：

- 从经济增长中获得生产的利益，表现为生产可能性曲线的外移。
- 从贸易条件改善中获得的收益，表现为该国相对于其要支付的进口品价格，得到了一个更好的出口品价格。

在图表 7—3 中，贸易条件的改善表现为一条更平坦的价格线（表示进口布匹的相对价格更低）。相应地，该国的生产点移动至新生产可能性曲线上的点 S_6，并且在点 C_6 消费。随着生产可能性曲线外移以及假设贸易条件保持不变，该国将达到图表 7—1 中 B 图的点 C_3（48 单位的小麦，72 单位的布匹）的社会无差异曲线所代表的福利水平。贸易条件的改善使得该国达到了更高层次的福利水平：由图表 7—3 中的点 C_6 所在的社会无差异曲线表示 54 单位小麦和 82 单位布匹的福利水平。

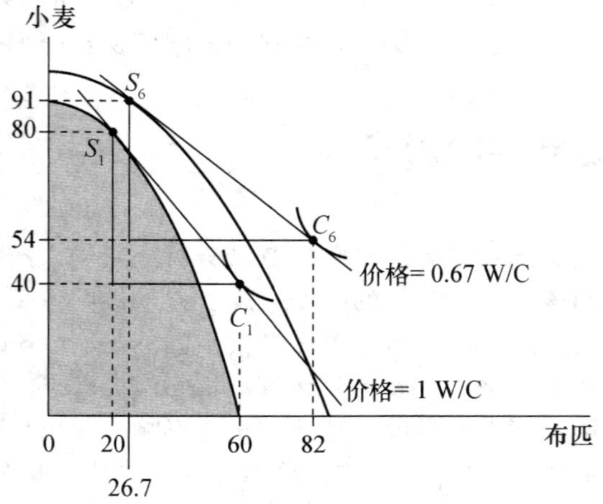

一个大国从进口替代品（这里是布匹）生产能力的扩大获益有两种途径：生产更多产品（图表 7—1 中 B 图已经显示了这一点），改善一国贸易条件。进口需求的减少（即贸易意愿下降），可使布匹在国际市场上价格下降。增长之后，本例中布匹的相对价格下降到 $\frac{2}{3}$ W/C，该国的进口成本下降。由于价格线变得平坦，消费从点 C_1 移动到点 C_6，该国从增长中获得了更多收益。

图表 7—3 大国偏向替代进口的增长

再分析另一种情况：经济增长提高了一国的贸易意愿。一国对进口产品需求的增长会提高进口品的相对价格（或者一国出口产品供给的增长会降低出口品的相对价格）。这种国际均衡价格的变化将会使该国的贸易条件恶化。在本例中，经济增长对国民福利的整体影响是不确定的：增长带来了生产方面的收益，但随之而来的持续的贸易条件的恶化又会损害国家的福利（相对于其进口商品的价格来说，该国的出口商品相对价格降低）。

如果贸易条件没有太多地恶化，那么国家总体上还会从增长中获益，但不会像在贸易条件没有变化时那么多。然而，如果贸易条件恶化程度较大，可能会出现令人惊讶的结果。

7.4.3 贫困化增长

如果一国出口产品生产能力的增长导致该国贸易条件大幅恶化时，会发生什么？如果贸易条件大幅恶化，该国的国民福利将会绝对地下降（或者，贸易收益下降与生产增长收益相抵，国民福利可能没有变化）。图表 7—4 描绘了可能发生的国民福利下降的情况。其中，小麦生产技术大幅改良，使得生产可能性曲线明显地偏向于扩大小麦的生产。

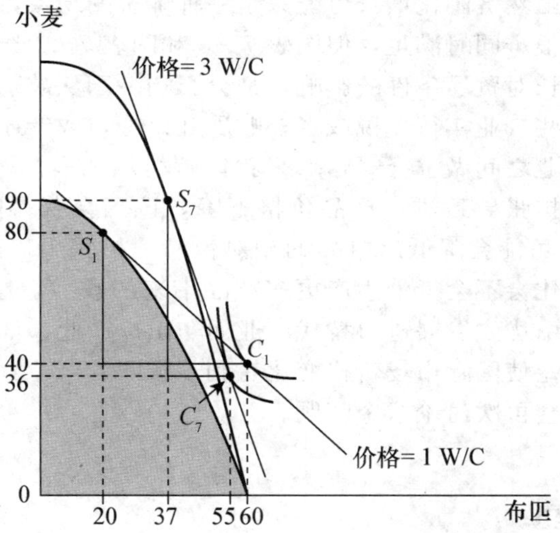

一个大国在出口品的生产能力提高的情况下，国民福利实际会变得更差。本图描绘的这种反常情况就是贫困化增长。通过扩大小麦（出口品）的生产能力，该大国增加了出口品的供给（贸易意愿扩大），这使得国际市场上小麦的相对价格下降。从另一个角度分析，这提高了布匹进口时支付的相对价格（这里是3倍）。国家贸易条件恶化非常严重，在本例中，甚至超过了新增生产能力所带来的好处。消费者在点 C_7 处的效用要比增长前的点 C_1 低。

图表 7—4 一个大国的贫困化增长

对于相对陡峭的价格线（表明该国的贸易条件大幅度下降），该国在新的生产可能性曲线上的点 S_7 进行生产，在点 C_7 消费。点 C_7 所表示的福利水平要低于增长前的点 C_1。

这种可能的结果令人吃惊，杰格迪什·巴格瓦蒂（Jagdish Bhagwati）首先对这种现象进行了详细的分析，并称其为**贫困化增长**（immiserizing growth）：扩大一国贸易意愿的经济增长可以导致该国贸易条件的大幅下降，从而使得该国福利变得更差。

有三个条件似乎对于贫困化增长的发生具有决定性：

1. 国家的经济增长必须很明显地偏向于增加该国出口品的供给（贸易意愿程度增加），并且出口品供给的增加必须大到足以对国际价格产生影响。

2. 国外需求对于本国出口品的价格必须是缺乏弹性的。这样，该国出口品供给的扩大会导致产品国际市场价格的急剧下降。

3. 在经济增长之前，该国已经有很大的对外贸易依存度。这样，由于贸易条件的下降而造成福利损失才会大到足以抵消生产的增加带来的收益。

出口产品结构多元化的国家似乎不会面临贫困化增长的风险。仅仅依靠一种或几种初级产品（农产品和矿产品）的发展中国家则具有很大的风险。比如，像赞比亚这样的绝大部分出口收入都来自一种矿石（例如铜矿）的国家。一些大型矿藏的新发现会增加矿石的出口，并且急剧降低该矿石的国际价格。价格下降导致的结果是该国的境况变得更差。例如，赞比亚出口矿石的货币价值可能下降（如果下降幅度超过了出口数量的增加），这样赞比亚可能支付不起增长前的进口数量。

一个国家进行生产扩张却使自己的状况变得更糟看起来很愚蠢。但是请记住，扩张不仅存在于经济模型中，也存在于现实世界中，比如在相互竞争的各个公司之间。这些公司可能会从自己单独的扩张中获益。但是，个体的理性相加有时却变成了整体的非理性。

贫困化增长的可能性带给大国的政策教训远远超出了其本身实际发生的事实。对其自身而言，虽然贫困化增长可能只是一种稀有的现象，甚至对大国来说，上面列举的条件也经常很难同时满足，但图表 7—3 和图表 7—4 给出的一个重要观点是，国民经济的任何增长对贸易条件的影响，都会影响一国从鼓励增长中获得的收益。假定政府还在就对哪些产业实行免税或者补贴展开讨论，或者还在鼓励进口替代产业还是鼓励出口扩张产业之间做选择时，那么我们就能从图表 7—3 中发现：一国进口替代产品生产能力的扩张导致进口产品价格下降，该国会获得巨大的收益。相反，在图表 7—4 中，由于可能会降低出口品的相对价格，扩张出口产业的收益就会比较小。不论贸易条件恶化会不会抵消生产更多产品带来的收益，这一点一定是正确的。因此，一个大国有理由优先发展进口替代产业而非出口产业：如果其他条件都一样，为什么不优先发展那些使国际市场价格变化有利于本国的产业？①在第 14 章讨论发展中国家的贸易政策时会再次讨论这个问题。

7.5 技术和贸易

本章讨论的偏向型增长可以与第 4 章中对比较优势基础的讨论联系在一起。第 4 章提及的比较优势会使一国不同产品的生产能力发生偏向。在论述赫克歇尔-俄林理论时，我们花费了很多精力来讨论作为比较优势基础之一的要素禀赋的差异。

比较优势的另一个基础是不同国家可获得的生产技术的差别。技术差别会使各国偏向生产拥有相对更好技术的产品，即技术优势相对最大或弱势相对最小的产品。

在不同的部门和国家中，当技术以不同的速率变化时，以技术为基础的比较优势就产生了。比如在第 4 章和第 5 章中讨论的情况。随着时间的推移，美国的小麦生产技术提高了，使美国的生产能力偏向于生产更多的小麦——美国的生产可能性曲线将向小麦生产轴的方向外移（见图表 7—1 中的 C 图）。这些技术提高包括：农场作业方式改良或更好的农作物品种。如果世界其他地方的小麦生产技术并没有发生改进，那么美国的小麦生产便构建了基于相对技术优势的比较优势。

与赫克歇尔-俄林理论相比较，这种基于技术的优势也是国际贸易基础的一种解释。技术差别可以成为决定某种产品贸易模式的一个重要因素（有时是决定性因素）。比如，在 20 世纪 60 年代早期，美国已成为钢材净进口国，部分原因是由于日本和其他国家采用了新型炼钢技术。

在其他方面，技术差别与赫克歇尔-俄林理论的观点保持一致，至少与经过扩展的动态赫克歇尔-俄林理论一致。为了理解这点，必须考虑技术进步是如何发生的。

一些技术进步的发生是靠机遇，或者是靠个人的特别努力。但是大多数可用的工业新技术是通过组织的努力产生的，这种活动称为**研发**（research and development，R&D）。研发大多由企业完成，它关注现有产品生产技术的改进、新产品和改良产品的新技术的开发。一些研发占据重要地位的产品或产业，如航空、半导体、制药业，通常被称为高技术产业（high technology）。在这些高技术产业中，一直进行着成本巨大的研发，随着时间的推移不断推出新技术。

① 记住，优先发展进口替代产业的所有理由在于：可以使产品的国际价格变得有利于本国。但把世界作为一个整体进行考虑，这种收益以及贫困化增长就都不存在了。贸易条件变化导致的一国的收益（损失）等于另一国的损失（收益）。

与赫克歇尔-俄林理论联系最显著的是研发的国家区域分布。研发是一种与高技能劳动力（特别是科学家和工程师）联系密切的生产活动。世界上大部分的研发在这类劳动力丰裕的工业化国家进行。另一个重要因素是这些国家有愿意承担为研发融资的风险基金。美国相对丰裕的风险投资资本（外部人收购新企业股权所用的资本）是美国优势的基础所在，同时，像日本等其他国家则更多地依靠大公司内部的研发基金。

使用新型技术进行生产的国家，在区位分布上还不是那么清楚。比较合理的状况是那些从事研发的国家应当最先使用新技术。但是实际上，技术可以在全球传播。这种技术的全球传播或技术贸易称作**技术扩散**（diffusion）。新技术是很难保密的，而且其他国家有获得技术进步的动力因素。的确，新技术的发明者也想在最合适的国家（也就是最能够盈利的国家）应用其技术。赫克歇尔-俄林理论认为，适当的新技术布局应当是采用新技术生产所需的要素比例与生产国的要素禀赋相适应。

7.5.1　个别产品和产品生命周期

产品生命周期假说（product cycle hypothesis）是解释技术活动模式的一种尝试，由雷蒙德·弗农（Raymond Vernon）首次提出。当一种产品首次被发明出来（诞生），它必须有个完善的过程。进一步的研发是必须的，并且由技术工人逐步完成。另外，由于新产品在经济学家看来是奢侈品，因此主要的需求大部分来自高收入国家。在研发、生产、生产企业的营销人员之间要有密切的交流。所有这些都说明研发和初期生产很可能发生在发达国家。

在一段时间内，产品和生产技术都会变得更标准化和熟稔（成熟）。生产过程中的要素密集度由高技能劳动力密集型转变为较低技能劳动力密集型。生产区位随着技术扩散开始转向其他国家，甚至是那些有着充足的低技能劳动力的发展中国家。

贸易模式在一定程度上和生产分布的转移同步改变。创新型国家最开始是新产品的出口国，但是它最终成为进口国。尽管该理论是动态的，强调更多地考虑需求和交流，但是产品生命周期假说和赫克歇尔-俄林理论在很多方面是相符的。

产品生命周期假说确实符合 20 世纪许多工业产品的经历。手提电脑就是一个很好的例子。在 20 世纪 70 年代和 80 年代早期，美国和日本的电脑公司开始研发手提电脑，以满足美国和其他高收入国家商人和研究者的需求。手提电脑的早期型号开始在美国和日本生产，同时研发也在继续。到了 80 年代末 90 年代初，IBM、东芝、得州仪器（Texas Instruments）和其他美国、日本的公司开始生产更好的型号，并把其中一部分产品出口到其他国家。随着手提电脑的零部件变得标准化，90 年代，厂商之间的竞争愈发激烈。一些公司开始将手提电脑的装配线转移到国外，先是中国台湾地区，接着是中国大陆，以降低生产成本。在这个过程中，创新国家变成了进口国。

然而，产品生命周期假说的用途是有局限性的，这与不可预测的周期长度和进程有关。在许多行业，特别是高技术行业，由于研发的持续，产品和生产技术也在持续改进。产品的不断升级、更新换代十分重要。此外，国际性的扩散经常在跨国（或全球性）公司的内部发生。如果是这种情况，产品的生命周期会彻底消失。一家跨国公司在其处于发达国家的研发机构开发的新技术，可以在公司内部转移到其他国家首次生产，甚至直接将研发机构转移到发展中国家。

关注劳动力

贸易、技术与美国人的工资

从 20 世纪 70 年代早期起，美国就开始担心实际工资的趋势。一个主要的趋势是高技能劳动力和低技能劳动力之间工资差异越来越大。例如，从 20 世纪 70 年代中期到 21 世纪，大学毕业生和高中毕业生平均工资的比率大约提高了 30%。许多低技能劳动力的实际工资（购买力）下降了。

同时，对美国来说，国际贸易的重要性戏剧性地增长，其进出口总额占美国 GDP 的比重从 20 世纪 70 年代早期到 20 世纪末增加了 1 倍多。（见第 2 章专栏“贸易的重要性”中的数据。）真的是由于进口的增加，美国工资正在“向下竞争”吗？更准确地说斯托尔珀-萨缪尔森定理在起作用吗？贸易量上升改变了美国稀缺要素和丰裕要素的收益了吗？更大的工资不平等在政治上意义重大，因此经济学家对此十分慎重。贸易增长看似对工资率有影响（正如斯托尔珀-萨缪尔森定理所述），但经济学家认为，贸易并不是导致该问题的“罪魁祸首”。

如果斯托尔珀-萨缪尔森定理真是主要的“罪魁祸首”，至少还应该存在两个现象。一是产品价格变化导致要素价格的变化。具体来说，低技能劳动密集型产品相对价格的下跌导致低技能劳动力相对工资水平的下降。二是相对工资的变化应当促使企业更密集地使用现在更加便宜的非熟练劳动力（见第 5 章专栏“要素比率悖论”）。

斯劳特（Slaughter，2000）在研究了近期关于产品价格、要素密集度和工资的大量经济论文后，提出上述两个现象都没出现。有关美国制造业的研究指出，从 20 世纪 80 年代到 90 年代，并没有出现密集使用低技能劳动制造业产品的国际相对价格变化的明显趋势；数据还显示，大多数制造业是更密集地使用高技能劳动、更少使用低技能劳动。

贸易品相对价格的稳定和产品生产技术密集度增加，与斯托尔珀萨-萨缪尔森定理并不相符。其含义是，国际贸易中价格的变化不是工资不平等的主要原因。其他经济学家也得出了类似的结论：贸易流动的改变（进口和出口）并不是其主要原因。

如果不是国际贸易，那是什么原因？大多数研究者认为，技术变化是导致对高技能劳动力和低技能劳动力需求改变的主要动力。事实上，技术变化通过两种方式对相对工资产生压力。

首先，越是密集使用高技能劳动力的产业，技术进步就越快。随着一些技术密集型产品成本和价格的下跌，产品质量却在不断提高，因而需求也提高了。随着对技术密集型产品需求增加，产量也增加；而对高技能劳动力需求的扩张，提高了高技能劳动力的相对工资。

其次，各个产业的技术进步，显示其更倾向于使用高技能劳动力。这个倾向增加了对熟练劳动力的需求，更加大了工资差距。可以看到，这个倾向表现为在生产过程中更多转向使用电脑，以及在制造业中使用电脑自动控制生产。

英国也经历了高技能劳动力和低技能劳动力工资差距扩大的情况，尽管没有美国那么显著。在西欧的一些国家和加拿大，这种压力也以不同的状态呈现。像最低工资这样的劳动力市场制度保护了低技能劳动力的工资不至于下跌过多。而失业却从 70 年代开始不断增加，并一直保持在一个高水平上。西欧、加拿大的工资差距虽然扩大的不多，但是失业，特别是低技能劳动力人群的失业已经成了一个严重的问题。

7.5.2 开放贸易对经济增长的影响

至此，本章中大多数讨论是在研究生产能力的增长如何影响国际贸易。很明显，经济增长可以对国际贸易产生很大的影响。同样，开放贸易也可以反过来影响一国的经济增长速度，即影响生产能力在一段时期内能以多快的速度增长。

通过对外开放和贸易对一国所用技术的影响分析，可以更好地理解这一关系。就像前面产品生命周期理论中所说的，一国的新技术有两个来源：本国自行研发和从国外引进。如果一国闭关自守，就会切断得到新技术的第二个来源。由于不能吸收和利用他国开发的新技术，闭塞国家的发展肯定会十分缓慢。因此，对外开放（和有更广泛的国际交流、交换）的国家发展速度会更快。让我们进一步考察形成这种关系的原因。（我们也会注意到对外贸易和经济增长之间的关系十分复杂，没有一种原因可以一步到位地完全解释清楚。这里只集中讨论其积极影响，而不列举其局限性。）

贸易为各国提供了得到新产品和产品改进的机会。对于生产方面的分析来说，资本品是一种重要的可以进口的生产投入品。贸易使得一国可以进口最新的和改进的资本品，而这些资本品"内嵌"了更先进的可以提高生产率的技术，各国的出口商也可以促进这一技术的转移过程。作为"新增长理论"的先驱，保罗·罗默（Paul Romer）提出，与强调传统贸易的收益相比，一国通过进口内嵌了新技术的独特的外国资本品，可以获得大得多的收益。

总的来说，对外开放贸易可以使本国的公司和人员有更多机会接触其他国家开发的新技术。这种对外国技术更清醒的认识，使得本国更有可能通过购买资本品、授权或模仿，获得国外的新技术。

对外开放的国际贸易也是对创新的激励。贸易会增加一国企业竞争的压力，促使它们寻求更好的技术来提高生产效率，提高国际竞争力。贸易还为创新提供了一个更大的市场。如果销往国外市场可以带来额外收益，那么创新的动力就会大增，企业一定会加大研发的资源投入。

国际贸易还可以通过促进外国技术向本国扩散，或促进本国自身技术的开发，提高一国使用技术的水平。另外，这种在现有技术基础上的改进，还可以在将来用于开发新技术。这是上面提及的"新增长理论"的关键所在。该理论还指出经济政策和活动可以影响经济增长的速度。在一段时期内，现有技术基础可以从持续创新中获得不断增加的收益，使得在长期该国经济（以及整个世界）的增长速度加快。

已经有足够的理由能证明贸易实际上促进了一国的经济增长吗？雅各布·马德森（Jakob Madsen，2007）发现，产品的国际贸易刺激了工业化国家中技术的国际性扩散。从 19 世纪 70 年代以来，工业化国家从扩散中获得的外来技术已经成为经济增长的主要原因。很多研究使用了数据来考察对外开放和国内经济增长之间的相关关系。大量的实证分析偏向于正相关关系，但研究并不完全能证明开放带来了经济增长，这里有两个原因。第一，正相关性不等同于因果关系。第二，很难分离其他有利于经济增长的政策，包括政府的税收、支出政策，加强法治和保护私人财产的政策，以及更少扭曲的汇率政策。

一般来说，仍然有证据表明，对外开放有利于长期的经济增长，同时也缺乏有力证据指明对外开放会在长期内减缓经济增长。在第 14 章讨论发展中国家的时候，我们将会再次讨论贸易和增长的话题。

本章小结

经济增长是一国生产能力的扩张，源于该国生产要素禀赋的增长和技术的进步。平衡型增长使国家的生产可能性曲线成比例地扩展。如果产品价格保持不变，各产品的生产将按同一比例增长，两种产品的消费也增加。除非生产和消费增长数量刚好相等，否则这将改变该国的贸易意愿和贸易三角形。比如，当某出口商品生产的增加量超过消费的增加量，则贸易三角形和贸易意愿都会增加。

偏向型增长：生产可能性曲线偏向于一种产品生产的扩展。如果产品价格保持不变，一种产品产量增加，而另一种产品的产量或者以更小的比例增加，或者保持不变，抑或下降。如果增长偏向于更多出口产品的生产，则该国的贸易意愿增强，贸易三角形变大。雷布津斯基定理论述了一种偏向型增长，即只有一种生产要素禀赋增长、其他要素不变，就会导致不密集使用该增长要素的产品产量下降。“荷兰病”便是一个真实的例子。在荷兰的案例中，要素禀赋的增加是因为发现了天然气储备，使劳动力和资本向天然气产业转移，从而导致了该国制造业的衰退。

如果增长偏向于更多进口竞争产品的生产，则该国的贸易意愿会减弱，贸易三角形变小。如增长偏向更多出口产品的生产，则该国的贸易意愿增强，贸易三角形扩大。

小国的贸易不会对产品的国际市场价格产生影响。分析也比较简单，因为经济增长不改变小国的贸易条件。

大国的贸易会影响产品的贸易价格。如果经济增长使大国的贸易意愿减弱，该国出口品的相对价格就会上升。在这种情况下，经济增长将使该国生产能力增强，贸易条件得到改善。

如果经济增长使大国的贸易意愿增强，那么其出口商品的相对价格就会下降。贸易条件的恶化会抵消掉部分生产能力增长带来的收益。实际上，如果贸易条件恶化十分严重，国家的状况在经济增长之后反而可能变得更差。这种可能性被称作贫困化增长。

技术对生产可能性曲线形状的影响，表明国家之间的技术差异可以成为贸易发生的基础。从某种角度来说，这种技术差异的解释似乎可以与赫克歇尔-俄林理论相竞争。技术差异对贸易的解释是，各国出口具有相对技术优势的产品。而从另一个角度看，技术差异又与赫克歇尔-俄林理论具有一定的联系。比如，导致新技术出现的研发多发生在拥有很多高技能劳动力（包括科学家与工程师）的国家，他们对实施研发来说是必不可少的。产品生命周期假说试图提供一个关于技术创新、外国直接投资和贸易的动态理论。它强调：随着产品从生命周期中的初始阶段变化到成熟、标准化阶段，其生产将从领先的发达国家逐渐转移到发展中国家。

国际贸易也通过影响一国生产技术进步的速度来促进经济增长。一国的对外开放，会导致更多外国新技术扩散到该国。其途径包括进口内嵌着外国技术的资本品，模仿或通过授权使用外国技术等。竞争的压力和通过销往国外获得更多收益的动力可以加快本国的创新。从目前的研究来看，一国的对外开放和一国长期的经济增速之间存在正相关关系。

关键词

经济增长（economic growth）
平衡型增长（balanced growth）
偏向型增长（biased growth）
雷布津斯基定理（Rybczynski theorem）
荷兰病（Dutch disease）
小国（small country）
大国（large country）
贫困化增长（immiserizing growth）
研发（research and development，R&D）
技术扩散（diffusion）
产品生命周期理论（product cycle theorem）

推荐读物

关于技术进步对一国经济和贸易影响的经典理论研究（采用的是类似于附录B中介绍的方法）见Findlay & Grubert（1959）。关于贸易的产品生命周期假说由Vernon（1966）提出，但他本人又对此提出了疑问，见Vernon（1979）。Slaughter（1999，2000）和Lawrence（2008，chapter 3）分别研究了贸易及其他因素对工资不平等的影响。Anderson & Smith（2000），Robertson（2000），Heitger & Stehn（2003）各自检验了贸易对加拿大和德国工资的影响。

Van den Berg & Lewer（2007）对于贸易如何影响经济增长的问题进行了理论和实证检验。Grossman & Helpman（1995）对技术与贸易关系的经济理论进行了技术性研究。Romer（1994），Rivera-Batiz & Romer（1991）对有关贸易开放对增长的影响进行了技术性讨论。Keller（2004）提供了关于国际技术转移经济研究的一个技术研究。

如果你基本掌握了第2～7章的理论，可以自己做一个测试：看一下Magee（1979）的前10个悖论。首先看Magee第92～93页列举的悖论；然后试着在看答案之前进行解答。

习　题

✦1. 假设音格罗维亚的经济增长是偏向于扩张其出口产业的。你认为这一时期内，该国的贸易条件会发生怎样的变化？

2. “一国劳动力数量的增长将导致该国劳动密集产品产量的增长，而其他产品的产量保持不变。”你同意这种观点吗？为什么？请根据雷布津斯基定理的逻辑回答。

✦3. 一些拉丁美洲国家出口咖啡，进口其他商品。一次长时间的干旱导致这些国家的咖啡减产。假定这些国家仍出口咖啡，请解释：长时间的干旱为何导致该地区的福利反而增长？什么因素能使这种现象可能发生？

4. “一国贸易对国际价格几乎没有影响，那么该国就会面临巨大的贫困化增长的风险。”你同意这种观点吗？为什么？

✦5. 为什么赫克歇尔-俄林理论预测大多数的研发活动在工业化国家进行？

6. 如果每个新产品都要经过一个产品生命周期，那么技术创新型国家（如美国或日本）最终会患上慢性的“总体贸易逆差症”吗？

✦7. 指出下列情况对国家生产可能性曲线形状和位置的影响：

a. 所有生产要素的供给（禀赋）同比例增加。

b. 新的管理方法出现，并可以用于所有产业，使得所有产业的生产效率以相同幅度提高。

c. 新生产技术出现，它可以提高小麦产业的生产率水平，但对布匹产业的生产率没有任何影响。

8. 下列哪种情况会导致国家贸易模式的逆转？（也就是说，原来的出口商品变成进口商品，或者原来的进口商品变成出口商品。）请分别予以考虑并解释。

a. 国家原先稀缺的要素的总供给（禀赋）增加。

b. 技术的国际扩散。

c. 国家的消费者偏好的改变。

✦9. 假设在一个自由贸易均衡中，美国出口机器到世界其他国家，并从世界其他国家进口布匹。这两种产品的生产使用两种要素：资本、劳动力。其贸易模式与赫克歇尔-俄林理论的预测相符。现在美国原来的丰裕要素——资本要素禀赋有所增加。

a. 这对美国的生产可能性曲线的形状和位置会产生什么样的影响？

b. 如果产品价格比率保持不变，对美国这两种产品实际生产数量有什么影响？请解释。

c. 对美国的贸易意愿有什么影响？

d. 假设美国的增长确实会影响国际均衡价格比，价格比变化的方向是什么？

e. 美国资源禀赋的增加导致了国际价格比发生变化，这可能使得美国的福利下降吗？请给予解释。

10. 在两地区、两产品的自由贸易均衡中，美国出口食品，进口布匹。现在东亚地区发生了长时间的干旱。

a. 这对东亚国家的贸易意愿会产生什么样的影响？

b. 假定每个地区大到足以影响国际价格，东亚的干旱如何影响国际价格比的均衡？

c. 作图说明并解释这些对美国如下方面的影响：食品和布匹生产的数量；食品和布匹消费的数量；美国的福利。

d. 上述变化可能使美国的哪些群体长期获益？美国哪些群体的实际收入会减少？

✦11. 在一个自由贸易均衡中，美国出口食品，进口布匹。现在美国工程师发明了一种新工艺，可以以更低的成本生产布匹。但这种工艺不会用于世界其他地方。

a. 这对美国的生产可能性曲线会产生什么样的影响？

b. 这对美国的贸易意愿会有什么样的影响？（假设美国仍是布匹进口国。）

c. 假设美国的生产变化大到足以影响国际价格，布匹的国际均衡价格是上升还是下降？

12. 沿用上述 11 题中的情况——美国的新技术进步及其导致的国际均衡价格的变化。我们来集中讨论其对世界其他地方的影响。

a. 作图说明并解释其对世界其他国家生产数量、消费数量和福利的影响。

b. 尽可能准确地解释世界其他国家的福利会变化的原因。

✦13. 一个国家一开始处于自由贸易均衡状态。该国生产 40 单位小麦和 64 单位布匹。该国出口布匹，进口小麦。现在该国的生产能力增长了。如果产品价格不变，该国将转变成生产 50 单位小麦和 80 单位布匹。

a. 这属于何种增长？

b. 该国的增长实际上引起了产品价格的变化。在新的自由贸易均衡状态下，该国事实上生产 52 单位小麦和 77 单位布匹。请解释是什么导致了从初始的均衡状态到新的均衡状态的变化。

第Ⅱ篇 贸易政策

Trade Policy

第8章 关税的分析

绝大多数经济学家都赞同各国之间应当进行自由贸易，并尽量减少使用关税和其他贸易壁垒。与社会上其他群体相比，经济学家大多对贸易壁垒持批评态度。通常情况下，经济学家很少就某一问题达成共识，但他们为何能在贸易壁垒这个问题上意见一致呢?

这种对自由贸易的支持主要是建立在比较完整的经济学分析基础上的。经济分析表明，更加自由的贸易不仅给单个国家而且给整个世界带来净收益。第2章通过需求和供给曲线分析指出，与没有贸易的情况比，自由贸易可以带来更大的福利。本章以及第Ⅱ篇其他章节的主要任务，是对自由贸易政策与一系列的贸易壁垒政策进行比较。这些贸易壁垒并非完全排斥国际贸易。经济学家的分析主要建立在对贸易政策更加具体分析的基础上。对于这些贸易政策，他们认为除了一些例外情况，贸易自由化总体上优于限制贸易。通过这些分析，我们可以更容易理解为什么大多数经济学家与持限制贸易观点的集团产生分歧。

为了解设置贸易壁垒的得与失，首先分析一种典型的贸易壁垒——进口关税。本章将会讨论谁会在关税中获益，谁会在贸易中受损，同时将说明在什么条件下一国可以通过征收进口关税提高福利水平。第9～11章将在本章的基础上进行延伸讨论。

关税（tariff）是国际贸易中的常用术语，指对进入一国的商品征收的税收，它通常由海关人员在入境处征收。关税可简单地分为两种类型：**从量税**（specific tariff）和**从价税**（ad valorem tariff）。从量税指对每单位进口产品征收一个固定金额的关税，如对每吨钢铁征收一定数额的关税，或对每辆八缸双门跑车征收一定数额的关税。从价税指对进口商品按其市场估计价格征收一定百分比的税收。由于对于从量税和从价税的区分对本章的结论几乎没有影响，我们在此忽略这种区分。

关税税率一直处于下降的趋势，但它们依然非常重要。事实上，世界上只有一个国家——新加坡没有进口关税（此外，中国的两个特别行政区——香港和澳门也没有关税）。

对于工业化国家，20世纪30年代的平均关税税率为60%左右，这是美国在1930年颁布臭名昭著的《斯姆特-霍利关税法案》（Smoot-Hawley）的后果——为应对该法案提高的美国关税，其他国家也相继提高关税水平。此后，这些国家又通过谈判达成协议将多数非农业产品的进口关税降至相当低的水平。其中最关键的是关税及贸易总协定（GATT），它是世界贸易组织（WTO）的前身。它以论坛形式为多边贸易谈判提供了平台。专栏“WTO和GATT：在关税方面取得的成就”将对此做出具体描述。

2009年，美国、加拿大、欧盟和日本对非农业产品进口征收的平均关税税率为2.5%～4%，但某些非农业产品的进口关税税率仍然居高不下，例如，美国对某些产品征收的关税税率最高达60%，加拿大最高达25%，欧盟最高达26%，日本则高达384%。对于很多工业化国家，农产品的进口关税税率通常比较高，美国平均为5%（最高达350%），加拿大平均为11%（最高达539%），欧盟平均为14%（最高达166%），日本平均为21%（最高达641%）。

在大多数发展中国家，平均关税税率甚至更高。比如，在中国，2009年对非农业产品的平均进口关税税率为9%，其中最高为50%；农产品的平均进口关税税率为16%，其中最高为65%。在墨西哥，对非农业产品的平均进口关税税率为10%，其中最高为50%；农产品的平均进口关税税率为22%，其中最高为254%。

全球治理

WTO和GATT：在关税方面取得的成就

在过去的65年间，工业化国家达成了一系列全球化协议，这些协议将它们的非农业产品进口关税税率降到了一个相当低的水平。那么，它们是怎样取得如此卓越的成就的？发展中国家在该进程中又处于什么地位？为回答这些问题，我们开辟了“全球治理”专栏。全球治理是一系列决定政府之间如何互动的具体做法和制度安排，并着重关注国际经济问题，比如国际贸易。

从GATT到WTO

第二次世界大战期间，美国、英国及其他联盟国家开始讨论如何确保战后的经济体系比战前运行得更好。在贸易方面，它们试图找到一种方式以避免20世纪30年代早期在各国肆虐的恶性保护主义。美国、英国及其联盟国家希望当时的一个关键性机构——国际贸易组织（ITO）能够在这方面有所作为。但这一提议由于遭到以美国国会议员为首的反对派的反对，最终落空。反对派认为这超出了该机构议定章程的管辖范围。

GATT作为一种权宜之计被提上议事日程。它致力于处理国际贸易相关事务。1947年成立之初，有23个国家加入该协定。GATT的成员数量在1960年达到38个，1970年为77个，1980年为84个，到1990年则达到99个。20世纪90年代初，新的全球性协议促成了1995年1月WTO的成立。作为GATT的继承和延伸机构，WTO现在负责监管各国对国际贸易制定的全球性规则和政策，并为各国磋商、改进全球性协定提供平台。

WTO（正如其前身GATT）奉行以下三条主要原则：

- 市场开放性原则；
- 非歧视性原则，通常称作“最惠国待遇”原则；
- 公平性原则。

截至2011年年初，WTO共有成员153个，另外还有30个国家（包括俄罗斯）一直就加入WTO事宜处于谈判中。WTO的总部设在瑞士的日内瓦。

降低关税的谈判

在GATT成立后的头十年，各成员一直将注意力放在关税上。在最近十年，（非关税）贸易壁垒则受到更多的关注。下一章将主要讨论非关税壁垒。

GATT时期，成员间为降低关税共进行了八轮多边贸易谈判。前五轮谈判主要致力于降低关税税率。通过逐项谈判的方式，首先在最大贸易国家之间实现了关税减让；随后在最惠国非歧视原则下，降低后的新关税也适用于所有成员。这也就意味着最大的几个工业化国家之间都进行了谈判。此外，由于人们很快意识到降低农产品贸易壁垒的谈判会遭遇很大阻碍，因此关税减让谈判主要集中于非农业产品。

第一轮日内瓦回合于1947年举行，并一举实现了关税的实质性减让（例如，美国的平均关税税率降低了21%）。此后的三轮谈判——1949年的安纳西回合、1950—1951年的托基回合、1956年的日内瓦回合，以及1960—1961年的狄龙回合，达成的关税减让微乎其微。不过，狄龙回合开始为新建立的欧洲经济共同体（European Economic Community，现为欧盟）制定共同的对外税率表。

为达成更多实质性的关税减让，肯尼迪回合（1963—1967年）转而使用新的谈判程序——工业化国家首先同意使用特定公式降低所有非农业产品关税，然后再议定仅小幅降低关税的例外商品。谈判方式上的创新产生了明显的效果，使工业化国家非农业产品的进口关税平均降低了38%。接下来的东京回合（1973—1979年）和乌拉圭回合（1986—1994年）继续沿用这种程序，先用特定公式降低关税，然后再讨论那些例外商品。最后，谈判成就斐然，工业化国家非农业产品关税平均降低了38%，例外商品的关税也平均降低了33%。

发展中国家

当发达国家忙于通过谈判实现关税减让时，发展中国家又在其中扮演了什么角色？GATT的23个创始成员中，有13个发展中国家，而且现在WTO的多数成员国也是发展中国家。然而，直到最近，发展中国家在多边贸易谈判中仍然无足轻重，因为它们很少是非农业产品的主要进口或出口国，在前五个回合的谈判活动中也不甚活跃。肯尼迪回合达成的正式共识认为，即便在同发达国家贸易中因关税减让而获益，发展中国家也不需要履行降低关税的义务。东京回合延续这一共识，形成了针对发展中国家的“特殊与区别”待遇。其实，大多数发展中国家甚至没有承诺对多数商品实施最大约束关税，因此它们可以根据自身意愿自由提高关税。

尽管发展中国家在关税减让中获益，但它们无力影响工业化国家降低关税的进程，也没有参与到这种关税互相减让的谈判中。因此，发达国家在谈判中有意回避了对“敏感”商品的关税减让，这些商品通常是劳动密集型非农业产品，对处于扩张状态的发展中国家来说是最有利可图的制造业出口品。

20世纪80年代，很多发展中国家开始转向出口导向型政策以谋求发展（第14章将进行深入讨论），纷纷开始单边降低关税。虽然最终谈判结果仍然由工业化国家尤其是美国和欧盟主导，但发展中国家开始以更加积极的态度参与谈判。作为当时正在进行的乌拉圭回合谈判的参与方，很多发展中国家同意对它们的多数关税采用约束税率——但实际上，发展中国家的实际税率要远低于约束税率。比如，墨西哥的平均实际关税税率仅为12%，远低于36%的平均约束税率。

最新进展

在WTO框架下，削减关税壁垒的各方努力仍在进行。首先，1996年的一个特别谈判促成了《信息技术协定》（Information Technology Agreement）的签署。协议框架下的所有国家（起初是29个）都承诺取消信息技术商品（计算机、电信设备、半导体、半导体生产设备以及与这些商品相关的器械和零部件）以及软件的进口关税。至2011年，已经有73个国家签订了该协议，使得全球97%的信息技术产品贸易都是（或将是）免关税的。

其次，1995年后加入WTO的发展中国家已经普遍降低了它们的实际关税税率——这是加入WTO的一个条件，并同意其约束税率等于或非常接近它们的实际关税税率。比如，中国于2001年加入WTO，其平均关税税率从2000年的17%降至2003年的11%。最后，关税减让是最近的多哈回合贸易谈判的一项重要议事日程。该话题将在下一章进行深入研究。

总之，贸易自由化进程从GATT开始，在WTO下继续发展，该进程在降低工业化国家的非农业产品关税上取得了显著的成就。多边谈判取得成功的部分原因在于各国政府在面对国内保护主义的压力时，为本国削减关税的做法找到依据——如果本国出口品要更容易地进入外国市场，这是必须付出的代价。不过，贸易保护主义者的重商主义逻辑是一种不良经济学的逻辑——我们都知道另外一种逻辑是，进口品实际是一国获得的东西，而出口品是一国必须放弃的东西——不过前一种逻辑似乎在政治上更加大行其道。

8.1 对结论的预先展现

本章会对关税进行深入的利弊分析，为此，我们预先给出以下一些主要结论。本章及第9章、第10章将讨论：

- 关税一定会降低全球福利。
- 关税通常会降低各国，包括关税征收国的福利水平。
- 一个定理：关税能为国家达成的目标，总可以通过其他政策达成，甚至效果更好。
- 自由贸易有以下例外情况：

第一个例外是国家最优关税，该问题将在本章结尾部分进行讨论。若一国可以在与他国的贸易中影响商品价格，那么它可以通过征收关税获益（但是，世界作为一个整体将遭受损失）。

第二个例外是第10章给出的支持关税“次优”的观点：当经济中存在其他一些不可纠正的扭曲时，征收关税会比无所作为更优。

第三个例外是在少数情况下国际贸易本身存在特定扭曲，此时关税比任何其他政策更优，也比无所作为更可取。

- 尽管关税对国家整体利益是有害的，但对那些与进口替代产业紧密相关的利益集团是绝对有益的。

在完成本章及接下来的两章对进口壁垒的分析后，你可以再来温习一下上述所有结论，这有助于加深理解。

8.2 关税对国内生产者的影响

从直觉上讲，国内的进口竞争部门的生产者将从关税中获益。因为如果一国对进口商品征收关税，国内价格会上升，国内厂商便会增加产量扩大销售规模，或提高价格，或者二者并用。通过征收关税，进口商品在国内市场的竞争力减弱，国内厂商因此获益。

从需求和供给的角度分析实施进口关税的影响，结果与上面的分析一致。此外，这种分析还可以定量计算出国内生产者能够在关税中获益多少。

首先通过需求供给理论考察不征收关税时的美国自行车市场。在本章的绝大多数篇幅中，我们假设美国在世界市场上是“价格接受者”（price-taker），即美国是第7章中定义的**小国**（small country）。对于小国来说，其向外国卖方支付的价格与其进口的商品数量多少无关。

自由贸易的情形如图表8—1所示，美国按照每辆300美元的世界价格自由进口自行车。在该价格下，消费者一年购买S_0数量由本国供应商生产的自行车，进口M_0数量的自行车，即共购买$D_0=S_0+M_0$辆自行车。也可以用具体数字来说明：每年消费者共购买$D_0=160$万辆自行车，其中本国生产者制造$S_0=60$万辆，进口$M_0=100$万辆。

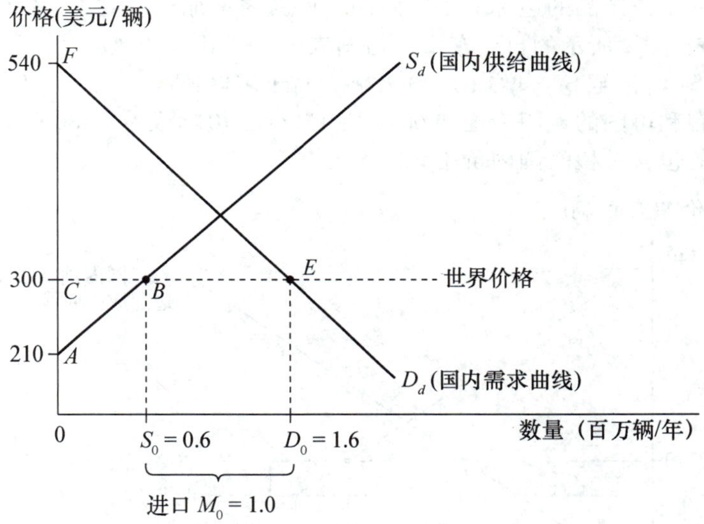

如果世界市场自行车的价格是每辆300美元，自由贸易情况下，国内消费者购买160万辆自行车。其中当地厂商生产60万辆，进口100万辆。自由贸易情况下，国内生产者剩余为面积*CBA*，国内消费者剩余为面积*FEC*。

图表8—1 自由贸易下的美国自行车市场

在第2章中分析过，**生产者剩余**（producer surplus）指生产者通过现行市场价格销售自行车获得的净收益的数量。从图形上看，生产者剩余为供给曲线以上和市场价格线以下的区域。下面考察为什么这一区域是生产者剩余。

供给曲线表示每多生产一单位产品所花费的边际成本，也是生产厂商在每一个可能供给的数量上多生产一辆自行车所收取的最低价格。只要市场价格（增加的收益）能够弥补这一边际成本，参与竞争的生产者就会多提供一个单位的产品。因此，根据图表8—1中的供给曲线S_d，一些厂商愿意以210美元的价格提供第一辆自行车（点*A*），而现在的市场价格为300美元，那么厂商在第一辆自行车上将获得90美元的净收益（生产者剩余）。

类似地，随着供给曲线从点*A*移至点*B*，供给曲线上每个点与300美元的市场价格线之间的纵向距离表示生产者每多生产一个单位自行车所得的净收益。

每一供给数量都对应着特定的净收益，将这些净收益累加起来就得到了生产者剩余，用三角形*CBA*表示——简单来说，生产者剩余就是每单位产品价格超过该单位产品边际成本的数量的总和。我们可能立即就意识到，这表示生产者获得的多数或全部利润，因为生产过程中使用的其他资源也会分享这些生产者剩余。例如，产量的增加会提高该行业劳动力的工资水平，因为产量的扩张增加了对劳动的需求，这样劳动者便分享了部分生产者剩余。

现假设对进口自行车征收 10%的进口关税。① 由于进口国是小国，外国出口商继续对其出口自行车的价格是每辆 300 美元，因此美国对每辆进口自行车征收 10%的关税为 30 美元，这一关税负担最终转嫁给消费者，国内市场上的进口自行车价格升至 330 美元。

征收关税时，国内自行车厂商也可以提高自行车的售价。如果国产自行车与进口自行车是完全替代的（或接近完全替代），征收关税后，国内的自行车厂商就可以将自行车售价提高至 330 美元。关税推动国内价格升至 330 美元后，只要这一价格超过多提供一单位产品的边际成本，国内厂商就将增加产量或扩大销售规模。

图表 8—2 所示的自行车市场与图表 8—1 相同。征收关税后，国内厂商的自行车产量从 S_0 增长至 S_1，增加了 20 万辆。对于国内厂商来说，从 S_0 至 S_1 的每一辆自行车都是有利可图的，因为这些新生产的自行车边际成本在 300 美元和 330 美元之间，小于新的包含关税的国内价格 330 美元。

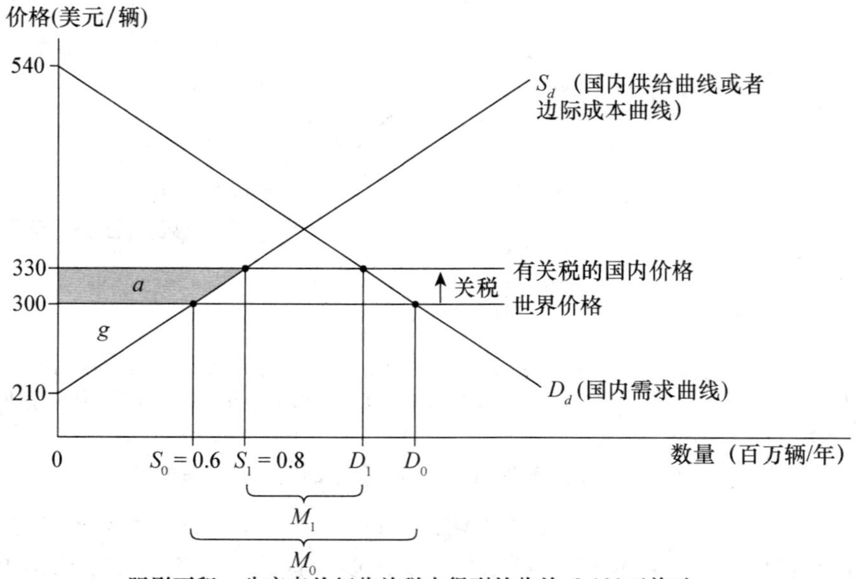

阴影面积a=生产者从征收关税中得到的收益=2 100万美元

美国对每辆自行车征收 30 美元的关税，使得国内生产者将其产量从 S_0 增至 S_1，并带来更多的生产者剩余：征税前生产的每辆自行车增加的额外收益的总和（30 美元×S_0）加上征收后新增加的产量带来的净收益（1/2×30 美元×(S_1-S_0)）。

图表 8—2　关税对国内厂商的影响

征收关税后，国内生产者剩余变为面积 $g+a$，即 330 美元价格线的下方及国内供给曲线上方之间的区域。国内生产者剩余增加了面积 a，即每年 2 100 万美元。

新增加的生产者剩余的倒梯形面积 a 由两部分组成：第一部分是矩形部分，对应自由贸易下生产的 60 万辆自行车，它表示征收关税以后因为国内价格上升，这 60 万

① 美国自行车的例子在某些方面是真实的。美国自行车制造商协会（Bicycle Manufacture Association）曾游说美国国会，要求提高自行车进口关税以限制进口品的竞争，但没有成效。据称，进口自行车占有美国 90%以上的市场。

辆自行车带来的生产者剩余的增加；第二部分是矩形部分右端的三角形，它表示由于价格上升，国内厂商增加 20 万辆自行车的产量所带来的生产者剩余的增加。

8.3 关税对国内消费者的影响

从直觉上讲，购买进口商品的国内消费者因征收关税而受损，因为他们要么花更多的钱购买与以前同质的商品，要么干脆减少购买商品的数量，要么二者同时发生。在此，我们仍可以用供给需求理论计算消费者损失的数量。

根据图表 8—1，自由贸易时（征收关税前），国内消费者以 300 美元的世界价格购买 D_0 数量的自行车。第 2 章曾分析过，**消费者剩余**（consumer surplus）指在现行市场价格下消费者从其能够购买的自行车数量上获得净收益的总量。从图形上讲，消费者剩余是需求曲线以下及市场价格线以上的区域。为方便理解该定义，我们温习一下需求曲线的含义。需求曲线指一些消费者为每增加的一单位自行车愿意支付的最高价格。这样，根据图表 8—1 的需求曲线，某一消费者愿意为第一辆自行车支付 540 美元的价格（点 F），但该消费者只需要按市场价格支付 300 美元就可以买到该辆自行车，他因此可以得到 240 美元的净收益。以此类推，沿需求曲线从点 F 到点 E，每一需求数量上需求曲线与价格线的垂直距离都对应着一个净收益，即消费者实际支付价格小于他们愿意支付的最高价格而获得的收益。将这些净收益累加就得到消费者剩余，即需求曲线和 300 美元的价格线之间的区域（面积 FEC）。

现在政府对进口自行车征收 10%的进口关税。图表 8—3 体现了征收关税后对国内消费者的影响。征收关税提高了自行车的国内价格，使消费者必须支付 330 美元的价格（不管是国产的还是进口的）才能买到一辆自行车。

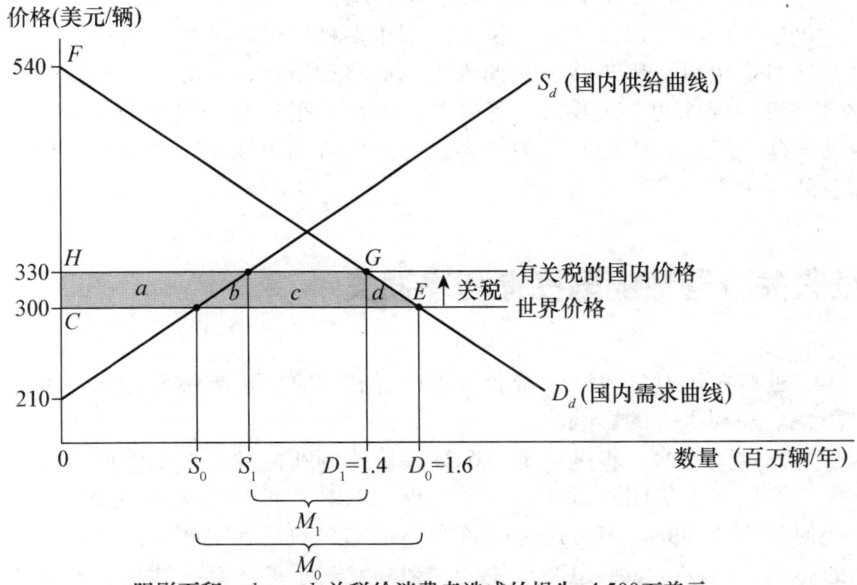

阴影面积$a+b+c+d$=关税给消费者造成的损失=4 500万美元

进口关税的征收使国内消费者必须为国产和进口的自行车多支付 30 美元，需求量从 D_0 降至 D_1。这给消费者造成的损失包括他们继续购买自行车而对每辆自行车多支付 30 美元所带来的福利损失（30 美元×D_1），以及征收关税后减少购买量而来的福利损失（1/2×30 美元×(D_0-D_1)）。

图表 8—3 关税对国内消费者的影响

国内自行车价格升至 330 美元，使原来购买 160 万辆自行车的消费者不得不做出以下决定：

● 一些消费者决定继续购买自行车，支付 330 美元的价格。

● 另外一些消费者认为一辆自行车不值 330 美元，因此在该价格下，他们决定不再购买自行车。

在图表 8—3 中，需求数量从 D_0 降至 D_1，减少了 20 万辆。消费者的净损失为阴影区域 $a+b+c+d$，因为消费者剩余从原来的三角形 FEC 减小为三角形 FGH。面积 $a+b+c$ 是决定以高价继续购买自行车的消费者遭受的消费者剩余的损失，其数量等于 30 美元乘以 D_1，面积 d 是决定停止购买自行车的消费者遭受的消费者剩余的损失。在本例中，消费者剩余每年损失 4 500 万美元。

征收关税后，国内消费者的损失（4 500 万美元）要远大于国内生产者的收益（2 100 万美元），原因很简单：生产者只能从国产商品的价格上涨中获益，而消费者却不仅要为国产商品的价格上涨买单，还要为进口品的价格上涨买单。图表 8—2 和图表 8—3 以自行车为例清楚地说明了这一点。关税给自行车生产厂商仅带来面积 a 的收益，但给消费者带来面积 $a+b+c+d$ 的损失。仅就进口关税对国内自行车生产厂商和消费者的影响而言，关税无疑使关税征收国产生了净损失。

8.4 作为政府收入的关税

进口关税对消费者和生产者福利的影响并不是其对进口国福利影响的全部。只要关税没有高到完全禁止进口，它就会为进口国政府带来税收收入。该收入等于单位进口商品征税金额乘以进口商品数量，在图表 8—3 中体现为面积 c，相当于一年征收 1 800 万美元（30 美元乘以进口数量 60 万辆）。

进口国政府可以将这些关税收入用于多种用途。例如，可以用来支付额外的社会公益项目，也可以用于弥补其他税收减免（如所得税）导致的财政收入下降，或者变成贪官污吏额外的个人收入。尽管关税的用途很重要，但无论如何这一收入最终为国内的某些人所有，因此它与关税导致的消费者损失和生产者收益一起被看作影响国家收益的一个因素。①

8.5 征收关税导致的国民福利净损失

将进口关税对进口国消费者、生产者和政府的影响结合起来，可以分析关税对进口国整个福利水平的影响。

首先，关键的一步是设定一个社会价值判断标准，即如何评价每个社会集团的得与失；如果一个集团获益而另一个受损，获利程度应多大才能弥补另一集团的损失。做任何总体性判断，不可避免的首要问题都必须是确定如何衡量每一单位货币对各集团的影响。任何人如果想要对关税的利弊发表意见，都必须基于其对各个集团重要性的个人价值判断。

---

① 注意一种可能的例外情况：一部分关税可能被用于支付征收和管理关税的成本。此时，这一部分关税便不能算作政府的财政收入。

本章的讨论使用与第 2 章一致的福利衡量标准，即一元一票制：无论受损者或受益者是谁，一个阶层的每一元收益或损失与另一阶层的每一元收益或损失同等重要。之后将会讨论，如果将某一集团一元的利益看得重于其他集团一元的利益，情况又会发生什么变化。

如果采用一元一票制，图表 8—2 和图表 8—3 所示的关税会给进口国和整个世界带来明显的净损失。从图表 8—4 中可看出，在自行车的案例中，关税导致的消费者损失大于生产者收益。虽然关税征收国从关税中获得了财政收入，但图表 8—4 的左图清晰地说明了消费者损失的价值（面积 $a+b+c+d$）超过了生产者收益（面积 a）与政府关税收入（面积 c）之和。关税给征税国家带来面积 $b+d$ 的净损失。

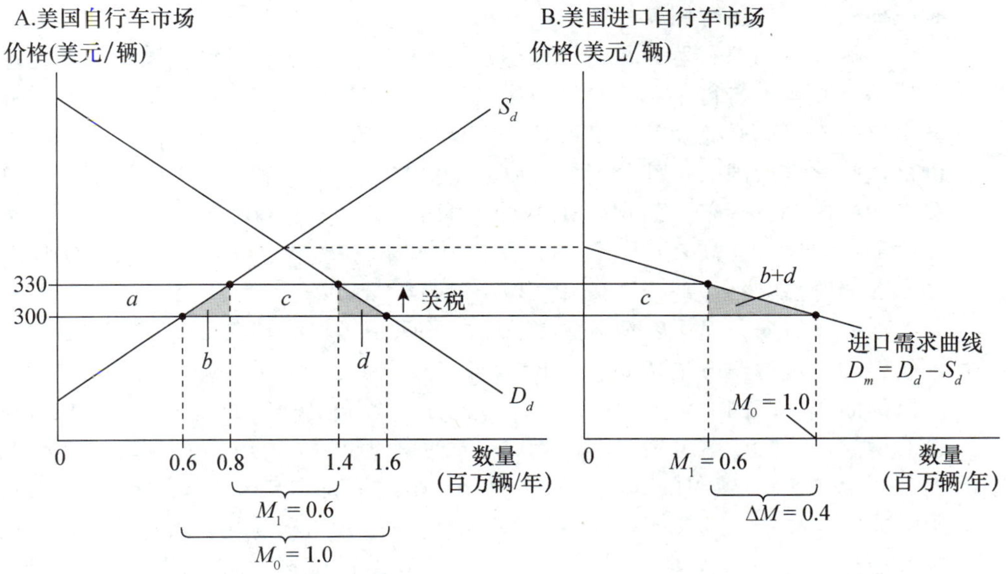

消费者损失	面积 $a+b+c+d$	=45（百万美元）（损失）
生产者收益	面积 a	=21（百万美元）
政府税收收益	面积　　c	关税收入=18（百万美元）
关税的净国民损失	=面积　$b+$　d	=6（百万美元）（损失）

对于一个进口小国来说，关税将带来国民福利的净损失。关税带来的消费者损失要大于生产者收益与政府关税收入之和。面积 b 和 d 说明了这一净损失的原因。面积 b（生产效应）表示国内生产者以更高边际成本生产那些本来可以以更低价格进口的产品所带来的生产扭曲损失。面积 d（消费效应）表示由于进口关税使消费数量下降导致的消费扭曲损失。

图表 8—4　征税关税的国民福利净损失

国民福利净损失也可以从另一个角度展现。图表 8—4 中的右图表示的是美国国内进口自行车市场。正如第 2 章所讨论的，在各个价格水平上（即在横向上），用自行车的国内需求曲线减去国内供给曲线即可得到自行车的进口需求曲线。这是因为在各个价格水平上，进口量等于国内需求量减去国内供给量。

图表 8—4 中的右图也显示了左图的一些信息，自由贸易条件下，自行车进口价格为 300 美元，进口量为 M_0。征税后，进口价格升至 330 美元，进口量降至 M_1。政府关税收入为面积 c。

在图表 8—4 中的右图，国民福利净损失等于三角形区域 $b+d$，其面积等于左图中三角形 b 与三角形 d 的面积之和。所有三角形的高相等（单位商品的关税额），三角形 b 的底边等于国内生产对进口的替代量，三角形 d 的底边等于国内需求的减少量，两底边之和等于右图三角形 $b+d$ 的底边，即进口量的减少。因此，考虑到高和底边的关系，右图三角形 $b+d$ 的面积便等于左图三角形 b 和三角形 d 的面积之和。

在图表 8—4 中关税造成的净福利损失并不难估算，仅仅需要掌握对每单位商品征收的关税额以及征收关税导致进口的下降数量 ΔM 就可以了。在图表 8—4 中的右图，甚至无须知道国内需求和供给曲线，只需要知道进口品的关税导致的价格上涨百分比、初始价格以及进口需求价格弹性等数据，便可方便地估算出关税造成的国民福利损失。在自行车的例子中，这一净损失为面积 $b+d$ 表示的 600 万美元。

为什么会产生这一净损失？图形 $b+d$ 所代表的国民福利净损失背后的经济学逻辑又是什么？只需简单思考就可明白，贸易和专业化生产带来的收益由于征收关税而有所损失，而这些区域就体现了这一损失。

面积 d 有时又称为关税的**消费效应**（consumption effect），代表了进口国消费者因价格上涨减少自行车总消费量而遭受的福利损失。本来进口国的消费者只需要向外国出口商支付 300 美元就可以得到 20 万辆自行车，而现在却要支付 300 美元以上的价格，因此进口国的一部分消费者放弃了对自行车的消费。进口关税阻止了这部分消费者购买这些自行车。面积 d 是一种**无谓损失**（deadweight loss），因为消费者遭受的这部分损失没有被其他人得到。面积 d 又是无效率的，因为关税的征收人为地提高了国内价格，将一部分消费者“挤出”自行车市场。

面积 b 的福利损失表示一些消费者的购买由进口品转向更为昂贵的国内产品。关税使得国内自行车产量从 60 万辆增加至 80 万辆，其结果是进口数量的减少。假设国内供给曲线（即国内生产的边际成本线）是一条向上倾斜的曲线，表示随着自行车产量的增加，边际成本也增加。边际成本从原来生产 60 万辆自行车时的 300 美元最终上升至生产 80 万辆时的 330 美元。因此，国内厂商生产这些额外的 20 万辆自行车的边际成本要高于 300 美元，而 300 美元的价格却可以从国外供给者那里购得这些自行车。这种因转移到成本更高的国内生产而导致的额外成本，称为关税的**生产效应**（production effect），它由面积 b 代表。同面积 d 一样，它也是一种无谓损失，因为它由消费者买单，但政府和生产者都没有获得这一支付。为生产这额外的 20 万辆自行车，必须将国内的资源从其他行业撤出，投入自行车行业，其产生的成本超过了向外国出口商购买 20 万辆自行车的成本，因此产生了无谓损失 b。①

扩展阅读

有效保护率

要更好地理解进口关税究竟给予国内生产者多少保护，需要更深入地考察产品是如何生产出来的，并分析关税是如何影响一个产业的“增加值”的。增加值是在生产中对主要投入要素进行支付的价值。也就是说，它是以下各项价值的总和：向劳动者支付的工资、向土地所有者支付的地租以及向资本所有者和提供者支付的利润或其他回报。

除这些主要的投入要素外，厂商还要在生产中投入各种零部件和原材料。这也是非常重要的，因为这些投入品的使用意味着有很多不同的关税在影响着同一产业，而不只限于最终产品被征收的关税。也就是说，某一既定产业的企业，既受到对其销售产品征

① 本章主要讨论的是进口关税，但有些国家也征收出口关税，“案例研究”专栏中的“它们也对出口征税”将对其效应进行考察。

收关税的影响，又受到对其使用的中间投入品征收关税的影响。例如，生产和销售自行车的企业，不仅受到对自行车征收关税的影响，还会因政府对橡胶和钢管征收进口关税而受损。考虑到这些因素后，衡量整个关税体系对某行业企业产生的影响将变得更为复杂。

为分析这一问题，需要同时考察诸多市场供求的相互作用。为简化分析，经济学家提出了一种简捷的方法。该方法计算整个关税体系对某一单位产出增加值的影响，而无须对该产业的最终产品产量和中间产品产量以及产品价格的变化进行估算。某一产业的有效保护率（effective rate of protection）指一国整个贸易壁垒体系使某类产品的单位产出增加值提高的百分比。

有效保护率与名义保护率（消费者支付的关税的百分比）是不同的概念。可用以下的例子来解释两者之间的差别。

如下图所示，假设对进口自行车征收10%的关税，对自行车的中间投入品，如钢管、橡胶及其他原材料的进口征收5%的关税。对自行车征收10%的关税使每辆自行车的价格提高了30美元。对自行车中间投入品征收5%的关税，使生产每辆自行车的成本增加了11美元。这两种关税共同发生作用，使每辆自行车的增加值增加了19美元。征收关税后，自行车的增加值19美元比未征收关税之前自行车产业的增加值（收入）增长了23.8%，而不是像人们仅根据名义税率而认为的10%或者更低。

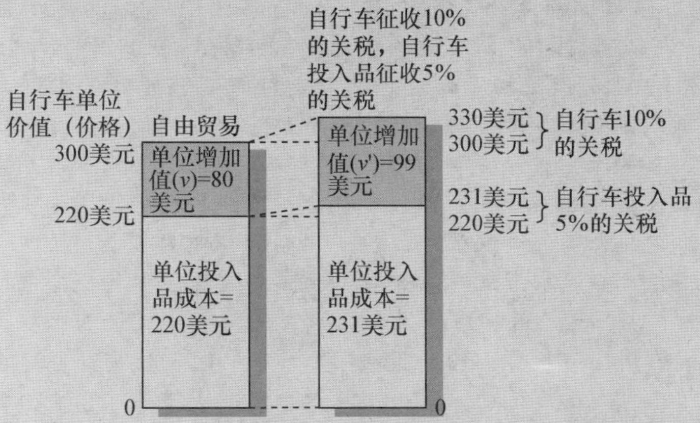

有效保护率的计算图解

$$\text{对自行车产业的有效保护率}=\frac{v'-v}{v}=\frac{99-80}{80}=23.8\%$$

对于理解哪个集团从贸易壁垒中得到保护，上述公式：(1) 有助于将某一产业生产商和它的中间产品供给者区分开来；(2) 有助于评判整个关税贸易体系的效应，而不仅仅是分析对该产业进行直接保护的关税的保护效应。在本例中，对自行车征收关税有利于国内自行车厂商，但对自行车原材料和零部件征税却不利于国内自行车产业。本例中的整个关税体系的净效益，即有效保护率为23.8%。

通过本例可知，有效保护率概念的提出说明了两个基本观点：

● 给定某产业，其收入或增加值将同时受到中间投入品和最终产出品的贸易壁垒的影响。

● 当最终产出品的关税税率大于投入品的关税税率时，有效保护率大于名义保护率。

还可进一步得到以下三点结论：第一，当投入品关税税率与最终产出品关税税率相等时，有效保护率即等于这一关税税率（将本例中的自行车关税税率改为5%即可验证这一点）；第二，有效保护率也可为负值——此时关税体系会减少产业增加值（本例中将自行车关税税率改为2%即可验证这一点）；第三，如果投入品的关税使生产者的生产成本提高，出口品厂商便会受到类似于负的有效保护率产生的效应的损害（试将本例改为自行车厂商以300美元的世界价格出口自行车）。

在对关税的基本分析中，只有某些特定假设条件得到满足才能将面积 b 和面积 d 视为关税造成的国民福利净损失。其中一个关键的假设条件就是一元一票制。采用这一准则意味着面积 a 和面积 c 所代表的消费者损失，正好被面积 a 所代表的生产者收益和面积 c 所代表的政府关税收入一美元对一美元地抵消。从而，面积 $b+d$ 代表了国家的净损失。假设你个人反对这种准则，比如你认为消费者作为一个集团已经被赋予过多的权重，自行车生产者获得的一美元的收益应该比自行车消费者损失的一美元更加重要，那么你便不愿意将面积 $b+d$ 看作关税导致的国民福利净损失。不过，上述对关税的基本分析方法还是有用的。你可以自己确定自行车生产者的一美元权重比消费者权重大多少，再对各集团福利变化重新计算，最后确定关税的净福利是否仍然是负的。

案例研究

它们也对出口征税

几乎所有的国家都对进口品征收关税，但大多数国家不对出口品征额外的税。不过，WTO 规则允许一国对其出口品征收关税。据 WTO 统计，至 21 世纪初，大约 1/3 的国家都对其出口品或多或少地征税。最为典型的是发展中国家常对一种或多种农产品或其他初级产品征收出口税。那么，为什么一些国家会对其出口品征额外的税呢？出口关税又将会对国内生产者、消费者以及整个国家产生什么影响？下面先对出口税产生的影响进行分析，因为对出口税影响的分析有助于理解一国征收出口税的原因。

假设出口国为小国，其出口量对世界价格没有实质影响。在下图中，自由贸易时，出口国国内价格和世界价格均为 P_0，若没有关税，该国产量为 S_0，消费量为 D_0，出口量为 S_0-D_0。现在如果该国对出口品征收出口税，每单位出口品征收 T 美元关税（该税率虽然可以降低出口量，但没高到完全禁止出口的地步），情况会有什么变化？

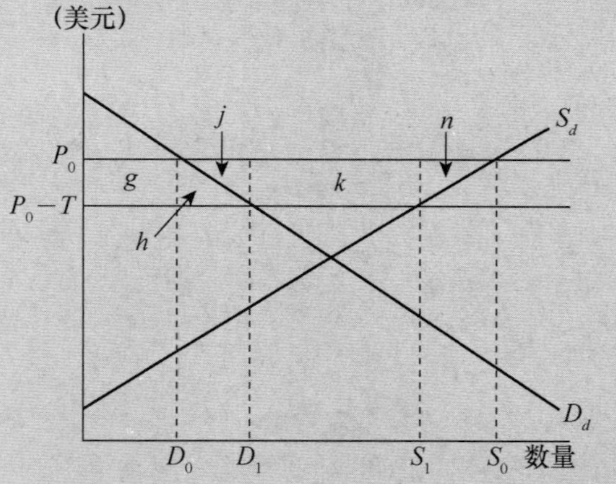

小国情况下征收出口税的影响

小国情况下，世界价格 P_0 并不发生变化，因此征税后，国内生产者在其出口品上得到的净收益变为（P_0-T）。起初只要国内消费者愿意支付比这高的价格，生产者便将一部分出口品转为内销。但当这些厂商竞相在国内扩大供给时，这些出口品的国内价格也就随之下降了，直到降至（P_0-T）为止。此时，厂商在国内销售的商品与其出口品的价格都为（P_0-T），这个小国的该商品总供给量便降至 S_1，国内总需求量升至 D_1，出口数量也降至（S_1-D_1）。

除了在数量方面的变化，福利水平也有所变化——无论是对国内的各个利益集团还是对整个国家。消费者剩余增加，为面积 $g+h$；生产者剩余减少，为面积 $g+h+j+k+n$；政府的税收收入增加，为面积 k；整个国家的无谓损失为面积 j 和 n 之和。面积 j 是国内对该商品过度消费导致的无谓损失——国内对（D_1-D_0）单位商品的消费带来的福利要小于将这部分商品以价格 P_0 卖给国外获得的收益。面积 n 是国内生产不足导致的无谓损失——生产从 S_1 到 S_0 的单位商品的边际成本小于未征税时出口这部分商品获得的售价 P_0。

从以上分析可知，对小国征收出口税效应的分析方式与对小国征收进口税效应的分析方式非常相似。那么征收出口税的大国情形又是怎样的？这里的分析与征收进口关税的大国情形很相似，读者可以自行作图分析。大的出口国一般有国家性的垄断力量。它们会对世界市场产生影响，政府对这些垄断厂商的出口品征收关税，可以限制出口数量，从而推高世界价格。国家也会因出口商品的世界价格上涨而获益。此外，还存在一个国家最优出口关税，使该国最大化其因贸易条件改善而获得的净收益（假设他国不采取报复手段）。

经过以上分析，一些国家征收出口关税（和采取其他出口限制措施）的原因就不言而喻了。第一，与征收其他税一样，政府征收出口关税可以扩大财政收入。第二，政府征收出口关税使该商品的国内消费者受益。受益的国内消费者可以是居民。例如，2007—2008年，为了应对世界食品价格上涨，很多国家（泰国、越南和印度）提高了诸如大米和糖等农产品的出口关税，或实施了一些措施限制这些产品的出口，从而保证了本国国内食品价格处于低水平。国内的受益者也可能是某些其他行业的企业，这些企业的中间投入品正是国家征收出口税的产品。征收出口税人为地降低了它们的生产成本，促使它们扩大生产规模。第三，大国也可能为了提高本国国民福利水平而征收出口税，并以他国消费者的福利下降为代价。

征收出口关税究竟是好还是坏？对于前两个原因（更多的财政收入或更低的国内价格），实质上是政府以无谓损失为代价，实现一些其他目标。对于第三个原因（利用国家垄断力量），征收出口关税的国家可能遭到其他国家的报复，而且会降低全球的经济效率。

8.6 贸易条件效应与国家最优关税

现在放松原来一直使用的小国假设。本章至此一直假设进口国美国的贸易行为不能影响进口商品的世界价格。例如本章前面的例子中，对自行车征收进口关税并不影响自行车的世界价格，即不论有没有关税，世界价格都维持在300美元。

现实生活中，小国假设是有依据的。很多单个的进口国在特定商品的世界市场上占有的份额很小，因此其在进口品需求上的任何变化，对整个世界市场来说都很小，并不能对世界价格产生影响。例如，如果哥斯达黎加试图通过征收关税降低进口自行车的需求，但其对世界自行车市场的影响是微乎其微的，那么哥斯达黎加的进口商依然还要按照世界价格从外国供应商进口自行车。类似地，新加坡也不能指望通过征收进口关税强迫外国大米供应商以更低价格向其提供大米，任何这样的企图的结果是只能证明新加坡在世界大米市场上是个价格接受者。征税这种行为只能导致大米出口商索性不向新加坡出口大米，而不会对大米的世界价格产生丝毫影响。

然而在某些情况下，一国在某种进口商品的世界市场中占有相当大的份额，以至于其进口数量变化可以单方面引起世界市场价格的变化。即便多数情况下，一国国内单个买家力量很小，但国家作为整体能够在世界市场拥有**买家垄断力量**（monopsony power）。例如，美国在世界汽车市场上是一个足够大的买方，若美国对进口汽车征税，那么征税导致的汽车需求下降将对外国汽车出口商产生明显的负影响，此时外国出口商会通过降低出口价格以保持其在美国的销售量水平。在其他很多国际商品市场上，美国大概也在一定程度上拥有同样的买方垄断力量。

对外国厂商出口价格有影响能力的国家，可以通过征收进口关税来充分利用这一优势。先考察一个大国如何利用关税来影响其进口商品的世界价格。在这种情况下，征收进口关税将产生**贸易条件效应**（terms-of-trade effect）。在第Ⅰ篇中，本书将贸易条件定义为一国出口品与进口品的世界价格的比率。

假设美国（作为大国）要对自行车进口征收一个小额关税。征收关税导致国内商品涨价，使美国消费者购买自行车支付的价格超过向外国出口商支付的价格。然而，关税使国内商品小幅涨价的同时，还会使世界价格小幅下降。为什么世界价格会下降呢？可以用外国供应商的边际成本来解释这一原因。下面是外国出口商品价格下降的具体过程：

- 由于关税提高了国内价格，所以国内需求下降，美国进口量也将随之减少，于是外国供应商的出口下降，产量也下降。
- 征收进口关税将需求下降的压力转嫁给国外生产者，国外生产者缩减生产，其边际成本也降低（生产沿着外国出口供给曲线向左下方移动）。
- 当需求更少，边际成本更低的时候，外国生产厂商会相互竞争并且降低它们的出口价格。

美国进口商付给外国出口商的价格下降（美国贸易条件改善了）。这样，美国作为一个国家可以从征收的关税中获得收益。但实际上，对于整个世界来说，却是有经济效率损失的。征收进口关税对美国的影响体现在以下几个方面：一是关税阻止了一定数量的进口，而消费这一部分进口品的收益要大于为此支付的价格（这个价格等于外国出口商的生产成本）。二是关税将部分产品转移给高成本的国内生产厂商进行生产，这是关税的成本；美国承担了这些关税导致的无效率的部分成本。但是只要关税足够小，美国从购买更低价格的进口品中获得的收益足以弥补上述两部分损失，美国的福利水平就会上升。因此，在关税税率不太高的情况下，作为一个大国，美国征收进口关税后的福利水平要比自由贸易时高。

图表 8—5 说明了一个小额关税（本例中为 6 美元/辆自行车）的效应。与图表 8—4

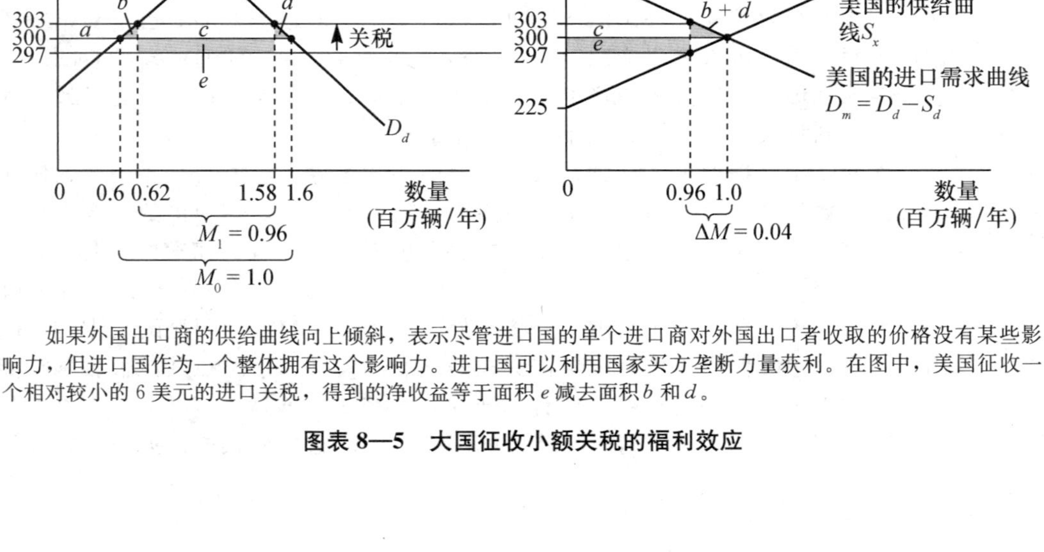

如果外国出口商的供给曲线向上倾斜，表示尽管进口国的单个进口商对外国出口者收取的价格没有某些影响力，但进口国作为一个整体拥有这个影响力。进口国可以利用国家买方垄断力量获利。在图中，美国征收一个相对较小的 6 美元的进口关税，得到的净收益等于面积 e 减去面积 b 和 d。

图表 8—5　大国征收小额关税的福利效应

一样，图表 8—5 中的左图描绘了美国自行车市场，右图描绘了美国进口自行车的市场。由于对于外国出口商来说，美国是一个大国，其面对的外国出口供给曲线是向上倾斜的（不像图表 8—4 中 B 图那样为给定的世界价格的一条水平线）。

自由贸易情况下，进口自行车市场出清的价格为 300 美元，美国进口自行车 100 万辆。如果美国对进口的每辆自行车征收 6 美元的关税，这一关税在外国出口者所得价格与美国进口商支付的价格之间加入了一个楔子。即便存在这一**关税楔子**（tariff wedge），即存在 6 美元的价差，进口自行车市场仍然必须出清，出口数量（出口供给曲线上）仍然必须和进口数量（需求供给曲线上）相等。

在图表 8—5 的 B 图中，对每辆自行车征收 6 美元的关税，使得进口自行车的国内价格升至 303 美元，外国出口商收取的价格降至 297 美元。自行车的贸易数量有小额下降，减少至 96 万辆。将这些结论用于图表 8—5 的 A 图中，分析美国自行车市场的情况。如果国内价格升至 303 美元，国内进口竞争厂商的自行车供给数量便会上升到 62 万辆，国内需求数量减少到 158 万辆。

关税对美国的国民福利会产生的影响是：消费者剩余减少了面积 $a+b+c+d$，生产者剩余增加了面积 a，政府的关税收入为面积 $c+e$（6 美元的关税乘以 96 万辆的自行车进口数量）。那么谁是关税的真正缴纳者呢？对于大国而言，国内消费者仍然承担了一部分关税，面积为 c。国外出口商也承担了一部分关税，面积为 e，这是因为当大国征收关税时，外国出口商收取的价格下降了。外国出口商支付的这一部分关税，最终转化为进口国的收益（但不是整个世界的收益）。

一个进口大国征收了少量关税后其总体效应如何？进口国的福利损失仍为面积 $b+d$，与在小国情形中看到的效率损失三角形含义一样。不过，这一小块损失很容易被面积 e 带来的收益所抵消。面积 e 是外国出口商降低出口价格后向进口国支付的关税。如果一个大的进口国征收一个适量小的关税，它便可以增加国民福利，此时面积 e 比面积 $b+d$ 大。因此，如果美国征收的关税率不太高，它的福利水平比自由贸易情况下要高。在本例中，征收 6 美元的关税时，美国的净收益为 282 万美元，等于面积 e 的收益 288 万美元减去面积 $b+d$ 的收益 6 万美元。

对于一个有价格决定权的大国来说，征收一个适量的小额关税可以使福利水平上升，在到达某个最优点之前，征收一个适量的关税会使该国福利水平上升幅度更大。为确定这一最优点，先分析**禁止性关税**（prohibitive tariff），因为禁止性关税肯定不是最优的。假设美国征收一个关税，高到所有的进口自行车都被排除在外，比如在图表 8—5 中征收的关税大于 150 美元，此时国外供给者获得的价格低于 225 美元，它们于是决定不再向美国出口自行车。一旦自行车进口数量为零，美国政府便失去了部分由外国进口商支付的进口关税收入，同时也失去了自行车贸易带来的所有福利。

单纯从本国利益出发，是否存在一个对于大的进口国而言“最好的”关税？答案是肯定的（前提是假设其他国家不对此进行报复）。这个最好的关税称为**国家最优关税**（nationally optimal tariff），这一关税可以让征税国获得最大的净收益，它介于禁止性关税和零关税这两个极端情况之间。

最优关税的计算方法与任何拥有买方垄断力量或有能力影响市场的购买者确定其最优价格下降幅度的方法相同。附录 D 对最优关税税率进行了推导，结果表明，最优关税税率是关税与外国供给者收取价格之比，等于外国出口商供给价格弹性的倒数。

外国出口商的供给弹性越低，最优关税就越高。也就是说，出口厂商向进口国的出口量越缺乏弹性，即出口量越倾向于一个固定值，进口国就可以通过征收关税获得越多利益。相反，如果出口国的供给弹性无限大（小国情形），按固定的世界价格提供商品，进口国就不能使对方接受更低的价格。在这种情况下，进口国征收关税只能使自己受损，最优关税税率为零。

图表 8—6 描绘了一个大国征收最优关税的情况。当某一大国征收最优关税时，该国因为外国供给者降低价格而获得收益面积 e，这一收益大大超过了由于进口量的下降导致的损失（用面积 $b+d$ 表示）。此时，该国的净收益为 $e-b-d$，大于任何其他关税税率的净收益。①

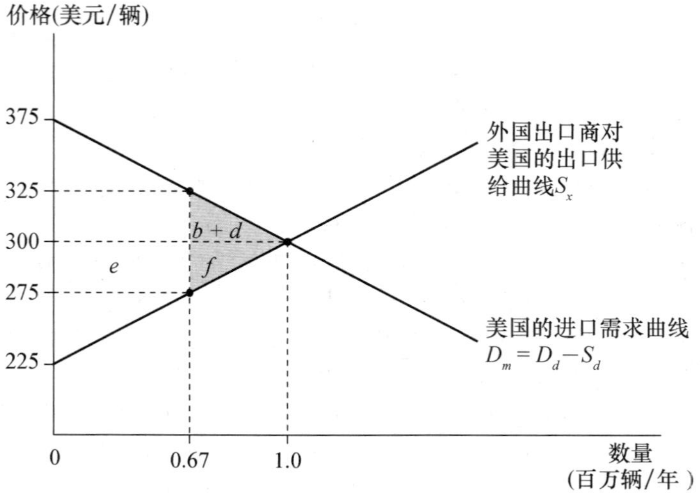

理论上，一个进口大国可以通过征收最优关税来获得最大净收益。这里的最优关税为每辆自行车 50 美元，进口国的净收益为面积 e 减去面积 $b+d$。外国利益受损，损失了面积 e 和 f，但是外国政府可能实施报复。即使出口国不报复，整个世界也会因为进口国的所谓最优关税而受损，整个世界的损失为面积 f 和面积 $b+d$。

图表 8—6　最优关税的福利效应

然而，进口国征收的最优关税给整个世界带来了明显的净损失。如图表 8—6 所示，进口国从征收关税所得收益小于出口国的损失。以一美元对一美元计算，美国所得到的收益面积 e 是以国外供应商的损失为代价的。因此这种由价格变化导致的收入再分配，并没有对世界产生任何净效应。然而，外国出口商的损失远不止面积 e，由于进口国征收关税导致出口数量下降，外国出口商还损失了面积为 f 的生产者剩余。因此，整个世界损失了面积 $b+d$ 以及面积 f，这一大三角形（图表 8—6 中的阴影面积）表示本来可以通过自由贸易而得到的收益。在自由贸易下，进口国家每年进口的自行车数量大于 67 万辆，进口自行车对于国内消费者带来的价值要高于外国供应商生产和销售这些自行车的成本。所以，关税对于征收国来说可以是最优的，但对于整个世界仍意味着净损失。

即便对于大国来说，征收所谓的最优关税也是不明智的，因为即便单个外国供给商没有能力进行反击，但它的政府却可以。外国政府可以通过对美国的出口商品进行征税，实施报复。因为意识到这一点，像美国这样的大国也往往非常谨慎地使用其力量对特定进口品市场进行干预。

① 如图表 8—6 所示，该关税税率的确符合最优关税公式。关税税率＝50 美元/275 美元，约为 18.2%。外国出口供给曲线上该点的供给弹性为 5.5，为 18.2%的关税税率的倒数。任何其他关税率都不能满足这一点。

本章小结

进口关税是一国对其进口商品征收的税。它重新分配了商品的国内消费者、国内生产者和获得关税收入的政府的福利。对于小国（不能影响世界价格）而言，征收进口关税会降低其国民福利水平，它给消费者造成的损失要大于给生产者和政府带来的收益。

为了加深对进口关税的这些基本福利效应的理解，设想一下你将向准备制定关税法的立法者描述这些关税。你必须站在这些立法者的立场来解释问题，使用尽量简明清晰的语言对广大没有经济学背景的听众进行描述，尽量不使用任何图表或公式——没有哪个立法者会对这种抽象的东西感兴趣。你可以采用如下简明的口头语言对图表 8—2 至图表 8—4 中用字母标识的各个面积所代表的效应进行解释：

1. “关税提高了商品的国内价格，把收入从消费者转移给生产者。转移的收入总量等于价格上涨幅度乘以征收关税前后国内销售量的平均值。”（这段话描绘了面积 a。）

2. “关税将一部分消费从进口品转向本国产品。与直接从国外购买商品相比，这种转移导致国内生产者需要耗费更多的资源生产。”（这段话描绘了面积 b，即生产效应。）

3. “关税使消费者直接向政府缴纳税收。”（这段话描绘了面积 c。）

4. “关税阻止了一部分商品的进口，而这些商品对于进口国的消费者来说，其价值高于进口价格。”（这段话描绘了面积 d，即消费效应。）

5. “关税致使国内部分消费者转而购买成本更高的本国产品，并且阻止了国内消费者消费效用价值高于进口价格的部分进口品。两种情况使得关税对进口国造成了净损失。这一损失等于进口减少量与关税之积的 1/2。”（这段话描绘了面积 $b+d$，即国民福利净损失。）

有效保护率概念的提出，进一步阐述了关税对国内生产者利益的影响。它衡量了整个关税体系对各个行业单位产出增加值影响的百分率。这一概念表明，任何一个产业的收入都是关税体系对多种产品综合影响的结果。

当一国作为一个整体可以影响进口品的价格时，该国就具有了买方垄断力量。对于大国，由于关税可以改善贸易条件，因此征收关税可以提高征税国的福利水平。国家最优关税可以使关税征收国的收益最大化。但只有在其他国家政府不采取报复手段时，这种关税才是最优的。不管有没有报复，一国征收的最优关税对于整个世界而言都不是有益的。

成立于 1995 年的世界贸易组织（WTO）是对关税及贸易总协定（GATT）的继承和发展。WTO 负责监管各国的贸易政策，并以论坛形式为各国制定全球性协定、实现关税减让提供平台。GATT 签订于 1947 年，成立初期便成就斐然，尤其是经过几轮多边贸易谈判后，工业化国家非农业产品的关税得到了大幅减让。

关键词

关税（tariff）
从量税（specific tariff）
从价税（ad valorem tariff）
关税及贸易总协定（General Agreement Tariffs and Trade，GATT）
世界贸易组织（World Trade Organization，WTO）
小国（small country）
生产者剩余（producer surplus）
消费者剩余（consumer surplus）
一元一票制（one-dollar，one-vote metric）
消费效应（consumption effect）
生产效应（production effect）
有效保护率（effective rate of protection）
买方垄断力量（monopsony power）
大国（large country）
贸易条件效应（terms-of-trade effect）
国家最优关税（nationally optimal tariff）

推荐读物

各国的关税信息可参见WTO每年刊发的《世界关税概况》（*World Tariff Profiles*）。Greenaway & Milner (2003) 讨论了有效保护率的概念以及应用。Broda et al. (2008) 的实证分析表明，在非WTO成员中最优关税率确实发挥了其应有的作用。

习　题

✦1. 在小国情形下，计算关税导致的国民福利净损失至少需要哪些数量信息？

2. “某商品的进口关税对国内该商品消费者造成的损失大于它对国内该商品生产者带来的收益。”你同意该观点吗？为什么？

✦3. 关税的生产效应指什么？如果不用任何图形和数字，你如何用语言表述？使用图形的话，你又会如何表述？如何计算其价值？

4. 关税的消费效应指什么？如果不用任何图形和数字，你如何用语言表述？使用图形的话，你又会如何表述？如何计算其价值？

✦5. 计算一国征收糖关税的影响。已知未征收糖关税时该国糖的生产量、消费量以及进口量。根据下表提供的信息计算：

	征收关税的情况	不存在关税的估计值
世界价格	0.1美元/磅	0.1美元/磅
关税	0.02美元/磅	0
国内价格	0.12美元/磅	0.1美元/磅
国内消费量（10亿磅/年）	20	22
国内生产量（10亿磅/年）	8	6
进口量（10亿磅/年）	12	16

a. 取消关税给该国消费者带来的收益。

b. 取消关税给该国生产者带来的损失。

c. 取消关税给政府税收带来的损失。

d. 对该国净福利的影响。

6. 假设加拿大每年生产100万辆自行车，进口40万辆，没有关税和其他进口壁垒，自行车的价格为400美元。现在美国国会考虑像图表8—2和图表8—4所示的那样，对每辆自行车征收40美元关税。该关税使加拿大受到的最大国民福利净损失为多少？若加拿大是一个不能影响世界价格的小国，那么它受到的最小国民福利净损失又是多少？（提示：作一个像图表8—4那样的图形，把本题给出的数字标上去，然后分析相关曲线可能的位置和斜率。）

✦7. 在第5题中，已经有人计算了取消进口关税后的福利效应，并且已经估算出该国的生产量、消费量和进口量。本题情况有所不同：对进口摩托车征收5%的关税。给出的相关信息如下：

	征收5%关税的情况	无关税情况下的估计值
摩托车的世界价格	2 000美元/辆	2 050美元/辆
5%的关税	100美元/辆	0
国内价格	2 100美元/辆	2 050美元/辆
每年国内摩托车购买量（辆）	100 000	105 000
每年国内摩托车生产量（辆）	40 000	35 000
每年摩托车的进口量（辆）	60 000	70 000

计算下列问题：

a. 取消关税给该国消费者带来的收益。

b. 取消关税给该国生产者带来的损失。

c. 取消关税给政府税收带来的损失。

d. 国家整体福利的净效应。

为什么取消关税对整个国家的净福利的影响与第5题有所不同？

8. 对于图表8—5中所示的国际自行车市场，请说明一个高额的关税，例如进口量为33万辆时对应的关税，对于进口国来说并不是最优关税。

✦9. 本题与有效保护率有关。自由贸易下，国内布匹制造业1美元的增加值可以分为以下几个部分：40美分的增加值，30美分的棉纱，30美分的其他纤维。现假设对进口布匹征收25%的从价关税，对进口棉纱征收 1/6（约为 16.7%）的从价关税，其他纤维不征收进口关税。请将 1.25 美元的含税单位价值分为（原来的 1 美元加上 25%的关税）增加值、对棉纱的支付额、对其他纤维的支付额，最后计算有效保护率。

10. 计算国家最优关税的公式是什么？如果本国进口品的外国出口供给曲线弹性无限大，最优关税应为多少？

第 9 章 进口的非关税壁垒

保护本国产品免于国外进口品的竞争会产生以下效应：

- 明显有利于该产品的本国生产者。
- 损害了该产品国内消费者的利益。
- 可能会危害进口国的整体利益。
- 必然会对整个世界造成危害。

这些都是第 8 章中所讨论的典型的关税壁垒效应。本章将要讨论的非关税壁垒也会产生相同的效应。事实上，随着关税税率在工业化国家以及许多发展中国家的逐步降低，使用非关税壁垒为本国生产者提供保护的现象日益增多。

本章的主要目的是考察各种非关税进口壁垒并分析它们各自的效应，并且从国家的经济规模以及生产者从保护中获得的额外收益，考察贸易保护导致的无谓损失的大小。另外，本章继续考察 WTO 的各种活动，先在专栏中分析 WTO 对非关税壁垒的相关规定以及最近一轮多哈回合多边贸易谈判的结果，最后在结尾部分考察了 WTO 成员之间贸易争端的解决机制。

9.1 进口的非关税壁垒类型

进口的**非关税壁垒**（nontariff barrier，NTB）是指政府为减少进口实施的除了征收进口关税之外的一系列政策。非关税壁垒有多种形式，包括进口配额、歧视性产品标准、政府采购的本国产品标准以及阻挠国外进口产品的各项行政手段等。

非关税壁垒通过以下一种或多种手段减少进口：

- 限制进口产品的进口量。
- 增加外国产品进入本国市场的成本。
- 对产品进口准许条件设置某些不确定性。

图表 9—1 列出了一些主要的非关税壁垒，并指出了各自影响进口的主要途径。虽然反倾销税和反补贴税并没有在该表中列出，但它们也常被认为是非关税壁垒。由于政府宣称征收反倾销税和反补贴税是为了回应外国出口厂商的不公平竞争手段，因

此本书将这两种非关税壁垒放到第 11 章进行深入讨论。在此，仅就图表 9—1 中列出的几种非关税壁垒进行详细探讨。

图表 9—1　　非关税壁垒的主要形式

类型	描述	产生的直接效应
进口配额	对进口商品的数量进行限制	数量
自愿出口限制（VER）	出口商“自愿”对出口数量进行限制（由于进口国威胁对该国出口品进行限制）	数量
关税—配额	特定限额内，对进口商品不征税或征低额税；超过这一限额征高额税	数量（如果对于超过限额的潜在进口品征收的额税高到相当于禁止性关税，那么实际上在限额以上就没有进口）
政府采购	政府法规要求政府作为买家优先购买当地产品	数量（例如：完全禁止购买进口品）；增加进口成本（例如：对进口设立特殊的程序）
本地成分要求和混合购买要求	要求进口产品的生产中使用一定比例的本地劳动力、原材料或其他产品	数量
技术和产品标准	通过制定一些标准，区别对待进口产品和本国产品，对进口产品要求严格且带有歧视性	成本（外国出口商为达到标准或者为了证明达到标准会增加成本）；不确定性（如果批准程序不够明确就会产生不确定性）
提前存款要求	要求将拟进口商品总价值的部分资金存放在政府处，政府只支付低息甚至零利息	成本（损失利息）
进口许可证	要求进口商对拟进口商品申报并获得许可	成本（申请程序的花费）；不确定性（批准的依据不明确）
其他海关程序（产品分类、产品估价、清算程序）	影响关税征收额或配额额度；相关程序费钱耗时	成本、不确定性

非关税壁垒到底能提供多大程度的保护？基等人（Kee et al.，2009）指出，非关税壁垒在制约世界贸易方面发挥的作用要比关税重要得多。一种估算非关税壁垒效应的方法是计算其等额关税（equivalent tariff），即估算与非关税壁垒导致进口减少量相等的关税（在分析进口配额时，会对其含义有更清晰的理解）。通过使用这种方法估算各种产品非关税壁垒的等额关税并计算这些等额关税的平均数，基等人估算了各国与非关税壁垒保护效果相同的平均关税税率：美国为 5.5%，加拿大为 3%，欧盟为 9.6%，日本为 8.5%，中国为 6.4%，墨西哥为 13.9%。

WTO 的一些规定试图限制各国使用非关税壁垒，并为降低非关税壁垒提供谈判平台。本章的“全球治理”专栏中的“WTO：降低关税之外的作用”分析了 WTO 在降低非农产品关税方面发挥的传统作用，以及在其他领域扮演的重要角色。在经济不景气时，使用进口关税和非关税壁垒抵御经济衰退压力空前增大。“全球危机”专栏中的“避开贸易保护主义”分析了世界如何成功规避新型进口壁垒兴风作浪。这些新型进口壁垒极有可能使全球金融和经济危机变得更加恶化。

全球治理

WTO：降低关税之外的作用

第 8 章的专栏“WTO 和 GATT：在关税方面取得的成就”介绍了成立于 1995 年的 WTO。继承 GATT 宗旨的 WTO 在推动数轮多边贸易谈判、降低工业化国家的多数非农业产品关税方面成就斐然。我们现在探讨 WTO 如何从以下三个方面，在更广阔领域发挥作用：

- 随着各国关税税率的逐渐降低，各国频繁使用非关税进口壁垒。GATT 和 WTO 在限制和减少非关税壁垒方面做出了怎样的努力？
- 1995 年 WTO 成立。几乎是同时，它成功推动了贸易规则和贸易自由化进程。这些新领域是什么？在这期间新签订的协议又有哪些？
- 最近一轮的多哈回合贸易谈判曾雄心勃勃地想要进一步推进上述进程，但直至 2011 年年初进展都不大。多哈回合的核心目标是什么？缺乏进展的原因又是什么？

非关税壁垒

1947 年的 GATT 最初包含了一些条例，这些条例限制各国使用除关税外的其他一些进口壁垒。其中最重要的一条是禁止使用针对非农业产品进口的配额。各成员都遵守了该条例，并取消了这类配额——这是 GATT 的一个主要成就。协议还规定各国政府的规章制度都不应包含对进口品的歧视性规定，进口品和国产品都应该公平对待，这就是“国民待遇”原则。此外，协议还包含对各国政府对国外生产者的倾销行为采取反倾销措施，对外国政府的出口补贴行为采取反补贴措施的相关规定。这一话题将在第 11 章讨论。

随着各国关税税率逐渐降低，非关税进口壁垒在贸易保护中的角色日渐重要，因此 GATT 的成员也开始更认真地讨论非关税壁垒的问题。但是，有关削减非关税壁垒的谈判并没有取得太大的成功。这是因为非关税壁垒的保护效应更加难以衡量，因此国家之间就关于“可比较的”非关税壁垒减让就更加难以达成协议了。

肯尼迪回合（1963—1967 年）包含了一些非关税壁垒的谈判，但成果甚少——仅仅达成了倾销的自律准则，制定了反倾销程序。东京回合（1973—1979 年）取得了一些进展，在非关税壁垒方面达成了六项自律准则，涉及了海关估值、进口许可证审批程序、政府采购、产品标准和类似的技术壁垒、补贴和反补贴措施以及倾销和反倾销措施六个方面。然而，这些自律准则在限制或降低非关税壁垒方面发挥的作用微乎其微。

乌拉圭回合（1986—1994 年）的成果比较多。此轮谈判签订了成立 WTO 的协议，签署了大量有关非关税壁垒的协议，还要求 WTO 的新成员接受 GATT 几乎所有的协议。乌拉圭回合达成的一些协议，有助于新成立的 WTO 解决成员之间就非关税壁垒和其他贸易事务产生的争端（本章的结尾部分将讨论争端解决机制）。

乌拉圭回合就非关税壁垒达成的协议范围比较广泛，包括针对以下方面新的或修订的自律准则：海关估值、进口许可证、进口许可证审批程序、保障措施（临时性的增强保护程度，限制激增的进口）、补贴以及倾销。有关技术标准的自律准则还设立了两条规则，用于降低将这些标准作为“巧妙”的非关税壁垒使用的可能性。这两条规则如下：各种标准和规章制度限制的进口数量不得大于一国为达成其合理目标所必需的最小数量；食品安全标准的制定必须有科学依据。另外一个主要成就是各国政府同意逐步取消针对纺织品和服装的自愿出口限制（VER）的全球网络（该话题将在本章后面的专栏中进行讨论）。另外，各国政府同意取消大多数其他类型的VER，它们还同意限制使用“本地成分要求”条款。

新领域

乌拉圭回合达成的WTO规则共涵盖三个领域，这些领域在前几轮的谈判中几乎没有涉及。

第一，对农产品和工业品一视同仁。关税（以及关税—配额）取代了很多农产品进口配额和其他非关税壁垒。另外，各国政府同意限制农产品生产的国内补贴，降低农产品的出口补贴。但是，总体来说，这些变化带来的效果微乎其微。比如，新关税常常设置得很高，使得总贸易量并没有太大增长。

第二，“与贸易有关的知识产权”的协议提出了新的全球性规则，要求对专利、版权以及商标进行保护。目的是要求所有国家在禁止仿冒品牌产品，打击盗版技术、软件、音乐和电影方面做出努力。

第三，乌拉圭回合建立了一套新规则——《服务贸易总协定》。在这之前，很多国家使用烦琐的法律文件限制或干脆直接禁止外国服务商进入本国市场，从而限制了服务品的国际贸易。尽管这套规则没有提出太多服务贸易自由化的实际方法，但为服务贸易自由化进程提供了一个框架。随后，陆续出现了很多进展。1997年，69个国家达成协议同意开放本国基础电信服务市场，70个国家达成协议同意取消对银行业、金融服务业和保险业的限制。

多哈回合

20世纪90年代后期，为展开新一轮多边贸易谈判的努力开始出现，但这种努力遇到重重阻力。这体现在两个方面：首先，随着管理范围不断扩大，WTO变成全球化反对者们抗议的焦点；其次，各国政府无法就新一轮谈判的具体议程达成一致意见。导致这种困难的原因在于WTO的决议往往是由成员共同决定的。

自20世纪90年代后期起，在WTO和其他国际组织的会场外，常常云集大量的抗议者。很多其他组织也参与其中，包括人权激进主义者、环境保护主义者、消费者权益保护者、工会组织、反对移民团体、动物权利保护主义者，还有无政府主义者。这么多差异巨大的团体聚集到一起，想要寻找它们共同的立场是不容易的。对于主要的抱怨和诉求，这些团体之间也有争论，比如：

- WTO权力太大，不民主也不公开，应该被取缔或大幅度削减权力。
- WTO应该更多地使用其权力切实达到一些除了贸易自由化以外的其他目标，尤其是以下目标：环境保护，给发展中国家的劳动者提供更高的工资和更好的工作环境。
- WTO只是大型公司的工具，更自由的贸易在使公司和资本家获益的同时，给全球环境、当地文化和当地劳动力带来损害。

在1999年西雅图部长级会议试图开启新一轮谈判的努力失败之后，新的会议于2001年在卡塔尔首都多哈召开。会议中，发展中国家认为它们在乌拉圭回合中没有得到公平对待。由于接受了强制性的非关税壁垒规则和知识产权保护协议，它们遭受了巨大的损失。同时，由于取消纺织品和服装VER的进程缓慢，农产品贸易自由化进程也缺乏实质性进展，发展中国家的产品虽然能更容易地进入工业化国家的市场，但获得的利益有限。发展中国家想要强行开启“发展回合”，并誓言在接下来的谈判中会更加积极活跃。

在大量的争吵之后，在2001年的会议上，部长们终于就多哈回合贸易谈判的议程达成一致并开启了多哈回合贸易谈判。三个主要集团（美国、欧盟和发展中国家）为达成一致意见各自都做出了让步。各国部长达成的这个雄心勃勃的议程的关键议题包括：农产品贸易限制的大幅放宽、非农产品关税的减让、服务业贸易的放宽、改进多项VER的管理规则，以及保证给予发展中国家低成本药物来保障公共卫生与健康（在2003年，达成了另一项协议，允许发展中国家进口便宜的基因专利药物，以应对一些急性病的威胁）等。

多哈回合谈判断断续续、缓慢地进行了十余年。2008 年 7 月的会议似乎将要取得进展，但由于一些发展中国家的特殊要求而落空。这些以印度为首的发展中国家，要求设立“保障程序”，以允许它们在农产品进口数量增加时能够随时提高农产品进口关税。如果达成一项协议的其他进程比较稳健的话，该项协议的达成似乎并不会被这样一个小事件妨碍，然而，实际情况并非如此。美国拒绝大幅度削减其对农产品的补贴，欧盟寻找办法减少对农产品进口贸易壁垒的降低幅度，印度、巴西以及其他发展中国家也不愿意降低关税、开放服务部门。尽管非正式的讨论一直在进行，但是自 2008 年起，谈判处于暂停状态。

全球危机

避开贸易保护主义

如果这项法案真的能被纳入法律体系，那么我们将开启繁荣发展的新纪元……

——俄勒冈州共和党人、众议员威利斯·霍利（Willis Hawley），1930 年 6 月

始于 2007 年的全球经济危机是自 20 世纪 30 年代大萧条以来最严重的一次全球性经济危机。贸易保护主义者在大萧条中扮演了关键角色。不过幸运的是，这次危机并未使历史重演。

随着 1929 年的大萧条日渐严重，美国国会也就是否签署一项提高美国关税的法案而争论不休。最终，臭名昭著的《斯姆特-霍利关税法案》还是于 1930 年 6 月份通过了。单就这项法案而言，它只是导致美国的平均关税税率增加了几个百分点，并没有引领美国经济走向复苏。相反，其他国家为了报复美国，纷纷出台法律，提高关税。世界平均关税税率从 1929 年的 9%增加至 1933 年的 20%，1933 年世界贸易总量跌至 1929 年的 1/3。尽管贸易总量的下降大部分是由于宏观经济中国民产出和国民收入水平下降造成的，但是至少 1/4 的贸易萎缩是由全球日渐崛起的贸易保护主义所致。贸易保护主义虽然没有直接导致大萧条，但它的确使大萧条更为严重、持续时间更长。

随着 2007 年的这次全球性危机逐渐深化，一些国家试图重新求助于贸易保护主义的手段。这次又会发生什么？我们又是如何避免重蹈 20 世纪 30 年代的大萧条的？实际上，尽管少数几个国家，如俄罗斯、阿根廷和土耳其的确提高了大约平均一个百分点的关税，但这次危机并没有引发大范围的关税（或者反倾销关税，我们将在第 11 章进行讨论）提高。总的来说，根据第 2 章专栏“2009 年国际贸易的小型崩盘”的描述，这次危机贸易量的下降很大程度上并非关税上升所致，而是因为许多国家增加了对非关税壁垒的使用：

- 一些国家采用更为严格的进口配额许可证发放制度。比如，阿根廷对汽车零部件、电视机、鞋类以及其他一些物品的进口酌情发放进口许可证。
- 一些国家使用更为复杂的海关程序。比如，印度尼西亚将服装、鞋类、玩具以及一些其他商品的入境港口减少为五个。
- 一些国家采用新的产品标准抑制进口。比如，中国禁止某些产自欧盟的食品和饮料的进口，印度禁止中国玩具的进口。
- 一些国家提出了新的政府支出必须“购买本国货”的要求，这是政府财政刺激计划的一部分。比如，2009 年，美国通过了

经济刺激法案中一项新的“购买美国货”的条款。

然而，总的来说，新的贸易保护主义措施影响十分微弱。根据WTO的估计，仅有不到1%的国际贸易受到影响。

在这次危机中，共有三种力量限制了进口壁垒的增加。第一种力量，是世界领导者们并不想重蹈20世纪30年代的悲剧。比如，在2008年11月的G20峰会上，主要国家的领导人正式承诺将“抑制新的投资壁垒和货物与服务贸易壁垒的出现”。第二种力量是WTO。WTO作为一个强有力的多边组织，通过实施已有的规则制度，监管和报告贸易政策发展趋势以强化上述决心。第三种力量来自各国政府。很多国家的政府为应对经济危机，采取的措施更多地集中于紧急援助措施（如对金融机构的援助）和对国内企业的补贴（如对汽车厂商的补贴），而更少采取政策直接限制进口。这些补贴虽然会扭曲贸易（第11章将进行讨论），但是它们并没有导致大范围的政策报复或贸易破坏。幸运的是，对于整个世界来说，世界贸易在经历了2008年至2009年的小型崩盘之后，已经开始逐渐复苏。

9.2　进口配额

最为人熟知的非关税壁垒是**进口配额**（import quota；quota）。它是在一段时间内（比如说，一年时间）对进入一国的某种进口品在总量上的限制。通过多种方式，政府发放一定数量的许可证允许配额内商品合法进口，并禁止没有许可证的商品的进口。只要配额的数量小于没有配额时人们希望进口的数量，配额就会对该产品的市场产生一定影响。

贸易保护主义者以及政府官员更加偏好实行进口配额而不太喜欢征收关税，原因有多种：

- 配额对进口数量进行了严格的限制；而在征收进口关税的情况下，如果外国生产者降低出口价格或者进口国的消费者需求增加，进口数量仍然会增加。
- 配额赋予政府官员更大的权力。正如下文将要讨论的，在一个配额系统中，一些官员拥有决定谁获得进口配额许可证的行政权力，他们可以利用这一职权为自己牟利（比如受贿）。

需要注意的是，这些并不能说明进口配额对整个国家是有利的。

现在比较关税和配额在限制进口方面的作用。从第8章的分析可知，关税提高了进口产品的国内价格，减少了进口数量。配额也减少了进口数量。那么配额是否也能提高进口产品的国内价格？回答是肯定的。事实上，如果市场是完全竞争的，配额的效应和等额关税（该关税导致的进口数量与配额下的进口数量相等）的效应在很多方面是相同的。

与关税的分析方法相似，先讨论小国情形配额的效应，再分析大国情形配额的效应。在这些分析中，假设所有的相关市场都是高度竞争的（专栏“国内垄断厂商更喜欢配额”考察了另外一种情况）。

9.2.1　配额与关税比较：小国情形

图表9—2描绘了在自行车世界价格为300美元的情况下，一个进口小国的配额

效应。如果一国进口的数量变化不会影响自行车的世界价格，那么该国是一个“小国”。也就是说，外国出口商对这个“小国”的出口供给曲线的价格弹性在这一价格水平上是无限的。图表 9—2 中，在自由贸易条件下，这个国家每年进口 100 万辆自行车。现在假设该国政府施行进口配额限制，只允许每年进口更少的自行车，比如 60 万辆。

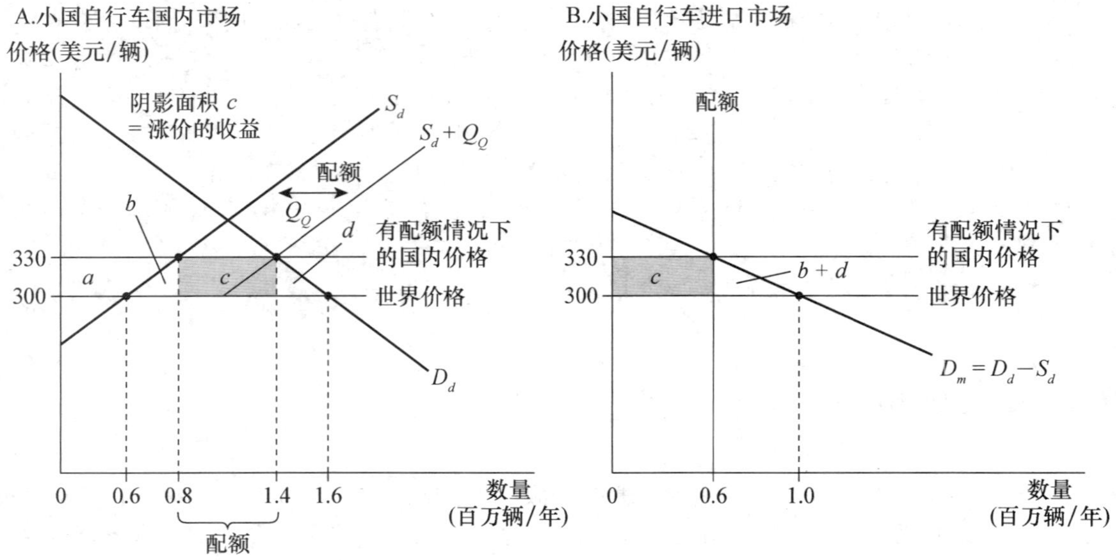

进口配额通过对进口品加以严格的绝对数量限制（Q_Q）而减少了进口品的供给。在竞争条件下，进口配额的效应与削减同样进口量的关税效应是一样的（可能的例外是阴影部分 c 归谁所有）。为理解这句话，请比较本图和图表 8—4 中的价格、数量以及面积 a，b，c，d。

图表 9—2　竞争条件下进口配额的效应（进口小国）

这样，配额就改变了进口国的自行车供给。对于大于或者等于世界价格的国内各种价格水平，该国的总供给（国内供给量加上进口量）等于该价格水平的国内供给曲线上的供给量加固定的进口配额数量（Q_Q）。在 300 美元的国内价格上，进口国的需求大于供给，国内自行车市场若要出清，自行车价格必将被推向更高的水平，在本例中为 330 美元，位于图表 9—2 中 A 图所示的总供给曲线（S_d+Q_Q）和国内需求曲线（D_d）的交点上。在国内价格为 330 美元的时候，国内产品数量供给为 80 万辆，进口数量是配额规定的 60 万辆，国内需求数量是 140 万辆。（同样，通过图表 9—2 中 B 图所示的进口需求曲线也能看出配额对国内价格的影响：进口配额为 60 万辆时，与该进口需求对应的价格为 330 美元。）

配额对数量和国内价格的影响效应似曾相识。它们与图表 8—2 到图表 8—4 中显示的征收 10％进口税的小国情形是一样的。对于一个完全竞争市场，进口配额对价格、数量和福利的影响与征收等额关税的情形具有相同的效果（只有一个可能的差别）。与自由贸易情况相比较，进口配额与等额关税的效应在以下几个方面具有相同之处：

● 配额导致更高的价格和更多的国内产出，所以国内生产者剩余增加了面积 a。

● 由于更高的价格和更小的消费量，国内消费者剩余减少了面积 $a+b+c+d$。

● 面积 b 是进口国家的净损失。配额使国内生产者将产量从 60 万辆增加至 80 万辆，在国内生产这些额外的自行车使边际成本升至330美元（沿着 S_d 线上升），但是这些数量的自行车如果从国外进口的话，每辆只需要300美元。

- 面积 d 也是进口国家的净损失。配额将自行车的国内消费量从160万辆降至140万辆。这一部分的消费者剩余损失属于净损失，因为没有其他人获得这部分损失。

因此，配额导致的无谓损失（$b+d$）与等额关税导致的无谓损失相同。

上面的效应分析留下了一块矩形面积 c，即“可能的差别”。实行关税的时候，面积 c 为政府税收收入。实行进口配额的时候，面积 c 又是什么？谁又获得了这部分利益？

9.2.2 进口配额许可证的分配方式

进口配额许可证使国内进口商可以在世界市场上以300美元的价格从外国供应商手中购买商品，然后以330美元的价格在国内市场出售，由此获得每单位进口品30美元的价差（或称经济租）。对于配额允许的进口数量，总的价差额为图表9—2中所示的面积 c。

那么，谁得到了这个矩形 c 的收益？这取决于进口配额许可证的分配方式。进口配额许可证的主要分配方式有以下三种①：

- 政府按照一些不（或几乎不）耗费成本的规则和程序将进口配额许可证免费分配给进口商。
- 政府将许可证拍卖给出价最高者。
- 进口商通过耗费大量成本的申请程序和遴选规则获得政府的进口配额许可证。

下面对这几种方式进行具体分析，同时考察究竟哪方获得了面积 c 表示的收益，以及这是否会影响我们对配额经济无效率的看法。

固定的受惠对象

将每个进口许可证上限制的进口数量加总即为配额总量，政府将这些许可证免费地分配给**固定受惠对象**（fixed favoritism），即政府只是简单地将许可证分配给企业（或者个人），而不是通过竞争、申请或者谈判的方式决定入选者。这样，那些幸运地得到许可证的进口商就得到了面积 c 的收益。进口商就可以按照世界价格从外国供应商购买产品（由于世界市场是完全竞争的，如果这些外国供应商中的任何一个试图提高价格，进口商就可以转向其他供应商购进商品），然后按照较高的国内价格出售商品。价格差就是纯利润（在本例中为每辆自行车30美元）。从而，面积 c 表示的福利由进口国消费者转移给持有进口配额许可证的进口商，这一过程是福利的再分配。按照一元一票制，这种分配配额的方式没有造成任何额外的低效率损失（只需保证在分配配额过程中没有造成额外的资源浪费）。

一种确定配额许可证获得者和许可证数量的普遍方法，是按照实行配额制度之前各个进口公司实际进口数量占总进口量的比例进行分配。在1959—1973年间，美国政府对石油进口配额就是这样分配的。美国政府仅简单地根据这些公司在1959年之

---

① 还有第四种可能的方式：进口国政府将进口许可证分配给外国的出口商（或者出口国的其他部门）。在这种情况下（不属于本文讨论的三种情况），出口商可以提高它们的出口价格，本质上与本章下节讨论的自愿出口限制一样。

前进口石油的数量向这些公司发放进口许可证。采用这种方式分配进口配额许可证是有其政治原因的。进口配额一般会损害进口商的利益，所以它们会团结起来反对进口配额的实施。但是，如果它们得到了这些有价值的进口配额许可证，那么它们就不太可能反对实施进口配额。尽管它们进口的商品的数量会减少，但是它们的进口利润却会相当可观。

扩展阅读

国内垄断厂商更喜欢配额

上文的进口配额分析是有假设条件的，这一假设是进口国的国内相关产业是高度竞争的。在完全竞争情况下，进口配额对国内生产者剩余的效应与征收等额关税的效应是等同的。此时，国内产业对配额和等额关税政策之间并没有强烈的偏好。

但是国内产业往往并不总是高度竞争的。尤其对小国来说，如果某种产品的生产厂商只是把产品卖给本国消费者，那么只需要一个或两个国内企业就可以达到规模经济了，在像汽车或钢铁这样的行业中更是如此。

假如国内产业是垄断的，那么该垄断厂商在关税和配额中是不是有偏好？答案是肯定的。垄断厂商更加偏好配额（即使垄断厂商自己也没有得到进口产品的价格差）。下面更详细地分析这一问题（这里假设进口国是小国，不过这里的结论对于大国同样成立）。

在封闭条件下，国内垄断厂商运用对市场的垄断力量制定国内价格，以实现利润最大化。但是在自由贸易情况下，世界市场价格即为国内价格。进口产品以世界价格进入，使得国内垄断厂商不能制定更高的价格。假如它想收取更高的价格，大多数消费者就会只购买进口品。因此，自由贸易是对国家制定的反托拉斯或反垄断政策的一个很好的替代政策。

假如一国政府征收关税，国内价格将上升，上升后的国内价格等于世界市场价格加上关税。在这种情况下，垄断厂商的定价能力受到极大的限制。因为假如垄断厂商试图索要一个比这一含税价格更高的价格，大多数消费者仍会去买进口品。只要国内消费者愿意支付包括关税的价格，他们就可以买到任何数量的进口品，这样他们就不会愿意支付更高的价格购买本国厂商的产品。

但是，假如一国政府实施进口配额以代替关税，所有的游戏规则都将会发生改变。不管垄断厂商将国内价格提到多么高的水平，进口数量也不会超过配额数量。因为进口数量有严格限制，国内消费者不可能完全以进口品代替国产品。生产大于配额数量的额外产品的厂商仍然是国内垄断者。在扣除配额数量后，在剩余的需求市场中，国内垄断厂商可以拥有制定国内价格实现利润最大化的能力。因此与等额关税相比，由于国内垄断厂商可以索取更高的价格，获得更多的利润，它们就更偏好进口配额。然而，这是以进口国整体的损失为代价的。因此，如果国内市场是垄断的，配额将造成更大的国民净损失。

本专栏中的图 1 和图 2 描绘了国内存在垄断的情况，更清晰地说明了关税和配额的差别。图 1 描绘了征收关税时国内垄断厂商的情况。自由贸易情况下，世界价格是 P_0，垄断者不能索要高于 P_0 的价格，因此垄断者生产所有产品的边际成本不超过自由贸易时的价格。征收关税时，国内价格上升至 P_1，但垄断者不能索取超过 P_1 的价格。国内垄断厂商的产量从 S_0 升至 S_1，其利润（生产者剩余）增加了面积 a。进口数量为 M_1。国民福利有净损失，为面积 b 和 d。

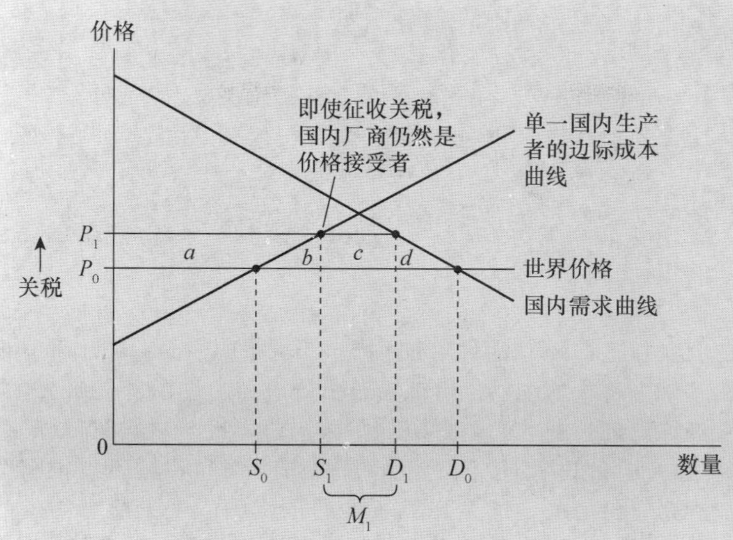

图 1　征收关税时国内垄断厂商的情况

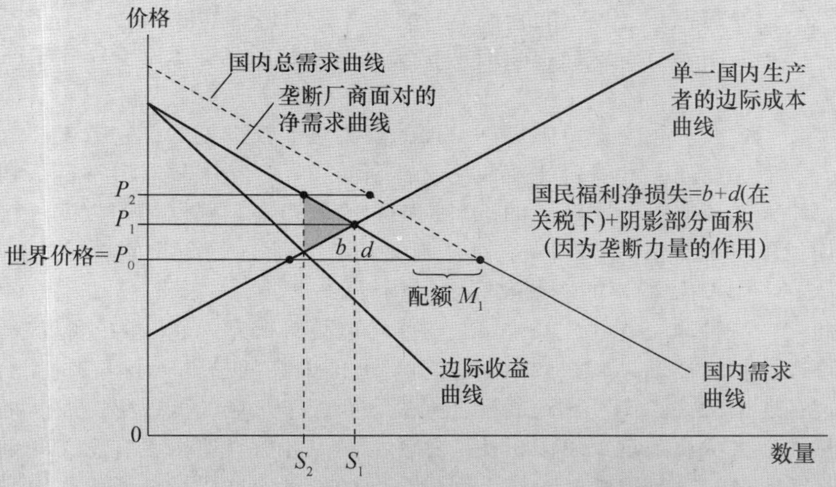

图 2　实施进口配额时国内垄断厂商的情况

图 2 描绘了实行数量为 M_1 的配额的情况。在进口数量固定的情况下，垄断者面对的需求等于国内需求减去配额允许的进口量（在所有高于世界价格 P_0 的水平上）。垄断者面对向下倾斜的净需求曲线（即国内需求曲线减去进口配额量）。通过净需求曲线，垄断厂商可以确定每一个价格水平上的边际收益，即边际收益曲线。当垄断者的边际收益等于边际成本时，垄断厂商实现了利润最大化，此时生产并销售的数量为 S_2，价格为 P_2。

与关税相比，在实施配额的情况下，垄断者提高了国内产品价格（$P_2 > P_1$），降低了销售量（$S_2 < S_1$），获得了更高的利润，因此垄断者更加偏好配额。但垄断者的收益是以额外的社会成本为代价的。与关税相比，配额造成的经济无效率的损失更大。整个国家的国民福利净损失除了面积 b 和面积 d 之外，还有阴影部分表示的面积。阴影部分表示的额外社会损失是放任垄断者使用其垄断力量提高价格、降低产量导致的损失，部分消费者被挤出市场，他们遭受的消费者

剩余的损失，也没有被社会中的其他集团获得。

将这里的结论与正文中的结论综合起来，对国家整体来说，作为限制进口数量的手段，进口配额和等额关税的效果是相同的。但是进口配额在以下两种情况下比关税差：

- 如果进口配额许可证通过资源使用申请和选择程序进行分配。*
- 如果国内垄断厂商能够利用配额来维护其垄断定价能力。

拍卖

政府可以实行**进口配额的许可证拍卖**（import-license auction）制度，在竞拍者公平竞争的基础上将进口配额许可证卖给出价最高的竞拍者。那么会有人愿意出价来购买进口配额许可证吗？答案是肯定的。因为进口配额许可证赋予进口商一种权利，这种权利使进口商可以按照较低的世界价格进口产品，然后按较高国内价格销售产品，这种权利是有价值的。那么在竞争性的拍卖中，个人愿意为这一权利支付多少呢？他们愿意支付的价格非常接近于配额导致的价差——在自行车的例子中，他们愿意支付的价格非常接近 30 美元。如果拍卖的获胜者付出的价格非常接近这一价差，那么谁又能获得面积 c 表示的利益？答案是：政府以拍卖收入的形式获得了（几乎接近于）面积 c 的收益。这样，政府从拍卖中获得的收益，（几乎）等于征收等额关税时的关税收入。

实际上，公开拍卖进口配额许可证的现象是比较少见的。它曾于 20 世纪 80 年代在澳大利亚、新西兰和哥伦比亚使用。在新西兰，一年中政府会举行一到两次这样的拍卖，将大约 400 种不同商品的进口权拍卖给进口商。根据相关数据资料，投标者大约平均付出世界价格的 20%来获得配额许可证。而这些商品的进口配额的作用与大约 20%的平均关税税率的作用实际上是相等的。

此外，一种非正式的配额许可证拍卖可能更为普遍。腐败的政府官员私下进行进口许可证的拍卖活动，将进口许可证卖给出价最高的行贿人。与其他形式的腐败相同，这种所谓的“拍卖”导致的社会损失，要大于市场的低效率造成的福利损失。这种公然而持久的腐败现象可以诱使一些优秀的人才放弃追求更有意义的事业，变成贪婪的受贿官员。这种腐败行为还会引发公众的不满，造成社会矛盾。

资源使用申请程序

除了以拍卖的方式分配进口配额许可证，政府还可以让企业（和/或个人）通过竞价或贿赂以外方式，相互竞争获得许可证。**资源使用申请程序**（resource-using application procedures）包括：先到先得方式、论证需求和价值的方式以及谈判的方式。以先到先得的分配方式发放进口许可证，要求那些想要获得资源使用许可证的人尽可能早地申请且保证排在申请队伍的前端。论证需求的分配方式，则是根据使用进口材料和零部件进行生产的厂商的生产能力来分配这些进口投入品的配额数量。由于一些企业会过度投资增加生产能力，以获得更多的进口许可证，这种方法会导致资源浪费。此外，以谈判方式分配许可证也会产生资源浪费，表现在游说政府官员过程中所耗费的时间和金钱。

---

* “资源使用申请和选择程序”的含义见下文许可证分配的第三种方式。——译者注

企业获得配额许可证到底需要耗费多少资源？对于厂商来说，如果花费的资源不超过许可证自身价值——面积 c 代表的价值，则耗费资源以获得许可证的行为就是合理的。对于想获得许可证带来经济租的厂商来说，在申请过程中使用上述资源的方法是明智的。但是，从整个国家的角度来看，这些在寻租活动中用掉的资源被浪费了（与其他两种许可证分配方式相比，或与根本没有配额的情况相比，情况确实如此）。

资源使用申请程序会鼓励寻租行为。而且由于对生产资源的无效浪费，部分甚至全部的面积 c 就变成了社会福利的净损失。这种许可证的分配方式导致的净损失大于面积 $b+d$，因为这些净损失中还包括面积 c 中的一部分。在这种情况下，从导致国民福利净损失的大小来说，配额要比等额关税差。

9.2.3　大国情形下配额与关税的比较

图表 9—3 显示了大国情形下（其进口产品的需求巨大，进口需求量的变化可以影响到世界价格）配额的效应。一个大国面临一条向上倾斜的国外出口供给曲线。在自由贸易下，该国每年会进口 100 万辆自行车，每辆自行车价格为 300 美元。政府施行了进口配额后，进口数量被限制，减少到 80 万辆自行车。通过图表 9—3 的右图，可以看到配额对价格的影响。如果进口数量被限制在 80 万辆，进口自行车的国内消费者需要支付 315 美元才能买到一辆自行车。国外的出口商则会相互竞争，以获得这一有限的出口销售量，经过一番竞争后，出口价格下降至 285 美元。

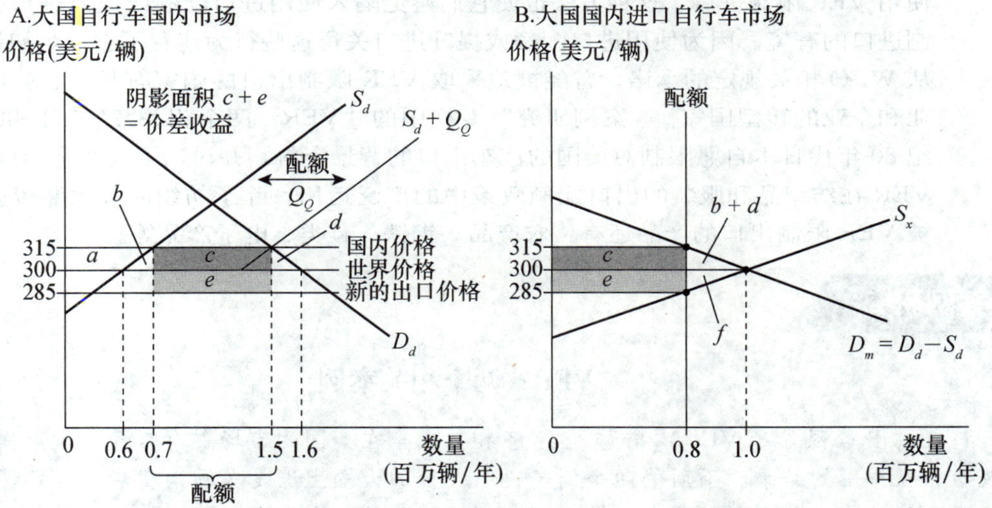

在这里所示的竞争情况下，进口配额的效应和等额关税的效应一样（可能的差别是谁得到阴影面积 $c+e$ 代表的收益）。

图表 9—3　竞争条件下进口大国进口配额的效应

现在利用上述这些价格数据以及图表 9—3 中的 A 图，分析一个自行车进口大国的国内市场的变化。一旦国内市场价格提高到 315 美元，国内进口竞争厂商的供给量将会提高到 70 万辆，而国内消费总量将会下降到 150 万辆。

对比大国情形下配额和等额关税的效应（通过比较图表 9—3 和图表 8—5），可以得到与前面小国情况大致相同的结论。除了一个例外情况——配额导致的价差获益方（大国情况下，获得的收益由面积 $c+e$ 表示）不能确定，配额的效应和等额关税的效应是一样的。如果配额许可证分配所花费的成本能最小化，进口配额的净国民福利效应就是面积 e 的收益减去面积 $b+d$ 的损失。

如果国外出口商比较被动，进口大国可以通过实行进口配额得到国民福利的净增加，并且可以确定一个最优配额，使进口国的国民福利的净收益最大化。可以使用等额关税来分析，图表 8—6 中的大国最优关税率显示，大国的国家最优配额数量是每年 67 万辆自行车。当然，使用最优配额时需要注意的事项和使用最优关税时的情形也是一样的。配额损害了外国的利益，外国可能会选择进行报复。即使外国没有进行报复，配额也会导致世界范围的低效率。与自由贸易相比，世界福利的净损失是图表 9—3 中 B 图内的面积 $b+d$，加上面积 f。

9.3 自愿出口限制

自愿出口限制（voluntary export restraint，VER）是一种看似奇怪的贸易壁垒。进口国政府迫使出口国“自愿”限制其向进口国的出口数量。这种出口限制通常要求外国出口企业像“卡特尔”一样，控制出口量并提高价格。在这种安排中，进口国实际上给了外国出口商一种垄断力量，而且强迫它们接受这一力量，并且将它们的服从称为“自愿的”!

VER 是一些大国最后使用的杀手锏，用来保护一些本国产业免受潮水般涌进来的外国生产者的强大竞争。自 20 世纪 60 年代末期以来，美国、欧盟以及加拿大都曾使用 VER 限制进口，这种方法也使它们避免陷入使用进口配额或提升进口关税来限制进口的窘境。因为使用进口配额或提升进口关税这些行为违背了它们当初许下的服从 WTO 相关规定的承诺。曾经被迫采取 VER 限制出口的国家有日本、韩国以及中亚和东亚的转型国家。“案例研究”专栏中的“VER：两个相关案例”提供了 20 世纪 80 年代日本自愿限制对美国的汽车出口的背景资料，并讨论了大约半个世纪以来，VER 在纺织品和服装的出口配额政策中的广泛运用。除了纺织品和服装以外，常常被 VER 限制出口的产品还有：农产品、钢铁、鞋类、电子产品等。

案例研究

VER：两个相关案例

自愿出口限制（VER）措施是经济和政治相互作用的结果。下面的两个例子说明了这一问题。在第一个例子中，进口国美国逼迫出口国日本限制其对美国的汽车出口。在第二个例子中，美国和日本之间的一个小小的 VER 最终演变成一个涉及多国、多种纺织和服装产品的广泛的出口限制体系，持续时间长达数十年。

汽车 VER：“正大光明”的保护主义？

20 世纪 70 年代中期以前，美国进口汽车的数量还很少。后来，70 年代末，日本汽车在美国的市场占有率开始迅速提高。油价的大幅上涨是美国消费者寻求购买更小更经济的汽车的主要原因。日本厂商以优惠的价格向美国民众出售优质的小型车，由此日本汽车在美国汽车市场的占有率迅速攀升，而美国汽车生产日渐萎缩，汽车工人失业，汽车公司的利润也日益降低。

1981 年初，保护主义的压力指针已经指到“警戒区域”。来自日本的进口汽车被推到风口浪尖，美国国会已准备在必要时实行严格的进口配额。当时刚刚上任的美国总统罗纳得·里根（Ronald Reagan）遇到了麻烦。1981 年 3 月，他的内阁正在就对日本进口汽车实行配额的问题进行讨论。里根后来在自传中披露了他当时的想法：

> 在倾听辩论时我在想，是否可以找到一种解决问题的途径，它既可以使我们保持支持自由贸易的立场，同时又可以采取某些措施解救底特律，帮助成千上万失业的汽车装配工人走出困境……
>
> 我问谁可以提出在两个极端中达到某种平衡的方案。乔治·布什（当时的副总统）站起来说："我们完全赞成自由贸易，但如果不用我们要求，日本人自己宣布他们自愿减少对美国的汽车出口，我想不会有人反对吧。"

几天后，里根会见了日本外相。

> 日本外相被带入椭圆形办公室进行了一次短暂的会谈……我告诉他，我们的共和党政府坚决反对实行进口配额，但是国会中的民主党成员强烈地要求实行配额。
>
> "我不知道我是否能够阻止他们，"我说道，"但我认为，如果贵国能够自愿限制向美国的汽车出口，这也许能够阻止国会通过有关进口配额的议案，这样便不会有强制性的进口配额。"①

日本政府悟出了这句话的言外之意，"自愿"同意日本汽车公司限制其向美国出口的汽车数量。1981—1983 年，日本出口到美国的汽车数量被限定在每年 180 万辆的水平上，与 1980 年的出口量相比，下降了 8%。1981—1982 年的经济衰退后，由于美国汽车销售总额激增，出口限额在 1984 年升至 200 万辆，在 1985 年又升至 230 万辆。出口限额直至 1994 年才被废除，但自 1987 年起，日本向美国的实际汽车出口量就已经低于配额数量了。因为从 1987 年起，日本厂商开始在美国兴建工厂，生产了大量汽车。（本书将在 15 章具体讨论这种外国直接投资。）

VER 使美国汽车公司的利润大增，同样大增的还有美国汽车的产量和就业量。但实施 VER 又使美国损失了多少呢？一项研究表明，VER 给美国的消费者带来了共计 130 亿美元的消费者剩余损失，给整个美国带来 30 亿美元的净损失。在其他的估算研究中，这一损失甚至更高。"正大光明"的保护主义看来并不便宜。

纺织和服装的 VER：一个"怪物"

1955 年，一个"怪物"诞生了。眼见从日本进口的产品数量日益增长，美国政府开始迫使日本政府"自愿"限制出口到美国的棉纺织品和服装。20 世纪 50 年代后期，英国紧随美国之后，迫使印度和巴基斯坦对出口到英国的服装和纺织品实施自愿出口限制。最初，自愿出口限制是一个临时的限制措施，用来应对进口竞争部门的贸易保护主义者的游说，他们声称需要时间来适应日益增长的外国竞争。但这之后，VER 这个"怪物"日渐成长。

1961 年的临时限制协议最终演变成 1962 年的长期限制协议。1974 年，多纤维协议的签订又进一步扩展了该长期协议框架，涉及大多数种类的纺织品和服装。这个贸易政策的"怪物"变得庞大起来。此后，VER 数量激增，各国之间针对各种产品进行谈判，限制发展中国家向工业化国家的出口（同时也包括向其他发展中国家的出口）。

这个"怪物"甚至还有了自身的动态成长规律。VER 实际上是一种出口企业组成的卡特尔。正如任何卡特尔一样，通过涨价获得高额利润吸引了其他的供应商。孟加拉国、柬埔寨、斐济、土库曼斯坦等国也开始生产并出口纺织品和服装。随着这些国家在出口方面做得越来越成功，进口国也开始迫使它们实施 VER 以防止对有管理的贸易产生冲击。

被 VER 限制的发展中国家在乌拉圭回合谈判中努力想把这种扭曲的贸易拉回正常

---

① Ronald Reagan (1990), pp. 253-254 and 255.

的WTO规则（没有数量限制，对所有国家使用同样的关税体系——使用最惠国待遇，而不是双边限制）。1995年《纺织品和服装协议》（The Agreement on Textiles and Clothing）正式生效，并商定十年的过渡期，在这十年中逐步取消所有的针对纺织品和服装的自愿出口配额。到2005年1月1日，在存活了差不多50年之后，这个“怪物”已到了弥留之际。

但这个“怪物”并没有完全死亡，因为它的断腿残臂依然存活了几年。作为加入WTO的部分条件，中国接受了“如果中国的纺织品和服装的出口数量上涨，损害了进口国进口竞争厂商的利益，那么进口国可以实施专门针对中国的保障措施”。美国虽然逐渐取消了多种VER，但仍对中国的某些出口品实施这种保护措施。自2005年年底，一项综合性的协议限制了来自中国的22种商品的进口。类似地，欧盟也通过实施保障措施限制来自中国的10种商品的进口。不过，这个“怪物”终于只剩最后几口气了，因为欧盟的这些限制措施在2007年年底到期，美国的也在2008年年底到期。（在纺织品和服装方面仍未实现自由贸易，很多国家仍继续对这类商品实施相对较高的进口关税。不过由多种VER所编织的限制网络已经消失了。）

消费者是自由化的最大赢家，因为VER结束后，进口价格普遍降低了10%～40%。另外一些赢家是那些在纺织品和服装上拥有强大比较优势，但却因为VER生产和出口都受到极大限制的国家，其中包括中国、印度和孟加拉国。另一方面，由于纺织品和服装的进口数量增加，美国及其他工业化国家的这些行业的生产企业和工人的利益都受到了伤害。另外的受害者是一些国家和地区，比如韩国，它们在纺织品和服装生产上不具备比较优势，却因为VER限制了那些真正具有竞争力的国家而成为纺织品和服装的生产和出口国（这是由VER导致的另一种生产无效率）。这些没有竞争力的国家失去了以前的VER租金，随着中国这样的国家的发展，这些国家的相关产业也逐渐萎缩。

VER的图形分析与进口配额的分析十分类似。可以用图表9—2描绘进口小国的VER效应。数量Q_Q则变成了VER规定的出口配额（类似地，图表9—3中描绘的是大国情形下的VER效应）。

在图表9—2中，进口小国情形下的VER（或者是任何其他形式的出口配额）和进口配额的两个关键差异是：对出口价格的影响以及谁获得面积c表示的收益，c是贸易数量限制所导致的价格差或经济租。在进口配额条件下，一般来说，进口配额的权利是给进口商的。如果外国出口供给是竞争性的，那么进口商就可以按照世界价格（在我们的自行车案例中是300美元）进口，并且在国内以相对高价（330美元）出售进口品。因此价格总差额（面积c）仍然留在进口国。

在VER条件下，出口国政府通常将特定出口数量的出口许可证分给其国内生产厂商。出口厂商认识到，它们之间没有必要为出口量而竞争，而应该像卡特尔一样行动，首先共同限定一个总的出口量，再对市场进行分割。对于限定的出口数量（图表9—2中为60万辆自行车），出口商应该制定一个市场能够接受的最高价格。比如在自行车的例子中，出口价格会提高到330美元，即进口商为这一进口数量所能支付的最高价格。这样，在实施VER限制出口数量时，出口商就会得到面积c表示的额外收益。①

① 几年前，我从我的学生那里了解到一个有趣的与这个效应相关的逸事。我注意到，每次我在课外看到他，他总是开着不同的名贵轿车。我称赞他的好车，他告诉我，他的家庭在印度相当富裕。我问他家在印度是做什么的，他说，他们拥有一些VER权利，可以将印度服装出口到像美国这样的国家。他说实际上他们家并不制造服装，而是简单地将出口权出租给当地的服装制造商。因此，他们家从服装VER中得到了一部分面积c表示的收益，赚得盆满钵溢。

那么与实施进口配额或者自由贸易的情形相比，进口国家实施 VER 的成本究竟如何？与进口配额（使用最少成本来管理的进口配额）相比，VER 会带来面积 c 的损失。这部分损失是付给外国出口商的价值。它是施行 VER 后，进口国贸易条件恶化（付给了外国出口商更高的价格）导致的国家净损失。与自由贸易相比，VER 给进口国带来的净损失是面积 $b+c+d$。VER 能够保护进口国的进口竞争行业，可能是一种很有吸引力的政治手段。但是对于整个进口国来说，实施 VER 在经济意义上的代价也是非常昂贵的。（另外，对于整个世界，VER 导致的净损失与自由贸易时相比，只有面积 $b+d$ 表示的净损失。因为面积 c 代表的福利从进口国的消费者转移给了出口国的生产者，所以对于整个世界，面积 c 不是净损失。）

VER 还有另外一个重要的效应。实施 VER 时，许多外国的产品厂商在保证出口总数限制在出口额度内的情况下，可以调整它们出口产品的种类或者组合。通常情况下，一类商品中的高质量产品的边际利润更大，所以出口商会转而出口这些高质量产品（这一过程被称为“产品升级”）。例如在 VER 的限制下，日本公司对美国的汽车出口策略进行了调整，其中一部分战略就是调整出口种类的组合，从基本款的微型车（例如本田思域）转变为更大更名贵的车型（例如本田雅阁，以及后来的本田讴歌）。（在这个汽车的例子中，还有一个更加值得关注的效应。为了避免 VER 带来的销售限制，日本汽车公司在美国建立了生产线。更普遍的观点是，任何进口保护政策都可以看作对外国生产厂商到进口国进行直接投资的一种激励。本书将在第 15 章专门讨论外国直接投资。）

9.4　其他的非关税壁垒

除了配额和 VER，还有其他多种非关税进口壁垒。实际上，我们对政府创造力印象深刻，为了限制进口，它们创造性地设计出种种新办法。下面详细探讨一下其他三种用于限制进口的非关税壁垒。（“案例研究”专栏中的“胡萝卜是水果，蜗牛是鱼，X 战警不是人类”提供了更多例子，用来说明政府的“创造力”。）

案例研究

胡萝卜是水果，蜗牛是鱼，X 战警不是人类

在对不同的进口商品进行分类时，各国政府可能显示了它们在贸易政策制定方面最强大的创造性。它们的分类决策毫无理论依据，使进口品面临巨大风险，因为同样一个产品被编入某一类别可以免税进口，而被编入另一类别可能面对高额关税甚至被禁止进口。

如果商品分类对贸易政策如此重要，那么涉及每种商品的官方分类时，就会出现大量的游说活动。保护主义者会坚持把某种进口商品归入应征收高额关税的类别，而进口公司则会要求将其归入免税的类别。面对这些强大的来自不同方面的压力，我们不能总是指望政府官员可以进行恰当合理的产品分类。

因此，有些分类决策常常荒谬可笑。比如，欧盟 1994 年通过的一些条例中包括以下两条奇怪的规定：

- 胡萝卜属于水果。这种分类使得葡萄牙在整个西欧销售的胡萝卜酱都不必面对高额关税。
- 法国名菜中的蜗牛属于鱼类。这使得

欧洲的蜗牛养殖户可以领取养鱼补贴。

美国也有类似的规则。20 世纪 90 年代初，卡拉·希尔斯（Carla Hills），时任美国贸易代表，被迫承认同样的汽车，既是美国的，又不是美国的。她告诉日本政府，在美国的日本公司制造并出口的汽车，属于日本汽车，而不是美国汽车。这样在美国政府计算出口到日本的汽车数量时，便不再将其计算在内。同时，她告诉欧洲各国政府，上面提到的同样的汽车是美国汽车，这样，这些汽车在对欧洲的出口中，就可以不受欧洲对日本汽车进口配额的限制。

更有创意的是，一些私人企业甚至通过改变产品的外观和品名避免被列入某种分类。例如，对滑雪羽绒服实行的 VER 曾导致两种新产品的发明：一是在接袖处有单边拉链的滑雪羽绒背心；二是配套的袖子，在袖子的上端则装了另一单边的拉链。这两种商品分开进口，当它们分别进入进口国之后，进口分销商显然就知道该怎么做了。

还有其他一些例子。斯巴鲁公司（Subaru）曾进口那种在车厢内安装了两排劣质“后排座椅”的小货车，以规避美国对“普通”小货车征收的 25%的关税。福特公司也曾将土耳其的大敞篷车作为客车进口，因为这种大敞篷车有侧窗和后窗，还有后座。福特公司用这种方法成功避免了 25%的进口关税，一旦通过海关，它又将后窗和后座去掉，用金属板代替后窗，把它们当成商用货运车在国内市场出售。

在某些案例中，常由法官决定产品的分类。2001 年，一名法官将便宜的万圣节儿童服装（如“惊叫”（Scream））定义为“奇特的服装”，而不是美国海关一贯认为的“易损的节日物品”。这个诉讼案是生产这些服装的美国制造商鲁比服饰公司（Rubie's Costume Company）的一个胜利。这类进口服装（鲁比的国外竞争商）不但不再享受免税待遇，进口关税税率被上调至 32%，甚至还受限于针对服装的 VER。这到底是威胁还是欺骗？

2003 年，另一名美国法官研究了相关的诉讼案和 60 多个人形玩具，包括正面人物的英雄和反面人物的恶棍，最终她得到的结论是，X 战警不是人类，其他类似的人形玩偶也不是。她可不是在闹着玩，因为描绘人的玩具划归为玩偶类，需要征收 12%的进口关税；但是描绘非人类的玩具则仅仅是玩具，只需要征收 7%的进口关税。

这类把戏一直频繁用于产品归类中，只要产品分类意味着金钱的得失，类似可笑的产品分类就还会出现。

9.4.1　产品标准

如果你想见识一下进口壁垒繁多的种类和无限创意，那么就请看一看那些涉及产品质量的法律法规，其中包括那些以健康、卫生、安全以及环境的名义制定的法规。这些标准好像是在努力提高社会福利、解决导致不安全因素和环境恶化的市场失灵。

但是，达到这些目标的标准其实并不一定非要限制进口。然而，如果政府决心要保护本国的生产者，它总是可以制定出一些本国产品比进口产品更容易满足的规则。例如，某些产品标准可以专为本国产品设计，外国产品为了适应新的标准而进行调整需要付出高昂的代价；或者，对于进口产品来说，标准制定得过高、过于严格；或者，对进口产品的验收和认证的程序耗时费钱，也充满更多的不确定。下面是一些标准制定过程充满“巧妙性”的佐证。

美国政府曾在阿根廷的养牛方式中找到了潜在的危害健康的因素，这种行为很明显是为了保护美国国内的农场主。无独有偶，欧盟也曾禁止进口使用过生长激素的牛肉，宣称这样做是为了响应大众对健康的关心。美国认为这实际上是在保护欧洲的牛肉生产商，因为科学证据表明：即便一些牛在生长过程中使用过生长激素，食用这些牛肉也是安全的，并不会对人的健康有任何威胁。

欧盟还要求外国企业生产的奶制品和其他动物产品必须符合欧盟的公共卫生标准。但是欧盟为这个标准的认证程序投入不足，导致一个简单的批准程序也需要等待数月。墨西哥政府制定的卫生标准则要求对在墨西哥销售草药和营养品的生产厂家进行检测和批准。然而，墨西哥官方很多年都没有能力在他国对这些企业进行检测。

美国政府曾抱怨日本批准进口药物和医疗设备的进程太慢了。比如，日本政府经常要求对病人进行临床试验，尽管这些试验只是简单重复在国外已经成功的试验。自20世纪90年代中期起，韩国开始对进口汽车实施很多新的标准，其中包括一个独特的电动窗防夹要求标准和一个特殊的尾气排放标准。外国汽车制造商想要达到这些标准需要支出巨额成本。另外，2006年5月，韩国的税务机关还采取了一些措施，暗示那些拥有进口汽车的家庭将更可能遭到税务审查。因此，直到现在韩国的进口汽车数量都非常少。

产品质量标准并不会给进口国政府带来关税或税收收入，相反，实施这些标准还会更多地消耗政府资源（生产者也必须更多地消耗资源以达到这些标准）。不过，在保护人们的健康、安全和环境的意义上来讲，产品质量标准的确会带来整体的净收益。这也使各国政府很容易将代价不菲的保护主义隐藏在道德的外衣下。

9.4.2 国产化成分要求

国产化成分要求（domestic content requirement）是指在本国生产和组装的产品必须含有规定的最低数量的本国生产价值，其形式包括支付给本国工人的工资或者国内生产的原材料或零部件。国产化成分要求在两个层次上实施进口保护：第一，限制那些未达到国产化成分要求的产品的进口；第二，限制那些本该使用国内厂商生产的原材料和零配件的外国进口。例如，在马来西亚和其他国家，国产化成分要求强制本国汽车制造商更多地使用国内厂商生产的汽车零部件（如金属外壳、坐垫套等）。国产化成分要求如果制定得过高，还可以促使发动机或变速器等昂贵的部件也由本国生产。

另外一种与之紧密相关的非关税壁垒为**混合购买要求**（mixing requirement）。它规定进口商或进口分销商必须购买一定比例的本国产品。例如，菲律宾政府曾经要求某些国内零售商店，其货架上必须至少有30%的产自菲律宾的产品。这种混合购买要求也用来限制外国娱乐产品的进口。加拿大曾经对广播电台和电视台实施“加拿大时间”的要求，迫使它们拿出一定比例的播出时间用来播放加拿大本土录制的歌曲和节目。类似地，欧盟也曾经在法国的倡导下，对美国的娱乐节目发动了持久的抵制活动，规定至少有一定比例的娱乐节目必须是本国节目。

像产品标准一样，国产化成分要求和混合购买要求也没有给政府带来任何的关税或税收收入。产品涨价的收益被那些受保护产品的国内生产和销售者得到。这些要求常常会带来无谓损失，因为被保护的产品并不一定受国内消费者的欢迎，国内生产成本也更高。

9.4.3 政府采购

政府是商品的主要购买者。有人估计，政府对可贸易商品的购买数量大约占工业化国家所有商品销售总额的1/10。如果政府的购买过程倾向于抵制外国商品（事实上，它们也常常这样做），那么政府的购买行为就可以成为一种非关税进口壁垒。在许多国家，政府购买的进口商品数量相当少，购买的商品大部分是本土制造的。

在美国，1933年的《购买美国产品法案》（Buy America Act）就是这样一部基本法，它要求政府优先购买本国商品。对于不同种类的政府购买，这种偏袒也有不同的形式，包括禁止购买进口品、国产化成分要求以及规定"除非进口品价格非常低（如比国产品便宜至少1/3）否则必须购买国产品"。美国半数以上的州以及许多城镇同样有"购买美国产品"或者"购买当地产品"的政府购买规定。

其他很多国家也有相似的规章制度。例如，在日本，美国政府曾抱怨日本政府通过使用偏向于当地产品的标准以及利用短时间内的投标，限制国外厂商向日本政府部门以及国有企业销售电信产品和服务。在希腊，对政府采购产品计划的说明十分模糊，并倾向于当地产品。而且，希腊政府做决策时，也倾向于希腊或者其他欧盟国家的企业。此外，在一些国家（通常会提到意大利），在签订政府合同时广泛存在的贿赂行为更是加强了这种倾向。

9.5 贸易保护的成本

前面已经分析了关税壁垒以及非关税壁垒对于进口的效应。那么，这些效应到底有多重要？实施的成本是大还是小？成本大小又是相对什么而言的？下面，先从一国宏观经济的角度对这些问题进行分析；然后，再对得到保护的特殊产品进行探讨。

9.5.1 贸易保护成本占GDP的百分比

对任何经济成本或收益的重要性进行评估的一个通行标准，是看其是否占国民经济的较大比重。我们通常用国内生产总值（GDP）来衡量一国的经济水平。令人想不到的是，用这一标准来衡量，对于一个典型的工业化国家，即使忽略该国贸易条件得到的改善（小国情形），贸易保护的成本也很小。

考虑一下图表8—4中的B图，对于一个征收关税的小国，关税导致的国民福利净损失面积 $b+d$ 等于单位商品的关税与进口减少数量之积的1/2。使用这个等式，经过一些数学处理，可以得到关税导致的国民福利净损失占GDP百分比的一个表达式①：

---

① 下面给出该等式的推导过程。第8章对于关税的分析表明，国民福利净损失（货币形式）由三角形 $b+d$ 的面积（或两个三角形 b 和 d 的面积之和）表示。三角形的面积等于1/2×底（关税导致的进口变动量）×高（单位商品的关税金额，等于关税税率乘以进口价格）。因此有

关税的国民福利净损失＝1/2×（进口数量的减少量）×（关税税率×进口价格）

然后，将等式右边第一个括号里面的式子除以进口数量（即它变成进口减少量除以进口总量，也就是进口数量减少的百分比，以小数的形式表示），同时将第二个括号里面的式子乘以进口数量（即进口价格乘以进口数量，也就是进口总额），得到

关税的国民福利净损失＝1/2×（进口数量减少的百分比）×（关税税率×进口总额）

现在再把等式的两边同时除以GDP的货币金额，整理公式后，就得到文中的表达式。

$$\frac{关税的国民福利净损失}{GDP}=\frac{1}{2}\times 关税税率\times 进口数量减少的百分比\times\frac{进口总额}{GDP}$$

类似的表达式可以用于分析那些受进口关税或者其他非关税壁垒影响的产品（例如在非关税壁垒的分析上，可以用非关税壁垒导致的国内价格增长率代替关税率）。此外，也可以使用这种表达式考察一国实施的所有关税及非关税壁垒的效应。（大体上，如果把所有由于实施进口保护措施导致的损失加总，则可以得到这个表达式。）

损失到底有多大呢？假设一国的进口关税为 10%，导致了 20%的进口减少量。再假设那些受影响的所有进口商品的总价值占 GDP 的 20%。在本例中，进口关税导致的国民福利净损失等于 1/2×0.1×0.2×0.2，即仅为 GDP 的 0.2%。这对于一个关税水平很低且不依靠进口的国家来说，进口保护所导致的国民福利净损失看起来并不会太大。现在工业化国家的保护成本已经相当低了，因为这些国家的政府在过去的半个世纪中，通过合作已经尽可能地降低了贸易壁垒。（当然，也应该注意到，美国 GDP 的 0.2%就是 280 亿美元，大多数人不会认为这是一个小数目。）

然而，这种简单的估算方式会低估保护成本占 GDP 的比重。以下五种因素会使得真实成本大于上式的计算结果：

- 外国的报复。如果一国实施了进口壁垒，其他国家政府就会实行报复性的壁垒以限制来自该国商品的进口，真实成本便会大于上述公式所显示的成本。尤其在爆发贸易战后，贸易双方设置的壁垒会越来越高，导致成本也越来越高。
- 执行成本。任何一种壁垒都是由政府官员来执行的。鉴于执行壁垒的工作人员本来可以从事其他高产出的职业，因此这就构成了一种损失。政府收益（面积 c）的一部分被用于设置壁垒，浪费了社会资源。这对于整个国家来说，是一种损失，而不是从消费者向政府的全部转移。
- 寻租成本。寻求保护的本国公司可能会使用一些政治手段，如游说活动，这也需要使用一些资源。那么在这种情况下，由保护产生的生产者剩余（面积 a）中的一部分也会因为资源浪费而损失，而不是从消费者向生产者全部转移。此外，厂商和个人为了试图获得关税收入或进口配额导致价格加价，也会耗费一些资源，这是另外一个由于资源浪费使部分面积 c 变为国民福利净损失的原因。
- 外国生产商获得的租金。VER 鼓励外国出口商提高其出口价格。这是对面积 c（全部或者一部分）变成进口国家的国民福利净损失的又一种解释。
- 抑制创新。保护主义不利于激发国内厂商技术创新的热情，因为竞争的压力减弱了。此外，保护主义还使国内市场上的商品种类减少，这又造成了国民福利的净损失（回忆第 6 章的内容）。

所有这些原因都会使保护政策的实际成本远远大于前面简单公式的估算结果，但是要计算到底高出多少，却并非易事。

9.5.2　保护国内生产者的额外成本

设置进口壁垒的政治原因常常是为了提高国内受到威胁行业的收益。那么，被保护行业获得 1 美元的生产者剩余需要耗费多少社会成本？

要想知道社会需要付出多少成本使受保护行业得到 1 美元的收益，可以回到前面的进口壁垒成本只占 GDP 的 0.2%的例子。在该例中，关税给国内厂商的产品带来了 10%的价格上升幅度。如果受威胁行业占到 GDP 的 25%，那么它们从生产者剩余增加中得到的收益大约等于 GDP 的 2.5%（10%×25%）。转移到受保护行业的每 1 美元，会给社会带来额外 8 美分（即 0.2/2.5）的无谓损失。这样，即便在这个保护程度比较适中的例子中，受保护行业的每 1 美元收益也会消耗社会其他成员 1.08 美元的成本（从消费者转移的 1 美元加上额外 8 美分的损失）。

9.6 国际贸易的争端解决机制

每个国家的政府都制定了自己的贸易政策，这些政策在影响本国的同时也影响了其他国家。如果一国的贸易政策被认为是有害且不公平的，则可能引起其他国家的申诉。在上一章的结尾处曾经涉及了这一问题。如果一国实施最优关税贸易政策，那么该国的收益是以其他国家的损失为代价的，其他国家的贸易条件恶化，国内企业也会丧失一些出口机会。那么这些国家必然会抗议，可能还会采取报复性措施进行反击。由非关税壁垒引起的贸易争端更是如此。像关税一样，一国实施的非关税壁垒会损害其他国家的利益。另外，一国由于其他原因（例如，制定严格的产品标准以保护公众健康）而采取的措施也会被视为对其他国家不公的贸易壁垒。

国际贸易争端的解决方式无论是对涉事国家还是对整个世界都非常重要。如果其他国家通过实施报复性壁垒这种极端方式解决贸易争端，那么整个世界的福利会恶化，多数甚至全部涉及的国家的福利也很可能会恶化，因为它们互相损失了从贸易中得到的部分收益。相反，如果通过谈判和外交手段，帮助各国找到消除那些让人生厌的贸易限制政策的方法，那么整个世界都会受益，各国也向自由贸易迈进了一步。现在的关键问题是，如何避免使用第一种解决方式，并使第二种解决方式变得更加可能。

虽然各国政府之间可以举行非正式的讨论和谈判解决贸易争端，但是国际机构及其相关规定的作用也非常重要。起初，在 1947 年，GATT 曾经有一个争端解决机制，如果某一成员坚信其他成员采取了违背 GATT 规则和义务的措施，就可以提起诉讼。然而，这个争端解决机制有一个重大缺陷——任何 GATT 成员，包括涉事方，都可以阻碍裁决结果的实施。随着裁决的实施不断被阻碍，这一机制遭遇的挫折也与日俱增。这导致了两个方面的变化。首先，美国颁布了一项法律赋予本国一项权利——如果其他国家采取了不公平的贸易手段，美国有权自己寻找解决办法；其次，作为乌拉圭回合协议的一部分，新成立的 WTO 设立了一套更加强硬的争端解决程序。

9.6.1 美国的“301 条款”：单边压力

由于美国政府对 GATT 的争端解决程序感到失望，美国颁布了 1974 年《贸易法案》（Trade Act）的“301 条款”（Section 301）。该条款赋予美国总统一项权力，即与采用“不公平贸易手段”的国家谈判以消除不公平贸易行为。作为这个谈判过程的一部分，美国政府可以威胁那些它认为冒犯了美国利益的国家：如果不改变贸易政策，美国会设置新的壁垒限制该国商品的进口。（美国还制定了“特别 301 条款”，要求每年报告那些没有对知识产权提供足够保护的国家的情况。）

美国政府以报复为威胁，单方面打开外国市场的行为会产生哪些影响？这取决于受威胁的国家是否会妥协，并消除美国认为不公平的做法。如果受威胁的国家取消了这些做法，美国政府则达到了一些目的，其中一个可能的目的就是某种程度上实现更加自由的国际贸易。自1974年以来，100宗301条款案件中，大约一半案件是通过这种方式解决的，不过美国的出口增长很小。

然而，如果他国并没有对美国的要求妥协，美国政府就会实施贸易制裁（通常是对从该国进口的任意一系列商品征收高关税）。由此，对另一国的贸易报复必然会导致两国福利的同时减少。遗憾的是，301条款案件中约1/4的案件最终都是以这种方式收场，美国实施了对双边都不利的贸易制裁。

显然，其他国家对美国使用这一条款的行为感到愤怒。它们厌恶美国那种用自以为是的腔调制定和使用301条款的行为。它们一针见血地指出，301条款准许美国单方面进行所谓的“贸易犯罪”审判，什么事都由美国自己来决定是不公平的。

自20世纪90年代初以来，301条款案件数量有所下降。现在美国的诉讼更多提交到WTO，用WTO的争端解决程序解决争议。

9.6.2 WTO的争端解决机制

在乌拉圭回合的多边贸易谈判中，各国政府逐渐意识到当时的GATT在争端解决方面存在缺点，并开始对美国301条款包含的单边解决机制表示担忧。1995年，WTO成立，它的争端解决机制比GATT更加强大。

如果一个成员政府认为另一个成员政府违反了WTO的承诺或规则，它就可以提起申诉。WTO的目标就是找到争端的解决方案，消除任何存在的违规情况。第一步是政府间的商议。如果协商讨论不能解决争端，将由一组专家对该案件进行考察，并最终达成一致结论。一国可以就专家组的决定进行上诉，但是不能单凭抗议来阻碍它的实施。如果申诉得到了支持，那么被投诉的国家就需要改正其政策。在大多数的案件中，国家之间都会找到一个相互都可以接受的争端解决方案。但是，如果被投诉国家不改正它的政策或者没有提供其他任何补偿，那么作为最后的手段，WTO可以批准申诉国对被申诉国进行报复。

自1995年年初起，WTO平均每年接到26起申诉。其中大约40%的案件中申诉国是美国和欧盟。还有大约50%的案件，则是申诉欧盟和美国的，并且经常是这两者之间互相申诉。

争端解决程序也被其他国家广泛采用，但没有如此频繁。其中大约40%的案件中，发展中国家是申诉者，还有超过1/3的案件中，发展中国家是被申诉者。自2001年加入WTO以来，中国提出了8起申诉（截至2011年年初），在21个案件中是被申诉国（“聚焦中国”专栏中的“中国加入WTO的十年”对这些案件进行了讨论，并对中国作为WTO成员的其他方面进行了说明）。另外，值得注意的是，大约一半的争议案例都是关于本章讨论的几种非关税壁垒的。

WTO授权报复的仲裁决议比较少见，而对违反规定的国家进行了实质上的强制性贸易制裁案例则更加稀少（大约占申诉案件总数的2%）。贸易制裁通常是以对违规国家一系列出口产品征收高关税的形式进行。实施报复手段的威胁可以有效地迫使违规国家改正其政策，但是实际上实施报复手段是存在很多问题的。它与WTO贸易自由化的宗旨背道而驰，可能会降低涉及纠纷双方国家的福利水平，并且损害整个世界的福利。不过幸运的是，这样的制裁手段很少。

聚焦中国

中国加入 WTO 的十年

经过 15 年复杂、艰辛的谈判，中国终于在 2001 年年末正式加入 WTO。想要成为 WTO 的一员，中国需要取得 WTO 所有成员的同意（WTO 的共同决策的原则）。在这一过程中，中国同意在许多贸易政策以及其他经济政策方面作出重大改变——某种程度上说，这些承诺大大超过了那些数年前就加入 WTO 的国家作出的承诺。

中国加入 WTO 后是否获得了它想得到的收益？概括来讲，中国从更加自由的国际贸易中受益良多。随着经济的增长，中国的贸易持续发展，从加入 WTO 中获得了综合收益。现在中国享受其他成员的最惠国待遇。虽然直至 2008 年，它在多哈回合谈判中都并没有扮演十分重要的角色，但它在 WTO 发起的多边贸易谈判中已经拥有了一个席位。

中国也加入了 WTO 的争端解决机制。截至 2011 年年初，中国共提交了 8 起案件的申诉。在这 8 起案件中，有 7 起都是投诉美国或者欧盟对中国的出口品征收反倾销关税、反补贴关税或保障性关税（第 11 章将考察这三种贸易政策）。另外的一个案件，是投诉美国没有遵守 WTO 协议，单方面禁止进口中国家禽。截至 2011 年年初，这 8 件申诉中除了一件，其余 7 件都提交至专家组进行审查。中国提交的第一个申诉案件是在 2002 年，当时它联合其他一些国家，成功地降低了美国对钢铁进口征收的高关税。中国也赢得了 2009 年的有关家禽的申诉，使美国取消了禁令。但是，在有关美国对进口轮胎实施保障性关税的案件中（也是在 2009 年提交的申诉，第 1 章中讨论过），专家组否决了中国的申诉。

作为 WTO 的成员，中国有资格取消限制其服装和纺织品出口的 VER。正如本章之前的案例分析所讨论的，VER 虽然被取消了，但中国的出口仍然受到美国和欧盟实施的保障性措施的限制。不过，中国的纺织品和服装的出口数量在最近几年仍然增长迅速。

中国加入 WTO 加速了其融入全球经济的进程。它变成对外国公司越来越有吸引力的直接投资地点（第 15 章将会有更深入的讨论）。外国公司在中国的经营活动也推动了其贸易和经济的迅速增长。

为追求经济利益，中国加入 WTO 时做了哪些承诺？为履行这些承诺，中国做了哪些努力？下面是中国加入 WTO 协定中包含的几个主要方面：

- 降低关税：中国加入 WTO 之前就已经开始削减关税了，加入 WTO 后则继续这项工作。对于工业产品，中国的平均关税税率从 2001 年的 14%降至 9%。其中某些产品的关税下降幅度非常大。例如，汽车关税税率从 80%直接降低至 25%。电脑、电信设备以及其他信息技术产品的关税甚至被取消了。农产品的平均关税税率从 2001 年的 23%降至 16%。所有的关税都是约束性关税（这样中国将来就不能随意提高这些关税）。

- 服务业：中国在《服务贸易总协定》的框架下，作出了一系列承诺，为外国服务型企业进入中国提供了良好的市场环境。例如，中国取消了对从事银行业、金融服务业和保险业的外资企业在本地活动的限制。不过，一些外国企业还是忧心忡忡，还是有其他的一些规章制度限制了它们获利的能力。高资本金要求一直是困扰外资银行的重要因素，新的办公地点和附加产品的批准程序也是成本高昂，进展缓慢。另外一个担忧是中国一直没能对提供计算机辅助旅行预订服务的外国企业进入中国市场制定相应的进入审批程序。

- 知识产权：中国同意修订和颁布法律以保护知识产权，使其法律体系更加符合 WTO

的规则以及其他国际标准。现在，中国的法律体系总体上符合WTO规则，然而产品仿冒和盗版活动仍然较多，相关法律也没有得到实施。

总体来说，中国已经作出了很多重大改变，其中包括修订了数千条法律法规。中国已经大体上兑现了其加入WTO时所做的承诺，不过在某些方面，这个过程要么进展缓慢，要么就是采取了其他一些措施抵消了自由化进程。这些明显的缺点曾招致其他国家投诉。它们也通过争端解决机制向WTO提交了很多申诉。截至2011年年初，有21件针对中国的申诉案件（涉及12个独立事件）。这些申诉涉及WTO管辖的大部分领域，包括关税、非关税壁垒、知识产权以及服务贸易。

2004年，美国认为中国实施了歧视性的国内税收政策，以支持中国设计和制造的集成电路，因此向WTO提交了第一个针对中国的申诉。通过谈判两国最终达成解决方案，中国取消了这种歧视性税收政策。还有其他一些申诉案件，比如针对中国实施的其他歧视性税收政策所提出的申诉（2007年由美国和墨西哥提交），以及针对中国限制外国金融信息公司提供数据的服务进入市场所提出的申诉（2008年由欧盟和美国提交），它们的协商结果都是以中国改变政策而告终。

第一个针对中国的并最终被提交至专家组的申诉案件是2006年由欧盟、美国和加拿大提起的。它们认为中国对汽车零部件征收的关税超过了中国的限制性关税。具体来说，如果进口零部件超过整车价值的60%，那么这些进口零部件适用的关税税率为25%。事实上，汽车零部件的约束性关税税率为10%（这是本章之前讨论过的国产化成分要求的一种形式）。2008年年初，专家组审查了这一案件，裁定中国的政策违反了WTO规定。随后，中国改变了这些政策。在美国2007年提交的两个申诉中，其中一个是有关中国缺乏对某些知识产权保护的申诉，另外一个是有关中国对进口电影、音乐和图书实施贸易壁垒的申诉。在这些贸易壁垒中，中国政府要求这些进口知识性产品只能通过国有机构发行。专家组同样裁定中国违反了其加入WTO时作出的承诺。

截至2011年年初，其他的很多申诉还在WTO的审查中。2010年，美国、欧盟和墨西哥联合提出申诉，声称中国限制了某些原材料的出口，为使用这些原材料作为投入品的中国厂商提供了不公平的竞争优势；欧盟向WTO提出申诉，称中国对欧盟的紧固件征收反倾销进口关税，违反了WTO的规定；美国提出申诉，称中国要求所有的支付服务必须通过同一个中国公司，限制了外国公司在中国提供借记卡和信用卡服务；美国还提出申诉，称中国对美国出口的扁钢征收反倾销关税和反补贴关税，违反了WTO的规定；最后，美国还提出申诉，称中国对生产风力发电涡轮设备的本国厂商提供了不符合WTO规定的补贴。

总之，经过加入WTO最初几年的缓慢启动后，中国现在已完全深陷于WTO的争端解决体系中。

本章小结

非关税壁垒通过限制数量、增加成本或者造成不确定性来限制进口。进口配额设置了一个进口的最大限额。如果市场是竞争性的，配额产生的效应与限制相同进口数量的等额关税的效应相同（有一个可能的例外）。如同征收关税一样，实施配额会提高国内价格，降低国内需求总量，增加国内供给总量，减少国内消费者剩余，增加国内生产者剩余，而且，如果进口国是大国，配额还会降低对外国商品的需求而降低其世界价格。例外情况是，本应是政府关税收入的那部分价值在配额中有了变化。在实施配额的情况下，这一数额等于单位进口品的国内价格与世界价格的价格差。如果政府将进口配额许可证免费发放给进口商，那么这些幸运的进口商便获得了这一数额的额外利润；如果政府拍卖或者出售这些进口许可证，那么政府便获得了这一数额的财政收入；如果政府通过复杂的申请程序发放进口许可证，那么部分收入就会因为这些资源使用申请程序而受损。对于小国，进口配额和关税一样是有害的，如果它还带来了国内垄断，或是由于私人为获得进口许可证浪费了许多资源，那么它比关税还要糟糕。

有一种保护形式在 20 世纪 80 年代变得越来越普遍，特别是在美国和欧盟。这就是自愿出口限制。进口国以实施严格的贸易壁垒为威胁，要求外国出口商“自愿”限制其出口。在谈判达成的 VER 制度下，主要的外国出口商形成了卡特尔，同意减少出口数量。同时，因为出口商品的价格会升高，出口商可以在向进口国有限的销售中得到所有价格上升的收益。一个奇怪的结果是，要求对方实行 VER 的进口国，与征收关税或实施进口配额的情况相比，国民福利净损失会更大。

其他一些重要的非关税壁垒还有国产化成分要求、混合购买要求、优先购买本国产品的政府采购，以及有着保护效应的大量的质量和安全标准。

包括关税和非关税在内的进口壁垒的净成本，用通常的无谓损失三角形方法计算，似乎只占 GDP 的很小一部分。但这种分析方法忽略了外国报复、政策实施成本、寻租行为以及使进口壁垒成本更高的其他因素。考虑到为受保护部门提供保障的各种措施，进口壁垒的净成本更大了。

总体来讲，全球在努力降低非关税壁垒方面取得的成就，要比努力降低关税税率方面取得的成就小。在 GATT 和 WTO 下，多数的配额已经被取消了，但是在最近几十年其他非关税壁垒的使用呈上升趋势。肯尼迪回合和东京回合的多边贸易谈判针对几种非关税壁垒设立了自律准则，但这些准则效果微乎其微。乌拉圭回合达成的协议包含了一系列更为宽泛的非关税壁垒自律准则和规则，其中包括取消纺织品和服装的 VER，这些准则和规则适用于所有的 WTO 成员。

乌拉圭回合的协议也启动了农产品贸易和服务贸易的自由化进程，同时它要求成员为知识产权至少提供最低的保护水平。最近的多哈回合贸易谈判有了一个更加雄心勃勃的议事日程，但是前进的步伐由于美国、欧盟以及发展中国家（以巴西和印度为首）的不作为而被彻底阻碍了，这些国家就如何及在多大程度上取消有关农业和农产品贸易的政府政策这一问题不能达成统一意见。

20 世纪 70 年代末，美国政府开始对 GATT 争端解决程序显露的缺点感到失望，转而使用 301 条款尝试单边解决美国对其他国家贸易活动和贸易政策提起的申诉。其他国家对美国的这种单边解决方式深恶痛绝。随着 WTO 的争端解决机制的发展，美国逐渐减少了 301 条款的使用。

一般来说，WTO 的争端解决机制是比较成功的。很多申诉案件通过国家之间进行谈判达成协议而得到解决，另外一些申诉案件在专家组发布其正式裁决后得到解决。

如果 WTO 的专家组审查案件后，发现一国的政策确实违反了 WTO 的规定，而该国又不愿意改变其政策，那么 WTO 可以批准申诉国对该国进行报复。申诉国通常可以对来自被申诉国的进口品征收高额关税进行报复。实施报复的威胁可以有效地使违规国家改正其政策，但是事情并非到此为止。如果违反国家不改正其政策，报复手段也实施了，那么涉及纠纷的双方国家的福利水平和整个世界的福利水平都会降低。

关键词

非关税壁垒（nontariff barrier，NTB）
进口配额（或配额）（import quota（quota））
固定受惠对象（fixed favoritism）
进口许可证拍卖（import license auction）
资源使用申请程序（resource-using application procedures）
自愿出口限制（voluntary export restraint，VER）
国产化成分要求（domestic content requirement）
混合购买要求（mixing requirement）
301 条款（section 301）

推荐读物

Deardorff & Stern (1998) 对限制进口的非关税壁垒进行了广泛的调查。Trionfetti (2000) 将政府采购列为非关税进口壁垒的一种。Berry, Levinsohn & Pakes (1999) 就日本对出口到美国的汽车实施自愿出口限制进行了技术分析。Findlay & Warren (2000) 提供了服务壁垒的证据，Hoekman (2000) 研究了服务贸易自由化带来的收益。Footer & Graber (2000) 研究了文化商品的贸易壁垒 (例如电影、音乐唱片等)。

Feenstra (1995) 进行了针对保护效应评估的技术性调查。Anderson & Wincoop (2004) 对似乎会阻碍国际贸易的政策和其他影响因素进行了广泛的调查。Kee et al. (2010) 和 Evenett (2009) 分别考察了全球危机期间的贸易保护主义。Lrwin (2011) 探究了大萧条期间出现的贸易保护主义。

Destler (2005) 和 Pearson (2004) 研究了美国贸易政策的发展史。Hoekman & Kostecki (2001) 研究了 WTO 的规则和及其活动。Jones (2004) 研究了围绕 WTO 及其活动的争议。Bagwell & Staiger (2002) 对于“为什么 WTO 及其规则从经济的角度来讲是有效的”这一问题提出了概念性的分析。Bhattasali et al. (2004) 回顾了中国加入 WTO 的过程。Elliott (2006) 和 McCalla & Nash (2007) 考察了多哈回合谈判中的农业自由化进程。Bown (2009) 对发展中国家在 WTO 争端解决机制中扮演的角色进行了评论。通过使用第 6 章中介绍的引力模型，Rose (2004) 得出结论：WTO 并没有增加世界贸易量。但是 Liu (2009)，Engelbrecht & Pearce (2007)，以及 Subramanian & Wei (2007) 则反驳了这一结论。

习　题

✦ 1. 什么是进口配额？为什么一些政府要使用进口配额而不是用关税来对进口作同样数量的限制？这是不是因为配额能比关税带来更大的国民收益？

2. 什么是自愿出口限制 (VER) 协议？为什么一些国家的政府迫使外国出口者实行这一协议，而不是用进口配额或关税来对进口作同样数量的限制？这是不是因为 VER 可以带来比进口配额或关税更大的国民收益？

✦ 3. 在什么条件下，进口配额和关税对价格的影响完全相同，并且带来相同的收益与损失 (给定一个关税水平，使其限制的进口量和配额限制的进口量一样多)？

4. 解释以下的进口政策，并描述它们对整个进口国可能产生的福利方面的影响：

a. 产品标准。

b. 国产化成分要求。

✦ 5. 为保护美国制造业的工作岗位，美国可能会决定削减 60% 的推土机的进口。它可以通过下面两种途径来实现：(a) 征收使推土机进口量减少 60% 的关税；(b) 建议小松公司和其他外国推土机制造公司实施 VER 协议，自愿将其对美国的出口减少 60%。这两种政策哪种对美国的损害更小？哪种对整个世界的损害更小？请解释理由。

6. 美国正在考虑制定一个法规：外国苹果必须采用与美国相同的培育和采摘技术，才能出口到美国。使用美国的这种方法，可以满足各种有关工人安全和产品质量的政府标准。

a. 作为美国政府的代表，要求你在 WTO 为上述新的进口法规做辩护，你会怎么说？

b. 作为外国苹果种植者的代表，要求你说明这一法规是对贸易的不公平的限制，你又会怎么说？

✦ 7. 一个小国进口糖。自由贸易的条件下，世界价格为 0.1 美元/磅，该国的国内市场情况如下：

国内生产量	120 百万磅/年
国内消费量	420 百万磅/年
进口数量	300 百万磅/年

现在，该国政府准备通过采取配额的方式，将进口糖的数量限制在每年 240 百万磅。当这个配额生效的时候，国内价格升至 0.12 美元/磅，国内生产规模也会升至每年 160 百万磅。政府采取拍卖的

方式分配 240 百万磅的糖进口配额。

a. 计算国内生产者会从配额中收益或者损失多少。

b. 计算国内消费者会从配额中收益或者损失多少。

c. 计算政府拍卖进口配额权利时，其收益为多少。

d. 计算整个国家从配额中获得的净收益或净损失，并对这个净收益或净损失作出经济解释。

8. 一个小国贸易保护情况概括如下：典型关税税率是 50%，对进口产品的需求价格弹性（绝对值）为 1，在自由贸易条件下，进口量占到国家 GDP 总量的 20%，而被保护的产业占 GDP 的 15%。利用贸易三角形分析法，粗略计算关税保护导致的经济成本占到国家 GDP 的百分比，以及占被保护部门中生产者剩余收益的百分比。

✦ 9. 对于一个小国来说，考虑一个进口配额和一个允许同样初始进口水平的等额关税的情况。市场是竞争的，政府以“固定受惠对象”的方式分配进口配额许可证，这一过程中没有发生资源消耗。现在，国内需求有增长（国内需求曲线 D_d 右移）。假定关税税率不变，假定进口配额的数量也不变，这两者是否仍然起到一样的作用？试用图形对此进行说明。必须讨论二者对以下因素的效应：国内价格、生产数量、消费数量、进口数量、生产者剩余、消费者剩余、无谓损失、政府收益或者配额带来的等价收益。

10. 一位日本朋友请你对美国 301 条款的使用进行解释和辩护，你会怎么说？

✦ 11. 假设 Rollerblade 和 K2 两家公司正在要求美国政府限制进口加拿大 Bauer 公司生产的旱冰鞋。保护主义者声称旱冰鞋的价格必须从每双 200 美元上涨到 250 美元，才能保证它们的收入。美国政府面对三种选择：(1) 自由贸易，不采取任何保护措施；(2) 对旱冰鞋征收特殊关税，以加拿大采用了某种不公平贸易做法这种含糊的理由为依据（引用 1974 年《贸易法案》中的 301 条款）；(3) 迫使 Bauer 公司同意进行自愿出口限制（VER）。这三种选择将导致的价格和数量见下表：

	自由贸易	征收 80 美元的关税	采取 VER 形式
美国国内价格（美元/双）	200	250	250
国际价格（美元/双）	200	170	170
进口旱冰鞋数量（百万双）	10	6	6

说明：每双旱冰鞋 80 美元的关税每年可减少 400 万双旱冰鞋的进口，VER 可减少相同数量旱冰鞋的进口。

a. 请计算，相对于自由贸易，美国分别从关税和 VER 中得到的净收益或净损失。这三种选择中，对美国来说，哪种选择最好？哪种最差？

b. 计算出口国加拿大从美国的关税和 VER 中得到的国民福利净收益或净损失。三种选择中，哪种选择对加拿大的伤害最小？

c. 三种选择中，哪种选择对整个世界来说是最优的？

第 10 章 支持和反对贸易保护的观点

为什么大多数国家都有限制进口的政策呢？第 8 章和第 9 章中仅仅阐述了不好的壁垒，即对全球经济带来净损失的进口贸易壁垒。在前文的分析中，由于自由贸易会使全球经济实现完全有效率的运行，所以任何贸易壁垒对全球经济来说都是有害的。但我们也发现了一个可能对征收国有益的壁垒，即国家最优关税，但这个壁垒对整个世界经济来说依然是有害的；况且一旦其他国家对该征税国出口产品征收报复性关税，征税国的收益也将荡然无存。

本章的一个重要目标是审视一系列认为进口保护措施对实施国有益（以及对世界也可能是有益的）的观点。这些观点的依据是正是因为这些保护，国家才可以去弥补一些市场缺陷或者实现一些除了经济效率之外的目标。从第 8 章与第 9 章的分析中，我们可以发现，针对某种进口品的关税或者非关税壁垒（NTB）会导致以下五种效应：

- 增加本国该种产品的产量；
- 增加劳动力要素和其他资源在该产品的国内生产中的使用；
- 减少国内对这种产品的消费；
- 增加政府财政收入；
- 改变本国的收入或福利分配。

针对上面的每一种效应，有五个赞同关税（或非关税）壁垒的论据需要检验：

- 如果一种产品的本国生产会带来额外的好处，那么关税政策对征收国可能是有利的，因为关税政策致使国内生产更多的这种产品。
- 如果雇用本国劳动力或者使用其他资源来生产这种产品会带来额外的好处，那么关税政策对征收国是有利的，因为随着这种产品更多地在国内生产，会致使该部门更多地使用劳动或者其他资源。
- 如果一种产品的本国消费会带来额外的坏处，那么关税政策对征收国是有利的，因为关税会导致本国减少对该产品的消费。
- 如果政府财政收入增加会带来额外的好处，那么关税政策对征收国是有利的。
- 如果在进口竞争行业密集使用的要素报酬的增加是令人期待的，那么关税政策对征收国是有利的。

在上面的每一个情形中，关税政策不仅有利于征收国，也有利于整个世界。（我们将在第 11 章检验另外一种贸易保护的老生常谈的理由，即国外出口商进行的是不公平的贸易。）

这里的分析将得出一些政策性结论，这些政策性结论早在第 8 章的开始就有所涉及：

● 存在合理的支持贸易保护的“次优”理论——在“次优”世界中，贸易保护可能比自由贸易更好。

● 但是，在这些情况下政府的其他一些政策通常要比实施进口壁垒更好。

如果进口保护政策对于一个国家来说不是最优政策，那么为什么还会出现如此多的贸易壁垒？本章的最后一部分将集中讨论贸易保护政策的政治意义。同时将考察一个国家内不同利益集团的政治行为如何影响进口壁垒的政治决策。政治上的分析表明制度是非常重要的。进口保护更有可能在一个施行代议民主制的政体内发生，因为国内进口竞争产品的生产商能更有效地组织起来游说当局，而本国消费者却做不到。

10.1　最优的理想世界

在第 8 章和第 9 章中，曾假设了一个理想的或者“最优”的世界，在这个假设中，任何私人的激励都是完全与整个社会的收益和成本相联系的。在最优世界里，任何需求或供给曲线都具有两种功能，即同时代表着私人和社会的收益或成本。国内的需求曲线不仅代表了多消费一辆自行车给私人购买者带来的边际收益，而且代表了多消费一辆自行车使社会整体增加的收益。国内的供给曲线不仅代表多生产一辆自行车增加的私人生产商的边际成本，而且也导致整个社会边际成本的增加。

图表 10—1 中第一行总结了经济学家眼中的“最优”世界。市场价格（P）对消费者和生产者发挥着信号作用。消费者购买商品数量会达到这一点：他们支付的价格必须等于多消费一单位产品所得到的边际收益（MB）。社会边际收益（SMB）也正好等于消费者得到的边际收益。生产者提供产品的数量也会达到这一点：生产者收取的价格正好可以弥补多生产一单位该产品的边际成本（MC）。多生产一单位产品的社会边际成本（SMC）正好也等于单个企业产生的边际成本。也就是说，所有这五个价值是相等的：

$$\begin{aligned}&\text{价格}(P)=\text{购买者的私人边际收益}(MB)=\text{社会边际收益}(SMB)\\&=\text{销售者的私人边际成本}(MC)=\text{社会边际成本}(SMC)\end{aligned}$$

在最优世界里，自由贸易在经济上是最有效率的。自由贸易使得市场竞争中“看不见的手”在全球发挥作用。私人生产者对市场价格信号作出反应，在每一个国家都会扩张生产，直到整个世界的福利水平达到最优；同样，私人消费者也会对市场价格信号作出反应，增加对产品的购买，直到整个世界的福利水平达到最优。

图表 10—1　激励的扭曲及其效应

状态	激励的边际分析	效应
最优世界	$P=MB=MC=SMB=SMC$	供给量和需求量正好相等

续前图表

状态	激励的边际分析	效应
次优世界激励的扭曲		
外部成本	$SMC>P(=MB=MC=SMB)$	生产者增加生产和销售一单位产品产生的社会边际成本超过了价格（P）（价格等于 MC，MB 与 SMB），供给过多。例如：生产污染了空气与水资源。
外部收益	$SMB>P(=MB=MC=SMC)$	需求者仅得到等于价格 P 的私人收益，而不是全部的社会边际收益（SMB），需求不足。例如：接受培训或教育带来了外部收益，如工作态度的改善或团队技能的提高。
卖方垄断力量	$P>SMC$	垄断者制定了过高的价格，导致需求不足。
买方垄断力量（本书没过多讨论的情况）	$P<SMB$	买方垄断者制定了过低的价格，导致供给不足。例如：一家公司垄断了劳动力市场，设置了过低的工资水平。
导致扭曲的税收	含税 $P>SMC$	税收使购买者支付的价格超过供给者得到的单位产品收益，导致需求不足。
导致扭曲的补贴	含补贴的 $P<SMC$	补贴使购买者支付的价格低于供给者得到的单位产品的收益，导致供不应求。

注：P 为市场价格；
MB 为经济活动的私人边际收益（对需求者）；
MC 为经济活动的私人边际成本（对供给者）；
SMB 为经济活动的社会边际收益（对所有受影响的人）；
SMC 为经济活动的社会边际成本（对所有受影响的人）。

。

10.2　次优的现实世界

但现实世界并不是理想的，是存在扭曲的，而且这些扭曲不会自动地相互抵消。这些扭曲是经济活动中私人和社会在其收益与成本之间的差异导致的结果，而且这种差异还在不断变化。人们生活在一个包含各种扭曲的**次优世界**（second-best world）里。只要私人决策对个人的影响与这些决策对社会的影响之间存在差异，私人行为就不会使社会达到最优。

在一个经济体内存在两个能够导致扭曲的主要原因。一是**市场失灵**（market failures）。市场失灵使私人市场无法达到经济上的完全有效率。二是政府政策。政府政策会扭曲原本在经济上有效率的私人市场。图表 10—1 列举了六种扭曲的情况，其中包括四个私人市场失灵引起的扭曲和两个政府政策引起的扭曲。

表中的前两种扭曲称为**外部性**（externalities）或**溢出效应**（spillover effects），这些净效应不是通过市场的买卖而产生的。外部性效应的第一个经典的例子是河流污染问题，本书将在第 13 章更深入地研究这个问题。如果没有要求造纸厂必须把对河流的污染计算到生产成本之中，那么污染成本将不被计入纸制品的价格中。同样，汽油燃料的购买者也不会认为他们必须支付因为消费这些燃料导致空气污染所引起的社会成本。这就意味着，如果生产或者消费某种产品的部分成本被私人决策者忽略了，这种产品就会过多地生产或者消费。

第二个外部性的例子是假设某一进口竞争部门的工作给社会带来的收益大于决定从事该工作的人能够觉察到的给自己带来的收益。这种外部性收益时有发生，比如，如果某一部门的工作能带来知识、技能、新观念方面的收益，而这种收益不止使该部门的工人和雇主受益，还使部门之外的其他公司或个人受益，那么，正的外部性收益便发生了。在这个例子中，这种部门的社会边际收益（*SMB*）高于就业者得到的工资率（或者劳动价格 *P*）。也就是说，如果一种行为的某些收益被私人决策者忽视了，那么他就不太会采取这种行为（在上面的例子中，很少有人愿意在该部门工作）。

本章将把分析重点放在外部性导致的扭曲上。事实上，我们关注的是各种外部收益。这些外部收益伴随着产品生产的本土化或者生产中的资源利用而存在。在这里简要论述图表 10—1 中的其他四种扭曲。

卖方垄断力量会导致扭曲是因为一个强有力的卖方可以限制产出，提高价格，增加利润。从第 9 章关于国内垄断的案例分析中可以发现，自由贸易可以通过迫使国内垄断者与国外企业进行竞争，从而消除这种扭曲。买方垄断力量造成扭曲则是因为一个强有力的购买者可以制定一个很低的价格。

在其他扭曲不存在的情况下，税收政策会人为地提高产品的购买价格而产生扭曲。第 8 章对关税的分析就是税收导致扭曲以及这种扭曲引起经济无效率的情况。

在其他扭曲不存在的情况下，政府的补贴政策会因人为地降低产品的购买价格而产生扭曲。本质上说，补贴相当于征收一个负的税收。稍后将在本章和第 11 章对补贴进行进一步的分析。

10.2.1 关于外部性的政府政策

外部成本和外部收益在经济学领域引发了几个令人关注的政策问题。一个社会如何纠正由外部性导致的扭曲？有两种基本的政府政策。一种方法是由英国经济学家庇古（A. C. Pigou）所建立的税收或补贴法。另一种方法是建立在诺贝尔经济学奖得主罗纳德·科斯（Ronald Coase）思想之上的产权制度法。①

在本章，我们选择税收补贴法，因为贸易政策的争论往往是围绕税收和补贴问题而展开的（例如关税就是一种税收政策）。在研究政府税收和补贴政策是如何尽其所能地纠正外部性扭曲时，还要记得我们始终有理由对这种政府干预在实践中能否奏效持质疑态度。② 在此，我们只分析政府干预贸易的最优的可能情形，同时还需要记住，在现实中，极有可能在识别问题和提供的解决方案中存在政府失灵。

赞成税收补贴法的人认为，政府首先确认在个人和厂商的私人激励中存在的扭曲，并通过税收和补贴政策纠正这种扭曲。那么，像污染的例子那样，如果社会边际成本超过私人成本和市场价格（$SMC>MC=P=MB=SMB$），政府应该采取什么措

---

① 产权理论认为，如果有一条河流被造纸厂污染，可以通过将河流变成某个人的私有财产而使私人激励等于社会效果。其机制是，或者让下游的使用者拥有河流并因为河流被污染而向造纸厂收费，或者让造纸厂拥有河流，并为清理河道支付成本。可以根据实施成本的最小化原则在这两种产权设置方法之间进行选择。这一产权方法将在本书第 13 章研究国际环境问题的时候再次讨论。

② 可以从更宽泛的角度来看待这一问题，并澄清一个可能发生的混淆。在图表 10—1 中，税收或补贴被列为一种可能导致扭曲的原因。也就是说，如果市场处于最优状态（没有其他扭曲），此时引入税收或补贴便会引起扭曲。而如果已经存在扭曲，那么市场将不会自发处于最优状态。此时，适当的税收或者补贴反而可以改进市场的状态。但是，错误的税收或者补贴也会使事情变得更糟。

施？政府可以征收数量为（$SMC-MC$）的税收，通过征税提高市场价格，使市场价格完全等于社会边际成本（包括污染导致的外部成本）。这样，政府通过征税使得一切保持均衡。如果社会边际收益大于私人收益和市场价格（$SMB>MB=P=MC=SMC$），正如企业培训的例子所提的，便可让政府支付数量为（$SMB-MB$）的补贴，使市场中的决策者得到全部的社会收益。

贸易壁垒能否有助于纠正因外部性导致的扭曲？即便还没有对此进行深入讨论，我们也知道税收补贴法一定与有关进口壁垒问题的争论息息相关。如果在经济中存在扭曲，减少进口也许有助于纠正扭曲。一个简单的案例就是前面提及的工人培训问题。如果某产业工人接受培训的社会收益大于他们目前的市场工资，那么我们可以通过保障他们的工作免受外来竞争而获得社会净收益。这一话题将会在本章中反复讨论。

10.2.2　对症规则

由于外部性和其他扭曲的存在，判断贸易壁垒政策对国家的整体福利是有利还是不利就变得更为复杂了。由于认识到这一点，一些学者强调，在次优世界里对贸易问题不存在包治百病的万灵药。也就是说，一旦扭曲存在，事情就复杂化了，每一种政策实施都要具体情况具体分析。

但是，对于这个扭曲的世界，我们也并非要听之任之，也不能只是耸耸肩说："每个事件都是不同的，一切都要视情况而定。"事实上，确实存在一种有效的规则可以适用于大部分情况。这就是**对症规则**（specificity rule）。对症规则是指政府的政策应尽可能直接地作用于那些造成私人利益与社会利益（或者私人成本与社会成本）不一致的根源上。这样的政府政策通常更有效。简言之，首先应明确产生问题的根源，然后直接对症下药。

对症规则适用于所有类型的政策问题。这里先用一些国际贸易以外的案例来说明。假设要治理犯罪问题。犯罪不仅会直接伤害受害人，还会给其他社会成员带来恐惧感。由于犯罪皆是人为，我们可以考虑通过强制性节育法律或对多生育的家庭征税的政策来减少人口总数，达到控制犯罪的目的。很显然，这种做法是打击犯罪的低效办法。因为通过更严厉的执法和减少失业（失业是犯罪的主要源头），可以更直接地控制犯罪，而且社会摩擦也会减少。

本章的下一部分将考察各种支持贸易保护的理论，这些理论认为对于政府而言，限制进口的政策是解决外部性导致扭曲的一个很好办法。然而在将要讨论的例子中，对症规则却倾向于削减进口壁垒。在一个次优的世界里，尽管设置进口壁垒比不作为要好些，但对症规则认为，其他一些政策工具在解决国内经济扭曲问题上通常要比贸易壁垒更为有效。

10.3　促进本国生产或就业

贸易保护主义者对实施贸易壁垒经常提出的理由是，一国国内进口替代产品保持高产量是有好处的，或者说保持工人（或者其他资源）高水平就业是有好处的。也就是说，贸易保护对于整个国家都是有益的（并不只对受保护厂商和工人有利）。事实上，绝大多数流行的支持贸易保护的"次优"理论都可以被视为支持某些进口竞争产业理论的变形，认为在这些进口竞争产业中，更高的国内产出或就业会给社会带来额外的收益。下面列举几个后文将要讨论的理论：

- 产品的本地生产可以产生溢出效应，因为其他公司和产业会受益于该产业中企业采用的生产或管理技术。
- 产业的就业会给予工人新技能和新观点，当一些工人从一个公司流动到另一个公司，从一个行业流动到另一个行业时，会带着这些新技能和新观点一起流动。
- 尽管现阶段的生产成本高昂，但随着时间的推移，该产业的厂商会找到降低成本的方法。
- 如果工人被迫转移到其他行业工作会产生额外的成本。
- 国家以及本国的公民会因国货而骄傲。
- 这种产品对国防来说至关重要。
- 该产业的就业是对社会的贫困者或弱势群体进行收入再分配的一种方法。

先从小国情形（其贸易活动不会影响世界市场的价格）分析贸易保护有益于整个国家的理由。小国情形剔除了贸易条件效应的影响，使分析不至于太复杂。

首先，讨论有关促进国内生产或就业的关税的正反两方面观点，因为产品生产或者就业创造了正的外部性（即上面列出的前两个原因）。对这两个原因的分析是非常重要的，因为在考察上述其他原因时，会用到这些分析的结论。

考虑以下情况：由于自行车生产会对一国其他部门产生正的溢出效应，该国可能会鼓励本国的自行车生产。这个国家可以通过对每辆进口自行车征收 30 美元的关税来实现这一目标，正如图表 10—2 中 A 图所示国内自行车市场。关税给这个国家带来了如第 8 章（以及图表 8—4 中 A 图）中所讨论的国民福利净损失：一国由于以较高成本生产了本来可以以较低价格从国外购买的产品而导致的国民福利净损失面积 b，以及该国由于抬高国内价格而减少对该产品的消费导致的国民福利净损失面积 d。但在这里又增加了新的内容：图表 10—2 中的下半部分表明了由本国生产所带来的外部收益（或是溢出效应）。这部分收益并没有被本国自行车生产者获得。假设本国生产自行车的边际外部收益可以由图表 10—2 中 A 图的下图中的边际外部收益曲线（*MEB*）表示。关税通过提高自行车的国内价格，激励国内厂商生产更多的自行车。而这种国内生产的增加，即由 60 万辆增加到 80 万辆，带来了由面积 g 表示的国家或社会的外部收益。

与不作为相比，考虑到以上所有因素，图表 10—2 中 A 图的关税对于国民福利可能是有益的也可能是有害的。但到底是有害还是有益则取决于面积 g 是大于还是小于面积 $b+d$。为了得出结果，需要估算社会的年溢出收益价值，以及国内供给和需求曲线的斜率，用来建立反映现实生活中自行车产业的实证估算模型。通过估算的结果，便可以知道国民福利净收益（$g-b-d$）到底是正值还是负值。不过，在获得具体数据之前，唯一能确定的是：与不作为相比，关税可能会更好也可能会更坏。

不过，我们还应当发挥在制度方面的想象力，努力寻求其他政策工具。对症规则告诉我们，问题的真正根源在于国内生产而非进口。社会要鼓励的是本国生产更多的某一商品，而不是减少对该种商品的消费或进口。那么，为什么不可以通过直接奖励生产厂商的方式激励国内生产从而代替关税政策？

社会可以直接对国内自行车生产厂商给予补贴，对厂商生产和销售每一辆自行车支付固定数量的货币，鼓励厂商生产更多的自行车。任何由特定的关税导致的本国厂商生产量的增长，都同样可以由生产补贴来实现。图表 10—2 中的 B 图反映了这种生产补贴，即给予每辆国产自行车 30 美元的补贴。补贴后每辆自行车的价格提高到 330 美元（消费者支付 300 美元，政府支付 30 美元）。对国内自行车生产厂商来说，这种补贴的效果与在关税条件下的涨价 30 美元的效果相同，两种方法都使厂商的年生产量从 60 万辆增加到 80 万辆，进而社会得到同等的外部收益。

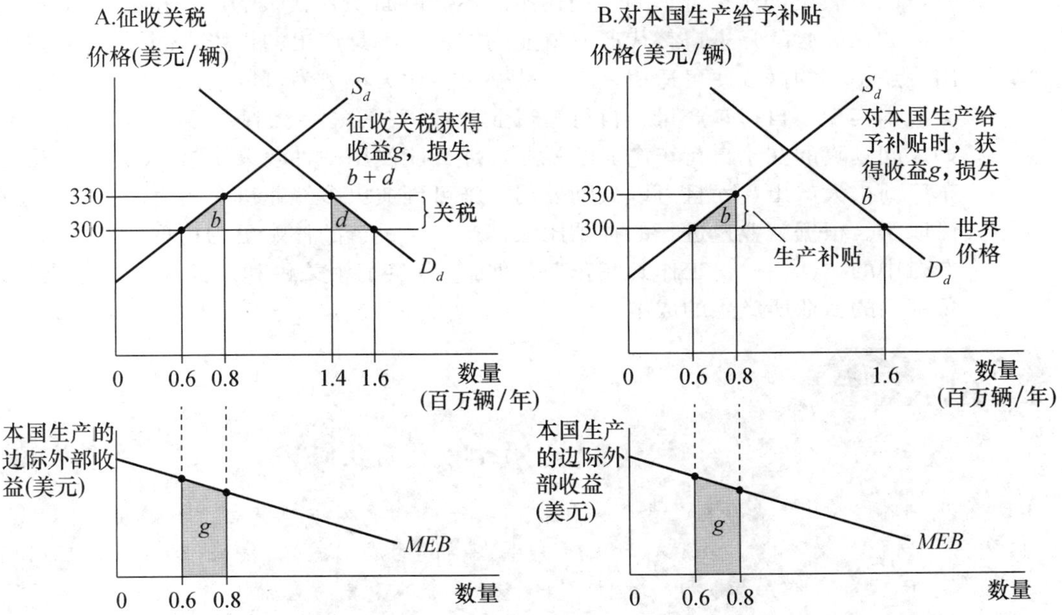

将得到相同的国内产出增长量（20 万辆＝80 万辆－60 万辆）和国内就业增长的两种政策效应进行比较。征收 30 美元的进口关税和对本国生产给予 30 美元的补贴给本国生产带来相同的变化。但关税不必要地减少了进口品的一些消费（数量为 20 万辆＝160 万辆－140 万辆）。对消费者而言，20 万辆自行车的消费收益大于进口这些自行车花费的 300 美元/辆的成本。因此生产补贴政策优于关税，因为生产补贴更直接地促进了国内对该商品的生产。

图表 10—2　两种提高进口竞争产品产量的方法

图表 10—2 中 B 图的 30 美元生产补贴的效应毫无疑问优于 A 图 30 美元关税的效应。这两者产生了同样的社会外部收益（面积 g），也都使本国厂商以高于进口自行车价格的成本，每年多生产 20 万辆自行车（两种情况下，这一额外成本都为面积 b）。然而，补贴并没有将消费者支付的价格提高到 300 美元以上，因此没有抑制自行车的总消费。消费者仍以 300 美元的国内价格购买自行车，这个价格等于进口自行车的世界价格，同样它们的总消费数量仍为 160 万辆自行车。因此，消费者没有失去面积 d 的消费者剩余，这是 30 美元的生产补贴明显优于 30 美元关税的地方。

从本质上看，生产补贴的优越之处在于它更加符合对症规则：既然问题的根源出在国内生产上，那么更好的方法就是直接治理病根，而这种方法不会扭曲人们购买这种产品的价格。

尽管这一结论是普遍适用的，但是仍然需要一个特殊的假设使生产补贴的净收益恰好等于面积 d。这里的假设为，当政府向自行车厂商提供补贴时，不会产生私人与社会激励之间的其他扭曲。也就是说，假设在政府更多的征税或者减少某些其他支出以便向自行车生产厂商提供补贴的过程中，不存在社会净损失。上述假设严格成立的条件是用于支付补贴的税收收入来自人头税，即向每一位居民征税，这种税收只是起到了收入再分配的作用而并不影响对生产和消费的激励。但人头税是很少见的，更为贴近现实的情况是，政府通过提高所得税税率或减少其他政府支出项目获得用于生产补贴的资金。但是这种方式的效果并不令人满意，因为提高所得税可能会损伤人们通过努力工作获得收入的积极性。或者，如果政府从其他项目转移了资金用于生产补贴，而这些资金原来可能曾用于提供其他收益高于边际成本的公共物品，那么生产补贴也会导致额外的损失。政策制定者必须考虑这些可能的由生产补贴造成的扭曲。但是，以下假设仍然是合理的：上述扭曲不像由面积 d 代表的消费扭曲那么重要。

如果关心的是进口替代产业就业的增长而不是产出的扩张，同样的结论只需要作出一点小小的修改便可适用。生产补贴仍将比关税更为可取，因为它依然以较低的社会成本实现了自行车产量与自行车行业就业的扩张。我们甚至还可以有更好的选择。如果问题真的在于自行车产业的就业，那么能使用一种政策工具，不仅可以鼓励自行车厂商扩大产出，而且可以鼓励公司实施可创造更多就业机会的生产方式，也就更为可取了。根据就业量进行的补贴比根据产出量进行的补贴更为可取。① “聚焦劳动力”专栏中的“保住一份工作到底花费几何？”考察了用关税和非关税壁垒来支持进口竞争部门的就业所产生的成本。

聚焦劳动力

保住一份工作到底花费几何？

主张抑制进口的保护主义者认为保护国内的工作岗位是必要的。虽然有时候听上去好像那些因为进口增加而失去工作的人再也找不到工作了，但是我们都知道这是不可能的。工人失去他们的工作有很多原因，而且几乎所有的人随后就会找到另外一份工作，只是这个过程需要一段时间，而且新工作的报酬可能会有所降低，但无论如何他们终将会被重新雇用。

为了保护那些进口竞争部门的就业机会，保护主义者认为有必要限制进口。因为进口壁垒使得国内企业可以比自由贸易条件下生产更多的产品，从而维持进口竞争部门的就业。但是，本章的讨论已经表明：根据对症规则，为了实现维持就业的目标，进口壁垒并不是政府的最优政策。

可是政府仍然在用关税和非关税壁垒来支持和保持进口竞争行业的生产和就业。这样做的成本有多大？有两种方法可以估计这个成本。首先，维持一个工作机会给这种产品的国内消费者带来多大的成本？也就是说，如果维持一个工作机会，消费者剩余会损失多少？其次，维持一个工作机会，这个国家的净成本是多少？

我们可以先回顾一下国际经济学研究所（Institute of International Economics）的专家们估计的数据。赫夫鲍尔和埃里奥特（Hufbauer & Elliott，1994）考察了1990年美国21个受到高度保护的行业的数据，梅瑟林（Messerlin，2001）考察了1990年欧盟22个受到高度保护的行业的数据。他们的估算过程都假设关税和进口配额不影响世界价格（小国情形假设是本章的基本假设）。② 下面是他们的研究结果：

	维持的生产工人岗位	每一个被维持岗位的成本（千美元）	
		对于国内消费者	对于国家
美国（21个行业）	191 764	169	54
欧盟（22个行业）	243 650	191	99

① 如果目标是为整个国内经济创造就业机会，减少失业，那么就应当首先考虑使用可以使整个经济全面扩张的政策，比如财政政策或货币政策，而不是针对某一产业的政策。

② 相反，如果进口国是一个大国，那么即便将世界价格的变化效应纳入估算过程，也几乎不会对消费者为维持一个工作岗位所需成本的估算结果产生什么影响。因为对每个产业来说，用来估算的分子和分母都会以相同比例变化。忽略世界价格的改变会导致对国家维持单个工作岗位的净成本的估算结果与实际相比偏高。如果在征收关税或者实行配额的时候，一个进口国大到足以使产品的世界价格下降，那么因贸易条件改善而得到的收益将补偿经济效率的损失。

对于美国的 21 个行业，受到进口保护的工作机会占这些行业全部就业的 10%，占全美国劳动力的比例不足 0.2%。对于欧盟来说，受到进口保护的工作机会大约占到 22 个行业全部就业的 3%，占全部劳动力的比例不足 0.2%。

这些估算表明，通过对进口的高度保护维持就业的成本是非常高的。就美国而言，消费者维持一个工作岗位，平均约支付 16.9 万美元，而在欧洲则是 19.1 万美元。这一数值超过每个国家平均每年对生产工人补偿的 6 倍。对于国内消费者来说，给那些失去工作的人支付工资，让他们待在家里，也要比通过进口关税来维持就业所要支付的成本便宜得多。对于一些特定行业，维持一个工作岗位对消费者造成的成本损失是相当惊人的：

- 美国要为维持一个制糖业的工作岗位花费 60 万美元，为维持一个乳制品行业的工作岗位花费 49.8 万美元。
- 欧盟要为维持一个汽车行业的岗位花费 51.2 万美元，为维持一个化学纤维行业的岗位花费 47.4 万美元。

为维持一个工作支付的净成本在两个国家（或地区）同样非常高：美国需要 5.4 万美元，欧盟需要 9.9 万美元。国家为维持一个工作机会支付的净成本比一个典型的生产工人获得的补贴还要高。需要注意的是，维持每个工作岗位需要付出的净损失之所以高昂，是因为很多保护是通过允许外国出口商提高出口价格的 VER 以及类似的政策来实施的。即使抛开由于涨价而流向外国出口者的净损失，维持每份工作的净损失还是相当大的——美国平均为 1.8 万美元，欧盟平均为 4.2 万美元。

如果一国的政策目标仅仅是为了维持这些产业的就业，对症规则认为采取其他政策效果更好。比如，支付工人工资让他们待在家里，造成的净损失就会更少。事实上，为每一个高素质工人转型提供援助所花费的成本，要比通过进口壁垒保住这些工作的净成本低得多。这些贸易援助项目包括一些培训和援助计划，用以帮助他们在其他行业找到高薪工作。

那么，为什么各国政府更常采用进口壁垒，而不是直接采用生产补贴和就业补贴这一成本更低的方法？因为一旦某一产业的政治游说能力大到足以得到政府援助时，这一产业便会利用其影响得到某种庇护，从而可以抵御政治势力的攻击。经济分析提倡的生产补贴方法却不能提供这种政治上的保护。因为生产补贴是削减财政预算支持者的攻击目标之一，而且每年审查政府预算时都要对补贴政策进行重复的讨论。然而，关税或其他进口壁垒则可以给予那些寻求政府持续援助的产业更好的保护。一旦被写入法律，关税便可以一直实施，使国内价格一直维持在高水平上，而不需要再重新审查。事实上，它还可以为政府带来财政收入（如关税收入），这使其在政治上更加具有吸引力。本章的最后一部分将深入讨论贸易保护的政治原因。

10.4 幼稚产业理论

对于利用关税来保护国内生产这一做法进行的分析，有助于评价很多流行的保护主义理论。在所有的保护主义理论之中，**幼稚产业理论**（infant industry argument）最受经济学家和政策制定者的推崇。这一理论认为暂时性关税的存在是有其合理性的，因为在关税降低进口产品冲击期间，本国的幼稚产业可以学会如何以足够低的成本进行生产。最终，国内产业便能够在没有关税保护的条件下在国内市场上与进口产品进行竞争。幼稚产业理论与最优关税理论的不同之处在于，前者认为在长期，关税保护不仅对本国而且对世界都是有利的。与其他多数关税理论不同，幼稚产业保护理论具有明显的动态性，它认为对特定行业的保护只是暂时的而非永久的。

自从亚历山大·汉密尔顿（Alexander Hamilton）于 1791 年出版了《关于制造业的报告》（*Report on Manufactures*）起，幼稚产业理论就一直流行于立志发展壮大的国家之中。美国遵循了汉密尔顿的保护主义思想，尤其是在南北战争之后，采用高关税壁垒以鼓励本国的纺织、有色金属以及其他产业的发展。当时这些产业正努力做到能够与英国的相同产业进行竞争。同样，弗雷德里克·李斯特（Friedrich List）在 19 世纪初期，再次将汉密尔顿的幼稚产业思想应用于保护新生的德国制造业，使其免受英国的竞争。日本政府也曾坚信幼稚产业理论，认为有时候（但不是一直）需要以限制进口的方式对幼稚产业实行保护。特别是在 20 世纪五六十年代，日本对本国的钢铁、汽车、造船以及电子产业进行了保护，直到它们成为强有力的竞争者才取消了进口壁垒。

由于每个时期都会存在幼稚产业，所以人们一直对幼稚产业理论保持关注。如果一些国家率先使用新技术生产新产品，而其他国家也想发展这种新产业，那么它们就不得不去重新考虑如何使它们自己的新产业得到发展，此时幼稚产业理论就又有了用武之地。

10.4.1　幼稚产业保护理论是如何起作用的

为了便于理解幼稚产业保护理论，图表 10—3 提供了一个对小型农用拖拉机产业实施保护的示意图。图表 10—3 中 A 图显示，按照世界标准，这个国家在任何一个产量水平上，成本都没有优势（当前国内供给曲线 S_{dn} 上所有点的价格都比世界价格 3 000 美元高）。很显然，在自由贸易下国内不会有任何生产。但是，如果政府征收了一个 33%关税后，国内市场的价格会升至 4 000 美元，这样国内厂商就会生产 20 000 辆拖拉机。现在可以发现这个国家因为关税而导致了面积 b 和 d 的效率损失（这种情况可能会持续多年）。

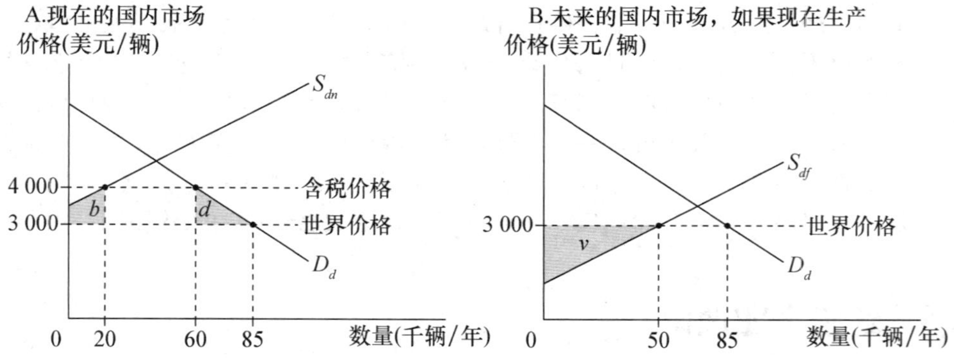

在自由贸易下，国内将不会生产拖拉机。但是关税可以促使国内的拖拉机产量达到每年 20 000 辆。经过多年国内生产后，国内厂商会发现降低成本的方法，这样在将来国内的供给曲线就会下降。在政府取消关税时，国内 50 000 辆的产量也达到了与世界标准竞争的成本水平。

图表 10—3　幼稚产业理论

能够补偿关税导致的效率损失的是幼稚产业的成长。随着厂商开始生产拖拉机，它们逐渐发现降低生产成本的方法。在未来的某个时间，国内拖拉机产业的供应曲线就会向下移动到 S_{df}。此时政府就可以取消关税这把保护伞了。如图表 10—3 中 B 图所示，这个国家将会拥有一个拖拉机产业，这个产业每年可以在与世界标准相竞争的成本水平上生产 50 000 辆拖拉机。这个有竞争力的国内产量创造了面积 v 的生产者剩余，而如果国家当年没有采取保护措施，这种剩余是不可能存在的。（为了简便起见，这个例子假设世界价格和国内需求曲线不会随着时间而改变。但这一假设并不是必须要成立的。另外，国内的产业在未来依然要与进口相竞争的假设也不是必须要成立的。如果国内的成本曲线下降得足够多，这个产业便会变成出口产业。但是将来该国获得的收益依然和面积 v 相仿。）

10.4.2　幼稚产业保护理论的有效性如何

幼稚产业保护理论是不是实施（临时）关税或者其他进口贸易壁垒的一个有效论据，取决于这个国家由此获得的收益是否大于它的成本。收益是来自未来的生产者剩余（面积 v）。按照世界标准，一旦国内生产者的产品具有成本竞争力时，这个剩余就产生了。成本则是由于征收关税，导致国家遭受无谓损失（面积 b 和 d）。未来国内厂商体现出的成本竞争力还不足以说明幼稚产业理论的有效性。只有当未来具有成本竞争力的生产创造出的生产者剩余超过关税造成的无谓损失（即面积 v 大于面积 b 与 d 之和）时，才能说明幼稚产业理论是合理的。随着时间的推移，这就变成了一个投资问题。所以，如果国家获得收益的现值大于国民福利净损失的现值，那么幼稚产业保护理论就有了一个现实的有效依据。

尽管利用幼稚产业理论来寻求保护在理论上看起来非常有道理，但现实中该理论是否可行还有三个疑问：

第一，幼稚产业真的需要政府政策援助吗？幼稚产业保护理论似乎描述的是厂商在刚开始运营时有亏损，但最终有盈利的情况。但这是几乎所有企业运营面临的状况。常规的解决方法是让企业获得私人融资，比如个人财富，从亲朋好友、银行、风险资本那里获得借款等。如果可以获得私人融资，那么政府就无事可做了。

但是，这里至少有两个理由可以认为政府援助是有益的。下面的阐述都是在市场存在各类扭曲（本章前面已经有所研究）的基础上进行的。

1. 金融市场存在不完善性。诸如银行和证券市场的金融机构可能不成熟，或者不愿承担某种风险。如果政府不能直接改善金融市场和机构，那么政府为幼稚产业提供援助就是一个次优的解决方案了。

2. 早期投资的厂商不会从其商业投资中获利。刚创建的厂商需要投入大量的资本去学习生产工艺、培训工人和掌握产品营销模式。如果其他厂商也可以进入这一行业，模仿这种产品，窃取生产技术，挖走有经验的工人，照搬它们的市场营销方法，那么早期的厂商将不可能从它们的期初投资中获利。谨慎的出资人也不会为它们筹措资金。从本质上说，早期进入的厂商为后进入厂商创造了正的外部性而不是创造了它们自己的预期利润。面对这种扭曲的时候，政府在为幼稚产业提供援助的过程中便扮演了一个积极的角色。

第二，如果政府要提供援助，什么样的政策最好？如果按世界标准，早期企业的生产成本不具备竞争力的时候，政府的目标是鼓励企业多生产，那么政府提高生产补贴比实施关税或其他进口壁垒要好。在图表 10—3 的 A 图中，国家为早期的企业提供生产补贴的净损失仅仅是面积 b，不是面积 b 和 d。当然，如果我们能够了解政府干预的具体原因，其他政策也许更好。如果干预的原因是金融市场和机构不够完善，政府应该向幼稚产业提供贷款。如果干预的原因是早期工厂培训的工人会带着学到的新技术到其他工厂，政府应该给部分培训成本提供补贴。采用对症规则来思考援助幼稚产业的最佳政策时，关税不是最佳选择。

第三，幼稚产业真的会成长起来吗？要成为幼稚产业中的厂商是非常容易的，但是想要成长为具有全球竞争力的企业则非常困难。如果关税真是暂时性的，那么厂商就要有强大的动力去成长。但是如果成长期超过了厂商的计划，而这些厂商又能通过政治影响力使关税保护的期限得以延长，那么这种厂商的成长压力就要小得多。这样就会存在一种风险，即在长时间的关税保护下，该行业的生产依然保持着高成本——这可能是我们更加赞成生产补贴的另一原因。即补贴更可能是暂时性的，因为很有可能一直存在政治上要求消除补贴的压力。

也有几个保护幼稚产业“明显”成功的案例，比如日本的计算机和半导体行业。之所以对“明显”这个词加了引号，是因为很难确定最终的国家收益是否高于最初的国家成本，而且也很难衡量政府在行业未来的成就中，政府援助到底做了多大贡献。另外一个明显的成功案例是欧洲的空中客车公司。这个案例中，政府提供的是补贴和贷款而不是进口保护。但是，也有很多幼稚产业保护失败的案例。比如，20 世纪 80 年代的巴西政府对国外制造的个人电脑封闭了国内市场，借以鼓励国内的电脑厂商。但是巴西最终得到的却是技术落后、造价高昂的国产个人电脑产品。由于该行业几乎没有任何成长的迹象，巴西政府最终放弃了努力。

总之，关于幼稚产业理论有效性的问题，能得出以下四个结论：

1. 存在支持政府实施某些鼓励政策的情形。
2. 关税可能起作用也可能不起作用。
3. 除关税政策之外的其他政府援助形式比关税更有助于幼稚产业的发展。
4. 对于政府来说，确定哪一个行业需要扶持是很困难的，因为难以预测哪一个行业能够在未来将成本降得足够低，并在未来为国家挣得净收益。

10.5　衰落产业理论和调整性援助

幼稚产业理论引发的问题与结果同样出现在是否应当挽救衰落产业使其免受进口冲击这一问题的争论之中。贸易保护或许比什么都不做要好，但也可能情况更糟。同样，采取其他方法可能要比限制进口更好。

10.5.1　政府是否应该干预

一般来说，进口的增加会降低进口竞争厂商及行业的福利甚至会威胁到它们的生存。社会总要不断地面临这样的选择：是对这些厂商或产业不闻不问，任由它们自生自灭，还是应当对它们加以保护？

如果处在一个最优的世界里，答案是非常清楚的。由于各种事物的社会价值已经反映在私人激励之中，一般的需求与供给曲线已经可以引导人们作出正确的选择，而不需要政府的干预。如果不断增强的进口竞争使本国生产者退出市场，那么不妨听之任之。产业调整是必须的，因为只有这样，一国才可以获得来自贸易扩张的净收益。当然，工人、管理者、投资者和土地所有者会有损失，因为他们不得不把资源转移到收益不那么高的其他用途上。这些损失已经在生产者剩余的损失中有所反映了，但消费者却得到更多的利益，因此整个国家的净国民福利仍然是增加的。

但是，可以从多方面否定这个美好的最优世界的想象。最优世界的一个重要假定是：那些工人、管理者、资本和土地会很快投入其他领域，即使他们的报酬变少了。然而贸易保护主义者认为，这一调整过程不可能总是如此顺利。比如，进口竞争行业里的企业通常聚集在国家的一个区域内（以美国为例，钢铁企业集中在匹兹堡到芝加哥的中西部；而服装业集中在卡罗来纳州的北部）。如果这些地区短期内有大量工人失业，劳动力市场就会变得“拥挤不堪”。许多人在寻找工作，而且有很多人不具备空缺岗位所需的技术。在同一地区，钢铁工人并不能轻而易举地一周后作为电子行业工人开始他们的职业生涯。因此，很多人可能遭受长期失业带来的痛苦。

当这些被替代的工人和其他资源没有被重新利用时，他们失去的不仅仅是在最优世界里所说的生产者剩余的损失（在最优世界里，他们可以轻松找到下一份工作），还会失去所有收入。在这种情况下，进口导致的收入减少不仅对社会来说是一种损失，对这些失业者来说也是一种损失。此时，社会干预就很有必要了，当国内产业衰退的时候，阻止进口要比袖手旁观更好。

这种对衰退产业的保护主义论点与在前两节中所考察的理论一样有效。但这些理论也有同样的缺陷。本质上，它们是相同的理论，只不过用于不同的条件之下。关于受威胁产业的工人和资源不能快速地再就业的论点，可以用图表 10—2 来重现。厂商继续生产具有外部边际收益的 80 万辆自行车（见图表 10—2 中的面积 g），而不是任由产量缩减到 60 万辆，避免了资源被迫退出自行车行业所带来的失业成本。在本例中，面积 g 代表的是由于维持本国生产水平所带来的额外收益——因为工人和其他资源不再需要承担因收入减少和转移到其他产业而带来的损失。所以，也许保护衰退产业免受进口冲击真的比无所作为要好得多。但是，该结论成立的前提依然取决于图表 10—2 中的面积 g 是否大于面积 $b+d$。

然而，还有其他一些政策措施要优于设置进口壁垒。对症规则告诉我们，要抓住问题的要害。此处问题的关键在于维持就业和生产水平而不是抑制进口。只要对衰退产业中的生产者进行直接的援助，就没有理由让消费者面对更为昂贵的进口商品。如果问题出在要素转移到其他领域产生的成本上，那么对转移成本进行补贴就会优于进口保护。如果问题出在失业工人的技能与空缺职位不相匹配上，那么对再培训产生的成本进行补贴同样优于进口保护政策。再或者，如果只有通过保持现在的产量和就业才能使社会避免损失，那么对这个产业给予生产补贴或就业补贴（如图表 10—2 中所示）也优于进口壁垒。

实际上，各国政府往往都采取贸易保护之外的某些方式来援助受进口威胁的产业。一个很好的例子就是美国政府于 20 世纪 70 年代末对克莱斯勒汽车公司提供的援助贷款。该公司利用这笔资金改善了公司现金流，从而免于破产并及时归还了贷款。当然，并不是所有的援助都能取得如此效果。很多为了维持企业生存下去的贷款援助最终都变成了纳税人的无法挽回的损失。

10.5.2 贸易调整性援助

许多发达国家的政府还会对受到进口威胁产业的工人和企业提供**贸易调整性援助**（trade adjustment assistance）。比如，在美国，工人们可以向美国劳工部（U. S. Department of Labor）申请援助。如果该部门认为这些工人的确受到了不断增加的进口的伤害，失去工作的工人就会获得至少 24 个月的失业补助（除了大部分州已有的 6 个月补助之外），而且他们有资格参加再培训项目和获得寻找新工作以及搬家的补助。①

贸易调整性援助和对症规则有异曲同工之妙，因为贸易调整性援助将注意力集中在补偿收入损失、再培训和工作转移上。但是，它也是存在争议的，在美国也受到了多方面的抨击。首先，那些原来曾支持这一方案的美国劳工群体也开始反对，因为在实际操作中，该计划只提供了很少的援助。获得援助的标准非常严格，而且近年来只有半数多一点的援助申请得到批准。每年平均有 18 万名工人有资格申请援助，其中只有大约 1/3 的人能够享受到援助带来的好处。劳工群体认为这一援助主要提供的只是一些暂时性补助（就像升级版的失业救济金），而且再培训项目的效率也非常低，这些再培训项目往往并不能使被培训者获得新的技术和很好的再就业机会。

另一方面，自由市场经济的捍卫者们对向进口替代产业提供调整性援助的整套理论提出质疑。他们质问：社会为什么应当单单对这一群体提供援助？经济领域的变化有多种，包括消费者偏好的改变、技术的进步、管理决策的失败、政府对高速公路的改线以及恶劣的天气，这些变化会产生很多不同的压力，对工资和收入都会产生影响。政府已经提供了一般性失业救济金，对再培训和再就业项目也提供了一般性的支持。为什么政府还要再给那些工作和收入因为进口增加而受到影响的人更加慷慨的援助？为什么不能给那些受到其他原因（如市场的供给和需求改变）影响的人以援助？

反对贸易调整性援助的自由市场主义者认为这种援助造成了逆向激励。它鼓励人们改变自己的行为方式使事情变得更糟。首先，企业和工人会被鼓励进行押宝来决定是否进入或者留在易受进口冲击的产业中。因为他们知道如果事情变得更糟，他们会得到额外的救济。其次，鼓励工人保持长时间的失业，因为他们可以享受到长时间的失业救助。这些逆向激励（在保险业称为“道德风险”）并不意味着援助计划本身是不好的。只是由于人们改变了自身的行为，使得援助计划的净福利被削减了，这些净福利甚至还可能会转变为净损失。（这些问题同样影响了许多其他政府资助计划。例如，洪灾救济金不仅援助了在洪灾中受到巨大伤害的受害者，也鼓励他们居住在易发生洪灾的地区。）

这样，政府提供贸易调整性援助的经济环境就更复杂了。当然，为进口造成的损害提供额外援助，可能还存在现实和政治上的原因。一旦国际贸易的相关因素被考虑进来，自由贸易倡导者的力量就被削弱了，因为外国厂商和工人作为自由贸易的受益者在进口国的政治活动中没有发言权。由于没有人为外国的工人或企业说话，于是进口国内受到进口伤害的工人和企业便有机可乘，更加积极地游说政府，以便争取到更为严格的保护。因此，对进口替代产业群体给予特殊的和更为优越的调整性援助，可能是阻止更大力度的保护主义政策的一个有效的政治过渡措施。

10.6 发展中国家的政府（公共收入）理论

进口关税还可以从与发展中国家经济条件相关的另一个次优理论中得到支持。贫困的国家通过关税可以增加财政收入，而且对于本国和整个世界来说，这甚至是优于其他各种政策的最佳选择。

---

① 2002 年的修订法案增加了几项新的内容，包括可以返还 65%的健康保险费，以及提供现金补偿。如对一个 50 岁以上的符合要求的工人，如果其年收入低于 5 万美元且新工作的收入低于前一份工作的收入，则对其现金补偿新旧工作收入差额的一半。此外，另一项力度更大的福利项目于 2009 年实施，至 2011 年终止。

对于低生活水平的发展中国家来说，最为严重的“国内扭曲”可能与政府无力提供足够的公共物品相关。像毛里塔尼亚这样的低收入国家，如果能够更多地提供诸如控制传染病、控制农业用水以及提供初等教育等基本公共服务，便会获得极大的社会福利。然而，很多贫困国家的政府资源太少，没有能力提供这些公共服务以获得这些社会福利。

发展中国家的政府理论（developing government argument）认为，对于这类国家，进口关税已成为一种重要的收入来源，其目的不是保护本国工业而是为了获得政府收入。简单地依靠少数海关官员在重要港口和边境征收进口税的成本要比征收各种各样精心设计的税收的成本低得多，因为这些国家缺乏有效的度量和监督措施，不能在国内对生产、消费、收入和财产有效地征税。

发展中国家的政府理论有效地说明了为什么很多低收入国家的 1/4～3/5 的政府收入来自关税。其对海关的依赖程度比同样是贸易导向型的高收入国家，如加拿大，要高得多（工业化国家对国际贸易征税的收入平均仅占政府总收入的 2%左右）。从理论上说，发展中国家政府可以利用关税收入创造社会净收益，这种收益甚至可能对整个世界都是有益的。但这并不意味着每个征收高额关税的政府都会将这一收入用于有利于社会福利的投资，那些腐败和浪费的政府同样也对国际贸易征以重税，如由博卡萨（Bokassa，前中非帝国的皇帝，现该国为共和国）、路易十四（Louis XIV，17 世纪的法国国王）、马科斯（Marcos，前菲律宾总统）、齐奥塞斯库（Ceausescu，前罗马尼亚总统）和蒙博托（Mobuto，前扎伊尔总统）统治的政府。

10.7　其他贸易保护理论：非经济目标

其他一些主要的关税保护理论与各国对“非经济目标”（即除了提高经济效率之外的其他目标）的追求有关。尽管这种理论应用广泛，但“人们不能靠国外的面包过日子”这样的观点往往关注其他三个目标：国家荣誉、国防和收入再分配。幸运的是，经过调整的对症规则也适用于追求非经济目标的国家：为了以最小的国家经济成本实现非经济目标，应尽可能采用直接作用于特定目标的政策措施。

10.7.1　国家荣誉

国家也像个人一样渴求荣誉。得知一些商品是由本国生产的，会让人们像清除了某个市区的卫生死角或者获得了奥林匹克金牌一样感到自豪。只要这种自豪感不能由个人在市场上买到，只能靠集体的和全国的努力获得，那么就有理由为了获得这种荣誉而进行政策干预。如果这种荣誉来自本国生产，那么恰当的政策就应该是对国内生产进行补贴，而不是设置进口壁垒。只有当荣誉感来自一个国家的自力更生、自给自足时，阻止进口才是该国最佳的政策措施。

10.7.2　国防

国防理论（national defense argument）认为，进口壁垒有助于一国生产或者准备生产那些在未来军事紧急情况下需要的重要物资。这一理论由来已久，并且对它的讨论经历了几个有意思的转折。17 世纪，英国重商主义者用国防理论论证应该限制使用外国船只和航运服务：如果强制英国居民购买本国船只，使用本国航运服务，将有利于扶植本国造船业和商务海运业的发展，而这些在战时是至关重要的。甚至连亚当·斯密在此问题上都放弃了其一向坚决反对设置贸易壁垒的立场，而支持实施限制性的《航海法》（Navigation Acts），该法涉及海运和其他国防产业。国防理论至今仍是那些以社会利益为借口支持保护主义的人所津津乐道的理论。1984年，美国制鞋业协会（Footwear Industry of America）主席直截了当地对国会军事委员会（Armed Services Committee of Congress）说：

> 在战争或其他国家紧急状态中，本国制鞋业很可能没有能力向军队和平民提供足够的鞋子……我们不能等待货船从台湾地区、韩国、巴西或东欧给我们运来鞋子……没有合适的鞋子会导致不必要的伤亡，并将触手可得的胜利转变为失败。①

为应付紧急情况而拥有战略物资储备的重要性是显而易见的。但稍加思考便会看出，没有哪一种广为流行的国防理论成功地论证了设置进口壁垒的必要性。也就是说，那些流行的国防理论并没有遵循对症规则。例如，如果目标是保障本国的生产能力，以便能够生产国防所需的重要物资，那么应当采用生产补贴这一成本更低的政策措施。

物资的储存以及资源存在枯竭的可能性这两种因素也并不支持利用关税来提升国防能力。如果能够以很低的成本储存战略物资，那么最经济的备战方法是在和平时期以很低的价格从国外购买这些储备物资。这样，美国便可以储存便宜的进口鞋而不是以更高的成本在本国生产。另外，如果这种重要资源是诸如石油这样不可再生的矿产资源，征收关税理论便显得更加苍白了。在不存在外国禁运时，如果美国限制石油进口，会使美国更快地耗尽自己的石油储备，进而减少在发生外国禁运时可以使用的国内资源的数量。更好的做法是在和平时期以相对便宜的价格进口和储存国外资源，正如美国自20世纪70年代中期以来依据战略石油储备（Strategic Petroleum Reserve）所做的那样。

10.7.3 收入再分配

贸易政策涉及的第三个非经济的目标，是国内收入的再分配。国家政治中最为敏感的一个问题往往是："这对穷人会产生怎样的影响？"或"它对不同地区或对少数族裔会有何影响？"有时关税可能会以这样的理论为依据，即它通过采取有利于弱势群体的政策而恢复社会公正，尽管这样做很可能缩小了在各社会阶层间分配的"蛋糕"的总体大小。了解贸易政策对一国国内收入再分配的影响无疑是至关重要的，实际上已经在前面的许多章节里讨论了这一问题。

如果问题出在国内收入分配的不平等上，为什么贸易政策应该是解决不平等问题的方法？为什么不直接解决问题本身？例如，如果目标是实现更加均等的收入分配，那么，直接通过税收和转移支付要比间接通过改变关税结构而实现收入平等的成本更低。只有当政治存在某种约束条件，使收入分配问题唯有通过进口政策方能解决时，实施进口壁垒才有依据。

---

① Quoted in *Far Eastern Economic Review*, October 25, 1984, p. 70.

10.8 贸易保护的政治

到目前为止我们已经在寻找好的进口壁垒方面取得了很大的进展，同时也发现在一些情况下进口保护要比自由贸易更好。但是在绝大多数情况下，其他的政府政策要比实行贸易壁垒好。

如果从经济学的角度看，实施进口保护是那么苍白无力，为什么大多数国家仍然要设置许多进口壁垒？为什么一些产品的贸易壁垒很高，而另一些产品的贸易壁垒却很低？这是因为在每一个国家中，进口壁垒的采纳和维持都是由政治决策程序决定的。想要理解“为什么会存在进口壁垒”，需要兼备经济上和政治上的双重洞察力。有越来越多的文献开始讨论“贸易壁垒的政治经济学”。它们主要研究压力集团的活动和政治代表人的利己行为，这些政治代表人都在力图使他们的连任机会最大化。

10.8.1 政治经济学分析的最基本因素

先来考察一下是否对某种进口产品（比如短袜）征收关税的政治决策过程。正如在前面章节中所述，征收关税将对这个国家的不同集团（包括受益者和受损者）有着不同的福利效应。另外，这里假定：关税会导致经济上的无效率——国民福利的减少，这是因为受损者遭受的损失大于受益者获得的利益。这样的关税什么情况下会实施？为什么？

在政治经济学分析中有很多关键因素：

1. 贸易保护中受益者获得的利益大小，以及受益集团的规模大小。假设总收益记为 B_p。而且假设它是从政府保护中获得的生产者剩余——如同图表 8—4 中所示的面积 a 一样。N_p 是从这种贸易保护中获得收益的人数。

2. 贸易保护中受害者遭受损失的大小，以及受害集团的规模大小。在政治斗争中，降低关税使它们受益。假设征收关税使它们遭受的总损失为 B_c，并假设这一总损失的面积至少有图表 8—4 中的面积 $a+b+d$ 那种大小。（如果政府利用财政收入来减少其他消费税或者将财政收入花在对消费者有价值的项目上，消费者也许不会认为税收收入面积 c 对他们是一种损失。）N_c 是从这种保护中受到损失（或者因降低关税而受益）的人数。

3. 选择支持或者反对贸易保护立场的个人原因。可以假定个人直接的福利收益和损失（B_p 和 B_c）是个人选择不同立场的原因。当然，也许还存在其他原因，其中之一是对受到损害利益集团的同情心，另一个是意识形态的原因或者是出于政治学和经济学的核心价值观。

4. 政治行为的各种类型及其成本。个人（或者有着共同利益的由个人组成的集团）参加一系列不同的各种政治活动。假定这个国家实行选举或者公民投票制度，个人可以投票。个人会参与到游说政府官员的活动中，在这个过程中个人提供基于其本人立场的信息，或者雇人去为自己游说。个人可以为政客竞选活动捐款，或者贿赂或提供其他报酬以获得政府官员的支持。这些不同类型政治活动的成本包括货币成本以及在这些活动中所花费的时间和精力的机会成本。

5. 政治制度和政治程序。这里将仔细研究两种政治程序：第一，个人直接对关税投票；第二，选出代表来对关税投票。这些方式看起来和在大多数工业化国家和发展中国家中实行的民主制度颇为相似。（其他可能的程序还包括个人独裁或者由指定的专家委员会做决策。）

10.8.2 关税什么时候不可行

在某些情况下，如果摒弃低效率的贸易壁垒，那么我们将会生活在一个更加接近自由贸易的世界中。我们现在来考虑下面两种情况。

第一种情况是直接的民主制度。如果满足下面三个条件：（1）个人对关税（或者进口壁垒）进行直接投票；（2）投票（几乎）是无成本的，使（几乎）每个人都会投票；（3）每个人的投票决策都是基于他们作为贸易保护中受益者或者受害者的立场。那么会发生什么？在这些情况下，几乎总是受害者的数量 N_c（某种商品的消费者数量）大于受益者的数量 N_p（生产进口竞争产品所涉及的人数）。在短袜的案例中，几乎每一个人都会购买短袜，但是只有一小部分人在这个行业工作（或者为该行业提供诸如土地或者资本这些重要的资源）。对短袜征收关税会以绝对的选票差额而被否定。大多数贸易壁垒保护的只是一小部分人，即使将许多贸易壁垒组合在一起进行投票，情况也可能如此。

在大多数国家看到的贸易壁垒并不是源自简单的“少数服从多数”（majority-rule）式民主。实际上，国家通常不采取用直接投票来决定是否实行贸易保护的方式，而是要求由一群被选举出的代表或者政府官员进行决策。只要得到多数代表或者官员的支持就赢得了政治斗争的胜利。

这种类型的代议民主制是天生的保护主义者吗？答案是否定的。第二种情况就说明了代议民主制有时也只是提供很少的保护或者零保护，当然，前提是满足下面两个条件：（1）每个集团都愿意将它们所得的收益（B_p 和 B_c）投入到政治活动中，比如参与游说活动或者进行政治捐款；（2）政客们根据他们收到的捐款或者游说力度来决定支持哪一方。那么此时会发生什么？关税能够导致经济上的低效率这一事实意味着 B_c 要比 B_p 大。那些反对关税的人愿意花费 B_c 来阻止关税的征收，而从理性上分析，保护主义者却不愿意支付大于利润 B_p 的费用来游说政府征收关税。这样，关税的净效率损失（等于 B_c-B_p）注定了意图实施关税政策的行为会失败。即使政治程序并不是完全如上面所说的，最终的结果依然是倾向于拒绝采纳那些建议实施经济上低效率的进口壁垒的保护主义者的提议。

10.8.3 关税在什么时候可行

如果贸易保护主义者能够比其他集团更有效地组织政治活动，那么他们的游说活动和政治捐款会促使政府制定保护贸易的相关法律。在这种情况下，会得到一个令人惊讶的结论：只有少数人的利益集团往往更有影响力。这一结论主要源于两个原因，这两个原因都是基于一个事实：少数人集团中的平均个人所得会更大。

第一，考虑当每个人参与任何政治活动时都有固定成本时会发生什么。这种成本可以是必须耗费的最少时间成本，也可以是组织一个团体去游说所花的最低个人成本。如果个人从中所得的收益比他们参与政治活动所花的成本少，那么个人可能就不会选择去参加这些活动。每个贸易保护主义支持者的平均收益是 B_p/N_p，而反对者的平均收益为 B_c/N_c。当集团中的人员数变少时，个人的平均所得就会变大。在短袜的案例中，短袜的生产者数量很少，这样从贸易保护中得到的平均个人收益就会很大

（一年也许几百美元或者几千美元）。而短袜的消费者数量是巨大的，这样在贸易保护中遭受的个人损失就会变得很小（一年可能也就几十美元甚至更少）。对于个人消费者而言，同贸易保护主义者斗争所获收益小到不足以让他们为之而奋斗（也就是说，他们发现 B_c/N_c 小于个人参与的最低成本）。那么数量占少数的贸易保护主义者就成了唯一积极进行政治活动的利益集团，他们将获得代表们的多数投票。

第二，设想一下这个集团中的一些成员对其他成员的搭便车行为会如何反应。如果集团中不论每个成员做了（或者没做）多大的贡献（花费时间、精力、金钱），集团获得的收益都会均摊到每个人头上，那么**搭便车问题**（free-rider problem）便会产生。每一个自私的理性人都会试图让他人来推进共同的目标，而自己搭便车。搭便车问题对那些大型的、分散的集团的影响通常要比对那些小型的、分工明确的集团的影响更为严重。如何克服搭便车问题是所有政治集团（特别是利益集团）都要面临的问题。

进口竞争部门的生产者通常很有积极性参与贸易保护的政治活动。它们通常会克服搭便车问题，从而变成一个组织良好的集团，而且有充裕的资源在政治活动中使用。这个集团会竭力进行有利于贸易保护的游说，它会利用竞选捐款去提高认同其政治立场的代表当选的可能性，去努力寻求机会向代表们进行游说，去影响他们在投票中持有的立场，最后奖励那些支持产业保护的投票者。相反，在一个巨大且分散的消费者集团中，个人只有少许的积极性去参与政治活动，但却有很大的动机去搭便车。如果所有的或大多数人都试图搭便车，那么就很难组织起一个巨大的消费者集团，或者几乎没有什么资源用于政治活动。在短袜案例中，一个贸易协会可能组织起来代表短袜生产者的利益，而且如果这个行业成立了工会，那么工会就代表了工人的利益，但是短袜消费者却似乎不可能有这样的组织。

因此，通常的结果就是：虽然贸易保护在经济上是低效率的，并且损害了大多数投票者的利益，但组织良好的贸易保护主义者的游说活动成功地撼动了大多数代表的立场。一般来说，政客会倾向于支持贸易保护者，以获得贸易保护集团的投票和捐助（包括使用他们提供的竞选捐款来增加下次竞选中连任的可能性）。

2002 年美国政府对钢铁进口征收的关税提供了一个很好的贸易保护的政治经济学案例。数量很少的美国钢铁企业很好地组织成了一股政治游说力量。尽管这个行业只雇用了 20 万工人，仅占全国劳动力的 0.1%，但钢铁工人工会却积极地投身于政治活动。与此同时，钢铁消费者却相当分散，他们也形成了一些组织并且举行了反对征收关税的活动，但是他们的努力却不是那么有效。另外，由于钢铁企业和钢铁工人都集中在少数几个州内，如西弗吉尼亚州、宾夕法尼亚州和俄亥俄州，这些州在 2002 年和 2004 年的竞选中至关重要。因此在 2002 年 3 月，贸易保护主义者获得了胜利——美国总统乔治·W·布什宣布对多种钢铁产品进口征收高达 30%的关税。“案例研究”专栏中的“甜还是不甜?”考察了在糖保护政策中存在的政治游说力量，提供了另一个政治经济学案例。

案例研究

甜还是不甜?

你喜欢吃甜食吗？如果你喜欢吃甜食，而且你生活在美国、欧盟或是日本，那你就是自己国家糖贸易保护政策的受害者。你所在国家的国内糖价格大约是世界价格的两倍。

2000—2010 年，美国糖的国内平均价格是 0.21 美元/磅，而世界价格仅为 0.12 美元/磅。在美国，糖保护让消费者每年付出 35 亿美元的代价。

如果你生活在上述这些地区，糖保护显然侵害了你的利益，那你有没有写信给立法人员，要求他反对糖保护？你有没有投身参加一个团体，或是给它捐钱，去游说政府终止糖保护？你知道有人这么做吗？也许没有。为什么没有？因为 35 亿美元听上去像是一大笔钱，但其实也就是每年每人大约多支付 11 美元。正如文中所讨论的，任何单个人来反对贸易保护获得的平均收益都很小，它根本不值得努力。

对于糖制造商来说，情况可就大不一样了。在美国，国内生产者剩余的增加额大约为每年 15 亿美元，而且这些收益集中在几个生产厂家。对它们来说，积极地寻求限制糖进口的政策是非常值得的。北达科他州和明尼苏达州的 American Crystal 公司和佛罗里达州的 Flo-Sun 公司尤其活跃，它们最近几年向民主党和共和党的国会议员候选人及其政党捐献了上百万美元。例如由阿方索（Alfonso）和约瑟·范（Jose Fanjul）创办的 Flo-Sun 公司，据估算，糖贸易保护为他们每年增加了 6 500 万美元的利润，而他们只需花几百万美元就可以确保这部分利润源源不断地流入他们的口袋，这样的投资当然是合算的。

另一个积极游说的集团是美国糖业联盟（American Sugar Alliance），它代表大型美国糖类生产商的利益。除此之外，糖的国内价格升高，会促进从玉米中提炼甜味剂的需求。这种甜味剂是糖的高度替代品。因此美国中西部种植玉米的农民喜欢糖保护政策，而且他们对本州的代表和国会议员的立场有着重要的影响力。

糖改革联盟（Coalition of Sugar Reform），包括用糖企业、消费者团体、纳税人辩护者和环境组织，在反对糖保护的活动中非常活跃。对于他们的立场，也有一些非常充分的理由。正如联盟的发言人杰夫·内德曼（Jeff Nedelman）所说，“这是那些极其富有的人的集体福利项目”。① 该联盟还指出，随着用糖企业（如糖果制造厂商）将生产转移到糖价格比较低的国家，失业者数量在增加。另外，由于糖生产中对河流的污染和破坏，那些佛罗里达州受保护的糖生产厂商同时也是导致所在地区环境质量严重下降的罪魁祸首。虽然这些理由都很充分，但它们根本不是保护主义者们强有力的组织以及金钱的对手。

国外的糖生产者，很多都是发展中国家贫困的农民，也被进口国的保护政策所伤害。研究估算，如果美国取消它的糖保护政策，糖的世界价格就会上涨 17%。但是外国人的利益不太可能影响美国的政治决策。因为外国人不参加美国的投票，而且保护主义者还会指责那些公开与外国人站在一起、反对美国工人和公司的立法者“反美”。

因此糖保护政策仍然在持续。对美国而言，每年糖保护政策的净成本接近 20 亿美元。不是说糖是国民经济中一个巨大的或者重要的部分，我们才必须保护它——在美国，大约有 38 000 人在种植糖类作物，大约有 16 000 人从事糖提炼工作，加起来总数大约只占美国劳动力的 0.04%。如果开展自由贸易，也许会损失 3 000 个工作岗位（至多损失 15 000 个），而且丢掉工作的小部分人在另外一些行业寻找工作时基本不会遇到太多麻烦。相反，在本案例中，我们看到是纯粹的政治经济上的保护，生产者组成的利益集团比消费者组成的利益集团更加有组织性，也更加有效率。

除了认识到特定利益集团的游说以及捐助在其中扮演的重要角色，国家政治制度的某些特征也会对贸易保护产生政治上和经济上的影响。这里列举美国的两个例子。第一

① As quoted in “Sugar Rules Defy Free-Trade Logic,” *New York Times*, May 6, 2001.

个例子是，美国参议院给每个州 2 个议员席位，而不管各州人口多少。这就使得那些主要以农村和农业为主的州被过度代表，为农业的贸易保护提供了额外的支持。第二个例子是，美国众议院里每个行政区只产生一名议员，这对广泛分布于很多州或地区的进口竞争行业很有利，因为来自这些地区的众议员很可能成为这些行业保护的中坚力量。

10.8.4　在其他贸易政策模式下的应用

这种在代议民主制下进行政治活动的简单模型，除了可以解释为什么支持生产者利益的政策会全面凌驾于消费者利益之上，还可以解释其他模式。其中有些模式是相同的偏向生产者模式的延伸，有些则不是。

利益集团规模的大小以及专注游说的努力程度还是形成**关税升级模式**（tariff escalation pattern）的重要因素。经济学家发现名义关税税率和有效关税税率随着生产环节的叠加而上升。也就是说，最终消费品的关税税率比生产厂商投入的中间品和原材料的关税税率要高得多。① 也许可以这样解释：家庭消费者的游说力量非常弱，他们很难组织成“征税游说协会”。消费者集团对最终产品生产者的抗争是微弱的，因为生产者的背后有势力强大的公司和贸易协会的支持，而与保护中间品生产者的情形可能完全不一样。中间产品的购买者本身也是公司，而且也可以容易形成像它们的供应商一样的游说力量。最后，中间品关税斗争的结果可能就是中间品制造商不太支持贸易保护政策。

生产者利益凌驾于消费者利益的趋向，同样也体现在以贸易自由化为目标的多边国际谈判中。在谈判桌上，总有些指导原则让人费解，比如到底什么才是不同国家之间“公平的妥协”。这里的妥协是指那些减少本国进口关税、允许更多进口的协议。在谈判中，每个国家都被迫扩大进口，进口扩张量要大致等于从他国的进口自由化中获得的出口扩张量。进口国家的进口自由化居然被视为一种“妥协”，这一点很令人奇怪——毕竟降低本国进口关税带来的通常是国民福利净收益而非国民福利净损失。这种妥协式的平衡规则进一步证明了生产者集团的力量要强于消费者集团的力量。谈判者认为本国削减进口关税是一种“牺牲”，因为他们在政治上必须对进口竞争生产者集团负责，却不必向大量没有组织起来的消费者负责。另外，一国其他的生产者集团——出口品生产商，通常也会进行游说来影响贸易谈判。其他国家为平衡双方贸易而作出的降低进口壁垒的妥协给出口生产商带来了利益，因此它们在政治上支持多边贸易自由化。

到目前为止，我们一直假定每个人都是根据自身的直接利益来决定自己是站在支持还是反对贸易保护的立场上。但是，在某些情况下，似乎是同情心（或者其他原因）决定了一个个体的立场。

利益集团通常是胜利的一方，因为它们还可以从其他人（那些不会从支持利益集团的政策中直接受益的人）那里得到同情。当某一利益集团突然遭到一个巨大的收益损失时，政治同情就会显现出来，尤其是在经济不景气期间。同情心造就了**意外伤害效应**（sudden-damage effect）。下面两个原因中的任何一个都可以导致同情心的产生。一是对那些遭受巨大收入损失人群的怜悯。当利益集团被激烈的进口竞争夺走了收入，政治上的同情情绪通常使人们振臂高呼为它们寻求进口保护，就像为自然灾害的受害者提供慷慨救济一样。二是这种同情在严重萧条影响整个经济时表现得更为突出。在萧条期，越

---

① 但是，关税升级模式并不适用于大多数工业化国家的农产品。在这些国家，农民至少获得了同分销商和批发商一样的有效贸易保护。

来越多的人面临着收入减少的危险。他们中大多数人都会对不幸的人产生认同感，并想“下一个受害者可能就是我”。所以在政策上的反应就是援助那些因进口竞争而受损的人。他们的诉求相对那些在进口壁垒中遭受轻微个人损失的消费者的抱怨，更容易被人们接纳。因此，进口的迅速增长与大环境的萧条都会引起对贸易保护主义者的同情。

本节开头讨论的问题是，为什么贸易壁垒的总体水平要高于经济效率分析可以解释的水平。但是既然已经讨论了贸易壁垒的政治经济学含义，我们也可能提出一个相反的问题——已经有组织良好的进口竞争生产者热衷于贸易保护主义，以及有那么多人对进口竞争者怀有同情心，为什么进口壁垒却并非那么高呢？第一个原因就是存在有组织的生产者集团反对贸易保护，其中包括那些使用进口产品作为原材料或者中间品的生产商，进口产品的批发商、零售商以及通常支持自由贸易的出口生产商。第二个原因就是在多边贸易谈判中，各国都作出了妥协，降低了贸易壁垒。可能还有第三个原因，经济的意识形态可能会产生一些影响。那些赞同自由企业、自由市场和自由竞争的政治家，极有可能发现贸易保护与自由市场的观点是相悖的。这会使他们在某种程度上作出不那么支持贸易保护的决定。

本章小结

现实中有很多合理的论据支持进口壁垒，尽管大多数情况下，这些论据往往与通常提出来的论据有很大的区别。不管怎样，论据的合理性必须建立在相对扭曲（私人与社会的成本或收益差异）或者非经济目标的基础之上。

在存在国内经济扭曲的次优世界中，征收关税可能要比无所作为更好。但是否真的会更好，还要取决于具体的情况。即便是征收关税比无所作为更好，但往往还有其他政策比关税更好。对症规则是一个一般性准则：采用最为直接的政策解决私人和社会激励扭曲。这一规则主张削减进口壁垒，因为设置进口壁垒的贸易政策通常不能对症下药，也不能直接地解决扭曲问题。因此事实上很多支持阻碍进口的重要理论，诸如维持进口竞争行业就业的理论、幼稚产业理论和国防安全理论，大多是针对政府政策的，而不只是为了支持进口壁垒。[①] 征收关税在发展中国家政策安排中最有说服力。因为如果一个国家非常贫困而且它的行政管理能力又非常有限，那么关税就成为政府提供基本公共投资和服务的重要收入来源。

那么区别贸易壁垒优劣的界线在哪里？图表 10—4 通过总结本章考察的主要情况，以及在第 8 章中的国家最优关税和第 11 章中的两种相关情况的政策结果，划出了这些界线。请注意图表 10—4 中两列答案的明显区别。在中间一栏，答案都是“是的”，进口壁垒“可以”比无所作为更好，这取决于本章所讨论的因素。在右边一栏，回答一般都是“否”，即除非扭曲正好发生于国际贸易本身，否则进口壁垒都不是最佳的政策工具。

图表 10—4　　进口壁垒是否比无所作为更好；进口壁垒是否为最优政策

需要达成的目标	进口壁垒是否比无所作为更好？	进口壁垒是否为最优政策
国内生产	是的，它可以	否
国内就业	是的，它可以	否
某幼稚产业	是的，它可以	否

① 对于这一点，可以回顾第 8 章的“对结论的预先展现”一节，请注意本章中讨论的各种情况是如何与其相吻合的。

续前图表

需要达成的目标	进口壁垒是否比无所作为更好？	进口壁垒是否为最优政策
某发展中国家的政府	是的，它可以	否
国家荣誉感	是的，它可以	否，除非只有自给自足可以使国家感到骄傲
国防	是的，它可以	否
更公正的收入分配	是的，它可以	否
国家买方垄断力量（大国）	是的，它可以	对国家，是（如果没有报复）；对整个世界，否（见第 8 章，国家最优关税）
反倾销（第 11 章）	通常不是	通常不是
抵消某种外国出口的补贴（第 11 章）	通常不是	对国家，否；对世界，是

* 除国家买方垄断力量之外的所有判断都是针对小国的情况。这样，各种结论就不会因为最优关税对贸易条件的影响而混乱。

说明：请记住“是的，它可以”并不意味着“是的，它是”。若要了解在何种状况下进口壁垒优于无所作为，何种状况下进口壁垒比无所作为更差，请复习本章中所讨论的内容。

如果经济上的效率分析表明进口贸易保护往往是一个比较差的政策或者基本不是最好的政策，那为什么会有这么多国家设置如此之多的进口壁垒？贸易壁垒的政治经济学从贸易保护受益者的收益、贸易保护受害者的损失、参与政治活动的成本（如投票、游说与竞选捐款）、政治程序的运行方式等角度对此问题进行了解释。

再来设想一个不太可能实施贸易保护政策的政治体系。如果每个人都能直接投票，大多数人可能投票反对关税或者非关税壁垒，因为大多数人作为消费者受到了伤害，而只有少数人作为生产者而获得好处。或者，如果每个人都愿意将他们在游说成功后可能得到的收益完全投入到诸如游说或者捐助竞选之类的政治活动中，那么政治代表很有可能反对贸易保护，因为贸易保护对消费者造成的损失要大于生产者所获得的收益。

现实世界中，一些集团能够比另外一些集团更有效地运用政治活动来影响代表们的投票决策。生产者集团通常比消费者集团更有影响力，因为贸易保护的好处集中在由少数人组成的生产者集团中。如此，贸易保护的好处大到足以刺激生产者进行政治活动，而且搭便车问题也较容易在小规模的集团中得到解决。另外，当因进口增加而受伤害的集团获得了其他局外人同情的时候，对贸易保护的支持也会增加。

这个思路同样可以帮助解释其他模式。集团规模的效应可以解释关税升级模式。一些购买中间品的大公司在反对针对它们所购买产品的贸易保护措施方面的游说能力，要比人数众多的最终消费者强，因为每个最终消费者可能获得的个人利益太小，以至于他们没有动力去争取有益于消费者的贸易政策。生产者利益集团能够有效地进行游说的事实，还解释了为什么在国际贸易谈判中每个国家都将本国的关税减让视为一种牺牲。这是因为政客们必须向那些组织良好的进口竞争生产者集团作出解释，这对政客们来说就是一种牺牲。最后，其他国家作出的削减关税的妥协，使组织良好的出口生产商集团积极地去支持那些能够降低贸易壁垒的多边贸易协议。

关键词

次优世界（second-best world）

外部性（externalities）

溢出效应（spillover effects）

对症规则（specificity rule）

幼稚产业保护理论（infant industry argument）

贸易调整性援助（trade adjustment assistance）

发展中国家的政府理论（developing government argument）

国防理论（national defense argument）

搭便车问题（free-rider problem）

关税升级模式（tariff escalation pattern）

意外伤害效应（sudden-damage effect）

推荐读物

次优世界中的贸易政策理论最早由诺贝尔奖得主 James Meade（1955）创建。Johnson（1965）和 Bhagwati（1969）对此也作出巨大的贡献。Baldwin（1984），Krueger（1984）和 Dixit（1985）用不同程度的专业性语言，做了精彩的文献综述。

Irwin（2009）考察了贸易保护的政治经济学理论。Kletzer（2001）研究了由于进口竞争失去工作的美国工人的经历。Baicker & Rehavi（2004）以及 Kletzer & Rosen（2005）描述并分析了美国的贸易调整性援助理论。OECD（2007）估算了部分国家糖保护政策的影响。

Downs（1957）和 Olson（1965）率先提出了两种理论：政治行为和游说偏向。Grossman & Helpman（1994）给出了一个有影响力的贸易壁垒政治经济学的技术分析。

习　题

✦ 1. 一家公司的生产技术创新往往使其他生产者受益，因为这些生产者可以学到这些新技术并将其运用于自己的生产中。

a. 这里是否存在外部性？

b. 一位经济学家在此情形下，将如何给以下两种政策的优劣排序？为什么？

ⅰ. 对进口征收关税，以确保国内生产采用新技术。

ⅱ. 对国内生产实行补贴，以确保国内生产采用新技术。

c. 除上面两种政策以外，经济学家还可以建议哪种更好的政策（如对什么进行征税或提供补贴）？

2. 什么是对症规则？

✦ 3. 一个作为价格接受者的小国进口了一种它以任何有限成本都不可能自己生产的外国产品。你能否描述在何种情况下，该国将因为对这种产品征收进口关税而受益？

4. 幼稚产业理论是如何证明应该设置进口壁垒的？该理论的优缺点是什么？

✦ 5. 在何种情况下，国家将受益于对某种商品的进口实行补贴？

6. 国防理论是如何论证政府应当设置进口壁垒的？为什么进口保护也许不是最佳策略？

✦ 7. 澳大利亚只有一家公司生产飞机。由于没有得到政府援助，该公司绝大多数市场被来自美国和欧洲的进口飞机厂商占领。对于整个澳大利亚来说，下面哪项政策的代价最为高昂？哪项政策的实施成本最小？

政策 A：对这家唯一的澳大利亚公司生产的每一驾飞机都提供生产补贴，而不实行阻碍进口的保护措施。

政策 B：设置等效于政策 A 中生产补贴的关税。

政策 C：设置与政策 B 等效的进口配额，以限制飞机进口。

8. 某小国的劳动部部长积极鼓励本国电子钟的生产。该国拥有一个规模很小的钟表产业，只有少数生产厂商有能力不依靠政府的援助与外国钟表厂商竞争。该部长认为，为该产业提供援助，能够增加就业并提高劳动者技能。这些技能还将被受过培训的工人带到其他产业。他要求设置 10%的关税以便获取上述收益。在同一内阁会议上，工业部部长则认为，应该对本国的钟表生产给予 10%的补贴，并认为只有这样才能够用更少的社会成本得到同样的国民福利收益。

a. 作图：

ⅰ. 关税对国内钟表产出和消费的影响。

ⅱ. 劳动部部长所描述的关税的收益效应。

ⅲ. 整个国家的净收益或净损失。

ⅳ. 实施生产补贴政策时产生的上述效应。

ⅴ. 指出两种方法对政府预算的差别。哪种政策对于关心贸易赤字问题的财政部部长更有吸引力？

b. 你能否描述一种比 10％的关税或 10％的生产补贴都要好，并能获取劳动部部长所宣称的工人培训收益的政策？

✦ 9. 政府向由于进口增加而失业的工人提供调整性援助政策。你对此持赞成还是反对意见？为什么？

10. 假设袜子进口国决定扩大国内袜子的生产。从袜子出口国的角度来看，将如何评价下述三个袜子进口国可能采用的政策？为什么？

a. 进口国对国内生产提供补贴。

b. 对袜子进口征收关税。

c. 要求袜子的出口商实行 VER。

✦ 11. 第 2 章我们介绍了一元一票制。如果某小国根据该准则作出关于进口关税的政治决策，那么该国将征收多少关税？

12. 什么是搭便车问题？它如何影响贸易政策？

✦ 13. 假设立法代表正在考虑对棒球杆实施进口配额，并将特定数量棒球杆的进口权利免费分配给最近正在分销该产品的三家公司。请指出与实施进口配额有直接利益关系的集团。你认为哪一个利益集团的游说活动更加有效？

14. 什么是关税升级模式？为什么它存在于许多国家？

第11章 促进出口

围绕出口行为和出口政策的争论，同无休止的进口壁垒之战不相上下。然而，对出口部门来说，这种争论采取了某种不同的形式，往往集中于是否人为地促进贸易，而不在于是否设置贸易壁垒。本章研究了企业和政府如何促使本国能够比他国在一般竞争条件下出口更多的商品。其潜在的政策问题是：一国是否可能为了自己的利益或者全球的利益而过度出口？当今世界还有这样的情况吗？如果有，那么进口国家对于其他国家的过度出口能采取什么措施？

这些问题并非空穴来风。政府迫于大企业和劳工游说集团的压力，长期与本国进口竞争产业的生产者认为他国人为过度出口的观点进行着艰苦的斗争。在过去30年中，对这一问题的争论变得更为激烈。美国和欧盟的生产者指责日本、中国、印度、韩国和其他快速增长的国家进行“不公平贸易”，因为来自这些国家的出口品要么定价过低，要么得到了政府补贴。这些国家和地区还不断地被指控违反了一般竞争规则和世界贸易组织的贸易规则。相应地，印度、中国和其他几个国家也纷纷颁布了自己的程序规则，并利用这些程序指控其他国家的不公平贸易。

为了论述不公平贸易问题，本章首先讨论倾销。这是企业出口量远远大于公平竞争条件下供给和需求共同决定的出口数量的一种方式。在此之后，将探讨政府如何通过直接或者间接补贴来促进出口。

11.1 倾　销

倾销（dumping）是指以远低于**正常价值**（normal value）（或者美国人常说的“公平市场价值”）出口商品的行为。正常价值有两个官方定义：

- 长久以来，正常价值被定义为国内消费者在国内市场所支付的具有可比性的价格。根据这一传统定义，倾销是一种有利于出口品购买者的国际价格歧视。

- 正常价值的第二种定义源于20世纪70年代。它以成本为基础，这里的成本是指包括中间费用和利润在内的产品的平均生产成本。根据第二种定义，倾销是指以低于全部平均成本的价格出口产品的行为。

为什么出口商会进行倾销呢？为什么要以低于其商品的国内售价或者低于平均成本的价格来出口商品呢？有多种原因。为了判别倾销的好坏，了解全部有关倾销产生的原因是非常必要的。

掠夺式倾销（predatory dumping）是指厂商暂时以低价向国外市场出口商品，其目的是将其国外竞争者逐出市场。一旦竞争对手被迫退出，该厂商将利用垄断力量抬高价格，获取暴利。

周期性倾销（cyclical dumping）发生于经济衰退期。在经济周期需求较弱阶段，厂商往往以降价来减少销量的下滑。例如，在一个长期均衡的竞争市场中，代表性厂商的价格等于全部平均成本（长期平均成本）。如果产业衰退或者整个经济衰退导致需求下降，市场价格将在短期低于全部平均成本。只要价格高于平均变动成本，这个厂商就会继续生产下去。如果这些产品是销往国外的，那么这个厂商就是在进行倾销。

季节性倾销（seasonal dumping）目的在于将库存商品清空。例如，在一个畅销季节接近尾声时，美国服装厂商决定以低于全部平均成本的价格出售所有余下的泳衣存货，进行大甩卖。由于沉没成本的存在，任何高于这些甩卖产品边际成本的价格都是可行的。如果这些低价产品部分卖给加拿大，那么美国厂商就在进行倾销。易腐烂的农产品也是季节性倾销的主要产品。一场大丰收将会降低市场价格，并且为出口提供大量的产品。同样，倾销也可作为一种在新市场推销新产品的手段。它与出口厂商试图在海外市场立足而进行新产品倾销相当。

持久性倾销（persistent dumping）的发生主要是因为具有市场控制力的厂商在不同市场之间实行**价格歧视**（price discrimination），以增加总利润。厂商可以通过低价向国外销售商品，获得利润最大化的条件为：

- 厂商在国外市场的垄断力比其在国内市场要小（在国外面临更多的竞争）。
- 且国内购买者不能通过在国外市场购买、低价进口来规避国内的高价。

当具备这些条件，厂商就可以使国内购买者支付一个更高价格，进而获得一个更大的总利润。这并不是掠夺性的，因为它并不是为了驱逐任何其他厂商。而且只要市场差别继续存在，它就可以持续存在较长时间。

通过价格歧视盈利的情况可以用图表 11—1 来表示，假设条件是：厂商面对的边际成本不变（即产品边际成本不管是在国内销售还是出口都保持不变，因为两个市场上销售的产品是相同的）。该图表是基于 1989 年的一个真实案例。美国政府裁决日本、韩国和中国台湾的厂商都向美国倾销了电话机，使得原告美国电话电报公司（AT&T）和其他美国公司①遭受损失。我们仅以一个日本厂商（如松下公司）为例。

持久性倾销之所以有利可图，是由于在任何价格上，厂商在国内市场中面对的是一条弹性更小（更陡）的需求曲线，而在国外市场面对的是一条弹性更大的需求曲线。也就是说，国内购买者的购买量并不会随着价格的上涨而大幅降低，但是国外购买者会在产品价格上涨时立刻放弃购买。因此，厂商会通过在各个市场上按照边际成本等于边际利益原则定价来实现利润最大化。在美国市场利润最大化的价格是 25 美元。在 25 美元价位上，美国消费者每年购买 150 部电话，此时边际收益正好等于边际成本 18 美元。在日本国内市场，消费者能够购买到替代主要日本品牌的外国商品

---

① 这个真实的倾销案例还包括小型企业使用的电话设备，虽然在案例中我们仅分析了来自日本的私人手机。根据美国商务部估算，日本和中国台湾的主要手机厂商对美国市场的倾销幅度达到 120%～180%；但韩国公司的倾销幅度忽略不计。截止到 1989 年，亚洲出口商在美国市场销售的小型企业电话设备占市场的 60%。

很少，利润最大化时的价格是 60 美元。在此价位上，日本消费者每年购买 100 部电话机，此时边际收益也等于边际成本。

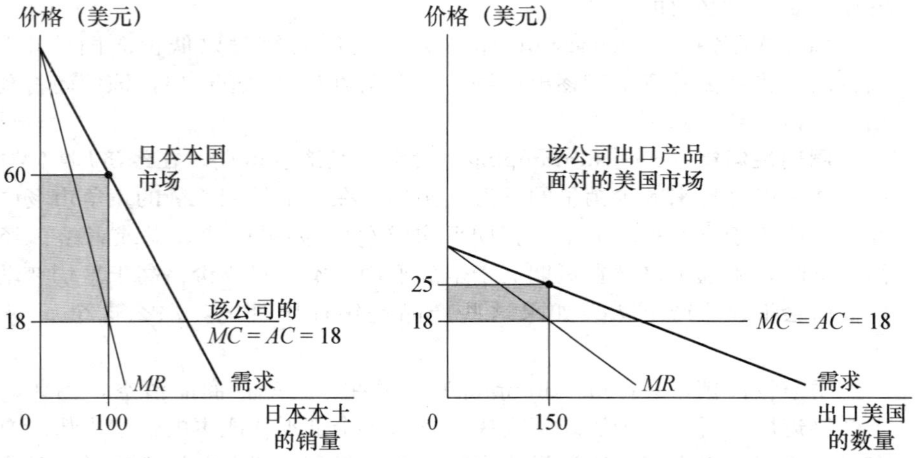

垄断者通过价格歧视策略来实现两个市场的利润最大化。厂商在需求曲线较陡的市场中采取较高的价格。在这个案例中，这个市场是日本国内市场，价格高可能是由于日本厂商受到了保护，得以规避外国厂商的竞争。在更具竞争性的美国市场，厂商为出口产品采取了更低的价格。总利润是两块阴影矩形的面积总和。只有当高价市场的购买者无法从低价市场买到产品，以及进口国决策者不征收反倾销税时，才能有效执行价格歧视策略。

图表 11—1　持久性倾销

实行价格歧视给厂商带来的利润比在两个市场上统一定价所带来的利润要多得多。实行两个市场统一定价策略会使日本市场的边际收益低于美国市场。只要运输成本和日本的进口壁垒使日本消费者从美国市场回购日本产的电话机在经济上不合算，那么厂商就会继续在日本市场高价出售以实现利润最大化。一般情况下是进口关税（出口国回购）和非关税壁垒将两个市场隔离开来。这些壁垒同样对倾销者进行保护，以避免其在实行高价的国内市场（如本例中的日本）遭受外国产品的竞争。

11.2　对倾销的反应：遭受倾销者应该如何思考

遭到外国出口倾销竞争的本国厂商可能会向本国政府大声抱怨，认为这是不公平的。那么进口国应该如何看待倾销？政府又应当对倾销采取何种政策？

从某种角度分析，进口国的态度应当非常明朗。它应该欢迎倾销并且感谢出口国。毕竟，当有人试图以低价向我们销售产品时，我们通常不会去同他争论。这种直觉对于持久性倾销来说是对的。相比出口国国内的高价，进口国可以从低价格额外获利。进口国的贸易条件变得更好了，消费者收益大于进口竞争性企业的损失。为了说明这点，假设对国外的倾销产品征收关税，使国内的含税价格上涨到出口国国内的价格水平。在图表 11—1 中，关税税率达到 140%（=(60－25)/25)。在本例中 140% 的关税是禁止性关税：日本厂商会停止对美国的出口。那么美国也会损失从该产品贸易中所得到的全部净收益。虽然禁止性关税征收之后美国生产者剩余会有所增加，但是消费者剩余的损失更大。同理，进口国通常应当欢迎季节性和试销价格（introductory-price）性质的倾销。

但是，另外两种倾销并非如此简单。进口国有充分的经济原因不欢迎掠夺性倾销。虽然进口国可以在短期内从低价进口中获利，但是一旦出口商获得垄断力量便会采取高价策略，进口国将失去曾经获得的收益。

一个关键问题是外国厂商是否经常进行掠夺性倾销。在20世纪20年代到30年代的全球经济混乱时期，据说有过大量工业制成品掠夺性倾销的情况。但是，事实上并没有明确证据表明真的存在过大范围的掠夺性倾销。掠夺性倾销在目前的市场中似乎也是很少见的。一个想要进行掠夺性倾销的厂商必须考虑短期实行低价带来的确定性损失和长期的不确定性盈利。即便是厂商能够在进口国家市场上将现有的竞争者驱逐出去，但是可以预见到的是，一旦它提高价格，新厂商，包括其他国家的新出口商，就会以竞争者姿态进入该市场。因此，掠夺性出口商不能提高价格或者很难维持较长时间的高价。最近的调查发现，在美国、欧盟、加拿大、墨西哥和印度的倾销案件中，只有不超过5%的案件可能属于掠夺性倾销（还有可能所有的案件都不属于掠夺性倾销）。

周期性倾销对于进口国来说是一种最复杂的倾销。大多数周期性倾销是功能完善的竞争性全球市场的正常经营活动。当需求下降，市场价格在短期就会下降。只要获得的收益能够抵消变动成本，厂商就会继续生产、销售甚至出口部分数量的产品。这也是需求下降时人们意料之中的。一旦衰退期结束，需求、价格和全球产量将会复苏（相反，如果仍有大量产能过剩，那么最终在价格复苏前需要一个有效的产能削减的全球分担机制）。

仅仅是全球有效还不足以使进口国完全相信周期性倾销是公平的。当需求下降，比如下降10%时，各国应该承担多少全球产出的减少？让进口国厂商减少产出并承担损失公平吗？尤其是，当需求下降是由于出口国经济衰退所致，那么为什么这些出口国家“出口部分失业”就是公平的？

通常，回答“什么是公平的”这个问题不是一件容易的事情。全球共同承担经济衰退，是国际贸易利益带来的影响之一。我们可以回顾第10章中的重要内容：对症规则。这里真正的问题是生产者损失。例如，如果需要解决的是失业问题，那么国家就应当提供适当的失业保险和就业帮助。

11.3 实际的反倾销政策：什么是不公平的

在我们的讨论中，倾销一般会给进口国带来好处，只有两类倾销对进口国有害。掠夺性倾销如果成功了，对进口国是有害的，尽管其成功的可能性很小。周期性倾销有时会不公平地伤害进口国，但在大多数情况下它属于竞争市场中企业正常的运营活动。我们从中得到的启示是：进口国对他国的倾销制定相关政策（即反倾销政策）时，应当具体情况具体分析。在征收反倾销税或者其他限制倾销产品进口的措施前，政府应当考虑收益和成本。但事实上，各国制定政策时并非如此。

根据世界贸易组织的规定，如果倾销对进口国国内进口竞争产业的厂商造成伤害，那么允许进口国对倾销采取报复措施。如果进口国政府发现倾销及其导致的损害，那么政府可以征收**反倾销税**（antidumping duty）——等于实际出口价格和正常价值之间的差额（倾销幅度）。

在20世纪70年代之前，全球范围内的反倾销案件实际上都是较少的。20世纪80年代仅有34个国家颁布了反倾销法规。但是，从90年代起，更多的国家制定了反倾销法规。到2010年，至少有100个国家有类似法规。

直到20世纪80年代后期，反倾销法宝的“四大传统使用者”（美国、欧盟、加拿大、澳大利亚），涉及了 90%以上的反倾销案件，但是随后反倾销的使用被推广开来。图表 11—2 显示了 2005—2009 年间采取反倾销政策的主要国家和地区。从 1986—1990 年到 2005—2009 年世界范围内的倾销案件增加了 35%，并且四大传统使用者（其中加拿大在 2005—2009 年期间仅仅发起了 18 个案件）所占份额下降到 24%。印度在 1992 年之前没有一例反倾销案件，但在 2005—2009 年期间它却居反倾销案件十大发起者之首。阿根廷和巴基斯坦也从零案件跃居前十位。

图表 11—2　　反倾销案件的十大发起者

	新发起案件数量		新反倾销措施的数量（2005—2009 年）	实施中的反倾销措施（截止到 2010 年 6 月）	平均反倾销税率*（%）
	1986—1990 年	2005—2009 年			
印度	0	196	119	205	77
欧盟	182	103	69	149	43
美国	184	84	66	257	89
阿根廷	0	78	44	87	85
中国	0	69	68	119	54
巴西	6	63	39	71	53
土耳其	12	55	56	121	11
巴基斯坦	0	46	17	29	35
南非	7	37	14	38	45
澳大利亚	156	34	13	24	59
韩国	7	31	27	37	29
世界	736	992	662	1 379	无

* 印度 1992—2002 年的平均数据，来源于 Ganguli（2008）；欧盟、美国、中国 2002—2004 年的平均数据，来源于 Bown（2010a）；其他国家 1995—1999 年的平均数据，来源于 Congressional Budget office（2001）。

其他资料来源：Zanardi（2004）；World Trade Organization，"Report（2010）of the Committee on Anti-Dumping Practices，"G/L/935，October 28，2010；World Trade Organization，"Antidumping：Statistics on Antidumping，"www.wto.org/english/tratop_e/adp_e.htm.

全球最常遭到反倾销指控的产品是化学制品、钢材和其他金属制品、塑料和橡胶制品、机械、纺织品和服装。最频繁遭到反倾销指控的出口国是中国、韩国、美国、泰国和印度尼西亚。2009 年，2%的中国出口品遭遇到来自进口国的反倾销措施。

让我们更详细地考察美国的反倾销政策。某个反倾销案件通常始于美国国内生产商提起诉讼。然后美国商务部调查倾销是否真实发生，美国国际贸易委员调查美国厂商是否因此受到损害。此外，还可与外国出口商进行谈判。如果它们同意提高价格或者限制出口，那么这个案件就会被暂停或终止。（以这种结局告终的案件普遍出现于钢材和化工产品的案件中）。

美国商务部通常会将 94%的诉讼案件裁定为倾销，且美国的法律程序也偏向于作出倾销的裁决。在比较出口价格和国内市场价格之时，美国商务部不仅对成本的测算设置一些不为人知的规则，还故意忽略那些高于国内市场价格的出口价格。其结果是将低出口价与国内市场的高价进行比较。在出口价格与平均成本比较的案件中，获得和解释出口产品的成本数据通常会很困难。所以美国商务部在决定正常价值的时候有很大的自由度。林德塞和艾肯森（Lindsey & Ikenson，2002），利用 18 个反倾销案件中的实际数据，检验美国商务部使用方法的偏向性。他们得出的结论是在 18 个案件中有 10 个实际上不存在倾销，而在另外 8 个案件中有 4 个，其实际的倾销量不到美国商务部确认数量的一半。

损害的评判标准并不严格，但损害通常是认定倾销案件的关键所在。在大约2/3的反倾销案件中，美国国际贸易委员都会发现倾销对美国进口竞争产业具有实质性损害。

一旦确认了倾销和损害，海关官员就会被授权征收反倾销税。在美国所提出的诉讼案件中，有一半以上的案件处理结果为征收反倾销税，或者由出口商签署协议同意限制出口产品的价格和数量。（通过对比图表11—2中关于2005—2009年新倾销案件和新反倾销措施两栏，可以发现有一半以上的案件无论是从其中的国家（地区）或者全球来看，都导致了反倾销税或者是出口商协议。）

近期的研究清晰地显示了一些反倾销案件处理过程的效应模式。在诉讼提出后的短期内，被指控为倾销的产品价格便有所上升，这大概是为了减少最终倾销的幅度。由于价格上升和对案件结果的不确定性，出口量也随之减少。如果产品被征收反倾销税，那么出口量会下降更多，平均下降70%，而且通常会下降至零（如图表11—1中所示）。出口商也有动机去提高其出口价格。因为如果美国商务部在后期审查中发现倾销减少或者不存在倾销了，那么反倾销税也会随之减少或者取消。

对征收反倾销税的总体效应的近期研究得出：美国每年遭受近40亿美元的福利损失，大约有一半的无谓损失（如图表8—5或图表9—3中的面积$b+d$所示）。另外一部分损失（如图表9—3中面积c）转嫁给了外国出口商，它们的出口价格被提高。美国的净损失可能会比这个少，因为这项研究并没有量化因避免任何由掠夺性倾销（可能很少）和周期性倾销（难以测算）产生的影响而带来的价值损失。

就当前美国以及其他国家日益增多的反倾销政策来看，我们能够得出以下结论：

1. 诉讼程序偏向于裁定倾销。

2. 损害调查仅仅考虑低价进口品对国内生产竞争者的损害，并未考虑国家遭受到的掠夺性倾销或者其他形式的损害；也几乎或根本就未考虑低价进口品给消费者带来的福利。

3. 总之，这个过程偏向于征收反倾销税，即使这通常会降低进口国家的社会福利。反倾销也会降低全世界的福利。

“案例研究”专栏中的“反倾销在行动”以具体的案例论证了上述结论。

案例研究

反倾销在行动

倾销法和反倾销程序看起来是纯技术性并且索然无趣的。很多人不会去关注反倾销或者关心发生了什么，但是通过反倾销诉讼获得进口保护的厂商却对反倾销情有独钟，因为它们的受益是非常大的。这也许是我们应该跟着“钱”走的原因，那样一来反倾销就变得有趣了。

下面有三例现实中的反倾销案例。这些故事的一个寓意是：成功拥有市场份额的出口者极有可能被指控倾销，而且它们有口难辩。

鸡肉的博弈

说到鸡肉，美国人喜欢鸡脯，而南非人偏爱鸡腿。这看起来似乎是存在互利贸易的基础。如果不是那些讨厌的倾销法律，这种交易应该是可行的。

美国鸡肉生产者注意到了这种需求的差异。它们开始出口鸡腿到南非。这就给南非鸡肉生产者带来了额外的竞争。但是，南非消费者获得的收益远大于当地生产者的损失。这就是贸易运作的方式。此外，美国鸡肉生产者非常高兴。它们的鸡腿的出口价格也稍微比在美国国内价格高，这就增加了它们的利润率。

南非鸡肉生产者受不了了，它们指控美国生产者以低于成本的价格出口鸡腿。这是一个典型的存在偏见的反倾销控诉案例，因为没有一个方法能够确定这种出口产品的成本。（鸡腿肉和鸡脯肉，哪个成本高？）2000年，南非政府判定美国Tyson公司以200%的价差进行倾销（出口价格仅仅是估计成本的1/3），Gold Kiss公司以让人难以置信的357%的价差在倾销。让我们跟贸易收益说再见吧！

超级计算机是何等的高级

1996年，日本NEC公司获得了向美国国家科学基金会（U. S National Science Foundation）建立的大学联盟供应超级计算机的合同，这些计算机用来进行天气预报。这是日本超级计算机第一次有机会向美国政府机构销售。对于主要的美国超级计算机生产商Cray研发公司来说，这份合同是一个巨大的挫折。Cray认为这是不公平贸易。

在美国商务部的鼓励下，Cray起草了一份倾销诉讼。NEC公司估计自己不可能有机会战胜同时也充当审判员的美国商务部，因此它拒绝参加审理。基于Cray公司提供的信息，美国政府对NEC公司的超级计算机征收高达454%的反倾销税（而且对另外一家主要的超级计算机生产商富士公司征收高达173%的反倾销税）。随着反倾销税的实施，美国没有人再愿意购买NEC公司或富士公司的超级计算机。

对于美国的超级计算机用户或希望得到精确天气预报服务的个人来说，这真不是个好消息。而在全世界，NEC公司的超级计算机是预测天气情况的不二选择。

在这个有趣的故事里还有一些曲折。或许它根本就不能算倾销。2001年，Cray公司陷入财务危机，并且它的技术也落于人后。Cray公司在获得2 500万美元的NEC投资和一份作为NEC超级计算机在北美独家分销商的合同之后，要求美国商务部结束征收反倾销税。

美国钢材：反倾销之王

如果说反倾销是超级碗赛事，那么美国钢材行业无疑夺得了冠军。截止到2011年年初，美国将近一半的生效的反倾销税是与钢材产品有关的。与之相比，美国钢材产品仅占美国进口的2%。一个雇用200 000名工人的行业是如何成为反倾销之王的？

在20世纪前半叶，美国钢材产业在钢材产出和产能方面是世界的领导者。到1950年美国的产出几乎占全球钢材总产出的一半。从那之后，情况发生了戏剧性变化。其他国家的钢材生产商在全球范围内加速挖掘高质量原料（例如，澳大利亚和巴西的铁矿）。这些外国厂商着眼于提高产能和降低成本。它们往往得到国家政府的支持。与此同时，美国大型钢铁生产厂商的高层管理却做了错误的决策，包括推迟技术改良、向工会工人支付毫无竞争力的高薪。到2010年，美国钢材产量仅占全球产出的6%。一半的美国产品是由小型钢材厂生产的，对于大型复合型美国钢铁厂来说也构成了竞争压力。

美国钢材生产商开始反击了。它们使用的策略大多是游说政府和利用美国贸易法案攻击进口。在20世纪80年代，为了阻拦进口，大量的钢材企业提起反倾销诉讼，美国迫使欧盟和其他国家实行自愿限制出口政策。等到自愿限制出口政策到期，1992年的某天美国钢材厂商又起草了针对20个国家的共计80份反倾销诉讼。（请注意，美国钢材生产商自己会购买1/4的进口钢材产品，用来做制成品的原钢板。所以并不令人震惊的是，原钢板从来都没有在美国受到过反倾销诉讼，但其他各种制成品都遭受过！）

美国钢材生产商是非常有组织的。为钢材厂商和私人钢材企业效力的统计学家会仔细研究每个月的贸易数据。当他们发现某种钢材产品的进口量增长时，那么它就有可能遭受反倾销诉讼。美国厂商事实上"输了"或者撤销了至少一半的这类诉讼。但是它们并不是真的输了。例如，1993年，美国厂商提起了对碳钢棒的反倾销诉讼。在调查的前几个月，碳钢棒在美国的价格上涨了25%。最终美国厂商输掉了这个案件或者撤销了诉讼。对此，一个外国钢铁生产商的总裁如是评论："但是谁能说它们输了？我认为它们赢了。无论它们花了多少诉讼费，他们可能得到了50倍的超额回报。这是提起诉讼最好的情况：即使你输了，你还是赢。"①

另一轮反倾销案件的热潮始于1997年。最初是由亚洲经济危机导致的，当时很多国家需求大幅下降（特别是韩国、泰国、印度尼西亚、马来西亚和菲律宾）。在短期内，钢材厂商有大量的固定成本，因此，即使面临需求和价格的下降，只要价格高于变动成本（即便大幅度低于总体平均成本），厂商仍然会继续生产和销售钢材。

曾经将产品出售到危机国家的钢材厂商开始把产品转销到别的国家。1998年，美国进口钢材制成品快速增长，同时钢材产品价格也下降了20%～25%。

全球钢材行业是具有竞争性和高度周期性的行业。这个事例能证明1998年钢铁行业处于全球周期中相当低迷的一个阶段。不管是不是正当竞争，美国钢材厂商都迅速采取行动。

它们在1998年提起了4起重大的反倾销诉讼，并且在1999年提起了另外4起。在这些案件中，美国钢材厂商起诉来自多达12个国家的钢材产品倾销行为，包括热轧钢筋、冷轧钢筋、不锈钢薄板及带材和钢板。国际贸易委员会判定其中6起案件中美国钢材厂商遭受损害，与此同时，美国商务部判定倾销幅度高达185%。在一个关于冷轧钢筋的大型案件中，在起诉后，该产品进口量应声下降了20%，尽管最终美国厂商输掉了案子，而且没有发现遭受损害。

尽管全球范围内钢铁产品价格仍然相对较低，但美国钢材厂商继续寻找新的倾销起诉目标。2000年，它们起诉了5起倾销行为；2001年起诉了6起。在这些案件中，国际贸易委员会裁定7起案件中美国厂商遭受了损害，美国政府继而征收最高达369%的反倾销税。

2002年年初，美国总统布什实施了新的关税，其中30%是针对进口的钢材产品。同一时期，新的倾销案件数量减少了。迫于美国国内钢材使用者及世界贸易组织的压力，他于2003年年末取消了这些关税。但是由于中国和其他发展中国家需求上涨，国际钢材价格在2004年上涨了50%多。随着全球钢材价格持续走强，到2008年，美国新的反倾销调查已经很少了。

随后，受全球经济危机影响，钢铁工业在2008年年末进入衰退期并且延续至2009年。此外，在2008年年末，美国钢材市场上进口产品的份额持续增加。全球钢材需求的下降和进口产品渗透的增加，重新启动了美国厂商对外国钢材厂商在美国市场上的倾销指控。2009年，美国钢材产业提交了7起新的倾销诉讼。其中有6起是只针对中国大陆厂商倾销的案件，另外一起是针对中国大陆和台湾地区厂商的共同诉讼。在两起案件中，美国国际贸易委员会都没有发现损害，因而诉讼被撤销。在另外5起案件中，美国政府征收了反倾销税。在最大的一起案件中，牵涉石油公司使用的管道和类似产品，关税阻止了每年30亿美元的进口。钢材产业仍然是美国的反倾销之王，而在美国的石油公司和其他使用钢材的公司则需要支付更高的价格。

如果出口国认为进口国政府在征收反倾销税时违背了世界贸易组织规则，那么它可以向世界贸易组织提起诉讼。截止到2011年年初，已有86起这样的诉讼，其中有42起针对的是美国政府的法律和程序。世界贸易组织专门委员会已经对86起诉讼中

① Mr. Nicholas Tolerico, executive vice president of Thyssen, Inc., a U.S. subsidiary of Thyssen AG, a German steel company. Quoted in *The Wall Street Journal*, March 7, 1998.

的一半进行了传唤和裁决。专门委员会通常裁定进口国过错，包括使用不恰当程序，使用与世界贸易组织规则相悖的方法判定倾销幅度（或者补贴比率），以及使用不完整信息或者有偏差数据判定损害程度等。在某些案件中，一些进口国服从裁定，如撤销反倾销税，但也有国家依然我行我素。即便是世界贸易组织的争端解决机制能防范一些对反倾销税的滥用，也会因这个过程过于冗长，无法将滥用的伤害降到最低。

反倾销政策起初看起来是针对不公平的出口，但是仔细研究则会发现其他的内容。“反倾销政策已经成为越来越多的国家进口竞争部门生产者获得新的贸易保护的一种重要途径，并给全球和进口国带来无谓损失。”如图表11—2所示，对外国出口商征收的平均关税税率远远高于正常关税税率，这样带来的无谓损失也会很大，这还不包括案件辩护的成本和收集资料、证明存在或不存在倾销和损害的成本。此外，进口竞争性产业的厂商利用反倾销诉讼的威胁迫使出口商提高产品价格和限制竞争，这被称为“威慑效应”，尽管它们可能不会真正提起诉讼。

11.4 改革建议

虽然存在例外，但是当前针对倾销的报复措施往往对全球和进口国都有害。① 可是这些行为完全符合世界贸易组织规则。所以启动世界贸易组织规则的改革是多哈回合多边贸易谈判的重要议题。在下面的段落中，我们将讨论三种可能的改革方案。

第一，反倾销诉讼可能被限于有可能存在掠夺性倾销的案件中使用。这类改革着眼于最有可能对全球和进口国造成伤害的倾销类型。同时，改革也会将反倾销政策和反托拉斯政策（反托拉斯是美国的提法，在其他国家也可称为竞争政策、反垄断政策或者相似的名称）相结合。支持竞争政策通常禁止通过掠夺性行为获得垄断力量。这种改革会尽可能限制反倾销政策的运用。但是，一国的法律仍然倾向于认定倾销行为及其某种程度的掠夺性。

第二，损害的标准应当扩展，应该增加产品消费者和使用者的感受。这种改变将讨论转向对国家净福利的损害，而不仅仅是对进口竞争性产业生产者的损害。一些国家，包括欧盟国家、加拿大和泰国，已经在它们的反倾销规则中加入了“公共利益检测”环节。这种改革从总体上限制反倾销行为的范围而不是仅仅着眼于某种倾销。

这类改革还会修正现行反倾销政策中的一些奇特现象，比如消费者会因为反倾销裁决受到很大的冲击，但在裁决过程中没有任何法律地位。事实上，大多数反倾销行为把诸如钢铁和化工品这类中间产品也包括在内。正如第10章中所提到的，这些产品的购买者（如汽车公司）通常是组织良好的政治团体，在反对它们所购买和使用的中间品的进口保护政策上具有一定的影响力。但现行反倾销政策的实施，已经关闭了进口竞争的中间产品生产者涉足这一政治斗争的最后机会。对于改革中的反倾销政策来说，如果将消费者利益

---

① 这里举一个对持久性倾销采取报复措施可以给全球带来收益的例子。如果被裁决为“有罪”的倾销者停止价格歧视，并继续以同一个不太高的价格向两个不同市场提供产品，其获得的奖励就是得以免除惩罚性关税，那么最终全球将会因为暂时征收的惩罚性关税而获益。这是因为产出被转移到边际收益更高的本国消费者。有关这种收益的一个例子是美国针对韩国消费类电子产品制造商的倾销案，其结果是韩国消费者可以以更低的价格购买这些产品。

这只是众多结果中的一个，其他结果通常都对全球不利。例如，倾销方可能将它们出口产品的生产线转移到进口国，而这一过程需要额外消耗世界资源。或者，因反倾销关税而受损的制造商可能因为觉得不值得如此大费周章而放弃有争议的国外市场。关于倾销的问题是复杂的。本文给出了最有可能的福利结果。

包括进来，那么整个战役将重新开局，而且也有可能减少反倾销政策的滥用。

第三，反倾销政策可能被更为积极的**保障措施**（safeguard policy）所替代。保障措施是世界贸易组织允许的对不断增加的进口采取贸易保护的措施。当突然激增的进口对国内生产者造成损害的时候，进口国可以使用暂时性的进口贸易保护措施，其目的是给进口竞争厂商及其工人一段缓冲时间来应对激增的进口竞争（请回顾第 10 章中关于贸易调整性援助的讨论）。

反倾销政策的支持者通常认为，反倾销政策有助于贸易自由化，因为它允许保护那些受到不断增加的进口损害的产业，那些产业受到的损害比预期的还要大。但实际上这却是支持保障措施的一个真正的论据。实施保障措施比反倾销税要好，是因为：

- 没必要证明外国厂商是否不公平竞争。
- 在实施过程中可能顾及了消费者利益，并依此决定是否实施保障措施，以及如果实施，将采取何种具体形式。
- 重点放在进口竞争产品生产者如何调整上。
- 之所以有压力去调整完全是因为进口保护只是暂时的。

保障措施并没有在美国得到大规模实施。一个有名的案例是 20 世纪 80 年代的哈雷-戴维森（Harley-Davidson）案。在保障措施实施之后，哈雷-戴维森重新变得强大，很快便能与日本竞争者（铃木和本田）抗衡，并要求提前废除保障措施。更近一点的案例是 2002 年美国政府对进口钢铁所征收的关税，这是美国政府应美国钢铁业申请保障救助的请求而进行调查之后的结果。2009 年美国对从中国进口的轮胎（已在第 1 章讨论过）征收高额关税是另外一个例子。很显然，尽管对钢铁和轮胎实施的保障措施仍然饱受争议，但至少所有利益相关方都有权进行申诉。

11.5　出口补贴

各国政府鼓励出口、补贴出口产品比它们限制或者对出口产品征税更为频繁。① 有些国家根据国际规则鼓励出口倒是不会引起争议，但问题是它们那么做是否有效。如美国商务部出口司提供海外市场调查、出口程序和国外政府法规等信息，并且帮助联系海外客户。政府机构还会发起如贸易展销会和组织考察团等出口促进活动。也有的政府建立出口加工区，对加工区的原材料和零部件给予便捷的通关程序，并提供低税率或者零关税。

政府还提供一些有利于出口的各种形式的财政扶持，如**出口补贴**（export subsidy）。出口补贴存在争议主要是因为它违背了公平贸易的国际准则。我们在分析了出口补贴后，会发现从全球来看出口补贴通常不是好的政策。但是，全球范围内政策受益者和受害者的划分，与你仅仅倾听补贴政策支持方和受害方的观点后的预期完全相反。出口补贴对于那些使用它的国家来说是不利的；而对于那些抱怨它的国家则有利！

政府对出口的补贴形式多样，其中有些还刻意隐晦、不为人知。比如，用纳税人的钱向出口商或者它们的国外客户提供低息贷款。美国进出口银行（U. S. Export-Import Bank）便是一例。该行成立于 20 世纪 30 年代，它向美国出口商以及它们的外国消费者而不是美国的进口者及其外国供应商提供优惠贷款。这显得有点名不副

---

① 在美国这并不令人奇怪，因为美国宪法禁止对出口产品征税。

实。政府还对出口产品的投入品（比如原材料或者国内运输服务）定很低的价格，而且所得税也会根据每个企业出口产品或者服务的价值给予相应的免除。

出口补贴的数额平均而言都很小，但是对于某种特定商品或者某特定公司来说却显得很多。例如，美国进出口银行的大多数贷款都发放给了少数大型的美国公司和它们的客户。尤其是波音公司，如果获得一些特大的外国飞机订单就能得到该行的诸多优惠。最多的出口补贴被给予了农产品。

这些由政府提供的补贴对国家有什么影响？用标准的需求和供给框架来分析它对竞争性产业的影响，会得到以下结论：

1. 出口补贴扩大了补贴产品的产量和出口量。事实上，出口补贴可将一种产品由进口转变为出口。

2. 相对于当地消费者所支付的价格而言，出口补贴会降低国外购买者的支付价格。此外，由于出口补贴是有意为之（政府只对出口补贴而不对国内购买者进行补贴），所以必须采取措施，防止本国购买者以降低了的国外价格进口该产品。

3. 出口补贴降低了出口国的国家净福利。我们可以从三种情况分析和验证这些结论是否成立。

11.5.1　小国情况下可出口产品

图表 11—3 中显示的是小国情况，其钢管的出口并不能影响 100 美元/根（标准长度）的国际市场价格。在自由贸易时，这个国家竞争性的钢管企业每年生产 16 000 万根钢管并且每年出口 9 000 万根（16 000－7 000）。政府现在决定给予这些厂商每根 20 美元的出口补贴。那么企业每出口一根钢管可得到 120 美元的收入，其中，国外购买者支付 100 美元，国家出口补贴 20 美元。如果企业可以从每根出口的钢管中获得 120 美元，它将不会以低于 120 美元的价格在国内销售。当然，只有当国内购买者不能从国际市场上以每根 100 美元的价格购回钢材才有可能。因此，必须要有某种因素能保持出口市场与国内市场的分离。（这听起来应该很熟悉——就像是持久性倾销。事实上，接受出口补贴是出口企业进行倾销的另一个原因。）

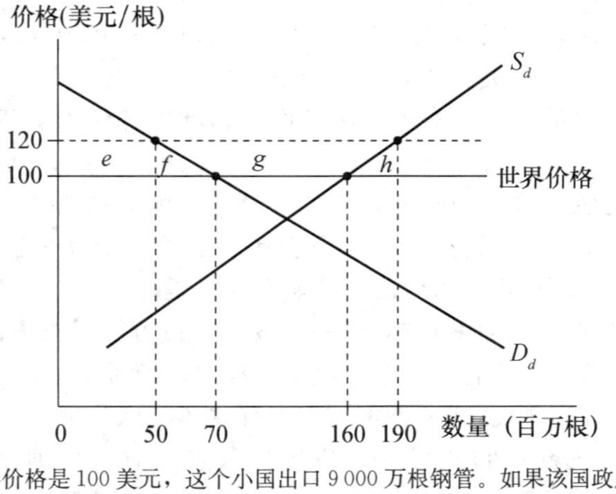

在自由贸易时，世界价格是 100 美元，这个小国出口 9 000 万根钢管。如果该国政府对每根出口钢管给予 20 美元的补贴，每根钢管的出口收入上涨至 120 美元，而且出口厂商在国内市场上销售必须也要获得同样的收入。这样，国内产量从 16 000 万根上升到 19 000 万根。国内消费从 7 000 万根下降到 5 000 万根，出口 14 000 万根。国内生产者获得面积为 $e+f+g$ 的生产者剩余，国内消费者减少面积为 $e+f$ 的消费者剩余，政府支付出口补贴的成本是面积 $f+g+h$。由于出口补贴造成的国民福利净损失是面积 $f+h$。

图表 11—3　小国的出口补贴效应

在这个案例中，出口补贴还有什么其他影响吗？如果每根钢管的收益上涨到120美元（对于出口和本地销售而言），那么钢管产量会上升到19 000万根。如果国内价格上涨到120美元，本国需求量就会下降到5 000万根，而出口量会上升到14 000万根（19 000－5 000）。

在出口国中，谁是受益者，谁是受害者？国内生产者获得面积为$e+f+g$的生产者剩余。消费者损失了面积为$e+f$的消费者剩余。政府支付的出口补贴的成本为面积$f+g+h$，等于每根钢管的出口补贴20美元乘以出口数量14 000万根钢管。

出口补贴增加了产品的出口量和产量，但是对出口国有益吗？利用一元一票制来衡量，答案是否定的。在收益和损失相互抵消后，面积$f+h$是国民福利净损失。其中面积f是出口补贴的**消费效应**（consumption effect），即当国内价格上升超过了世界价格时，国内那些消费者被挤出市场所造成的消费者剩余的损失。面积h是出口补贴的**生产效应**（production effect），即由于这种生产的资源成本高于世界市场价格（生产效率的世界标准），因此鼓励国内增加生产反而导致损失。因为这是可出口产品而不是可进口产品，所以这两个三角形在图上的位置相反。但是这些与图表8—4中的进口关税效应是一样的。出口小国的福利损失同样也是世界福利的损失。

11.5.2 大国情况下可出口产品

我们刚分析了一个出口小国对本国出口竞争性行业实行出口补贴会使本国福利遭受损失。当出口国大到可以影响世界市场价格时，也许结果会有所不同。但事实上，情况可能会更糟。

如图表11—4所示，在自由贸易下，钢管的世界市场价格为100美元/根。当出口国家提供每根20美元的出口补贴后，出口厂商便会增加出口量以获得更多的补贴。为了让外国消费者购买更多的出口品，出口厂商必须降低它们的出口价格。而且，正如在小国例子中，出口国的国内购买者支付的价格必须比出口价格高20美元（假定它们不能以新的世界市场价格从其他国家进口该产品）。从图表11—4中的B图我们可以更容易看到最终的均衡结果。出口补贴在一个每单位产品在外国进口商支付的价格和进口商得到的收入之间插入了20美元的楔子（wedge）。这20美元的差额（垂直距离）正好导致贸易量为11 000万根。新的世界价格为88美元，这也是进口商所支付的价格。而出口企业获得的单位收入以及出口国国内新的价格是108美元。

图表11—4中的A图表明了出口国正在发生的一切。在价格为每根钢管108美元时，出口国的产量从16 000万根增加到17 200万根，国内消费量从7 000万根减少到6 200万根。出口数量从9 000万根增长至11 000万根。

和小国情况一样，出口补贴增加了国内钢管产量和出口量。这对出口国的福利有什么影响？生产者剩余增加了面积$e+f+g$。消费者剩余减少了面积$e+f$。政府出口补贴的成本是20美元乘以出口数量11 000万根，即22亿美元，A图中的面积$f+g+h+i+j+k+l+m$（或者B图中的面积$f+g+h+n+r+t+u$）。

出口国家的净损失包括图A和图B中的阴影部分，这种净损失包括三个部分：

- 消费效应（面积f）。
- 生产效应（面积h）。
- 由于出口国国家贸易条件恶化带来的损失（面积$i+j+k+l+m$＝面积$n+r+t+u$）。

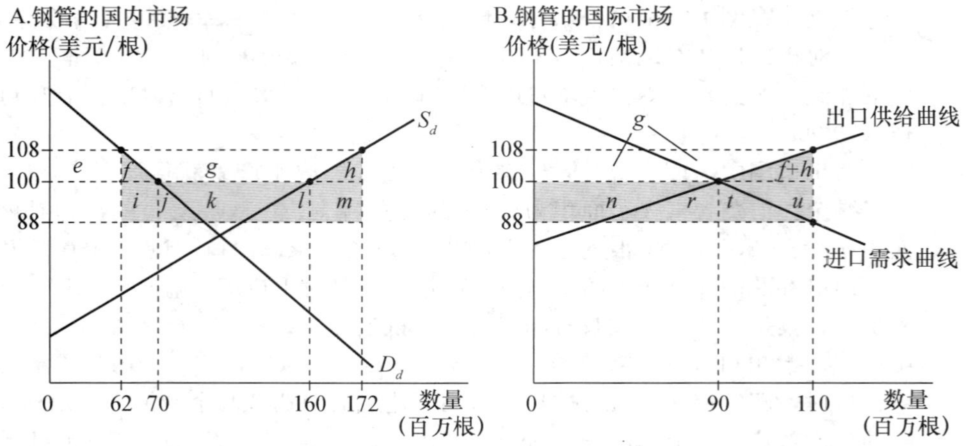

在自由贸易时世界价格是 100 美元，此时大国的出口量为 9 000 万根钢管。如果该国给予的出口补贴为 20 美元，那么增加的出口将使世界价格下降至 88 美元。出口商每根钢管得到的出口收入是 108 美元，而且国内购买者也需支付价格 108 美元。该出口国国民福利净损失是面积 $f+h+i+j+k+l+m$。出口补贴不仅扭曲了国内生产和消费，同时恶化了出口国家的贸易条件。整个世界的效率损失是 $f+h+u$。

图表 11—4　大国的出口补贴效应

出口补贴给国外购买者提供很大的便宜。但是进口国的收益是出口国以低于世界价格出口销售的损失。

我们还可以用 B 图来说明对世界福利的影响。面积 $n+r+t$ 是进口国增加的福利剩余。世界福利净损失为三角形 $f+h+u$ 的面积。这类损失来源于过多的钢管贸易。

11.5.3　从进口产品转为出口产品

“有钱能使鬼推磨”，用这句谚语描述出口补贴同样适用。它可以使一种进口产品转变为出口产品。让我们来看它是怎么做到的。

为了避免问题复杂化，我们只研究图表 11—5 中的小国情形。在自由贸易下，黄油世界价格为每公斤 2 美元，该国进口 8 000 万公斤（12 000－4 000）黄油。政府现

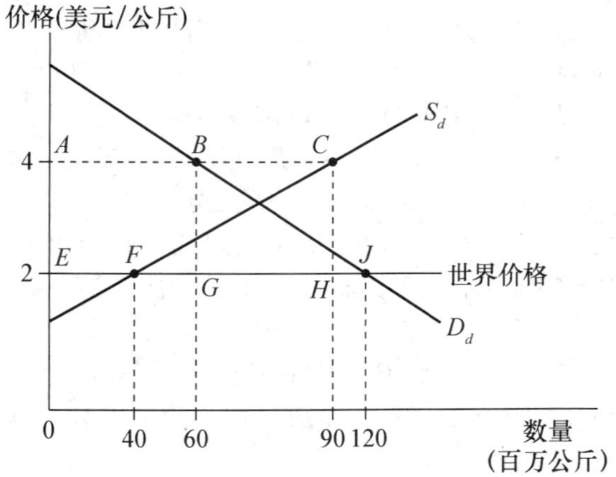

在没有出口补贴的自由贸易情况下，该小国进口 8 000 万公斤黄油。如果该国政府提供每公斤黄油 2 美元的出口补贴，那么生产者每公斤黄油的收益将增至 4 美元。这个国家就摇身变成了出口 3 000 万公斤的黄油出口国。国民福利净损失是生产扭曲损失面积 FCH 与消费扭曲损失面积 BJG 之和。

图表 11—5　出口补贴使进口转变为出口

在给予黄油每公斤 2 美元的出口补贴，并且能够阻止国内消费者从国外进口便宜的黄油。那么该国厂商出口每一单位黄油的收入涨到 4 美元，且国内产量增加到 9 000 万公斤。在国内 4 美元的高价下，国内黄油消费量减小至 6 000 万公斤。这样，在政府补贴下，该国现在出口 3 000 万公斤的黄油。

出口补贴使一种进口品转变为出口品。国内生产者获得面积为 $ACFE$ 的剩余。但是国内消费者损失了面积为 $ABJE$ 的剩余。政府提供的出口补贴成本是面积 $BCHG$。国民福利净损失看起来有点特别，因为消费效应和生产效应的三角形是部分交叠的。国民福利净损失（和世界福利净损失）为面积 BJG 和面积 CHF 之和。

利用出口补贴使进口产品变成出口产品，并不是天方夜谭。请关注“案例研究”专栏中的“农业真让人瞠目结舌”。

这时候你可能会想到本章开始时提出的结论。你会发现这些结论适用于所有这三种情况。如果市场是竞争性的，那么出口补贴对出口国是有百害而无一利的。

案例研究

农业真让人瞠目结舌

除了你，我不想从任何人那里听到有关农业问题的建议。哦，我想起来了，我也不想从你那里听到什么。

——美国总统肯尼迪对他的农业政策高级顾问说的话

农业是另一个世界，就好像是自然法则被打破了。从 20 世纪 80 年代到 90 年代后期，沙漠之中的王国——沙特阿拉伯，种植的小麦就已经超过了本国消费，进而开始向外出口小麦。另外一些国家，如英国和法国，尽管其土壤和气候也不适宜种植，却也是小麦的出口国。甚至人口稠密、多山地的日本也常是一个水稻净出口国。

所有这些发生的原因是与其他私人经济相比，政府更多地干预了农业。在 2009 年工业化国家的政府政策中，各国政府向农民提供了共计 2 530 亿美元的援助，大约相当于农民收入的 22%。其中欧盟提供了 1 210 亿美元（占其农民收入的 24%），美国提供了 310 亿美元（占其农民收入的 10%），而日本则提供了 460 亿美元（占其农民收入的 48%）。特别是相对于农业在各个经济体中所占的份额来说（大约仅占国民生产总值的 2%），这些国家的农民政治游说团体具有异常强大的游说力量。生产大米、牛奶、糖、牛肉、羊肉、小麦、玉米以及其他谷物的农民是这类补贴的最大受益者。

农场将近一半收入增加是通过政府的价格扶持实现的。一个典型的价格扶持是：政府设定一个农产品的最低国内价格，并以最低价格收购农民没有卖掉的所有农作物。国内农民在销售时，至少可以获得一个最低的价格，而国内的消费者在购买时，也至少需要支付一个最低价格。所有这些听起来都是发生在国内的事情——国内的最低价格，国内的农民，国内的消费者。但是，始于国内的事情却正在向全球市场蔓延。

扶持价格几乎总是比世界农产品的价格要高。如果以前这个国家的进口是自由贸易，那么扶持价格则要求严格限制进口。否则，便宜的进口会涌入这个国家从而摧毁扶持价格。如果扶持价格不是很高（低于或等于这个国家的无贸易价格），那么价格扶持实际上就是一种形式的进口保护。这种价格扶持形式的分析反映在第 8、9 章中所描述的进口壁垒。这一点已经很有趣了，但还不至于令人震惊。

如果这个国家愿意在自由贸易下出口产品，由于扶持价格高于世界价格，那么这个国家农产品的产量会大于国内的需求。政府必须在高价位上购买过剩的产品，然后要么销毁这些购买的产品，要么任其腐烂。可这样会造成多大的浪费啊！政府可以把多余的产品派发给国内需要的家庭，但这样做是有限的。这些免费农产品派发量应该控制在不扰乱国内正常供需的水平上。政府还会选择将产品投向出口市场，因为出口似乎是处理国内多余产品的一个绝好途径，尽管政府会在每一单位的产品出口上受到损失。这种损失就是政府补贴，等于政府支付的扶持价格与最低的国际价格之间的差额。外国购买者不会按照出口国家高的扶持价格来支付；只有当出口国政府提供一个被补贴的出口价格时，他们才会购买。

在本案例中，这个出口国给生产者提供了一个高于世界价格的扶持价格，那么价格扶持政策实际上就是一个进口保护和出口补贴的组合，分别反映了图表11—3和图表11—4两种情况。我们越来越感到震惊了。

价格扶持政策也可以使农产品从进口转变为出口。在英国、法国以及欧盟的其他国家中，小麦就是个例子。欧盟国家中的黄油和其他奶油制品就是因为这种慷慨的价格扶持政策，使它们由进口变为出口。在自由贸易条件下，小麦、黄油以及其他奶制品应当出口到欧盟，因为这些产品的世界价格比欧盟的非贸易价格低。（更简单地说，欧盟在这些产品上没有比较优势。）欧盟的扶持价格之高，以至于欧盟农民生产的数量远大于国内销售量。欧盟通过出口补贴来出口剩余产品。这个案例很好地诠释了图表11—5。这真让人瞠目结舌，国内价格扶持变身为进口保护和出口补贴的组合体，导致该国从农产品的进口国变为出口国。

然而，政府制造惊奇代价不菲。欧盟的农业共同政策（CAP）涵盖的产品范围非常广泛（包括小麦、黄油以及其他的奶制品）。CAP的支出超过欧盟财政支出的40%，CAP的低效率损失大约相当于欧盟GDP的1%。

从世界贸易组织规则来看，农业是另一个故事。与世界贸易组织对工业产品的政策相比，世界贸易组织对于农产品的规则全然不同。世界贸易组织允许政府在农产品贸易上使用进口配额和出口补贴。但是情况在不断变化。乌拉圭回合贸易协定达成的农业政策，已经缩小了与工业政策的差异，对发达国家尤其如此。这些国家正在把贸易配额和其他非贸易壁垒转变为进口关税，因而也称为关税化进程。每个发达国家都把出口补贴的财政预算减少了36%，出口补贴的总量减少了21%。据估计，除少数几个国家外，世界贸易组织要求发达国家将对农产品的补贴减少20%。而对发展中国家而言，要求则不那么严格。

然而，这些变化并没有带来预期的效果。大部分发达国家在执行贸易协定时总是阳奉阴违。总的来说，被高度保护的产品仍然处于高度保护状态。削减出口补贴还是带来了一些影响，尤其表现在欧盟减少了出口补贴。但总的来说，大范围的补贴削减所产生的影响是温和的，这是因为美国以及欧盟并没有取消主要的补贴项目。

乌拉圭回合之后，农业和工业的规则方面的差异性有所减少。一方面是关税使进口壁垒可以在国家间进行比较，另一方面是减少农产品补贴是大势所趋。各国开始使用世界贸易组织的贸易争端解决程序来调查是否存在过多的农业补贴。2005年，世界贸易组织裁定欧盟对蔗糖出口的补贴及美国对棉花的补贴均违反了世界贸易组织规则和协议。

乌拉圭回合也为多哈回合谈判奠定了基础。多哈回合谈判旨在在贸易自由化的道路上更进一步。

11.6 世界贸易组织关于补贴的规则

作为东京回合和乌拉圭回合贸易谈判的成果之一，世界贸易组织具有一套明确的可能有益于出口补贴的规则。这些世界贸易组织规则把补贴分为两类：

- 除了允许最低收入国家使用出口补贴外，其他直接与出口相关的补贴是禁止的。例如，企业根据出口量得到的税收减免。
- 不与出口直接相关，但是仍然对出口产生影响的补贴是可以被提起诉讼的。例如，提供低价电力用以帮助当地企业生产，且这些企业生产的部分产品是用来出口的。

如果进口国政府认定某一外国正在使用禁止性补贴或者可诉性补贴，且其正在损害进口国产业，那么该进口国可以选择下面两种程序中的一种：

- 向世界贸易组织提起诉讼并使用争端解决机制。
- 使用类似于针对他国倾销的国家应对程序（这一程序用得更为频繁）。

如果进口国能够证明存在禁止性或可诉性补贴，且这些补贴对本国产业造成伤害，那么它就有权征收反补贴税，用来抵消出口补贴带来的价格或者成本优势。

11.7 进口国是否应该征收反补贴税

进口国对出口补贴应当采取何种反击？是简单轻松地享受便宜的进口商品？还是接受进口竞争产业的生产者控诉出口国不公平竞争，并对补贴产品征收反补贴税？

如果出口国大到足以影响世界价格，那么大国的出口补贴会使进口国对其进口产品支付更低的价格。正如图表 11—4 中 B 图所示，进口国整体福利改善了，但是其进口竞争产业却遭受了损害。根据世界贸易组织规则，允许进口国政府征收反补贴税。如果这么做了，那将会发生什么？

为了避免使问题复杂化，我们分析图表 11—4 中的大国这样的极端情况。在这种情况下，所有的出口补贴被转移给国外市场的进口品购买者。也就是说，进口国少支付的价格等于出口补贴额。但是，需要注意的是：即使这种简化的情况也有可能会使人混淆。我们将分析集中在福利的两种不同测量方法上，一种从进口国角度，另一种从世界角度。我们将在三种不同的情况下进行比较：（1）自由贸易；（2）出口补贴但不征收反补贴税；（3）出口补贴加上反补贴税。

图表 11—6 分别显示了加拿大和国际的冷轧钢筋市场。在自由贸易下，加拿大每年从巴西以每吨 300 美元的价格进口 5 000 万吨冷轧钢筋。然后，巴西政府给每吨冷轧钢筋提供 50 美元的出口补贴。如果这些全部转移给购买者，那么出口产品价格将下降至每吨 250 美元。加拿大进口量将增加到 8 000 万吨。加拿大国内产量下降至 13 000 万吨，并且加拿大生产者剩余减少面积 v。加拿大消费量增加到 21 000 万吨，同时加拿大的消费者剩余增加了面积 $v+w+y+z$。加拿大从巴西出口补贴中得到的净收益为面积 $w+y+z$。加拿大国内生产者遭受了损害，所以它们抱怨受到了不公平竞争。

对于世界来说，存在过度的钢铁贸易。在巴西花费 300 美元的资源才能产一吨钢材，但加拿大的购买者支付的价格却远低于每吨 300 美元。（正如加拿大每吨钢材的进口需求曲线所示。）

如果加拿大政府对每吨进口钢材征收 50 美元的反补贴关税，那么情况会如何？含关税的进口产品价格回归到 300 美元。在这种既有补贴又有反补贴关税的情况下，全球重新回到自由贸易下的 300 美元的价格和贸易量（5 000 万吨）。这对于全球效益是有意义的，因为由于过度贸易所导致的无谓损失（图表 11—6 中 B 图的面积 x）被消除了。对于全球来说，反补贴税是第 10 章对症规则的成功应用。在这个案例中，世界的问题是过度地出口钢材，反补贴税正好是对症下药。

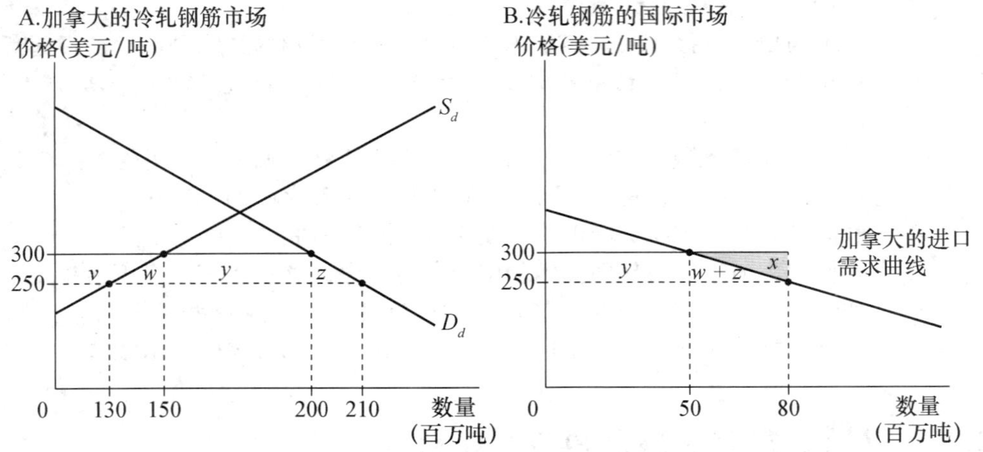

图中表明：（1）巴西钢材出口补贴对于加拿大的影响；（2）加拿大反补贴税对受到出口补贴的巴西钢材的影响。奇怪的结果是：每项政策最终都给政策实施国带来净损失，但是对于全球整体而言，加拿大的反补贴税消除了巴西出口补贴造成的损害。

图表 11—6　外国补贴和反补贴税

关于反补贴税对加拿大国民福利的影响的结论取决于如何比较。在有出口补贴的情况下，加拿大征收反补贴税将使国民福利变得更糟。这就对了——在这种情况下反补贴税对于其实施国是有害的，而对于世界而言是有益的。图表 11—6 中 A 图表明了在存在出口补贴时，征收反补贴税对进口国的影响。含税价涨至 300 美元，加拿大生产者获得面积 v 的收益，消费者损失面积 $v+w+y+z$，加拿大政府得到的反补贴税收入为面积 y。加拿大由于征收反补贴税的国民福利净损失为面积 $w+z$（征税的标准结果）。

再来分析另一个对比，即自由贸易和出口补贴加反补贴税之间的对比。在这两种情况中，加拿大国内的价格都是一样的（300 美元），销售的数量也是一样的。唯一不同的是加拿大政府在出口补贴加反补贴税情况下得到了税收收入（面积 y）。是谁实际支付了反补贴税？是巴西政府！它支付给巴西厂商的出口补贴通过较低的出口价格被转移给加拿大的购买者。当加拿大的进口购买者支付反补贴税时，又将它转移给了加拿大政府。此时，加拿大的福利要比自由贸易时更高，因为巴西政府实际上支付了加拿大的税负。

因为出口补贴对全球整体而言是不利的，而对出口补贴采取报复措施对全球来说却是有益的，所以世界贸易组织规则非常明智地允许进口国家征收反补贴税。但是，实际结果却是补贴诉讼和反补贴税使用频率远低于倾销诉讼和反倾销税的使用频率。在 2005—2009 年间，全球仅有 69 起补贴案件。截至 2010 年中期，只有 66 起反补贴措施生效。

美国是使用反补贴税最多的国家，涉及 32 起新反补贴案件和 43 起正在实施的反补贴税。欧盟和加拿大也使用了一些反补贴税。中国、美国、印度是遭受出口补贴指控最频繁的国家。钢铁产品是频繁受到出口补贴指控的产品。反补贴税正逐渐低于反倾销税。例如，美国平均的反补贴税税率仅为 10%。虽然反补贴税对于全球来说有益，但是与反倾销税一样，反补贴税也存在滥用的情况。进口竞争性产品生产者有动机指控有可能受到出口补贴的国外产品，以获得保护同这些产品竞争。同时，政府的很多行为都存在补贴因素。在反补贴案件中，也许在政府的偏袒和帮助下，那些有抱怨的进口竞争性企业很有可能确信某种外国产品存在鼓励出口的补贴。如果它们能够证明受到出口补贴产品的损害，那么这些厂商就能够从征收反补贴税中获得保护。

美国和加拿大之间的关于软木材的纠纷就是一个有争议的反补贴案件。在 2001 年年初，一项限制加拿大软木材出口的 VER 到期了。美国木材企业立即重新提起诉讼，控诉加拿大木材企业从补贴中获益，因为加拿大政府没有对政府公地上的伐木征收足够高的费用。加拿大政府认为它们收的费用是合理的，所以不存在补贴。美国政府却不这么认为。美国商务部认定这种偏低的费用相当于 19%的补贴，同时认定加拿大木材出口平均还有额外的 8%的倾销。美国国际贸易委员会发现在 VER 期满后，激增的进口对美国木材企业造成损害。很显然，美国木材商从对加拿大木材征收 27%的平均组合税中获得了收益。而美国消费者遭受了损失。建造一栋传统的新房成本上涨了 1 000 美元。对于多数可以支付得起的新房购买者，遭受的是纯粹的货币损失。对于大概 30 万个无法支付更高房价的美国家庭而言，就会形成消费效应的无谓损失。他们中大多数都是中等收入家庭，而且不愿意继续居住在破旧的房子中。

如果加拿大的伐木费用因为太低而被认为是补贴，那么世界福利将因美国的反补贴税而提高。但是，如果加拿大的伐木费用是合理的，并且不被认为是补贴，那么反补贴税（也许是反倾销税）就是简单的进口贸易保护，对世界来说是一种净损失。①

11.8　战略性出口补贴可能是有益的

在前面的章节中，我们假定在完全竞争市场中，出口补贴会对出口国造成伤害。对于一些行业，这种完全竞争市场假设是不成立的。假设在现实生活中的市场上只有两个巨型企业相互竞争，且每个企业都可以为整个市场提供足够的产品。如果这个行业是由两个能够垄断世界市场的寡头企业之间的国际竞争形成的，那么出口补贴的经济效应与前面的分析将会存在巨大差异。（回忆第 6 章中关于寡头垄断和贸易的讨论。）在这个寡头竞争中，出口补贴对出口国和世界，既可能是有益的也可能是有害的。

为了说明有益的出口补贴，我们可以设想一个简化的例子，这个设想受到了美国的波音公司和欧洲的空客公司在现实中相互持续竞争的启发。假设两家公司在技术上都可能生产某种新的民用飞机，比如超大型喷气式飞机。为了突出重点，我们假设空客公司和波音公司以同样的成本生产这种新品。飞机制造业可以从规模经济中获利——随着厂商产量的扩张，单位制造成本会随着产量的增加而下降。任何一家公司都能够以一个低成本供给整个全球市场。如果只有一家公司占领全球市场，那么它将获得垄断利益。如果两家公司都生产，那么它们为了销

① 这一案件引发了无数对世界贸易组织和《北美自由贸易协定》的争端解决机制的投诉。结果是关税税率先是降低了，然后于 2007 年恢复到原水平。因为如果加拿大产品在美国市场上的份额超出了某个特定的比例，或者如果美国的价格低于某一特定的水平，那么加拿大政府可以征收出口税。

量而竞争，并把价格压低至边际成本。在这种竞争状况下，它们不能获得经营利润。

图表 11—7 显示了当波音公司和空客公司同时面临是否生产新飞机决策时可能发生的情况。对于它们中的任何一个，这都是一个困难的选择。从空客角度看，它是应该选择投资 8 个单位，生产新型飞机（左列），还是应当不投资也不生产（右列）？这将完全取决于波音的选择。如果空客能够确定波音不会介入，那么当然它应该投资 8 个单位并且生产新型飞机，以获得左下图中 100 单位的利润。但是如果波音公司生产呢？那么它们之间可能会进行价格战，其结果就是不能得到经营利润，无法弥补 8 个单位的投资成本。

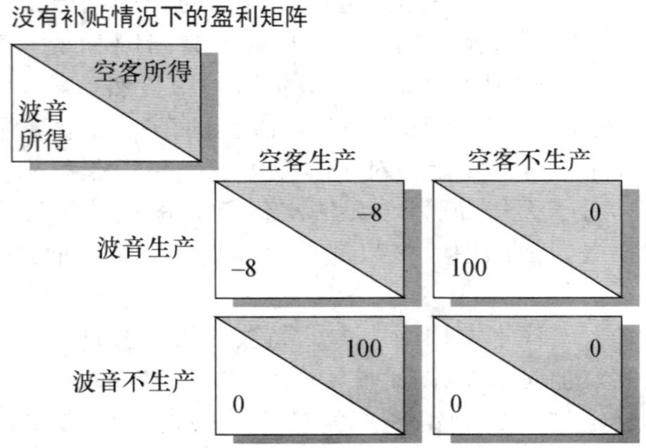

假设两个寡头竞争企业面临的是完全一样的选择且没有政府的帮助。如果两家公司同时决策是否生产，博弈的结果是不明确的。每家公司都想成为唯一的生产者，但是如果都决定生产，那么双方都将受损。认识到这点，双方都可能选择不生产。

图表 11—7　没有政府补贴时的两个寡头公司的竞争博弈：空客与波音

选择进入该市场对空客公司来说有风险。同样，对波音公司也是如此。正如图中所示，波音公司只有在知道空客公司不生产（右上图）的情况下才会愿意进行生产。但是在这种非合作的博弈过程中，任何一家公司都不能确定结果——每家公司都只能选择自己所采取的策略（行或列）。两家公司都会对竞争威胁作出反应，可能是不进行生产，进而出现右下角方框的结局——没有一架新飞机被生产。

两国中任何一个政府都可以通过对本国生产者提供补贴而打破这种不确定性。例如，提供一项能够补偿生产者前期开发成本的补贴。在此，我们从欧盟角度来分析。假设英国、法国、德国以及西班牙政府同意补贴空客。如果它们给空客 10 个单位期初成本的补贴，就会出现图表 11—8 中 A 图所描述的情况。请看图的左边一列，空客将决定进行生产。因为空客要么面临波音竞争，仅仅获得 2 单位（投资 8 单位，10 单位的补贴）的收益，要么波音被吓退，空客获得全部 110 单位的收益。而且，波音也确实会被吓退，因为波音确信空客生产，那么波音最好的选择就是不生产（没损失也没收益总比损失 8 单位的资金要好）。

这样，空客获益，全球消费者也获益（在图中没有显示具体数据）。甚至，当空客能够得到 110 单位收益的情况下，欧盟作为一个整体也会获利，因为减去 10 单位的补贴后，欧盟净收益仍然是 100 单位。所以这个出口补贴就既可以使全球受益又可以使出口国（欧盟）受益。这种补贴就是**战略性贸易政策**（strategic trade policy）的一种形式。在这种政策中，政府要通过帮助本国企业，赢得博弈和获得收益（在这里指100单位的经济利润)。①

但是，这样做并不容易。假设美国政府也像欧盟补贴空客一样，决定对波音进入市场进行补贴。那么就会出现如图表11—8中的B图所示的情况，每家公司都看到希望并且决定生产，因为每家公司都能获得正收益不管对方生产与否。这对企业来说是有益的，但是各自政府需要花费10单位的补贴。所以，从政府来看，欧盟和美国各自损失8单位（2单位的收益减去10单位的政府补贴）。B图中显示的唯一的好消息是隐性收益：全球消费者获益。但是如果大部分的消费者是欧盟和美国以外的，这两个国家依然是净损失。（在现实中欧盟和美国政府都会对各自的飞机制造商补贴，并且导致贸易摩擦，如"全球治理专栏"中的"在WTO中的混战"所讨论的。）

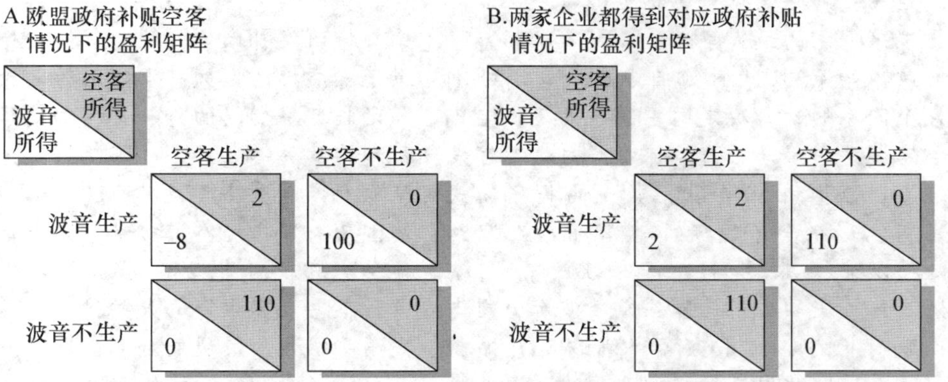

A. 如果欧盟给予空客10单位的补贴，确保空客即便在面临竞争时也有2单位的利润，那么空客会选择生产。知道空客生产，波音公司就会选择不生产。那么空客公司就可以获得110单位的收益。由于新型飞机问世，消费者可以从新型飞机中获得一些消费者剩余，且整个世界的福利也增加了。

B. 在这个案例中，政府各自给予其生产商10单位的补贴。那么两家公司都会生产。对于每个国家而言补贴成本（10）都大于企业所获得的利润（2）。每个政府都会因提供补贴而遭受损失，除非国内消费者剩余（图中没有显示）大于8单位的净损失。

图表11—8 有政府补贴的两个寡头公司博弈：空客与波音

这些简单的例子揭示了两家出口公司在全球竞争下，提供出口补贴及类似形式的补贴的两个结论：

1. 补贴可能对出口国有益，如图表11—8中A图所示。

2. 提供补贴的结果非常不确定，取决于太多的外部条件。

在我们的例子中，还可以看到一种重要情况：如果其他国家政府也给它的企业提供战略性政策支持，那么很有可能连这个国家都遭受福利损失。（注意，这种告诫与第8章的关于国家最优关税和引发他国对其报复的讨论具有相似性。）另外一种重要情况是可能存在没有收益的博弈。例如，新产品没有足够的消费需求，那么即便只有一个厂商生产，经济利润也可能为负。政府将如何辨别企业要求实行战略性保护措施的申请？虽然在理论上存在战略性贸易政策的国家利润，但是人们可能会怀疑，中央政府是否能真正有效地使用这种政策。

① 战略性贸易政策的另外一种形式是保护国内市场，前提条件是本国市场巨大且规模经济扮演着重要角色。本国企业可以在受到保护的国内市场中生产，在满足国内需求的同时降低成本。凭借成本优势，本国企业可以在国际市场上形成强有力的竞争。这种情况下的进攻性出口有时称为战略性倾销。

全球治理

在WTO中的混战

2004年10月，美国政府向世界贸易组织（WTO）提交了一份诉讼，指控欧盟向空客公司提供巨额补贴用以扶持其生产大型民用客机。就在同一天，欧盟也向WTO提交了指控美国政府向波音公司提供补贴，扶持其生产民用客机的诉讼。关于飞机补贴的大战在WTO开始上演，而且这也是WTO有史以来遇到的最大争端。

故事始于20世纪60年代末，当时欧洲的几个国家的政府决定向一家新的飞机生产商空客公司提供幼稚产业保护。虽然空客发展缓慢，但是到80年代后期它占据了新式民用客机（完全不同于小型客机，可容纳100名以上的乘客）全球份额的10%～20%。作为美国公司的领头羊，波音公司向美国政府抱怨其对手空客得到政府补贴扶持。于是美国政府开始与欧盟论战。这些论战以1992年达成的关于限制补贴的双边协议告终：

- 政府对新型飞机开发的直接扶持（通常称为启动援助）不能超过其研发总成本的1/3，而且资助必须以利率最低、还款年限最长的贷款方式进行。
- 间接的政府扶持（例如通过国防合同提供研发扶持）不能超过该公司销售额的4%。
- 不得对飞机的生产或营销给予补贴，而且限制政府向购买者提供金融支持。

政府直接扶持是欧洲政府向空客提供帮助的主要形式，而政府的间接扶持则是美国政府给波音公司提供帮助的主要形式。

空客的销量持续增长。到20世纪90年代中期，空客占到了新运输机市场份额的30%，而且在2003—2004年空客的市场份额超过了50%。对持续的空客公司补贴，波音公司和美国政府越来越不高兴。它们申明：最初给予空客公司的幼稚产业扶持可能是合适的，但是在空客已经成长起来并且明显取得成功的现在，这种帮助便不再合理。2004年，美国政府和欧盟对1992年的协定重新讨论修改，但没有取得任何进展。9月，美国政府一方面宣布1992年的协议废止，另一方面按照WTO关于补贴的规则提起诉讼。

美国的诉讼集中在欧盟向空客公司提供的直接研发补助上。认为直接扶持的贷款提供了实质性的巨额补贴，因为人为降低利率和延长还贷期限的贷款是那些处于研发中客机销售的关键条件。美国政府认为空客公司从成立以来至少接受了170亿美元的贷款。美国政府还指控空客接受了数十亿美元的其他种类的政府补贴，包括其他的低成本贷款、辅助空客生产的公共投资和那些有益于民用飞机生产的研发合同。美国尤其强调空客接受了65亿美元的补贴，用于新型客机A380的研发与生产。

面对指控，欧盟针锋相对地指出波音从1992年开始总共收到了来自美国宇航局和国防部230亿美元的研发合同，这些研发使波音公司民用飞机的生产获得了巨大好处。欧盟还指出，波音接受了很多其他补贴，包括来自联邦政府和当地政府上亿美元的税收减免。

在提交这两份诉讼后，美国与欧盟开始谈判，试图解决争端，可是几乎没有任何进展。2005年5月，波音与美国政府认为欧盟开始向空客的新机型A350提供补贴，而A350的直接竞争目标就是波音的新型中型客机787机型。美国政府要求WTO成立一个陪审团来听取和审判这个案件，而第二天欧盟也提出了同样的请求。

整个案件进展缓慢。2010年6月，专家组就欧盟补贴空客一案出具了报告。报告认为，150亿美元的研发启动资助中含有大量违背WTO规则的补贴；空客还接受了其他不符合WTO精神的50亿美元的补贴；同时，一些被诉的补贴并未违反WTO规则。2011年3月，专家组就美国政府补贴波音一案出具了报告。报告指出，波音公司获得了至少50亿美元的违背WTO规则的补贴：大约30亿美元的研发补贴和大约20亿美元的出口补贴。（出口补贴是先前一个WTO案件的争论焦点，并且分别被美国重新提出。）截止到2011年4月，两个案件都还在上诉中。

就这样，在提起诉讼的7年之后，两个案件仍然还没完全结束，但有一件事是清楚的，WTO将会裁定波音和空客都获得了大量违反WTO规则的补贴。目前尚不清楚这样的裁决会带来什么样的后果。任何一方都不希望这次混战扩大为一场规模更大的贸易战。20世纪90年代的支线飞机案是类似的案件，当时巴西和加拿大都因向各自的生产商（分别是Embraer公司和Bombardier公司）提供补贴而被裁定违规。每个国家都对政府的补贴计划作出了小小的调整，但是双方违反WTO补贴规则的现象依然明显存在。虽然双方都被授权可以采取报复措施，但是直到现在，还没有任何一方进行报复。最终，双方的纠纷几乎没有什么变化。

本章小结

倾销是指以低于正常价值出口产品——以低于国内市场价格或者平均生产成本的价格销售。出口商进行倾销的目的包括将国外竞争者逐出市场（掠夺性倾销），在产品需求疲软时倾销（周期性倾销），处理过量库存（季节性倾销），或者通过价格歧视（持久性倾销）增加利润。进口国可以从国外的出口倾销中获益，因为它为进口产品支付的价格更低。但是进口国有可能受到掠夺性倾销（未来更高价格）或者周期性倾销（进口失业）的伤害。

如果倾销发生并且对进口竞争产业造成伤害，世界贸易组织允许进口国使用反倾销税进行报复。反倾销程序似乎已经成为对进口竞争产业的生产者的一种主要新型保护手段，因为该程序倾向于判定存在倾销和征收反倾销税。美国钢铁业就是众多厂商通过不断提出倾销诉讼来获得救助，避免进口竞争。反倾销政策的改革提议包括：限定反倾销税只能应用于有可能存在掠夺性倾销的情况下；在分析倾销造成的伤害时，应当考虑消费者的利益；以及利用保障政策来代替反倾销税，保障政策可以使其政府提供暂时的保护，帮助进口竞争压力不断增加的企业进行调整。

出口补贴，除了农产品的补贴，都受到WTO的谴责。如果市场是竞争性的，那么出口补贴将给实施补贴的国家带来损害，对全球整体而言会因过度贸易而带来损害。针对出口补贴的反补贴税会给实施它的进口国带来损失，但是由于其抵消出口补贴，进而给全球带来收益。出口补贴和等量的反补贴税的组合，使全球的福利不变，但是实施出口补贴国家的纳税人变相向进口国政府纳税。

在某些情况下，出口补贴对出口国和世界整体都有益是可能的。如果出口竞争是两巨头之间的寡头博弈，每个生产商都能够独自垄断市场（如波音与空客），那么政府提供给它们的补贴是战略性贸易政策。于是，这个生产者能够占领全球市场并且给出口国和世界整体带来收益。尽管我们还没见过这类案件的发生，但它是可能发生的。

关键词

倾销（dumping）
正常价值（normal value）
掠夺性倾销（predatory dumping）
周期性倾销（cyclical dumping）
季节性倾销（seasonal dumping）
持久性倾销（persistent dumping）
价格歧视（price discrimination）
反倾销税（antidumping duty）

保障措施（safeguard policy）
出口补贴（export subsidy）
消费效应（consumption effect）
生产效应（production effect）
反补贴税（countervailing duty）
战略性贸易政策（strategic trade policy）

推荐读物

Bown（2010b）对反倾销措施和反补贴税的使用方式进行了研究。Niels（2000），Nelson（2006），Niels & Kate（2006）对大量反倾销政策的研究进行了综述。Ethier（1982）分析了倾销的基础理论。Lindsey & Ikenson（2002）和 Blonigen（2006）发现美国商务部在裁决倾销幅度时存在偏见。Galloway，Blonigen & Flynn（1999）估算了美国反倾销和反补贴的影响。Finger & Nogues（2006）研究了拉丁美洲国家反倾销政策的使用情况。

Read（2005）研究了美国在 2002 年对钢铁进口实施保障措施的影响。Tokarick（2005）估算了发达国家对本国农业进行补贴及其他形式的支持措施对全球带来的影响。

Brander（1995）对战略性贸易政策进行了技术研究。Lindert（2000）报道了政府政策在增加新出口生产商上的作用，涉及括钢铁、飞机制造等行业在内的六大行业。

习 题

✦1. 倾销的两个官方定义是什么？

2. 如果要对美国反倾销政策进行修改以提高美国的福利，你会提出哪些修改意见？

✦3. 以下三家饮料出口商中，哪家向美国市场进行了倾销？哪家没有？你如何判断？

单位：美元

	日本公司	英国公司	加拿大公司
平均成本	10	10	10
厂商的国内售价	10	12	9
厂商的出口价格	11	11	9
运抵美国港口的产品价格	12	13	10

4. 什么是反补贴税？

✦5. 如果美国对牛仔裤出口商向加拿大出口的每条牛仔裤支付 5 美元的出口补贴，而加拿大则对进口至本国的牛仔裤征收 5 美元的反补贴税，这对全球福利有什么影响？出口补贴和进口关税两者的共同作用是否使美国受益？是否会使加拿大受益？请解释。（假设牛仔裤市场是完全竞争的。）

6. 假设向一个拥有买方垄断力量的国家出口，并提供出口补贴，即外国出口供给曲线向上倾斜，如图表 11—4 所示。

a. 与自由贸易相比，出口补贴对国际价格和贸易数量会有何影响？

b. 如果进口国征收了反补贴税，进而使市场交易量回到自由贸易的情况。与只有出口补贴的情况比，请解释为什么反补贴税对全世界是有利的，为什么反补贴税还可以增加进口国的福利。

✦7. 在图表 11—7 中空客公司和波音公司的例子中，如果左上方框改为如下情况，欧盟应当采取何种策略？

a. 空客和波音各自获得 5 单位的收益；

b. 波音可以获得 5 单位的收益但是空客的收益为 0。

在每一种情况下，欧盟是否应给空客公司提供补贴？请解释。

8. 考虑图表 11—3 中的出口补贴情况。假设出口补贴仍为 20 美元，世界价格从 100 美元下降至 90 美元会产生什么影响？请作图表示并解释。

✦9. 请起草一份辩词：应当制定政府计划对出口导向型企业进行补贴，在短期内将资源从其他经济部门抽出，以促进出口产业的扩张。请描述你如何为这样一个意在为国家整体带来收益的产业战略来辩论。

10. 请对第 9 题中所表达的观点进行批评，并给出反驳政府促进出口的有力理由。

第 12 章 贸易集团和贸易禁运

第 8～10 章介绍了机会均等的进口壁垒，即不论进口来自何国，都对其统一征税或统一加以限制。但是，有些进口壁垒具有歧视性，即对来自不同国家的产品、服务或资产征收不同的关税。本章将对第 8～10 章中的分析进行调整，以解释当今贸易歧视带来的影响。

现实中主要存在以下两种具有歧视性的贸易壁垒：

1. **贸易集团**（trade blocs）。每个成员国都可以自由或者至少更加便宜地从其他成员国进口，同时对非集团成员国设置进口壁垒。欧盟便是这么做的，它允许成员国之间自由贸易，却限制从欧盟以外的国家进口。

2. **贸易禁运**（trade embargoes，trade blocks）。一些国家通常出于政治纠纷，而对某一国家实施歧视。它们禁止某些产品、服务或资产出口或流动到特定的国家，同时却允许其出口或流动到其他国家，或者歧视从特定国家的进口；或者同时禁止对特定国家的出口和进口。

12.1 贸易集团的类型

一些国际集团仅对贸易实施歧视，而其他一些集团则在所有方面对集团内外的国家实施区别待遇，这类集团几乎成了一个统一的国家。为了解贸易集团在西欧、北美以及其他地区的发展，我们首先应当对主要类型的经济集团加以区分。图表 12—1 及以下定义显示了各经济集团日益增强的一体化进程。

图表 12—1　　经济集团的类型

集团类型	集团特征			
	成员国间的自由贸易	共同对外关税	生产要素的自由流动	各种经济政策（财政、货币等）协调* 一致
自由贸易区	√			
关税同盟	√	√		

续前图表

集团类型	集团特征			
	成员国间的自由贸易	共同对外关税	生产要素的自由流动	各种经济政策（财政、货币等）协调* 一致
共同市场	√	√	√	
经济联盟	√	√	√	√

* 如果政策协调不是由各自政府独立进行的，而是实际上是由一个对所有成员国具有约束力的联合政府实施的，那么这个集团就相当于一个完全的经济国家。一些作者称之为全方位的经济一体化。

1. 在**自由贸易区**（free-trade area）内，成员国之间的贸易壁垒被废除，但是它们各自仍保持对非成员国的贸易壁垒。当今大多数贸易集团是自由贸易区。正式成立于 1994 年的北美自由贸易区（NAFTA）就是一个例子。

2. 在**关税同盟**（customs union）中，成员国之间取消贸易壁垒，并且对外设置共同的贸易壁垒。1957—1992 年间的欧洲经济共同体便是包含一些其他协议的关税同盟。由阿根廷、巴西、巴拉圭和乌拉圭于 1991 年成立的南方共同市场（MERCOSUR），实际上是也是一个关税同盟。

3. 在**共同市场**（common market）内，除实行关税同盟制度外，还允许要素在成员国之间全面自由流动（例如劳动力和资本）。欧洲共同市场（EEC，后来成为欧洲共同体（EC），现在为欧盟（EU）），直到 20 世纪 80 年代还不是一个共同市场，因为它还依然存在大量阻碍劳动力和资本要素国际流动的壁垒。直至 1992 年年末，欧盟才成为一个真正的共同市场。

4. 在完全的**经济联盟**（economic union）内，成员国实行统一的经济政策，包括货币政策、财政政策和社会福利政策，以及贸易和要素的流动政策。大多数国家结成了经济联盟。比如比利时和卢森堡自 1992 年就结成了这种联盟。欧盟正在迈向完全经济联盟。

前两种经济集团仅仅是贸易集团（即它们在集团内部取消贸易壁垒，但依然保持着劳动力和资本流动的国家壁垒及坚持国家财政政策和货币政策的独立自主权）。贸易集团比共同市场或者主权国家间的全方位的经济联盟更容易建立，它们是本章讨论的主要内容。本章会对集团内部的要素自由流动进行简单的介绍——这一部分内容将在第 15 章进行深入讨论。

12.2　贸易歧视的利弊

至 2010 年，将近一半的世界贸易发生在贸易集团内部，这些集团包括：

- 欧盟 27 国。
- 留在欧洲自由贸易区（EFTA）内的 4 国。
- 与欧盟签订特惠贸易协议的 20 多个国家（包括欧洲自由贸易区中的 4 个国家）。
- 北美自由贸易区的 3 个成员国。
- 墨西哥除了具有北美自由贸易区的成员国身份之外，还与欧盟、欧洲自由贸易区、日本、智利、以色列、哥斯达黎加、萨尔瓦多、危地马拉、洪都拉斯、哥伦比亚和尼加拉瓜签订了其他贸易协议。
- 中美洲自由贸易区（CAFTA-DR）的 7 个国家。
- 美国除了具有北美自由贸易区以及中美洲自由贸易区的成员国身份之外，还与澳大利亚、巴林、智利、约旦、摩洛哥、阿曼、秘鲁、新加坡之间建立了自由贸易区。①

- 南方共同市场的 4 个成员国（委内瑞拉正在努力成为其正式成员中的第五个国家）以及与其签订贸易协定的智利、玻利维亚、秘鲁、哥伦比亚和厄瓜多尔。
- 土耳其与欧盟、欧洲自由贸易区及其他 15 国签有贸易协议。

在 2011 年年初，世界至少有 200 个特惠贸易协议生效，它们中的一半多是从 2000 年才开始运作的。只有一个世界贸易组织成员国蒙古不是任何贸易集团的成员国。

所有这些贸易歧视是好还是坏？首先，这取决于将它与什么进行对比。与自由贸易政策相比，设立新的贸易壁垒歧视从一些国家的进口，通常是不好的，如第 8～10 章中的关税。但是现在从另一个角度来看贸易歧视问题，即如果最初的关税和非关税壁垒适用于所有进口国家，那么在某些国家之间取消贸易壁垒，其收益和损失是什么？也就是说，当欧盟和北美自由贸易区这样的贸易集团建立后，会带来什么影响？

有两种截然不同的观点。一种很自然的观点是，建立关税同盟或者自由贸易区一定是好的，因为它向自由贸易迈进一步。如果起初是各国之间都设立了贸易壁垒，那么一些国家废除了它们之间的贸易壁垒，这显然意味着在某种意义上降低了贸易壁垒。因为这种观点很接近自由贸易，而且根据第 8～11 章的论述，除了非常有限的例外情况，自由贸易是更好的。似乎有理由认为建立贸易集团能够扩大贸易，进而增加世界福利。总之，将一些小的地区组成一个“国家”将带来经济利益，难道不是吗？

另一方面，也可以想到建立一个自由贸易集团带来的弊端，即便最初也是从贸易壁垒适用于所有国际贸易开始的。第一，建立贸易集团会鼓励人们从高成本的成员国进口。如果集团对来自集团外便宜的商品征收高关税，而对集团内成员国的成本高昂的商品免征关税，贸易集团便会鼓励集团内的高成本生产。相反，对所有进口国家征收统一关税的优点是，消费者仍然能够购买到从价格最低的国家进口的商品。第二，贸易歧视理论具有 20 世纪 30 年代贸易互惠的意味。当时国家之间独立签订的协议抵消了大量全球贸易收益。本章最开始部分的图表 12—1 就是一堆复杂的歧视性协议。第三，组建贸易集团会引发国际摩擦，直接原因就是允许某些国家加入贸易集团就意味着将其他一些国家排斥在集团之外。

鉴于各种原因，世界贸易组织规则在原则上是反对贸易歧视的。世界贸易组织的一个基本原则是对所有的外国贸易伙伴平等地、非歧视地降低贸易壁垒，即世界贸易组织主张的最惠国待遇原则。这个原则可以追溯到 19 世纪中期由英国领导的自由贸易浪潮。该原则主张给予一国的任何特权都应当平等地给予所有享有最惠国资格的国家。

但是，世界贸易组织的另外一些规则允许在特定条件下最惠国待遇原则实行例外。一种例外是给予发展中国家的特殊待遇。发展中国家有权在它们之间互相给予贸易优惠权及获得进入工业化国家市场的特殊待遇。

另外一种例外允许贸易集团将工业化国家包括在内，前提条件是贸易集团对成员国之间的绝大多数贸易取消关税和其他贸易限制，以及贸易集团不提高对非成员国的平均贸易壁垒。事实上，世界贸易组织及其前身 GATT 在执行这些规则时显得很宽松。没有一个贸易集团因违反这些规则而受到制裁。

---

① 美国已经与哥伦比亚、韩国和巴拿马签订了自由贸易协议，但截至 2011 年年初，这些协议尚未得到美国国会的批准和实施。

12.3　贸易集团的基础理论：贸易创造和贸易转移

贸易歧视的确可能是有利的，也可能是有弊的。我们可以举个例子，并且在分析过程中，将利弊发生的条件区别开来。一个贸易集团的组建要么提高福利，要么降低福利，这听起来似乎有些矛盾，因为废除成员国内部的贸易壁垒看起来是向自由贸易迈进一步。然而，对贸易集团的分析本身就说明了第 10 章曾经讨论过的一个观点，即次优理论没那么简单。

图表 12—2 说明了消除成员国之间的贸易壁垒带来的福利效应。该图模拟的是英国加入欧共体（现在的欧盟）的情况。图形进行了较大的简化，假设所有的出口供给曲线是完全水平的。我们考虑两种情况：一种是建立贸易集团代价高昂，因为大量贸易由低成本供应商转向高成本供应商；另一种情况是建立贸易集团是有益的，因为它能够创造更多的低成本贸易。

在图表 12—2 中的 A 图，如果没有关税，英国可以按每辆车 5 000 英镑的价格购买日本车。第二个最经济实惠的选择是以每辆车 5 500 英镑的价格购买德国车。如果在自由贸易下，英国可以在点 C 仅进口日本车，而不进口德国车。

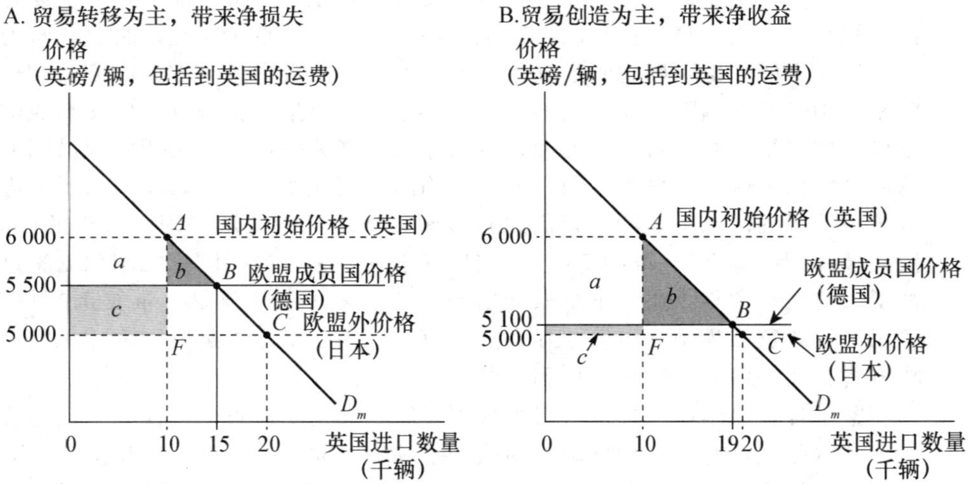

A 图表示，初始状态为对所有进口小汽车征收统一关税（点 A），英国加入了贸易集团后，取消了对德国等成员国的进口关税，但对于最便宜的来自欧盟外的日本汽车，则并未取消关税。在假设供给曲线为水平的条件下，所有原来从集团外进口的最便宜的 10 000 辆汽车，现在都从成员国（如德国）进口。由点 A 至点 B 的变化表示还新增加了 5 000 辆车的进口，这给英国带来了国民福利收益（面积 b），但同时由于从最便宜的集团外供应商那里进口 10 000 辆汽车转变为从成员国的进口，导致了国民福利收益的损失（面积 c）。在这种情况下，损失超过了收益，进而导致福利的净损失：

收益面积 b＝(1/2)(6 000－5 500)(15 000－10 000)＝1 250 000(英镑)
损失面积 c＝(5 500－5 000)×1 000＝5 000 000(英镑)
净损失＝3 750 000(英镑)

B 图表示，由于德国汽车的价格并不比日本汽车高多少，加入贸易集团后，取消了对德国（和其他成员国）汽车的关税，于是新增了 9 000 辆汽车的进口，进而得到由面积 b 代表的贸易创造。另外，10 000 辆轿车从价格最便宜的日本供应商转移至德国供应商，但这一贸易转移所带来的损失没有 A 图中那样大，所以

收益面积 b＝(1/2)(6 000－5 100)(19 000－10 000)＝4 050 000(英镑)
损失面积 c＝(5 100－5 000)×10 000＝1 000 000(英镑)
净收益＝3 050 000(英镑)

图表 12—2　加入贸易集团的贸易创造和贸易转移：英国的进口小型轿车市场

但是，在加入欧盟前，英国对汽车进口并没有实行自由贸易。英国对汽车进口征收统一的关税。假设这里的关税为每辆 1 000 英镑，使图表 12—2 中 A 图的进口日本车的成本由 5 000 英镑上升为 6 000 英镑。即便如此，也没有英国人会购买相同档次的德国车，因为购买德国车的成本为 6 500 英镑（等于德国生产者的 5 500 英镑报价加上 1 000 英镑的关税）。这样，讨论起点为含税点 A，此时英国政府得到 1 000 英镑/辆×10 000 辆＝1 000 万英镑，即面积 $a+c$）的关税收入。

现在英国加入了欧盟，正如它在 1973 年那样，废除所有来自欧盟成员国的货物的关税，而对来自欧盟以外的商品仍然保持原有的关税。在这种简化的假设下，现在英国进口德国车仅需花费 5 500 英镑（而不用加上 1 000 英镑的关税），而日本车在英国市场的价格仍旧为 6 000 英镑，因为它们依然还会被征税。英国的购买进口汽车的消费者会转向只购买德国车。此外，随着在英国的进口汽车价格下降至 5 500 英镑，消费者会购买更多的汽车（在点 B）。显然，英国汽车购买者会因此而欢呼。因为汽车价格便宜了，他们获得面积 $a+b$ 的消费者剩余。但是英国政府会损失之前所有的关税收入，面积为 $a+c$（即 1 000 万英镑）。因此，在我们去掉收益和损失相抵的面积 a 后，英国最终的福利有两方面的影响：

1. 贸易创造带来的收益（本例中，来自新增的 5 000 辆车的进口）。**贸易创造**（trade creation）是由于建立或者加入贸易集团导致贸易的净增加量，即图表 12—2 中 A 图的面积 b 所示的收益。面积 b 代表了英国经济的两种收益：消费更多产品的收益，以及英国高成本的生产被集团成员国低成本生产替代的收益。

2. 贸易转移带来的损失（此案例中来自 10 000 辆汽车）。**贸易转移**（trade diversion）是英国的进口从集团外的低成本出口商转向集团内高成本出口商的贸易转移量。它导致面积 c 的收益损失。

概括性的结论是：贸易集团产生的收益来自贸易创造，而损失来自贸易转移。①

净福利效应，即贸易创造的收益减去贸易转移的损失，可以是正值也可以是负值。在第一个案例中，即图表 12—2 中 A 图的情况，贸易转移的损失比较大。但是如果某一新成员国，如德国是全球成本最低的供应商，如图表 12—2 中 B 图所示，那么贸易创造所带来的收益就比较大。如果它们提供的产品价格能够和日本的一样便宜，那么英国消费者就不会因从购买日本车转向德国车而产生损失。B 图中假设，对于 10 000 辆轿车，每辆车的损失仅仅是 100 英镑。与此同时，图表 12—2 中 B 图又产生了大量的贸易创造。取消对德国汽车的 1 000 英镑的关税，使进口车的价格由原来的日本车含税价 6 000 英镑下降到德国车不含税的 5 100 英镑，从而消费者获得了很大的收益。在图表 12—2 的特定案例中，贸易集团中的汽车贸易带来了国民（以及全

---

① 另外一种可供选择的分析方法是，假设三个国家都具有向右上倾斜的出口供给曲线，这样便会得到相似的结果，具有更强的适用性（如 Haryy G. Johnson, 1962）。这种向上倾斜的供给曲线揭示的一个重要内容是：贸易转移能够给成员国带来贸易条件的改善，但这种改善建立在世界其他国家的损失之上。需求从集团外的转移会迫使非成员国降低出口价格（如降低到成员国的进口价格）。出口方面，集团的销售由集团外消费者转向集团内消费者，可能会提高出口价格指数。这样，集团可以从贸易条件比率（＝出口价格/进口价格）的改善上获得收益，与图表 12—2 中假设集团外世界出口供给曲线为水平线的结果有所不同。

另外一点就是贸易转移给成员国中的出口国带来了收益，即成员国的产品生产商以一个高价向另外一个成员国出口商品，而且出口量更大了。但是，这个出口成员国获得的收益少于进口成员国的损失，所以贸易转移对于集团和世界来说，都带来了净损失。这里使用了水平的出口供给曲线假设，是因为这样的图形（或者代数式）可以清楚地表达基本观点。

球）福利净收益上升。①

考虑图表 12—2 中所示的案例，就可以判断哪些条件决定了贸易集团的建立是否利大于弊。这里有两个情况决定了贸易集团的形成是否可以获得更大的收益：

1. 成员国与集团外的国家的成本差异越小，成员国获得收益越大。贸易转移的成本就越低。

2. 进口国需求弹性越大，成员国的收益就越大。任何因国内价格的下降而引起的贸易创造就会更大。

因此，最好的情况是：集团内部某国的成本几乎与集团外的一样低，且进口需求弹性较高。反之，最差的情况为进口国需求无弹性并且贸易集团内部的成本很高。

12.4 可能从贸易集团获得的其他收益

研究发现，建立贸易集团还能够获得其他可能的收益，虽然很难量化这些收益。一些收益是因为贸易集团创造了一个更大的市场（集团比一个国家要大），并且在贸易集团内部商品生产者可以自由或者无贸易壁垒地销售产品。假设一个极端的情况，组成集团的国家在建立集团之前都有很高的贸易壁垒，同时它们各自之间及与世界上其他国家之间的贸易量很少，则很容易看到获得这种收益的可能性。此外，规模经济（如第 6 章所讨论的）在产品生产中十分重要。在这种情况下，建立贸易集团可能获得的额外收益有以下三种来源：

- 竞争的增加导致价格下降。在成立贸易集团之前，各国国内都可能有具有垄断力量的公司垄断其国内市场，造成各国内部价格很高。加入贸易集团以后，各国市场成为一个整体，来自各国的公司必须相互竞争。这些额外的竞争降低了垄断力量，导致价格下降。垄断价格的低效率性降低了。

- 竞争的增加能够降低生产成本。如果一个厂商具有垄断力量同时又有大量保护政策使其免受外部竞争，那么它就没有采用新技术或使成本最小化的压力。当这些国家加入贸易集团之后，这些额外的竞争会迫使厂商降低成本和改善技术。麦肯锡（McKinsey）咨询公司的研究表明，各国厂商生产率差别的一个决定性因素是厂商所面临的竞争的激烈程度。

- 厂商可以通过扩大生产规模来降低成本。在贸易集团成立之前，厂商的大小很大程度上受其国内市场规模的限制。在建立贸易集团之后，每个厂商都将面临一个更大的市场。一些厂商通过扩大规模来获取规模经济的效益。（其他不能够尽快形成规模的厂商将被其他规模更大、成本更低的厂商逐出市场。这对贸易集团整体是有利的，但是部分成员国可能因它们的厂商被淘汰而感到受损。）

- 最后一个可能的收益来源是建立贸易集团会为商业投资增加机会。跨国公司（将在第 15 章深入讨论）通常根据市场的大小建立海外生产厂，以便它们的分支机构可以更好发挥作用。通过扩大对外存在贸易壁垒的国家的内部市场，贸易集团能为成员国吸引更多的外国直接投资。全球公司通常会带来新的技术、管理方法和营销理念。如果这些“无形”资产外溢到当地厂商（积极的外部性），那么该国将能够从外

---

① 设想一个完全不能导致贸易转移的纯贸易创造情况，只要将图表 12—2 中 A 图和 B 图中的德国、日本两个国家互换一下就可以了。此时德国为最低价格的供应商，无论有无欧盟这一集团，都不会有任何英国人购买日本车。建立同盟只是将贸易点从点 A 移到点 C，进而导致净收益面积 ACD。

商直接投资中获得一个额外的收益。从更大范围讲，由于贸易集团启动了新的利润增长点，商业投资的回报率将提高。贸易集团的成立能够增加实体投资，从而使贸易集团总的生产能力得到扩张。

不是所有的产品和成员国都能因贸易集团的建立而受到这些因素的影响，但是对于某些产品和成员国来说，它们确实因为成为贸易集团的一员而从贸易创造中获益。

12.5　欧盟的经验

欧洲已经成为历史最长、区域一体化最深入的地区。“案例研究”专栏中的“战后欧洲贸易一体化”列出了重要事件年表。尤其值得注意的是，欧盟的关税同盟形成了当代第一个主要的贸易集团。大量实证研究检验了其经济效应。20 世纪 60 年代和 70 年代的研究都认为建立欧盟（当时为欧共体）所带来的净收益虽然不是很大但是是正的。例如，据巴拉萨（Balassa，1975，p. 115）计算，工业制成品的贸易净收益略高于所有成员国总 GDP 的 0.1%。这个很小的正的估计值忽略了一些可能的损失，但同时也忽略了一些可能的收益。由于关注制造品的贸易，文献一般都会忽略欧盟共同农业政策所导致的重大社会损失。这种政策对农业提供了过度的保护和补贴以至于带来了第 11 章中描述的重大的社会损失。① 另一方面，20 世纪 60 年代和 70 年代的研究通常局限于对图表 12—2 中的静态福利效应的计量上，忽略了来自竞争的增加、规模经济和提供生产率激励等因素可能得到的收益。

案例研究

战后欧洲贸易一体化

1950—1952 年：根据舒曼计划（Schuman Plan），六国（比利时、法国、联邦德国、意大利、荷兰、卢森堡）建立了欧洲煤钢共同体（European Coal and Steel Community）。同时，比利时、荷兰、卢森堡三国还建立了比荷卢经济同盟（Benelux）。两者的成立为早期有益的贸易一体化提供了范例。

1957—1958 年：上述六国签订了建立欧洲经济共同体（或者“共同市场”）的《罗马条约》（Treaty of Rome）。六国在 1958 年年底至 1968 年年中期间，分阶段废除了它们之间的进口关税，并且统一了它们的对外贸易壁垒。众多发展中国家，其中大多数是欧共体国家的前殖民地，被给予贸易优惠。

1960 年：《斯德哥尔摩公约》（Stockholm Convention）创立了欧洲自由贸易区（EFTA），七个成员国包括：奥地利、丹麦、挪威、葡萄牙、瑞典、瑞士和英国。这些国家之间的贸易壁垒在 1960—1966 年间分阶段被废除。芬兰于 1961 年作为准成员国加入了该贸易区，之后于 1986 年成为正式成员。冰岛于 1970 年成为该组织成员国。

① 农产品的贸易转移效应是英国于 1973 年加入欧共体后给本国带来极大损失的原因之一。由于共同农业政策，英国消费者不得不停止从其传统的英联邦供应国（澳大利亚、加拿大、新西兰）进口便宜的产品。他们不得不购买昂贵的欧盟产品，并且还要继续为从英联邦国家的进口而交税，而这一税收收入却以补贴的形式支付给了法国、丹麦和爱尔兰等国的农民。这使英国在 20 世纪 70 年代遭受了约为 GDP 1.8% 的损失。而该国从工业制成品中得到的静态收益不足 0.2%。撒切尔政府后来曾为争取承担更为公平的农业补贴份额进行了努力。

列支敦士登在1991年成为正式成员。

1967年：欧洲共同体（EC）由三个共同体的机构（欧洲经济共同体、欧洲原子能委员会（EAEC）以及欧洲煤钢共同体）合并而成。

1972—1973年：丹麦、爱尔兰和英国加入了欧洲共同体，共同体成员从六国增加为九国。丹麦和英国退出欧洲自由贸易区。英国同意放弃英联邦关税特惠贸易协定。同时，贝多芬第九交响曲中的《欢乐颂》被选为欧洲共同体的颂歌。

1973—1977年：九个欧洲共同体成员国之间的贸易壁垒以及这些国家与欧洲自由贸易区中其他欧洲国家之间的贸易壁垒分阶段被废除。与此同时，欧洲共同体还与绝大多数地中海非成员国签有贸易优惠协议。在此期间，欧共体曾经与希腊（1961年）、土耳其（1964年）、西班牙（1970年）以及马耳他（1970年）签署了类似的协定。

1979年：以欧洲货币单位为基础，欧洲货币体系开始运行。欧洲议会通过公众直接选举而成立。

1981年：希腊加入欧洲共同体，成为第10个正式成员国。

1986年：葡萄牙和西班牙加入欧洲共同体。欧洲共同体正式成员国增加为12个。

1986—1987年：欧洲共同体成员国批准实施《单一欧洲法案》（Single European Act）。该法规定在1992年形成一个完全统一的市场。

1989—1990年：德国统一，也使欧洲共同体突然扩张。欧洲共同体慷慨地给予民主德国享受同等社会福利的权利。

1991—1995年：中东欧10国与欧洲共同体签订了联合协议。这些国家在2004年和2007年全部成为欧盟正式成员。

1992年年末：《单一欧洲法案》生效，该法案带来了欧洲共同体劳动及资本市场整体的一体化。

1993年：通过《马斯特里赫特条约》（Maastricht Treaty），欧洲共同体转变为欧洲联盟（EU）。该联盟要求实行统一的外交政策，在打击犯罪方面进行合作，并建立货币联盟。

1994年：欧洲经济区（European Economic Area）建立使得欧洲自由贸易区的国家（除了瑞典）形成了欧洲统一市场。

1995年：经过全民公投多数票通过后，奥地利、瑞典、芬兰加入了欧盟，欧盟成员国增加到15个。如同在1972年一样，挪威在1994年的全民公投中否决加入欧盟。

1996年：欧盟和土耳其结成关税同盟。

1999年：11个欧盟国家将欧元作为共同货币。在最初阶段，欧元将与各国货币共同使用。希腊在2001年成为欧盟的第12个成员国。

2002年：欧元替代了12个成员国的货币。

2004年：10个国家（爱沙尼亚、立陶宛、拉脱维亚、波兰、捷克、斯洛伐克、匈牙利、斯洛文尼亚、马耳他和塞浦路斯）加入了欧盟，使欧盟的成员国总数达到了25个。

2007年：罗马尼亚和保加利亚加入欧盟，使欧盟成员国总数达到27个。斯洛文尼亚加入欧元区。

2008年：塞浦路斯和马耳他加入欧元区。

2009年：斯洛伐克加入欧元区。

2011年：爱沙尼亚加入欧元区，使得欧盟成员国使用欧元的总数达到17个。

遗憾的是，关于这些方面的研究还不成熟。规模经济和更高的生产率可能是经济联盟的重要结果，但是仍缺少对它们的合理评估。当前，实证的判断可以分为三方面：（1）关于制造品方面，欧盟所产生的贸易创造效应至少带来了少量的正福利收益。（2）从制造品贸易中得到的静态收益可能少于共同农业政策所带来的损失。（3）然而，对净收益的判断仍取决于未被计量的竞争的增加、规模经济和生产率激励收益的分析。

在 20 世纪 80 年代，欧盟由关税同盟向共同市场转变。1992 年年底彻底实施的《单一欧洲法案》迫使很多方面发生改变。首先，它统一了各国各种产品的标准，这些标准经常被作为工具巧妙地掩饰本国高成本产品，使其免受成员国竞争，例如德国的啤酒纯度法规、意大利冰淇淋的成分限制等。其次，该法案废除了对金融投资的资本管制。最后，基本废除了劳动力在其他成员国工作的限制，尽管仍然存在一些关于从业资格认证等方面的限制，如律师从业资格。

上述众多措施会给欧盟带来多大的收益？鉴于如规模经济和竞争的增加等关键因素的难以度量，这一问题很难回答。近期的研究表明，这些收益大概为 GDP 的 2%或更少。

正如"案例研究"专栏中的"战后欧洲贸易一体化"中所描述的，在 2004 年又有 10 个国家加入欧盟，其中包括 8 个前中东欧社会主义国家，同时在 2007 年又有 2 个前社会主义国家加入。这些新成员的加入使得欧盟总人口增加了 27%。但是由于它们相对贫困，所以它们的加入使欧盟的 GDP 增加不足 6%。

加入欧盟的最基本要求是，该国需要有完善的民主机制，承诺尊重人权，是市场经济，并且有能力和意愿遵守和贯彻欧盟的法规和标准。这 12 国经努力已达到欧盟的要求。欧盟标准覆盖 31 个主要领域，记录它的文件长达 8 万页。

新成员国的一体化过渡基本平稳。但是，欧盟的一些政策对它们来说仍须假以时日。首先，为了控制欧盟预算的成本，这些成员国的农民获得的补贴仅为共同农业政策标准的 1/4。其次，新成员国尚不是共同劳动市场的成员。新成员国的居民不能享有自由地在其他欧盟成员国工作的权利，这样的自由要等到该国加入欧盟 7 年之后。

新成员国将经历贸易创造和贸易转移的混合过程。贸易创造的一个基本例子是，从本国特有的国家食品安全法规转变为欧盟标准。袋装或灌装食品公司如可口可乐公司将从更加简化的生产、包装设计和更加灵活的生产分支机构的选址中获利。贸易转移的一个例子是新成员国采用欧盟的糖业标准。该标准的采用导致新成员国从其他欧盟成员国生产商购买的价格高于从非成员国低成本供应商购买的价格。但总的来说，我们认为收益大于损失。这种对扩大的经济效应的估算表明，新的成员国能够获得占它们 GDP 的 2%～8%的国民福利净收益，而对于其他 15 个欧盟成员国则仅获得少量收益。

随着时间的推移，欧盟成功地从 6 个成员国增加至 2007 年的 27 个国家。进一步扩张的前景并不明朗。巴尔干半岛的国家想加入，但是除了克罗地亚之外，其他国家（塞尔维亚、黑山、波斯尼亚、马其顿和阿尔巴尼亚）远没有达到标准。如乌克兰、摩尔多瓦及格鲁吉亚，这些前苏联地区的东欧国家，加入的可能性就更小。土耳其也想加入，但欧盟依然对土耳其是否愿意作出必要的政治经济改革持怀疑态度，并且对其自身是否有能力在这么一个大且贫困的国家实现一体化而感到担忧。

12.6　北美成为一个贸易集团

北美自由贸易区从不可能到成为现实，仅仅用了从 20 世纪 80 年代末到 90 年代初的几年时间。第一步是加拿大—美国自由贸易区（CUSFTA）。美加贸易区的建立从 19 世纪就一直在争论中。直到 1986 年，当两国就木材和玉米等产品爆发了小规模的贸易战，再加上围绕北极区的航海权问题的争执，这些似乎让人觉得建立一个贸易集团的可能性很小。然而 1987—1988 年，气氛发生了戏剧性的转变。谈判始于 1986 年，到 1989 年 1 月 1 日，自由贸易区就建立起来了。

第二步是墨西哥的加入。从 1985 年开始，墨西哥政府不断废除贸易壁垒以实现更加自由、私有化程度更高以及更加有效的墨西哥经济。一系列的改革措施解除了对企业的管制，也取消了从其他国家进口产品与服务的壁垒。墨西哥的关税一度很高，尤其在 1982 年债务危机迫使墨西哥勒紧腰带之后，它的进口关税更高了。到 1992 年，墨西哥已经将平均关税削减至 10%。1990 年，美国政府和墨西哥政府开始就贸易协定进行谈判，加拿大于 1991 年加入该谈判。协议于 1992 年达成，北美自由贸易区替代了加拿大—美国自由贸易区，于 1994 年 1 月 1 日正式成立。

12.6.1　北美自由贸易区：规定和争议

北美自由贸易区几乎消除了贸易区内所有的关税和一些非关税壁垒（一些自由化进程缓慢，甚至直到 2008 年自由化进程仍未结束）。北美自由贸易区废除了贸易区内跨境投资的壁垒，且墨西哥必须逐步废除之前针对外商的强制经营性要求，包括本地化要求和出口要求。北美自由贸易区要求开放绝大多数服务业（包括银行和其他金融服务）的贸易与投资。它也有自己的一套争端解决机制。另外，北美自由贸易区一些补充协定要求更好地执行劳动和环保标准，但是效果微乎其微。最后，北美自由贸易区并没有要求在各国间实现人员的自由流动，也没有迫使墨西哥最大的政府垄断石油公司——墨西哥国家石油公司（Pemex）私有化。

自 1990 年北美自由贸易区成为一个政治现实后，它一直饱受争议，尤其是在墨西哥和美国。墨西哥的批评者警告说，墨西哥的工作机会将会减少，同时会进一步拉大墨西哥本来就存在的巨大的贫困差距。他们还警告，美国将利用北美自由贸易区迫使墨西哥在政治上作出大量的改变，从而削弱墨西哥的主权。在边境的另一边，美国劳工组织确信一些美国工人将因为墨西哥人而失去工作机会，因为墨西哥的工资水平仅为美国工资水平的零头。H·罗斯·佩罗（H. Ross Perot）于 1992 年强烈地表达了这种担忧，即北美自由贸易区会发出“巨大的吸水声”，把大量的美国的工作机会快速地吸到墨西哥。美国的批评者也谴责北美自由贸易区支持和强化了墨西哥腐败的政府体系。此外，两国的环保主义者都担心北美自由贸易区将会导致墨西哥已经很严重的环境污染会进一步扩散，尤其是美墨边境上的一些美墨联营工厂（maquiladora）所在的工业城镇更是如此。

墨西哥的支持者也希望利用北美自由贸易区影响美国贸易政策中的反倾销政策，这也是加拿大人希望通过美加自由贸易区达到的目的。他们同时期望墨西哥能够吸引更多的外来投资，使墨西哥成为北美自由贸易区的生产基地。美国的支持者则希望能够巩固墨西哥的市场化改革，使墨西哥成为更加可以依赖的经济政治同盟。当然北美自由贸易区的支持者也存在过分的夸大和自信，尤其是他们确信北美自由贸易区绝不可能会使墨西哥经济陷入深度衰退、迫使失业大军越过边境到美国去找工作。

美国和加拿大对于就业和环境的担忧如此强烈，以至于它们几乎否决了北美自由贸易区。但是最终支持者获得了成功。北美自由贸易区于 1994 年正式成立。

12.6.2　北美自由贸易区的影响

北美自由贸易区带来了什么影响？广为认可的是一直到 21 世纪初，北美自由贸易区大大促进了三国间的贸易总量；贸易创造的收益大于贸易转移的损失。因此三个国家都从北美自由贸易区不断扩大的贸易中获得收益，其中，墨西哥的收益约为其 GDP 的 2%，加拿大的收益约为其 GDP 的 1%，美国的收益约为其 GDP（数额巨大）的 0.1%。

对这样的标准观点，也有不同的声音。罗梅尔斯（Romails，2007）对北美自由贸易区成立后的第一个七年所产生的影响做了细致深入的研究。首先，他证实了自由贸易区的建立对总贸易量的影响，即加拿大—美国自由贸易区和北美自由贸易区的组合使美加之间的贸易增长了 4%，同时北美自由贸易区使美国与墨西哥之间的贸易增长了 23%，加拿大和墨西哥之间的贸易量增长了 28%。在发现总贸易量巨幅增长的同时，他也发现了大量的贸易创造和贸易转移，尤其是对于某些具有相对较高关税、原先从集团外进口的产品，同时北美厂商在生产此类通常不具成本优势的产品，如纺织品和服装类产品。这些产品的进口从亚洲的低成本供应商处转移。他得出的结论是，贸易创造中获得的收益与贸易转移中遭受的损失大致相当，因此北美自由贸易区扩大的贸易给各国福利带来的净影响很小。

北美自由贸易区也可能通过一个更大、更为广阔的市场和厂商不断提高的生产能力实现规模经济而获益。对加拿大制造业在自由贸易区建立后的第一个 10 年所产生的影响的研究，确实显现出部分积极的影响。随着竞争越来越激烈，高成本的加拿大工厂纷纷倒闭，低成本工厂不断建立。工厂的平均规模并未发生太大变化，这似乎在质疑规模经济的作用。但是，有证据表明在这些工厂中生产的产品种类变少了。所以规模经济可能发生在生产更少种类的产品的更长的生产链中。所有这些带来的结果是加拿大制造业的生产率的提高，比没建立自由贸易区时提高了 5～7 个百分点。

北美自由贸易区也为墨西哥创造了收益，因为它使墨西哥成为对外商投资（我们将在第 15 章深入讨论外商投资）更具吸引力的地方。自由贸易区内的厂商更乐意在墨西哥建立生产基地，以服务整个北美自由贸易区市场（尤其是服务美国市场）。在墨西哥投资的外资量从 1993 年的 410 亿美元增加到 2009 年的 3 080 亿美元。据估计，如果没有建立北美自由贸易区，这些投资将减少 40%。

随着北美自由贸易区内贸易的增加，并未出现如同美国反对者们预测的由于北美自由贸易区的成立，大量的工作机会转移至墨西哥的现象。1993—2009 年，美国从墨西哥的进口增长速度大于美国向墨西哥出口的速度，且美国出口到墨西哥的增长速度快于美国出口到别国的增长速度。与美国经济中的工作岗位的损失率和创造率相比，自由贸易区的建立对美国工作机会的影响可以忽略不计。

北美自由贸易区内大量增加的贸易确实对美国工人带来了影响，但是这些影响都较为隐蔽，是由于对不同种类工人的需求变化所引起的（这种影响我们在第 5 章集中讨论过）。在这样的情况下，更自由的贸易对进口竞争产业是有绝对伤害的。北美自由贸易区鼓励墨西哥在低技能劳动如服装生产、农作物（如西红柿）种植、家具和产品组装方面更好地利用它的比较优势。另一方面，墨西哥购买了更多的美国金融服务、化学品、塑料和高科技设备。这种北美自由贸易区推动的美墨之间贸易的扩张，与美国和其他发展中国家的贸易扩张方向相同，都会促使美国的低技能工人收入下降，而增加高技术工人的收入。同样，在墨西哥也存在收入损失，如对于玉米种植的小农场主来说，他们还不能立刻转向种植更有利可图的作物。同时，对其他群体来说，自由贸易区的建立会给他们带来收入的增加。例如，在农业方面，北美自由贸易区促进了墨西哥向美国的水果和蔬菜出口的大量增加。

12.6.3 原产地规则

北美自由贸易区的另外一个特征也意想不到地引起了大量关注。由于自由贸易区的每个成员国都保留了对区外进口产品的贸易壁垒，成员国还必须在其边境布置警力，以应对那些试图绕道低税成员国以规避高税收国的进口商品征税或者禁止进口。它们的海关官员必须执行**原产地规则**（rules of origin)。这个规则可确定哪些产品是在自由贸易区内生产的，可在自由贸易区内自由流通；同时也能确定哪些产品不是在区内生产的。这个规则可以制约外国公司通过只在区内进行少量的加工而声称产品在本地生产的行为。

北美自由贸易区的原产地规则极其复杂。长达 200 页的内容包括了对不同产品的数千种不同的规定。分析这些规则得出的结论是：它们中有很多是非常严格的，以至于具有两种不同的保护主义倾向。首先，这些规则会限制自由贸易区内成员国的出口企业自由地向另一成员国出口的能力。它们造成一种非关税壁垒，阻碍自由贸易区内成员国之间相互贸易。(同样，证明成员国自己遵守了这样的规则成本巨大，这又加大了成员国之间的非贸易壁垒。)

其次，这些规则会导致成员国提出国产化要求。这种要求保护了当地原材料和零部件生产商不会受到贸易区外相同产品生产商的竞争。这是使贸易区外的生产受损的另一个更为复杂的原因。例如，服装业的原产地规则规定，服装必须是由北美自由贸易区内生产、在成员国之间享有免税运输资格的布匹制成的。这一规则有利于美国的纺织品生产商，但它伤害了在北美自由贸易区内销售的亚洲产的低成本纺织品经销商。它还降低了北美以及世界的福利水平。

12.7 发展中国家的贸易集团

20 世纪 60 年代和 70 年代，在一些欠发达国家形成了一种不同的关于贸易集团收益的思想。这就是具有影响力的幼稚产业理论。可以理解，在发展中国家成立关税同盟或者自由贸易区可以给成员国提供一个具有规模的市场，一个巨大的市场足以支持各种现代制造产业中的大规模生产厂商，而且阻止高度工业化国家的制造商进入这个市场。新成立的企业最终会通过规模经济和干中学来降低成本，直至能够在甚至没有保护的条件下参与国际竞争。

尽管这个观点颇具吸引力，但是正如庞弗雷特（Pomfret）所指出的，在实践中它“已经因为失败而被抛弃”，并且这种贸易集团的生命周期都很短暂。拉丁美洲自由贸易区（墨西哥和所有南美共和国）早在 1960 年就成立了，但由于缺乏实行内部自由贸易的有效约束的承诺，到了 1969 年，实际上就分裂成仅具有最低合作程度的双边小型贸易集团。其他一些存续时间更短，其成员国只作出了最低限度让步的联盟，包括加勒比群岛联盟，1977 年解散的东非共同体（肯尼亚、坦桑尼亚、乌干达)，以及其他一些非洲国家的尝试性的贸易集团。其中一个导致失败的原因是新兴的进口替代产业收益内在的不公平性。如果想获取规模经济的利益，新产业的收益将不可避免地集中到一个或者少数几个产业中心生产环节上。每个成员都想成为集团中新的行业领头羊，而不想仍旧停留在更加农业化的国家。这里没有可以合理解决这一收益分享问题的模式。即便是具有工业基础的东南亚国家联盟（ASEAN)，经过 20

世纪 70 年代末和 80 年代初的努力，也没有能够就更加自由化的贸易而达成稳定的协议。鉴于这种教训，大多数专家都对大多数发展中国家自由贸易区获得收益的可能性表示怀疑。

但是同样的机制会在以后取得成功，尽管在初期经历挫折，尤其是当经济政治环境发生变化的时候。正如我们所知，加拿大和美国之间的自由贸易区建立的想法在实现以前经历了长达一个世纪的时间。

自 20 世纪 70 年代以来，许多发展中国家的贸易政策发生了重大变化。正如我们将会在第 14 章中深入讨论的，发展中国家的贸易政策已经转向外向型，更加鼓励对外贸易（至少是支持出口导向）。正如墨西哥一样，许多发展中国家通过经济改革，使得政府政策在鼓励贸易和商业活动自由化方面更加一致。组建贸易集团能有力地推动自由化进程。（尽管如我们所知，集团内部贸易自由化同时也是对集团外贸易进行歧视。）

南美共同市场已经成了现今最成功的发展中国家贸易区。1991 年，阿根廷、巴西、巴拉圭和乌拉圭建立了南方共同市场。到 1995 年，该集团实现了内部贸易的自由化及对绝大多数产品实行统一对外关税（平均水平为 12%）。（之后发展的脚步有所停止，直到 2011 年年初关税同盟才得以实现。）一个被高度保护的部门是汽车产业，对外关税为 34%（有效关税保护率超过 100%）。在 1996 年，智利和玻利维亚成为非正式成员，并和南方共同市场内的成员建立了自由贸易区。秘鲁在 2003 年成为非正式成员。哥伦比亚、厄瓜多尔、委内瑞拉在 2004 年成为非正式成员。在 2011 年年初，委内瑞拉进入转正程序。

南方共同市场内的成员国之间的贸易迅速增长，从 1990 年占所有成员国贸易总量的 9% 上涨至 1998 年的 23%。但是，1999 年巴西货币危机和 2000 年早期的阿根廷危机改变了这个趋势，部分原因是当国家经济衰退时，进口需求通常会下降；部分原因是阿根廷和巴西实施一些针对集团内成员国的新的贸易壁垒。在 2009 年，集团内贸易量下降到所有成员国的国际贸易总量的 16%。

关于共同市场的影响的一项研究表明，它能使各成员国实际国民收入增加 1%～2%，其中大部分收益来源于规模经济和共同市场成员国之间厂商的不断增强的竞争。但是，其他一些观察者对此非常谨慎，因为南方共同市场内增长最快的都是如汽车、机械和电子产品之类的受到保护的资本密集型产品，这些产品对于成员国并不具有全球比较优势。这些产品中可能存在大量的贸易转移现象，并且这些贸易转移导致的损失必须从其他收益中扣除。南方共同市场幸存下来便是一种成功，但是它对成员国福利的净效应还不是十分清晰。

12.8 贸易禁运

贸易歧视可以表现得更为激进——用贸易禁运替代贸易集团。一个国家或者国家集团可以对大多数贸易国实行一般的贸易壁垒，但却几乎不与某些特定国家或国家群体发生贸易。为了发动经济战争，这种国家通常实施**经济制裁**（economic sanctions）或**禁运**（embargoes），即歧视性限制或者禁止性经济交往。被限制或者禁止的可以是一般贸易，也可以是服务或金融资产贸易，如禁止对特定国家提供贷款。

利用贸易禁运或者其他经济制裁手段发动经济战争可以追溯至公元前 5 世纪。在 18 世纪 60 年代，为了抗议臭名昭著的《印花税法案》（Stamp Act）和《汤森法案》

（Townshend Acts），美国殖民地居民联合抵制英国货物。在这种情况下，联合抵抗获得成功——议会废除了这些法案。

经济制裁的使用在 20 世纪下半叶比以前的任何和平时期都更加频繁，同时在 20 世纪 90 年代，经济制裁更是有增无减。美国比其他任何国家都更容易发动经济战。有研究表明在 20 世纪 90 年代中期，每年至少有 200 亿美元的出口受到了经济制裁的阻碍，对美国每年造成约 10 亿美元的净损失。截至 2008 年年初，美国政府对缅甸、古巴、伊朗、朝鲜、苏丹和叙利亚实施了广泛的制裁。

禁止经济往来的后果不难想象。一个国家拒绝与被制裁国进行贸易将同时使两国在经济上受到损害，并且为第三国创造贸易机会。但是谁受到的损害最大？谁受到的损害最小？规模是重要的，因为规模决定了被制裁国家受到的损失是否足以弥补制裁国因禁止贸易而受到的损害。

为了分析决定经济制裁成败的基本因素，先观察一个特例：对被制裁国实施完全的出口禁运。① 图表 12—3 设想了禁止向伊拉克出口所有商品的情况。该图描绘了自 1990 年伊拉克开始侵略科威特时，许多国家对伊拉克实施了贸易限制的情形。除了限制向伊拉克出口，这些国家还禁止从伊拉克进口石油或其他商品，或者向其提供贷款。这些制裁是在联合国的一项决议下实施的，而且大多数经济强国都参与了这个反伊拉克行动。但仍然有约旦、伊朗和其他一些国家同情伊拉克并且在一些方面继续维持与伊拉克的贸易关系。

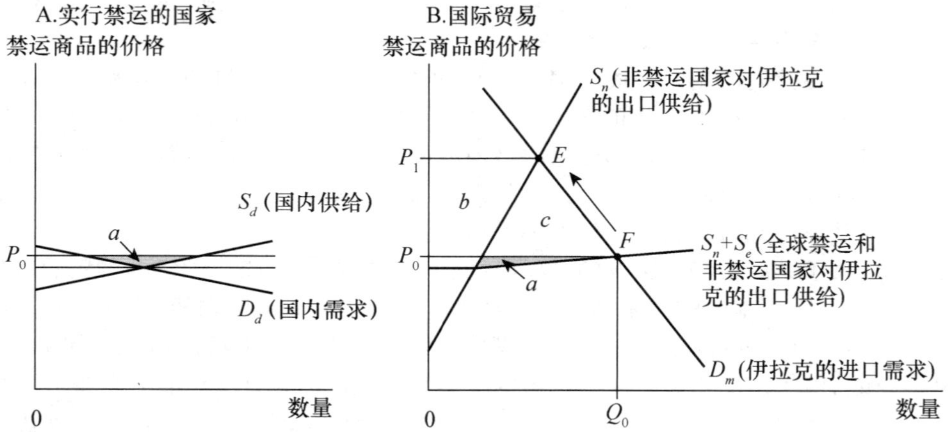

由自由贸易（点 F）转向禁运（点 E）意味着：
实施禁运国家损失面积 a
伊拉克损失面积 $b+c$
其他国家的收益面积 b
世界整体损失面积 $a+c$

图表 12—3　禁止向伊拉克出口的效应分析

在描述这类国际贸易时，我们将详细展示实施禁运国和非实施禁运国对伊拉克的出口，甚至在实施禁运之前的出口情况。图表 12—3 中 B 图显示没有实施禁运的国家对伊拉克的出口为 S_n，而且这种供给是有限的且缺乏弹性。在实施禁运之前，实施禁令国家对伊拉克的出口是该国国内供应与国内需求之差。如果把图表 12—3 中的禁

① 禁止从目标国进口的案例与这里研究的出口案例是相对称的。正如本章的一个课后练习，请你作图表示进口禁运，并分析其收益及损失和影响其大小的原因。

运国和非实施禁运国的两类出口供给加在一起，就会得到在实施禁运之前对伊拉克有效的总出口供给曲线 S_n+S_e。

在实施禁运前，伊拉克的进口需求量（D_m）等于图表 12—3 中 B 图的点 F 表示的总出口供给量。此时的价格是 P_0，而且伊拉克进口数量为 Q_0。

当一些国家决定对伊拉克实施出口禁运时，全球对伊拉克出口供给中的一部分会消失。在图表 12—3 中 B 图的出口供给 S_e 由于禁运而消失。剩下的对伊拉克的出口供给仅为 S_n。由于进口被限制，伊拉克人发现可进口的商品变得更稀缺。随着自由贸易均衡点 F 转移为禁运均衡点 E，产品的价格从 P_0 上升至 P_1。进口品的稀缺使伊拉克整体福利损失了面积 $b+c$。原因已经在第 2 章和第 8～10 章中分析过。

禁运也给实施国带来了损失，因为它们不能出口到伊拉克并且世界价格（伊拉克之外的）也略微有所下降。它们的损失为面积 a，a 在图表 12—3 中以两种相同的方式表示：

- 在 A 图中，为出口国家的生产者剩余和消费者剩余之差。
- 在 B 图中，为禁运国家不再对伊拉克出口而损失的生产者剩余。

与此同时，没有实行禁运的国家以更高的价格对伊拉克销售更多的商品，而获得面积 b 的收益。全球整体的损失则为面积 $a+c$，损失是由限制世界贸易所造成的。

禁运双方的国家内，不同集团所受的影响不同。在实施禁运的国家（例如，加拿大、英国、美国）当中，禁运使价格下降到 P_0 以下，这对消费者稍微有益但不利于生产者。在伊拉克，也会有类似的分析（图表 12—3 中没有画出），一些进口竞争产业的生产者因外国竞争的消失而获益，但是其他集团则遭受到更大的损害。

如果禁运给双方都带来经济损失，那么为什么要实施呢？显然，实施禁运的国家决定牺牲与伊拉克贸易中获得的净收益面积 a，以达到某种其他目的，例如阻止伊拉克侵略其周边国家，强制伊拉克公布和销毁细菌武器及其他武器，或者迫使伊拉克政府尊重少数民族的人权，或者迫使萨达姆·侯赛因（Saddam Hussein）下台。实施禁运，意味着政府认为对伊拉克施压比面积 a 的收益更有价值。面积 a 的损失与其说是说对非经济理性的测度，还不如说是为了非经济目标而情愿做的牺牲。如图表 12—3 所示，假设出口禁运可能导致伊拉克遭受更多的经济损失（用面积 $b+c$ 表示），大于实施禁运的国家的损失（用面积 a 表示）。①

当然，禁运也会遭遇失败。在一项对 1945—2000 年实施制裁的研究中，加里·赫夫鲍尔等人（Gary Hufbauer et al.，2007）得出的结论是：在 2/3 的案例中制裁没能对目标国的政治产生较大的影响。贸易禁运失败可分为两种情况：政治失败和经济失败。

政治上失败的禁运（political failure of an embargo）发生的情况是，引发禁运的政策给被制裁国的国家决策者带来了丰厚的收益，以至于即便国家遭受惨重的经济损

① 关于制裁的实际争论中，批评者一直认为制裁会使大多数无辜的平民遭受损害，而这些人有权拥有一个更好的政府，这正是实施制裁所要带来的政治结果。如此，在全球范围的对南非制裁案（1986—1993 年）中，批评者认为制裁会降低南非“有色人种”的收入，而这些人群恰好是制裁想要解放的人群。这与对伊拉克的制裁主要会伤害的是儿童和少数民族相似。可能在短期内的确如此，正如各方早已知悉的。

为了判断制裁是否符合被制裁国的受压迫人民的根本利益，最好的标准是这些民众中的大多数人的看法。但这种看法很难获取，尤其是在公民权被剥夺、新闻审查及严格的政治控制环境下。外国政府实施制裁意味着政治收益要大于它们损失的面积 a 加上它们认为的被制裁国家受压迫的人为了制裁事业所愿意承受的短期损失。

失，决策者依然坚持原有政策。当被制裁国家是独裁专政，或者禁运所诟病的政策的废除会使得独裁者陷入困境时，这种政治上的顽固性就非常有可能存在。在这种情况下，即便是经济损失会不断加大，独裁者也将拒绝作出任何让步。

一个政治上失败的禁运的典型案例是萨达姆·侯赛因拒绝从科威特撤军或者在伊拉克军队被赶出科威特后拒绝下台。支持通过制裁对萨达姆施压者认为，制裁给伊拉克带来的经济损失大于实施国的损失。一项估计是制裁给伊拉克带来的净损失是每年150 亿美元，大约相当于伊拉克国民收入的一半。然而，萨达姆·侯赛因却无视大多数伊拉克人民遭受的巨大苦难，依然我行我素，紧握大权，既不担心迫于内部压力下台，也不对一些政策作出重大改变。一个相反的案例是联合国对南非的制裁，该制裁成功加速终结了种族隔离制度和少数人统治的极权制度。

第二种失败是**经济上失败的禁运**（economic failure of an embargo）。这种情况下，禁运给被制裁国带来较少损失，但却使实施国遭受巨大的损失。图表 12—4 描述了两种遭受经济失败的（出口）禁运的情况，在这两种情况下，供给和需求弹性都是关键。

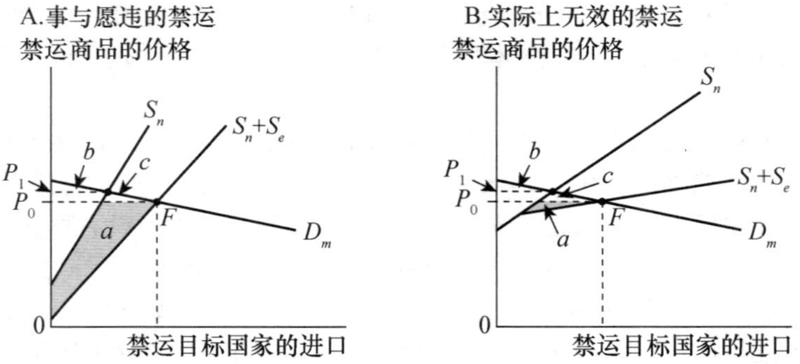

在 A 图中，实施禁运的成本为面积 a，远大于目标国家的损失面积 $b+c$；在 B 图中，双方的损失都可以忽略不计，因为都具有很高的价格弹性。

图表 12—4　两种经济上不成功的禁运案例

如图表 12—4 中 A 图所示，实施禁运的国家出口供给曲线非常缺乏弹性，意味着它们的生产者十分依赖于对目标国出口。禁止这类出口并且从市场供给中去掉供给曲线 S_e会给实施禁运的国家带来面积 a 的损失。相反，目标国的进口需求曲线 D_m却具有弹性。即便价格从 P_0到 P_1的稍微上涨，其需求就会大幅度下降。显然，目标国可以依靠非禁运国家的供给（仅靠曲线 S_n），很好地渡过难关。相应地，它仅仅损失较小的面积 $b+c$。在这种情况下，任何国家在实行禁运前都必须深思熟虑，是否有必要让目标国仅遭受面积 $b+c$ 的较小损失，而使本国承受面积 a 的较大损失。图表 12—4 中 A 图中不利于实施禁运的因素是，实施禁运国家自身的出口供给曲线的低价格弹性，以及被实施禁运国家进口需求曲线或者非实施禁运国家竞争性出口供给曲线的高价格弹性。

图表 12—4 中 B 图描述的是一种对双方都没多大经济影响的“失败”的禁运情况。这里的禁运实施国有幸拥有高价格弹性的供给曲线（S_e），以至于减少一些贸易仅仅给它造成面积 a 的轻微损失。但是另一方面，目标国也拥有一条有弹性的需求曲线 D_m，同时又有一条具有弹性的竞争性供给曲线 S_n。因此，目标国也仅遭受面积 $b+c$ 的较少损失，因此能在较长时期内抵抗禁运。

所以，当禁运实施国或者相关国家具有高价格弹性，而目标国具有低价格弹性时，禁运和其他的经济制裁会对目标国构成较大的压力。什么时候会出现这种情况？我们的简化分析可以得出与现实相符的结论：

1. 大国对小国。在全球贸易中占有较大份额的国家（或者集团）能够对小国实施制裁并且自身遭受较小影响。根据经济原理，大国更可能拥有高价格弹性的贸易曲线（如例子中的 S_e），因为它能够同目标国以外的其他很多国家进行贸易。另一方面，一个小的目标国可能对大国或者相关国家的贸易严重依赖。其经济的不稳定性表现为低弹性的贸易曲线如 D_m 和 S_n。毫无疑问，典型的禁运是美国对小国如尼加拉瓜采取的。

2. 第一次进行彻底而突然的制裁更容易成功。目标国的贸易弹性越小，对其的伤害（面积 $b+c$）就越大。短期的弹性要小于长期的弹性，而且当涉及大量的国内产品时，目标国的贸易弹性就更小。目标国拥有的调整时间越长，它就越能够储备禁运产品以及开发替代产品。当然，快速且突然的制裁也会增加对实施国自身的损害（面积 a），取得成功的前提就是实施禁运的国家必须事先采取能够提高其弹性，缩小面积 a 的相应措施。

3. 正如禁运的政治失败的定义和例子所示，当受到禁运伤害的公民能够像在民主国家那样，对目标国家的领导人施压，那么禁运改变目标国家的政策的可能性就更大。在严格的专制国家，独裁者能够无视公民受到的经济损失而坚持更长时间。

以上三点中的第一点阐明了为什么仅仅由美国实施的单边制裁，其有效性随着时间的变化而变化。20 世纪 50 年代美国居主导地位时，它实施的制裁能够对如伊朗，甚至英国和法国（苏伊士运河事件中）等国家具有明显影响。随着其他国家及其经济的增长，美国的单边制裁的影响力越来越小，因为 S_n（来自世界其他国家的供给）已经扩大了并且变得更有弹性。

在 20 世纪 90 年代，美国逐渐放弃使用单边制裁（虽然仍然部分使用，如本篇开头所述），而逐渐采用多国制裁的方式。例如，美国促使联合国号召所有的国家参加制裁行动。在 1990 年前，联合国仅对南非和罗得西亚（现津巴布韦）进行过制裁。但是在 20 世纪 90 年代，联合国对伊拉克、塞尔维亚、索马里、利比亚、利比里亚、海地、安哥拉、卢旺达和塞拉利昂都进行过制裁。但是，这些联合国制裁的成效有限，反而常常对一些实施禁运的国家造成巨大损失。在 21 世纪初，联合国逐渐取消了经济制裁。2011 年年初，联合国仅对部分地方实施少量的制裁，主要是对参与内战或其他武装冲突的非洲国家的武器禁运，以及对伊朗和朝鲜的有限制裁以迫使它们放弃核武器研发项目。

本章小结

自 20 世纪 90 年代的贸易集团的聚集，引发了贸易歧视研究的热潮。贸易集团的三国的基本模型表明：

- 成员国和全世界的经济收益取决于贸易创造，即贸易创造导致的世界总贸易的增加量。
- 成员国和全世界的经济损失取决于贸易转移，即贸易转移导致的从低成本的集团外的供应商向高成本的集团内成员国的供应商的转移数量。

贸易集团内部成员国收益的其他可能来源包括：日益增加的竞争降低了价格或成本，实现规模经济能力的提高，以及吸引更多的外国直接投资。贸易集团的利弊完全取决于贸易创造得到的收益（包括其他的积极影响）和贸易转移造成的损失之差。

最常见的贸易集团是自由贸易区，其成员国之间的所有的关税和其他壁垒都被取消，但却维持着各自对非成员国的贸易壁垒。在这种情况下，成员国必须使用原产地规则和保持对成员国之间的边境管理，以防止贸易区外的产品通过进入低贸易壁垒的成员国绕过关税而进入高关税壁垒成员国。自由贸易区的一个例子就是 1960 年成立的欧洲自由贸易区和 1994 年的北美自由贸易区。

欧洲联盟的前身在 1957—1992 年间是关税同盟。关税同盟取消了成员国之间的关税和其他形式的贸易壁垒，并采用一个共同的对外关税。1992 年，《单一欧洲法案》促进了劳动力和资本的自由流动，所以欧盟变成了共同市场。（同时，该法案还要求成员国之间消除许多残存的非贸易壁垒。）随着欧盟进一步一体化，包括 17 个国家采用欧元作为它们的共同货币，欧盟朝着经济联盟迈进。在经济联盟中，所有的经济政策都将统一。

发展中国家建立贸易集团的努力在 20 世纪 60 年代和 70 年代遭遇了失败。但是自 1990 年以来取得了很大的成功。南方共同市场内成员国间的贸易从 1991 年集团成立以来得到快速增长，但其中的一些集团内贸易的增长是由贸易转移造成的。

另一种贸易歧视是经济制裁或者经济禁运。出口禁运（其效应与进口禁运效应相对应）的基本分析，揭示了这类经济战争的成败取决于贸易弹性。当被禁运的国家拥有低的贸易弹性，意味着它难以承受与实施禁运国的禁止贸易，贸易禁运更可能成功。当禁运实施国具有很高的贸易弹性，意味着贸易量的减少不会对其产生很大的影响，贸易禁运也更可能成功。正如理论分析表明的，禁运通常由贸易大国对贸易小国实施，并且取得成功的禁运往往是迅速且全面的制裁。

关键词

贸易集团（trade bloc）
贸易禁运（trade embargo）
自由贸易区（free-trade area）
关税同盟（customs union）
共同市场（common market）
经济联盟（economic union）
贸易创造（trade creation）
贸易转移（trade diversion）
原产地规则（rules of origin）
政治失败的禁运（political failure of an embargo）
经济失败的禁运（economic failure of an embargo）

推荐读物

Pomfret（1997）对贸易集团做了全面的有用的综述。Baldwin & Venables（1995）着重从技术的角度研究。Schiff & Winters（2003，Chapter 8）研究了贸易集团对非成员国和多边贸易谈判的影响。Bhagwati（2008）研究了优惠贸易协定对政治和经济的消极影响。Magee（2008）使用贸易的引力模型研究大量贸易集团的贸易创造和贸易转移效应。

关于欧盟经济的状况，可参考 Neel & Barbezat（1998）和经济合作与发展组织（OECD，2000）的文献。Baldwin & Wyplosz（2009，Chapter 12）对欧盟的共同农业政策做了综述和分析。

Hufbauer & Schott（2005）总结了北美自由贸易区的影响。Jaramillo et al.（2006）分析了中美洲自由贸易协定的预期影响。Flores（1997）分析了南方共同市场。Sampson（2003）讨论了澳大利亚和新西兰之间的自由贸易协议。

贸易禁运对经济和外交政策的影响在 Hufbauer et al.(2007) 中得到很好的分析。Morgan et al.(2009) 引入了一个 1970 年以来实施的制裁和威胁的新的数据库。

习　题

✦1. 自由贸易区与关税同盟的区别是什么？

2. 贸易集团与最惠国待遇原则一致吗？

✦ 3. 贸易创造和贸易转移是怎么定义的，它们对世界福利的得失发挥了什么作用?

4. 为什么自由贸易区要实行原产地规则? 它们如何成为保护主义手段?

✦ 5. 名为 Homeland 的国家打算加入 Furrinerland 这个自由贸易区。在加入之前，Homeland 从其他世界市场以 100 美元的价格进口了 1 000 万台 DVD 机，并对每台 DVD 机征收 30 美元的税收。在 Furrinerland 内部，每台 DVD 机要花费 110 美元。

a. 一旦加入自由贸易区，对 Homeland 而言，DVD 机贸易转移到 Furrinerland 的成本是多少?

b. Homeland 要增加多少进口，才能抵消这种由贸易转移带来的损失?

6. 北美自由贸易区内，哪些国家可能获益，哪些国家可能会遭受损失? 请分析在墨西哥和美国的经济结构中，就业和各行业的福利分配情况。

✦ 7. 假设美国目前从中国以 20 美元的价格进口 100 万双鞋子。如果关税是 50%，那么美国消费者需要支付的价格是 30 美元。墨西哥生产的鞋子的价格是 25 美元。假设由于北美自由贸易区，美国从墨西哥进口 120 万双鞋子，而不从中国进口。请分析美国消费者、美国生产者、美国政府以及世界的福利效应。

8. 哪些国家可能会使用经济禁运? 经济禁运逐步生效是不是比突然生效更有可能获得成功?

✦ 9. 下面哪种贸易政策的举措最有可能给世界带来收益：(a) 对目前存在的外国出口补贴征收反补贴税；(b) 成立关税同盟，取代对所有进口国家征收统一的关税；(c) 征收进口反倾销税?（这个问题涉及第 11 章及本章的内容。）

10. 画一个与图表 12—3 相对应的对目标国家实行进口禁运的图形，分析对实施禁运国家、目标国家及其他国家的损失和收益。描述哪种价格弹性有助于实施禁运，哪种价格弹性可能会削弱禁运的实施效果?

第 13 章 贸易与环境

保护，对于自由贸易者而言，无疑就是邪恶的化身；对环境保护主义者而言，这是再好不过的事情。当然，对于支持贸易的团体而言，“保护”让人联想到的是斯姆特（Smoot）和霍利（Hawley），而环境保护主义者看见的则是清澈的山泉、绿色的森林和蓝蓝的天空。

——丹尼尔·C·埃斯蒂（Daniel C. Esty），2001

随着各国之间的联系越来越密切，一国对其他国家环境的影响也越来越大。一般来说，国家间的环境影响是负向的，比如一国的行为污染了他国的空气和水源，或者它消耗完了其他国家赖以生存的资源。由此，对环境的关注和担忧也已经全球化，并日益成为国际摩擦的起因。

国际贸易不可避免地被卷入到环境保护的焦点之中，既作为破坏环境的元凶，也成为国际争端中的“人质”。本章主要论述的是当环境问题和政策产生国际影响时，政府政策在环境保护问题中应当扮演的角色。

13.1 自由贸易是否反环境

指责国际贸易的一种观点是，国际贸易使环境问题日趋严重。例如，自由贸易可能简单地通过促进产量的提高或者消费的扩大导致了大量的环境污染。实际上很难评估这种由贸易带来的影响。但人们却很容易发现一些相反案例，如某些限制或者扭曲贸易的政策导致了环境污染。在 20 世纪 80 年代初，美国迫使日本限制其汽车出口至美国。结果，美国消费者不得不购买美国制造的高油耗的汽车而不再购买日本汽车。这可能导致更多的污染。另一个很容易找到的案例是保护本国的农业政策对环境的影响。限制进口以及生产补贴的各种方法，激励了受保护的农民扩大生产的积极性，导致农药和化肥的过度使用。如果实行自由贸易，就不会发生这种现象，而带来更加环境友好型的农业发展。

有些自由贸易能够促进环境保护。尤其对于发展中国家来说，例如具有改善环境技术的资金、设备和服务的自由贸易可以提高发展中国家的环境保护水平。

环境保护主义者还担忧自由贸易为生产转移至环保标准不严格的国家提供了机会。从这些“污染的庇护所”出口的产品满足了那些环境标准严格的国家的需求，结果却导致全球污染的进一步恶化。事实上，环境标准的差异是否会影响生产的重新布局呢？研究表明，其影响很小。即便是在环保要求最严格的国家，厂商为符合环境保护规则付出的成本通常很少（低于收入的 1%或者 2%），所以仅仅由于环境指标差异导致企业重新布局的动机很小。其他决定生产选址的因素，如比较成本优势、运输成本和外部规模经济等通常更为重要。此外，许多跨国公司之所以避免将高污染业务设置在环保标准宽松的国家，是因为担心发生意外事故之后要承担意想不到的责任，以及承担由于对环境造成巨大伤害而引发的企业名誉受损这类的综合风险。最后，将来这些国家也很有可能颁布严格的环保法规给企业带来成本。

让我们看一个具体的案例。促进贸易更加自由化的乌拉圭回合贸易协定的签订导致贸易规模的扩张。这种贸易扩张是有利于环境保护，还是损害了环境？

- 我们在第 3 章和第 4 章中分析了自由贸易会改变贸易伙伴国之间的生产和消费结构。由于生产和消费结构的改变，污染总量也会发生改变。
- 这些分析也表明自由贸易会带来额外的收益。这些收益会产生两种效应。

（1）经济规模更大。在其他条件不变的情况下，生产和消费的增加可能会导致更多的污染。

（2）高收入会对政府制定更加严格的环保政策进行施压。严格的政府政策会使企业净化排放物或者转换生产方式，以减少单位产品的污染排放量。这些对净化环境的需求总是好的。

在验证乌拉圭回合的影响之前，有必要分析经济规模和收入效应之间的相互作用。一国日益增长的生产、消费、收入是如何影响环境质量的？当人均收入（包含了经济规模和收入的指标）增长时，环境是恶化还是改善了？也就是说，哪种趋势更大，是经济规模带来的危害，还是收入效应带来的环境保护效应？

根据所观测的环境问题的差异，这种经济规模和收入的组合效应的一般模式也可能有所不同。以下有三种基本模式：

1. 人均收入增加，环境污染减少。一些观点认为，更好的环境质量收益之大，以至于收入效应对（几乎）每一个人的收入都产生影响。也就是说，对更好的环境质量的需求是随着收入的增加而增加的，这种影响远大于其他任何一种由经济规模增长带来的负面影响。

2. 人均收入增加，环境污染增加。在一些情况下，减少环境污染产生的收益不如想象的大。结果是，经济规模的扩张对环境带来的负面效应大于任何要求改善环境质量的要求。

3. 二者关系呈倒 U 形。还有些情况，起初对更好环境质量的需求很少，可能是因为当人们非常贫困时，更多地关注发展生产和减少物质上的匮乏，因此愿意接受一定的环境污染，以便增加生产和收入。这种污染随经济活动的增加而增加。但是，到达某一点时，当贫困的可怕威胁已经远离时，对更好的环境质量的需求就会变得非常强烈。随着收入的进一步增加，更加严格的政府法规便会实施。此时，即便是产量和消费增加，环境污染也会减少。

图表 13—1 说明了这几种不同模式的环境问题。A 图所示的是随着收入的增加，污染程度下降，如空气中的重金属颗粒和水中的铅含量。B 图所示的是随着收入的上升，污染程度增加，如本章末尾讨论的二氧化碳排放问题，这是因为即使收入上升，

减少环境污染的需求也并不是特别的强烈。而来自全球变暖的危害相当复杂，减少这些排放物的成本是巨大的，并且这也是个全球性的问题，所以单个国家采取的行动其效果都是微乎其微。

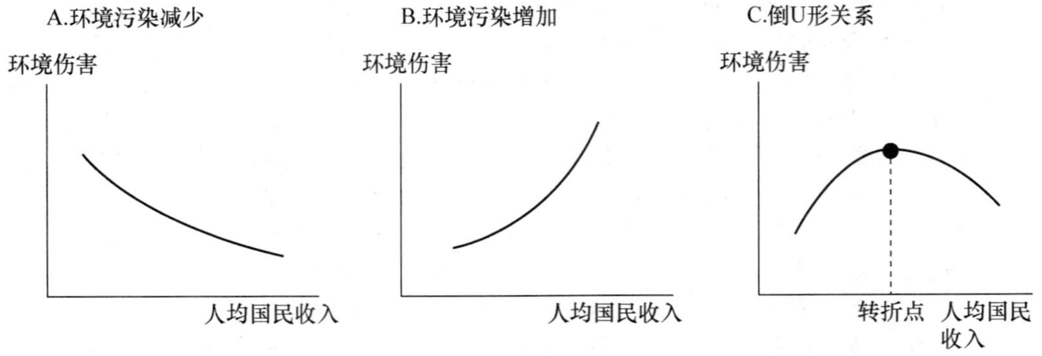

例如：
城市空气中的重金属颗粒的浓度
水中铅含量
江河中溶解氧的密度
没有“安全饮用水”的人口比例
没有卫生设施的城市人口比例

例如：
人均二氧化碳排放量
人均垃圾

例如（估算的转折点）：
空气中的污染物：
　二氧化硫（3 000～10 700 美元）
　悬浮颗粒物（3 300～9 600 美元）
　氧化氮（5 500～21 800 美元）
　一氧化碳（9 900～19 100 美元）
　汽油中含铅量（7 000 美元）
水污染物：
　排泄物中的大肠杆菌（8 000 美元）
　砷（4 900 美元）
　生物氧的需求（7 600 美元）
　化学氧的需求（7 900 美元）

资料来源：Edward B. Barbier，“Introduction to the Environmental Kuznets Curve Special Issue，” *Environment and Development Economics* 2，no. 4（December 1997），pp. 369-81.

图表 13—1　不同收入水平下的环境问题

图表 13—1 中的 C 图解释了倒 U 形关系。① 在这种模式下，污染物是某个国家或者区域内的污染源。这个地区或者国家会努力降低污染，提高当地人民的福利。这种模式主要表现空气污染，例如二氧化硫（将会产生酸雨）、空气中的粉尘、铅、水污染物（如排泄物中的大肠杆菌（主要是因人和动物的排泄物未及时处理而产生））和砷。U 形曲线上的转折点（在此之后，污染将减少）常常出现在一国人均收入高于多数发展中国家的水平，但是低于工业国家水平的阶段。

现在我们已经具有评价乌拉圭回合对环境影响所需要的工具了。图表 13—2 表明了乌拉圭回合之后，贸易变化对四大空气污染物的影响。

在美国、欧盟和日本，这种组合影响导致了各种污染物的增加。除了拉丁美洲，这种组合效应使发展中国家的污染减少。这种模式是赫克歇尔-俄林模型的一种结果。随着全球朝着贸易自由化发展，资本技术密集型产品的生产会在工业化国家扩张且在发展中国家收缩。这些产品或者说大部分产品对环境是“肮脏”的，如钢铁、金

① 倒 U 形曲线有时候称为库兹涅茨曲线，以诺贝尔奖获得者西蒙·库兹涅茨（Simon Kuznets）的名字命名。他在对经济发展效应的研究中发现人均国民收入和收入的不平等呈现倒 U 形关系。

解释和运用这种倒 U 形曲线应该谨慎。这只是一种统计关系而并不能保证任何一个单一国家在发展中遵循这种曲线趋势。还存在其他一些影响因素，包括政府组织形态（民主政治比专制政治在影响控制污染的要求上更为有效）及其国家生产和收入增长的来源差异（增长可能是建立在紧缩或者扩展这个国家的经济中的污染密集产业的基础上）。

属加工冶炼、化工、炼油及纸浆的生产。非技术劳动密集型产品，如纺织品、服装，在工业化国家收缩但是在发展中国家扩张。大多数非技术劳动密集型产品是环境“清洁”的产品。如此，由于生产结构的变化，污染密集型的生产将会在高收入的工业化国家扩张，而在低收入的发展中国家则收缩。

图表 13—2　　乌拉圭回合的环境效应（在各地的每种污染物排放的百分比变化）

	二氧化硫			悬浮颗粒物			二氧化氮			一氧化碳		
	Comp[1]	S&I[2]	总计[3]	Comp	S&I	总计	Comp	S&I	总计	Comp	S&I	总计
美国	0.4	−0.7	−0.3	0.2	−0.8	−0.6	0.1	0	0.1	0.1	−0.6	−0.5
欧盟	0.3	−0.4	−0.1	0.2	−0.3	−0.1	0.1	0.2	0.3	0.2	−0.3	−0.1
日本	2.0	−0.6	1.4	0.3	−0.5	−0.2	0.3	0.1	0.4	0.3	−1.0	−0.7
拉丁美洲	0.5	0.7	1.2	0.4	0.6	1.0	0.6	0.9	1.5	0.2	0.8	1.0
中国	−1.8	2.1	0.3	−0.9	2.0	1.1	−0.3	1.6	1.3	−0.1	1.8	1.7
东亚	−3.1	1.8	−2.2	−3.0	1.7	−1.3	−0.1	2.0	1.9	−1.9	1.9	0
南亚	−0.6	1.3	0.7	−0.4	1.4	1.0	−0.5	1.0	0.5	−0.5	1.3	0.8
非洲	−0.1	2.8	2.7	0	2.7	2.7	0.2	2.0	2.2	0	2.4	2.4
全球	−0.3	0.2	−0.1	−0.1	0.1	0	0.1	0.5	0.6	0	0.1	0.1

注：1. 组合效应。
2. 规模和收入组合效应。
3. 效应总计，等于组合效应加上规模和收入组合效应。
资料来源：M. A. Cole, A. J. Rayner, and J. M. Bates, “Trade Liberalization and the Environment: The Case of the Uruguay Round,” *World Economy* 21, no. 3 (May 1997), pp. 337-347.

乌拉圭回合使经济规模扩大，收入增加。如图表 13—2 所示，经济规模和收入组合效应趋向于在工业化国家减少二氧化硫、悬浮颗粒物和一氧化碳的污染，因为这些国家的三种污染物已经处于倒 U 形曲线的转折点之后的阶段。但是在欧盟和日本，这种组合效应却增加了二氧化氮的污染，这是因为这些污染物转折点估计出现在美国的人均收入水平左右。经济规模和收入的组合效应趋向于增加发展中国家的污染，因为它们的收入水平低于四种污染物的转折点所要求的水平。

实际上乌拉圭回合谈判给各地带来的环境影响是这些效应的总和。这些实际效应（结构变化影响和规模及收入组合效应的总和）由于国家和污染物的不同而不同。总效应对全球整体的影响比较小，对大多数国家和污染物的影响也比较小。即使在污染增加的国家，更自由的贸易带来的收益也数倍于治理污染需要花费的成本。例如，对全球而言，治理二氧化氮污染需要的花费不到自由贸易收入的 0.3%。换种角度看，全球和单个国家仅需要花费很少一部分从乌拉圭回合谈判获得的收益来治理污染。在一个更简单的分析中，由图表 13—2 可以得到同样的结论，乌拉圭回合可能使全球的二氧化碳排放量增加 3.3%。这比其他污染物增加的数量大得多，但这仍然只是现在全球的二氧化碳排放量增加的一小部分。

总之，自由贸易并不是生来就与环境对立的。为避免严格的环境保护标准而转移生产的只是一小部分。向自由贸易的转变带来了各种变化，但是对整个污染带来的净效应看似不大。

13.2　世界贸易组织是否对环境不利

即使自由贸易本身不是反环境的，环保主义者依然常常抱怨世界贸易组织规则阻碍了政府采取更有力的环境保护政策。有些事情是毋庸置疑的，政府为了控制本土厂商生产引起的环境污染而采取的行动并不违反世界贸易组织规则。除此之外，仍然存在其他问题。

世界贸易组织的主要宗旨是使贸易自由化，但其原则也特别提到要关注环境。世界贸易组织规则的第 20 条列出了自由贸易的例外情形。一方面第 20 条重申了签署国政府的担忧，即任何特例都会被环境保护主义者滥用，另一方面，它也确实认可了允许设立贸易壁垒的情况。其中两条有关自由贸易的环境例外陈述如下：

> 本协定规定必须符合以下要求：协定不得在情况相同的国家之间构成武断或者不合理的差别待遇，或构成对国际贸易的变相限制：
>
> ……（b）为保护人类、动植物的生命安全或健康所必需的措施
>
> ……（g）与国内限制生产和消费的措施相结合，为有效保护可能耗竭资源的有关措施。

这里有一个明显的矛盾，即签署方认为对环境问题的担忧可以使得设立贸易壁垒有正当理由，但它们也怀疑这种对环境的关注可能只是一个幌子，是保护主义者拒绝国外商品的一个借口。

有三个重要的符合环境保护的政策例外。第一，产品的消费会引起污染。世界贸易组织规则中规定得很明确，一国政府通常可以通过制定产品标准或者其他消费限制来保护本国国民的健康、安全或者国家的环境，即便这样的政策会限制进口。条款的关键在于政策必须适用于所有的消费品，而不仅仅针对进口商品。例如，世界贸易组织规定法国在其境内可以禁止石棉及含石棉的产品的消费和生产，同时也包括禁止这类产品的进口。与此相似的是，世界贸易组织规则规定美国可以对每加仑汽油跑不了几英里的汽车征收“油老虎”税，只要该税收适用于所有的汽车，而不论是国内还是国外生产的。

与此同时，世界贸易组织规则对使用环境标准伪装的保护主义非常警惕。世界贸易组织认为，美国对所有的制造商生产的汽车制定有关燃油经济性方面的规定违反了世界贸易组织规则，因为它们对国外汽车制造商和国内制造商实行区别对待。世界贸易组织还认为美国对燃油添加剂的政策也违反了世界贸易组织规则，因为它对国外生产的汽油的政策与本土生产的汽油不一样。世界贸易组织认为泰国限制进口香烟以保护本国居民健康也违反了世界贸易组织规则，因为泰国仍然在出售国产的烟草。在这三个例子中，政策的关注点已经不是环境质量本身了。确切地说，政策关注的是有没有区别对待的问题。世界贸易组织也审核了一些标准的依据。依据乌拉圭回合的谈判结果，为保护健康和安全制定的产品标准必须要有科学依据。这种规定试图阻止各国政府臆造产品标准来限制进口。更有争议的是，如果缺乏科学依据来证实公众的担忧是合理的，那么这个规定也有可能会阻止政府对一些公众关注的问题做出反应，比如公众对转基因食品的忧虑。

第二，外国的生产会引起环境污染。如果外国产品的生产方式违反了本国的环境标准，本国政府能限制进口外国的这种产品吗？正如“全球治理”专栏中的“海豚、乌龟与世界贸易组织”所讨论的，对于一个国家限制进口那些在生产过程中使用危害环境方法的产品，世界贸易组织的立场已经改变了，允许使用环境例外，但是有着严格的标准：

- 该规则必须致力于建立合法的环境目标，并且必须尽可能少地限制贸易。
- 该规则必须同样适用于国内生产商和所有的国外出口企业。

● 制定该规则的国家必须与其他相关国家进行谈判，就环境问题达成一致意见，并签署多边协议（如果还不存在这样的协议的话）。

需要强调的是，世界贸易组织的目标是允许国家制定政策来保护环境，虽然这些政策会影响到国际贸易，同时，又要防止利用保护环境的幌子来实行伪装的贸易保护主义。

第三，还有一些环境问题是属于全球性的，但需要多国政府共同协商出全球性的解决方案。一个多边的环境协议是否可以用来限制国际贸易，或者通过对一国进行贸易制裁，使该协议得以执行？在本章后面部分将讨论两个重要的多边协议，即《濒危野生动植物种国际贸易公约》（Convention on International Trade in Endangered Species）和《蒙特利尔条约》（Montreal Protocol），运用贸易禁运的方式迫使那些没有签署该协定的国家签约。世界贸易组织还没有就这些协议中的规则作出回应。世界贸易组织似乎对采用多边协议的方式解决明确的环境问题非常满意，但实际上，世界贸易组织目前还未依据那些规则作出任何裁定。

全球治理

海豚、海龟与世界贸易组织

海豚因其聪明与顽皮在很长时期内对人类有着特殊的吸引力。人们对海豚的同情就像对其他大型动物一样，随着收入的增长而增加。所以即使海豚不是濒危物种，任何威胁海豚的行为都不可避免会引发工业化国家人们的强烈保护意识。

很多金枪鱼可以在不伤害海豚的情况下被捕捉。但是，不知道为什么，在东部热带太平洋里大群的金枪鱼会在海豚群的下方游弋。在 1960 年以前，这对海豚不构成威胁。因为捕鱼的人用钩子抓捕金枪鱼，海豚的声呐系统可以避开这些钩子。但是，在 20 世界 60 年代人们引进一种新的捕金枪鱼的方法，即围网捕鱼，人们利用快速行驶的小船和直升机把海豚和金枪鱼圈到一个狭小的范围内，然后用大网圈住成群的金枪鱼。由于网在水下拉得很紧，哺乳动物海豚就容易被勒死。1960 年之后有 600 万头海豚死于这种捕鱼方法。

美国政府试图禁止这种捕鱼方法，并在 1972 年颁布了《海洋哺乳动物保护法案》（Marine Mammals Protection Act），但效果微乎其微。该法案禁止在美国水域以及 200 海里以内使用这种方法捕鱼，也禁止美国船只在世界各地使用这种捕鱼方法。捕鱼船队采取的对策是在美国之外注册。在 1978 年和 1990 年之前，美国船只在东太平洋的占有量从 62%下降到不足 10%。

美国政府还使用了其他一些经济手段。美国政府迫使三大金枪鱼包装和零售公司（Starkist，Bumble Bee 和 Chicken of the Sea）拒绝购买采用对海豚不安全的方法捕获的金枪鱼。随着一些指控浮出水面，三家公司中至少有一家仍在收购使用对海豚不安全的方式捕获的金枪鱼，并包装在海豚——安全的标识下。但这个海豚安全计划还是取得了一些成功。通过这种压力以及一些其他压力，在金枪鱼捕捉中死亡的海豚数量从 1986 年的 130 000 头减少到 1991 年的 25 000 头。

然而美国政府并不满足于此。1991 年，美国禁止从墨西哥以及其他四个国家进口金枪鱼。墨西哥立即向 GATT 抗议。GATT 仲裁团初步判定美国这一举动是不公平贸易行为，是针对墨西哥的一种保护主义。GATT 仲裁团认为美国不能根据他国的生产方式而限制进口。欧盟也认为美国这一法案违背了 GATT 规则，因为它允许美国对任何从墨西哥进口金枪鱼的国家实施“二级禁运”。1994 年，GATT 再次裁定美国败诉。

这些裁定意味着，国际贸易规则不会支持一个国家在境外推行其环境政策，或者迫使其他国家改变它们的环保政策。环保主义者非常愤怒，因为它们认为贸易政策的原则已经高于环境的安全。

有了这些限制，如果美国想挽救更多的海豚，它会怎么做呢？一种可能是与其他国家谈判让它们改变捕金枪鱼的方法，但可能要提供一些条件作为交换。1995 年，包含墨西哥在内的六个国家同意采取对海豚无伤害的捕鱼方法。然而，有的渔船可能会在别的国家注册，所以最好的方法是在全球范围内就金枪鱼的捕获方法达成多边协议。

海龟——一种濒临消失物种的情况与海豚的命运非常相似。捕虾的网会缠住海龟并要了它们的命。1989 年，美国通过一项法案，要求美国水域内的捕虾者调整他们的网，加装海龟驱赶装置，并且禁止从不符合这些保护海龟要求的国家进口虾。

美国政府首先在加勒比海岸及拉美的 14 个国家中使用这些法律，并和它们谈判，允许它们花三年的时间来改进捕虾方法。在美国颁布了该法案之后，美国政府单边对其他国家实施这些法案并且仅提供 4 个月的过渡期。

四个亚洲国家在 1997 年向世界贸易组织投诉。在处理案件时，世界贸易组织决定如下：

- 保护海龟是合理的环保要求。
- 美国的政策违反了世界贸易组织规则，因为该政策不能平等地适用于所有出口国。
- 美国的政策不能让人接受，因为它要求其他国家采取具体行动（批准法案，执行法案，并且使用海龟驱赶装置），而且不认可其他保护海龟的办法。
- 美国采取的方法也是不可接受的，因为美国没有与受到该法案影响的出口国家协商。

针对这些指控，美国删除了一些歧视性条款，认可其他的保护海龟的方法，并开始与受到该法案影响的出口国谈判。2001 年，世界贸易组织宣布，由于这些变化，美国的行为已符合世界贸易组织的规则，所以可以限制进口那些采用对海龟有危害的方法捕获的虾。世界贸易组织也表示，通过真诚的谈判来达成多边协议是必须的——达成协议不是美国适用其法律的先决条件。在世界贸易组织发布这些裁定的同时，美国已经与很多国家就保护海龟达成一致意见。

很多环保主义者似乎先入为主地认为世界贸易组织总是支持自由贸易，因此会阻止国家采用与贸易相关的方法来保护环境。事实并非如此。世界贸易组织当然对采取环保政策法规来限制贸易发展或者对不同的国外供货商区别对待的做法比较警惕。但同时，世界贸易组织也接受环保的合法性以及通过与不同国家的谈判来建立环保最低的标准。在海龟保护案例中，上诉者在报告中写道：

> 我们并不认为保护环境对世界贸易组织的成员不重要。显然，它非常重要。我们也不认为世界贸易组织的成员在其领土内不能采取有效措施来保护濒危物种，比如海龟。显而易见，它们可以，同时也应该这么做。而且我们也并不认为国家之间不应该在世界贸易组织内或者国际组织间，实施双方或多方协作来保护濒危物种或者保护环境。很清楚，它们应当这么做。

13.3　再谈对症规则

为了更好地把握环境与贸易的关系，我们首先必须回顾微观经济学中的几个要点。环境影响例如污染，当且仅当其被经济学家看成是一种外部性时，才会要求实施特殊的政策或者制度变迁。回想一下第 10 章的内容，外部性是一种溢出效应。当一些人的活动给其他不参与市场决策活动的人带来成本和收益时①，便存在**外部性**（externality）。如果你的活动给没有影响你的购买或销售的人带来直接成本，那么这些人便承担外部成本。如果你的活动在没有他们参与的情况下给他们带来了直接的收益，他们便得到外部收益。

同样要记住，不论什么时候只要外部性存在，就存在因为个人和社会成本或收益之间的差异而存在的扭曲。只要这种扭曲存在，没有政府政策参与的竞争市场就会要么过于活跃，要么过于沉寂，因为人们只看到因自身活动而产生的个人成本和收益，而看不见整个社会的成本和收益。

污染是一种外部性，它是强加给那些对环境没有发言权的人的一笔额外的成本。也就是说，产品生产和消费的社会成本比那些在市场上作出生产和消费决策的人所看到的私人成本还大。我们可以利用第 10 章中介绍的术语来解释这种扭曲带来的效应。社会边际成本（*SMC*，包括污染所产生的外部边际成本）大于个人边际成本（*MC*，不包含外部边际成本）。在竞争市场中，价格（*P*）等于个人边际成本（*MC*）和个人边际收益（*MB*）。如果没有外部收益，那么个人边际收益（*MB*）和社会边际收益（*SMB*）相同。而扭曲就是 $SMC>MC=P=MB=SMB$。因为有些社会成本被市场决策者忽略，所以就会产生过多的市场行为（生产和/或者消费）。最后一个单位产品是低效率的，任何单位社会成本大于社会收益的产品（$SMC>SMB$）也都是低效率的。增加单位产品所导致的社会成本大于其带来的社会收益，这些降低了社会福利。

由于外部性会导致市场低效率运行，所以政府政策的任务就是提高市场效率。正如第 10 章中所述，**对症规则**（specificity rule）就是一个非常有用的指导政策。该政策遏制了问题产生的根源。针对导致个人成本和收益与社会成本和收益偏差的根源，采取特定政策通常特别有效。

例如，如果发电行业排放硫化物而导致酸雨形成，那么最好的办法就是制定政策来限制排放硫化物。这种方法通常比对电征税要好。因为后一种方法不会对电力公司传递这样的信息，即问题产生的根源在于它们排放了硫化物。更糟糕的间接方法是阻止各类经济的发展或者人口的发展以减少排放。

政府有好几种方法来直接处理这种外部性。这里研究两种重要的策略，它们展示了现实生活中政府可以发挥的恰当作用。

● 政府税收和补贴的使用。政府可以对私人团体征税使他们意识到因他们的行为（比如污染）强加给别人的外部成本（相应地，也可给他们补贴，使他们意识到他们的行为给别人带来外部收益）。

● 改变产权，使所有相关资源成为他人的私有财产。如果某人拥有某种资源，甚至拥有污染它的权利，那么他决定如何做，取决于其他人会为该资源出价多少。如果他选择污染（或者用尽该资源），那是因为他人支付的避免污染（或者用尽资源）的费用不够。私有产权市场是一种全新的市场，这种市场的缺失首先会引起外部性的产

① 这里的定义只指对他人造成的“直接”影响，以排除其他那些通过价格传递的影响。如果人们决定少吸几根烟，他们对于公共的空气减少了污染，也减少了外部性——吸烟给另外一些人带来的有损健康的外部成本。但是，如果减少吸烟降低了香烟的价格，我们不会认为这是降价带来的外部性。所以外部性不包括烟草公司所承受的收入损失，烟草工人可能更低的收入，或是烟草种植区土地价值的下降，等等。那些仅是市场价格效应，不是（直接）的外部效应。（尽管阿尔费雷德·马歇尔（Alfred Marshall）称这样的价格效应为“金钱的外部性”，我们还是坚持自己的定义。）

生。虽然这两种方法有所不同，但它们都是解决外部性的有效措施。有时候第一种方法可能会更实用，有时候另外一种可能会更实用。在讨论中，我们会经常使用征税与补贴的方法，但必须记住，有时候使用产权制度这种措施可以取得同样有效的结果。

13.4 政策处方的预览

根据对症规则，我们可以为解决国际外部性问题总结出一些指导方针。如果可以选择任何政策，那么对症规则会采取最直接的方法：如果外部性是在某些地方的污染，那么就使污染的成本更加昂贵；如果是资源的过度使用，那么让过度消耗资源的人支付更高的成本。然而，我们通常都不能直接“击中”外部性这个目标。常常可行的选择是针对最逼近目标的经济活动制定相关政策，比如与外部性有关的生产、消费或者贸易。那么之后呢?

当我们必须在无所作为和干预与外部性相关的产品市场（作为直接控制这种外部性的替代措施）之间作出选择时，必须遵循图表 13—3 中总结的几点原则。

图表 13—3　　外部性的种类和产品一市场的处方

损害本国的外部性成本源（如污染）	例子	假设全球作为单一政府时的最佳产品一市场政策	本国独自行动时应采取的最佳产品一市场政策
仅在本国生产	化工产品	向本国生产征税	向本国生产征税（见图表 13—4）
仅在外国生产	跨国界的酸雨；金枪鱼与海豚；象牙	向外国生产征税	向本国进口征税
全球生产	矿物燃料燃烧导致的空气中二氧化碳的集聚	向全球生产（或消费）征税	向本国生产和进口征税
仅在本国消费	烟草、麻醉剂	向本国消费征税	向本国消费征税
仅在外国消费	汞（用于小型金矿开采）	向外国消费征税	向本国出口征税
全球消费	矿物燃料	向全球消费或生产征税	向本国出口和消费征税

注：这里的“税收”意味着“实施政府限制”。在这里可能是征税、数量限制或者完全禁止。记住，这里仅仅考虑干预产品市场的最佳政策。在很多情况下，更直接的方法是对投入品或者某种特定的工艺（比如，使用高油耗的汽车等）征税，而不是对最终产品（比如发电厂的电或者运输的道路）征税，并且在其他情况下，一种最优的政策可能是能够同时处理几种产品市场而不是一种产品市场。

图表 13—3 中包含两种最可行的处方：一种是针对全球作为单一政府的应对措施，另一种是针对不能与其他国家寻求合作的单一国家的应对措施。这揭示了在环境污染或者自然资源消耗的国际谈判中两种极端的情况：国际合作的范围越广，表中的全球单一的政府列中所推荐的政策就越适用；越是无望取得国际合作，越要采用右边那列的单一国家政策。

如果国家之间合作，就好像形成一个世界政府那样，那么就根本不需要世界贸易政策了。在最理想的情况下，政府可能会对污染环境的行为进行征税，把政府对环境的关心转换为直接的税收干预。在图表 13—3 中的全球作为单一政府的一栏中，推荐的政策距对污染直接征税仅一步之遥，即对生产和消费征税。它们并不是对进口或者出口征税。这是因为环境污染和其他的外部性很少由于贸易而产生。对症规则要求对逼近污染根源的行为征税，对生产和消费的税收便比对国际贸易的税收更加靠近这一目标。①

如果某个国家必须单独采取措施，那么贸易壁垒可能是比较合适的次优方案。例如，某个国家正遇到跨越国境的污染，不管是来自国外的产品（如进口的钢铁产品引起进口国家的酸雨），还是国外的消费污染（如国外汽车使用本国出口的汽油），那么这种贸易壁垒就有可能发生。在这种情形下，该国家唯一可以限制来自国外污染的，就是对加工制造中产生污染的产品（如国外的钢铁）征收进口税，或者对在消耗过程中产生污染的出口产品（如汽油）征收出口税。

在本章剩余的部分，我们主要讨论图表 13—3 中所示的外部性成本产生的三种根源。首先分析当外部性成本是由自身造成的情况——国内产生的污染及类似的本国的外部性；然后再分析他国的行为导致本国产生外部性成本的情况——来自国外的污染和类似的跨境污染的外部性；最后，分析来自全球外部性的挑战——全球污染和类似的世界范围的外部性。

13.5 贸易与国内环境污染

有时候经济活动会在国内产生大量的污染（或类似的环境恶化）。也就是说环境污染的成本只能由（或者几乎是全部由）本国的居民来承担。如果没有政策迫使市场决策者将这些外部性成本内部化，就会得到关于贸易与国内污染的两个令人惊讶的结果：第一，自由贸易会降低这个国家的福利水平；第二，这个国家最终将出口错误的产品，如出口了本该进口的产品。

为了更好地理解这点，可以假设这样的情况，某种行业的生产会给当地的河流、湖泊和地下水造成严重的污染，如加拿大的造纸业。造纸企业很容易把化学废物排放到当地的湖泊，而且它们通常认为这是免费行为（如果加拿大政府没有政策限制这种污染）。这样加拿大企业会为这些湖泊的存在而感到高兴，企业发展兴旺，创造了更多的收益，为工人带来更多收入，并且可以按照“公道”的价格为它们的顾客提供好的产品。

但是，另外一些加拿大人却有不同的看法。湖泊被化学品污染而变成了棕色，破坏了自然风光以及游泳、钓鱼以及其他与湖水相关的服务活动。造纸厂将污水排放到湖里，使湖水的其他使用者承担了外部性成本。

图表 13—4 的上半部显示了加拿大的纸品市场，国内供给曲线反映了生产的私人边际成本，国内需求曲线反映了消费纸张的私人边际收益（如果没有外部收益的话，这也等同于社会边际收益）。图表 13—4 的下半部显示了因造纸行业的污染施加给该国的额外成本。可以通过环境污染的边际外部成本（*MEC*）显示其负外部性。（该图与图表 10—2 类似，图表 10—2 解释的是外部收益。）为简化这种分析，假设生产每令纸的污染所产生的外部成本是固定的 0.3 美元。

没有国际贸易（并且也没有政府政策限制污染）的情况下，纸品市场在每令纸 1

① 图表 13—3 中提到要提高税收而不是降低或者给予补贴的方法似乎还有些问题，其原因在于这里列举的情况都属于负外部性，即造成损害并且必须通过向污染活动征税来减少的外部性。如果图表 13—3 中处理的是完全相反的情况，即列举的是外部收益而不是外部成本，那么就会推荐降低税收或者给予补贴的政策。

美元价格下出清，每年可以生产并消费 20 亿令纸。因为市场没有考虑污染成本，所以纸张被过度生产了。

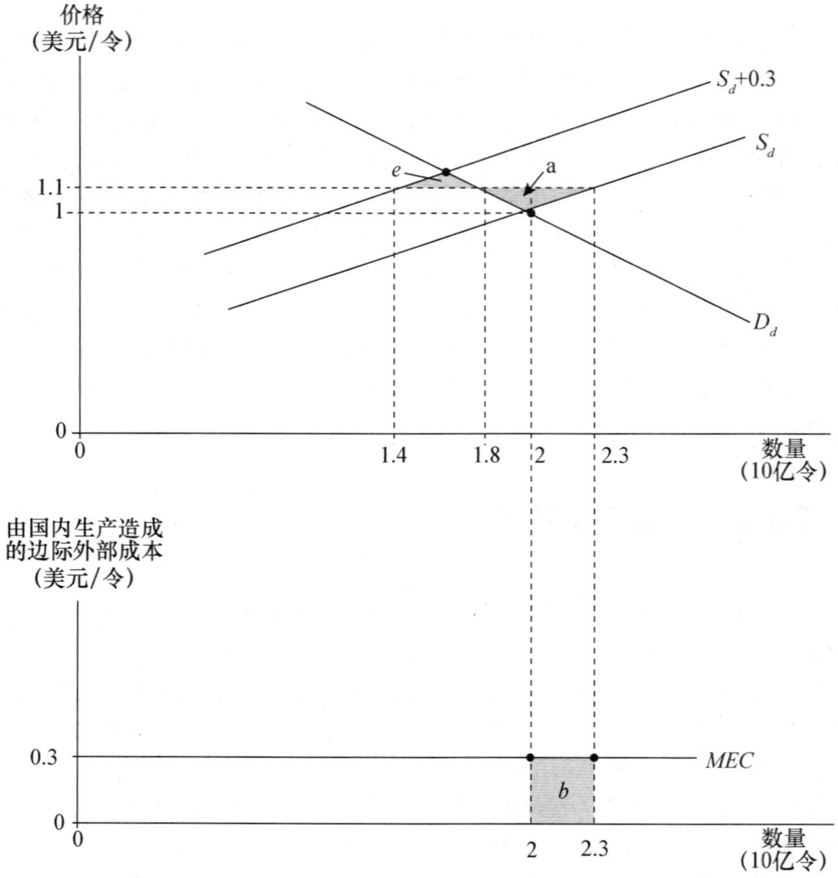

当国内生产的污染给一个国家带来外部成本时，我们看到关于贸易的几个令人惊讶的结论。如果政府不采取任何措施限制污染，那么国内公司会无视污染带来的边际外部成本（*MEC*），并沿着 S_d 曲线供给。当世界价格为 1.1 美元时，该国出口 5 亿令纸。与没有贸易时比，国家的福利下降了，因为上方图阴影部分面积 a 为收益，但是损失却是下图中面积 b。

国家也可能不该出口该产品。如果改为进口 4 亿令纸，情况是最佳的。这是当每令纸征收 0.3 美元的税，大多数国内公司沿着 $S_d+0.3$ 美元生产时发生的情况。此时 $S_d+0.3$ 反映了所有社会成本的边际外部成本（*MEC*）。

图表 13—4　国内生产导致国内的污染

在自由贸易条件下，国际市场的价格是每令纸 1.1 美元（同样假设没有政府政策限制污染）。国内造纸业的生产会扩大到每年 23 亿令，国内消耗会减少到 18 亿令，其他 5 亿令就会出口。如图表 13—4 所示，不幸的是自由贸易使加拿大的福利更加恶化。从贸易中获得的收益用阴影部分的面积 a 表示，是 2 500 万美元。但是超额的生产带来污染造成的外部成本，用面积 b 表示，即 9 000 万美元（超额生产的 3 亿令纸，每令环境成本 0.3 美元）。自由贸易使该国的福利减少了 6 500 万元。

政府能够通过禁止出口纸张来避免这种损失，但根据对症规则，这并不是最好的政策。最好的政策是直接禁止污染，例如对造纸产生的污染征税。如果没有办法减少每令纸生产带来的污染，那么税收就应该让每令纸的生产增加 0.3 美元的成本。该税收迫使企业意识到污染所产生的成本，进而调整它们的行为。国内供给曲线向上移动了等于税收金额的距离，移至 S_d＋0.3 美元。新的供给曲线反映了所有的社会成本，既有个人生产成本，也有外部污染成本。

如果政府执行这种政策，那么自由贸易会发生什么情况？国内消费者仍然会购买 18 亿令的纸，但现在国内厂家只供应 14 亿令纸。正如图表 13—4 所示，最好的方法是进口纸张，而不是出口。因为新的供给曲线（包含 0.3 美元的税）包含了因污染所产生的外部成本，不用参考下方的图，就可以从上方的图中了解到自由贸易对国家的影响，可以看到进口收益为三角形面积 e。

这个例子说明，只影响本土经济的污染成本，还可能极大地影响对国际贸易的思考。没有政府政策限制污染，自由贸易可能使一国的状况更差，也会导致不恰当的贸易格局。从生产导致的污染案例中可以看到，政府出口了本应该进口的产品。（相反，如果污染成本不是很高，那么问题就是国家出口得过多了。①）

该国可以利用政策强制人们意识到这种污染成本，并纠正这种扭曲。在这个纸张的例子中，政府对产生污染的行为征税，但是其实它也可以建立产权制度来解决污染。例如，人们可以被赋予对水体的产权。此时，制造污染的企业必须向水体的所有者付钱得到污染权。或者可以由政府设立有限的污染配额，这样如果企业再污染环境的话，就必须购买这些配额。

如果国内企业必须因污染而付税（或者为污染权而掏钱），它们可能会感到沮丧。这种污染税增加了它们的生产成本，并且它们会因此减少生产和销售。除此之外，它们还会面对只有 1.1 美元的国际价格的竞争。即使它们承认了这种污染税的合理性，它们仍可能会对进口进行抱怨。如果其他国家并不对其生产者征收类似的税，那么国内企业便会认为这种进口是不公平的。它们认为，外国缺乏对污染的控制，其实就是一种变相的补贴，或者说外国企业利用其国家宽松的环保政策而进行了“生态倾销”（eco-dumping）。

怎么看待这些抱怨？一国是否应当对从另一个采取不同环保政策国家的进口产品征收反补贴税？从进口国的国家角度来看，答案应当是否定的。国外的生产可能在国外产生污染，但如果这种污染成本只会影响外国居民的话，这对进口国是没有多少影响的。至于对不公正出口的其他许多抱怨，进口国最好的策略是享受这种低价进口所带来的好处。事实上，在世界贸易组织原则下，国外宽松的环保政策不能成为对其产品征税的正当理由。

从全世界的角度来看，这取决于出口国的环保政策为什么与进口国有差异。可能对出口国而言，不同的环保政策甚至更加宽松的政策对其本身更有效、更好。因出口国生产而产生的污染可能不会带来很大经济损失，这或许因为出口国的生产本身产生的污染就少，或许因为出口国的环境本身没有被严重破坏，或者因为出口国对环境不够重视。在造纸的例子中，出口国生产过程中的工艺和原材料可能只会产生较少的污染；或者是由于出口国有充足的水资源或者降雨，在这种情况下环境污染就不会严重，因为出口国的环境拥有更大的降解能力。或者出口国可能更看重生产收入，由于人们生活贫困，为了保障基本生活品的采购，人们愿意接受一些额外的环境污染。

另一方面，出口国的环境政策也许过于宽松。从该国以及从世界的角度来看，如果它有更严厉的环保措施可能会更好。作为一种次优路径，对这些国家实行进口限制

---

① 如果污染不是由生产引起的，而是由消费所引起的，会发生什么情况？在这个案例中，如果这个国家的消费者偏好这类产品，那么这个国家会进口本国本应当出口的产品（或者至少会进口过多的这类产品）。

可能会使状况得以改善。这些限制尽管可能提高全世界的福利水平，但不会提升进口国的福利水平。

13.6 跨境污染

在以上章节中，我们只考虑了仅会给本国带来损害的污染，也得到了一些在没有政府限制污染政策下进行自由贸易带来的令人惊讶的结论，同时也得到了一个解决问题的方案：政府应该针对已经发生在本国的污染采取一些政策。如果每个国家都能处理好本国的污染问题，那么就可以相应地提高本国的福利水平。与此同时，世界福利水平也就随之提高了。

但是，很多种类型的污染都具有跨界效应——这种污染不仅影响了污染源国家同时对其他国家也产生影响。这样的污染包括跨越国界的漂浮颗粒物、氧化硫的空气污染以及水域（河流或者湖泊）在两个及两个以上国家时的水污染。**跨境污染**（trans-border pollution）会对政府的环保政策提出一些新的问题。

假设一家德国造纸企业在流向奥地利的多瑙河边建了一家造纸厂。工厂很容易就能把化学废料倾倒进多瑙河，并把这种行为视为免费的（如果德国政府没有限制这种污染的政策）。但奥地利可不这么想，倾倒进德国多瑙河段的化学废料使地处下游的奥地利人和其他国家（斯洛伐克、匈牙利、塞尔维亚、罗马尼亚和保加利亚）的人承担污染的外部成本。

13.6.1 恰当的解决之道

图表 13—5 说明了如何确定“适量”的污染，这个适量的污染会给整个世界带来最大净收益。① 该图仅仅关注污染问题，并没有描绘纸张的供求关系。它描述了德国工厂在向多瑙河倾倒不同数量的污染物时，德国的收益和奥地利付出的代价。如果任其所为，德国工厂会不顾奥地利（和其他国家）负担的成本，任意向多瑙河倾倒化学废料。它会继续污染多瑙河，直到没有更多的废料可以以零成本向河中排放，这就是点 A，此时整个造纸厂每年将会排放 18 000 万吨废料。但点 A 对于奥地利地是一场灾难，如图表 13—5 所示，河流的污染成本会随着污染物的增加沿着边际成本曲线增长。

从全球的角度来分析，点 A 也是无效率的。任何倾倒 8 000 万吨以上的污染物的行为都是缺乏效率的——因为它带来的污染成本大于它给造纸厂带来的收益。在图表中，任何超过 8 000 万吨污染的边际成本都大于边际效益。例如，最后倒进河里的废料几乎不会给德国工厂带来额外收益（可能是因为很容易消除或者清除这些废料），但却让奥地利为最后几吨废料付出大约每吨 700 欧元的成本。

但是从另一个角度来看，完全禁止向多瑙河排放废料也是不适当的。如果这种全面禁止得到有效实施，会迫使造纸厂倾倒废料数量移动到点 F。河水变清了，下游的

① 在这里以及在其他章节中，所谓的“世界整体”的利益是等于所有国家收益的总和，前提是不管谁受益了或者谁受损了，所得或所失的每一美元或者欧元都具有相同价值。也就是说，我们继续遵循第 2 章所介绍的“一元一票制”的标准。如果否定这一标准，我们必须使用另外一套衡量福利的标准，即德国企业所得或者所失的每一美元或者欧元的价值与奥地利的所得或者所失的价值不同。

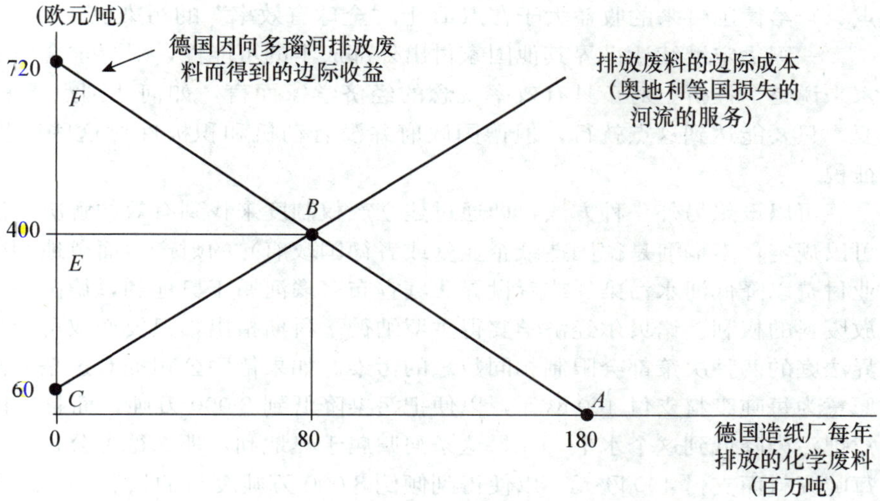

如果污染没有被限制，那么德国厂商会排放 18 000 万吨化学废料。如果各国能够商议出最好的情况，那么污染会被限制在 8 000 万吨。

图表 13—5　用理想的政策解决国际污染的经典案例

居民当然会很高兴，但是彻底让多瑙河变清的成本却高于其价值。也就是说，每年允许排放的每 1 吨废料对造纸厂来说价值是 720 欧元（也许是因为作为一种净化处理方法只处理少量废料的成本很高），然而，下游的居民仅损失价值 60 欧元的额外的享乐和收入（在点 C）。下游为第 1 吨污染所付出的成本不是很高，可能是因为多瑙河自身可以净化这种轻微的污染，而不会遭受到太大损害。从世界的角度来看，第 1 吨污染是可以允许的。

如果图表 13—5 准确地描述了污染的边际收益和边际成本，那么到 8 000 万吨的废料排放量却会增加世界的福利水平，因为德国工厂利用多瑙河排放废料获得的收益大于奥地利需要付出的成本。而在点 B，把河水当作排放废料的下水道获得的收益已经低于其所带来的成本。无论这一理论会多么让那些环保主义者讨厌，经济学家都坚持认为排放 8 000 万吨是这种情况下的“最优污染量”①，而不是 0 吨废料（或者 18 000万吨）。

为获得恰当的解决之道，必须让德国造纸厂意识到污染的代价，而且这个解决的方案还不能太极端。对症规则表明，最好的政府政策是直接作用于问题本身的政策。如果政府能很好地估算污染所产生的边际成本和收益，政府可以使用税收或者补贴的方法来引导企业在最优点 B 利用多瑙河。例如，政府可以对企业倒进河中的每吨废料征收 400 欧元的税。企业的反应将是采取每年只排放 8 000 万吨废料（点 B）的对策，因为在小于 8 000 万吨时，企业从每多排放一吨的废料中获得的收益超过 400 欧元的税收。对河流资源的竞争性使用将形成有效率的平衡。

如果上方提及的“政府”指的是奥地利政府，所描述的污染税政策很快就会实施。但现在这个问题是国际性的，奥地利没有权力直接对德国的工厂征税，除非该工厂正巧在奥地利境内经营。因为工厂在德国境内，更有可能的是税收或者补贴政策取决于德国政府。德国可能根本就不会对该工厂征税，每年倾倒 18 000 万吨废料（在

① 在点 B，允许 8 000 万吨的废料排放会给世界带来净收益 BCD，或者每年(1/2)×(720－60)×8 000＝264 亿欧元的收益。

点 A）给德国带来的收益大于在点 B 上“全球有效率”的污染税。

一国决定继续让世界其他国家付出外部成本的可能性，对寻求全球平衡的经济学家来说是个挫折。对于具有效率观念的经济学家而言，如何达到点 B 的路径并不重要，只要能达到这点就行，但德国政府并没有动机和积极性对这些产生污染的企业征税。

可以设想另外一种方法，即通过建立产权制度来找到有效的解决方法。世界法庭可以规定，多瑙河是德国造纸企业（或者德国政府）的财产，而奥地利必须向德国企业付费以降低河水污染。或者世界法庭宣布多瑙河属于奥地利，德国公司必须购买排放废料的权利。诺贝尔经济学奖得主罗纳德·科斯指出，只要产权可以贯彻实施，世界法庭的两种决策都会限制相同数量的污染。如果德国公司拥有这条河流，奥地利会愿意为每吨废料支付 400 欧元，以便把污染降低到 8 000 万吨，而且德国工厂也会同意把污染降低到这个水平。如果这条河归属于奥地利，那么德国公司也会愿意为排放每吨废料而支付 400 欧元，以便得到倾倒 8 000 万吨废料的权利，奥地利也会接受这个条件。谁可以得到收益取决于谁拥有这条河，但不管产权属于谁，都会把污染降低到 8 000 万吨。

然而，产权方法在处理国际争端时存在一个重要的问题。目前还没有一个世界最高法庭能够为一个国家居民向另外一个国家居民主张产权。如果德国工厂坚持把所有废料倾倒进多瑙河的话，奥地利政府也没有实际合法的追索权。奥地利政府可以威胁采取相关行动来抵制德国。但是，如果德国不想合作，奥地利似乎不大可能有恰当的手段强制德国在造纸厂以及多瑙河的具体问题上合作。这一方法的结果很可能是低效率的。①

由此，对征税、补贴的方法或者产权方法，可以得到惊人的相同结论。好消息是，无论采取哪种措施都会很好地解决跨国污染的问题（在点 B）；坏消息是，两个国家都会在自己的领土内为所欲为。如果制造污染的企业可以为所欲为，结果就会是如点 A 所示的肆意和代价高昂的污染。

13.6.2 次优的解决之道

如果国际谈判失败，奥地利政府仍会考虑在自己力所能及的范围内做些什么。如果不可能达成国际协议，那么被别国污染损害的国家政府会怎么做？它不可能直接对该国征税或者限制这种污染的行为，但它有可能采取一些国际贸易政策对其施加某种影响。

在以上例子中，假设奥地利从德国进口纸张，并且奥地利自己的纸张生产不会产生很多污染（或者奥地利政府采取恰当政策控制这种污染）。奥地利政府可以通过限制从德国进口（或者，有可能的话，限制从产生污染的企业进口）来减少倾倒入多瑙

---

① 德国和奥地利的例子在现实生活中是存在的，但是德国非常在意与奥地利的友好关系，并且双方都是欧盟成员国。可是“河流到底归谁所有”的问题会经常出现。这里还有些其他例子：（1）土耳其拥有幼发拉底河上游的控制权，这对叙利亚和伊拉克而言是生死攸关的资源。（2）目前已经成为独立的国家的俄罗斯、白俄罗斯和乌克兰将会争夺第聂伯河的源头水权。（3）如果上游的 8 个国家密集地使用尼罗河，那么埃及就会产生严重后果。（4）赞比西河将会是赞比亚、安哥拉、博茨瓦纳、津巴布韦和莫桑比克修建灌溉工程大坝的争论焦点。（5）一些干旱的国家，特别是马里和尼日尔将会因从上游尼日利亚过来的水源而发生争执。（6）已建的大坝或者提议要建的大坝可能会戏剧性地改变湄公河水域，从而影响中国、缅甸、泰国、老挝、柬埔寨和越南。

河的废料。奥地利放弃一些从进口纸张获得的收益——也就是说，奥地利会由于限制进口遭受无谓损失。但是如果奥地利从减少河水污染中获得的收益大于无谓损失，奥地利总体状况还是会变得更好。如果奥地利可以向德国出口纸张，奥地利政府应当考虑通过补贴对德国出口的纸张。奥地利出口的增加会减少德国进口竞争纸张的生产，依然可以达到减少向河中倾倒废料的目的。

这种针对跨境污染的间接方法也存在一个主要问题。世界贸易组织规则一般会禁止奥地利政府增加进口关税或者补贴出口。尽管世界贸易组织规则也允许有保护环境的例外，但世界贸易组织对这种例外的解释是非常严格的。所以世界贸易组织很有可能不允许奥地利使用贸易政策应对德国宽松的环保政策。

13.6.3　《北美自由贸易协定》和环境

墨西哥与美国边界的环境为跨境污染的挑战提供了一个现实的案例。这一问题在是否批准《北美自由贸易协定》（NAFTA）的争论中非常突出，也使得第 12 章中我们已经讨论过的一些问题更加引人关注。同时，环境问题对于评价北美自由贸易区的影响也至关重要。

墨西哥有一套堪与美国媲美的、文字上强有力的环保政策和法律，但墨西哥政府对这些环保政策的执行却非常无力。这并不令人惊讶，它也不完全是缺乏行政资源的结果。对清新空气和纯净水的需求是一种奢侈，一般来说，国家认为只有当人均 GDP 达到足够水平时才有足够的财力控制污染。墨西哥为经济发展牺牲了洁净的空气和水，墨西哥城的雾霾在世界城市中达到了最高水平。

对美国而言，美国最担心的是美墨边界从墨西哥那一侧所产生的污染。20 世纪 60 年代，墨西哥和美国政府都鼓励在美墨边境以南发展工业，在那里产品经过组装直接进入美国，而不用交关税或者受配额限制。这一贫瘠地区并没能免受工业污染危害。边境几千个免税加工厂缺少基础设施，成千上万的人被那里的工作机会所吸引。美国的评论家把矛头指向没有分类的有害废物、土壤侵蚀、空气污染、未处理的污水和其他水污染，以及缺乏有组织的垃圾处理方法和缺乏干净饮用水。尽管靠近墨西哥那边的边界污染更加严重，但主要的危害也影响到了美国这边。墨西哥北部烧煤的电厂严重污染了得克萨斯州的空气，墨西哥的水污染也流向格兰德河，而这条河是美国许多城镇的主要用水来源。

《北美自由贸易协定》的批评者认为，在以贸易为导向的免税加工区内，自由贸易会导致更多的环境破坏，为此他们反对《北美自由贸易协定》。作为对批评者的回应，《北美自由贸易协定》后面附加了一个关于环境的协议，并成立了一个委员会，专门负责调查处理没有执行国家环保法律的指控；还成立了银行，以资助清理污染的项目，这些项目需要从政府获得大量资金。墨西哥也承诺更加有效地执行其环保标准。即便有了这些额外的附加条款，各环境游说集团对是否支持《北美自由贸易协定》依然存在分歧。

那么自 1994 年《北美自由贸易协定》生效以来有什么影响？北美自由贸易区并没有导致美国环境的恶化，也没有让墨西哥成为反对者们担心的重污染工业的“污染天堂”。但是，附加条款的作用有限。委员会可以调查，但是没有足够的强制性以执行其裁决，对墨西哥执行其环保政策不力的情况似乎也无能为力。银行一开始就启动缓慢，在第一个五年内几乎无项目可支持。1999 年以后，银行的项目才逐渐增多。到 2011 年 3 月，银行支持的项目（包括贷款及资助）达到 12 亿美元。65%的资助项目发生在墨西哥境内，墨西哥也是问题的主要发生地。尤其是当人口和商业活动在边境地区持续增长时，这些项目能防止污染的进一步恶化。但是正如赫夫鲍尔和斯科特（Hufbauer & Schott，2005，p. 62）所观察到的，银行项目资金“仍然远低于能够有效改善边境环境条件的水平”。

《北美自由贸易协定》提倡一种美国和墨西哥政府合作的精神，但是两国仍然就环境质量问题的重要性意见不一。所以，美墨两国边界的环境问题足以彰显出处理跨界污染是多大的挑战。

13.7 全球环境的挑战

我们对跨界污染的讨论尚集中在一个国家的行为对邻国产生外部成本的情况。当全球经济行为对全世界都产生外部性时，事情就变得更加有争议了。全球环境面临两个重要的挑战：臭氧层的破坏和温室效应带来的全球气候变暖。还有一些挑战也具有全球性，尤其是那些导致物种灭绝或者共有资源（如鱼群存量）的耗竭的行为。我们先了解一些重要概念，然后再作具体分析。

13.7.1 全球性问题需要全球性的解决方案

设想一下全球性的环境问题，例如因人类排放的化学物导致的臭氧空洞。具体分析这个问题时，会发现很多活动会排放这些化学物，并且是全世界的排放总量才导致了臭氧空洞的出现。臭氧层的破坏对全球都有影响，但有些国家受到的影响却比其他国家要严重。

如果每个国家都有自己的政策治理这个问题，那么这些国家都会做些什么？仅从国家的角度来看，每个国家都会认识到化学物的排放对本国人民有负面影响。如果这些排放对国家的危害很大，它们会采取措施来限制这种排放。但是对全世界而言，污染物的排放总量非常大，每个国家都会忽视本国的排放对他国所造成的危害，所以没有必要在本国制定非常严格的环保标准。

为了达到最佳的全球政策，各国必须寻求一些合作。每个国家都需要制定比它独立行事时更为严格的环保政策。如果每个国家都这么做，全球的环境将大为改善。很多（但可能不是所有的）国家的环境也会改善。每个国家都要为更严格的环保标准付出一些成本，但它们也会从减少环境破坏中获得更多的收益。

然而要达成这样的全球性协议可能会很困难。其中一个问题就是人们可能对环境破坏带来的成本以及采用严格环保标准的成本有着不同的观点。科学不可能为此提供精确的数据，而且每个国家愿意为保护环境所冒的风险也是不一样的。即使这个问题不是很严重，也会产生一些其他问题。那些因严格的环境标准而承受净损失的国家可能不愿意参与，除非它们可以获得某种形式的补偿。甚至那些从全球协议中有所得的国家也会动机不纯。这样的国家如果不遵守协议，只要搭便车就可以获得更大的收益。也就是说，如果其他国家遵守协议、收紧环保政策，那么这样的国家可以获得最大的收益；即便这样的国家没有获得收益，它也避免了由于提高本国的环保政策而承担的损失。

因为存在搭便车的问题，全球性协议还需要有一些强制措施，让“不情愿”的国家首先同意该协议，并保证在协议生效后会遵守协议。但是由于并不存在全球性的组织来确保这些协议得以执行，因此，在全球协议中还应规定，国家应当建立一个强制执行机构，但如何建立这种机制尚不明确。在通常情况下并不大可能直接罚款。其中一个有可能的惩罚是实行贸易制裁，减少违约国的贸易所得。可是，正如在第 12 章中分析的那样，实施制裁的国家也会为这种制裁付出代价，并且制裁常常还不起作用。

我们在这里提供了一个很冷静的分析。当一种环境问题只会对本国造成损失时，是否治理取决于本国政府。当这个问题跨越国家或者影响到少数几个国家时，虽然处理这种问题的难度加大，但仍有可能通过谈判解决。若这个问题成为全球性的，就需要达成全球性（或者接近全球性）的多边协议，但这种多边协议的谈判或者实施都是非常困难或者简直是不可能的。为了更深入地讨论这一问题，我们讨论了四个全球性的问题。首先论述了一个全球协议，约定可以使用贸易政策防止濒危物种的灭绝；然后，提出海洋中鱼类存量逐渐耗竭，且缺乏有效方法解决这种全球低效率；接着描述了一个近似成功的保护臭氧层的全球性协议；最后讨论了全球环境问题中最大的挑战——温室气体排放和全球变暖问题。

13.7.2　物种的灭绝

物种的灭绝原本是一个不受人类影响的自然过程。然而在过去的半个世纪里由于人类活动造成物种的灭绝问题已经被认识到，并引起广泛的争议。人们普遍认为当一个物种消失时会给人类带来损失，因为在这以后，这个物种可能会很有用（例如，作为一种药品的原材料）。所以，全世界行动起来阻止物种的灭绝从经济学的角度来看是明智的。

人类活动导致物种灭绝的行为包括毁坏动物栖息地、引入捕猎者以及污染环境。除此之外，过度狩猎和耕作也会导致物种的灭绝。根据对症规则，全球最好的保护物种的方法就是通过一些直接的方法，如建立保护区和野生动物区，建立农场，减少耕地，以及一些相似的旨在通过现有物种来获得收益的管理方法；建立动物园和公园来保护物种，促进物种的繁衍。到目前为止，尚没有具体的全球性协议来执行这些保护方法，但是确实需要有一个全球性协议控制国际上的过度狩猎和耕作。

1973 年，100 多个国家共同签署了《濒危野生动植物种国际贸易公约》(CITES)。到 2011 年，成员国增加到 175 个。CITES 成立了国际性的合作来阻止威胁到物种生存的国际贸易。国际物种权威机构决定了哪个物种属于濒危物种，并且禁止濒危物种的买卖——大约有 900 个物种，包括大象、灰鲸以及海龟等。如果出口这些物种是非商业目的，出口国必须从中央政府获得出口许可证，并且还必须持有 CITES 成员国符合资质的购买者的进口许可证副本。另外对 33 000 个物种的商业性贸易也做了限制，因为这些物种的自由贸易会威胁到物种的生存。

迄今为止，没有一个 CITES 列出的物种因为自由贸易而灭绝。有些物种，包括金钱豹和老虎的数量一直在减少，CITES 可能已经延缓了这种减少趋势。总的说来，CITES 似乎还是非常有效的，尤其在当大多数的成员国国内法律体系不是很健全、执行力不够，对违反贸易或控制的惩罚力度不够时，效果尤其显著。

由于非洲独特的物种多样性以及脆弱的生态体系，因此对濒危物种的争论大多数集中在非洲。人们为了获得象牙而猎杀大象，因此最大的争论是非洲大象的命运。

人类捕杀大象的数量在 20 世纪 70 年代和 80 年代曾以惊人的速度上升。非洲大象的数量在 80 年代的 8 年中便减少了一半。这种情况在东非赞比亚河以北更为严重。

肯尼亚、坦桑尼亚以及赞比亚政府表面上保护大象，暗地里却并不阻止偷猎者。在南非、赞比亚河以南的地方，对大象的威胁就小得多，主要有以下三个原因：津巴布韦、博茨瓦纳以及纳米比亚政府保护力度比较大；那里的农业对野生动物的威胁不是很大；而且，博茨瓦纳和津巴布韦的象牙也没有很高的经济价值。

1997 年，非洲大象被列为贸易受限制的物种。到 20 世纪 80 年代末，来自发达国家保护大象的公共压力变得很强烈。尽管非洲大象并不完全符合濒危物种的定义，但在 1989 年它还是被列入濒危物种名单。同样在 1989 年，大多数 CITES 成员国签署了全面禁止出口或者进口象牙的协议。由于需求的急剧下降，尤其是来自发达国家的需求减少，导致象牙价格直线下降，从每公斤的 100 美元下降到每公斤 3～4 美元。偷猎的现象减少（这就导致偷猎者的供应曲线下降），大象的数量开始稳定甚至增加。但是，自 2000 年以来，由于对象牙需求的增加，特别是亚洲对象牙的需求随着收入的增加而增加，到 2010 年，象牙的价格上涨到超过了 1 000 美元/公斤。非洲部分地区的偷猎活动增加了，非法贸易也有所增加。

到了 20 世纪 90 年代，一些南部非洲国家提出它们的大象过多，并于 1997 年向 CITES 要求，取消对非洲大象的买卖禁令。它们要求获得非洲大象的经济价值来补偿管理这些大象群所产生的费用。基于 1992 年的“可持续性使用”原则，CITES 允许在非洲南部的几个国家少量猎杀一些大象。

CITES 总体来说是相当有效的，但是 2000 年以来大象的情况彰显了 CITES 所面临的挑战。第一，出口限制本身就限制了正当供给，这使得国际价格上涨并且鼓励了非法猎杀和非法贸易。这种禁令仅在需求转向别的动物时才能很好地发挥作用。有一段时间对象牙的需求有所下降，但是之后需求反弹。第二，禁令对动物所在地的居民和政府有不利的影响。为了保护动物，需要让动物对于土地有其他作用的当地居民有价值。非洲的人口增长需要更多的粮食种植，而耕种与到处漫步的大象显然是不能兼容的。当然，从旅游和狩猎中可以获得保护野生动物的经济激励。如果旅游业不足，那么长远的解决办法可能是商业性的狩猎和符合可持续原则的贸易。对于许多物种，CITES 的最终得以成功，很少依赖于它的防范性的贸易禁令，反而更多地依赖于它对商业用途的经济管理能力。

13.7.3 过度捕捞

鱼类以及很多海洋生物赖以生存的海洋是全球的重要资源之一，但是由于没有哪个国家真正拥有这些资源，一些问题就产生了。自 1990 年以来，世界捕鱼量几乎保持不变。在世界上 200 种主要的鱼类中，大约有 1/4 被过度捕捞。如果这些鱼群能得到更好管理，可持续性捕鱼的数量可能会更大。对大多数鱼类而言，过度捕捞不会造成物种灭绝，但却意味着数量会变得比原本应该的存量还少，我们为什么要浪费这种资源？我们能做些什么？

这实际上是一个“公地悲剧”的例子。由于可以随意捕鱼和无归属权，每个捕鱼公司的动机就是捕的鱼越多越好，而没有任何动机去保护这些资源。即使其中一个捕鱼公司限制其捕获来保护鱼的存量，其他公司也只会增加捕鱼量。所以捕鱼量是多多益善，鱼的存量自然就下降。与限制捕鱼业相反的是，各国政府经常补贴这些渔业公司，使得这种趋势更加恶化。其结果就是生产超大型的捕鱼船，有的捕鱼船甚至达到了可持续性捕鱼所需船舶吨位的两倍。

如果对海洋中的鱼类存量进行有效管理，世界的捕鱼量会比现在增加 10%～

20%。但是，即使是单个国家也难以管理其捕鱼的行为。捕捞能力过剩的捕鱼行业要求更少的限制，即使这只对短期有益。全球或者多边协议可以加强全球渔业，但是因为谈判和执行这些协议很困难，所以有效的措施很少。世界银行和粮农组织（World Bank and the Food and Agriculture Organization，2009）估计这种无效性导致每年全球遭受 500 亿美元的损失。

13.7.4　CFC 和臭氧

20 世纪 40 年代，新技术促使氟氯化合物（CFC）在若干领域使用。大约 30%的氟氯化合物用于冰箱、空调以及加热泵；大概 28%用在发泡剂中；大约 27%用在汽溶胶催化剂中；大概 15%用在干洗及其他工业清洁和去油剂中。到 70 年代早期，很多证据表明用在灭火器中的 CFC 和聚四氟乙烯虽然对人类没有直接的毒副作用，但却破坏了大气层中的臭氧。其化学过程是缓慢而复杂的。释放出来的 CFC 可能需要 7～10 年才会移向同温层，在那里 CFC 和不同的气候条件相互作用而消除了臭氧。到 1985 年的时候，现在人人皆知，已经在南极和北极附近的云层发现了臭氧空洞。同温层中的臭氧是太阳紫外线的重要吸收剂，臭氧层空洞会增加皮肤癌的发病率，减少农产品收成，并导致气候异常。

1987 年，50 多个国家就破坏臭氧层的物质签署了《蒙特利尔条约》(Montreal Protocol)。到 2011 年已经有 196 个国家签署该条约。签署各方同意禁止 CFC 和聚四氟乙烯的进出口。在收集了更多的科学依据之后，在 1990 年大多数的国家同意到 2000 年时逐步停止生产这些化学品，对发展中国家则制定了更晚一些的停产期和过渡期产量限额。

需要注意的是这个条约要求的是完全禁止和其他数量限制，而不是如图表 13—3 至图表 13—5 所描述的那样对污染行为征税或者对造成污染的产品征税。原因是科学依据表明，CFC 向大气层中的排放具有陡峭上升的社会成本曲线。对于如此垂直的成本曲线，以试错的方式使用税收手段大幅度减少污染没有任何意义，最好的办法是一开始就立法来限制和禁止，而不是等几年来看这种税收手段是否有效。

《蒙特利尔条约》取得了大量预期的经济上和环境上的效果。在 2000 年，同温层中的 CFC 浓度达到了顶峰并开始下降。然而，由于臭氧层恢复的化学反应比较慢，臭氧层的空洞还会存在很长一段时间；同温层的臭氧浓度要到 2070 年才会恢复到正常水平。

为什么这个案例会成功？各个国家为什么没有作出像在其他场合下常常发生的搭便车行为，即在其他国家遵守合约时自己却不遵守？专家指出以下几个因素使得《蒙特利尔条约》的签署和执行变得简单：

- CFC 和臭氧层被破坏的科学证据比其他可能对人类造成威胁的大气问题更明显。
- CFC 涉及少量产品，这些产品的替代品从技术角度是可行的，而且成本增加也非常有限。
- CFC 的生产集中在美国和欧盟国家少数一些关注公众形象的企业（主要是杜邦（DuPont)），所以条约的签署和执行就变得比较容易。
- 生产和使用这些化学品的高收入国家离南极和北极很近，所以它们自己很有可能是这些环境问题的最大受害者。

13.7.5　温室效应和全球变暖

最后分析的重点是所有环境问题中最令人担心的问题。人类的行为，尤其是化石燃料的燃烧，会导致空气中二氧化碳的增加。大多数气候科学家认为二氧化碳的增加会导致“温室效应”而造成全球气候变暖。气候变暖、冰川融化、海水升温等会导致地球大面积沙化，淹没主要的沿海城市以及农田。目前，很难想象能有一个像《蒙特利尔条约》清除 CFC 的即清晰又可行的解决方案。减少向大气层中排放二氧化碳、甲烷以及其他温室气体的行为比解决 CFC 的制冷剂和喷雾剂还难。除此之外，气候恶化带来的危害可能会毫无征兆和非均衡地在全球发生。

为了研究现有的政策选择，首先应当指出现实中各种选择的局限性。这里有三个主要的方面需要注意：（1）科学论据还没有完全证实；（2）三个主要的解决措施不足以阻止二氧化碳的形成；（3）国际贸易不是问题的起因，也不是解决方法。

首先，关于温室效应的科学论据不像 CFC 和同温层中的臭氧层那样确凿。我们的确知道空气中二氧化碳的含量自 1800 年以来增加了 1/3，而且空气中二氧化碳的含量还在继续增加。一个合理的估计是，如果不采取措施限制排放，到了 21 世纪二氧化碳的含量会翻一番。人类的行为，尤其是化石燃料的燃烧是温室效应形成的主要原因。

我们尚不能很准确地预测二氧化碳形成的效果。我们的确知道有温室效应——事实上，保持地球表面和较作大气层的温暖也是至关重要的。在过去的半个世纪里地球的平均表面温度增加了 0.6 摄氏度（1 华氏度），主要是在 1980 年以后。大多数的预测是，在 21 世纪，地球平均温度的增幅会在 1.8 摄氏度到 4 摄氏度的范围内，保守估计是 2.8 摄氏度。平均温度上下波动在地球的历史中是正常现象，但在这么短时间内变化这么大却是不正常的。

虽然地球一直在变暖，而且二氧化碳的聚集是主要原因，但气候变化及其对经济的影响却还不能准确地预测。虽然如此，准确的天气预报显示，越接近赤道的国家越可能遭受更多的恶劣的气候变化，并且非洲、南亚、东南亚、拉丁美洲的发展中国家可能遭受巨大的经济损失。

有的国家会从全球变暖中受益，有的会遭受损失。我们对这种影响的大小也不能确定，不知道哪些国家会受益，哪些国家会受损。大多数国家预计会遭受相对小的经济损失，或者甚至可能获益，如中国、中东欧国家和俄罗斯。两个可能受到灾难性飓风影响的国家是印度（如果有巨大的季风模式的变化）和欧盟（如果变暖的大西洋洋流方向发生变化）。

这种科学的不确定性并不能说明我们什么都不用做。这种风险是真实的，因此未雨绸缪是有意义的。我们不需要采取激进甚至扰乱世界经济的行为。我们应该朝着减少温室气体排放的方向前行，并且随着未来科技知识的完善而不断调整。

其次，必须明白以下三个相互联系的政策变化远不足以阻止二氧化碳聚集：

1. 第一个不错的选择就是众所周知的“不遗憾”选择。我们索性取消那些不当的、应当被废除的能源补贴。但是消除这些不当的能源补贴最多只可以减少 10%的排放，而且全球二氧化碳的净增加还会继续下去。

2. 第二个选择就是通过造林吸收大气中的二氧化碳，也就是说，停止砍伐树木并重新在被砍伐掉树木的土地上植树。不幸的是，成熟的树林不吸收空气中的二氧化碳，这是因为植物生长吸收空气中的二氧化碳与腐烂的植物排出的二氧化碳相抵消，老的森林已经通过这种方式获得了平衡。只有新增森林的生长才会大幅度地吸收二氧化碳。只有相当于全美森林面积的新森林持续成长才能把二氧化碳的总量减少20%～25%。因此，森林在温室效应平衡中的作用远不足以抵消化石燃料的燃烧。

3. 第三个选择是什么也不做，听任全球的矿物燃料用尽，把能源的价格提高到我们可以停止增加二氧化碳的程度。尽管地球上的资源是有限的，但在今后几十年中，化石燃料不会枯竭，甚至不会发生严重缺乏。地球拥有这么多的石油、煤炭和其他一些化石能源，这些燃料在之前足以把我们的洁净空气破坏殆尽。为了净化空气，我们必须在这种事情发生之前人为地提高能源的价格。

最后，国际贸易政策不能成为最好的工具。如果要从根本上阻止温室气体的排放，那么就必须全面控制化石燃料的消耗或者生产，因为化石燃料是温室效应气体排放主要的源头。国际贸易中能源贸易是巨大的，但是尚不到全球能源消费量的一半。如果对这样的国际贸易征税，还是会有大量的能源替代，由此也不会达到全球大幅减排的目的。如果对燃料的国际贸易征税，那么像美国这样的燃料进口国会用国内的燃料供应作为替代品，像墨西哥这样的燃料出口国会把燃料出口转移到国内使用。

到目前为止，在寻求解决方案时存在三方面的局限。第一，科学判断的不确定性要求人们使用渐进的未雨绸缪法，也就是要采取介于无动于衷与激进措施之间的中间道路。第二，一些被人们寄予厚望的方法，如“不遗憾”选择，增加植被，以及顺其自然地提高能源紧缺度，均已被证明对阻止二氧化碳的聚集起不了什么作用。第三，通过削减国际贸易而减少二氧化碳排放的方法也难以奏效，因为原先用于出口贸易的能源会转为国内使用。

《京都议定书》

在寻找一个更加全面的解决全球变暖问题的答案上我们有什么进步？实际上，迄今为止的协议还没有效果。工业化国家在 1992 年的里约热内卢会议上作出承诺，将它们的二氧化碳排放量保持在 1990 年的水平，但它们实际上并没有做到。

那么，随着**《京都议定书》**（Kyoto Protocol）在 1997 年年底的签署，占全球温室效应排放气体一半的工业化国家同意在 2008—2012 年之间将本国的温室气体排放降低到 1990 年水平之下的 5 个百分点。然而，发展中国家拒绝作出任何承诺。它们认为它们很穷，不应该放慢经济发展的速度。该议定书在 2005 年生效，但是美国和澳大利亚拒绝签署。（在一个执政党大选之后，澳大利亚随后在 2007 年年末签署。）

每一个需要实现 2008—2012 年排放水平的国家必须决定如何实现它的目标。欧盟已经率先使用碳排放交易权来减少二氧化碳的排放。这种方法是本章中提到观点的一个衍生品，即产权能够用来解决污染问题。以污染空气的产权（而不是清洁空气产权）为例。每个国家都分配一些有限的权利给主要排放源企业。这些企业可以在它们之间交易排放权，因为一些企业降低排放量并且有排放权可出售，而其他一些企业可能发现它们的排放量要超过它们最初被分配的数量，所以必须购买额外的排放权。市场为这种污染排放权定价，在这里是二氧化碳的排放权。碳排放许可交易大多数经由欧盟排放交易计划（Emission Trading Scheme），在 2010 年达到了 1 060 亿美元。

然而，《京都议定书》对于全球整体的温室气体排放仅产生了很小的影响，原因如下：

第一，对有些工业化国家来说，达到排放目标是很困难的。例如，2008 年加拿大二氧化碳的排放量在 1990 年的基础上又增加了 24%，但加拿大曾承诺要致力于将 2008 年到 2012 年平均二氧化碳的排放量控制在 1990 年水平之下的 6%。同样，2008 年澳大利亚的排放量在 1990 年的基础上增加了 31%，大大超出限制其增长到 8%的承诺。这两个国家可以通过在信用市场上购买或者通过支持发展中国家减少排放的项目等，获得这种排放的额度。但是即使如此，这两个国家要做到它们所承诺的仍然是非常困难的。

第二，美国这个温室气体排放占全球1/4的国家没有参与。在2001年3月，美国总统布什发表声明说，科学依据尚不确定是否有必要采用如此高的成本来减少美国的排放；发展中国家，尤其是中国都没有承担义务，这让人不可接受。他还说，美国政府会要求美国的工厂自愿采取行动，但到目前为止效果微乎其微。此外，在2008年美国的排放量比1990年的水平高出了13%，远高于《京都议定书》的7%的减排量标准。

第三，温室气体的排放量在很多发展中国家持续增长。更重要的是中国和印度的排放量从1990年到2008年几乎翻了三倍。

一个全球性的解决之道

有很多讨论是关于用什么温室气体排放的政策在2012年替代到期的《京都议定书》。我们能设想出一个更好的政策吗？它会实现什么，实现这些目标会有多昂贵？

全球问题需要全球性的解决方案，长期问题通常需要长远的方法来解决。全球气候过度变暖的解决方案包括以下要素：

- 用来鼓励减排的经济激励措施。
- 所有国家都要参与。
- 政策时间持续超过数十年。

经济激励可以由为温室气体排放定价实现，以反映其外部成本。排放定价鼓励减少排放表现在两个方面。第一，随着成本附着于排放上，温室气体排放密集型产品的价格上涨，消费者的反应为减少购买。第二，生产者有动机寻找新的减排技术，降低每单位产品的排放量。通过这些效应，政策鼓励低成本减排。排放定价能够通过对排放征税或者通过可交易的排污权，如欧盟使用的方法，来实现其在《京东议定书》中的承诺。

所有的国家都必须参与，以实现其有效性和效率。由于没有限制排放（通常称为“一切照常”），发展中国家的排放会迅速增长。所以在2040年，它们可能成为全球70%的排放源。没有发展中国家的参与，就不能将大气中的温室气体稳定在合理的水平。此外，在发展中国家减排的边际成本通常很低，因为它们通常严重依赖煤炭来发电。为了以低成本实现全球减排，大量的减排必须在发展中国家实现。

政策应当具有较长时间的跨度，足以影响长期资本设备的投资决策和研究与开发能够降低未来排放的新技术的决定。未来的排放价格是吸引这些投资和研发的关键。

一些研究者研究了关于全球温室气体排放的长期政策。国际货币基金组织在2008年4月的《世界经济展望》（*World Economic Outlook*）报告中，调查了一些可选择的政策。我们可分析一下对所有国家征收相同的二氧化碳排放税产生的效应。①

全球碳税将从2013年起以每排放二氧化碳一吨3美元的价格开始实施。这一价格每年会上涨3美元，直到2040年达到每吨86美元的水平，之后价格缓慢上升直至2100年达到每吨168美元。（对消费者来说，这意味着每吨86美元的税会使一加仑石油的价格上涨0.8美元。）选择碳税不断上涨有两个理由。第一，它可以避免在早期遭受到不必要的干扰。第二，碳税不断上升，也可以使大气中温室气体浓度最终稳定在百万分之550的水平上。在这一水平上，全球平均气温的上涨速度就能得以控制。到2100年，全球的二氧化碳年度排放量仅为目前水平的40%。

---

① 该研究也分析了不同种类的可交易排放权的全球方案。对于采取相同途径减排的，全球收入的损失成本与碳税和其他排放权成本相似。选择何种方案对不同国家的国民收入会带来不同的影响。

这些政策的实施会有多昂贵？也就是说，它会减少多少用常规方法测算的国民收入？国际货币基金组织将研究集中于 2040 年的影响，这一年是我们有生之年中的一年。图表 13—6 总结了对排放量和国民收入的研究，对比 2010 年的起始值（仅在碳税被制定前），2040 年的基准值（如果没有实施任何排放政策，则为“一切照常”）和 2040 年的全球碳税实施后的值。

图表 13—6　　稳定大气层中二氧化碳含量的二氧化碳税

国家或地区	每年二氧化碳排放量*（10 亿吨）			实际每年国民收入（万亿美元）		
	2010 年	2040 年		2010 年	2040 年	
		基准线	碳税		基准线	碳税
美国	6.2	11.0	3.5	12.0	25.7	25.1
西欧	3.7	5.4	4.4	10.5	20.9	20.4
其他工业化国家	2.3	3.8	2.6	6.1	11.2	10.9
俄罗斯和东欧	3.0	4.8	3.8	3.9	8.6	8.3
OPEC 成员国	1.4	3.6	0.8	1.0	2.9	2.3
其他发展中国家	8.7	35.4	8.7	8.0	32.4	31.3
世界	25.3	64.0	23.9	41.5	101.6	98.2

*来自化石燃料的燃烧。

资料来源：International Monetary Fund，*World Economic Outlook*，April 2008，Chapter 4. The author is grateful for data provided by Natalia Tamirisa.

从图表 13—6 中我们可以总结出以下一些要点。第一，在缺乏一个排放政策（基期）的情况下，2040 年的二氧化碳排放量将是 2010 年的 2.5 倍，并且大部分增长是由发展中国家贡献的。第二，碳税能成功地抑制排放，全球排放水平将在 2040 年低于 2010 年的水平。碳税的大部分效应是通过发展中国家减少排放实现的（而不是俄罗斯和东欧国家），其中中国的减排量尤其大。美国也有大量减排。第三，减排是以某种合理的成本实现的。由于没有相关政策（基期），2040 年全球收入将会是 2010 年的 2.45 倍。如果有排放税，2040 年全球收入将为 2010 年的 2.37 倍。除了 OPEC 国家将遭受较大损失外，每个国家或者地区都会在国民收入方面遭受一些损失，相当于每年年均经济增长率仅减少 0.1%。

国际货币基金组织的研究和与之类似的研究都表明，如果我们能够制定一项长期经济激励实现低成本减排，如果我们能够让所有国家参与（或在至少是所有大排放量国家），那么我们就能够在不使全球经济或大多数国家遭受损害的前提下，解决全球变暖问题。这种经济是有希望的。尽管它可能依然在如何能使足够多的国家之间达成共识，并贯彻实施解决全球变暖的全球方案上面临挑战。

本章小结

国际贸易并不是与生俱来就与环境保护对立的，最好的保护环境方法很少与贸易政策相关。世界贸易组织的原则基本上与对症规则相一致。它允许国家对国内生产活动和本国的消费活动制定环境标准（包括以环境为基础的产品标准）。世界贸易组织在推进自由贸易政策的同时还提供了其基于环保考虑的例外情形。但世界贸易组织对那些试图以环境保护为幌子实施贸易保护政策的国家提出了严格的要求。世界贸易组织更愿意认可多边环境协议框架下对贸易的限制。

由于如污染这样的环境问题涉及外部性，需要政府政策使市场变得更有效。事实上，如果一国政府不能有效执行政策来限制污染，那么自由贸易就会使该国情况恶化，并且会最终导致该国可能出口错误的产品。

跨境污染是国际外部性的一个例子。在跨境污染中，一个国家的生产活动或消费活动对别国产生了外部成本。和所有的外部成本一样，最好的解决方法就是通过对污染行为征税，或者通过建立产权（建立对水或者任何被污染物的产权，或者有限的污染权）直接解决环境问题。但是，对于受污染所害的政府来说，如何得到产生污染的政府的合作是一种挑战。例如，尽管《北美自由贸易协定》的附加协议为解决环境问题专门成立了委员会和银行，但是墨西哥与美国边界的环境问题几乎没有取得什么进展。

在某些情况下环境问题是全球性的：全球生产或者消费带来了世界性的外部成本。解决全球环境问题的最好方法是达成全球性的合作协议，但是要达成和实施这样的协议往往很困难。通常人们对外部成本的大小或者采取何种合适的措施存在不同的看法。环境外部问题不严重或者没有外部问题的国家基本没有动力参与合作和承担成本。更普遍的是，每个国家都存在搭便车行为，即无偿享用他国努力的动机。通常的情况是达成一份协议而没有真正地强制执行的机制。贸易制裁对那些不遵守协议的国家产生了一定的威胁，但是正如第 12 章所说的，贸易制裁经常不起作用。

本章以几个全球性的环境问题作为结尾。其中两个因为有比较成功的全球性协议而获得很好的治理。一项使用贸易限制和制裁来阻止物种灭绝的协议（《濒危野生动植物种国际贸易公约》）已经相当有效，最终的解决方法可能涉及建立“可持续使用”（对前面提到的濒危物种的繁殖和管理）的经济激励机制，正如之前讨论过的大象和象牙的问题中所阐述的那样。关于 CFC 的《蒙特利尔条约》也是很有效的，并且随着时间的推移可以扭转臭氧层被破坏的趋势。其取得成功似乎应归因于：有明确的科学依据支持，相当少的 CFC 生产商，存在合理成本的替代品，以及主要生产国是可能会遭受臭氧层空洞损害最严重的国家等。

还有两个问题没有得到很好的解决。因为没人拥有海洋和海洋资源的所有权，因此过度捕捞已导致鱼类存量的减少。大量的捕鱼公司以及它们抵制捕鱼限制的政治行为阻碍了有效的全球性协议的制定与实施。大气中二氧化碳以及其他温室气体的增加所导致的全球气候变暖，是一个最危险的全球环境问题。目前科学尚没有对问题的严重性及其对不同国家可能产生的影响给出明确的指南。所有国家都有温室气体排放。《京都议定书》只是试图解决这个问题的一种努力，但很可能它的效果不明显。一个治理全球变暖的更好的经济学方法包括对排放明码标价，给各国创造经济激励，以低成本实现减排目标；让所有国家都参与减排行动，以及推出一个长期政策来鼓励和引导长期的投资和研究。

关键词

外部性（externality）
对症规则（specificity rule）
跨境污染（transborder pollution）
《濒危野生动植物种国际贸易公约》(CITES)
《蒙特利尔条约 》(Montreal Protocol)
《京都议定书》(Kyoto Protocol)

推荐读物

Esty（1994），Uimonen & Whalley（1997），Copeland & Taylor（2004）对环境问题做了全面的综述和研究。Esty（2001），Neumayer（2000），Irwin（2009）对很多争议都有精辟的分析。Brunnermeier & Levinson（2004）对“污染庇护所”假设进行了综述。Kelly（2003）详细分析了世界贸易组织对环境和健康问题争端的解决方法。对全球环境问题的评价，可以参考世界资源研究所（*World Resources Institute*）提供的《世界资源》（*World Resources*）系列年度报告。

关于《北美自由贸易协定》和环境可以参见 Hufbauer & Schott（2005，Chapter 3）。关于温室气体，可参见国际货币基金组织于 2008 年 4 月份出版的《世界经济报告》中的第 4 章和 Ekins & Barker（2001），Tamiotti et al.（2009），OECD（2009），Aldy et al.（2010）。

习　题

✦ 1. 人均国民收入的提高会使空气污染、水污染以及环境卫生问题变得更为严重还是有所改善？请解释。

2. “自由贸易的一大益处就是它纠正了污染导致的扭曲。”你是否同意这种观点？为什么？

✦ 3. 下面的哪个观点可能违背了世界贸易组织的规则？

a. 一国政府为减少国内这种产品生产带来的污染而对这种产品征税。

b. 一国政府限制进口那些外国采用违背本国环保法规的方法生产的产品。

c. 一国政府对产品（进口以及国内生产）的消费征税以减少这种消费产生的污染。

d. 一国政府限制进口某种产品以减少这种产品的消费引起的污染。

4. 铁矿的开采通常会破坏周边环境。有些国家采取严厉的措施来限制这种破坏，但有的国家却不会。受到严厉限制的矿产公司抱怨这不公平，并要求政府限制从环境政策宽松的国家进口铁矿石。你是一个法规严厉国家中的政府官员，且关心本国利益，你怎么看待你们国家矿产公司的诉求？

✦ 5. 航行中油船泄漏石油的情况很少发生，但一旦发生，会对海岸线 200 英里以内的海域破坏非常大。然而不幸的是，大多数的油轮漏油都发生在海岸附近。以下措施都会对石油泄露作出反应，请按照其有效性进行排序并解释你的排序。

a. 每个海岸线受威胁的国家都应该对进口油品征税，该税筹集的资金足以对任何石油泄漏危害进行补偿。

b. 每个国家都应该对在国内采购的石油征税，该征税收入应足以对任何石油泄漏危害进行补偿。

c. 在其海域被石油泄漏所污染的国家法庭上，油船公司应当在法律上对所有的损害承担责任。

d. 每个沿海国家都应当在本国海域拦截所有油船并向其收费，这一收费应足以支付预期的未来石油泄漏治理成本。

e. 我们也可以自己省下防止泄漏的费用。石油泄漏不过是船运公司难以控制的意外事件。这是拥有海岸而必须承担的成本。

6. 图表 13—4 显示的是国内污染的例子。假设污染的边际外部成本是生产每令纸 0.05 美元（而不是 0.3 美元）。

a. 在这种不同的边际社会成本的条件下，自由贸易使国家情况变糟还是变好？

b. 为从国际贸易中获得最大的收益，这个国家应该进口还是出口纸张？数量是多少？

✦ 7. 下面哪些选项将会在未来 30 年内最大限度地减少全球二氧化碳的排放量？

a. 废除所有能源消费中的补贴。

b. 恢复原始热带雨林。

c. 如本章所述，对每排放的一吨二氧化碳征收 86 美元的税。

d. 听任世界矿物燃料储备结构导致燃料稀缺度上升。

8. 假设水泥的生产会污染空气。有新型技术能够降低污染，但是使用这样的技术会提高水泥的生产成本。名为林德塔尼亚（Lindertania）的国家有丰富的原材料可以使用，该国生产了大量的水泥，并主要出口到普格罗维亚。但是林德塔尼亚的生产导致受污染的空气一直吹到了普格罗维亚，导致其空气质量也严重恶化。虽然林德塔尼亚本身从空气污染中遭受损失，但是它至今还没有政策来减少这种污染。普格罗维亚政府想解决空气污染的问题。

a. 如果两个国家合作，什么是最好的解决问题的办法？请解释。

b. 如果普格罗维亚必须自己解决问题，那么它将怎么做？请解释。

✦ 9. 请使用你的铅笔就如下关于贸易与环境的争论写下你的看法。

据雨林行动广播网（RAN）报道，被称为夹竹桃的热带雨林正在印度尼西亚以惊人的速度被砍伐。原因就是铅笔制造商最近把铅笔产量的 15%

从更贵的雪松木原料改为夹竹桃木，这样，每打铅笔就可以节约1美元。代表美国三大主要雪松种植商的雪松协会回应了雨林行动广播网对热带雨林受到威胁的关注。铅笔生产商的发言人、Dixon Ticonderoga公司的首席执行官解释说，来自印度尼西亚的夹竹桃木，不是在热带雨林中生长的，而是在种植园中种植和采伐的。

对于使用夹竹桃木制造铅笔，有什么政策可以应对吗？印度尼西亚政府是否应当限制夹竹桃木的出口？美国政府是否应当对夹竹桃木的进口征税抑或是禁止其进口？请给出自己的解释。如果需要更多的信息，哪些额外的信息会起决定性的作用？

10. 为什么《蒙特利尔条约》会成功限制全球CFC的排放，而全世界却发现限制二氧化碳的排放很难呢？这两个案例有什么不同从而导致结局不同？

第 14 章 发展中国家的贸易政策

全球的注意力大多集中在工业化国家身上——尤其是美国、日本和西欧各国。这不足为奇，因为这些国家生产了全球 50%以上的产品。在媒体服务方面，它们还占有更大的份额。然而，全球超过 50 亿人口（约占世界人口的 5/6 还要多）都生活在发展中国家。令人惊讶的是，这些发展中国家的经济发展大相径庭。一些国家已经成功地实现了经济的高速增长，而另外一些国家则经历着严重的经济衰退。

图表 14—1 列出了一些国家和地区人均国内生产总值（GDP），这是测度经济增长率最有效的指标。该表说明的第一点是自 1990 年以来，发展中国家的人均产出增长率高于工业化国家。① 即便如此，发展中国家的人均收入若想赶上发达国家水平，仍需要一个多世纪的时间。

---

① 根据国际惯例，我们使用术语“发展中国家”指代中低收入国家。

在过去的一个世纪中，描述中低收入国家的术语经常变化。变化的总体趋势是在官方的国际论述中，用词越来越乐观，或者说越来越委婉。在 20 世纪中叶，时事评论家仍然可以说穷国或者富国。但是不久之后，无论是高收入国家还是低收入国家都不能接受这种生硬的对比。从 20 世纪 50 年代中期到 60 年代中期，不发达国家（underdeveloped countries）或者欠发达国家（less developed countries）这样的表述成为普遍可接受的措辞。然而随着时间的推移，即便是这样的措辞也被认为不够尊敬了。

20 世纪 60 年代至 80 年代，另一个受欢迎的选择出现了。第三世界是一个便利且不具有价值判断色彩的词汇，用来指代非社会主义阵营的中低收入国家，并将之与高收入的市场经济（第一世界）和社会主义集团（第二世界）区分开来。但在 1989—1991 年间，第二世界随着社会主义集团的受挫和苏联的解体而消失。没有了第二世界，第三世界的意义何在？这些前社会主义国家变成了转型经济体（transition economies），目前也是发展中国家的一部分。

外交领域中已经重新使用了相对褒义的措辞：发展中国家。极少有人会纠结于它的两种矛盾的内涵：（1）高收入的“发达”国家已经不再发展了；（2）当国家的收入已经很低时，它们会被称为“发展中”国家；即便它们的收入正在下降，也依然会被称为“发展中”。另一个用来形容发展中国家的名字是新兴经济体（emerging economies），尤指那些拥有新兴金融市场的发展中国家。

图表 14—1　　人均 GDP（2009 年）及增长率（1990—2009 年）

国家/地区	人均 GDP 年增长率（1990—2009 年）	人均 GDP（2009 年，美元）
工业化国家	**1.5**	**36 868**
美国	1.4	45 989
澳大利亚	1.9	39 539
加拿大	1.3	37 808
德国	1.2	36 338
英国	1.6	35 155
日本	0.7	32 418
发展中国家和地区	**3.1**	**6 019**
欧洲和中亚国家	0.6	12 938
拉美和加勒比国家	1.6	10 555
阿拉伯国家	1.9	8 032
东亚和太平洋地区国家	7.5	6 066
南亚国家	4.3	2 971
撒哈拉以南非洲国家	1.0	2 138
沙特阿拉伯	0.6	23 480
俄罗斯	0.4	18 932
波兰	3.8	18 905
阿根廷	3.0	14 538
智利	3.7	14 311
罗马尼亚	1.7	14 278
墨西哥	1.1	14 258
土耳其	1.9	13 668
毛里求斯	3.5	12 838
巴西	1.4	10 367
南非	0.8	10 278
泰国	3.2	7 795
中国	9.5	6 828
乌克兰	−1.8	6 318
印度尼西亚	3.2	4 199
菲律宾	1.6	3 542
印度	4.7	3 296
越南	5.9	2 953
巴基斯坦	1.8	2 609
尼日利亚	1.8	2 203
塔吉克斯坦	−2.8	1 972
加纳	2.4	1 552
孟加拉国	3.4	1 416
乌干达	4.0	1 217
刚果民主共和国	−3.9	319

说明：用购买力平价修正过的人均 GDP 指标（以美元计），比常用的以汇率换算得出的平均美元收入指标更为合适。购买力平价估算值反映了按各国通行价格购买多种产品与服务的能力，而使用汇率将其他国家货币转换成美元则只计算了国家之间交易频繁的商品，因此容易产生误导。通常来说，基于汇率转换的人均美元收入由于不能反映低收入国家较为低廉的非贸易服务商品价格，从而高估了这些国家的相对贫困程度。

资料来源：World Bank，*World Development Indicators*.

然而，图表 14—1 所展示的一个最为令人震惊的事实是这些发展中国家和地区之间的经济增长率有很大的差别。部分国家和地区正在实现高速增长，而另一些国家和地区则在过去的 20 多年中经历了收入水平的衰退。东亚地区有着最快的收入增长趋势。“四小龙”（韩国、中国台湾、新加坡和中国香港）经过过去 20 年的迅速增长后，现在已经拥有了相对较高的收入水平。韩国的人均 GDP 已经超过了 27 000 美元，其他“三小龙”甚至更高。* 包括中国和越南在内的其他几个东亚国家实现了高增长率。按照 1990—2009 年的增长速度，中国的人均收入只用不到 8 年的时间就实现了翻番。

但是，就在 1990—2009 年间，上文给出数据的发展中国家和地区中有 1/7 的国家和地区人均收入下降了。这些国家和地区都在非洲和中东欧以及中亚地区，历经从中央计划经济向市场经济的转型。发展中国家之间的增长差异远大于高收入国家。

为什么发展中国家的命运差异如此之大，一些高速发展，而另一些却停留在贫困之中呢？是它们贸易政策之间的差异起了作用吗？

通过研究那些迅速增长的新兴工业化国家（Newly Industrialized Country，NIC）采取了而收入陷入停滞甚至开始下降的国家没有采取的政策，我们可以从中得到哪些政策上的经验和教训？本章就发展中国家的贸易政策选择给出一些明晰的答案，并提出一些尚未解决的问题。

14.1 发展中国家应当采用何种贸易政策

贸易对发展中国家是很重要的。商品出口平均占到发展中国家 GDP 的 40%左右（而对于发达国家，这一比例仅为 27%左右）。全球约有 44%的出口源于发展中国家。发展中国家的出口约有一半流向了工业化国家，但是这些出口仅占到工业化国家进口的 1/3。

贸易和贸易政策在发展中起了什么作用？它们如何能提高低收入国家的收入，实现经济增长？我们曾在第 5 章讨论过，很多发展中国家在土地上（通常是热带气候）以及地下的自然资源方面具有比较优势。利用这些比较优势会形成食物、燃料以及其他初级产品的出口。发展中国家通常在低技能劳动力上也具有比较优势。丰富的劳动力可以与土地和自然资源结合起来生产初级产品，或者生产低技能劳动密集型商品。发展中国家还可以采取幼稚产业政策发展较为先进的制造业。

一国政府，比如说加纳政府，如果下定决心扭转经济停滞、人民生活水平下降的局面，应当在商品进出口方面采取哪些措施？除全面改革其整个国民经济体系外，加纳可以选择实行以下基本的贸易政策：

1. 接受和采取可以充分发挥该国在土地和自然资源上的比较优势的贸易政策。对于加纳而言，这意味着鼓励更多的可可、咖啡、黄金及其他初级产品出口，对于通过限制进口或者鼓励出口工业品来谋求工业发展的做法不予鼓励。

2. 通过提高世界价格来提高出口初级产品收益。如果一国的某一产品的出口量足够大，那么这个国家可以征收出口关税。这在某种程度上类似于第 8 章讨论的国家最优进口关税。如果这个国家无法独自实现这一目标，也可以组织或者加入国际卡特

---

* 2012 年中国台湾地区的人均收入低于 2 万美元。——译者注

尔（international cartel）。对于加纳，这意味着它对可可出口征收关税或者组织可可及咖啡生产者的卡特尔。

3. 对产品进口征收关税并加以限制，以保护和补贴服务于本国市场的新兴产业。对于加纳来说，这可能意味着强迫加纳人购买本国更加昂贵的钢铁、电视机和航空服务。如果这个策略成功地培育了本国幼稚产业，那么这些产业的公司最终可以在国际价格水平上参与竞争。

4. 鼓励产品已经可以出口的新兴产业发展。大部分这一类新兴产业生产的产品都可以发挥该国在低技术劳动力方面的比较优势。对加纳而言，这些新的出口产品很有可能是纺织品、服装或者组装的电子产品。

如今，除了通过类似乌拉圭回合这样的谈判实现贸易自由化的途径外，在大多数情况下，发展中国家事实上是在没有多少国际援助的情况下，独自面对这些选择。

在选择贸易政策的时候，发展中国家是否只需遵循第 8～11 章中列出的贸易政策准则？或者发展中国家与发达国家之间有天壤之别，因此它们需要另外一种贸易政策进行分析？对这些问题的基本答案是：第 8～11 章中给出的贸易政策结论适用于所有的国家，无论是发达国家还是发展中国家。限制或补贴贸易的正面及负面效应对各个国家都是相同的。当贸易不构成影响发展问题的根源时，对症规则仍旧要求我们考虑贸易政策的替代方案。本章的不同之处只是在于对某些问题给予了更多的关注。

发展中国家所面对的一些挑战与发达国家相比是不同的，虽然这些挑战在发达国家依旧存在而且不再那么艰巨。这些挑战可以分为两类：

1. 发展中国家的资本市场运作效率低下。低收入国家的一个典型特征是在给最有效率的项目提供贷款时存在更多障碍。其结果是好的项目相对于某些前景不明的项目，必须承受更高的资本成本（利率）。一个潜在的原因是产权界定不明晰，这抑制了对新资产投资的意愿。

2. 类似地，发展中国家劳动力市场运行效率低下。扩张行业和衰退行业之间的工资差距大于高收入国家的行业差距。较大的工资差距间接反映了部分劳动力不能流动到更有效率的行业中去。

这些特点意味着发展中国家政府面临着一些特殊的任务。如果政府不能快速地消除实现高效率资本市场和劳动力市场中的障碍，那么便需要考虑对哪些产业给予保护，进行补贴或提供低息贷款。政府还必须判断是否存在改变本国比较优势的现实性，例如通过增加对教育及医疗条件的投资等来增加本国人力资源的要素禀赋。这种从中央计划经济到市场经济的转变还需要其他政策决策，这部分内容将在“案例研究”专栏中的“转型的特殊挑战”进行讨论。

案例研究

转型的特殊挑战

1989 年，欧洲中部和东南部的前社会主义国家开始了从中央计划经济到市场经济的重大转型。随着苏联在 1991 年的解体，前苏联地区国家也加入了转型。这是经济自由化历史中最戏剧化的一幕。在这一转型中，不断变化的政策对国际贸易发挥了什么作用？

在 1989—1991 年之前，各国政府制定的中央计划控制了这些国家的经济。国内的自给自足是政策目标。进口是用来填补计划中的缺口，国家机构掌管着进口和出口。当不得不进行贸易时，这些国家喜欢在它们之间进行贸易，并且坚决反对与外部国家发生贸易。它们倾向于使用双边易货贸易，对每一组国家贸易都有进出口清单。这种贸易格局使得苏联专门出口石油和天然气（大幅低于世界价格），其他国家出口工农业产品。

当转型开始时，这些国家面临着中央计划经济时期低下的决策带来的历史遗留问题，包括重工业（例如钢铁业）的过度发展、过时与落后的科技、环境问题，以及几乎没有和市场经济国家进行过贸易。这些国家需要取消对贸易的控制，并对产品结构作出重大整顿。

转型需要完成三个极富挑战性的任务：(1) 以一种新的资源配置方式转变成竞争性市场，并由市场决定价格；(2) 伴随国有企业私有化的进程，建立私有制；(3) 建立包括合同法和产权的法律系统。为了获得成功，转型过程必须：

- 对传承自中央计划经济时代的企业加以约束。
- 对不依赖政府的新公司给予鼓励。

对国际贸易和外国公司的直接投资实施开放既是一种约束（进口带来了竞争），也是一种鼓励（开辟了进入新的出口市场的新途径，获得外国技术以及专有知识）。

在一个转型国家中，对内和对外的改革通常是同步推进的，因此需要坚持不懈的组合改革才能成功。我们可以按照改革的不同方式和不同速度将这些国家进行归类。

中欧国家（捷克、匈牙利、波兰、斯洛伐克和斯洛文尼亚），波罗的海国家（爱沙尼亚、拉脱维亚和立陶宛），东南欧国家（阿尔巴尼亚、波斯尼亚、保加利亚、克罗地亚、马其顿、黑山、罗马尼亚和塞尔维亚）为追求激进的自由化改革（波斯尼亚、塞尔维亚和黑山除外，它们卷入了战争）。正如我们在第12章讨论过的，中欧和波罗的海国家在2004年加入了欧盟，保加利亚和罗马尼亚在2007年加入了欧盟。

独立国家联合体（CIS，部分国家是前苏联地区国家，包括波罗的海国家）的成员反而是走不那么自由化的道路。白俄罗斯、土库曼斯坦和乌兹别克斯坦三个国家继续抵制改革。其他的CIS国家（亚美尼亚、阿塞拜疆、格鲁吉亚、哈萨克斯坦、吉尔吉斯斯坦、摩尔多瓦、俄罗斯、塔吉克斯坦和乌克兰）则实行部分改革。有些改革随着时间的推移慢慢被接受了，有些改革则退回原点。

在转型时期贸易格局会如何变化呢？有一种变化方向是很明晰的，朝着进口快速增长的方向，尤其是那些被压抑的消费品的进口。转型国家必须依靠出口，才能支付它们不断上升的进口。西欧和其他工业化国家就显得至关重要了，因为它们是转型国家扩张出口的主要市场。但是，出口给那些工业化国家竞争性市场中的苛刻消费者，并不那么容易。处在中央计划经济下的这些国家在它们的产品和企业运作上都有巨大不足，产品质量低下，企业缺乏营销能力和贸易融资。

这些转型国家在调整它们的贸易格局时获得了多大的成功呢？截止到1998年，中欧地区、波罗的海地区以及东南欧地区国家向工业化国家的平均出口超过了它们出口总量的60%。快速和深度的自由化，以及靠近西欧市场的有利地理位置，促使这些国家形成了令人满意的出口格局。它们增加了轻工业品出口，如纺织品、服装和鞋子。它们还利用低成本高技能劳动力扩张了诸如汽车和机械类的产品出口。

相比而言，大部分CIS国家并没有大幅调整它们的出口。到20世纪90年代末期，仅有平均约1/4的出口流向了工业化国家。很多CIS国家抵制贸易自由化，继续生产低质量的制成品，而这些制成品根本不能出口到这些区域以外。直到2011年年初，仅有5个CIS国家成为世界贸易组织成员国。

这些因素是如何决定了经济转型的成功呢？一个宽泛的衡量指标是国内生产总值

（真实 GDP）是增长了还是降低了。刚开始，转型可能导致经济衰退，因为原先的商业实践和经济关系被打乱了。只有改革稳定之后，经济才开始增长。这个过程就像从没有贸易到自由的国际贸易的转变。正如我们在第 2 章开篇所见，开放贸易的收益主要是建立在打破旧的产品格局和消费活动上的。

有证据表明改革的深度和速度会影响转型的成功。此外我们发现，一般来说对于发展中国家，那些采取更加开放和更加外向的贸易政策的国家更易成功。

中欧和东南欧地区采取快速、深入改革的国家，所受到早期转的型带来的衰退的损害并没有那么深、那么持久。波罗的海国家经济衰退更深、更持久。然后，从 1992—1996 年开始，那些国家都实现了巨大而持久的增长。

9 个实行了局部改革、少量开放的 CIS 国家即便与 3 个没有实行改革的 CIS 国家相比也明显更差。大部分局部改革的 CIS 国家经历了严重的早期转型衰退。有 3 个国家（包括俄罗斯）直到 1998 年甚至更晚些时候经济都没有实现稳定增长。它们似乎落入了一个陷阱，那些从局部改革中受益的特殊利益集团、执政寡头和内部人员取得了政治力量后会去阻碍或者延缓进一步的改革。快速改革的一个好处在于，一旦改革被颁布，在那些特殊利益集团有时间整合和发挥它们的力量之前，增加的国际贸易和更大的市场竞争就可以发挥作用、提供激励。

接下来，我们探讨发展中国家贸易政策的选择，以供加纳参考。加纳可以专注于初级产品出口，征收出口税，组织国际卡特尔来影响初级产品的世界价格。运用进口保护的手段来发展新兴制造业，或者鼓励出口导向新兴工业的发展。

14.2 长期价格趋势是否不利于初级产品生产者

发展中国家出口初级产品（农业产品，林业产品，燃料，矿产）似乎是很自然的，这些产品通常称为“传统出口产品”。大多数发展中国家从初级产品出口中获得一半甚至更多的出口收入。很多发展中国家的出口产品集中在一种或者几种产品，比如说石油、咖啡、棉花、黄金、食糖、木材、钻石以及矾土或者铝矿。

一个被人们反复提及的观点认为，对初级产品出口的依赖阻碍了发展中国家的经济增长。20 世纪 50 年代，保罗·普雷维什（Paul Prebisch）等人提出，发展中国家因初级产品的价格下降（以及不稳定）趋势而利益受损。这种观点认为，国际市场收入分配不公平。因为发展中国家是初级产品的净出口国，与工业化国家相比它们更加容易陷入收入下降的困境。①

对初级产品价格下降的担忧听起来合理吗？经济学分析显示，初级产品的价格趋势相对于制成品而言，至少有两种原因导致价格下降，也至少有两种原因导致价格上升。

导致初级产品相对价格下降的原因是恩格尔定律（Engel's Law）和人工合成的代替品。

1. 恩格尔定律。从长期看，人均收入是不断上升的。随着收入的上升，人们的

① 请注意不要像很多讨论暗示的那样随意假设，认为发展中国家和初级产品出口之间是紧密相连的。总的来说，发展中国家只略微是初级产品的净出口国，它们同时还从北美、澳大利亚和新西兰大量进口初级产品。它们在初级产品上的比较优势也大相径庭。一些发展中国家（例如沙特阿拉伯）主要是出口初级产品，而另一些发展中国家（例如韩国）几乎不出口初级产品，而是非常依赖于进口这些产品。

需求转向奢侈品——需求收入弹性（需求数量增加的百分比/导致需求变化的收入增加的百分比）大于 1 的商品。同时，世界对必需品（即需求收入弹性小于 1 的商品）的需求转移。19 世纪的德国经济学家厄恩斯特·恩格尔（Ernst Engel）提出了恩格尔定律：食品需求收入弹性小于 1（食品为必需品）。在非定理或公理推导出来的经济学定律中，恩格尔定律是最为持久的一个。这意味着在经济繁荣的世界中食品生产者将面临困境。如果所有产品的世界供给以完全相同的速度增长，食品的相对价格将会下降，因为恩格尔定律说明需求将会不断地从食物（相对的）转移到奢侈品。

2. 人工合成的替代品。导致初级产品相对价格下降的另一个因素是替代这些天然材料的新型人造替代品的开发。科技越发达，人们越容易发现代替矿产和其他原材料的途径。最引人注意的例子就是第一次世界大战前后人造橡胶的开发，使巴西、马来西亚以及其他国家天然橡胶生产者的收入遭受重大损失。另一个例子是人造纤维的开发，减少了对棉花和羊毛的需求。

另一方面，有两个基本因素促使初级产品相对价格上升：

1. 自然资源的有限性。初级产品的生产需要土地、水、矿藏和其他有限储量的自然资源。在其他条件不变的情况下，随着人口和收入的增长，天然投入品变得越来越稀缺。由于初级产品的生产比制造产品的生产更密集地使用自然资源，自然资源的稀缺性最终将提高初级产品的相对价格。

2. 初级产品生产率相对的低速增长。几个世纪以来，农业、矿业和其他初级产业生产效率的进步要比制造业缓慢。原因之一是相对于初级产品的生产，通过知识降低成本已经成为制造业越来越重要的趋势。在其他条件不变的情况下，生产效率提高的速度较为缓慢，则意味着初级产品市场的供给曲线比制造产品市场的供给曲线向右移动得要慢，这也就提高了初级产品的相对价格（或降低了制造产品的相对价格）。

这样，我们就得到两种压低初级产品相对价格的趋势，以及两种提高该价格的趋势。从长期来看，这种力量之间的角逐会如何起作用？图表 14—2 概括了 1990 年以来的历史事实。

要回答上述问题，取决于你观察哪一个时期的数据，以及你对历史事实要追溯到何时。通过研究图表 14—2 中的 A 图，我们可以了解为什么对初级产品相对价格下降的担忧在 20 世纪 50 年代（当时普雷维什的观点被普遍接受）以及在 80 年代最甚。这正是初级产品价格下降的时期。另一方面，在第一次世界大战前很少有人研究初级产品价格的下降，当时农产品和其他原材料正处在历史上的最高水平。在第二次世界大战、1950—1953 年的朝鲜战争、20 世纪 70 年代初期的初级产品价格高涨以及 21 世纪前十年的中后期初级产品价格暴涨的时候，也没有多少人讨论价格下降的问题。相反，在这些时期很多评论家重新鼓吹起马尔萨斯（Malthus）关于地球资源有限性的理论。

让我们暂且把关注点从商品价格的不稳定波动移开，从尽可能长的时期进行观察。从图表 14—2 中可以方便地考察到 1900—2010 年这一较长时期初级产品的价格走向。其实即便向前追溯到 1870 年，也能得出类似的结论。同时，从图表 14—2 中的 A 图，我们也需要考虑到自 1999 年以来能源价格的急剧上升，它引发了在该时期末全部初级产品与非燃料初级产品相对价格之间出现了较大偏离。

图表 14—2 反映了相当清晰的长期趋势。从 A 图中，我们可以看出非燃料初级产品的相对价格总体趋势是下降的。统计数据表明，如果我们作出符合这一时期全局数据的最佳趋势线，可以发现这些价格年均下降 0.8%。（对于全部初级产品而言，包括能源燃料，其价格的总体趋势也是下降的。但是 20 世纪 90 年代末期的峰回路转

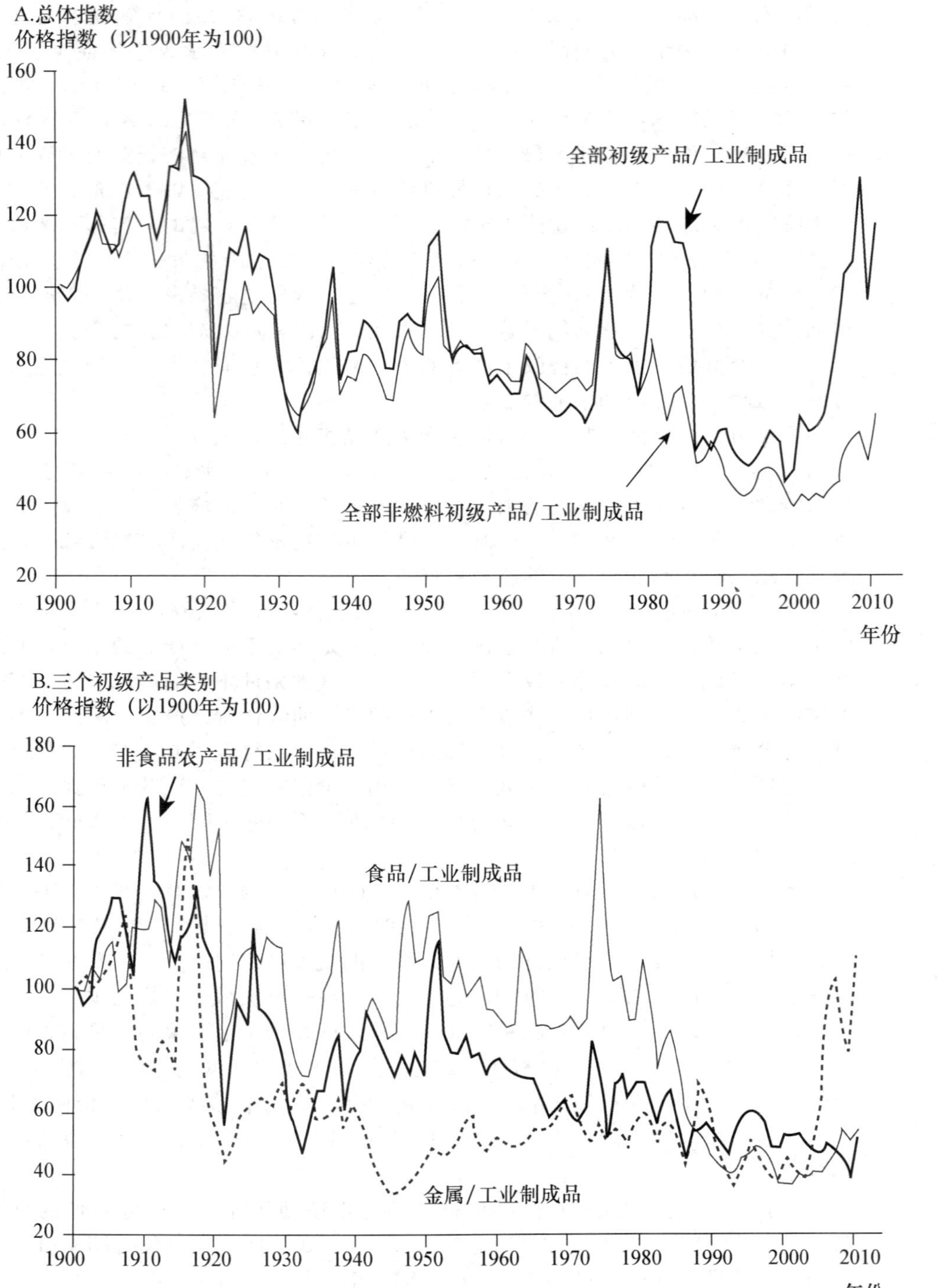

对于每一个商品组，相对价格指数是初级产品的美元价格指数与工业化国家出口工业制成品的美元价格指数的比率。

图表 14—2　初级产品的相对价格（1900—2010 年）

资料来源：Grilli and Yang (1988), updated using information on prices of primary products from International Monetary Fund, *International Financial Statistics*, and information on the unit values of manufactured-good exports from Pfaffenzeller et al. (2007), and United Nations Commodity Trade Statistics, *International Trade Statistics Yearbook*, 2009.

在一定程度上拉高了整条趋势线。统计学上，最佳趋势线表明价格年均下降 0.5%。）可以说，恩格尔定律和利用新技术替代初级产品这两种因素的作用，超过了自然资源有限性和初级产品产业生产效率上升相对较慢这两个因素（或者简单地说，普雷维什战胜了马尔萨斯）。

部分产品的价格比其他产品下降得更为严重。橡胶的价格在 1910—1920 年间急剧下降，而且自此再也没有真正意义上反弹过。羊毛、可可、铝、水稻、棉花以及食糖的相对价格在 20 世纪下降了一半以上。相比较而言，羊肉、木材和牛肉的相对价格则翻了一番还要多。

尽管初级产品的相对价格有净下降的趋势，然而用图表 14—2 中的方法衡量初级产品价格，存在两个偏差：

1. 运输成本的下降。现有数据一般来自工业化国家的市场。运输业的技术进步进一步降低了伦敦、纽约或东京的产品最终价格中运输成本的比重。这使初级产品出口者获得的收益越来越大。如果将这种变化因素计算进来，初级产品生产者所获的收益有上升趋势，这也使得初级产品价格的下降趋势更为平缓，下降幅度也更小。

2. 工业制成品未被度量的更快的品质变化。我们分析产品时使用的是长期价格数据，这些产品随着时间的推移，质量在不断改善。工业制成品（以及服务）的质量的进步（包括以新产品形式）比初级产品更明显。因此，一些制成品相对价格的上涨，可能正是因为它相对质量的提高，而不是在给定质量下产品的相对价格变化的趋势。这和数据有十分严重的潜在问题，例如，20 世纪的很多价格数据遵循的是每吨出口产品中的机械品出口价格计算的，就好比如今出口的每吨计算机与过去每吨老式电动马达是同样的东西。

总而言之，初级产品的相对价格可能自 1900 年以来平均每年下降 0.8%（正如图表 14—2 所示），但也可能并不存在什么趋势。因此，从价格走势看，为农产品或矿产品的出口者担忧是缺乏充分依据的。

14.3　提高初级产品价格的国际卡特尔

也许发展中国家的初级产品生产者可以采取一些行动使得价格的变动趋势有利于自己，也许初级产品的出口商可以通过**国际卡特尔**（international cartel）相互合作或者其他形式的协同行动变得更加强大。

14.3.1　石油输出国组织的胜利

历史上曾经出现了很多这样的卡特尔的尝试（限制销售者之间竞争的国际协定）。世界历史上最大的获取垄断力量的事件，就是 1973—1974 年的**石油输出国组织**（OPEC）。① OPEC 于 1979—1980 年再次成功地提高了国际石油价格。

① 石油输出国组织于 1960 年根据一项 5 国协定成立——伊朗、伊拉克、科威特、沙特阿拉伯和委内瑞拉。此后，下面这些国家也加入了：卡塔尔（1961 年）、利比亚（1962 年）、阿拉伯联合酋长国（1967 年）、阿尔及利亚（1969 年）、尼日利亚（1971 年）以及安哥拉（2007 年）。厄瓜多尔 1973 年加入该组织，1992 年退出，2007 年又重新加入。印度尼西亚 1962 年加入，2009 年退出。加蓬 1975 年加入，1995 年退出。

1973 年年末的一连串事件使世界石油经济发生了重大变革。在几个月的时间里，OPEC 的 12 个成员国成功地使石油的美元价格提升了 4 倍，从每桶 2.59 美元上涨到 11.65 美元。石油输出国几乎一夜之间暴富。消费石油的工业化国家则陷入了自 20 世纪 30 年代以来最为严重的衰退。石油的相对价格（一桶石油的价格可以从工业化国家购买到的工业制成品）是原来的 3 倍。

其结果是 OPEC 各成员国经济上升到一个新的繁荣水平，之后又进一步腾飞，但最终呈现出衰退的迹象。1974—1978 年，石油的实际价格大约下降了 1/6，但仍远高于 1973 年以前的任何一年的水平。在 1979—1980 年间，迎来了 OPEC 石油价格第二波大提价，即第二次“石油冲击”。受伊朗革命和石油购买者日益加重的恐慌的影响，石油价格上涨了一倍以上。然而在 80 年代中期，OPEC 的势力开始变弱，石油的实际价格于 1985 年突然下跌，从 1980—1984 年约 4～5 倍的原价格（1973 年之前），下降到 1986—1989 年不到原价的两倍。

20 世纪 70 年代和 80 年代的石油和 OPEC 的传奇是戏剧性的卡特尔的成功和衰退。这种成功和衰退都需要予以解释。

先谈成功。1973—1974 年和 1979—1980 年的石油冲击，并不是供给不足或地球上可利用资源枯竭的结果。全世界已探明且可利用的石油的增长快于世界石油消费。石油开采成本也并没有提高多少。

1973—1974 年和 1979—1980 年的石油价格的暴涨是人为造成的。关键在于世界需求的增长远远快于非 OPEC 国家供给的增长。石油在各国间的分布极不均衡，OPEC 国家在全球石油生产中所占的比重到 1972 年达到 50％以上。此外，OPEC 占有已探明石油储量的份额——近似等于未来的生产份额——为 2/3 以上。

到 20 世纪 70 年代初，美国首次变得易受石油输出国压力的牵制。基本上没有受到早期中东危机威胁的美国，在 1973 年其石油消费有 1/3 要从国外进口，其中部分需要从阿拉伯国家进口。随着 OPEC 在世界石油生产中的地位日趋重要，同时美国对石油进口依赖的日益增强，OPEC 国家得以利用买方竞争而在 1973 年和在 1979 年再一次抬高石油价格。

14.3.2　作为卡特尔的极端模型的古典垄断

组成卡特尔的获利机会有多大？换言之，如果一些国家或公司像 OPEC 那样组成卡特尔，以购买者和世界效率为代价，最大能获取多少收益？如果所有卡特尔成员都能够同意以集体收益最大化为目标，它们便完全会像一个统一的以利润最大化为目标的垄断者那样行事。一种商品，比如石油，如果是可替代的，一般不能对不同的外国购买者制定不同的价格，实行价格歧视（这里忽略石油的不同质量标准）。卡特尔成员会像一个垄断厂商一样，试图寻找一个价格水平，使出口总收入与生产出口商品的总成本之差最大化。当它们将产量削减至这一最优价格所对应的需求水平时，它们将小心地首先关闭那些成本最高的生产单位（例如油井），仅使那些成本最低的生产单位继续运行。

图表 14—3 描述了一个努力从买方榨取最大利润的垄断者或卡特尔。为理解什么价格和产出可以带来最大利润以及什么因素制约了这些利润，我们必须首先理解最优价格将高于完全自由竞争情况下的产量所对应的价格，且如果低于最优价格则完全没有销售。

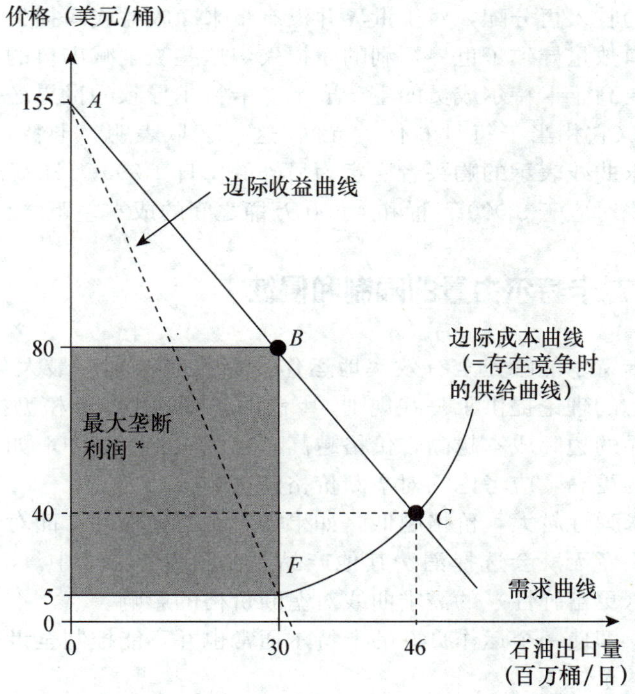

* 未扣除各项固定成本。

如果一个卡特尔像完全的垄断者一样行事，它会用一个类似垄断模型的方式来实现利润最大化。它不会像一个完全竞争企业那样在点 C 进行生产和销售，并将价格保持在如此之低、产量维持在如此之高的水平上。为什么不是这样呢？因为从点 C 开始，只要卡特尔将价格稍微提高一些，就会给其带来净收益。卡特尔会根据需求数量决定提高价格和降低产量，如图中点 B 所示。在产出水平为每天 3 000 万桶时，利润达到了最大化。因为在这一点上，些许的产量增加和价格下降带来的边际收益正好等于因产量增加带来的边际成本。

图表 14—3　实现利润最大化垄断的卡特尔

如果世界石油市场为完全竞争的市场，图表 14—3 中的边际成本曲线将同时是石油出口的供给曲线。竞争的均衡点在点 C。在这一点，增加石油出口的边际成本已经升至 40 美元，这也正是购买者增加购买的石油所获得的价值（如需求曲线所示）。

卡特尔成员想要制定一个比完全竞争时更高的价格，然而，它们的定价能力受限于对石油产品负斜率的需求曲线。对石油产品的向下倾斜的需求曲线限制了卡特尔的索价能力。如果仅仅考虑抑制购买的禁止性价格这种极端的情况，这一价格点是很清晰的。即如果卡特尔足够愚蠢，将图表 14—3 中的价格推高至每桶 155 美元，它将失去所有的石油出口业务，如点 A 所示。大幅提价至 155 美元毫无意义，因为没有人会按这种价格支付给卡特尔的。因此，卡特尔组织的最优销售价格一定处于禁止性价格以下。

卡特尔成员可以通过垄断模型找到实现最大利润的价格：导致利润最大化的销售水平是边际收益曲线和边际成本曲线的交点，即图表 14—3 中的点 F。在获得这个最大收益时，出口销售量为每日 3 000 万桶，价格为每桶 80 美元，每日垄断利润为（80 美元－5 美元）×3 000 万桶＝22.5 亿美元。如果卡特尔还没有形成，竞争会使成员利润量限制在 40 美元价格线以下和边际成本曲线以上的区域里。在给定需求曲线和边际成本曲线下，将价格和产量移动至点 B 是卡特尔获得利润最佳的做法。

当然，对于卡特尔成员来说为最优的卡特尔价格，对于全世界却并非最优。在每日生产 3 000 万桶时，40 美元价格线以上额外的卡特尔利润只不过是从购买石油国家到卡特尔的收入再分配，对于世界并没有带来净收益或净损失。但是，卡特尔通过削减石油出口数量导致了世界福利的净损失，这些被削减出口的石油数量对于购买者具有的价值要高于卡特尔成员的生产成本。卡特尔导致的世界净损失为图表 14—3 中的面积 BCF（它相当于每日 6 亿美元）。这一区域表明，卡特尔给全世界带来的总损失，即需求曲线表示的购买者愿意为另外的每日 1 600 万桶石油支付的价格差距和边际成本曲线对应于 3 000 万桶和 4 600 万桶之间的成本差距之和。

14.3.3 对卡特尔力量的限制和侵蚀

如果卡特尔能够完全有效率地运作，那么获得利润最大化的价格能有多高？对此，卡特尔的理论提供了一些规则。① 前两条规则由垄断模型推导出来：

● 产品的边际成本越高，价格越高。在图表 14—3 中，如果整个边际成本曲线比图中所示的更高，应考虑它对垄断价格的影响。

● 需求弹性越大，价格越低。如果需求是有弹性的，面对卡特尔产品价格上升的时候，购买者无疑会选择消费其他产品。在图表 14—3 中，应考虑一条通过点 C 但更加平缓（更富弹性）的需求曲线对垄断价格的影响。

然而，即使一个运作良好的卡特尔通常也并不能控制全世界的产量，在这种情况下，还有两个规则：

● 卡特尔控制世界产量的份额越大，价格就越高。控制更大的世界产量份额，能有效地增加对卡特尔产品的需求（而这部分需求不会落入非卡特尔的外部生产者处）。

● 非卡特尔生产者的供给弹性越大，价格越低。非卡特尔生产者的供给弹性与产品需求弹性的作用是一样的。卡特尔会避免大幅提价，因为这么做将导致自己的销售量大幅减少。

这些规则也意味着随着时间的推移，逐渐会产生不利于卡特尔的力量。当卡特尔刚刚建立时，它可能会舒适地享受低价格弹性和高市场份额。然而，一旦它成功地抬高了价格，反而很可能使得四种不利于卡特尔的趋势发生：低迷的需求、新的竞争性供给、下降的市场份额和作弊。

低迷的需求

首先，更高的价格将使购买国寻求新的途径，避免进口卡特尔的产品。如果它们可以成功地找到替代产品，那么随着时间的推移，对于任何给定的卡特尔价格，购买国的进口需求都将下降。这些国家对进口产品的长期需求曲线比短期需求曲线更具弹性。这正是 OPEC 经历过的。正如理论所预期的，也正如一些 OPEC 国家的石油部长们所担忧的，各石油进口国慢慢地找到了降低石油消费的多种途径，例如更多地使用节能型轿车。

新的竞争性供给

其次，卡特尔最初的成功会激励非卡特尔国家增加产品供给。如果卡特尔产品为农产品，如糖或咖啡，卡特尔的价格上涨将促使其他国家的农民将越来越多的土地、劳动力以及资金，从其他农作物转向糖和咖啡。如果卡特尔产品为可耗竭的矿物资

---

① 附录 D 展示了最优卡特尔价格的数学公式。

源，如石油或铜，非卡特尔国家对更高价格所作出的反应是加倍努力地勘探新的储量。如果非卡特尔国家幸运的话，其竞争性供给将随着时间的推移更加具有弹性。这又是 OPEC 所经历的——其他国家以更快的速度发现了新的石油储备。

市场份额的下降

再次，卡特尔所占有的世界市场份额随着时间推移会下降。为了在提高价格的同时不造成库存积压，卡特尔必须削减其产出与销售。由于非卡特尔国家将竭力增加其产出和销售，即使卡特尔成员同心协力，卡特尔的市场份额也将会下降。OPEC 占世界石油市场的份额从 20 世纪 70 年代的一多半，下跌到 1985 年的不到 1/3。

作弊

最后，理论与经验还增加了卡特尔力量衰退的第四个原因——卡特尔成员有违反卡特尔协定，进行作弊的动机。

要理解为什么会发生作弊，请回到图表 14—3 所示的成功的石油卡特尔。假定你是其中的一个成员国。作为一个典型的卡特尔成员，你拥有足够的石油储量，有能力按照自己的计划开采和销售超过协议数量（OPEC 称之为产品配额）的石油。超过配额增加产出只会提高你的边际成本，比如说每桶 6 美元。假设其他卡特尔成员如实地维持其产出，购买者则愿意为你卖的每一桶石油支付将近 80 美元。为什么不通过将价格略微下降至 80 美元以下，比如说 78 美元，来吸引额外的购买者呢？你这么做，是因为你认为你的个体行为不会使卡特尔价格下降多少。从理论上讲，作弊行为会削弱进而瓦解整个卡特尔组织。各个大型成员国可以通过大幅削减自己产量的方式来抵消其他作弊者增加的产量，进而维持卡特尔的效率。因此，这些大型成员国的总体规模决定了卡特尔可以维持多久。

正如理论所预期的，OPEC 成员的确在卡特尔组织内作弊，甚至公开作弊。直至 20 世纪 80 年代中期，最大的生产者沙特阿拉伯，不得不在别国作弊时削减自己的产量以维持卡特尔。到了 1985 年后期，沙特阿拉伯转而采取了具有竞争力的石油价格，石油的相对价格一落千丈。

因此，卡特尔理论正确地解释了为什么卡特尔的利润和利润率会随着时间的推移而下降。① 然而该理论并没有说卡特尔是无法盈利的或是无害的；相反，它强调了卡特尔组织给其成员所带来的收益。即使是一个终将瓦解的卡特尔，也会给其成员带来巨大的收益。

14.3.4　1999 年以来石油价格的上涨

随着 1986 年石油价格的崩溃，石油的价格一直保持在相当低的水平（除了在 1990 年的几个月内，当时正处于攻打伊拉克的沙漠风暴行动中）。到 1998 年年末，石油的相对价格下降至 1973 年的水平。但从那时候起，石油价格开始上涨，从 1998 年的每桶 11 美元上升到 2000 年年末的每桶 34 美元，然后油价保持平稳直至 2004 年年初。随后油价一路攀升，并于 2007—2008 年达到顶峰，最高的时候出现在 2008 年 6 月，每桶超过 140 美元。随着全球金融的不景气和经济危机，石油价格在 2009 年

① 同样，这也意味着，甚至在一开始，卡特尔更为明智的做法就是使其涨价幅度低于非卡特尔的短期需求和供给弹性。初始时涨价幅度越大，卡特尔的市场份额会被侵蚀得越快。卡特尔在以后可以实行的最优涨价幅度也就越低。

跌至每桶不足 40 美元。在全球需求复苏时，油价再次进入上涨快速通道，并在 2011 年年初超过每桶 100 美元。

那么，这是不是 OPEC 垄断力量的重现呢？只能说有一部分原因。在 20 世纪末 21 世纪初，OPEC 确实尝试并且在某种程度上成功地通过减少产量来提高价格。但是，更多石油价格的涨幅反映了工业的动态发展，这种动态性反映了市场竞争的现象。中国对石油的需求迅速增长，此外像印度、美国这样的国家对石油的需求也很强劲。再加上之前石油价格偏低，阻碍了对新的石油生产能力的投资，导致石油供给紧缩以及备用生产能力匮乏。需求增加和生产受限的结果是 2008 年石油价格远超过 OPEC 目标价格（也许在 2011 年又是一次）。21 世纪第一个十年的中后期石油价格的大涨，与其说是卡特尔凭借市场力量计划实现的，不如说是商业周期循环的繁荣阶段出现的结果。

14.3.5 其他初级产品

对于发展中国家而言，经济理论以及 OPEC 的经验是否意味着他们有希望通过加入除石油以外的其他初级产品卡特尔组织而获取更大的国家利益？实际情况并非如此。这里有充分的理由使人相信，对于非石油的初级产品，卡特尔瓦解得会更快，中期收益也更少，其中以农产品尤甚。因为存在着供给竞争问题，其他国家可以很容易地扩大相应的农产品的种植面积。

历史证实了这个结论。在两次世界大战之间建立的 72 个商品卡特尔中，只有 2 个存活过了 1945 年。在 20 世纪 70 年代新建立的十几个卡特尔中，只有 5 个生存至 1985 年：可可、咖啡、橡胶、糖和锡。自 1985 年以来，这 5 种商品的卡特尔影响力微小，以至于它们对商品市场几乎没有什么影响。

由于国际卡特尔的垄断力量受到这些限制，发展中国家为了经济发展仍旧可以对本国初级产品的出口征税。大体上，这种战略可以很好地发挥作用。对尼日利亚的石油、加纳的可可、菲律宾椰子的出口征税的收入可以用于修建学校、医院和道路。

遗憾的是，某些发展中国家，由于一些政治经济的原因，将出口征税收入从生产率最高的用途上挪为他用（正如第 10 章讨论发展中国家政府的进口关税时所指出的）。例如在前面刚刚列举的三个例子：尼日利亚的石油收入消失在日益臃肿的政府官僚机构和贪婪的腐败之中；在过去的 20 年中，加纳可可营销局用对可可种植者的重税收入来进口政府官员们所需要的奢侈品；马科斯政府将菲律宾的椰子果税收分配给马科斯的少数几个朋友和亲戚。

14.4 进口替代的工业化

对于许多发展中国家来说，出口初级产品是一种利用土地和自然资源的比较优势的方式。但依赖传统出口产品也会带来风险，包括这些产品的相对价格的缓慢下降趋势，以及容易受到世界价格大幅波动的影响。或许对想要快速增长的发展中国家来说，将重点转移到发展新兴产业尤其是制造业会更好。毕竟，大多数高收入国家都实现了工业化。

许多国家的政府官员都赞成要谋求发展，就必须减少对初级产品出口的依赖，并且必须采取政策，允许以农业和矿业等部门为代价而发展工业。这种强调工业化的做法合理吗？如果合理的话，是否要采取措施限制工业制成品进口？

大萧条促使很多国家转向实施**进口替代工业化**（import-substituting industrialization，ISI）。在 20 世纪 20 年代早期和 30 年代早期，大部分初级产品的世界价格暴跌。尽管这种价格下降不能表明初级产品出口国家比工业化国家损失更惨重，但这样的怀疑形成了一种共识。一些初级产品出口国家，包括巴西和澳大利亚，都在 20 世纪 30 年代以减少工业品进口为代价开始了工业化。

20 世纪 50 年代和 60 年代，进口替代工业化战略在新兴独立国家中赢得了更高的声望。这种方法很快在大多数发展中国家盛行起来，这些国家工业制成品的进入壁垒足以与战前工业化国家的最严重的贸易保护匹敌。尽管从 20 世纪 60 年代中期起，许多国家转向实行促进贸易和出口导向的政策，但进口替代工业化战略仍然是发展中国家的一个重要的政策。

14.4.1　最优情况下的进口替代工业化模式

为了解进口替代模式的优点和缺点，我们首先关注支持该模式的四个主要观点。如果该模式真能很好地证明这四个观点，那么进口替代模式就真正是个好政策了。

1. 幼稚产业理论。第 10 章强调了从工业化过程中得到的经济和社会利益的合理性。这些收益可能包括：可以获得科技知识的收益和私企中工人技术的溢出效应、更有益于经济增长的新理念以及民族自豪感等。正如在第 10 章中看到的，经济学家认为还有比设置进口壁垒更好的其他替代政策工具。但是在非完美的世界里，这些更好的选择并不是信手拈来的，对现代制造业的幼稚产业保护能带来不少收益。

2. 发展中国家的政府理论。第 10 章的发展中国家的政府理论对进口替代工业化战略提供了进一步的支持。假设征收进出口关税是一国政府在任何经济发展模式中提高收入的唯一做法。征收关税可以带来收入，而不征收关税，政府将无力解决健康、教育等问题。进口替代工业化战略只是对对外贸易征收关税的副产品。

3. 对于一个大国，或者一个大型的国家间组织，进口替代带来的贸易条件改善效应可能大于出口产业扩张的好处。这里回顾一下曾在第 7 章“贫困化增长”和第 8 章的国家最优关税讨论中所涉及的话题。如果用国内产品替代进口产品的行为影响并且降低了进口产品的外国价格（除了关税和其他收费之外的影响），将给进口国家提供更便宜的商品。如果能够在贸易中影响价格，那么进一步扩展进口替代产品的供给，迫使外国商人以更低的价格出售其剩余的出口产品将是较好的政策选择。

4. 工业制成品的进口替代是一种廉价和方便地获取市场信息的方式。一个发展中国家可能缺乏在成千上万的异质工业产品中判断哪些产品可能有更好的国际市场的经验，但是政府官员（或私人工业家）有一种更简单的方式去发现哪些现代工业制成品将会在本国畅销，他们只需观察进口数据即可。这是一个已被证明有国内市场需求的得心应手的目录。

14.4.2　进口替代工业化的历史经验

历史上和近期的经济学研究对进口替代工业化的优劣提供了四种论据。偶然的历史迹象略微证实了进口替代的优点，但是有三种详细的检验支持进口替代模式的负面效应。

支持进口替代模式的观点可以这么说，当今领先的工业化国家在早期都曾经实施过进口替代政策保护其工业的发展。如美国从国内战争到第二次世界大战结束期间，一直采取进口替代战略，直到美国的公司不再需要保护为止。20 世纪 50 年代，日本对钢铁、汽车和电子产品也实施了严格的进口保护，以获得这些行业的领先优势。当这些行业可以与国际市场竞争时，日本才取消了多余的保护。

对这种历史偶然现象的解读至少在以下的前提下是正确的：工业化国家有时会对能够获得出口优势的工业进行保护，但这并不意味着大多数情况下这些受保护行业和部门都能提高生产力。即便是在日本、美国这样的工业化国家，也有很多部门得到了大力保护，但依然处于不断衰退的阶段。早期的进口替代很可能使经济增长放缓。大多数幼稚产业从未“长大成人”。

与证明进口替代工业化优点的证据之无力形成鲜明对照的是，有证据有力证实了进口替代的缺点。这些证据从三方面汇聚成强有力的力量，检验了进口替代模式的不合理性。第一个检验是采用第 8 章介绍的方法，估计了进口替代模式对国民福利的静态效应并对其提出强烈质疑。20 世纪 60 年代和 70 年代早期大量发展中国家实施贸易壁垒以促进本国工业化，一系列详尽的国家研究量化了这种壁垒的福利效应。这些壁垒给阿根廷、智利、哥伦比亚、埃及、加纳、印度、以色列、墨西哥、巴基斯坦、菲律宾、韩国、台湾和土耳其等国家和地区带来了严重的损失。只有马来西亚由于贸易条件的改善，带来了少许的福利增长。①

就检验的自身来说，由于这些对贸易壁垒引起的福利成本的标准的计算是易受到指责的，只能假设而不能证明进口替代是不好的。这些计算假设所有相关效应都可以用消费者和生产者剩余来表示，排除了人们所推测的，在实行保护政策下幼稚企业成长中会出现更低的成本曲线的可能。因此，需要有更充分的证据才不失公平。

第二个检验是着眼于当一国或地区改变其工业制成品贸易政策方向，即从限制进口（进口替代工业化）转向支持出口时会发生什么。这里有两个引人注目的早期案例。台湾地区一直到 20 世纪 50 年代末都在实施进口替代政策，之后突然转为出口导向的外向型政策，随即获得了每年约 10%的经济增长。韩国一直实行的是进口替代政策，直到在 20 世纪 60 年代初实施了鼓励出口、降低进口壁垒的改革。韩国经济也以每年近 10%的速度增长。香港地区和新加坡也通过鼓励出口的政策获得了高速的经济增长。其他国家和地区也是如此，如加纳，在 1974—1984 的十年中，政府大力推行进口替代模式，导致工业负担过重，人民生活水平下降了 42%。后来通过实施包括贸易自由化在内的改革，加纳重新恢复了经济的增长。

第三个检验是比较了实行进口替代的国家和出口导向国家的经济增长率。1987 年的《世界发展报告》中给出了世界银行对 41 个国家和地区增长率的研究结果。根据各国和地区的贸易政策，该报告把这些国家和地区分为四类：强外向型经济、中度外向型经济、中度内向型经济和强内向型经济。香港地区、韩国和新加坡实行强外向型政策，低的贸易壁垒，部分实行出口补贴。强内向型经济实行高的贸易壁垒，包括阿根廷、孟加拉国、智利（直到 1973 年）、印度和土耳其（直到 1973 年）等国家和地区。

在世界银行检测的两个时间段里，即 1963—1973 年和 1973—1985 年，实际人均 GDP 平均增长率最高的是三个实行强外向型贸易政策的国家和地区（分别为每年 6.9%和 5.9%），而实行强内向型贸易政策的国家和地区在两个时间段里经济增长率

① See Bela Balassa (1971), Jagdish Bhagwati and Anne Krueger (1973—1976), and A. Choksi et al. (1991).

都是最低的（分别为每年 1.6%和−0.1%）。在 1994 年《世界发展报告》的更新数据中可以发现，在 1980—1992 年期间，这个格局仍然没有变化（强外向型国家和地区年平均增长率为 6.2%，而强内向型国家和地区增长率为−0.4%）。

在 2002 年的一项研究中，世界银行对 1980 年以来全球化进程较快的发展中国家与其他国家的经历进行了比较，世界银行称这些国家为新兴全球化发展中国家（newly globalizing developing countries）。这些国家具有以下特点：

- 1980 年之前国际贸易的参与度相对低，关税比较高。
- 但是此后大幅增加了国际贸易（以进出口占 GDP 比重的增加衡量）。
- 大幅降低关税水平。

这些新兴全球化发展中国家总共有 30 亿人口，包括阿根廷、孟加拉国、巴西、中国、哥伦比亚、印度、尼加拉瓜、泰国和乌拉圭等。其他发展中国家总共有 20 亿人口，包括大部分非洲国家和前苏联地区国家。大部分这些国家更多的是出口初级产品。

世界银行研究发现新兴全球化发展中国家在 20 世纪 80 年代年人均 GDP 增长率达到 3.5%，90 年代达到 5%。这些平均增长率高于 60 年代（1.4%）和 70 年代（2.9%）的平均增长率。同样也高于其他发展中国家（分别是 0.8%和 1.4%）和工业化国家（分别是 2.3%和 2.2%）。新兴全球化发展中国家与其他发展中国家的这些差异并不是因为这些新的全球化者在初始阶段有更好的经济条件。20 世纪 80 年代这两类国家的教育水平相当，新兴全球化发展中国家的人均收入甚至更低些。

世界银行的这种对实行贸易自由化国家和实行进口替代或限制贸易的国家进行直接对比的优点是简洁明了，一目了然：它们直接考察贸易政策和经济增长这两个变量的变化和相关关系。但是，相关关系并不是因果关系。对于反对进口替代以及限制贸易政策的观点，有人会提出质疑，认为也许有其他力量引起了与自由贸易相关的经济增长；或者也许是反果为因的关系，即可能是快速的经济增长带来了贸易自由化的政策，甚至可能是偏离自由贸易的政策促进了经济增长。这里尚不能完全解释这些疑虑，但是经济学家们对贸易政策进行了更复杂的计量。通过引入其他变量的变动，如投资、最初收入水平和教育等，证实了进口替代的贸易壁垒对经济增长产生负面的影响。

如果理论显示进口替代是有利的，为什么历史经验却是相反的？这里没有直接的矛盾，因为理论上进口替代相对优于自由贸易是在特定条件下才成立的。然而，20 世纪 60 年代以来，这些条件并不存在。尤其是这个理论失误于其假设。它假设存在一个充分掌握信息并且追求国民收入最大化的政府。现实世界中的政府是信息不灵通的，它们也缺少力量终止对低效率产业的保护。更糟的是，许多政府有其自身特定的利益，且与国民福利最大化的目标相悖。到目前为止，实行进口替代并没有使任何经济体变得像韩国一样经济超高速增长。更常见的是，进口替代的道路会把韩国变为朝鲜。进口替代通常会导致某些产业的国内企业出现更高的生产成本和更强大的国内垄断力量，生产更低质的产品。

外向型贸易政策鼓励本国企业充分利用本国丰裕资源，并且这些企业通过在国际市场上的销售来达到规模经济。为了在国际市场上获得成功而作出的努力，意味着国内企业面临着国际竞争压力，促使它们提高产品质量和资源使用效率。国家还可以用其增长的出口来支付其增长的进口。同时，一个外向型的贸易政策就其本身并不足以产生高经济增长率。它一定是实现经济扭曲最小化的一系列政策中的一部分。这些政策通过建立明晰的产权制度，公平的商业法律体系来培育高的投资率，并提供港口、机场、电力和交通等基础设施。

14.5 对工业化国家的工业制成品的出口

自 1980 年以来，发展中国家越来越多地转向第四种贸易政策的选择，即强调新兴的非熟练劳动力密集型工业制成品对工业化国家的出口。如图表 14—4 所示，20 世纪 80 年代掀起的从出口初级产品转向出口工业制成品的潮流仍在继续。初级产品卡特尔失败和进口替代性工业化幻想的破灭，大概是促成这一潮流的因素之一。

图表 14—4　　发展中国家出口构成的变化（1970—2009 年）(%)

	1970 年	1980 年	1990 年	2000 年	2009 年
非燃料初级产品	49.9	18.7	18.7	11.5	14.8
燃料	32.4	61.3	27.5	21.4	23.4
工业制成品	17.4	18.5	52.9	65.5	60.6

注：每一栏加总不为 100%，是因为每年都有少量的出口未分类。

资料来源：United Nations Conference on Trade and Development，*Handbook of International Trade and Development Statistics*，1987 and 1995，and United Nations Conference on Trade and Development，UNCTAD-Stat.

发展中国家政府计划向已经实现工业化的国家增加制成品出口是否明智？墨西哥、加纳和印度是否应当效法韩国，制定战略计划成为主要的制成品出口国？上述目标是否无需计划也会实现，正如在中国香港地区和台湾地区的市场导向型发展中的经验？

对它们来说，工业化国家并没有使这件事变得容易。事实上，它们曾经歧视发展中国家出口的工业制成品。它们对来自发展中国家的商品比对其他工业化国家的商品设置了更多的非关税壁垒。对于关税，理论上讲税率应当是非歧视性的，但是不同的商品有着不同的税率。一般而言，关税税率最高的是纺织、服装、鞋类——而这些正是发展中国家最具比较优势的制成品种类。

因此，发展中国家有理由认为工业化国家是虚伪的。工业化国家自己都没有施行它们鼓励发展中国家施行的自由贸易和比较优势政策，而且言行不一的做法主要体现在对待发展中国家工业制成品出口上。多哈回合的多边贸易谈判被世界贸易组织宣传成一个“发展回合”，把主要焦点放在发展中国家的出口产品进入工业化国家以及其他发展中国家的途径的改善上。正如我们在第 9 章讨论过的，自 2011 年初起，多哈回合谈判陷入僵局。多哈回合是否可以达成为了发展而扩张贸易的愿景，我们拭目以待。

尽管发展中国家的产品受到了某些歧视，但是发展中国家的工业制成品已经有能力出口进入世界市场了。原因之一是这类产品的生产技术已相对成熟，技术变革的速度已放缓，如纺织品、轮胎、简单的电器产品。原因之二是发展中国家已经成为一些技术上更加先进的产品的低成本的组装地，如计算机。工业化国家的跨国公司提供了先进的技术、零配件，以及最终产品的营销渠道。原因之三是抵制从发展中国家进口制成品的壁垒没有过去那么坚固了。诸如自愿出口限制、反倾销税或抵消关税之类的壁垒，可以限制那些已经成功地向工业化国家出口的国家。但是，后来者仍然可以将其新型工业制成品打入发达国家市场，因为这些新产品并未受到那种与国家相关的贸易壁垒的阻挡。通过这样的方式，发展中国家可以绕过工业化国家的贸易保护壁垒而获得珍贵的新产品出口市场，尽管这些产品的出口规模终将受到限制。

总而言之，对大多数发展中国家来说，通过促进工业制成品的出口而发展经济是最为可取的战略之一。正如图表 14—4 已经表明的，发展中国家正在越来越多地依赖于这一战略。

本章小结

发展中国家在生活水平方面的差距正在日益加大。东亚的发展中国家和地区经济迅速增长。非洲很多贫穷国家的平均收入水平在过去数十年中不断下降。从中央计划经济向市场经济转型的各个国家在转型之初，也经历了产出和收入水平的大幅度下降。绝大多数前苏联地区国家都经历了颇为严重的衰退。

对于初级产品的出口，以及工业产品的进口、出口，发展中国家必须决定采取何种贸易政策。

对依赖初级产品出口的国家通常的担忧是，国际市场的价格变化趋势对初级产品生产者，尤其是发展中国家不利。历史经验表明，正如人们普遍担忧的，绝大多数初级产品的相对价格呈下降趋势。导致初级产品相对价格下降的两个原因是恩格尔定律和替代初级原材料的现代人造产品。与之相反的促使初级产品价格上升的两种原因是自然资源的有限性和初级产业生产效率的增长慢于经济中的其他产业。

加入国际卡特尔可以给出口卡特尔产品的发展中国家带来收益。迄今为止，卡特尔的最大成功是石油输出国组织（OPEC）于 1973—1974 年和 1979—1980 年的两次价格胜利。对于所有的国际卡特尔，即便是 OPEC 这样的卡特尔，成功也都孕育着衰败。以下四种因素加快了卡特尔瓦解的速度：低迷的产品需求，新的竞争性供给，卡特尔在世界市场中的份额下降，以及卡特尔成员的作弊行为。由于供给条件的原因，其他初级产品的卡特尔不大可能取得类似于 OPEC 那样的成功。

进口替代型工业化是发展中国家可以采取的一种战略。该战略可以提高本国的生产技术水平，获取贸易条件改善的收益，并可以使经济计划制定者低成本地获取市场信息（因为它们可以将工业品进口量本身作为对需求的度量，并在贸易保护措施的帮助下获取这种信息）。然而，对进口替代以及相关政策的研究表明，收入的增长与诸如进口替代这样的反自由贸易政策负相关，而与更接近自由贸易的外向型的政策正相关。现有论据支持本书第 8～10 章提出的对进口替代战略的担忧。

发展中国家可以采取的另一种战略是集中发展工业制成品产业，特别是低技能劳动密集型工业制成品的出口。自 20 世纪 60 年代以来，尽管发展中国家仍然广泛采用进口替代策略，但是出口导向的战略逐渐盛行起来。然而，依赖工业制成品出口也具有风险性。各发展中国家曾经明确指责了发达国家对其新工业制成品设置的进口壁垒。这种壁垒的确要高于发达国家之间的贸易壁垒。尽管如此，历史经验表明，对于绝大多数发展中国家来说，鼓励工业制成品出口的外向型贸易政策，仍旧是发展前景最好的战略之一。

关键词

国际卡特尔（international cartel）

石油输出国组织（OPEC）

进口替代工业化（import-substituting industrialization）

推荐读物

进口替代工业化战略和出口导向战略方面的研究，见 Choksi et al.（1991），Sachs & Warner

(1995)，Bruton（1998），世界银行（2002a），Panagariya（2004）。Waugh（2010）深入研究了额外的交易成本会如何限制发展中国家的贸易和降低它们的国民收入。

Cline & Yang（1984），Harvey et al.（2010）对初级产品相对价格的长期趋势进行了细致的研究。Gilbert（1996）研究了国际初级产品卡特尔的失败原因。

欧洲复兴开发银行（European Bank for Reconstruction and Development）发表的年度《转型报告》（*Transition Report*）。Broadman（2005）研究了转型国家的贸易政策。世界银行（2002b）总结了我们在第一个转型十年中所学到的经验。

习 题

✦1. 请比较进口替代战略与集中政府资助和私人资源开发全新制成品出口的战略各自的利与弊。

2. 在何种条件下，进口替代型战略最有可能优于其他任何发展战略？为该战略的实施应该附加其他哪些战略？

✦3. “从长期看，贸易条件的变化将不利于初级产品生产者。”支持这一论点的证据是什么？这一证据是否充分？

4. 某国主要出口几种初级产品，进口制成品。作为该国的政府顾问，现要求你准备一份简短的报告，说明在未来20年中可能会影响该国贸易条件的因素。你的报告中应包括哪些要点？

✦5. 美国、中国、印度、巴西和土耳其组成了一个名为“烟草互利种植者”（TAR）的国际联盟来提高烟草的国际价格。该联盟占有全球60%的出口份额。烟草的国际需求价格弹性在短期内相当低，而在长期相对高些，并且其他非联盟国家扩大烟草生产的能力几年之内是有限的。但给予一些年的准备也能够轻易扩大烟草生产规模。现要求你写一份报告来展望烟草互利种植者联盟的前景是否会成功。你在报告中将会如何陈述？

6. 利用本章和以前各章中的材料，评价对初级产品出口进行限制和征税的利与弊。这样做是如何提高国民收入的？这种政策对发展中国家的弊端是什么？

✦7. 图表14—3表明了卡特尔如何像一个完全的垄断者一样决策。在该图表中，卡特尔为整个国际市场供给产品。

a. 如果外部有了新的能源供给，当价格在5美元/桶以上时，每天供给1 000万桶油，那么会对卡特尔的使利润最大化的价格产生什么效应？作图表示这种效应。（提示：在出现新的供给的情况下，对卡特尔石油的需求还剩下多少？）

b. 假设a问题中的新供给提供的石油数量随国际价格变动而变动，且满足

外部供给(百万桶/日)=(世界价格－5)/2

（如果世界价格为15美元，那么外部供给为每天500万桶。）在图上给出并解释新增供给会对卡特尔的最大利润价格产生何种影响。

8. 根据世界银行1987年的研究，印度被列为实行高度内向型贸易政策的国家。在1990年左右，它转而实行出口导向型政策。你预期该国20世纪90年代以来的人均收入增长率会是多少？图表14—1的数据是否支持你的预测？

✦9. “只要一个发展中国家低技能劳动密集型制成品的出口增加能够增加就业和提高实际工资水平，那么该国就没有动力改善其教育体制。”对于这个观点你是否赞同？为什么？

10. 乌克兰现在必须决定伴随其他各项促进经济发展的改革，国家应当采取何种贸易战略。请指出以下各种选择的优点和缺点：

a. 单方面对粮食出口征税。

b. 加入由北美各国、阿根廷、澳大利亚以及其他主要出口国组成的粮食卡特尔。

c. 选择可以出口的制造产品（例如电池），通过关税保护，为这些产品提供可盈利的国内市场，同时鼓励其向其他国家以有竞争力的国际价格出口这些产品。

第 15 章 跨国公司和移民：国际要素的流动

本篇的前几章考察了国家在国际商品贸易中的经济和政治纷争。生产要素的国际流动更具争议性，这种争议也更带有感情色彩。本章考察了国际要素流动的两种主要形式：通过跨国公司的对外活动而产生的要素流动，以及通过人员的国际流动而产生的要素流动。为了关注国际的要素流动，我们将放松生产要素不能跨国流动这个假设。也就是说，承认生产要素可以并且确实在国家之间流动，且这种流动规模通常大到足以产生经济、政治效应。

跨国公司的全球活动引发了一些敏感性的问题：跨国公司的目标是否与单个国家的福利相冲突，跨国公司是否拥有规避或颠覆其他国家主权的力量？发展中国家既担心外国公司在本国投资，又担心它们不来投资。一方面它们担心被外国公司剥削，另一方面又担心不能利用外国的资本、技术、市场营销以及管理技能。而工业化国家则担忧作为直接投资流出国与接收国而受到的影响：直接投资的资金流出会不会减少本国的产品出口和就业机会？直接投资的资金流入会不会让外国竞争者对本国经济施加不适当的影响并且控制其发展？

本章第一部分将会介绍跨国公司以及对外直接投资（即外国直接投资），分析为什么会出现对外直接投资，并考察母国和东道国是否有很好的理由去限制（或鼓励）国际直接投资。

这些问题很重要，因为各国政府的政策仍然很有力量。所有的国家政府都会禁止或者限制对一些特定部门的直接投资。哪些部门会受到禁止或限制因国而异，但这些限制集中在容易受到外国影响的行业，包括自然资源、银行、报纸、广播、电信、航空以及国防等部门。政府也有许多方法管制外国公司在本地的运作。它们可以规定本土资本在外国投资的所有权或管理中的参与比例；或者要求外国公司培训本土员工，购买本土原材料和零部件，促进本土研发或者增加本土出口；还可以通过税收政策影响直接投资的流动，包括投资利润如何在公司和政府之间分配。另一方面，许多政府也积极地迎合跨国公司，提供各种各样的补贴吸引它们到本国投资。

在国家之间发生的各种要素流动中，人员的流动是最敏感的。对于移民来说，移居他国风险大，但平均收益高。移民们冒着生病或受骗的风险，而在异国他乡获得高收入的目标很可能最终落空。也有许多移民最终不得不带着失望与迷茫返回故乡。然而，有风险就有收益，广大移民从总体上来讲还是取得了很大收益的。在某些意义上，移民所获得的政治及人身自由，本身就是一种极大的收益。另一些情况是移民可以带来个人经济收益的增长，例如来自诸如印度、牙买加这样的低收入国家的医生、工程师以及其他专业人员，通过移居北美、澳大利亚、英国以及波斯湾国家后，收入可以数倍增长。墨西哥的工匠和农业工人在得克萨斯州和加利福尼亚州取得的收入，足以使他们提前退休（如果他们愿意的话），回到墨西哥舒适的家中安度晚年。在德国的土耳其“客工”收入也极大地提高了，他们能过上舒适的生活。

正如我们在第 1 章中讨论的，对于移民接受国而言，种族偏见、仇外情绪以及担心受到外来移民竞争的利益集团都使得移民问题特别敏感。20 世纪 90 年代初期，反移民组织的声音越来越大。面对来自墨西哥和中美洲合法与非法移民的增加，美国政府制定了一项联邦法案，该法案甚至拒绝给予合法移民享受一些社会福利项目的权利，尽管之后的一些法律又恢复了他们的部分福利待遇。在欧洲，包括非法移民在内的数量可能已经超过到美国的非法移民。欧盟移民迅速增加，也警醒了欧洲人。在奥地利、丹麦、法国、意大利和瑞士，反对移民的政党有时试图利用恶毒的言辞赢得选票。在德国，为了应对日益增多的来自东欧国家的难民，政府建立了新的移民政策壁垒。

本章第二部分将考察国际移民的经济影响。我们将着重研究出于经济原因的移民，理解其对移民输出国和接受国劳动力市场的影响。在考察跨国公司时，我们将考察移民输出国和接受国是否有理由限制移民，以更好地防止这种移民给国民福利带来负面影响。

15.1 对外直接投资

假设美国的苹果公司（Apple）以现金收购了一家德国软件公司的所有股票；一位叫普格尔的美国投资者购买了一家相似德国软件公司的 10 000 股股票（占流通股的 0.1%）。以上两种股票购买行为都是金融资产从美国到德国的国际流动。但只有一种是对外直接投资。两种投资的关键差别在于投资者在何种程度上控制或影响公司的管理。在对外直接投资中，投资者对所投资的外国公司拥有有效的管理权。**对外直接投资**（foreign direct investment，FDI）是由一个投资者或者贷方（通常是一家公司）为了建立或者收购一家外国企业，或者是投资者对已经拥有控制权的外国公司的扩张或融资而进行的投资。例如上述例子中，苹果公司对第一家德国公司的并购就是对外直接投资。

与此相比，普格尔并没有兴趣对第二家德国公司的日常管理产生任何影响。他只是想在自己的投资组合中加入这 10 000 股以获得金融收益。一般来说，国际间接投资（international portfolio investment）指不涉及管理权控制的所有国外证券投资（即所有的非直接投资）。

对外直接投资与国际间接投资都是金融资产在国家之间流动的重要方式。在 2007—2009 年间，全球对外直接投资和国际间接投资的全球现金流量平均接近每年 2 万亿美元。本章将考察对外直接投资的经济效应。

在大部分情况下，如苹果公司对德国公司的并购，我们很容易分辨出一种投资是否为对外直接投资。在其他情况下，投资者并不拥有外国公司的全部股权。那么，到底占多大的股权份额才足以影响外国公司的管理呢？对此没有明确的答案，一般来说至少是拥有一半的股权，但是也有可能更少，有时拥有 20%的股权就可以在很大程度上控制公司的管理了。

国际上对对外直接投资达成的标准是拥有 10%①或者以上的所有权。即对外直接投资是投资者（通常是公司）对已经拥有 10%或以上所有权的外国企业的资金出借或对其产权的购买而产生的任何资金流动。这里有一些例子，其中有些符合，有些不符合外国直接投资的正式定义：

美国对外直接投资	美国境外间接投资
美铝公司购买一家牙买加矾土公司 50%的股票	美铝公司购买一家牙买加矾土公司 5%的股票（购买以后，美铝公司拥有的股票比例为 5%）
福特公司对已经拥有 55%股权的一家加拿大配件子公司提供贷款	福特公司对已经拥有 8%股权的一家加拿大配件子公司提供贷款

请注意，直接投资包含了任何形式的投资，不管是拥有所有权还是简单的借贷，只要投资的公司拥有（或获得）了外国公司 10%以上的所有权，就是直接投资。

15.2 跨国公司

在两个或两个以上的国家拥有或控制业务运营的公司即为**跨国公司**（multinational enterprise，MNE）。在跨国公司里，**母公司**（parent firm）是跨国公司位于**母国**（home country）的总部公司。母公司在一个以上的**东道国**（host country）设有一个或者一个以上的**国外附属公司**（foreign affiliates）（子公司或分支机构）。

跨国公司通过对外直接投资建立子公司或者为其提供资金。但是，跨国公司与单纯的对外直接投资有两个不同：第一，跨国公司的子公司往往只有一部分，常常只有很小部分的资金来源于直接投资；第二，跨国公司除了直接投资外，还为子公司注入无形资产，比如专利技术、商标、营销能力策略、商业秘密以及管理技能等。这里重点分析子公司（分支机构）的融资。

子公司既可以从母公司（或者跨国公司的其他部门）筹措资金，又可以从其他投资者（例如，银行或者子公司发行债券的购买者）那里筹措资金。但是只有前者属于外国直接投资，而且通常只占子公司融资的一小部分。2009 年，全世界所有跨国公司的国外子公司融资数量达到 77 万亿美元，其中只有 18 万亿美元是由跨国公司提供的对外直接投资。跨国公司的证据表明，东道国为跨国公司提供了一半以上的外部融资。

为什么直接投资只占子公司总投资如此小的份额？一个重要的原因是母公司希望减少对外经济活动带来的风险。一种风险是汇率的非预期变动，这种变动会改变直接投资的市场价值。对母公司来说，规避风险比较好的策略就是母公司在子公司拥有

---

① 美国和其他许多国家使用 10%的标准，但并不是所有报告对外直接投资数据的国家都会使用。还有一种形式也被国际上认为是对外直接投资：母国的投资者集团对某一外国公司的控制权，即使它们中每个投资者拥有的外国公司股权低于 10%。

的、用东道国货币计值的资产，通过在东道国为子公司融资也同样拥有了以东道国货币计值的负债。这样就可以减少汇率风险对公司资产价值的影响。

另一种是政治风险，即东道国政府可能会改变其政策从而损害跨国公司的利益。比如东道国政府有可能对外国子公司实行征用或国有化。自第一次世界大战和俄国革命以来，东道国倾向于没收跨国公司的资产，有时候甚至不对投资者进行任何补偿。比如近年来，委内瑞拉政府已经没收了埃克森美孚石油公司（Exxon Mobil）、欧文斯-伊利诺伊天然气公司（Owens-Illinois）、Helmerich & Payne钻探设备公司以及很多电力、水泥、咖啡和石油产业的其他公司在当地的投资；玻利维亚政府在2006年接手了外国拥有的石油和天然气的运营。认识到没收带来的危险后，许多跨国公司通过向东道国借贷持有相应的实物资产来减少这类风险。即使政治动荡导致了征用，母公司也能够让东道国的债权人向他们自己的政府（征收者）收取赔偿。这种减少负债的方式抵消了跨国公司在这个国家的部分或者全部的资产损失。

15.3 FDI：历史以及现有模式

尽管有关对外直接投资（FDI）的数据只能反映跨国公司全球运作的一个方面，但这些数据的优点是在大部分国家都有较长时间的数据记录。因此，FDI数据本身就可以作为一个指标来衡量跨国公司在相当长的时期内对各个国家的重要性。FDI数据可以测度以下两个相关但又不同的经济现象：

- FDI流量用来衡量某段时期内跨国公司内部的新增股权投资以及贷款，这也是本章所使用的衡量FDI的方法。
- FDI存量衡量某个时点直接投资的总量。这个存量是以往FDI流量的合计。

我们首先看FDI流量的相关信息。

在整个20世纪以及21世纪前期，对外直接投资起伏不定，但主要是增长趋势。大致从朝鲜战争（1953年）后直到第一次石油危机（1973—1974年）期间，FDI增长最为迅速，成为所有跨国投资当中最主要的部分。在那段时期，占据主导地位的是从美国流出的FDI。历史上看，美国的跨国公司比起其他国家的跨国公司更偏好FDI以及对子公司的直接控制；而英国、法国以及石油国家则更倾向于国际间接投资。在20世纪70年代以及80年代早期，因为两大间接投资热潮，全球FDI增长放缓：第一次是1974—1982年对发展中国家的大规模借贷；第二次是80年代对美国的大规模借贷。

由于20世纪80年代后半期不断增长的日本公司的对外直接投资，再加上90年代美国、欧洲以及南亚和东亚公司对FDI的推动，全球FDI自80年代中期以来又开始迅速增长。在90年代后期，工业化国家之间的企业并购开始盛行起来，全球FDI流量在2000年达到顶峰的1.4万亿美元，之后由于21世纪初的经济不景气，FDI又跌落到2003年的5 650亿美元。接着，由于国际并购的盛行，FDI流量又开始快速增加，到2007年达到了2.2万亿美元。随着国际金融危机和经济危机期间经济活动的急剧萎缩，FDI流量在2009年收缩到1.1万亿美元。

对外直接投资的流向也发生了变化。首先，在20世纪70年代和80年代，由于FDI遭到发展中国家的抵制和国家征用，纷纷从发展中国家撤离。这种趋势到了1990年发生了扭转。流入发展中国家的FDI发生了戏剧性的增长。发展中国家迅速增长的国内市场、低廉的生产成本、经济政策的改革，都吸引了FDI的进入，特别是几个南亚和东亚以及拉丁美洲的发展中国家。其中包括 70 年代后期改革开放的中国。其次，在 80 年代美国比其他任何一个国家都吸引了更多的 FDI。尽管后来美国吸收的 FDI 份额有所下降，但在 21 世纪初的第一个十年末期，美国仍然继续吸引了约 1/7 的新增 FDI 流量。最后，欧盟一体化进程的深化促进了 FDI 流入欧盟以及欧盟之间的 FDI 流动，北美自由贸易区的形成（加上墨西哥自身的政策改革）也促进了 FDI 流入墨西哥。

我们再分析 FDI 存量指标。FDI 存量是 FDI 流量在某一时点的合计，反映了一定时期内 FDI 的总量。图表 15—1 显示了九大 FDI 母国（来源国）在 2008 年年底的直接投资存量。在 2002 年年底，这九个国家 FDI 的流出量占全球总量的 67%。事实上，工业化国家集团在直接投资流出过程中占据了支配性地位，约为全球总量的 83%。图表 15—1 右侧的 6 栏标明了直接投资的不同流向。美国有一半的直接投资流向了欧洲。同时，美国也是加拿大的主要投资国。（美国对北美自由贸易区其他两个国家的 3 290 亿美元的直接投资中绝大多数流向了加拿大。）加拿大近一半的直接投资投向美国。日本对亚洲发展中国家进行了大量的直接投资，在 20 世纪 80 年代，日本在美国的直接投资也具有重要的地位。英国、法国、德国、荷兰以及瑞士都把将近一半的直接投资投入了欧洲其他国家，同时它们也在美国有大量的直接投资。西班牙接近一半的直接投资都流向其他欧洲国家，大约有 1/5 流向了拉丁美洲国家。

图表 15—1　　FDI 的主要流出国（至 2008 年年底）　　单位：10 亿美元

母国	东道国						
	FDI 流出总计	北美自由贸易区[a]	欧盟[b]	其他工业化国家	拉丁美洲国家	亚洲发展中国家	其他发展中国家[c]
美国	3 220	329	1 613	358	501	315	104
英国	1 565	425	749	59	92	110	130
法国	1 405	253	904	94	29	56	69
德国	1 184	220	760	60	26	68	51
荷兰	884	139	549	84	23	55	34
瑞士	734	179	304	34	103	48	66
日本	680	236	161	29	88	163	4
西班牙	589	82	356	22	115	3	11
加拿大	524	247	123	19	97	28	11

说明：这九大国家（或来源国）流出的直接投资约占全球 FDI 存量的 67%。FDI 也表现出明显的地域格局：显著的 FDI 流动发生于美国和加拿大、日本与亚洲发展中国家以及欧盟国家之间。

a. 北美自由贸易区：加拿大、墨西哥以及美国。

b. 自 2007 年起的 27 国。

c. 包括尚未分配给特定东道国的 FDI。

资料来源：Organization for Economic Cooperation and Development，*Source OECD International Direct Investment Statistics*：*International Direct Investment by Country*，2011.

约有 65%的直接投资存量都在工业化国家，其中超过 90%在西欧国家、加拿大和美国。在很大程度上，FDI 涉及的基本是发达国家企业对另一个发达国家的投资，主要的投资国也是主要的东道国。日本则是一个例外，与其他主要工业化国家不同，日本只吸引了少量的直接投资。2009 年，日本的直接投资存量仅为 2 000 亿美元，还不到西班牙 FDI 的 1/3，而西班牙的经济总量比日本要小得多。

那么 FDI 都发生在哪些行业？这是随着时间变化而改变的。1970 年，1/4 的全球 FDI 都投资在初级产品产业上，主要是采矿业和冶炼业；1/2 投资流向制造业，还有1/4投资于服务业。此后FDI在矿业和冶炼业的份额一直在下降，特别是20世纪70年代以来，发展中国家对许多企业实行了国有化，并加大了对自然资源开采的控制。到2002年，制造业的FDI份额下降至不到30%，而服务业占FDI的份额上升至超过60%。在制造业部门，企业生产药品及其他化学品、电子设备、汽车、机床、布匹以及食品的FDI比较活跃，而在纺织品、服装以及纸制品上的FDI则相当稀少。在服务业中，主要的FDI投资于银行业和其他金融服务业，诸如咨询、会计、广告等商业服务业，以及批发与零售等行业。

15.4 为什么会有跨国公司

这听上去真是个愚蠢的问题！答案听起来也很简单——因为跨国公司可以更好地盈利。但实际上问题远比听起来复杂。

我们首先排除一个可能的解释，即跨国公司不过就是利用国家之间收益和风险的差异，在国家间进行金融资产转移的一种方式。尽管收益和风险的差异在企业是否进行直接投资的决策上起到一定作用，但是这样的直接投资的金融理论并不足以站得住脚。因为它解释不了国际投资为什么要达到可以控制国外公司管理权的规模。如果只是要进行金融资产的国家之间的转移，那么国际间接投资可以比主要从事产品生产和营销企业所进行的直接投资能更好地实现这个目标。

有五个理由可以解释跨国公司为什么存在并且规模如此巨大。它们是：

1. 跨国公司固有的劣势。
2. 跨国公司特有的优势（克服上述固有的劣势）。
3. 区位因素（这使得在外国生产优于对其出口）。
4. 内部化优势（使得直接投资优于与其他公司签订合同和联盟）。
5. 寡头垄断竞争（在跨国公司之间）。

将这些因素结合起来理解跨国公司的框架通常被称为折中理论，由约翰·邓宁（John Dunning）首次系统性地提出。

15.4.1 固有的劣势

首先，我们应当认识到，有很多理由能够说明跨国公司不应该存在。因为跨国公司在东道国与本土企业进行竞争时有其**固有劣势**（inherent disadvantage）：跨国公司不熟悉东道国的法律、风俗习惯、程序、惯例以及各种关系，因此在这种外国环境中，跨国公司与本土公司的竞争处于不利的地位。其次，跨国公司在管理控制上也会发生额外成本。远距离的运营代价高昂，交通和沟通的成本也非常昂贵，特别是沟通的成本甚高。最后，跨国公司与东道国政治领袖之间缺乏有效的联系，从而可能面临来自东道国政府实际的和潜在的敌意。

15.4.2 跨国公司特有的优势

跨国公司如何克服作为外国企业在东道国经营而带来的固有劣势？要想成功克服其固有劣势，跨国公司必须有一个甚至更多的**公司特有优势**（firm-specific advantage），即具有一项甚至更多项东道国本土企业所不具备的资产（或者可能是世界上其他企业所不具备的资产)。企业的秘密技术或者专利可以是特有优势（例如西门子的电器产品，辉瑞的药品)。或者企业在垂直生产过程不同阶段的协同运作以及资产投资可能取得优势，如石油精炼（皇家荷兰壳牌公司)、金属加工（美铝公司）等。由于巨大的存货成本和每阶段所需要的专门知识，公司可以通过同步运营来节省费用。或者跨国公司基于其熟练的广告运用和其他可以建立产品差异化的促销手段——比如通过被高度认可的品牌（例如雀巢和宝洁）——可能会获得营销优势；或者是卓越的管理技术所固有的优势（例如通用电气)；或者对于某些跨国公司，它们有能力调动的金融资本数量，远远大于普通企业可以控制的数额。某些特定优势对跨国公司克服在外国环境中远距离运作的劣势是必须具有的。当然，拥有这些资产需要消耗高额成本，比如开发新技术需要研发费用，确立和维持一个强大品牌需要市场投入，等等。跨国公司所面临的挑战就是将这些资产带来的收益最大化。

假设一个拥有特定优势的企业跨国经营是有利可图的，那么它应该成为跨国公司吗？即使是对于具备了特定优势的公司，仍必须考虑除了对外直接投资，是否还有其他投资方式使它从国外市场行为中获得利润。对跨国公司来说，拥有和管理国外业务运营的利润必须超过采用其他经营方式挣得的利润。让我们重点思考这样一个情景：假设一家公司试图通过向外国的消费者出售商品来盈利，公司的经理们将面临两个问题：

1. 公司是在从本国生产然后出口卖给外国消费者，还是到外国建厂生产向外国消费者提供产品？

2. 是通过许可证形式允许外国当地企业使用本公司运营上的优势来为外国消费者提供服务，还是到外国建立一个拥有所有权和控制权的企业？

回答这两个问题，需要引入区位因素和内部化优势来解释。

15.4.3　区位因素

区位因素（location factor）是在一个国家（母国）和在另一个国家（东道国）生产的所有优势和劣势。在之前的章节里，我们已经研究过很多区位因素来回答“出口还是 FDI”这个问题。以下是四个已经提及的比较关键的区位因素：

- 比较优势：在不同国家生产成本中的可利用资源（劳动力、土地等）的效应。
- 规模经济：在一些区域集中生产并通过出口为其他国家市场服务的规模优势。
- 阻碍商品进口的东道国政府壁垒：不利于出口的关税和非关税壁垒。
- 贸易集团：如果外国是某个自由贸易区（或类似集团的成员国），而母国是非成员国，那么这将有利于 FDI，因为在该外国生产的产品还可以便捷地提供给其他成员国的消费者。

在某些行业，还有其他重要的区位因素，例如高额运输成本有利于通过 FDI 使生产地点更接近外国消费者，而不是通过出口卖给距离遥远的消费者；政府的税收和补贴政策会影响在不同国家生产的利润率；FDI 有利于让产品更加适应外国消费者特定需求的要求，因为这样可以有效地密切本土销售部门、产品重新设计部门的联系，营运部门可以在可接受的成本下生产重新设计的产品。

区位因素是回答“出口还是 FDI”问题的关键。但需要注意的是，对于某一特定的公司或者产品，答案也可能是从母国生产并出口更加有利。例如，因为生产某一产品所需要的非常重要的资源在母国获取的成本比较低。但是也有例外，通过直接投资在外国建立子公司生产更加有利，因为外国对这种产品设置了很高的进口关税。

15.4.4 内部化优势

即使一个企业不通过出口这种方式服务于外国市场，它依然有其他可替代的选择从外国市场中获得利润。除了通过 FDI 建立子公司，跨国公司还可以通过出售或者出租其特有优势给东道国的公司让它们生产产品。例如，如果一家公司的优势来自其卓越的技术、强大的品牌或更好的经营管理实践，那么它可以通过许可证方式使一家或者多家东道国公司使用这些资产。**许可证**（license）允许一家公司可以在某些条件下使用另一公司的资产，并对这种使用权支付报酬。

外国公司要在 FDI 和许可证两种形式之间作出选择时，必须权衡两者的优势与劣势。授予外国公司许可证的一个重要优势是跨国公司可以避免（大部分的）在东道国投资设厂和管理带来的内在劣势；而 FDI 则能确保本公司的特有优势只限制在公司内部（内部化）使用的优势。**内部化优势**（internalization advantage）是指公司内部使用某些特定资产而获得的优势，不需要到其他公司去购买、租赁或者得到许可证去使用这些资产。之所以存在内部化优势，是因为公司的许多特有优势，特别是无形资产，例如技术、商标、市场营销技术以及管理实践等的定价市场存在缺陷。

内部化优势来源于可以规避授予一家独立公司许可证时产生的交易费用和风险。许可证的谈判成本通常颇高，且困难重重。许可方想要获得高额报酬，而被许可方则想尽量少付出代价。被许可方很可能对许可方声称的无形资产的价值和索要的高价表示怀疑。许可方还希望对被许可方如何使用资产设置重重限制，而被许可方则希望这种限制尽可能少。然后，即使协议达成，许可方还会面临很多重大风险。被许可方不会像许可方那样谨慎地对待这些资产。例如，它们可能会把机密技术泄露给其他的竞争者；或者自作主张将这些技术运用到协议中不允许的活动中去；或者被许可方不能维持产品质量而引发了损害品牌的全球声誉和价值的新闻报道（例如“奥地利的可口可乐导致广为传播的疾病”），等等。

FDI 可以保持资产在公司控制范围内使用，可以克服市场缺陷带来的弊病。内部化优势来源于跨国公司管理其子公司使用这些资产的能力。跨国公司不仅能通过其子公司使用这些无形资产获得回报，而且能够实行严格的政策维护这些无形资产的价值。跨国公司通过 FDI 保证了无形资产的收益最大化。①

在内部使用公司特有的无形资产解释了为什么 FDI 更多地出现在高科技行业（例如电子产品和制药产品）和市场密集行业（例如食品和汽车），而不是标准技术行业（例如服装业）或者市场密集程度不高的行业（如纸制品行业）。

15.4.5 寡头垄断竞争

很多跨国公司都不是那种处于完全竞争市场的小公司，而是彼此竞争市场份额和利润的巨头。它们使用无形资产（例如新技术和大品牌）攫取大量的市场份额。这些

① 巴克利和卡森（Buckley & Casson，1976）强调了用内部化优势来理解跨国公司的行为。麦吉（Magee，1977）发展了类似的观点，强调了独占性的重要性，即跨国公司利用无形资产投资获得最好回报的能力。诺贝尔奖获得者科斯的分析也与此相关，经济学认为是否进行 FDI 是关于企业边界在国际范围内的决策（是自制还是向外购买，是拥有还是租赁等）。

无形资产驱动它们进行对外直接投资。这些跨国公司参与的是在第 6 章和第 11 章讨论过的全球寡头垄断竞争。

跨国公司把对外直接投资的决策作为它们竞争策略的一部分。例如，跨国公司在特定区域的竞争。跨国公司建立子公司，看起来似乎只有蝇头小利，但它这么做的特定目标是在同一国市场上打击其主要竞争对手。通用汽车也许会在一个发展中国家成立外国子公司，主要是因为担心如果它不这么做，丰田就会这么做。在某些特定规则下，其他的竞争对手也通过在这个国家建立它们的子公司而作出响应，以阻止竞争对手的行动获得持久的优势。这种跟随领先者行为引起的竞争表现为跨国公司在进入东道国时一拥而上。因此，大多数跨国公司的分支机构都需要度过一个艰难时期才能获利。

跨国公司也能够通过对外直接投资来减少竞争和提高它们的市场力量。首先，跨国公司可以收购那些开始挑战其国际市场地位的外国公司。其次，跨国公司可能在某个竞争对手的国家设立子公司，从而形成对竞争对手的威胁，意思是“在其他国家不要和我竞争得太过分，否则我在你的家门口给你好看!”

15.5　对跨国公司利润征税

跨国公司的利润来自母公司和子公司的运营，而母国和东道国政府对其利润的征税，使得对跨国公司的征税变得复杂而且具有争议性。以下首先考察对这些跨国公司的利润是如何征税的，然后分析由此带来的两个重要问题。

从概念上分析，对跨国公司利润的征税是简单明了的（尽管其细节令人困惑）。东道国政府对跨国公司子公司的利润征税，而母国政府对跨国公司母公司本身的经济活动所获得的本土利润征税。那么关键问题是母国政府是否也会对母公司的子公司获得的利润征税？

案例研究

西麦斯集团：异乎寻常的地方上成长起来的跨国公司的典范

我们在教材中的讨论强调了跨国公司是如何通过它们特有的公司优势在全球范围内取得成功的。我们还看到大多数的对外直接投资是由工业化国家的大公司进行的。我们在这里要讲的故事是西麦斯集团（CEMEX），一个从 1990 年开始迅速成为跨国企业的公司。该公司成功跻身为跨国企业的原因与折中理论中所强调的优势非常契合。这个公司之所以异乎寻常，是因为这家公司位于墨西哥。西麦斯就是发展中国家的小型但日益成长的跨国企业的榜样。

西麦斯始建于 1906 年。当时这家公司的绝大多数产品都在墨西哥市场上销售。水泥的物流费用很高，如果要漂洋过海，运输费用更是高昂。因此大多数水泥都是运往水泥厂附近 300 英里以内的客户。利用水运虽然相当昂贵，但也不是完全不可能。20 世纪 80 年代大多数的水泥生产商都是按照这种传统商业模式营运的当地生产商。西麦斯的新任经理们打破成规，在传统的运营方式中引入广泛的自动化操作、信息技术和卫星定位的沟通网络。他们用科技提高质量控制，并为高层管理人员提供实时的详细的生产、销售和分销信息。为城市里的工程项目提供搅拌好的混凝土尤其具有挑战性。水泥公司一般只能保证在 3 小时内送货上门，但西麦斯率先使用了电脑和全球定位系统，确保在20分钟内送货到工地现场。这些创新成就了公司特有的优势。

在20世纪80年代，西麦斯开始用海运的方式积极地向美国出口，日益获得成功。然而，美国水泥生产商向美国政府投诉，导致1990年西麦斯向美国的出口被征收了58%的反倾销税。由于其向美国的出口受反倾销税所限，西麦斯开始在其他国家寻求发展机会。

1991年，它开始向西班牙出口；1992年它第一次对外直接投资，并购了两家西班牙的水泥厂。西麦斯第一次对外投资是在语言相同并有相似文化的国家，以便将内部劣势最小化。此外，西麦斯以向欧洲扩张应对瑞士公司豪西盟（Holcim）在墨西哥水泥领域的投资。

西麦斯派出的重组收购管理团队惊讶地发现西班牙子公司几乎不使用个人电脑，仍然在使用手工记录。他们给子公司升级了西麦斯技术和管理方法。通过内部转移西麦斯无形资产的方式提升了公司运营模式，其效果令人叹为观止——两年内，子公司的利润率从7%上升到24%。

自那以后，西麦斯进行了一系列对外直接投资，并购了拉丁美洲（包括委内瑞拉、巴拿马、多米尼加、哥伦比亚和哥斯达黎加）、美国、英国、菲律宾、印度尼西亚和埃及等地的一些水泥厂。西麦斯用相同的方法给它新的外国子公司更新了技术和管理方式，基本上实现了业绩的大规模提升。

到2000年，西麦斯成为位于法国的拉法基（Lafarge）和瑞士的豪西盟之后的世界第三大水泥制造商，公司60%以上的有形资产都在海外，同时它也是世界上最大的水泥出口商（这证实了对外直接投资和贸易互为补充的观点）。

因为东道国政府已经对这些外国子公司的利润收过税了，母国政府通常会避免对外国子公司的利润重复征税。虽然每个国家规则不尽相同，但总体原则是母国政府对子公司只征收少量税或不征税。① 这样，主要是东道国政府对外国子公司的利润征税。由于税率因国而异，而全世界的跨国公司总是试图将要交纳的税额最小化（从而增加税后利润），于是产生了两个重要的问题。

首先，跨国公司可以在全球范围内购买原材料，可以选择在更低税率的国家辖区内建立子公司。对外直接投资的方式可以让跨国公司在更低税率的国家投资设厂。从全球范围角度分析，这种做法究竟是好是坏，取决于东道国征收这些税额用于何处，以及跨国公司在低税率国家建立的企业的效率高低。

其次，跨国公司可以利用转移定价和其他方式将更多的利润留在低税率国家申报，即使这些利润事实上是在高税率国家挣得的。**转移定价**（transfer pricing）是指跨国公司内部确定的母公司和子公司之间、子公司与子公司之间商品流动时的价格（货币价值）。这些商品包括原材料、配件、制成品、技术所有权的使用、品牌以及金融资产。为了给每个单位（母公司或者子公司）之间流动的商品入账，每个商品都必须有一个价格或者价值，因此所有的跨国公司都必须确定转移价格。

跨国公司可以通过设置转移价格来实现公司的若干目标，其中之一就是减少跨国公司支付的全球税额。比如，为了降低公司所得税，跨国公司让它在高税率国家的子公司从低税率国家的子公司购买（或销售）产品和服务时支付过高（或过低）的价格。那样，税务官就很难发现高税率国家的子公司有这么多的利润，跨国公司的高利

① 美国会对外国子公司汇至美国母公司的部分利润予以征税，但同时也会对外国子公司向东道国已经支付的部分进行税收减免。大多数其他工业化国家基本不对外国子公司征税。

润只会显现在低税率国家的子公司里，利润就从高税收国家转移到低税收国家。结果是：跨国公司净税额减少。

有一例子可以说明这是如何实现的。一家在德国的跨国公司生产一种零部件，假设其德国公司的所得税税率是 50%。在德国，生产每单位该零件的成本是 8 美元。跨国公司将在那里生产全部零部件并卖到其在新加坡的子公司，新加坡的公司所得税税率假设是 20%。新加坡的子公司利用这个零部件和 7 美元的劳动生产出一个最终产品，卖给外部消费者的价格是每件 20 美元。因此，卖给最终消费者的每一单位产品，跨国公司得到的税前总利润为 5 美元（20－8－7）。但是跨国公司最感兴趣的是支付完公司所得税后可以留下多少利润，而税后总利润取决于零部件从德国子公司卖给新加坡子公司时跨国公司设置的转移价格。这里有三个可能以及每单位税后总利润的结果：

单位：美元

零部件的转移价格	德国子公司		新加坡子公司		跨国公司整体	
	税前利润	税后利润	税前利润	税后利润	税前利润	税后利润
13.00	5.00	2.50	0.00	0.00	5.00	2.50
10.00	2.00	1.00	3.00	2.40	5.00	3.40
8.00	0.00	0.00	5.00	4.00	5.00	4.00

显示的三个可能的转移价格中，跨国公司使用最低的转移价格实现了最高的税后总利润。

各国政府知道跨国公司可以通过转移价格转移利润并降低它们的税负。很多政府试图采取一系列措施确保跨国公司内的转移价格与市场价格保持一致。但是，判断转移价格是否与市场价格相悖很复杂且成本很高，因此跨国公司还是能利用转移价格来减少税负的。

15.6 跨国公司与国际贸易

正如第 5 章所论述的，生产要素的国际流动和商品贸易呈现替代关系，对东道国的直接投资对母公司向东道国的出口也是一种替代关系。目前，约有 1/3 全球商品的国际贸易是在不同国家之间的跨国公司各子公司之间的**公司内贸易**（intrafirm trade），另外还有 1/3 的全球国际贸易涉及跨国公司作为卖方（出口）或买方（进口）与其他公司进行交易。

为什么跨国公司与国际贸易联系如此紧密？特别是为什么公司内贸易如此重要？在什么条件下 FDI 是对贸易的替代？什么条件下 FDI 是对贸易活动的互补？为了回答这些问题，首先考虑简单的情况，即子公司与母公司处于生产的不同环节，然后再考虑更复杂的情况，即子公司与母公司（或者其他子公司）从事相同类型的生产活动。

只要运输成本和贸易壁垒足够低，FDI 可以用于在不同的国家进行不同环节的生产，从而降低总成本。与公司只在一个国家进行全部生产环节的生产相比，当一家公司通过 FDI 将生产环节分布在不同的国家，将带来更多的国际贸易。

对电器产品，例如电视机、通信设备以及电脑硬盘等产品，可以根据各国的相对成本优势安排每个生产环节的分布（也可以从市场和销售角度出发，以密切消费者和最终产品的联系来安排生产环节的分布）。新产品的设计和开发一般都安排在高技能劳动力要素禀赋丰裕的国家（常常是在母国），配件生产安排在有生产高质量和复杂产品能力的国家生产，而组装则安排在低技能劳动力丰裕的国家进行。这样，跨国公司的配件被运输到在另一些国家的子公司进行组装，最后将组装好的成品卖给各个国家的消费者，如此形成了巨额的公司内贸易。由此可见，伴随着大量的公司内贸易，FDI 是能够增加和促进贸易的。

跨国公司的母公司和子公司在不同的国家进行不同环节的生产，使得 FDI 和贸易呈现出一个互相补充的关系。但在起初大多数 FDI 不是采用这种方式，大多数的子公司只是重复母公司或在其他国家子公司的生产活动。

在外国的子公司从事与母公司或者其他子公司同种生产的情况下，FDI 和贸易可以是相互替代或者互补的。在某种程度上，它们是相互替代的。在许多行业，跨国公司必须在以下两点中找到一个合理的平衡：(1) 在一个或几个国家集中生产、出口到多个国家，以达到规模经济效应（回顾第 6 章对规模经济的讨论）；(2) 把生产分散到消费者所在的很多东道国，以降低运输成本、规避这些国家实际和潜在的进口壁垒，或者获得当地的市场优势。例如，当规模效应没有那么重要时，或者运输成本和贸易壁垒更高的时候，这种平衡就会倾向于 FDI。通过 FDI 的外国生产此时将替代国际贸易。

但是，这种 FDI 对贸易的影响实际上是很复杂的。在某种程度上，有两个原因使得这种 FDI 也可能促进或补充了贸易。首先，子公司的最终产品生产中需要零部件和原材料作为生产的投入。通常是从母公司、在其他国家的子公司或者其他国家的独立供应商获取这些零部件和原材料最为经济实惠。尽管最终产品的贸易减少了，原材料和零部件的贸易却增加了。

其次，子公司改善了在东道国的跨国公司所有产品的市场营销，从而增加了东道国对最终产品的需求和贸易。在大多数情况下，子公司只是生产跨国公司产品系列中的一部分，其他的产品必须通过向母国公司或在其他国家的子公司进口。尽管在东道国子公司的生产替代了一些产品的贸易，但由于其在东道国市场上更好的营销活动，从而增加了东道国对跨国公司在其他国家子公司生产的其他产品的进口，扩展了贸易。

我们有充足的理由认为 FDI 与贸易之间既互相替代又互相促进。既然每一种 FDI 都有具体情况和结果，那么总的来看，情况会是怎样的呢？大部分研究显示，一般情况下，FDI 与贸易之间是相互补充的关系。譬如对美国、德国、日本、法国和瑞典的跨国公司的考察发现，在控制其他变量后，FDI 与母国出口增长密切相关。这种总体上的互补性反映出子公司生产中使用了更多母国出口的零部件以及导致更多母国最终产品的出口（后者适用于许多行业而非全部）。

15.7 母国是否应当限制 FDI 流出

判断母国是否应当限制 FDI 的流出是一个复杂的问题，可以利用类似于是否应当限制国际贸易的分析框架思考这个问题，然后就可以判断几个关键效应：

- 对母国工人和其他生产投入要素提供者的效应。
- 对母国的跨国公司所有者的效应。

- 对政府预算，特别是政府税收收入的效应。
- 直接投资流出给母国带来的外部收益和成本。

现在我们将市场上的生产者划分为：（1）工人、其他要素提供者；（2）跨国公司所有者。我们假设跨国公司比工人和其他要素提供者的国际流动性更强。

对 FDI 和跨国公司的政策分析的有效出发点，是从静态角度来分析一个国家的资本流出效应。如果 FDI 将母国的某些资本转移到外国，那么母国所能利用的资本减少，工人的利益受损。由于跨国公司在国内的生产下降，有些工人将会面临暂时性失业。如果母国的劳动力需求下降，那么实际工资水平将明显下降。

典型的例子是美国和加拿大。两国的工会代表一直为限制跨国公司到海外设厂进行着不懈斗争，他们声称自己的工作机会也被出口了。尽管 FDI 间接地也会增加美国和加拿大的工作机会，但总体上，工会代表的抗议是正确的。特别是工会工人受到的影响也许尤为严重。因为面对母国强大的工会组织，公司常常会用到其他国家投资替代在母国生产，威胁母国的工会工人。

工人并不是母国唯一受损于 FDI 流出的，母国政府通常也会遭受损失。由于跨国公司利润中的一部分转变为在外国子公司的利润，政府失去了部分税收来源；而为跨国公司提供的政府公共服务支出下降幅度又可能低于税收收入的下降幅度。因此母国的其他纳税人要么增加纳税，要么减少政府公共计划的开支。

跨国公司所有者是 FDI 的主要受益集团。它们从跨国公司资产增值带来的回报中得到更多的资产收益。研究分析表明，跨国公司所有者得到的收益大于工人和政府的损失。如果母国仅由工人、政府和跨国公司所有者构成，那么对整个国家来说，FDI 带来了净收益。但是，跨国公司所有者所得也可能小于工人和母国政府的损失之和。另外，跨国公司的有些所有者可能是外国投资者，这些所有者的所得根本不会增加母国收入。

FDI 流出还有一个重要效应，那就是把技术的外部收益也带到了国外。因为跨国公司的所有技术成果都会通过对工人培训以及当地生产者模仿的形式给公司所在区域的其他人带来很多收益。如果这样的话，FDI 的流出使得母国也丧失了技术的外部收益。

当我们把 FDI 流出的所有损益综合考虑时，从经济学的角度尚不能就限制 FDI 流出，母国政府是获得收益还是受到损失这个问题给出明确的结果，因为两者都有可能发生。

母国政府对 FDI 流出的实际政策是什么？尽管工业化国家是世界上大多数 FDI 的流出国，但它们事实上极少对 FDI 流出进行限制。如果说有什么政策的话，它们的政策甚至有些鼓励 FDI 流出，尽管它们几乎对跨国公司子公司的利润极少或者不征收额外的税。

政府实行中性或支持性政策的一个关键原因是跨国公司利用其资源和共同利益来游说议员，提高了自己的政治影响力。尤其是跨国公司成功地强调不同国家的企业为全球市场份额和利润的竞争。在这种竞争中，参与竞争的公司在外国建立子公司是竞争的最好方式（如前面所讨论的，可以通过子公司实现在东道国更好的营销）。母国政府一般不限制 FDI 流出就是为了让跨国公司更好地参与国际竞争。事实上，跨国公司有足够的政治力量使得本国对外政策有利于自己。在历史上，美国、英国及其他投资国政府都曾为了跨国公司利益而卷入代价高昂的外交冲突，而这些利益和母国其他选民的利益是不相关的。

15.8 东道国是否应该限制 FDI 流入

FDI 对东道国的影响，以及东道国对其限制的正面和负面效应与前面分析母国的思路是对称的。

首先，对 FDI 的标准静态分析显示，东道国工人和跨国公司子公司投入要素的其他供给者将获利，因为跨国公司对他们的需求增加了。如果东道国政府的税收收入超过东道国政府为外国子公司提供服务所花费的额外成本，那么东道国政府的税收也增加了。东道国企业则由于必须与外国子公司竞争而利益受损。在这种标准的分析中可以推测东道国福利是增加的。工人和其他要素提供者以及政府的收入增加超过了本土企业所有者的损失。另一个需要关注的现象是掠夺性倾销，跨国公司一旦挤垮东道国的本土企业，就会行使真实的市场力量，抬高商品价格。

其次，正如母国的视角一样，东道国在决定制定政策吸引外资时，必须看到 FDI 流入带来的间接经济效应。此外要考虑的主要影响是正的外部效应，如技术、营销能力以及管理技术。尽管跨国公司试图把这些无形资产控制在内部，但总是有一部分会外溢出去。子公司的员工在接受培训以及学习跨国公司的运作实践时，本土企业也可以通过接近这些跨国公司子公司来学习先进的技术和管理。

在过去 40 年中，东道国政府对跨国公司的政策发生了根本的转变。从 20 世纪 50 年代到 70 年代，东道国政府，尤其是发展中国家政府的政策更多地考虑意识形态和政治因素而非经济因素，因此在这段时期，意识形态迫使政府对经济进行干预，国家的目标以实现政治经济独立、民族认同和自力更生为主，而对于市场效率和贸易利益持怀疑态度。这种思维的后果就形成了曾经在第 14 章讨论过的进口保护和进口替代的发展政策。

东道国对跨国公司的怀疑和猜忌导致将其描述为“不公正的工具”。虽然也认识到跨国公司能够给东道国带来一定的经济利益，但是东道国的讨论更多地集中在对跨国公司的抱怨上。它们认为，跨国公司的经济规模大，拥有垄断力量，给东道国企业留下的市场空间狭小，经济利益有利于跨国公司。而且跨国公司的资本密集型生产方式不适合发展中国家，另外它们通过取代本土企业来瓦解东道国产业的国有化；跨国公司是其国家政府的实力延伸，在对抗中会谋求母国政府的支持而对东道国政府施加压力。它们也会收买东道国的政客或提供资金颠覆政府，就像国际电话电报公司（International Telephone and Telegraph）在 1972—1973 年反对智利的阿连德（Allende）政府所做的那样。

总而言之，在当时很多人把跨国公司视为对东道国政府主权（政权）和福利的威胁。为了重申主权和减小外国跨国公司在本土活动的所谓负面影响，很多东道国政府对跨国公司的进入和经营采取控制和限制政策。例如，印度和墨西哥等国政府制定政策，要求任何外国子公司大部分的所有权必须控制在本土企业手里。

就像我们在第 14 章中所看到的，这种内向型政府政策（反贸易和反 FDI）的负面经济效应是显然的。而发展最快的国家都是实行外向型政策的。严厉的政府干预在人所皆知的价值理念中大势已去，市场的优势逐渐被接受。即便是原来可能抵制这种政策变化的发展中国家，也不得不面对它们债台高筑的问题。随着 20 世纪 80 年代早期出现的债务危机，外资银行借贷和国际间接投资的融资也枯竭了。

尽管对于跨国公司政治和经济力量的忧虑没有消失，但是对直接投资的政治讨论开始关注其带来的静态经济收益和技术以及其他有益溢出的可能性。外溢的一个例子是为数不少的爱尔兰工作人员离开了跨国公司子公司，成立了自己的软件公司。跨国公司已经被看作一种更有利的外国资本流入的方式，因为跨国公司的投资者不会望风而逃。

这些收益给以前限制 FDI 流入的发展中国家政府留下深刻印象。自 20 世纪 70 年代中期以来，很多以前对外国直接投资的进入实行限制政策的政府开始采取自由化的政策（包括中国，参见“聚焦中国”专栏中的“作为东道国的中国”）。很多发展中国家为了吸引跨国公司子公司到本国投资，甚至对外国直接投资者采取税收优惠和补贴政策。

聚焦中国

作为东道国的中国

1978 年，中国政府开始了缓慢地向外国跨国公司直接投资开放的过程。这种做法到 20 世纪 90 年代收到了成效。从 1991 年到 1997 年，流入中国的 FDI 总量增长了 10 倍。自此，FDI 流入量一直保持强劲。在 2007—2009 年间中国已是世界第三大直接投资流入国（仅次于美国和英国）。[①] 进入中国的 FDI 中约有 3/5 流入制造业，外国子公司为中国制造业产值带来了 1/3 的增长。

这些所有的 FDI 是从哪来的？中国在这方面一直很不同寻常，即大量的 FDI 是来自地理位置离它很近的发展中国家，而非工业化国家，尽管工业化国家的公司才是世界上大部分 FDI 的源泉。香港和台湾地区的公司被吸引到中国大陆，因为它们寻求低成本的劳动力和土地（区位因素）生产服装、玩具和鞋子等产品，以及组装家用电子产品等出口到其他国家。它们面对的是相对较低的固有劣势，因为文化和地理上的接近，再加上它们熟识商务知识这样的公司特有优势，足以让它们在中国大陆获得普遍的成功。香港和台湾地区的公司也乐意与中国大陆的公司组成合资公司——这种合资公司以前是中国政府要求建立的，而现在依然是受到鼓励的合作形式。

20 世纪 90 年代 FDI 进入中国的热潮与更为典型的工业化国家跨国公司增长的 FDI 的浪潮相一致。这些公司在诸如汽车、机械和化工等产业面对着更大的固有劣势，但是它们也有更多的公司特有优势。随着它们对于公司在中国的运营越来越有经验，以及中国政府对完全外资所有权企业更加宽容，它们越来越多地选择在中国建立全资子公司，而不是合资公司。尽管跨国公司经营的一部分产品是用于出口的，但对于它们中很多企业的一个关键的区位因素是利用当地生产作为在快速增长的中国市场获得销售额的基础（中国居民收入快速增长，庞大的城市中产阶层已经发展起来）。来自工业化国家公司之间的寡头垄断竞争增加了对中国某些产业的冲击（例如汽车行业）。工业化国家的跨国公司面临一个重大瓶颈，即通过并购中国本土的企业实现进入中国或者在中国扩张已经很困难了。

对于在中国的外国公司，一个关键问题是对其知识产权（专利、商业机密、品牌、商标以及版权）的保护。就像很多其他发展中国家一样，中国有健全的知识产权法律

① 必须谨慎地解释中国的经济数据，尽管中国 FDI 流入量极大这一点是无疑的。除了通常的对数据准确性的关注之外，流入中国的 FDI 存在一个有趣的特质：扭曲了数据。部分数额巨大的 FDI 事实上根本不是 FDI，而是被称为迂回投资（round-tripping）的资金，即中国企业和个人找到一些途径将资金转移出内地，通常是流向香港地区，然后将这些资金伪装成“FDI”再流回到中国。他们这么做是为了获得中国政府给予“外国”企业的激励和优惠待遇。一个有代表性的猜测是大概 20%～25%的 FDI 流入量事实上是迂回投资。

但是执行力很弱。当一家外国公司与一家中国公司签订合约时，比如约定生产其品牌产品，就会冒着失去对其品牌控制的风险。这样的事情发生在运动鞋公司新百伦身上。它的一个中国合约商生产了成千上万双鞋子，远远超出了新百伦的订单量，并把这些运动鞋在本地和国际上销售。外国公司把拥有和控制中国公司的知识产权视为内在优势。例如，日本的松下电器公司（Matsushita Electric）确保它的每个中国雇员只知道其最先进产品生产过程中的一个很小部分，这样就没有人可以带走它所有的核心技术。

对区位因素的另一个利用是理解在中国的外国子公司的位置确定。流入中国的 FDI 大约 80%流向了中国东部沿海区域。这些区域对 FDI 的开放早于中国的其他区域，它们有着更好的交通和通信的基础设施，包括用于出口的港口设施，并且有更大的消费者市场，人均收入也更高。仅广东省就吸引了全中国近 1/6 的 FDI。它的早期优势是它与香港接界以及拥有首批四个经济特区中的三个，这些特区是政府 1979 年建立的，给外国公司提供了特惠待遇，并且对它们在本地的营运限制更少。

FDI 的流入通常被视为对中国经济发展有利。世界经济合作与发展组织的一份研究提出，FDI 推动了中国新兴产业的发展，向中国消费者提供了更新更好的产品，给中国带来了新科技，为中国工人提供就业机会和允许他们构建自身技术和管理技能的培训与体验，并且增加了中国的出口。对于出口来说，中国是 FDI 与贸易如何互补的一个很好的例子——中国出口增加的一半是由跨国公司在华的子公司创造的。此外，其他研究显示外国子公司的参与提升了本地公司的生产效率。这种生产效率的影响部分可能源于科技和工作技能的外溢，部分可能源自国际竞争的压力，因为本地公司被迫“与狼共舞”。

中国政府的政策对 FDI 流入中国有着持续的影响。中国对于外国公司进入中国有一套复杂的筛选和准入系统，包括公开的（成文的）规则以及内部的（不成文的）规则。部分筛选和准入在中央（国家）层面上完成，部分在地方层面上完成。根据产业或者运营类型，有四种类别：

- 某些类型的 FDI，包括带来先进技术和大量基础设施工程的投资，是受到鼓励的，因此它们能获得诸如延长优惠税率期限这样的激励和特权。
- 某些类型的 FDI，包括使用旧技术的投资和很多服务业的投资，是受到限制的，因此它们在批准前会受到额外的审查。
- 某些类型的 FDI，包括将会带来严重污染的投资、对国防工业的投资以及中国传统工艺的投资，是被禁止的。
- 所有没有在前三类出现的其他类型的 FDI 是允许的。

这种获得准入需要的时间和复杂性是外国公司在中国投资的一个制约因素。此外，中国政府对外国公司强加了某些形式的运营要求。那些与出口品和本地成分要求相关的政策随着中国实施了市场自由化而普遍减少。这也是中国在加入世界贸易组织时的承诺。剩下的主要绩效要求来自中国政府，即要求跨国公司将外国技术转移到中国公司（通常是转移到合资企业的本土合伙人），正如通用电气在它的生产和销售先进的涡轮发电机的合资企业中那样。

中国政府也会对 FDI 提供多种激励，包括税收减免、低廉的土地租金以及改善基础设施。总的来说，中国政府并不经常参与为吸引 FDI 而与其他国家进行的“竞购战”。

从 2006 年起，中国政府开始改变其对流入的 FDI 的政策，更加关注投资的质量，而不再强调投资的数量。中国对外资并购中国上市公司的限制更缜密了。2008 年，中国在税法方面实施了变革，终止或者开始逐步淘汰很多曾提供给外资企业的税收优惠。2011 年，中国在受鼓励的投资名单中加入了以下方面：新能源交通工具组件制造商，高端数码相机制造商，知识产权咨询公司，风险投资公司，以及职业教育的提供者。医疗设备和服务、金融租赁、报纸和书籍的分销和进口、碳酸类软饮料行业则从受限制转变为允许的。汽车设计和生产从受鼓励的变为允许的。邮政快递服务从允许的变为受限制的，奢华别墅的建造从受限制的变为禁止的。

中国与世界其他大部分国家看起来不同的一点在于，大部分流入中国的 FDI 投向了制造业。自 2006 年以来中国政策上的变化似乎在将 FDI 从低技能劳动密集型的生产（如玩具）和组装（如电子产品）移至他处。至于是否存在 FDI 向服务业的转移，还有待观察。作为中国政府为加入世界贸易组织而接受的义务的一部分，中国政府同意放开一系列的服务业的进入限制和所有权限制，包括银行和金融、分销、零售和批发、广告、建筑、工程以及法律等行业。在其中的一些行业中，政府利用一些规则来放缓这个过程。随着最近的政策偏移，现在看起来政府将允许或者鼓励流向服务业的 FDI 而在其他行业却趋于更加限制。

15.9 移　民

跨国公司在国家间发挥的技术、管理以及金融资产等资源移动的管道作用，至此已经讨论结束。在本章余下的部分，将探讨由移民出境和入境形成的劳动力的国际流动。

国际移民（international migration）是指人员从一国（**输出国**（sending country））计划到另一国（**接受国**（receiving country））居住相当长一段时期的国际流动。在过去的移民接受国的扩张中，国际移民曾经发挥了巨大的作用。的确，西半球和澳大利亚以及新西兰的大多数人口都是由过去几个世纪移入的移民的后代构成的。

流向北美和欧洲的移民流动的近代历史如图表 15—2 和图表 15—3 所示。图表 15—2 表明，第二次世界大战后不断上升的向北美移民的浪潮依旧没有达到第一次世界大战之前的水平。那时加拿大和美国都向外来移民敞开大门，甚至还在欧洲打广告吸引移民。第一次世界大战后，大门逐步关闭。由于美国公众对外来陌生文化、革命激进主义以及就业竞争的前所未有的巨大恐惧，美国政府于 1924 年开始对外来移民进行严格的限制，实行了按移民来源国发放配额的制度。加拿大也从积极征募移民政策转向限制政策，特别是在 30 年代大萧条时期。

第二次世界大战以后，美加两国的移民政策偏向于受过良好训练和有工作经验的外来移民。1965 年，美国的移民政策由原来的移民来源国配额限制改为优先接受有家属在美国的外来移民，以后的改革则更多地偏重难民。1974 年，加拿大也对家属在加拿大的外来移民实行了更为自由的移民政策。20 世纪 80 年代，家属及难民移民的速度加快。在 1986 年《移民改革和控制法案》（Immigration Reform and Control Act）中，美国试图在该法案中解决两个移民问题：制止非法移民的增长、特赦早期的非法移民并给予永久居民身份。这一法律的结果之一是 1989—1991 年合法移民数量的临时性上升，这次上升又唤醒了美国民众对新移民负担的忧虑。

进入欧盟的大门也游走在打开、关闭然后又更大程度地打开的过程中。后一次打开是它自 1957 年成立以来较短暂的一次。在 20 世纪 50 年代和 60 年代，欧盟国家欢迎甚至招募来自土耳其和其他非成员国的工人帮助战后重建。然而，在 70 年代早期形势改变了，如图表 15—3 所示。一个接一个的欧盟国家收紧了移民政策，部分是因

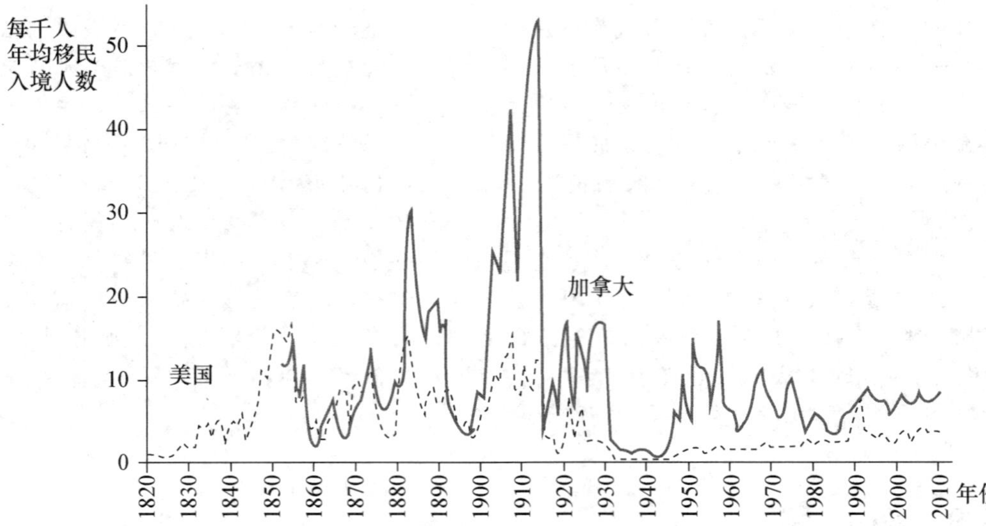

* 美国移民入境数在 1989—1991 年突然的暂时性暴涨是因为 1986 年通过了《移民改革和控制法案》，该法案对原来非法移民及其家庭进行大赦，给予其合法身份。

图表 15—2　1820—2010 年输入美国和 1852—2010 年输入加拿大的总移民率

资料来源：U. S. annual rates，1820—1970，from U. S. Bureau of the Census，*Historical Statistics of the United States*，*Colonial Times to 1970*（1976）；and 1971—2007，from U. S. Bureau of Census，*Statistical Abstract of the United States*，various years；Canadian annual rates 1852—1977 from Statistics Canada，*Historical Statistics of Canada*，second edition；and annual rates 1978—2006 from Citizenship and Immigration Canada，*Facts and Figures*：*Immigration Overview*，*Permanent and Temporary Residents*，*2009*.

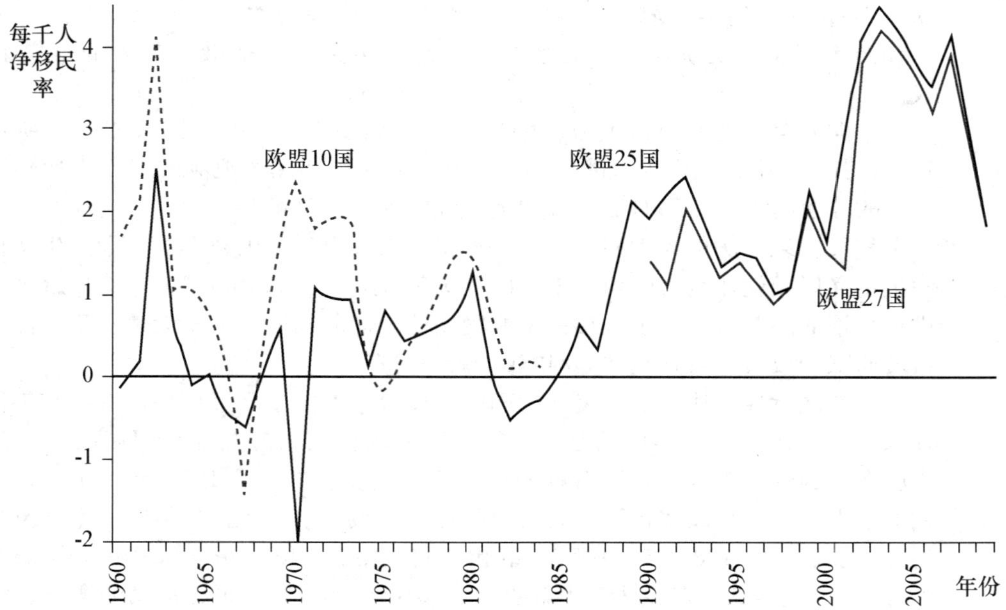

净移民输入量＝（总）移民输入量减去移民输出量
欧盟 10 国＝最初 6 国（比利时、法国、德国、意大利、卢森堡及荷兰）加上英国、爱尔兰、丹麦和希腊
欧盟 25 国＝2004 年年底欧盟的 25 个成员国
欧盟 27 国＝2007 年年底欧盟的 27 个成员国

图表 15—3　输入欧盟的净移民率（1960—2009 年）

资料来源：European Communities，Statistical Offices（Eurostat），*Bevolkerungsstatistik*（Demographic Statistics），Brussels，1986；Eurostat，*Population Statistics*，2006 edition；and Eurostat，Statistics Database，Population.

为文化摩擦日益增多，部分是由于 1974 年石油危机后失业开始增加，需要保护本国人的就业机会。1974—1988 年期间，极少有移民被允许进入欧盟。然后移民输入再次开始上升。原因不是欧盟国家移民政策的放开，而是欧盟外部情况发生了变化而不得不面对更多挤进来的移民，尤其是来自巴尔干半岛等国家的避难者。德国受到的压力尤其大，因为该国经济富庶，两德重新统一、德国又靠近转型国家，以及德国的宪法规定难民必须得到安全的庇护等。最终，德国于 1993 年取消了宪法中的安全庇护保证并开始限制移民。

15.10　移民是如何影响劳动力市场的

为了观察移民的重要经济效应，我们将最大限度地使用在前面使用过的熟知的供给和需求分析框架。为简化分析，我们把整个世界分成两种类型的国家：低收入的“南方”国家和高收入的“北方”国家。我们先从不允许移民的情况开始，正如图表 15—4 左右两图中的点 A。在这一初始状态，北方国家的工人每小时挣 6 美元，南方国家相同技能的工人每小时挣 2 美元。（第 5 章讨论过的要素价格均等化假定在实际上并不成立，或许是因为自由贸易存在政府壁垒或者是技术存在差异。）

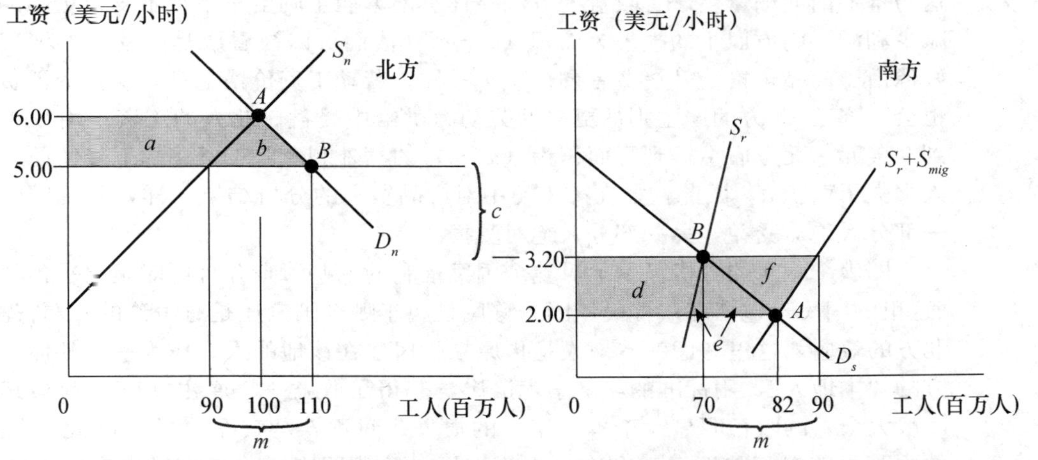

集团	它们的经济收益或损失
移民	受益面积 $e+f$
留在南方的工人	受益面积 d } 损失 e
南方雇主	损失面积 $d+e$ }
北方本地工人	损失面积 a } 损失 b
北方雇主	受益面积 $a+b$ }
全世界	受益面积 $b+f$

m=移民人数=2 000 万人

c=年移民成本，包括经济的和心理的成本（背井离乡等），这抵消了每小时 1.8 美元的额外报酬。

（由于我们使劳动力需求曲线保持不变，因而忽略了由于移民本身消费支出而引起的曲线的小幅移动。）

图表 15—4　移民的劳动力市场效应

如果政府取消对移民的所有壁垒，南方国家的工人便可以进入北方，参与北方国家的就业竞争。如果这种人员的移动没有成本和痛苦，将会大规模地发生，致使北方国家的工资率下降，南方国家工资率上升，直到两者相同。

然而这种流动也会给移民带来成本。货币成本包括交通成本和其他移民支出，以及重新安置期间损失的工资。此外，移民还会遭受离别之苦。他们在陌生国度会感到生活上的诸多不确定性。他们不得不适应新的风俗习惯和学习新的语言。他们也许不得不忍耐接受国的敌意。所有这些因素都值得关注，因此即使在法律上完全允许移民自由流动，仍然可以设想两国工资存在很大的差别。只有较少数量的人，如图表 15—4 中的 2 000 万人认为通过移民获得的工资收入高到足以弥补他们的移民成本（c），这里上升的幅度为每小时 1.8 美元。移民劳动力的输入仅将北方国家的工资率压低至点 B 的 5 美元，而同样数量工人的流出使得南方国家的工资水平仅提高到 3.2 美元。新的均衡位于点 B。在这一点上，可以发现选择移民的人数和北方国家在每小时 5 美元的工资水平上所需要增加的劳动力人数相等。

决定移民的那些人在北方每小时可挣到 5 美元，但由于在北方工作的成本和缺陷，这只相当于在南方每小时挣 3.2 美元。我们用移民的劳动力供给曲线上方，新旧工资率（2 美元与 3.2 美元）之间的区域，或者说面积 e 和 f①，衡量他们的净收益。

不难确定这两个区域的其他集团的净受益者和净损失者。留在南方的工人劳动供给曲线为 S_r，因为就业竞争的减弱将其工资率由 2 美元抬高到 3.2 美元而受益。我们将它们视为劳动力的卖方，使用标准的生产者剩余方法测量它们的收益，即面积 d，这与本书前面测量生产者收益的方法一样。南方雇主则由于不得不支付更高的工资而减少利润。南方雇主的损失为面积（$d+e$）（他们可以被看成是劳动力的消费者，就好像由于商品价格上升消费者剩余减少一样，劳动工资价格上升，雇主的消费者剩余也会下降）。北方的雇主则从更多的劳动力供给中受益。北方的工资率由 6 美元降低到 5 美元，北方雇主得到了面积为（$a+b$）的额外剩余。工资率的下降使原来北方工人损失了面积 a。因此正如在第Ⅰ篇中对产品贸易的分析结果一样，新的国际自由使一部分人绝对受益，另一部分人绝对受损。

图表 15—4 的分析显示了对整个国民福利的一些清晰并且可能是出乎预料的效应（这里的国民不包括那些移民，因为移民是属于哪个国家还是有争论的）。首先分析对北方的效应，这里考虑的本地人是指原来就居住在该地的人。作为一个整体，这些北方的“本地人”，用标准的经济学术语讲，获得了收益——雇主（以及购买其产品的一般大众）的收益明显大于本土工人的损失，面积 b 是其净收益。因此，限制移民的主张不能以任何国民福利净损失为根据，除非图表 15—4 推导出来巨大的负面效应。移民输出国留下的国民显然要受损，雇主的损失（$d+e$）超过了工人独自的收益 d。至此，结论似乎是：移民接受国和移民受益，而移民输出国则受损。而整个世界则当然有所收益，因为移民的自由使人们转移到可以为全球生产做出更大贡献的国家。

移民的实际效应果真如此吗？移民真的能使不同国家的工资水平更加均等化吗？移民接受国受到了外来移民竞争的伤害吗？移民的工资水平能否达到本地居民水平？整个世界真的能受益吗？一些研究表明，图表 15—4 得出的结论得到了移民历史数据的证实，无论是 1914 年之前世界经济一体化的历史，还是 20 世纪 70 年代中期以来

① 移民的劳动力供给曲线 S_{mig} 可以通过从合成曲线 S_r+S_{mig} 中减去 S_r 而得到。注意他们的福利收益不等于（3.2 美元－2 美元）乘以 2 000 万人的总产出，除非他们的劳动力供给曲线完全垂直，此时他们的工作时间与工资水平无关。（请注意，供给曲线可以被解释成劳动时间的边际成本曲线。）

的历史。以下是一些实证研究的主要发现①：

- 更加自由的移民使国家之间与移民相关职业的工资率更加均等化。
- 相对于较少受到移民竞争威胁的职业的工资，以及相对于诸如地租这样的非劳动性收入，受到直接竞争的接受国的工人报酬的确降低了。对美国而言，移民中没有完成高等教育的比重相对较大，1980 年以来受到日益增多的移民损害的工人主要集中在那些技术含量较低的美国工人（如高中辍学生）。
- 有部分外来移民的收入在其有生之年能达到本地居民水平。大量研究都记载了他们的工资水平在向本地工人的工资水平收敛，但差距不会在第一代移民消失。自 20 世纪 70 年代以来，这种工资差距在加拿大和美国变得更加显著。
- 更多的移民提高了世界产出。

15.11　输出国是否应当限制移民

我们对于劳动力市场的分析表明移民输出国的经济福利因为移民而受损。雇主（以及使用雇主公司产品的消费者）的损失大于留下来的工人的收益。这意味着，输出国在试图对移民流出实施限制的决定之前，考虑一些移民对本国造成的其他重大成本和收益非常重要。

首先，考虑其对政府财政的影响。输出国将失去移民未来可能创造的税负（也许还包括他们为国家服兵役）。但是同时，移民也不再需要政府的服务和公共援助，因此政府的开支也会下降。然而，经济学的观点认为，很多公共支出项目是“公共产品”，即使用者变少也不会增加单个人的效用。也就是说，政府不得不继续花费相同数量的经费来为没有移民的国民提供相同水平的福利。实践中的公共产品的例子包括国防以及防洪堤坝。

由于输出国这些实际公共产品的支出，移民引起的今后税负的减少可能会大于输出国财政支出的下降。从生命周期模式来分析，移民导致净财政损失的可能性是上升的。人们倾向于在刚成年时移民。这意味着移民正好集中在刚好已经接受过政府出资的公共学校教育的年龄段，但是这些移民在他们成年后不会付给输出国税收。对于这个年龄段，输出国的净损失主要是高技能的移民——脑力流失。这些移民已经接受了由公共财政支付的充分教育，如果他们不移民，他们的收入水平将会大大超出平均水平，因此也会上缴大量税收。例如，在一些小的发展中国家，包括圭亚那、海地、牙买加、塞内加尔、毛里求斯、莫桑比克与特立尼达和多巴哥，有超过一半的大学生移民。

在审视移民的劳动力市场效应时，我们常常忽略输出国的货币收益。那些移民经常自发地向母国的亲戚朋友汇款。一项估计表明，每年全球移民以汇款形式输送至少 3 250 亿美元至母国。对一些国家，例如海地、黎巴嫩、尼加拉瓜和汤加等接受的移民海外汇款超过了国民收入的 20%。没有得到大量汇款的移民输出国的福利可能受损，但是得到大量汇款的移民输出国家的福利可能增加。

移民输出国如果要限制移民或者由此产生的负面效应，能做些什么？禁止移民流出是最简单的。然而，这可能需要严格地限制任何国外旅行，而这种旅行的限制措施

① 以下是一些参考文献：Borjas，Freeman，and Katz（1997，on the United States）；Pope and Withers（1993，on Australia）；Bloom，Grenier，and Gunderson（1994，on Canada）；Friedberg and Hunt（1995）；and Zimmerman（1995）.

会影响这个国家的公务和人员交往。另一个更易于接受的政策是向对外移民征税，征税幅度大约等于输出国以公共教育等形式向其提供的净福利。另一种可选的政策措施是通过有吸引力的、具有民族自豪感的、提供优秀的就业岗位等来鼓励已出国一段时间的移民回国。中国台湾地区和韩国都曾经鼓励其科学家和工程师回来在快速发展的高技术产业工作。

15.12 移民接受国是否应当限制移民

我们对劳动力市场的分析说明，即使忽略了移民自己的所得，移民接受国也会因为移民而获得经济福利。雇主（以及他们公司生产的产品的消费者）收益的增加大于本土工人的损失。这意味着接受国在决定对外来移民不做限制之前，也需要分析外来移民的其他一些成本和利益。

15.12.1 对政府预算的影响

这些影响与对移民输出国的分析是对称的。移民为新的国家缴纳税负，并且享受政府提供的产品和服务。政府的一些产品和服务是纯粹的公共产品，因此我们首先假设移民缴纳的税收大于为移民提供服务所需要花费的额外的政府支出。然而，许多移民接受国都担心，移民所享用的政府社会服务与其缴纳的税收不成比例。这种担忧来自美国在 1996 年颁布的一项法律，该法案规定即便是合法移民也没有资格享受某些形式的公共援助。

正如在“案例研究”专栏中的“移民是财政负担吗?”所讨论的那样，测量移民的实际财政效应是困难的。大约在 1980 年前，多数人认为进入美国的移民主要是税收的净支付者，而不是财政支出的净消耗者，还认为移民的财政效应主要依赖于移民的技术水平。受教育程度越高、技术水平越高的移民收入越高，缴纳的税负越高，而且使用官方援助的可能性越小。对于 1970 年之后的美国而言，由于外来移民的平均技术水平相对于本土居民在下降，财政支出已经向移民倾斜，并成为财政负担。但是，从现在美国的移民情况来看，这种倾斜是否已经带来了政府预算的净负效应，尚未达成共识。

案例研究

移民是财政负担吗?

移民是政府的财政负担这一观点拥有广泛的支持者，他们认为那些移民接受的公共援助、使用的公立学校、增加的警察等费用超过了他们的纳税。对移民的顾虑，成为美国一项法案的依据。该法案规定移民（合法的和非法的）无权享有某些形式的公共援助。对非法移民的顾虑，也成了先是在加利福尼亚，之后在亚利桑那州，当地公民投票拒绝对文书不齐备的移民提供公共服务的依据。

移民对于本土税收缴纳者来说是财政负担吗？这个问题的答案远比听起来要复杂，原因有两个：

- 有些效应使用政府数据能够很容易地量化，但是其他效应则没有可靠数据可以估计出来。

● 一个移民对于财政的全部财政效应发生在一个较长的时期——在他余下的生命以及他的后代时期。

首先考虑移民在一个特定时期如何影响对接受国家的效应。这种分析是移民对于一国一年内财政效应的缩影，我们可以清楚地看到哪些是可以很好量化的，而哪些是不可以量化的，但是这种方法仍然不能观察移民的几代人的效应。

乔治·伯贾斯（George Borjas，1995a，Table 9 and 10）检验了 1990 年美国所有移民的财政效应影响（在 1990 年移民占美国人口的 8%）。他计算后得出，1990 年移民接受了约 240 亿美元的公共援助（通常被称为福利项目）。他们挣了 2 850 亿美元的收入，并且支付了所得税、销售税以及其他形式的税收。支付的税收总数并不能被精确地计算出来。如果合理的平均税率是总收入的约 30%的话，那么移民在 1990 年大约支付了 850 亿美元的税款。

这只是很容易分析的一部分。如果这些就是移民的所有财政效应的话，那么他们贡献的税收要远大于他们在福利项目中消耗的金额，净财政贡献达到约 610 亿美元。

剩下的部分分析起来就比较困难了。移民分享了各种公共服务，包括教育、医疗以及国防。如果在这些服务上的政府支出保持不变，那么对于移民的支出是否挤出了对本国国民的支出，或者这种分享是否几乎无须额外花费？答案随着具体公共服务类型的不同而不同。移民很有可能并不会对国防支出的效率有负面影响（当然，他们可能会增加优秀的士兵供给）。移民对医疗和教育的使用很有可能减少本地人对这些公共服务的消费。但是伯贾斯的结论是，并没有一个可靠的方法来估算这种负面的财政效应究竟有多大。因此，1990 年，财政收支平衡既可能倾向于移民，也可能倾向于美国本地人。

埃克伯格（Ekberg，1999）提供了一个对 1991 年瑞典移民的类似研究。（1991 年移民占瑞典人口的 12%。）据埃克伯格判断，移民接受了约 80 亿美元的公共援助以及类似的转移支付，却支付了 130 亿美元税收。他还估计在公共服务上的支出随着年龄而变化，包括健康和牙科护理、儿童看护、教育以及劳动力的再培训。如果移民在这些服务上的使用率跟本地居民一样，并且如果维持这种对移民同等服务需要额外支出的话，那么移民增加了约 50 亿美元的额外财政成本。之后埃克伯格遇到了伯贾斯遇到过的同样问题。移民在其他类型的政府支出上的影响是什么？埃克伯格给出了一个估算，移民通过他们在其他政府开支上的影响，可能至少增加了 15 亿美元的额外财政成本。如果这样的话，那么瑞典的移民增加了至少 15 亿美元的财政负担，约等于 1991 年瑞典 GDP 的 0.4%。这种负担的主要原因是在 1991 年，与本地人相比，移民更有可能失业。

另外一个分析移民财政效应的方法是考察对其整个剩余生命期的效应，甚至考察其后代。对于某些政府工程来说，它为项目的受益者在某个或某些年龄段花费成本，但需要在这批受益者的其他年龄段进行征税，因此采用长期方式来考察移民的增加带来的财政效应是更加明智的方法。公共教育就是一个例子。移民的孩子增加了提供公共教育的成本。但是教育增加了这些孩子未来的收入，因此政府最终征收到更多的税。另一个例子是社会保障。在工作的时候，移民支付社保税，但是在未来他们会得到社会保障金。

对移民进行几代人的分析就更为复杂了，因此需要很多假设条件，包括假设移民消费公共产品时将会增加多少额外的财政支出。史密斯和埃德蒙斯顿（Smith & Edmonston，1997，Chapter 7）检验了截至 1996 年典型性美国移民的终生财政效应。对一个典型性移民的一生，其财政效应略微为负，对本土纳税人而言相当于 3 000 美元的净支出。然而，最终的效应大小取决于移民的受教育程度（受教育程度被用来作为显示劳动力技能和人力资本并计算未来潜在收入的重要参数）。

一个未完成高中教育的移民，其一生将使财政净支出增加 89 000 美元。

一个具备高中教育水平的移民，其一生将增加财政净支出 31 000 美元。

一个接受至少一年大学教育的移民，其一生将增加财政净收入 105 000 美元。

这些发现表明移民的财政效应很大程度上取决于移民的劳动技能。受到良好教育、具有高技能的移民将获得高的收入，也将给财政贡献良好的收入。另外，这些移民实际上也很少需要公共援助。

此外，史密斯和埃德蒙斯顿还得出结论，典型移民的后代提供了约 83 000 美元的净财政收益。因此，典型移民和其后代提供的净财政收益是 80 000 美元（−3 000 美元+83 000 美元）。有趣的是，这种净财政收益并不是均匀地分布在各个政府部门。州政府和当地政府承担了 25 000 美元的净财政支出，而美国联邦政府得到了 105 000 美元的净收益。① 我们可以清楚地看到州政府和联邦政府在移民政策上出现分歧的原因。特别是我们可以理解为什么加利福尼亚努力地限制对移民的支出，就是因为迄今为止加利福尼亚地方政府拥有比任何其他州都要多的移民。

15.12.2 外部成本和收益

移民的其他一些可能的效应，则不在劳动力市场和财政分析的范围之内。移民可能会在私人和公共财政市场之外产生外部成本和收益。有三种可能的外部效应值得一提：

1. 知识收益。人是拥有知识的，而那些知识中很多具有经济价值，无论是生意诀窍、食品配方、艺术才能、耕作经验还是先进的技术。美国的外来移民中有安德鲁·卡耐基（Andrew Carnegie）、阿尔伯特·爱因斯坦（Albert Einstein）以及很多古典音乐家。这些移民带来的知识所产生的经济收益，往往只有一部分被移民本人以及向其购买服务的人所得到，而其他部分则往往外溢至他人，尤其是在移民接受国的其他人。因此，移民可以将知识的外部性收益由移民输出国转移到移民接受国。

2. 拥挤成本。移民如同其他任何人口增加的方式一样，会带来与拥挤相关的外部成本：额外的噪音、冲突及犯罪。如果这样的话，那么这些会部分抵消掉移民接受国的收益。

3. 社会摩擦。外来移民往往受到歧视和骚扰——甚至受到那些受惠于移民的本地群体的歧视和骚扰。长久以来对移民自由的限制，例如始于 19 世纪后期的美国对亚洲移民的歧视，20 世纪 20 年代初在“赤色恐慌”时期，美国清扫型的全面限制，以及英国自 60 年代以来对很多英联邦国家居民护照特权的取消，在很大程度上是出于对特定移民国家的反感。尽管对这类歧视最恰当的社会反应形式是努力改变这种占主流的歧视态度，但是政策制定者在权衡决定接受多少移民以及允许哪一类移民时，必须考虑到这种摩擦因素。

至少有人间接地支持这样一种观点，即缓慢地接受移民在长期将有利于消除社会摩擦和拥挤成本。美国在 20 世纪 20 年代初曾经经历了最为严重的反移民浪潮，当时移民率正接近其第一次世界大战前夕曾到达的高峰。第一次世界大战前后的移民率要

① 这种差别并不是仅发生在移民身上的。典型的本地居民生的孩子对于州政府和地方政府也是一个净支出。州政府和地方政府在很大程度上承担了教育、医疗护理和其他孩子一生中早期的支出，而联邦政府获得了孩子长大之后支付的大部分税款。

高于现在，即便加上当时未记录的非法移民也是如此。尽管当时反移民情绪的一些历史原因（如俄国革命）超出了经济原因，但是移民速度上升也加剧了那些曾先到一步的美国家庭的忧虑和反感。

15.12.3 用什么政策选择移民

主要工业化国家都有限制移民入境率的政策。如果一国将要限制移民入境，那么它将根据什么标准来选择准许入境的移民呢？我们的经济分析提供了一些启示。分析突出了两个特征：第一，被接受的移民的类型将使本地人群中哪些集团受益，哪些集团受损。例如，如果接受教育水平相对低、低技能的移民，这些移民将与本地低技能工人竞争，进而进一步降低他们本来就比较低的工资水平。第二，接受的移民类型将影响移民的净财政收益或负担。为得到更多的财政收益，国家应当接纳那些接受过大学教育的年轻人。此外，接受高学历、高技能移民还会增加知识的外部收益。

澳大利亚对移民的政策似乎汲取了这些经济经验。澳大利亚用一套评分系统对申请移民者进行筛选。这套系统重点关注申请者的年龄和技能，以有益于澳大利亚的经济。新西兰也使用一套类似的评分系统，英国则在 2008 年开始使用。加拿大也用评分系统对一些申请移民者进行筛选，但是大约 3/4 的移民是基于亲属关系或难民身份进入加拿大的①，只有 1/10 左右的人是基于工作技能。美国和加拿大这些政策的结果是外来移民的平均技能水平在下降。

经济分析强烈主张对于诸如美国或加拿大这样的国家，移民政策应当倾向于鼓励和选择有更高技能的移民入境而减少低技能的移民数量。当然，经济目标不是国家的唯一目标。转向追逐国家的经济利益会牺牲其他一些有价值的目标，这些目标包括促成家庭团聚以及为难民提供人道主义帮助。为追求经济目标而减少接受低技能移民入境，会使其他国家的脑力流失更严重和让更多的人停留在更低的收入水平。

本章小结

跨国公司是指在一个以上国家中拥有或者控制经营活动的公司。跨国公司会将一系列金融资产和无形资产（诸如技术、管理方法、营销技能）转移到子公司。对外直接投资（FDI）是指投资国或者母国居民对占有大多数股份的外国企业的资金出借或对其产权的购买而产生的任何资本流动。

第二次世界大战后的几十年 FDI 发展迅速，美国成为 FDI 的最大流出国。在 20 世纪 70 年代中期到 80 年代中期，FDI 增长相对缓慢。但 80 年代中期以后，FDI 就开始快速增长。从 70 年代中期到 90 年代早期，流入发展中国家的直接投资放缓，但随后又大幅增长。然而，更多的直接投资是从一个工业化国家进入另一个工业化国家。在 80 年代，美国成为 FDI 的重要东道国，而日本仅仅是 FDI 主要的母国而不是主要的东道国。

解释跨国公司的存在原因需要我们跳出一个简单的竞争模型。跨国公司可以利用其特有优势克服在外国生产经营中的固有劣势。尽管如此，相对于直接投资至少还有两种代替方式可以选择。厂商可以从母国出口，但是，区位要素通常倾向于外国的生产。厂商可以通过许可证方式出租或者出售它们的技术优势。跨国公司为了完全控制公司在外国的企业特有优势，尤其是无形资产，例如专利技术、营销能力、品牌以及管理经验，就会考虑内部化优

① 若想知道你在加拿大评分系统中得几分，可登录 http://www.cic.gc.ca/english/immigrate/skilled/assess/index.asp。

势。原因是和外国厂商进行使用这些资产许可证的谈判成本很高且有风险。另外大型的跨国公司之间往往是寡头竞争的关系。例如，一家跨国公司首先进入外国试图获得竞争优势，其他公司将会很快地跟进，消除这家公司获得的这种优势。

东道国政府会对跨国公司子公司的利润征税。一般情况下，母国政府不对其征税或者只征收少许税收。跨国公司在全球寻找低成本区域时，偏好低税率区域。

跨国公司决策在哪个国家投资的部分原因与降低税负的愿望相关。此外，跨国公司可以利用转移定价将其利润转移到低税国家。

FDI 可能致使产品的国际贸易额下降（对国际贸易的替代）也可能促进国际贸易（对国际贸易的互补效应）。FDI 通常将不同的生产环节分布在不同的国家从而增加了国际贸易；FDI 建立子公司的最终产品替代了进口在当地的销售，但是子公司更为优秀的营销亦能够扩展东道国对跨国公司在其他国家子公司的最终产品进口。子公司最终产品的生产也需要进口零部件和原料。对 FDI 和国际贸易的研究认为，平均而言，这两者之间存在些许的互补关系。

只要政府少收企业所得税造成的损失不是太大的话，母国（投资国）会从 FDI 的基本市场效应中获利；母国也可能有其他的理由限制 FDI 的外流，即 FDI 的外部性收益也有随之外流的可能性；跨国公司游说导致外交政策发生扭曲的可能性。但是，工业化国家（主要的母国）对 FDI 实际政策近似于中性。

东道国也有一些理由限制 FDI，不过这些理由与母国的相比较弱一些。东道国可以从 FDI 中获得其基础市场效应的收益，也可以从 FDI 的技术以及培训的正外部效应中受益。在过去的 30 年里，很多发展中国家从限制 FDI 流入改变为吸引外资。然而在东道国政府和主要的跨国公司之间，政治风险依然存在。

人们自由地国际移民，如同商品的自由贸易一样，是很可能有利于全球福利最大化的政策。然而，完全自由的移民在政治上是不大可能的。作为自由移民政策的主要受益者，移民本人在任何国家很少有政治上的发言权。最有发言权的是那些对移民的移出以及移民移入而心生不满的集团。

对移民的流动的劳动力市场分析表明了哪些集团会受益或受损及其受益或受损的程度。移民的主要受益者及受损者可以凭直觉判断出来：移民自己、他们的新雇主以及留在移民输出国的工人受益；移民接受国内与移民竞争的工人以及移民输出国的雇主是受损者。但是，移民对国家的净效应，可能是与人们的直觉相冲突的。无论是在劳动力市场还是在政府预算的负效应方面，作为整体的移民输出国将受损。然而，如果移民大量向祖国汇款，移民输出国也能从中受益。另一种情况就是征收脑力流失税以补偿移民输出国对移民的公共投入。

根据对劳动力市场的分析，移民接受国是净获利的。此外，以下情况通常是真实的：移民对新的国家缴纳的税收大于他们接受的公共服务。然而，移入美国的移民技能水准的相对下降表明，移民的政府财政效应不像曾经的效应那样是正的，现在可能是负效应。移民也能导致外部效应，既有正的外部效应（新知识），也有负的外部效应（拥挤、社会冲突）。

美国的移民有成为一种净财政负担趋势的原因是，移民的相对受教育程度下降了。这是由于自 20 世纪 60 年代以后，美国的入境政策给予某些家庭的亲戚及难民优先入境权。一国可以将其移民政策向年轻且受过良好教育的或是高技能的移民倾斜，以提高移民的净经济效应。这项移民政策会改善一国移民导致的经济效益，但它也会与其他目标相冲突，如与家人团聚、向难民提供人道主义帮助等。

关键词

对外直接投资（foreign direct investment）

跨国公司（multinational enterprise，MNE）

母公司（parent firm）

母国（home country）

外国子公司（foreign affiliate）

东道国（host country）

固有劣势（inherent disadvantage）

公司特有的优势（firm-specific advantage）

区位要素（location factors）
许可证（license）
内部化优势（internalization advantage）
转移定价（transfer pricing）
公司内贸易（intrafirm trade）
移民（international migration）
输出国（sending country）
接受国（receiving country）

推荐读物

Caves（2007），Barba Navaretti & Venables（2004）提供了跨国公司的经济调查；Mutti（2003）和 OECD（2008）考察了税收差异对跨国公司选址的影响；Brainard（1997）进行了 FDI 和贸易之间的平衡性研究；由联合国贸易和发展委员会出版的每年一度的《世界投资报告》广泛地讨论了有关 FDI 和跨国公司的发展趋势和主要问题。

Hanson（2009），Goldin & Reinert（2007，Chapter 6）提供了移民及其经济意义的调查。Jean et al.（2007）调查研究了工业化国家移民的经验。Smith & Edmonston（1997）；Borjas，Freeman & Katz（1997）；Borjas & Hilton（1996）；Borjas（1994，1995a，1995b）；Card（2009）分析了美国移民和移民政策。Hanson（2006）对进入美国的非法移民做了经济学研究。

习　题

✦ 1. “大多数 FDI 都是为了获得低工资劳动力。”你是否同意这一观点，为什么？

2. “工业化国家之所以是 FDI 的主要来源国，是因为巨额的金融资产必须找到地方投资。”你是否同意这一观点，为什么？

✦ 3. “跨国公司之所以为子公司提供较少的金融资产，是为了减少风险。”你是否同意这一观点，为什么？

4. 日本只吸引了为数不多的 FDI，你认为原因是什么？

✦ 5. 为什么制药和电器等行业吸引 FDI 较多，而服装和纸制品行业吸引 FDI 较少？

6. 以下哪些是对外直接投资？

a. 某美国投资者购买了德国宝马公司股票 1 000 股。

b. 宝洁公司（P&G）向其在日本的合资公司出借 200 万美元。

c. 美国玩具公司美泰（Mattel）收购了墨西哥某玩具公司 51%的股票。

d. 英特尔公司（Intel）在巴西建立了子公司，其融资方式为：10 万美元的股本以及向巴西银行贷款的 100 万美元。

✦ 7. 某跨国公司在日本和爱尔兰均有子公司，日本的税率为 40%，而爱尔兰的税率为 15%。爱尔兰子公司的主要业务就是为日本子公司提供特殊的中间品，原价格为 18 美元/件。现在爱尔兰生产中间品的成本由 12 美元/件上升至 14 美元/件。该跨国公司考虑以下三种中间品定价策略（爱尔兰与日本子公司之间的销售）：

（1）忽略成本的上升，保持原价 18 美元/件（价格不变）。

（2）把价格提高到 20 美元/件，正好反映成本上升幅度。

（3）把价格提高到 22 美元/件。如有必要解释，就是提价是因为爱尔兰子公司的成本上升不可避免。

a. 如果跨国公司的目标是最大化全球税后利润，那么哪种定价策略是最优的？为什么？

b. 两国政府对这种转移定价怎么看？

8. 美国劳工组织积极寻求办法限制 FDI 流出本国，为什么？它们反对 FDI 是保护自身的特殊利益，还是可能也符合国家利益？请解释。

✦ 9. 当前一国禁止任何 FDI 流入。它的政府正考虑放宽该政策。你被一家外企聘为咨询师。该外企希望政策放松，并让你准备一份报告来论证为什么该国应该放宽政策。你在报告中将如何陈述？

10. 20 世纪 30 年代向美国移民的速度很慢的两个原因是什么？

✦11. 对于以下工资水平的变化，以及从低工资的南方国家向高工资的北方国家的移民流动的变化，请描述一种可以引发该组变化的原因：

a. 南方和北方的工资水平均上升，出现了由南方向北方的移民。

b. 南方和北方的工资水平均下降，出现了从南方向北方的移民。

c. 北方工资水平下降，南方工资水平上升，出现了从南方向北方的移民。

12. 思考图表 15—4 所示的移民劳动力市场效应，年度移民成本的下降（c 的减少）对各个集团的影响分别是什么？

✦13. 回顾图表 15—4 所代表的不同集团收益和损失的各种面积。为什么移民本身只能得到面积 e 和 f？为什么他们得不到南方工资上升的全部收益（3.2 美元－2 美元）？他们又为什么能得到（5 美元－2 美元）的收益？

14. “移民输出国应当为本国人移居国外而感到高兴，因为这会改善本国的经济福利。”你认为这种观点是对还是错？为什么？

✦15. 由于日本政府非常严格的限制政策，日本目前的移民接受率很低。你正在试图说服你的日本朋友，让他相信日本应当修改其法律，允许并鼓励远比现在多的外国人移居日本。你的三个最有力的论据是什么？

16. 在问题 15 中，你的日本朋友对你的论据表示怀疑，他认为日本应当继续实行阻止移民入境的政策，他的三个最有力的论据是什么？

✦17. 下面三种移民，在扣除了所接受的政府支付公共援助等项目后，哪种移民对美国政府的税收贡献最大？哪种移民贡献最小？

a. 2000 年后到达的政治难民。

b. 1980 年左右抵达的电气工程师。

c. 早期移民的祖父母，1990 年左右抵达美国。

附录 A

网络和图书馆：国际经济数据及其他资料的来源

互联网已经从根本上改变了我们进行国际经济研究的方式。如果你想研究有关国际贸易竞争、最近的一次金融危机、美国和欧盟间的贸易争端、韩国政府的外汇政策或其他任何国际经济问题，都可以从互联网获得有用的信息。你可以将关键词输入到一个强大的搜索引擎中。通常情况下你将会获得不少有用的互联网链接。（你可能也会获得一些作用不大的网站链接，甚至有时这些网站提供的信息并不太可靠。有效使用网络的重要准则之一就是要学会鉴别最好的网站和确认你所获得的信息。）当然，某些资料只能通过图书形式获取，因此对许多研究项目来说，能去好的图书馆检索资料也很重要。

本附录列出了一些获得国际经济数据和其他资料的最好渠道。图表 A—1 提供了一些有用的网址，包括官方国际组织的网站以及专家管理的个人网站。

附录的其他部分列出的是图书馆中可以找到的一些信息来源。下面所列的很多信息来源都可以在网络中找到，可以通过主办方的网站，也可以通过好的搜索引擎搜索到。为了帮助你找到这些图书，我们将图书的美国国会图书馆（Library of Congress）图书分类号的第一部分放在了括号中。

对于许多研究项目来说，你都需要细致考察某个国家的国际经济交往。该国的统计年鉴就是一个有用的资料来源，以下是一些重要的统计资料：

- 美国人口普查局（U. S. Bureau of the Census），《美国统计摘要》（*Statistical Abstract of the United States*）（HA37. U4）
- 加拿大统计局（Statistics Canada），《加拿大年鉴》（*Canada Year Book*）（HA744. 581）
- 英国中央统计局（Great Britain，Central Statistical Office），《年度统计摘要》（*Annual Abstract of Statistics*）（HA1122. A33）
- 日本统计局（Japan，Statistical Bureau），《日本统计年鉴》（*Japan Statistical Yearbook*）（HA1832. J36）

● 澳大利亚统计局（Australian Bureau of Statistics），《澳大利亚年鉴》（*Year Book Australia*）（HA3001. B5）

图表 A—1　　一些实用的网址

创建者及说明	网址
官方国际组织	
世界贸易组织	www. wto. org
国际货币基金组织	www. imf. org
世界银行	www. worldbank. org
经济合作与发展组织	www. oecd. org
国际清算银行（Bank for International Settlements）有关外汇市场、国际银行业务和国家中央银行的资料，包括许多国家中央银行网站的链接	www. bis. org
联合国（United Nations）：有关国家统计的资料	unstats. un. org/unsd
联合国贸易与发展委员会（United Nations Conference on Trade and Development）：有关国家统计的资料，包括对外直接投资的更多数据	www. unctad. org（点击 Statistics 链接）
国际贸易	
国际贸易中心（International Trade Centre）：有关产品贸易（3 位数的标准国际贸易分类）和国家贸易的资料	www. intracen. org/tradstat
美国贸易处（U. S. Trade Representative）：有关对美国出口的国外壁垒及其他一些贸易政策问题	www. ustr. gov
美国商务部国际贸易管理局：有关对美国倾销和补贴的案例	www. ita. doc. gov/ia
美国国际贸易委员会：有关倾销和补贴的案例，以及其他贸易政策问题	www. usitc. gov
美国出口政府机构：有关美国出口的国外市场方面的信息	export. gov
加拿大国际贸易法庭（Canadian International Trade Tribunal）：加拿大政府公布的有关倾销和补贴的案例	www. citt. gc. ca/index _ e. asp
加拿大商务专员服务（Canadian Trade Commissioner Service）：有关加拿大出口的国外市场信息	www. tradecommissioner. gc. ca
欧盟委员会（European Commission）：有关欧盟贸易政策和对欧盟出口的国外壁垒信息	ec. europa. eu/trade
全球贸易观察（Global Trade Watch）：由拉尔夫·纳德（Ralph Nader）领导的社会公民（Public Citizen）集团提出的有关贸易政策和全球化问题的多元视角	www. citizen. org/trade
汇率、国际金融	
OANDA：汇率数据和新闻	www. oanda. com
太平洋汇率服务（Pacific Exchange Rate Service）（英属哥伦比亚大学）：汇率数据与信息	fx. sauder. ubc. ca

续前图表

创建者及说明	网址
日本财政部（Ministry of Finance，Japan）：有关日本政府外汇干涉的内容	www.mof.go.jp/english/international_policy/reference/feio/index.htm
国家、地区和国际数据	
美国联邦政府：大量各种数据和资料	www.fedstats.gov
圣路易斯联邦储备银行（St. Louis Federal Reserve Bank）：美国和其他国家的数据	research.stlouisfed.org/fred2
美国经济分析局（U.S. Bureau of Economic Analysis）：美国国际收支数据	www.bea.gov/International
欧盟	europa.eu/index_en.htm
加拿大统计局	www.statcan.gc.ca/start-debut-eng.html
中央银行	
美国联邦储备体系（U.S. Federal Reserve System）	www.federalreserve.gov
欧洲中央银行（European Central Bank）	www.ecb.int/home/html/index.en.html
日本银行（Bank of Japan）	www.boj.or.jp/en
其他有用的网站	
经济学家网络资源（Resources for Economists on the Internet）：大量提供经济学信息的网站链接	www.rfe.org
WebEc 国际经济学：许多有用的链接	www.helsinki.fi/WebEc/framef.html
密歇根州立大学：提供许多有用的网站和经济术语	globaledge.msu.edu/resourcedesk
奥克兰大学 Offstats 服务：有关数据及提供数据的网站链接	www.offstats.auckland.ac.nz
Nationmaster 网站：跨国数据比较以及显示数据的工具	www.nationmaster.com
彼得森国际经济研究所（Peterson Institute for International Economics）：提供协会出版物的信息，包括一些有用的在线资源	www.iie.com
世界经济论坛（World Economic Forum）：有关国际事务的报告和讨论	www.weforum.org
Abyz 新闻链接：提供世界各地报纸网站的链接	www.abyznewslinks.com

你还可以在美国国会图书馆 HA 分类中找到其他国家的统计年鉴。

如果你想对同一地区内的各国进行比较，可以从下面这些资料汇编中获得该地区所有国家的数据：

- 联合国，拉丁美洲和加勒比经济委员会（Economic Commission for Latin America and the Caribbean）：《拉丁美洲和加勒比地区统计年鉴》（*Yearbook for Latin America and the Caribbean*）（HA751.A58）
- 联合国：《非洲统计年鉴》（*African Statistical Yearbook*）（HA1955.U5）
- 欧洲复兴开发银行：《转型国家报告》（*Transition Report*）（HC331.E2）

包含发展中国家全球事务分析的工具书是：世界银行的年度《世界发展报告》（*World Development Report*）（HC59.7.W659）。在 data.worldbank.org 网站上，世界银行提供了世界发展指标以及其他系列数据。绝大部分最主要的经济合计数，还可参阅国际货币基金组织月度或年度《国际金融统计》（*International Financial Statistics*）（HG3881. I626），其包含的内容不仅限于国际金融。联合国开发计划署每年都出版《人类发展报告》（*Human Development Report*）（HD72. H85），主要关注人们的生活条件、教育状况以及男女获得成就的差别。

下面的一些全球性的资料包含了国际经济特定方面的内容（其名称也很清楚地说明了这一点）：

- 联合国：《国际贸易统计年鉴》（*International Trade Statistics Yearbook*）（HF91. U47）
- 联合国：《国民账户统计》（*National Accounts Statistics*）（HC79. I5. N388）
- 国际货币基金组织：《国际收支年鉴》（*Balance of Payments Yearbook*）（HG3882. B34）
- 联合国贸易与发展委员会：《国际投资报告》（*World Investment Report*）（HG4538. W67）
- 经济合作与发展组织：《国际直接投资统计年鉴》（*International Direct Investment Statistics Yearbook*）（HG4583. I58）
- 国际货币基金组织：《贸易统计年鉴导读》（*Direction of Trade Statistics Yearbook*）（HF1016. I652）
- 国际货币基金组织：《外汇安排与外汇管制年度报告》（*Annual Report on Exchange Arrangements and Exchange Restrictions*）（HG3834. I61A3）
- 世界银行：《全球金融发展》（*Global Development Finance*）（HJ8899. W672）
- 联合国环境计划署：《年鉴》（*Year Book*）（HC79. E5 U55）
- 国际移民组织：《国际移民报告》（*World Migration Report*）（JV6006. W67）

多边国际组织还编制了一些其他实用的定期报告，包括世界贸易组织的《年度报告》（*Annual Report*）（HF1371. A56），国际货币基金组织的《世界经济展望》（*World Economic Outlook*）（HG230. 3. O4），以及国际结算银行的《年度报告》（*Annual Report*）（HG1997. I6A3）。

这里还有一个有用的数据来源。艾伦·V·迪尔弗夫（Alan V. Dearforff）的《贸易条件：国际经济词汇表》（*Terms of Trade：A Glossary of International Economics*）（HF1373. D43）提供了相关定义、图表和解释。

附录 B 生产可能性曲线的推导

国际贸易理论分析中经常使用生产可能性曲线，其形状取决于一国要素的供给以及将这些要素组合起来生产所使用的技术。通常表示一国技术水平的方法是**生产函数**（production function），该函数把任意一种商品的产出表示为投入要素的函数。

用几何学的方法，可以在平面坐标图上将表示用于生产特定数量的商品产出需要的两种生产要素的不同组合点绘制出来，这便是该商品生产函数的几何图形。图表 B—1 中绘制出了几条**等产量曲线**（production isoquant），每条曲线表示特定产出数量的商品所需要的土地和劳动的不同组合。在图表 B—1A 中，平滑的等产量曲线描述了这样一种情况：在布匹的生产中，土地和劳动可以部分相互替代。从某一点开始，比如点 W，如果使用足够多的土地投入（像在点 V 那样），则用较少的劳动投入就可保持相等的布匹年产量（即保持在等产量曲线 TT 上）。与之相比，在图表 B—1B 中，生产函数具有一种特殊的形式（有时称之为列昂惕夫生产函数），其中土地和劳动完全不可替代。因此，从点 W 开始，不管额外增加多少土地，只要劳动投入减少，产量都会下降。因此，等产量曲线垂直向上，从点 W 移动到点 Z，表示劳动投入不变，土地投入增加，产量不变。虽然生产要素之间通常是可部分替代的，但有些行业仍被认为类似于图表 B—1A 中的特殊情况。

生产一定数量的产品将会使用哪一组要素组合呢？如果要素之间是可以部分替代的，一定产出数量下所能达到的最小成本的要素组合取决于要素的价格。两种要素的相对价格可以用图表 B—1A 中平行的等成本曲线 SS 和 $S'S'$的斜率表示。该斜率表示劳动工资率与土地地租率的比值——在市场上每小时劳动可以换取的可使用土地的英亩数。在要素价格不变的情况下，等成本曲线离原点越远，表示总成本越高。

为使生产一定数量的产品成本最小化，厂商会寻找最低的等成本曲线，也就是与代表一定产出数量的等产量曲线相切的那条等成本曲线。比如，如果要素的相对价格如 SS 曲线斜率所示，那么等产量曲线 TT 代表的产品产量的最低成本点就是点 W，所使用的要素组合就是点 W 表示的劳动与土地的组合点。如果土地价格比劳动便宜，那么要素的相对价格将会使等成本曲线比 SS 更陡峭。厂商将会用较低价格的土地来替代劳动，生产点会移至点 V。

如果要素的相对价格不变，厂商想扩大产量，那么他如何增加劳动和土地的投入

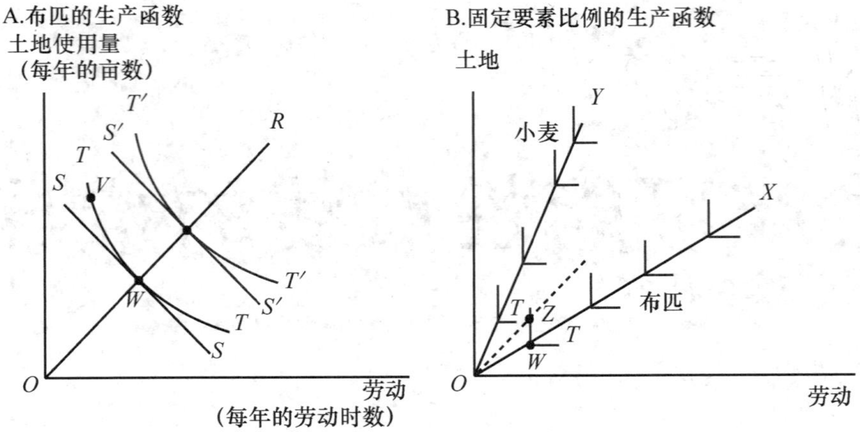

图表 B—1　生产：等产量和扩张路径

量？图表 B—1A 描述了人们通常假设的情况：只要要素价格比一直为 SS 曲线的斜率，任何产出的扩大都可沿扩展线 R（一条从原点出发的直线）实现。相比之下，在图表 B—1B 中，不论土地与劳动的相对价格如何，在劳动较密集的布匹生产的扩展线 X 和土地较密集的小麦生产的扩展线 Y 上，使用要素的比例总是固定不变的。

为了找出一国能最有效地进行生产的要素组合，我们必须把用生产函数等产量曲线表示的技术可能性曲线与该国的土地和劳动总供给量结合起来分析。一个便捷的方法是应用埃奇沃思-鲍利盒状图（Edgeworth-Bowley box diagram），图中横、纵坐标轴的长度分别表示一国拥有（这里指英国）土地和劳动的总量。假定这些要素是同质的而且总量不变。

图表 B—2 表示固定要素比例和规模收益不变（即生产要素与产出量同比增加）生产函数的埃奇沃思-鲍利盒状图。盒状图左下角点 O 为布匹生产函数的原点，等产量曲线 TT，$T'T'$ 等向外移动，一直移动到右上方。布匹生产的扩展线为 OX。在英国，如果所有劳动（OR）都用于生产布匹，则仅需要 RX 的土地，而 $O'X$ 的土地就会闲置。在点 X，土地的边际产出为零。

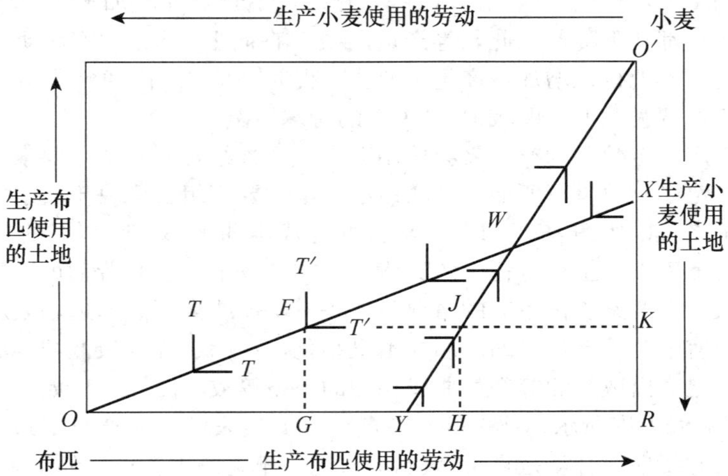

图表 B—2　具有固定要素比例的埃奇沃思-鲍利盒状图

以 O' 为小麦的生产函数原点，是往相反方向，向左下方移动。它的扩展线为

$O'Y$。在点 Y，将使用所有土地和 YR 的劳动，但是有 OY 数量的劳动闲置。OX 和 $O'Y$ 在点 W 相交，点 W 是盒状图中唯一能够充分使用两种要素的生产点，并且两种要素的价格均为正。对于任一扩展线上的其他任意一点，如布匹扩展线 OX 上的点 F，土地和劳动要素还能够在小麦扩展线上的点 J 生产小麦；此时 OG 数量的劳动从事布匹的生产，HR 数量的劳动从事小麦的生产；RK 数量的土地用于布匹的生产，$O'K$ 数量的土地用于小麦的生产。其结果是，GH 数量的劳动将闲置。

如图表 B—2 所示，曲线 OWO' 实质上是一条生产可能性曲线，表示在要素禀赋不变时，英国可以生产的小麦和布匹的各种组合。只有在点 W 生产，两种生产要素才能得到充分使用，且要素价格为正。曲线 OWO' 看上去不像一条生产可能性曲线，因为它是用土地和劳动的实物单位，而不是用产出的实物单位绘出的。如果重新绘制图表 B—2 中的曲线 OWO'，将坐标轴单位由要素单位表示转变为用小麦和布匹的实物单位表示，且将该图向右上方旋转，看上去便很像是一条在点 W 处转折的常规的生产可能性曲线了，如图表 B—3 所示。

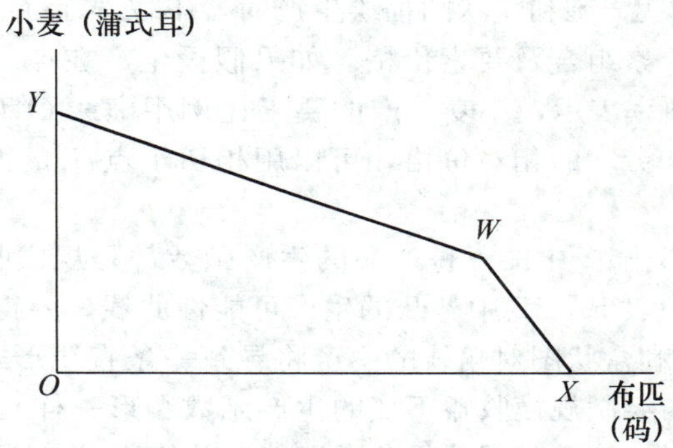

图表 B—3　根据具有固定要素比例的埃奇沃思-鲍利盒状图推导的生产可能性曲线

如果生产布匹和小麦的要素比例不变且相等，则两种产品的扩展线就会重合，如图表 B—4A 所示。在这种情况下，如果两种产品生产的规模收益不变，则生产可能性曲线将变成一条直线，如图表 B—4B 所示。由于土地和劳动一直保持同样的比例，因而也可以看作单一的要素投入。这等价于李嘉图的劳动价值论及由此推论出的直线形式的生产可能性曲线。对任何一个生产函数规模收益不变且两种商品要素密集度相同的经济，都可画出一条类似的直线形式的生产可能性曲线。

对一种商品的生产而言，当要素间存在替代的可能性时，扩展线就不是唯一的。相反，对任何一组给定的要素价格，都可绘制出一条独立的扩展线，或者也可以画出两种商品的等产量曲线，并能把两种商品等产量曲线的各个共切点联结起来，形成一条共切点的轨迹。这条轨迹称为生产效率线，即在现有要素供给下两种商品可以生产的最大产量组合，如图表 B—5A 所示。为了说明它为什么是一条生产效率线，假设该生产在生产效率线外的点 W 进行。W 是布匹的等产量曲线 7 和小麦的等产量曲线 5 上的一点，但布匹的等产量曲线 7 上的另一点 T 则位于较高的小麦等产量曲线 6 上，因而在点 T，就可能既生产更多的小麦，又不减少布匹的产量。在小麦的等产量曲线 5 上的点 T'，同时也位于布匹的等产量曲线 8 上。在点 T'，同样可能既生产更多的布匹，又保持同等数量的小麦。因而，任何不在这两条生产函数等产量曲线共切点轨迹上的点都是低效的。因为轨迹外的任何一点都可以通过向共切点轨迹的移动使得一种商品的产量增加而同时保持另一种商品的产量不变。

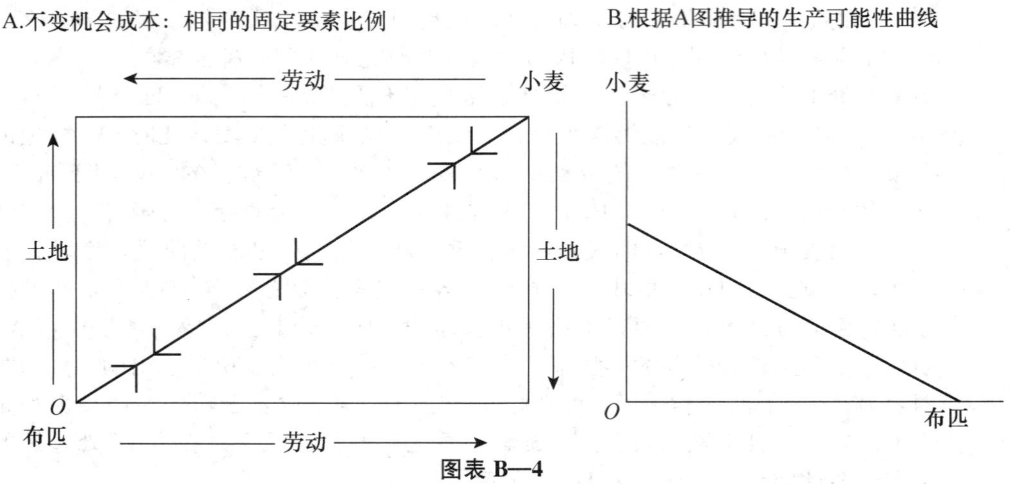

图表 B—4

当用埃奇沃思-鲍利盒状图描绘生产时，不仅显示了高效率的产出组合，而且显示了高效率的要素组合及要素价格。如果假设生产在点 T 进行，则布匹生产的要素比例用 OT 的斜率表示，小麦生产的要素比例用虚线 $O'T'$ 的斜率表示，这些产出量所使用的土地和劳动的相对价格，可以用相切于点 T 的两条等产量曲线的共切线斜率表示。

如果图表 B—5A 中的每种产品的生产函数都是规模收益不变的，则弯形的效率轨迹将转变为图表 B—5B 中外凸的生产可能性曲线。要得出这一结论，首先要看到，沿埃奇沃思-鲍利盒状图对角线的生产将导致一条直线形式的“生产能力”曲线（推导方式实质上与绘制规模收益不变的生产函数图形一样）。因为当生产点从对角线转到效率轨迹线时，除盒状图的拐角点以外，其他所有点的产出都会增加，所以，实际的生产可能性曲线位于连接两个端点的对角线之外（在生产可能性曲线端点处，国家将完全专业化生产某一种产品，这与埃奇沃思-鲍利盒状图中的拐角点的生产相对应），所以生产可能性曲线为一条外凸的曲线。

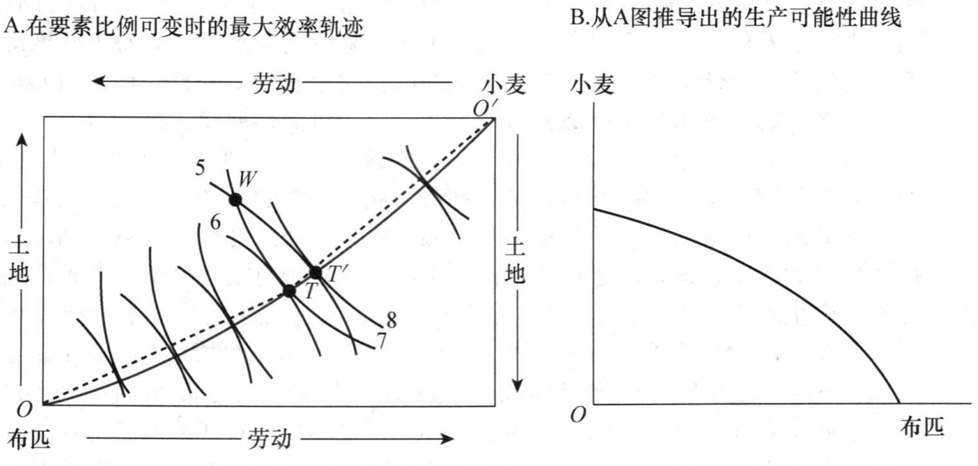

图表 B—5

附录 C 提供曲线

第 2 章介绍了如何利用供给与需求曲线来确定自由贸易条件下的国际均衡价格。要确定国际均衡价格还可以使用一种类似的分析工具，即**提供曲线**（offer curve）。该曲线表示的是某个国家如何根据国际价格比率变化选择进出口商品数量的组合。本附录给出了提供曲线的几何求导过程，附录 D 将介绍如何利用提供曲线分析最优关税。

一个地区或国家的提供曲线相当于其出口供给曲线和进口需求曲线。（后两种曲线的例子，见图表 2—3 的中间部分。）提供曲线把贸易提供描绘成国际价格比率的一个函数，可以从第 4 章中使用的生产可能性曲线和社会无差异曲线推导出来。

图表 C—1 显示的推导过程是从通常的生产和消费替代开始的。提供曲线表示对于每一个国际相对价格，美国都将为了在该种价格比率下进口一定量的商品，而出口一定数量的商品。在每码布匹交换 2 蒲式耳小麦（2 W/C）的价格比率上，美国根本不愿意进行交易，如点 S_0 所示。在 1 W/C 上，与没有贸易时相比，美国发现布匹更便宜而小麦更贵了。通过更有效率的生产消费方式：在点 S_1 生产并在点 C_1 消费，美国将愿意出口 400 亿蒲式耳小麦和进口 400 亿码布匹。如果价格比率为 1/2 W/C，这一价格将同样促使美国提供 400 亿蒲式耳的小麦出口，但此时可换取 800 亿码布匹。每一个为进口而提供出口的情况，都可以用一个贸易三角形表示，该三角形的两个顶点分别位于价格线的生产及消费点上。

将每一种提供的情况都在图表 C—1 中的下方图中绘制出来（如点 O、点 O_1 和点 O_2），其中点的坐标轴分别表示进行交易的进出口量，而从原点出发的任意射线的斜率都表示一个国际相对价格。将所有的点连接在一起，所得到的曲线 O_{US} 是美国的提供曲线。利用同样的方法可描绘出世界其他国家的提供曲线 O_{RW}。两条提供曲线的交点 O_1 和原点连线的斜率表示的是 1W/C 的均衡价格，只有在均衡价格上（即点 O_1），美国和世界其他国家才能在贸易量上达成一致。

还有一种方法同样可以推导出一个国家的提供曲线。可以利用贸易无差异曲线（trade indifference curves）来进行。该曲线表示某国为了得到一定数量的进口商品，支付的出口商品达到的福利水平。进口因扩大消费而提高了国民福利水平，而出口因不利于本地消费而降低了福利水平。贸易无差异曲线描绘出某国在保持同样的总福利水平上所愿意选择的各种以出口换进口的替代组合。图表 C—1 中的下图显示了两条

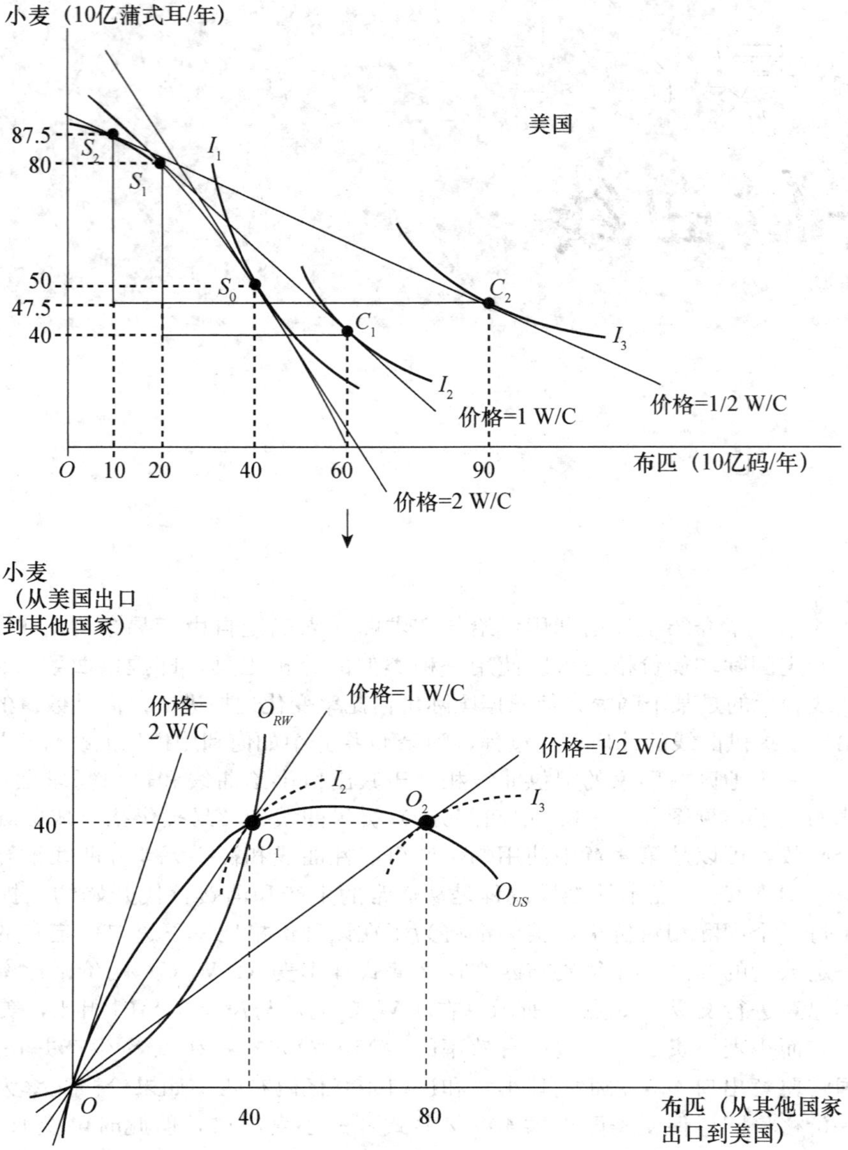

图表 C—1　提供曲线的推导

美国的贸易无差异曲线：I_2和 I_3。① 这两条贸易无差异曲线与用上方图中的社会无差异曲线 I_2和 I_3表示的美国福利水平对应。这两条贸易无差异曲线都向上倾斜，形状也很能反映出美国的特点（I_3优于 I_2），原因在于，进口更多的布匹有利于提高福利，而出口更多的小麦则不利于福利的提高。

如果相对价格比为 1 W/C，根据美国所能达到的最高贸易无差异曲线，可以找到其提供曲线上的一个点。在这一价格比下，美国能达到最高的贸易无差异曲线也就是能达到的最高的社会福利水平，价格线与贸易无差异曲线 I_2相切的点为 O_1。因此，O_1是美国提供曲线上的一个点。如果价格比为 1/2 W/C，价格线与 I_3相切，所以 O_2是美国提供曲线上的一个点。

① 该国的贸易无差异曲线可以从它的生产可能性曲线和社会无差异曲线推导出来。

提供曲线能用于分析一些基础条件改变所产生的影响。例如其他国家提供曲线的移动对美国的影响是显而易见的。如果顺时针移动，这两条提供曲线的交点将从点 O_1 移向 O_2 等点。世界其他国家的布匹出口供给将降低布匹的相对价格（价格线变得更为平坦）。这代表着美国的贸易条件得到了改善，经济境况变得更好，其无差异曲线更接近 I_3 而不是 I_2。

美国生产能力的增长通常会使其提供曲线发生移动。可以用提供曲线说明这种增长是如何影响国际相对价格的。例如，如果这种增长增加了贸易愿望（如第 7 章中讨论的），则美国提供曲线逆时针移动，布匹的相对价格提高并达到新的均衡，美国的贸易条件恶化。①

保持一国的生产能力不变，并假设外国的提供曲线也不变，该国是否能通过移动本国的提供曲线来改善其福利呢？如果这个国家由大量的私人个体组成，他们在生产和消费方面相互竞争而无政府干预，那么不可能通过改变提供曲线来改善国民福利。因为私人竞争只会使我们处于提供曲线上的原来位置而并不能使提供曲线发生变化。但是，如果这个国家作为单一的总体进行决策，那么，在图表 C—1 所示的情况下，还有从贸易中获取更多利益的微弱可能。从自由贸易均衡点 O_1 开始，美国可以沿外国提供曲线 O_{RW} 移动一段很短的距离进而达到比点 O_1 稍高一些的无差异曲线。怎样能做到这一点呢？通过附录 D 中讨论的最优关税可以做到这一点，附录 D 会再次给出该提供曲线。

① 不能用初始的贸易无差异曲线分析这一增长对美国福利的影响，因为美国生产能力的增长意味着会有一组新的贸易无差异曲线。第 7 章说明了当均衡价格比率的变化确定时，如何利用生产可能性曲线和社会差异曲线分析福利的变化。

附录 D 国家最优关税

最优关税的推导

第 8 章的后半部分提到了国家最优关税水平，对于一个国家来说，最优关税能够影响其进口商品的外国供给价格而又不必担心引起对方的报复。本附录将利用第Ⅱ篇的供求理论及附录 C 中的提供曲线理论对最优关税进行推导。同时还将推导国家和国际卡特尔的最优出口税公式。

从第 8 章的供求理论可以发现，一国进口关税的稍微提高，就会给这个国家带来一块收益和一块损失。图表 D—1 比较了当进口关税比初始绝对水平稍微提高时的这两块面积——系数 t 乘以支付给国外出口者的初始价格水平 P。额外收益来自继续进口的外国商品价格的降低，其收益为进口量 M 乘以外国商品价格降低率 dP/dt。额外损失来自失去的额外进口量（dM/dt）。对于国内消费者而言，额外进口量每单位价值相比外国愿意销售给我们的价格 P 高出 tP。

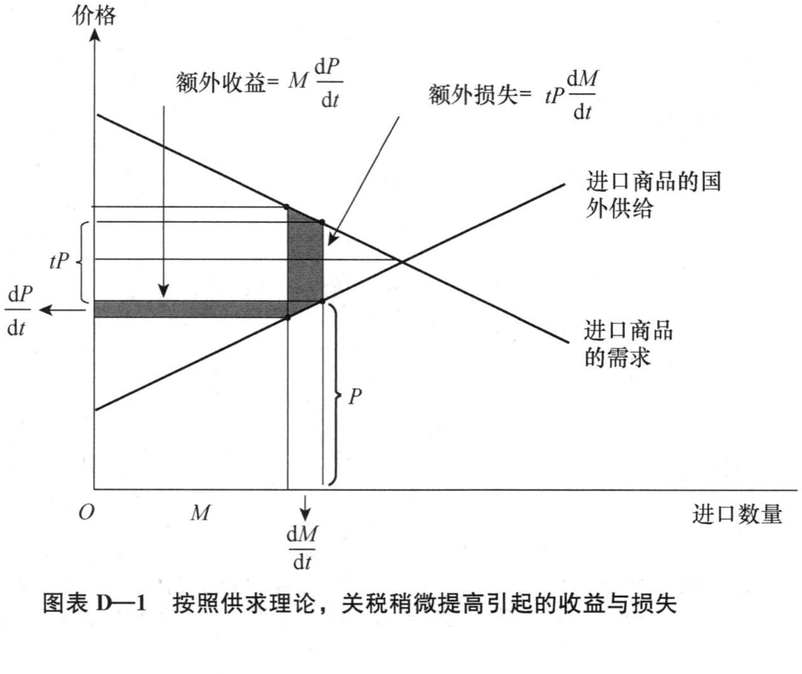

图表 D—1　按照供求理论，关税稍微提高引起的收益与损失

最优关税税率是使关税变化引起的额外损失正好等于额外收益的关税税率。作为初始价格的一部分，最优关税税率 t^* 是满足下面等式的关税税率：

$$\text{额外收益}-\text{额外损失}=M\frac{\mathrm{d}P}{\mathrm{d}t}-t^*P\frac{\mathrm{d}M}{\mathrm{d}t}=0$$

所以，有

$$t^*=\frac{\mathrm{d}P/\mathrm{d}t}{\mathrm{d}M/\mathrm{d}t}\cdot\frac{M}{P}$$

由于外国供给曲线的供给弹性为

$$s_m=\frac{\mathrm{d}M/\mathrm{d}t}{\mathrm{d}P/\mathrm{d}t}\cdot\frac{P}{M}$$

根据第 8 章所述，最优关税的公式为 $t^*=1/s_m$。如果世界价格是一个常数，不受人为控制，即 $s_m=\infty$，则最优关税为 0。外国供给曲线越是缺乏弹性，最优关税税率也就越高。①

最优出口关税

可以用相同的方法推导出最优出口税率，只要用出口有关的术语代替进口有关的术语即可。重新绘制图表 D—1，这样，以牺牲购买本国出口品的外国消费者利益为代价获取的额外收益，会出现在关税空白区的顶部而不是底部。结果是，最优出口关税税率对称地等于 $1/d_x$ 的绝对值，或者说等于外国对本国出口商品需求弹性的倒数的绝对值。

最优出口关税税率的公式也可作为国际卡特尔的最优涨价率公式。由于从出口获得最大共同利润的国际卡特尔和对其出口征收最优出口税的单一国家，都是垄断利润最大化者，所以，把最优涨价率与外国需求弹性联系起来的公式对两者都适用。因此，一个国际出口卡特尔的最优涨价率 $t^*=|1/d_c|$，即对该卡特尔的出口商品的世界需求弹性倒数的绝对值。

我们可以将这一公式进一步引申，解释卡特尔成员的最优出口涨价率是如何取决于其他弹性及市场份额的，比如第 14 章中我们曾讨论过的石油输出国组织那样的卡特尔的其他弹性及市场份额。从下面的一个简单恒等式入手，我们可以将卡特尔出口商品的需求弹性与该产品的世界需求、来自其他国家的完全替代品的供给以及该卡特尔在世界市场上所占的份额联系起来：

$$\text{卡特尔出口}=\text{世界出口}-\text{其他国家出口}$$

或

$$X_c=X-X_0$$

---

① 图表 D—1 更清楚地说明了：即使外国供给曲线向上倾斜，国家最优关税税率也低于使政府关税收入最大化的关税税率。图表 D—1 中，最优关税税率是使“收益增加”面积等于“损失增加”面积的关税税率。但即使在这一关税水平上，关税的些许提高仍会引起政府关税收入的净增加。通过稍微提高关税税率，政府从继续进口的进口量 M 中征收到更多的税收，但却由于进口量的减少而产生额外的损失。然而，从 M 中获得的收益并不只是前面介绍的“收益增加”面积，而是这一面积加上 tP 区域上面的未加标记的长方形面积，其含义是消费者对进口商品 M 支付了更高的价格。因此，即使稍微提高关税税率并不会给国家带来更多的国民福利净收益，它仍会增加该国的关税收入，其结果是使关税收入最大的关税税率高于最优关税税率。因此，如果一个国家以关税最大化作为依据来确定其最优关税，那么它的关税税率就会过高。

对卡特尔价格求微分，得

$$\frac{\mathrm{d}X_c}{\mathrm{d}P}=\frac{\mathrm{d}X}{\mathrm{d}P}-\frac{\mathrm{d}X_0}{\mathrm{d}P}$$

该公式可以用一个包含弹性的恒等式重新表述为：

$$\frac{\mathrm{d}X_c/\mathrm{d}P}{X}=\frac{\mathrm{d}X/\mathrm{d}P}{X}-\frac{\mathrm{d}X_0/\mathrm{d}P}{X}$$

$$\frac{\mathrm{d}X_c}{\mathrm{d}P}\cdot\frac{P}{Xc}\cdot\frac{X_c}{X}=\frac{\mathrm{d}X}{\mathrm{d}P}\cdot\frac{P}{X}-\frac{\mathrm{d}X_0}{\mathrm{d}P}\cdot\frac{P}{X_0}\cdot\frac{X_0}{X}$$

该卡特尔在世界市场上所占的份额定义为 $c=X_c/X=1-(X_0/X)$。卡特尔出口商品的需求弹性定义为 $d_c=(\mathrm{d}X_c/\mathrm{d}P)(P/X_c)$，该产品的世界出口需求弹性为 $d=(\mathrm{d}X/\mathrm{d}P)(P/X)$；非卡特尔成员国的该产品竞争性出口供给弹性为 $s_0=(\mathrm{d}X_0/\mathrm{d}P)(P/X_0)$。将这些定义代入上式得

$$d_c\cdot c=d-s_0(1-c)$$

所以，有

$$d_c=\frac{d-s_0(1-c)}{c}$$

由于最优涨价率 $t^*=|1/d_c|$，因此卡特尔的最优涨价率为：

$$t^*=\frac{c}{|d-s_0(1-c)|}$$

该卡特尔市场份额（c）越大，或该产品出口的世界需求弹性（d）的绝对值越小，或者非卡特尔成员国的出口供给弹性（s_0）越小，作为买方国家支付的价格（包括涨价）部分的最优涨价率越大。

利用提供曲线再次推导最优关税

国家最优进口（或出口）关税还可用附录 C 中的提供曲线理论来加以描绘，尽管这一理论框架在推导最优关税的公式时不太方便。一个对贸易征收关税的国家可以使用关税来移动本国的提供曲线，直至与外国提供曲线相交，使本国福利最大化为止。图表 D—2 给出了一个小麦出口国的最优关税税率。小麦出口国通过使国内以小麦单位表示的进口布匹的价格高于外国布匹供应商的价格，将其提供曲线称向右侧。在点 T，国内消费者必须按国内价格比率 SR/RT 支付布匹的价格，用 SR 的小麦换取 RT 的布匹。而外国供应商为 RT 的布匹只能得到 OR 的小麦。政府以按 SO/RT 的税率征收关税的形式进行了干预。

图表 D—2 表明了这种特殊的关税税率正好是最优关税，因为在点 T，外国提供曲线与本国通过贸易可以与无差异曲线 I_0 相切。因为外国提供曲线并不是无限弹性的，所以这种最优关税税率为正。如果是无限弹性的，表现为从原点出发的一条不变的世界价格曲线，本国的最优关税税率将为零，因为没有其他关税税率能把本国的无差异曲线提高到与在自由贸易、无关税情况下的提供曲线所能达到的同样高度。下面提到的一些理论与供求理论的分析是一致的：外国贸易曲线的弹性越高，本国最优关税税率就越低。

用提供曲线推导最优关税税率公式要比用供求曲线推导更为复杂。传统上对外国提供曲线的弹性的定义也不同于外国供给曲线，而且很难通过提供曲线的图形本身来

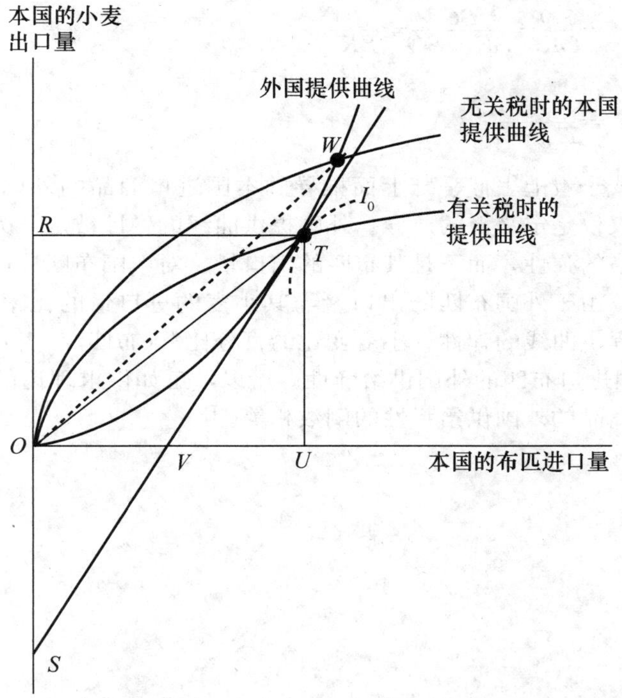

在点 T，外国销售商出口 OU 布匹仅得到 OR 的小麦。但是，国内购买者不得不为 OU 的布匹支付 OR 的小麦再加上作为关税的额外 OS 的小麦。尽管这对于本国布匹的消费者是不利的，但是本国达到了更好的贸易无差异曲线 I_0。这是因为外国供应商支付了一部分关税，同时它们还被迫接受了比斜率 OW 价格更低的国际价格（斜率为 OT）。OW 为外国供应商在无关税时为布匹的出口支付的价格。

图表 D—2 用提供曲线描绘的最优关税

定义。传统上，一国的提供曲线弹性被定义为：进口需求变化的百分比对其进口商品相对价格变化百分比的比率，即

$$\text{提供曲线弹性}(E_{OC})=\frac{-M\text{ 变化的百分比}}{X/M\text{ 变化的百分比}}$$

由于价格比率 X/M 的变化不容易在图表 D—2 显示的提供曲线图中描绘出来，所以我们现在把这个定义转换为一个更适用的等价式：

$$E_{OC}=\frac{-M\text{ 变化的百分比}}{X\text{ 变化的百分比}-M\text{ 变化的百分比}}$$

$$=\frac{-1}{\dfrac{X\text{ 变化的百分比}}{M\text{ 变化的百分比}}-1}=\frac{1}{1-(\text{斜率}\dfrac{\partial X}{\partial M})(M/X)}$$

最后的表达式可以转换成图表 D—2 中各线段间的一种关系。由于我们考察的是外国的提供曲线，因此我们站在外国的视角进行分析。外国出口布匹、进口小麦。因此点 T 处的斜率 RT/RS，表示布匹的出口量的变化相对于小麦进口量的变化的比例，M/X 比值等于 OR/RT。所以，外国的提供曲线弹性为：

$$E_{OC}=\frac{1}{1-\dfrac{RT}{SR}\cdot\dfrac{OR}{RT}}=\frac{1}{1-\dfrac{OR}{SR}}=\frac{SR}{SR-OR}=\frac{SR}{SO}$$

（有些作者在布匹坐标轴上推导出一个对应的等价比率：$E_{OC}=UO/VO$。）

现在，可以发现位于点 T 的最优关税税率与外国提供曲线弹性之间的紧密联系：

$$t^{*}=\frac{SO}{OR}=\frac{SO}{SR-SO}=\frac{1}{\frac{SR}{SO}-1}$$

$$t^{*}=\frac{1}{E_{OC}-1}$$

这个式子看上去似乎与上面推导的本国进口商品的外国供给弹性的公式稍有不同，但这仅仅是定义上的差异。外国提供曲线的弹性被定义为外国的小麦进口量对世界小麦价格的弹性，而不是其布匹的出口量（对本国布匹进口的供给）对世界布匹价格的弹性。由于外国布匹的出口量与其小麦的进口量的比率正好等于小麦的世界价格，外国提供曲线的弹性（小麦变化的百分比/（布匹/小麦）变化的百分比）就等于1加上本国进口布匹的外国供给弹性。所以，正如供求理论的分析所表明的，上式与本国进口商品的外国供给弹性的倒数相等。①

① 在解释最优关税与外国提供曲线的关系时需要注意：关税税率都可以用公式 $1/(E_{OC}-1)$ 表示，而不仅仅是最优关税。如果要确认如点 T 所代表的关税税率是最优的，还必须满足外国提供曲线与本国无差异曲线相切这一条件。

课后习题参考答案

第2章

1. 消费者剩余是消费者从市场购买一种商品时所获得的净收益。它是消费者愿意支付的最高价格与实际支付的市场价格之间的差额。消费者愿意支付的最高价格是其对每单位商品价值的认可。使用实际数据来测量消费者剩余，需要三个主要信息：(1) 市场价格；(2) 需求量；(3) 需求曲线的斜率或形状，即市场价格上升时，需求量的变化量。消费者剩余的测量值等于需求曲线以下市场价格线以上的面积。

3. 一个国家的出口供给量等于这个国家的供给量减去国内需求量。出口供给曲线是在每个可能的市场价格下国内供给量与需求量之间的差异，即由供给超过需求的数量推导出来的。出口供给曲线显示了在每一个可能的国际市场价格下各国愿意出口的数量。

5. 在这个热带国家，冬衣是没有国内市场的，但是仍存在国内供给曲线。如果冬衣的世界价格超过这个国家生产冬衣的最低价格（此价格为供给曲线与价格轴相交的价格），那么在自由贸易时，这个国家将生产和出口冬衣。这个国家将从贸易中获利，因为贸易产生了生产者剩余，即供给曲线以上国际价格线以下的部分，直至两者的交点（表示这个国家出口和供给的数量）。

7. 的确，开放贸易使国家之间的价格趋于相等。在一个竞争市场中，这同时也意味着国家之间的边际成本趋于相等。但要保持这个均衡，就必须持续进行贸易。如果贸易停止，世界将回复到之前没有贸易时的均衡。然后国家之间的价格会有所差异，就会激励套利的产生。在自由贸易均衡下不断进行的贸易，解释了为什么价格趋于均等。

9. 需求曲线 D_{US} 向右移动。美国进口需求曲线 D_m 也会向右移动。均衡价格将会超过 1 000，是新的美国进口需求曲线 D_m 和初始的供给曲线 S_x 的交点。

11. a. 在没有贸易时，均衡要求国内需求数量（Q_D）等于国内供给数量（Q_S）。这两个方程相等后，我们可以找到没有贸易时的均衡点：

$$350-P/2=-200+5P$$

没有贸易时的均衡价格 $P=100$。代入其中任一方程，可得均衡量为 300。

b. 价格为 120 时，比利时的需求量为 290，供给量为 400。在自由贸易时，比利时出口量为 110。

c. 比利时的消费者剩余会下降。在没有贸易时，它是位于需求曲线以下和价格为 100 的价格线以上的一个更大的三角形。而在自由贸易时，则是需求曲线以下和价格为 120 的价格线以上的一个更小的三角形。

比利时的生产者剩余会上升。在没有贸易时，它是供给曲线以上和价格为 100 的价格线以下的一个更小的三角形。而在自由贸易时，则是供给曲线以上和价格为 120

的价格线以下的一个更大的三角形。

贸易净收益是生产者剩余的增加值与消费者剩余的减少值之间的差额。这里的国民福利净收益是一个三角形，三角形的底为交易数量（110），高为价差（120－100＝20），则净收益为 1 100。

第 3 章

1. 不同意，这种观点是有关绝对优势的描述。它表明一个国家如果在所有商品的生产上都具有更高的劳动生产率，那么该国将会出口所有商品，而不会进口任何商品。而李嘉图却表明互利贸易是建立在比较优势基础上的，即根据最大相对优势进行贸易。一国将出口那些相对劳动生产率（相对于其他国家，相对于其他商品）更高的商品，并进口相对劳动生产率更低的其他商品。

3. 不同意。重商主义认为一个国家应该尽可能多地出口，因为大量出口将带来所谓的利润。最初的重商主义认为，出口之所以能获得好处，是因为该国可以接受金银作为对其出口的支付。而现代重商主义则认为，出口之所以获得好处，是因为它可以为该国创造工作机会。重商主义并不认为本地消费与诸如金银（最初版本）或就业（现代版本）之类的客观事物同等重要。

5. 使用每个国家关于生产单位产品所耗费劳动时数的数据，你可以确定在没有贸易时，每个国家布匹的相对价格。没有贸易时，在美国，布匹的相对价格是 2 W/C（＝4/2）；而在世界其他国家则是 0.4 W/C（＝1/2.5）。使用低买高卖的套利原则，你会从世界其他国家进口布匹，为每单位的布匹支付 0.4 单位的小麦。你也会按照每单位布匹换取 2 单位小麦的价格，将布匹出口到美国。对每单位布匹，你从中获利 1.6 单位（＝2.0－0.4）小麦。（你也可以解释从美国购买小麦并出口的套利行为。）

7. a. 在两种商品的生产上，普格罗维亚都具有绝对劣势，其两种商品每单位的劳动力投入都比较高，因此其劳动生产率都比较低。

b. 在大米的生产上，普格罗维亚具有比较优势。它的相对劣势更低（(75/50)＜(100/50)）。

c. 在没有贸易时，大米的相对价格是 0.75 单位（75/100＝0.75）布匹兑换 1 单位大米。

d. 在自由贸易时，均衡国际价格比率将大于或等于 0.75 单位布匹/大米，小于或等于 1 单位布匹/大米（没有贸易时世界其他国家的价格比率）。普格罗维亚将会出口大米，进口布匹。

9. a. 在没有贸易时，美国的实际工资是每小时 0.5 单位小麦和每小时 0.25 单位布匹。世界其他国家的实际工资是每小时 0.67 单位小麦和每小时 1.0 单位布匹。世界其他国家的绝对优势（更高的劳动生产率）导致其更高的实际工资。

b. 在自由贸易时，美国完全专业化生产小麦。美国用小麦表示的实际工资仍保持在每小时 0.5 单位小麦不变。布匹是按照 1∶1 的价格比率通过贸易获得的，所以美国用布匹表示的实际工资是每小时 0.5 单位布匹。美国的贸易收益可由用布匹表示的更高工资（0.5/0.25）来表示。只要美国的劳动力想要购买布匹，它就会由于在布匹上拥有更大的购买力而获取贸易收益。在自由贸易时，世界其他国家完全专业化生产布匹，用布匹表示的实际工资保持在每小时 1 单位布匹不变。它用小麦表示的实际工资上升到每小时 1 单位小麦，因为它可以按照 1∶1 的价格比率交换小麦。世界其他国家可通过在小麦方面获得更大的购买力来获取贸易收益。

c. 世界其他国家仍然有着更高的实际工资。绝对优势起着很重要的作用——更高的劳动生产率导致更高的实际工资。

第4章

1. 不同意。赫克歇尔-俄林理论表明两国之所以会进行相互贸易，是因为生产产品所需要的要素禀赋的相对差异。每个国家都会出口密集使用其相对丰裕要素生产的产品，进口密集使用其相对稀缺要素生产的产品。赫克歇尔-俄林理论表明，即使没有导致国际贸易发生的技术差异，只要国家之间存在投入要素相对可获得性的差异性，国家之间也许仍然会有大量贸易进行。

3. 普格罗维亚拥有全球20%（=20/(20+80)）的劳动力，却拥有全球30%（3/(3+7)）的土地。相对于世界其他国家而言，普格罗维亚土地丰裕，劳动力稀缺。根据赫克歇尔-俄林理论，普格罗维亚将出口土地密集型产品（小麦），并进口劳动力密集型产品（布匹）。

5. 为画出这个国家布匹的需求曲线，我们需要找到代表每一价格比率的预算约束线，并找到其与社会无差异曲线的切点。切点表明在该价格比率对应的需求量。预算约束线的斜率代表价格比，它与该国的生产可能性曲线相切。（切点代表在此价格比率下该国的产量。）随着价格比率的降低，切点会沿着生产可能性曲线向左上移动，如下图所示。随着预算约束线变得更加平坦，切点会沿着社会无差异曲线向右移动。图中列举了一些具有代表性的数字，价格每下降0.5单位可使需求量增加10单位。

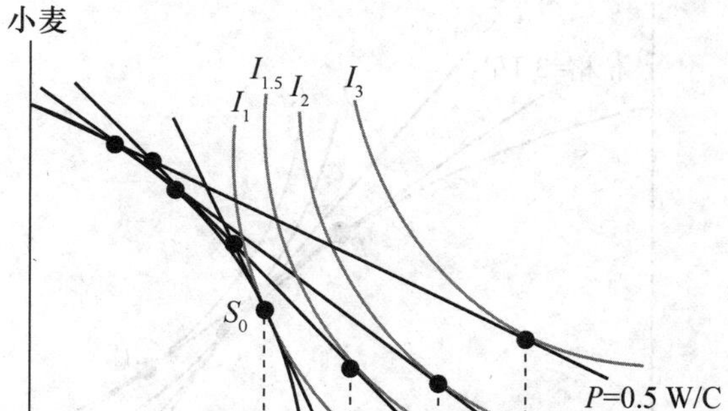

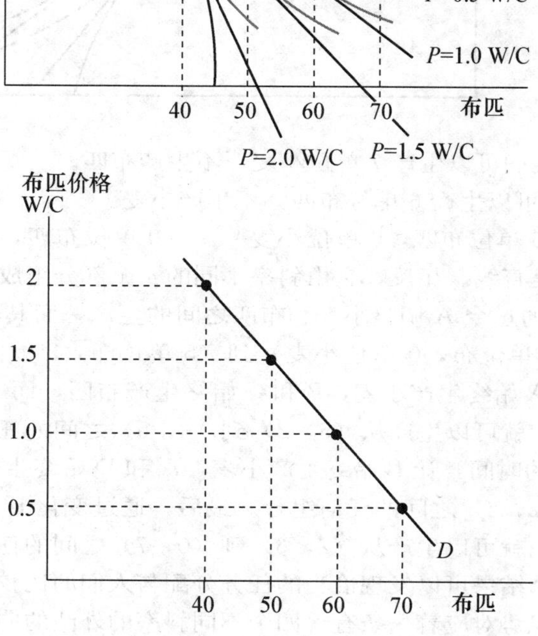

7. a. 随着边际机会成本的递增，普格罗维亚的生产可能性曲线外凸，正如下图所示。在没有国际贸易时，这个国家的生产点和消费点，在普格罗维亚的社会无差异曲线（I_1）与生产可能曲线相切于点 N 处。在这一切点处，预算约束线的斜率表明在没有贸易时，意大利面的相对价格是 4。

b. 意大利面的世界相对价格（3）低于普格罗维亚没有贸易时的价格（4），所以普格罗维亚将进口意大利面。从另外一个角度来看，宽外袍的世界相对价格（1/3）高于普格罗维亚没有贸易时的价格（1/4），所以普格罗维亚将出口宽外袍。在下图中，斜率代表相对价格为 3 T/P 的预算约束线与生产可能性曲线相切于点 R。在自由贸易下，普格罗维亚的意大利面产量下降，要素资源转移到宽外袍的生产中。在相对价格 3 T/P 的预算约束线和生产点 R 上，普格罗维亚选择消费量为点 V，即最高的社会无差异曲线（I_2）与预算线的切点。

c. 普格罗维亚可以从贸易中获益。从一个角度来看就是贸易允许普格罗维亚消费两种产品的总和超过了其自身的生产能力（达到生产可能性曲线之外的点 V）。从另一个角度来看，普格罗维亚可以达到一个更高的社会无差异曲线（I_2 比 I_1 更好）。

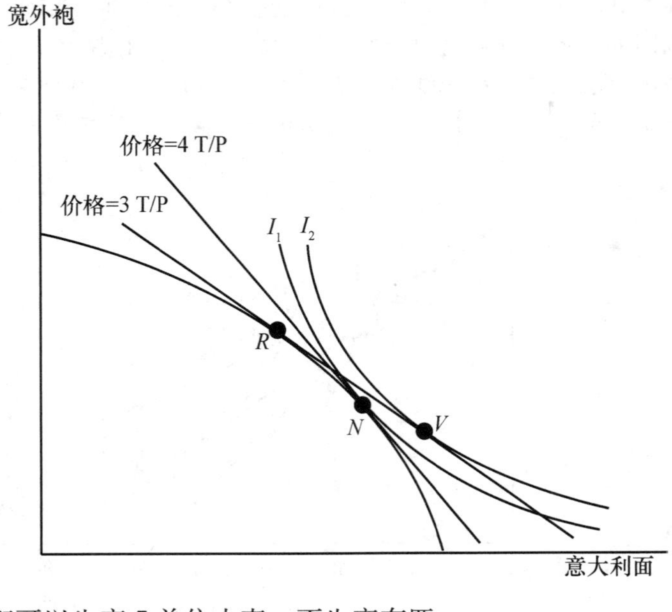

9. a. 他们可以生产 7 单位小麦，不生产布匹。

b. 他们可以生产 6 单位布匹，不生产小麦。

c. 在（6 单位布匹，0 单位小麦）和（0 单位布匹，7 单位小麦）之间的生产可能性曲线不是直线。相反，它由斜率不同的 4 个部分组成。生产可能性曲线始于布匹轴（x 轴）。通过令 A 调整小麦和布匹之间的生产，而其他人只生产布匹，他们就可以生产从（6 单位布，0 单位小麦）到（5 单位布，2 单位小麦）之间的任何产量组合。或者令 A 始终生产小麦，B 和 C 始终生产布匹，而 D 却可以调整两种产品的产量组合，他们就可以生产从（5，2）到（3，5）之间的任何产量组合。或者通过选择如何分配 C 的时间，让 B 始终生产小麦，A 和 D 始终生产布匹，他们就可以生产从（3，5）到（2，6）之间的任何组合。最后，通过变化 B 的生产组合，而其他人均生产布匹，他们就可以生产从（2，6）到（0，7）之间的任何组合。

研究这个结果可以发现恰当的任务分配与人们的比较优势相关。可以注意到四种不同的比较优势对应着一条有着四个不同斜率的外凸的曲线。一般说来，不同类型的个体数越多，外凸的曲线会越平滑。因此，对一国而言，我们可以得到一个成本不断递增的生产可能性曲线，即使每个个体都是李嘉图的固定成本类型。

第5章

1. 相较于美国或加拿大，墨西哥有着充裕的低技能劳动力，而高技能劳动力稀缺。实行自由贸易后，墨西哥将出口大量密集使用低技能劳动力的产品，同时进口大量密集使用高技能劳动力的产品。根据斯托尔珀-萨缪尔森定理，实行自由贸易政策，提高了墨西哥低技能劳动力的实际工资，降低了美国或加拿大低技能劳动力的实际工资；降低了墨西哥高技能劳动力的实际工资，但提高了美国或加拿大高技能劳动力的实际工资。

3. 不正确。短期内自由贸易确实会损害进口竞争产业从业人员的利益——主要是由于生产者剩余的损失。长期影响有别于短期，因为人员和资源可以在产业间流动，因而长期内没有人获益。根据赫克歇尔-俄林理论，贸易将导致这个国家中相对稀缺要素的所有者实际收入受损，因为该国进口的产品密集地使用了这些稀缺要素，有效地使这些稀缺要素“不那么稀缺”，并降低了它们的回报率。

5. 在第二次世界大战后不久，相对于世界其他国家，美国似乎有着丰裕的资本要素和稀缺的劳动力要素。在此情况下，列昂惕夫进行了他的研究。根据赫尔歇尔-俄林理论，美国应该出口资本密集型产品，进口劳动密集型产品。然而，列昂惕夫运用美国产品和贸易数据进行实证检验后，却发现美国出口的是相对劳动密集型产品，而进口的是相对资本密集型产品。

7. a. 初始价格为100时，两个等式分别为：

$$100=60w+40r$$
$$100=75w+25r$$

同时解这两个方程式，可以得出：均衡工资率和均衡租金率都是1。生产1单位小麦的劳动成本是60（60单位劳动，每单位劳动的成本为1），生产1单位布匹的劳动成本是75。生产1单位小麦的租金成本是40，生产1单位布匹的租金成本是25。

b. 在新的布匹价格下，两个等式分别为：

$$100=60w+40r$$
$$120=75w+25r$$

同时解这两个方程式，可以得出：新的均衡工资率约为1.53，新的均衡租金率为0.2。

c. 小麦的实际工资从0.01(=1/100) 上升至0.015 3(=1.53/100)，布匹的实际工资从0.01(=1/100) 上升至大约0.0127 5(=1.53/120)。平均来说，实际工资升高——劳动力要素从布匹价格的提高中获益。小麦的实际租金率从0.01(=1/100)下降至0.002(=0.2/100)，布匹的实际工资从0.01(=1/100) 下降至大约0.001 7(=0.2/120)。平均来说，实际租金率降低了——土地所有者由于布匹价格的上升而损失了实际收益。

d. 这些结论是斯托尔珀-萨缪尔森定理的一个例子。小麦相对密集地使用土地要素，而布匹相对密集地使用劳动力要素。布匹价格的上升提高了劳动力要素（布匹密集使用的要素）的实际收益，也降低了其他要素（土地）的实际收益。

9. 1美元的布匹产出所投入的劳动力总和，等于直接劳动投入加上生产布匹原

材料所需要的劳动力，即

0.5＋0.1×0.3＋0.2×0.6＝0.65

1 美元的布匹产出所投入的总资本可以用同样的方法计算而得：

0.2＋0.1×0.7＋0.2×0.4＝0.35

相对于该国的进口替代品，布匹是劳动密集型产品（0.65＞0.55）。因而该国的贸易模式与赫克歇尔-俄林理论一致。这个劳动力要素丰裕的国家出口密集使用劳动力要素的产品。

第 6 章

1. 不同意。赫克歇尔-俄林模型指出，一国应该出口某些产品（密集使用该国丰裕要素的产品），同时进口其他产品（密集使用该国稀缺要素的产品）。赫克歇尔-俄林模型预测了产业间贸易的模式，但没有预测到各国会从事大量出口和进口相同（或类似）产品的产业内贸易。

3. 有两个主要的原因。第一，产品差异化会导致产业内贸易。进口不会降低国内产品的产量，因为出口提供了许多原本在国内销售的产品的需求。不同产业之间，产出水平变化不大，主要有：（1）产业间对要素的需求，几乎未发生改变；（2）要素价格几乎不发生变化。似乎被斯托尔珀-萨缪尔森效应影响的受损者会更少。第二，贸易能够给每个人带来福利——通过贸易，每个人都有机会购买到更多种类的产品。一些认为他们在贸易中受损的群体，如果较为看重能够购买到更多种类的产品，那么可以转而认为他们是受益者。

5. a. 外部规模经济意味着随着一个特定地理区位中一个产业规模的增大，厂商的平均成本下降。自由贸易和外部经济会促使产能在一个地理位置集聚，以获取外部经济。无论哪个区位，只要能增加产能，就可以降低产业的平均成本。低成本允许该区位的企业降低生产成本，销售更多产品，扩大公司规模和达到更低的成本。最终生产都集中在以低成本生产的一个国家（地理位置）内。

b. 这两个国家都可以从贸易中获得产品的外部经济。带来的主要效应是，当生产集中在一个地理区域时，生产的平均成本下降了。如果行业竞争激烈，则产品价格将随着成本的下降而下降。在进口国，随着本国不再生产该产品，消费者从低价中获得的收益会超过生产者剩余的损失。而在出口国，生产者剩余可能会随着产能的扩张而提高，尽管这种影响会因为产品定价下降而相互抵消一部分。在出口国，消费者剩余随着产品价格的下降而提高。出口国获益的原因有两个：生产者剩余的提高和消费者剩余的提高。

7. a. 开放贸易将会对普格罗维亚的消费者造成两种影响。第一，消费者可以购买到国外公司生产的各种各样的产品。消费者从产品种类的增加中获益。第二，进口带来的额外竞争将会降低国产产品的价格，这也会给本国消费者带来额外的福利。

b. 开放贸易将会对普格罗维亚的生产者造成两种影响。第一，进口给本国销售带来了额外的竞争。如我们在 a 问项的答案中提到的，本国生产者可能会被迫降低价格，而且它们将会损失部分销售量。第二，本国生产者获得了进军国外市场的机遇。它们有可能从国外市场实现更多的销量，因为国外的消费者可能更加偏好进口产品。

9. 我们可以用一张类似图表 6—5 的图形来检验洗碗机型号数量的变化。在初始状态下，全球市场处于均衡状态，市场中出售 40 个品种的洗碗机，每种类型洗碗机需要 600 美元。全球市场需求的增加使单位成本曲线从 UC_0 移动至 UC_1，这里有一种方法能够理解为什么单位成本曲线会以这种方式移动。对于给定的任意数量的型号，每个公司都能够生产更多自有型号的洗碗机，所以每个公司都能够获取额外的规模经济并降低单位成本。因此，单位成本曲线朝下移动。在新的单位成本曲线 UC_1 上，在点 R 实现新的长期均衡，此时的单个价格 P_1 小于 600 美元，同时型号数量 N_1 大于 40。我们是如何从初始均衡移动至新的长期均衡？随着全球市场需求增加，初始生产 40 种型号的洗碗机公司开始获得经济利润。正的利润吸引了其他提供新品种的厂商进入市场。随着新厂商和新品种进入市场，市场对老厂商生产的每种洗碗机型号的需求下降了。另外，新的类似替代品的进入提高了单个品种的需求价格弹性。对单个品种需求的下降和价格弹性的提高促使每个公司降低了品种的价格。当单个公司的品种重新回到零经济利润时，新的长期均衡出现了。市场提供比之前更多品种的洗碗机，同时单个品种的产品价格都比以前低。

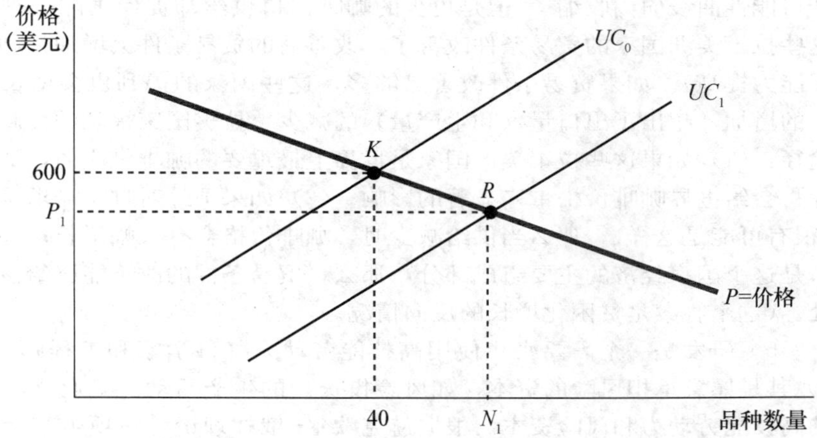

11. a. 下面是香水的产业内贸易比重的计算方法：

IIT 比重＝1－(｜2－223｜/(2＋223))＝0.018(或 1.8%)

使用同样的方法可计算出其他商品的产业内贸易比重，如下表所示：

产品目录	IIT 比重（%）
香水（55310）	1.8
化妆品（55320）	97.4
家用洗衣机（77511）	4.7
微型电路（77640）	80.0
汽车（78120）	13.7
大型民用飞机（79240）	0
数码相机（88111）	51.9

b. 对于日本，7 种商品的总贸易额是 113 125 百万美元。IIT 比重的加权平均值为：

(225/113 125)1.8＋(1 888/113 125)97.4＋(633/113 125)4.7＋(40 619/113 125)80.0
＋(66 722/113 125)13.7＋(2 991/113 125)0＋(47/113 125)51.9
＝38.5

对于这些商品，美国有着相对更大的 IIT 比重。

c. 这个理论基于可观的规模经济。世界上有两家公司生产大型民用飞机。在美国，波音生产绝大部分的飞机；在欧洲，空客生产绝大部分的飞机。如果一家日本公司想要进入飞机产业，获取足够的市场份额将会非常困难。日本没有本国的飞机产业，因此它进口大型民用飞机。（一些日本企业仅以整机组件或零部件生产商的身份参与民用飞机业务。）

第 7 章

1. 为了扩张出口产业，普格罗维亚想要向世界其他地方出口更多的产品。出口供给量的增长促使出口产品国际价格下降，所以普格罗维亚的贸易条件（出口价格相较于进口价格）趋于恶化。

3. 干旱本身减少了这些拉丁美洲国家的产量，并使得当地福利降低。（它们的生产可能性曲线向内收缩。）但是更少的咖啡出口供给却促使国际咖啡价格上涨，所以这些拉丁美洲国家的贸易条件改善了。改善后的贸易条件会增加福利（出口产品的购买能力提高）。如果贸易条件改善足够多，这些国家的福利也会增长。出口获得购买力的增加，超出了出口量（和生产量）的减少。拉美国家福利的提高，可能通过以下途径：（1）如果这些拉丁美洲国家是世界上最重要的咖啡供应商，那么它们的供给减少将会给世界咖啡价格带来显著的影响；（2）如果国外对咖啡需求是缺乏价格弹性的（很有可能是这样），那么当供给减少时，咖啡价格会有大幅增长；（3）如果咖啡的出口是这个国家经济的主要组成部分，那么，贸易条件的改善能够给该国带来明显的好处。（这个答案是贫困化增长的反向情况。）

5. 研发是一个需要密集使用高技能劳动力（科学家和工程师）、密集使用资本（尤其是愿意承担风险的资本，如风险投资）的生产活动。工业化国家拥有相对充裕的高技能劳动力和风险资本。根据赫克歇尔-俄林理论，一项生产活动趋向于在拥有丰裕的生产所需的要素资源的地区进行。

7. a. 这是通过增加要素禀赋的平衡型增长。生产可能性曲线等比例外移，所以它的相关形态是相同的。

b. 这是通过在所有产业实现相似幅度的技术提高而产生的平衡型增加。生产可能性曲线等比例外移，所以它的相关形态也是相同的。

c. 生产可能性曲线与布匹轴线的截距没有变化（如果没有小麦产品，那么小麦技术提高并不能增加国家产量）。生产可能性曲线外移，这是偏向于小麦产量的增长。

9. a. 整个美国生产可能性曲线外移，资本密集型产品的外移相对更大。如果美国贸易模式遵循赫克歇尔-俄林理论，那么这个产品就是机器。增长偏向于机器生产。

b. 根据雷布津斯基定理，如果产品价格比不变，那么机器的生产量增加，布匹的生产量减少。增加的资本用于生产更多的机器，机器工业也必须雇用额外的劳动力去使用增加的资本。这些额外的劳动力是从布匹行业流出的，所以布匹产量下降。

c. 美国的贸易意愿增加。随着产量和收入的增长，美国想要消费更多的两种产品。因为国内消费增加而国内布匹产量减少，所以布匹的进口需求增加。（出口的数量也增长了，这是因为国内的机器产量增加的幅度大于国内消费的增长。）

d. 进口需求的增加使得布匹的国际均衡相对价格增加。（出口量的增加，降低了机器的国际均衡价格。）

e. 国际均衡价格比率发生的变化使美国贸易条件恶化。美国福利会下降——贫困化增长现象可能出现。如果贸易条件恶化足够大，那么生产能力增长带来的负面作用会大于正面作用。

11. a. 除了与食品轴线的截距不变外，美国生产可能性曲线的所有点都外移。这是偏向于布匹产量的增长。

b. 美国的贸易意愿很可能降低，因为美国现在有能力以低成本生产进口产品。尽管多余的产量和收入会导致美国布匹需求的增加，但是技术的改善使得布匹供给的扩张更多，因此美国对布匹的进口需求很可能减少。

c. 美国进口需求的减少会降低布匹的国际均衡价格。美国的贸易条件有所改善。

13. a. 产品价格不变，小麦产量增加 25%(=(50－40)/40)。布匹也增加 25%(=(80－64)/64)。这是平衡型增长。

b. 根据新的生产可能性曲线，产品价格变化引起小麦产量从 50 单位增长到 52 单位，布匹的产量从 80 单位下降到 77 单位。小麦的相对价格增长（或者，相应地，布匹的相对价格下降）。

第 8 章

1. 只需要知道单位商品的关税额以及进口数量的减少幅度（见图表 8—4），就可以计算出小国情形下关税导致的国民福利损失。

3. 关税的生产效应是一国的无谓损失，因为关税导致一部分进口品被成本更高的国内产品替代（按照世界价格的标准来评判，对这部分产品的生产是无效率的）。具体来说，征收关税后，在国内生产这些额外的产品会消耗国内资源，导致额外的生产成本，这一成本要高于自由贸易时向外国出口商购买相同数量产品支付的世界价格。如果用图形描述，由于生产单位产品的成本等于国内供给曲线与横轴的纵向距离，因此生产效应就是国内供给线、自由贸易时的世界价格线以及征收关税前后国内产出的变化量三者共同决定的三角形。计算公式为：关税导致的国内外价格变化差额与国内产出变化量之积的 1/2。

5. a. 消费者收益为 4.2 亿美元/年。b. 生产者损失为 1.4 亿美元/年。c. 政府损失为 2.4 亿美元/年。d. 整个国家的净收益为 4 000 万美元/年。

7. a. 消费者收益为 512.5 万美元/年。b. 生产者损失为 187.5 万美元/年。c. 政府损失的关税收入为 600 万美元/年。d. 由于取消关税，整个国家受到的损失为 275 万美元/年，因为取消关税提高了进口摩托车的世界价格。而在第 5 题中，取消关税对糖的世界价格没有产生影响。

9. 这里的 1.25 美元包含 60 美分的增加值、35 美分对棉纱的支付和 30 美分对其他纤维的支付。有效保护率为 50%(=(60 美分－40 美分)/40 美分×100%)。

第 9 章

1. 进口配额是某段时期内一国政府对进入该国商品的进口总量设置的数量限制。有以下三个原因使政府更可能倾向于使用进口配额而非关税：(1) 配额确保了进口数量不会超过配额规定的数量。如果政府想向国内厂商提供确定的保护，配额是很有效的。(2) 配额赋予了政府官员更大的权力，使他们有权决定哪些进口商将会获得有价值的进口权。(3) 政府可能迫于国内垄断厂商的压力而实施配额。实施配额，则严格限制了进口数量，可使垄断厂商根据利润最大化原则制定价格而不必担心进口数量会增加。这正是垄断厂商偏好（并迫使政府偏好）配额的原因。

配额并不会带来更多的国民收益。从整个国家的福利角度来看，配额并不比关税好，甚至可能更差。

3. 条件是：国内市场是完全竞争的，并且在竞争环境中拍卖进口配额许可证。

5. 关税对美国的损害更小，因为美国政府获得了关税收入，本来这部分收益会在 VER 中作为价格差额而收归外国推土机厂商的囊中。两种政策对整个世界福利水平造成的净损失相同。

7. a. 生产者收益的增加量为自由贸易条件下糖的产量 1.2 亿磅乘以 0.02 美元/磅的价差，再加上增加了 4 000 万磅的糖产量所带来的生产者剩余的增加部分。后者等于 1/2×0.02 美元/磅×4 000 万磅（假设国内供给线是一条直线）。即生产者剩余的增加总额为 280 万美元。

b. 消费者损失量为实施配额后的消费量（4 亿磅）乘以 0.02 美元/磅的价差再加上消费量减少 2 000 万磅导致消费者剩余减少的部分。后者等于 1/2×0.02 美元/磅×2 000 万磅（假设国内需求线是一条直线）。即损失的消费者剩余总额为 820 万美元。

c. 进口许可证赋予了进口商一种权利，使它们可以按照世界价格 0.1 美元/磅进口糖，再按照 0.12 美元/磅的价格在国内出售。如果在竞争条件下拍卖进口许可证，那么获得许可证的竞拍者支付的价格接近于 0.02 美元/磅，政府获得的拍卖收入接近于 480 万美元(＝0.02 美元/磅×2.4 亿磅)。

d. 整个国家的净损失为 60 万美元。通过限制进口，配额造成两种无谓损失。首先，增加的这部分国内产量的生产成本高于世界价格，该国将资源从其他行业转移出来，低效率地生产额外的糖，是对资源的浪费。其次，由于国内价格上涨，一部分消费者被挤出市场，造成了一部分消费者剩余的损失，而这部分消费者剩余在自由贸易条件下消费者本来是可以获得的。

9. 如下图所示，在需求增长之前，关税和配额的效应是相同的（国内价格为 P_1，国内产量为 S_1，国内需求量为 D_1，进口量为 D_1-S_1，国内生产者剩余为三角形 VAP_1，国内消费者剩余为三角形 UBP_1，无谓损失为三角形 AEC 和三角形 BGJ，政府关税收入或进口配额价格差总额为矩形 $ABGE$）。

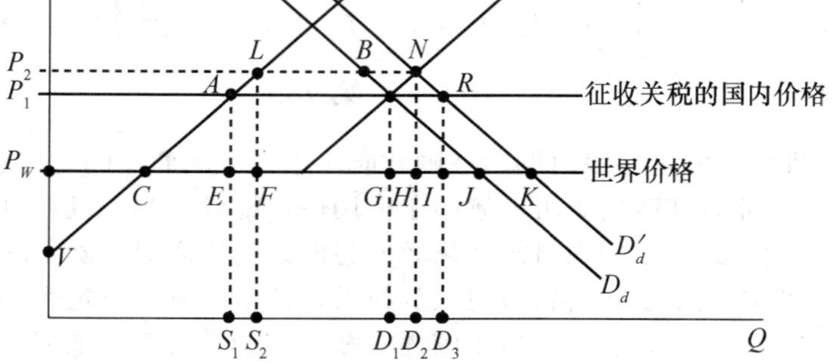

需求曲线移至 D_d' 后，之前的关税和配额不再等效了，情况如下：

	关税	配额
国内价格	P_1	P_2
国内产量	S_1	S_2
国内消费量	D_3	D_2
生产者剩余	VAP_1	VLP_2
消费者剩余	TRP_1	TNP_2
无谓损失		
生产方面	AEC	LFC
消费方面	RIK	NHK
关税收入或进口配额价格差总额	$ARIE$	$LNHF$

国内需求增长之后，配额下的国内价格高于关税下的国内价格，国内产量大于关税下的国内产量，国内消费量小于关税下的国内消费量，国内生产者剩余大于关税下的国内生产者剩余，国内消费者剩余小于关税下的国内消费者剩余，无谓损失大于关税下的无谓损失。

11. a. 与自由贸易相比，关税使美国的贸易条件改善，获益 1.8 亿美元，导致的无谓损失为 1 亿美元，因此净收益为 0.8 亿美元。在图表 9—3 中，这一净收益表示为面积 e 减去面积 $b+d$。实施 VER 使美国净损失 4 亿美元，即 3 亿美元（面积 c）加上 1 亿美元（面积 $b+d$）。因此，对美国来说，关税最好，VER 最差。

b. 如果美国对每双旱冰鞋征收 80 美元的关税，加拿大的净损失总额为 2.4 亿美元，即 1.8 亿美元（面积 e）加上 0.6 亿美元（面积 f）。相反，如果美国和加拿大（Bauer 公司）通过谈判达成 VER 安排，加拿大可获得 3 亿美元的收益（面积 c），损失 0.6 亿美元（面积 f），净收益为 2.4 亿美元。因此，对加拿大来说，美国征收关税最差，而 VER 可为加拿大带来净收益，在三种选择中是最好的。

c. 对于整个世界（在此为美国和加拿大）来说，关税和配额都会带来 1.6 亿美元的净损失（面积 $b+d$ 以及面积 f），自由贸易仍然是最佳选择。

第 10 章

1. a. 是的，存在外部性收益——正的溢出效应。技术创新为整个国家带来的收益大于研发公司获得的收益。其他公司可以通过学习和使用这些新技术获益，而不必向研发公司支付任何报酬。

b. 这位经济学家会认为生产补贴要优于关税。这两种政策都可以增加国内生产，但关税会扭曲国内消费，导致不必要的无谓损失（消费效应）。

c. 这位经济学家会推荐使用对症规则。问题的根源在于创新企业没有足够的动力去研发新的生产技术（因为其他企业无须支付任何成本就可以获得技术进步的收益）。这位经济学家会建议对新的生产技术进行某种形式的补贴，这优于一般性的生产补贴或者关税。这种技术补贴可以是对研发活动的补贴，也可以是对已经开发出来的新技术的货币奖励。

3. 这类情况在本章的发展中国家的政府理论中有所描述。如果一个国家发展水平非常低下，它开始修建或扩建公共项目的收益大于征收进口关税导致的损失，那么征收进口关税通过为政府提供用于公共项目的财政收入而为该国带来了国民福利净收益。也可以有其他答案：如果某种进口商品的消费导致了负的外部性，那么在这种情况下，一国可以受益于对该商品征收进口关税。比如，某个不生产烟草的国家出于对居民健康的考虑对烟草征收进口关税。

5. 虽然这种情况并没有在本章中明确介绍，但仍然可以描述出来。考虑扭曲的情况，一国在何种情况下缺乏私人激励以至于很少购买进口商品。最可能的情况就是，购买和使用进口商品可以为整个进口国带来新的知识性的收益，而这种收益不只是被进口商获得。为了激励进口以获得这种正的外溢效应，该国政府应该对进口商提供进口补贴。

7. 政策 A，即提供生产补贴是成本最低的政策。相比之下，关税（政策 B）会抬高飞机的国内价格，扭曲消费者的购买决策，阻碍国内航空公司的发展。关税带来了额外的无谓损失（消费效应）。政策 C，即进口配额是最昂贵的政策。澳大利亚国内的这个唯一的飞机制造商会获得垄断权力，它将抬高国内价格至更高的水平，无谓损失也将更大。

9. 赞成的观点。调整性援助政策是一国为获得进口增加的好处，鼓励工人顺利地从国内的进口竞争产业中转移出来的政策。这里关键性的问题是，当工人被迫从进口竞争产业转移出来、进入其他行业工作时，他们要忍受收入大幅下降的痛苦。而调整性援助政策可以通过向工人提供再培训、帮助他们重新安置住所以及提供暂时性收入资助等方式克服这一问题。调整性援助是“对症规则”的一种应用，它优于那些使用关税和非关税壁垒限制进口、保护进口竞争产业的政策。它也可以减小实施进口壁垒的政治压力。

反对的观点。工人被迫重新寻找工作以及学习新技能的原因有多种——并非只是由进口的增加所致，也可能由消费者需求的变化以及技术进步所致。一国进口的增加是寻常之事，因此受进口增加影响的工人不应该受到特殊对待。事实上，提供调整性援助反而鼓励工人们在处于衰落状态的进口竞争产业中就业，因为他们享有调整性援助提供的社会赔偿金。另外，调整性援助并没有那么有效，它确实对有资格的人群提供了暂时性的收入资助，但在提供有效的再培训和稳定的再安置方面没能取得太大成绩。

11. 不征收关税。因为征收关税导致的消费者剩余的损失大于生产者剩余的增加（消费者剩余的损失也大于生产者收益和政府关税收入之和）。

13. 实施进口配额有一个明显的赢家——国内的棒球杆生产厂商；也会产生一个明显的输家——国内的棒球杆消费者。当然还有一个有着复杂情绪的利益集团——那三个进口分销商——因为它们的交易量会减少，但是交易的利润率会增加。国内棒球杆生产厂商可能会进行有效的游说活动，因为公司数量比较少，能比较容易地被组织起来（而且，它们可能已经有了贸易协会）。国内的棒球杆消费者不太可能形成一个有效进行游说活动的集团，因为每个消费者拥有的资源太少，很难将数量众多的消费者组织成一个政治集团。不论支持配额与否，如果三个进口分销商之间可以达成一致意见，那么它们应该能组成一个有效的游说集团。

第 11 章

1. 第一个定义是以低于出口国国内购买者支付的价格出口销售某一产品。这个定义强调了国际价格歧视。第二个定义是以低于全部平均成本（包括中间费用）加上一个合理利润的价格出口某一产品。这个定义强调价格低于成本（将部分利润也作为一种资本的成本）。

3. 英国公司进行了倾销，因为它的国内售价低于出口到美国的价格。加拿大公司没有倾销，因为其产品的出口价格低于其单位平均成本。

5. 5美元的出口补贴会使加拿大消费者支付的价格下降，但是5美元的反补贴税会使价格涨回原价。如果加拿大购买者支付与在自由贸易下一样的价格（包括出口补贴和反补贴税），那么他们将进口与自由贸易下相同数量的产品。全球福利在两种情况下是一样的，因为贸易的数量是一样的。

美国将会遭受损失。美国政府对出口到加拿大的每条牛仔裤补贴5美元。这使得出口价格变低了，但是出口的数量却与自由贸易条件下一样。加拿大能够在每条裤子中获得5美元的收益。这种收益以政府的反补贴税形式获得。同样，加拿大国内价格和数量与自由贸易条件下一样。因为加拿大的收益等于美国的损失，这是用另外一种方式表明全球的整体福利与自由贸易条件下一样。

7. a. 在这个案例中，即便政府不干预，空客也能够通过生产获利。如果波音生产，那么空客能够获得5单位的收益；如果波音不生产，空客可以获得100单位的收益。欧盟政府没理由补贴空客。

b. 在这种情况下，波音一定会生产，因为无论空客生产与否，波音都能够获益。欧盟应该认识到这一点。当波音生产时，空客在没有政府帮助时净收益为零。如果空客的客户中没有欧盟国家，那么当然欧盟没有理由鼓励空客生产。但是要注意到的是，当空客生产时，消费者确实可能获利。空客生产会使波音少获得100单位的收益（波音本可以收取更高的价格），或者认为更多的竞争对消费者来说是好事。但不管如何，如果消费者能从厂商之间的竞争中获利，欧盟就有理由补贴空客。

9. 一种情况是假定该产业存在全球寡头竞争，存在极大的规模效应和高额利润（如本章中波音和空客的案例）。如果本国厂商能够具有出口能力并在出口中获得高额利润，那么国家就能够获利。另外一种情况是，假设这种产业是幼稚产业（在第10章中讨论过）。如果该产业能够获得一些援助，那么它将成长并且当强大到能够出口时，就会产生新的生产者剩余。

第12章

1. 关税同盟的成员国对各类进口产品或者服务征收相同的关税，不管成员国是从哪个国家进口的。在这种情况下，无须检查关税同盟内部的国家间流动的商品，即便这些商品可能是从同盟外部进口的。

相反，在自由贸易区，每个成员国都能够对同种产品的进口征收不同的关税。因此，自由贸易区需要对在区内各国之间流通的产品进行检查，以确保它们不是以低关税从外部国家进口商品之后再转运至高关税国家，以此规避高关税。

3. 贸易创造能够在建立贸易集团之后增加总进口。贸易创造之所以发生是因为从成员国进口能够降低进口国的价格，即一些高成本的国内生产被成员国的低价的进口所替代，同时也因为低价会使进口国的需求增加。贸易转移是从非成员国的更低成本的产品进口被来自成员国的高成本进口所替代。它发生的原因是外部供应商仍需要缴纳关税，而成员国则无须缴纳关税。贸易创造能够为进口国和世界带来收益。而贸易转移给进口国及世界都带来了损失。如果贸易创造带来的收益超过贸易转移带来的损失，那么进口国和世界就能从建立贸易集团中获得收益。

5. a. 1 000万台DVD乘以10美元（=110美元−100美元）等于1亿美元。

b. 为了抵消1亿美元的损失，假设存在线性需求和供给曲线，进口需求增加ΔM。$\frac{1}{2}\times(130-110)\times\Delta M=1$亿美元，所以$\Delta M=1\,000$万台。

7. 类似情况在图表 12—2 中 A 图描述过，假设美国是完全竞争的价格接受国。

当国内价格从 30 美元下降至 25 美元时，美国消费者获得收益。由于我们无法获知国内消费或产量水平，不能量化消费者剩余的收益。

美国生产者可能会因同样的价格下降而遭受损失，虽然我们不知道它们将遭受多大的损失。（但是，我们知道，消费者的收益会大于生产者的损失加上政府收入的减少。三角形面积（1/2）×5 美元/双×200 000 双＝500 000 美元。）

美国政府将损失 1 000 万美元（它从中国进口的关税收入）。

全球整体将获得的收益为三角形面积：（1/2）×5 美元/双×200 000 双＝500 000 美元，但是损失矩形面积：（25－20）×1 000 000＝5 000 000 美元。受损是因为 100 万双鞋的进口从低成本的生产商（中国）转向了高成本的生产商（墨西哥）导致的转移贸易。所以，全球将损失 450 万美元。

9. 最可能的是（a），征收反补贴税，如果它能抵消对应商品的外国出口补贴，那么它能为全球整体带来净收益。全球是否能够从关税同盟中获益，取决于关税同盟带来的贸易创造是否多于贸易转移。全球整体是否能从反倾销税中获益也取决于具体情况，正如第 11 章中所分析的。

第 13 章

1. 有两种效应。第一，如果用于生产和消费的技术没有改变，那么提高产量和消费量会增加污染。第二，收入的增长会增加人们对污染控制的需求，因为更干净的环境是正常品。如图表 13—1 所示，针对不同种类的污染和相关问题比如卫生要求，有三种基本模式。对于某些种类的污染，第一种影响更大，并且污染随着收入和人均产量的增加而增加。对于另一些种类的污染，第二种影响更大，即污染随着收入和人均产量的增加而减少。对于其他种类的污染，存在转折点，即污染随着收入和人均产量的增加先增加然后再减少。

3. b 和 d。对于选项 b，关于一国政府使用贸易限制来惩罚使用与进口国不同的环保标准生产的外国厂商，世界贸易组织有严格的限制。如果一国不承认其他控制污染的方式也可行，或者一国单方面采取行动而不与他国谈判，那么世界贸易组织可能视这种政策违反世界贸易组织规则。

对于选项 d，世界贸易组织可能认为污染问题是一个不可接受的进口保护壁垒的借口，因为进口产品并不是污染的唯一源头。

5. 对症规则会倾向 c，然后是 d，随后是 a，最后是 b。

e 的观点是不对的。在很大程度上，石油泄漏是船方的疏忽导致的，而并非上天的不可控行为。

a 和 b 的缺陷是它们强制各国进口商或者消费者为船方的粗心买单。最直接的方法应当是由船方自己承担责任。此外，很多石油泄漏会污染沿岸国家，且这些国家并不是石油的交易方，向它们收费很不合理。

似乎最直接的措施 c 也是不现实的，因为很难通过法律程序要求油船公司全额赔偿其造成的损失。尤其是，具有破坏性的泄漏常发生在海岸边 200 海里以内，这意味着事故发生在遭受损失国家的领海内。完全法定管辖权适用。受害国可以扣留油船公司的财产、判处监禁甚至要求油船公司在泄漏事故发生前发行债券以获得通过领海的权利。

至于 d 项，拦截所有油船并向其收税是一个合理的选择。但是，它的有效性取决于这样做的海岸巡逻警戒的成本。如果所有的油船进入领海必须进港，那么就能够在港口内收费。然而，这是不太现实的，而且沿着200海里的海岸线追逐这些油船，对一国来说成本也太高。此外，这种税收，如同其他的保障措施，让小心谨慎的船方为莽撞行事的船方买单。

7. 选项c。这种税收会大量减少人造温室气体的主要来源——石化燃料的使用。其他选项在未来30年可能影响甚微。

9. 这里给出的信息不足以实施贸易壁垒。事实上，如果该植物是生长在原本用来种植低价农作物的土地上，那么就不会产生明显的外部性，政府也没有理由进行干涉。只有当植被是热带雨林，而且清除那片雨林用来种植夹竹桃，使环境受到严重的破坏（如物种灭绝或者水土流失），印度尼西亚政府才有理由来限制夹竹桃的种植。至于热带雨林过度砍伐带来的温室效应，可以在温带种植具有更长生长周期的雪松彻底解决。

第14章

1. 支持进口替代战略的四个论据是：幼稚工业理论、发展中的政府理论、有机会改善一个进口大国的贸易条件，以及在本地市场销售而非充满不确定性的国外市场销售，可以更好地利用市场信息。

进口替代战略的缺陷是源自进口保护产生低效率带来的无谓损失、负责该政策的政府官员极可能养肥了自己而不是国家，以及缺乏竞争压力，从而本地企业无须努力减少成本、改进技术和提高产品质量“成长”。

支持促进制造业出口的政策的论据是，这种政策鼓励使用国家丰裕的资源（比较优势），出口产品的销售可以帮助一国获取规模经济，以及期望在国外市场成功的动力创造了竞争压力。一个主要的缺陷则是进口国可能设立贸易壁垒，限制出口商扩张其制成品出口的能力。

3. 现有数据的确指出了初级产品的实际价格自1900年以后下降了，也许每年下降幅度足有0.8%。但是这些数据存在一些偏差。事实上，价格的下降，可能是因为运输成本不断下降，或者某些价格的下降抵消了没有在价格比中反映的制成品质量的上升。实际的下降趋势可能不到每年0.8%，甚至还有可能初级产品的价格根本没有下降。

5. 在最初的几年中，如果烟草互利种植者联盟的成员国能够同意并且遵守它的政策，该联盟很可能成为一个成功的国际卡特尔。该联盟在最初的几年中将会有一些优势。它在世界总产量中占有相当大的份额，因此它的行为可以对世界烟草价格造成巨大冲击。世界对烟草的需求价格弹性相当低，因此该联盟可以提高世界价格且世界销量不会大幅下滑。外部供给者也不会给它带来太多压力，因为它们无法进入这个市场或者迅速提高它们产量。因此在最初的几年，烟草互利种植者联盟面对的最大挑战就是如何制定政策，并且让其成员国遵守这些政策。这五个国家可能在刚开始的几年就提高价格幅度这个问题有不同的观点。它们可能也会不同意每一个成员国需要减产的幅度以限制全球供给等。即便它们可以在卡特尔政策上达成一致，但每一个成员都有动机在共同协议上作弊。考虑到这五个国家之间巨大的差异，要它们同意并且遵守这些卡特尔政策将会是主要的挑战。

长期来看，即使联盟在最初几年获得成功，这个卡特尔也不可能一直成功。如果它在最初几年成功提高了世界价格，随着时间的推移，两种力量会侵蚀卡特尔的有效性。首先，如果价格一直保持在高位，那么烟草的需求价格弹性会开始增大，烟草的世界销售量将会下降。其次，新的外部供给者会进入市场，而且现存的外部供给者也会扩大其产量。卡特尔将会受到两方面的压力，使卡特尔实现收益最大化的价格开始下跌。更重要的是，为了使世界价格保持在竞争性价格以上，卡特尔成员应当继续减少它们自己的产量来限制全球供给。在成员国之间达成这样的一致认识，变得越来越艰难，最终成为不可能。

7. a. 对于任何高于 5 美元/桶的价格，对卡特尔的石油需求下降约每天 1 000 万桶。在下图中，对卡特尔石油的需求曲线从 D 左移到 D'。对卡特尔石油的新需求曲线平行于原始的需求曲线，并且低 1 000 万桶。它与价格轴的焦点低于 155 美元。（利用市场需求曲线的方程：$P=155-(75/30)\ Q_D$，得到新价格交点为 130 美元/桶。）卡特尔的边际收益曲线向左下移动，从 MR 移至 MR'。新的边际收益曲线和（未移动的）边际成本曲线相交，此时石油的出口量为 X'（低于 3 000 万桶），利润最大化的价格为 P'（低于 80 美元/桶）。

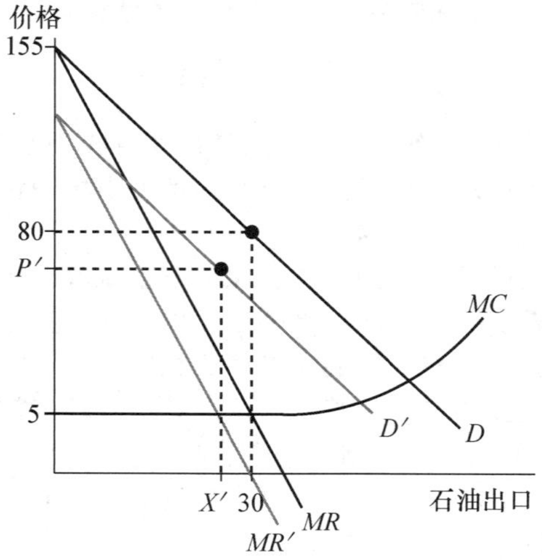

b. 如果市场价格为 5 美元/桶，对卡特尔的石油需求数量不会发生改变；但是市场价格每增加 1 美元，对卡特尔石油的需求就会减少 50 万桶。对卡特尔石油新的需求曲线（见下图）为 D''。当价格低于 80 美元时，伴随着新的外界供给，对卡特尔石油需求的数量下降到 0（对卡特尔石油的新需求曲线的价格交点约为 71.67 美元）。由于新老线性需求曲线在价格为 5 美元时都显示了同样的需求数量，新的边际收益曲线 MR'' 与原始的卡特尔边际成本曲线相交于 5 美元/桶。这一点也是与卡特尔边际成本曲线的交点，因此卡特尔会继续生产 3 000 万桶。由于新的外界石油供给富有弹性，因此卡特尔新的利润最大化价格 P'' 远低于 80 美元。

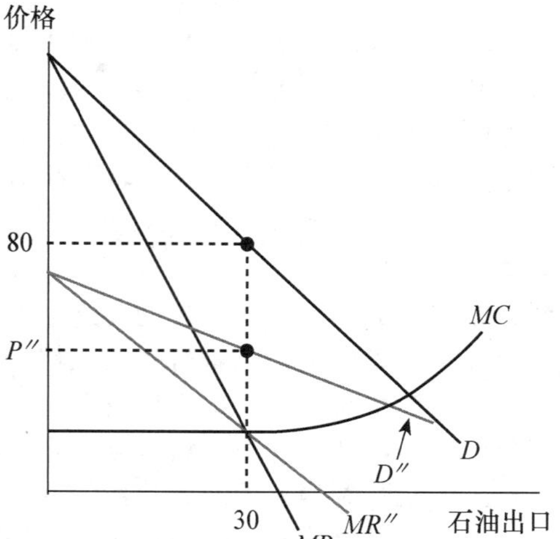

9. 不赞同。一国把工业产品出口作为其发展战略的一个重要组成部分时，经济发展得很好。但是，这种政策能把一国带向多远是有一个限度的。以低技能劳动密集型产品为基础的竞争力依靠低工资。实际工资不能升得太高，否则该国将会失去与国外竞争的能力。此外，如果其他工资水平更低的发展中国家采取类似的发展战略，就会使该国出口商面临的国际竞争更激烈。如果该国想要实现持续发展，它可能需要采取其他战略。正如我们在第3章中学到的，一国支付高工资是因为其工人有能力实现更高的生产率。拥有更多技能的工人效率更高，因而可以获取更高的报酬。一个更好的教育体系可以使该国人民获得技能以及学习新技能的能力。

第15章

1. 不同意。大部分的FDI在工业化国家，尤其是美国和欧洲。这些国家的工资水平并不低。相反，这部分FDI的目的是获取进入更大市场、获得在这些市场实现本地生产的营销优势。

3. 同意。风险之一是汇率风险。外国子公司的本币价值会随着汇率的变化而变化。如果用外币形式的借贷和其他方式的负债为子公司资产融资，由于外币资产和负债基本持平，它们可以为外汇风险提供套期保值。另一个风险是被征用的风险。东道国政府有时会行使其权力，没收跨国公司的子公司。如果子公司的资产大部分都是当地借贷和负债，那么母公司的损失便会减少，因为这些资产一旦被没收，母公司可以拒绝兑现那些负债。

5. 由于缺少对当地风俗、实践、法律和政策的了解以及由于跨境管理的成本而产生的FDI内在劣势，能成功利用FDI的公司通常有一些公司特有的优势，这些优势能使它们与东道国当地公司竞争时获得成功。公司特有的优势主要包括更好的技术、管理和组织技巧以及营销能力。这些类型的公司特有的优势在诸如药物、电子产品等行业中非常重要；拥有这些优势的公司就可以成功地利用FDI。而这些特有的优势在诸如服装业和造纸业就没有那么重要，因此在这些行业中，很少有企业拥有这种类型的优势，吸引的FDI也就很少。

7. a. 为了实现全球税后利润最大化，管理者应当尝试在爱尔兰表现尽可能多的利润，而在日本表现尽可能少的利润，因为爱尔兰15%的税率比日本40%的税率要低。如果可能的话，管理者应当选择第三种方案，把零部件价格提高到22美元。对于每一件从爱尔兰出口到日本的零部件，相比于第二种选择（价格为20美元），这相当于从日本向爱尔兰多转移了2美元的利润，相比于第一种选择（价格为18美元），这相当于多转移了4美元的利润。对于每单位这种零部件的出口，在日本支付的税收减少了0.8美元（或者1.6美元），在爱尔兰多支付了0.3美元（或0.6美元）的税。对每一件出口的零部件，相较于第二种选择，全球税后利润增加0.5美元；相较于第一种选择，全球税后利润增加1美元。

b. 爱尔兰政府会很乐于见到转移定价带来的这种变化。在该国表现的利润越多，其税收收入会越多。而日本政府则可能不高兴，因为它的税收收入降低了。它可能会尝试监督转移定价，确保在其国家的子公司用“正确的”价格显示“正确的”利润总量。

9. 在这份报告中需要包括的关键点有：

（1）FDI会给这个国家带来新科技。

（2）FDI会带来新的管理经验和方法。

（3）FDI会给这个国家带来市场营销能力。这些可以用来更好地满足当地市场的需求。这一点对于那些开始在该国生产的跨国公司在通过改进产品的国际市场营销策略、扩张一国出口时可能会尤为重要。

（4）FDI 给这个国家带来金融资本，并且扩张了该国在国内生产上的投资能力。

（5）跨国公司的本地子公司通过训练当地工人提高其劳动力的技能水平。

（6）作为 FDI 的东道国，技术（或者其他类似的）外溢福利属于该国，因为跨国公司的部分技术、管理经验以及市场营销能力外溢到本地企业，使本地企业可以学习和模仿跨国公司的无形资产。

总体来说，这六点可以提高一国作为供给方生产（和销售）产品和服务的能力。

（7）此外，一国政府对跨国公司在本地建立的子公司征税（以一种合理的方式!）可以得到税收收入。

11. a. 北方国家劳动力需求的上升。

b. 南方国家的一种“推动”因素，例如劳动力增长或者劳动力需求的下降。

c. 移民成本或者难度的下降。

13. 移民没有得到南方工资从 2 美元到 3.2 美元的全部上涨部分，是因为他们一些额外的劳动仅仅是根据他们时间的边际成本来提供的。由图表 15—4 可见，曲线 S_r+S_{mig} 比曲线 S_r 向右倾斜更多。

对于国际工资从 2 美元涨到 5 美元的全部收益，移民的确获得了额外的全部 3 美元收益。但是，其中的 1.8 美元在他们的福利中并不是一个真实的收益。它仅仅是对移民的经济和精神上的成本的一种补偿。

15. 这里有一些观点。第一，标准经济分析显示，对日本经济存在净经济收益，即使移民的收益没有被计入。日本的雇主由于可以利用一个更大的劳动力资源而获得收益，并且这些收益大于那些必须和新移民竞争的日本工人的任何损失（见图表 15—4）。第二，部分移民会承担大部分日本人唯恐避之不及的工作，如保安工作。这些移民把这些工作当作机会，比在自己国内能找到的工作好。第三，如果移民是有选择性准入的，日本政府就可以确保他们对公共财政的净贡献——相对于由于他们是增加的运营政府项目的成本，他们会支付更多的税。日本政府应当喜欢年轻的成年移民，他们被职场认为很有价值。这种对公共财政上的效应对日本来说尤为重要，因为日本的本土人口结构正在迅速老化，因此对退休人士提供的社会保障支出在接下来的几十年会快速增长。第四，移民自身带着一系列的知识，对日本来说可以创造外溢效应。移民带来了艺术才能、食谱、科学和技术的专业知识，以及做事情的不同方式。日本如果想要增加人们的创造力，希望企业在高科技和信息密集产业更加成功，移民可以是一个获取灵感的源泉。

17. 最大的净贡献可能是 b（在 1980 年左右抵达的电气工程师），这些人高水平的薪资使他们有能力支付大量的美国税收，而只使用极少的政府福利。至于贡献最少的为 a（政治难民）或者 c（祖父母们），这些都有合理的解释。政治难民在其国内由于突发的政治事件而被迫背井离乡，在此之前，他们从未做好在一个新的国家生活的准备。因此，在他们抵达后，他们不太能很快适应新生活并开始挣钱交税。祖父母们几乎不交税，尽管他们申请社会保障系统的资格有限，他们还是可能会使用政府援助。

参考文献

Agénor, Pierre-Richard. "Benefits and Costs of International Financial Integration: Theory and Facts." *World Economy* 26, no. 8 (August 2003), pp. 1089–1118.

———. "Orderly Exits from Adjustable Pegs and Exchange Rate Bands." *Journal of Policy Reform* 7, no. 2 (June 2004), pp. 83–108.

Aizenman, Joshua, and Reuven Glick. "Sterilization, Monetary Policy, and Global Financial Integration." *Review of International Economics* 17, no. 4 (September 2009), pp. 777–801.

Akram, Farooq, Dagfinn Rime, and Lucio Sarno. "Arbitrage in the Foreign Exchange Market: Turning on the Microscope." *JIE* 76, no. 2 (December 2008), pp. 237–253.

Aldy, Joseph E., Alan J. Krupnick, Richard G. Newell, Ian W. H. Parry, and William A. Pizer. "Designing Climate Mitigation Policy." *JEL* 48, no. 4 (December 2010), pp. 903–934.

Aliber, Robert Z. "Speculation in the Foreign Exchanges: The European Experience, 1919–1926." *Yale Economic Essays* 2 (1962), pp. 171–245.

Anderson, James E., and Eric van Wincoop. "Gravity with Gravitas: A Solution to the Border Puzzle." *AER* 93, no. 1 (March 2003), pp. 170–192.

———. "Trade Costs." *JEL* 42, no. 3 (September 2004), pp. 691–751.

Anderson, Michael A., and Stephen L. S. Smith. "Canadian Trade and Wages: Lessons from the Past, Prospects for the Future." *World Economy* 23, no. 8 (August 2000), pp. 1005–1029.

*Often-cited journals:
AER = American Economic Review
JEL = Journal of Economic Literature
JEP = Journal of Economic Perspectives
JIE = Journal of International Economics
JPE = Journal of Political Economy

Antweiler, Werner, and Daniel Trefler. "Increasing Returns and All That: A View from Trade." *AER* 92, no. 1 (March 2002), pp. 93–119.

Baba, Naohiko, and Frank Packer. "From Turmoil to Crisis: Dislocations in the FX Swap Market before and after the Failure of Lehman Brothers." *Journal of International Money and Finance* 28, no. 8 (December 2009), pp. 1350–1374.

Bagwell, Kyle, and Robert Staiger. *Economics of the World Trading System*. Cambridge, MA: MIT Press, 2002.

Baicker, Katherine, and M. Marit Rehavi. "Policy Watch: Trade Adjustment Assistance." *JEP* 18, no. 2 (Spring 2004), pp. 239–255.

Balakrishnan, Ravi, and Volodymyr Tulin. "U.S. Dollar Risk Premiums and Capital Flows." IMF Working Paper WP/06/160, June 2006.

Balassa, Bela. *The Structure of Protection in Developing Countries*. Baltimore: Johns Hopkins University Press, 1971.

———. *European Economic Integration*. Amsterdam: North-Holland, 1975.

Baldwin, Richard, and Charles Wyplosz. *Economics of European Integration,* 3rd ed. New York: McGraw-Hill, 2009.

Baldwin, Richard E., and Anthony J. Venables. "Regional Economic Integration." In Grossman and Rogoff (1995).

Baldwin, Robert E. "Trade Policies in Developed Countries." In Jones and Kenen, eds., *Handbook*, vol. I (1984).

Barba Navaretti, Giorgio, and Anthony J. Venables. *Multinational Firms in the World Economy*. Princeton, NJ: Princeton University Press, 2004.

Bartram, Söhnke M., and Gunter Dufey. "International Portfolio Investment: Theory, Evidence and Institutional Framework." *Financial Markets, Institutions & Instruments* 10, no. 3 (August 2001), pp. 85–155.

Bernard, Andrew B., J. Bradford Jensen, Stephen J. Redding, and Peter K. Schott. "Firms in International Trade." *JEP* 21, no. 3 (Summer 2007), pp. 105–130.

Bernhofen, Daniel M., and John C. Brown. "An Empirical Assessment of the Comparative Advantage Gains from Trade: Evidence from Japan." *AER* 95, no. 1 (March 2005), pp. 208–225.

Berry, Steven, James Levinsohn, and Ariel Pakes. "Voluntary Export Restraints on Automobiles: Evaluating a Trade Policy." *AER* 89, no. 3 (June 1999), pp. 400–430.

Bhagwati, Jagdish N. "Immiserizing Growth: A Geometrical Note." *Review of Economics Studies* 25, no. 3 (June 1958), pp. 201–205.

———. *Trade, Tariffs and Growth*. Cambridge, MA: MIT Press, 1969.

———. *In Defense of Globalization*. New York: Oxford University Press, 2004.

———. *Termites in the Trading System: How Preferential Agreements Undermine Free Trade*. New York: Oxford University Press, 2008.

———, and Anne Krueger. A series of volumes on *Foreign Trade Regimes and Economic Development*. New York: Columbia University Press for the National Bureau of Economic Research, 1973–1976.

Bhattasali, Deepak, Shantong Li, and Will Martin, eds. *China and the WTO: Accession, Policy Reform, and Poverty Reduction Strategies*. Washington, DC: World Bank and Oxford University Press, 2004.

Bird, Graham. "IMF Programs: Do They Work? Can They Be Made to Work Better?" *World Development* 29, no. 11 (November 2001), pp. 1849–1865.

Bjørnland, Hilde C. "Monetary Policy and Exchange Rate Overshooting: Dornbusch Was Right after All.'" *JIE* 79, no. 1 (September 2009), pp. 64–77.

Blonigen, Bruce. "Evolving Discretionary Practices of U.S. Antidumping Activity." *Canadian Journal of Economics* 39, no. 3 (August 2006), pp. 874–900.

Bloom, David E., Gilles Grenier, and Morley Gunderson. "The Changing Labor Market Position of Canadian Immigrants." Working Paper no. 4672. National Bureau of Economic Research, March 1994.

Bloomfield, Arthur I. *Monetary Policy under the International Gold Standard, 1880–1914*. New York: Federal Reserve Bank of New York, 1959.

Bordo, Michael D., and Barry Eichengreen, eds. *Retrospective on the Bretton Woods International Monetary System*. Chicago: University of Chicago Press, 1992.

———, and Anna J. Schwartz, eds. *A Retrospect on the Classical Gold Standard, 1821–1931*. Chicago: University of Chicago Press, 1984.

Borjas, George J. "The Economics of Immigration." *JEL* 32, no. 4 (December 1994), pp. 1667–1717.

———. "Immigration and Welfare, 1970–1990." In *Research in Labor Economics*, vol. 14, ed. Solomon W. Polachek. Greenwich, CT: JAI Press, 1995a.

———. "The Economic Benefit from Immigration." *JEP* 9, no. 2 (Spring 1995b), pp. 3–22.

———, Richard B. Freeman, and Laurence F. Katz. "How Much Do Immigration and Trade Affect Labor Market Outcomes?" *Brookings Papers on Economic Activity*, no. 1 (1997), pp. 1–90.

———, and Lynette Hilton. "Immigration and the Welfare State: Immigrant Participation in Means-Tested Entitlement Programs." *Quarterly Journal of Economics* 111, no. 2 (May 1996), pp. 575–604.

Bosworth, Barry P. *Saving and Investment in a Global Economy*. Washington, DC: Brookings Institution, 1993.

Bowen, Harry P., Edward E. Leamer, and Leo Sveikauskas. "Multicountry, Multifactor Tests of the Factor Abundance Theory." *AER* 77, no. 5 (December 1987), pp. 791–809.

Bown, Chad P. "China's WTO Entry: Antidumping, Safeguards, and Dispute Settlement." In *China's Growing Role in World Trade*, ed. Robert C. Feenstra and Shang-Jin Wei. Chicago: University of Chicago Press, 2010a.

———. "Taking Stock of Antidumping, Safeguards, and Countervailing Duties, 1990–2009." World Bank Policy Research Working Paper 5436, September 2010b.

———. *Self-enforcing Trade: Developing Countries and WTO Dispute Settlement*. Washington, DC: Brookings Institution Press, 2009.

Brainard, S. Lael. "An Empirical Assessment of the Proximity-Concentration Trade-off between Multinational Sales and Trade." *AER* 87, no. 4 (September 1997), pp. 520–544.

Brander, James A. "Strategic Trade Policy." In Grossman and Rogoff (1995).

Broadman, Harry G., ed. *From Disintegration to Reintegration: Eastern Europe and the Former Soviet Union in International Trade*. Washington, DC: World Bank, 2005.

Broda, Christian. "Terms of Trade and Exchange Rate Regimes in Developing Countries." *JIE* 63, no. 1 (May 2004), pp. 31–58.

———, and David Weinstein. "Globalization and the Gains from Variety." *Quarterly Journal of Economics* 121, no. 2 (May 2006), pp. 541–585.

———, Nuno Limão, and David E. Weinstein. "Optimal Tariffs and Market Power: The Evidence," *AER* 98, no. 5 (December 2008), 2032–2065.

Brülhart, Marius. "An Account of Global Intra-industry Trade, 1962–2006." *World Economy* 32, no. 3 (March 2009), pp. 401–459.

Brunnermeier, Smita B., and Arik Levinson. "Examining the Evidence on Environmental Regulations and Industry Location." *Journal of Environment & Development* 13, no. 1 (March 2004), pp. 6–41.

Bruton, Henry J. "A Reconsideration of Import Substitution." *JEL* 36, no. 2 (June 1998), pp. 903–936.

Bryant, Ralph C. *International Coordination of National Stabilization Policies*. Washington, DC: Brookings Institution, 1995.

Buckley, Peter, and Mark Casson. *Future of Multinational Enterprise*. New York: Macmillan, 1976.

Calvo, Guillermo A., and Carmen M. Reinhart. "Fear of Floating." *Quarterly Journal of Economics* 117, no. 2 (May 2002), pp. 379–408.

Campa, José Manuel, and Linda S. Goldberg. "Exchange Rate Pass-through into Import Prices." *Review of Economics and Statistics* 87, no. 4 (November 2005), pp. 664–678.

Card, David. "Immigration and Inequality." *AER* 99, no. 2 (May 2009), pp. 1–21.

Caves, Richard E. *Multinational Enterprise and Economic Analysis*, 3rd ed. New York: Cambridge University Press, 2007.

Cheung, Yin-Wong, and Clement Yuk-Pang Wong. "A Survey of Market Practitioners' Views on Exchange Rate Dynamics." *JIE* 51, no. 2 (August 2000), pp. 401–419.

———, and Menzie David Chinn. "Currency Traders and Exchange Rate Dynamics: A Survey of the US Market." *Journal of International Money and Finance* 20, no. 4 (August 2001), pp. 439–471.

Choksi, A., et al. *Trade Liberalization Episodes*. Oxford, England: Basil Blackwell, 1991.

Cline, William R. *United States as a Debtor Nation*. Washington, DC: Institute for International Economics, 2005.

Cohen, Daniel, and Marcelo Soto. "Growth and Human Capital: Good Data, Good Results," *Journal of Economic Growth* 12, no. 1 (March 2007), pp. 51–76.

Congressional Budget Office. "Antidumping Action in the United States and around the World: An Update." CBO Paper, June 2001.

Copeland, Brian R., and M. Scott Taylor. "Trade, Growth, and the Environment." *JEL* 42, no. 1 (March 2004), pp. 7–71.

Dalsgaard, Thomas, Christophe André, and Pete Richardson. "Standard Shocks in the OECD Interlink Model." Organization for Economic Cooperation and Development, Economics Department Working Paper no. 306, September 6, 2001.

Davis, Donald R., and David E. Weinstein. "An Account of Global Factor Trade." *AER* 91, no. 5 (December 2001), pp. 1423–1453.

———, and David E. Weinstein. "The Factor Content of Trade." In *Handbook of International Trade, Volume 1*, ed. E. Kwan Choi and James Harrigan. Malden, MA: Blackwell, 2003.

Deardorff, Alan V. "Testing Trade Theories and Predicting Trade Flows." In Jones and Kenen, eds., *Handbook*, vol. I, 1984.

———, and Robert M. Stern. *Measurement of Nontariff Barriers*. Ann Arbor: University of Michigan Press, 1998.

De Grauwe, Paul. *Economics of Monetary Union*, 8th ed. New York: Oxford University Press, 2009.

de Haan, Jakob, Sylvester C.W. Eijffinger, and Sandra Waller. *European Central Bank: Credibility, Transparency, and Centralization*. Cambridge, MA: MIT Press, 2005.

Destler, I. M. *American Trade Politics*, 4th ed. Washington, DC: Institute for International Economics, 2005.

Dixit, Avinash. "Tax Policy in Open Economies." In *Handbook of Public Economics*, ed. Alan Auerbach and Martin Feldstein. New York: North-Holland, 1985.

Doraisami, Anita. "From Crisis to Recovery: The Motivations for and Effects of Malaysian Capital Controls." *Journal of International Development* 16, no. 2 (March 2004), pp. 241–254.

Dornbusch, Rudiger. "Expectations and Exchange Rate Dynamics." *JPE* 84, no. 6 (December 1976), pp. 1161–1176.

Downs, Anthony. *An Economic Theory of Democracy*. New York: Harper & Row, 1957.

Dufey, Gunter, and Ian H. Giddy. *International Money Market*, 2nd ed. Englewood Cliffs, NJ: Prentice Hall, 1994.

Dunning, John H. *Theories and Paradigms of International Business Activity: Selected Essays of John H. Dunning, Volume 1*. Cheltenham: Edward Elgar, 2002.

Edison, Hali J., Michael W. Klein, Luca Antonio Ricci, and Torsten Sløk. "Capital Account Liberalization and Economic Performance: Survey and Synthesis." *IMF Staff Papers* 51, no. 2 (2004), pp. 220–256.

Eichengreen, Barry. *Exorbitant Privilege: The Rise and Fall of the Dollar and the Future of the International Monetary System*. New York: Oxford University Press, 2011.

———. *Global Imbalances and the Lessons of Bretton Woods*. Cambridge, MA: MIT Press, 2007.

———. *Gold Fetters: The Gold Standard and the Great Depression, 1919–1939*. New York: Oxford University Press, 1992.

———. *Financial Crises and What to Do about Them*. New York: Oxford University Press, 2002.

———, and Ashoka Mody. "Do Collective Action Clauses Raise Borrowing Costs?" *Economic Journal* 114, no. 495 (April 2004), pp. 247–264.

Eiteman, David K., Arthur I. Stonehill, and Michael H. Moffet. *Multinational Business Finance*, 12th ed. New York: Addison–Wesley, 2010.

Ekberg, Jan. "Immigration and the Public Sector: Income Effects for the Native Population of Sweden." *Journal of Population Economics* 12, no. 3 (1999), pp. 411–430.

Ekins, Paul, and Terry Barker. "Carbon Taxes and Carbon Emissions Trading." *Journal of Economic Surveys* 15, no. 3 (July 2001), pp. 325–376.

Elliott, Kimberley Ann. *Delivering on Doha: Farm Trade and the Poor*. Washington, DC: Center for Global Development, Institute for International Economics, 2006.

Engelbrecht, Hans-Jürgen, and Christopher Pearce. "The GATT/WTO Has Promoted Trade, but Only in Capital-Intensive Commodities!" *Applied Economics* 39, no. 12 (July 2007), pp. 1573–1581.

Esty, Daniel C. "Bridging the Trade-Environment Divide." *JEP* 15, no. 3 (Summer 2001), pp. 113–130.

———. *Greening the GATT: Trade, Environment, and the Future*. Washington, DC: Institute for International Economics, 1994.

Ethier, Wilfred J. "Dumping." *JPE* 90, no. 3 (June 1982), pp. 487–506.

Eun, Cheol S., and Bruce G. Resnick. *International Financial Management*, 6th ed. Burr Ridge, IL: McGraw-Hill/Irwin, 2012.

Evenett, Simon J. "Crisis-Era Protectionism One Year after the Washington G20 Meeting: A GTA Update, Some New Analysis, and a Few Words of Caution." In *Great Trade Collapse: Causes, Consequences and Prospects*, ed. Richard Baldwin. VoxEU, 2009, www.voxeu.org/reports/global_trade_collapse.pdf.

Fatum, Rasmus. "Daily Effects of Foreign Exchange Intervention: Evidence from Official Bank of Canada Data." *Journal of International Money and Finance* 27, no. 3 (April 2008), pp. 438–454.

———, and Michael M. Hutchison. "ECB Foreign Exchange Intervention and the Euro: Institutional Framework, News and Intervention." *Open Economies Review* 13, no. 4 (October 2002), pp. 413–425.

———. "Effectiveness of Official Daily Foreign Exchange Market Intervention Operations in Japan." *Journal of International Money and Finance* 25, no. 2 (March 2006), pp. 199–219.

Feenstra, Robert C. "Estimating the Effects of Trade Policy." In Grossman and Rogoff (1995).

Fenn, Daniel J., Sam D. Howison, Mark McDonald, Stacy Williams, and Neil F. Johnson. "The Mirage of Triangular Arbitrage in the Spot Foreign Exchange Market." *International Journal of Theoretical and Applied Finance* 12, no. 8 (December 2009), pp. 1105–1123.

Findlay, Christopher, and Tony Warren, eds. *Impediments to Trade in Services: Measurement and Policy Implications*. New York: Routledge, 2000.

Findlay, Ronald, and Harry Grubert. "Factor Intensities, Technological Progress, and the Terms of Trade." *Oxford Economic Papers* 11, no. 1 (February 1959), pp. 111–121.

Finger, J. Michael, and Julio J. Nogues, eds. *Safeguards and Antidumping in Latin American Trade Liberalization: Fighting Fire with Fire*. Washington, DC: World Bank, 2006.

Fischer, Stanley. "Distinguished Lecture on Economics in Government—Exchange Rate Regimes: Is the Bipolar View Correct?" *JEP* 15, no. 2 (Spring 2001), pp. 3–24.

Fleming, J. Marcus. "Domestic Financial Policies under Fixed and Floating Exchange Rates." *IMF Staff Papers* 9 (March 1962), pp. 369–377.

Flores, Jr., Renato G. "The Gains from MERCOSUR: A General Equilibrium, Imperfect Competition Evaluation." *Journal of Policy Modeling* 19, no. 1 (February 1997), pp. 1–18.

Footer, Mary E., and Christoph Beat Graber. "Trade Liberalization and Cultural Policy." *Journal of International Economic Law* 3, no. 1 (March 2000), pp. 115–144.

Frankel, Jeffrey A. "On the Mark: A Theory of Floating Exchange Rates Based on Real Interest Differentials." *AER* 69, no. 4 (September 1979), pp. 610–622.

———, and Andrew K. Rose. "An Empirical Characterization of Nominal Exchange Rates." In Grossman and Rogoff (1995).

Friedberg, Rachel M., and Jennifer Hunt. "The Impact of Immigrants on Host Country Wages, Employment, and Growth." *JEP* 9, no. 2 (Spring 1995), pp. 23–44.

Friedman, Milton. "The Case for Flexible Exchange Rates." In his *Essays in Positive Economics*. Chicago: University of Chicago Press, 1953.

Froot, Kenneth A., and Kenneth Rogoff. "Perspectives on PPP and the Long-Run Real Exchange Rate." In Grossman and Rogoff (1995).

Froot, Kenneth A., and Richard H. Thaler. "Anomalies: Foreign Exchange." *JEP* 4, no. 3 (Summer 1990), pp. 179–192.

Galloway, Michael P., Bruce A. Blonigen, and Joseph E. Flynn. "Welfare Costs of the U.S. Antidumping and Countervailing Duty Laws." *JIE* 49, no. 2 (December 1999), pp. 211–244.

Ganguli, Bodhisattva. "The Trade Effects of Indian Antidumping Actions." *Review of International Economics* 16, no. 5 (November 2008), pp. 930–941.

Genberg, Hans, and Alexander K. Swoboda. "Policy and Current Account Determination under Floating Exchange Rates." *IMF Staff Papers* 36, no. 1 (March 1989), pp. 1–30.

Ghosh, Atish R., Jonathan D. Ostry, and Charalambos Tsangarides. "Exchange Rate Regimes and the Stability of the International Monetary System." International Monetary Fund Occasional Paper 270, 2010.

Gilbert, Christopher L. "International Commodity Agreements: An Obituary Notice." *World Development* 24, no. 1 (January 1996), pp. 1–19.

Giovannini, Alberto. "How Do Fixed Exchange-Rate Regimes Work: The Evidence from the Gold Standard, Bretton Woods and the EMS." In *Blueprints for Exchange Rate Management*, ed. Marvin Miller, Barry Eichengreen, and Richard Portes. London: Center for Economic Policy Research, 1989.

Goldberg, Linda S., Craig Kennedy, and Jason Miu. "Central Bank Dollar Swap Lines and Overseas Dollar Funding Costs." *FRBNY Economic Policy Review* 17, no. 1 (May 2011), pp. 3–20.

Goldberg, Pinelopi Koujianou, and Nina Pavcnik. "Distributional Effects of Globalization in Developing Countries." *JEL* 45, no. 1 (March 2007), pp. 39–82.

Goldin, Ian, and Kenneth Reinert. *Globalization for Development: Trade, Finance, Aid, Migration, and Policy*, revised edition. Washington, DC: World Bank and Palgrave Macmillan, 2007.

Goldstein, Morris. *Asian Financial Crisis: Causes, Cures, and Systemic Implications*. Washington, DC: Institute for International Economics, 1998.

———. *Managed Floating Plus*. Washington, DC: Institute for International Economics, 2002.

Golub, Stephen S. *Labor Costs and International Trade*. Washington, DC: AEI Press, 1999.

Gonzaga, Gustavo, Naércio Menezes Filho, and Cristina Terra. "Trade Liberalization and the Evolution of Skill Earnings Differentials in Brazil." *JIE* 68, no. 2 (March 2006), pp. 345–367.

Greenaway, David, and Chris Milner. *The Economics of Intra-Industry Trade*. Oxford, England: Basil Blackwell, 1986.

———. "Effective Protection, Policy Appraisal and Trade Policy Reform." *World Economy* 26, no. 4 (April 2003), pp. 441–456.

Grilli, Enzo R., and Maw Cheng Yang. "Primary Commodity Prices, Manufactured Goods Prices, and the Terms of Trade of Developing Countries: What the Long Run Shows." *World Bank Economic Review* 2, no. 1 (January 1988), pp. 1–47.

Grossman, Gene M., and Elhanan Helpman. "Protection for Sale." *AER* 84, no. 4 (September 1994), pp. 833–850.

———. "Technology and Trade." In Grossman and Rogoff (1995).

———, and Kenneth Rogoff. *Handbook of International Economics*, vol. III. New York: North-Holland, 1995.

Grubel, Herbert G., and P. J. Lloyd. *Intra-Industry Trade: The Theory and Measurement of Trade in Differentiated Products*. New York: John Wiley & Sons, 1975.

Hanson, Gordon. "Illegal Migration from Mexico to the United States." *JEL* 44, no. 4 (December 2006), pp. 869–924.

Hanson, Gordon. "The Economic Consequences of International Migration of Labor." *Annual Review of Economics* 1 (September 2009), pp. 179–207.

Harvey, David I., Neil M. Kellard, Jakob B. Madsen, and Mark E. Wohar. "The Prebisch–Singer Hypothesis: Four Centuries of Evidence." *Review of Economics and Statistics* 92, no. 2 (May 2010), pp. 367–377.

Heckscher, Eli. "The Effects of Foreign Trade on the Distribution of Income," originally published in 1919. In *Readings in the Theory of International Trade*, ed. Howard S. Ellis and Lloyd M. Metzler. Philadelphia: Blakiston, 1949.

Heitger, Bernhard, and Jürgen Stehn. "Trade, Technical Change, and Labour Market Adjustment." *World Economy* 26, no. 10 (September 2003), pp. 1481–1501.

Helpman, Elhanan. "Monopolistic Competition in Trade Theory." *Special Papers in International Finance*, no. 16. Princeton, NJ: Princeton University, June 1990.

———. "The Structure of Foreign Trade." *JEP* 13, no. 2 (Spring 1999), pp. 121–144.

———, and Paul R. Krugman. *Market Structure and Foreign Trade*. Cambridge, MA: MIT Press, 1985.

Henn, Christian, and Brad McDonald. "Avoiding Protectionism." *Finance and Development* 47, no. 1 (March 2010), pp. 20–23.

Henry, Peter Blair. "Capital Account Liberalization: Theory, Evidence, and Speculation." *JEL* 45, no. 4 (December 2007), pp. 887–935.

Heston, Alan, Robert Summers, and Bettina Aten. Penn World Table Version 6.3, Center for International Comparisons of Production, Income and Prices at the University of Pennsylvania, August 2009.

Hoekman, Bernard. "The Next Round of Services Negotiations: Identifying Priorities and Options." *Federal Reserve Bank of St. Louis Review* 82, no. 4 (July/August 2000), pp. 31–47.

———, and Michel Kostecki. *Political Economy of the World Trading System: The WTO and Beyond*, 2nd ed. New York: Oxford University Press, 2001.

Hufbauer, Gary Clyde, and Kimberly Ann Elliott. *Measuring the Costs of Protection in the United States*. Washington, DC: Institute for International Economics, 1994.

———, and Jeffrey J. Schott. *NAFTA Revisited: Achievements and Challenges*. Washington, DC: Institute for International Economics, 2005.

———, Kimberley Ann Elliott, and Barbara Oegg. *Economic Sanctions Reconsidered*, 3rd ed. Washington DC: Peterson Institute for International Economics, 2007.

Humpage, Owen F. "Institutional Aspects of U.S. Intervention." *Federal Reserve Bank of Cleveland Economic Review* 30, no. 1 (Quarter 1, 1994), pp. 2–19.

Irwin, Douglas A. *Against the Tide: An Intellectual History of Free Trade*. Princeton, NJ: Princeton University Press, 1996.

———. *Free Trade under Fire*, 3rd ed. Princeton, NJ: Princeton University Press, 2009.

Irwin, Douglas A. *Peddling Protectionism: Smoot-Hawley and the Great Depression*. Princeton, NJ: Princeton University Press, 2011.

Iley, Richard A., and Mervyn K. Lewis. *Untangling the US Deficit: Evaluating Causes, Cures, and Global Imbalances*. Northampton, MA: Edward Elgar, 2007.

Ito, Takatoshi. "Is Foreign Exchange Intervention Effective? The Japanese Experiences in the 1990s." In *Monetary History, Exchange Rates, and Financial Markets: Essays in Honour of Charles Goodheart, Vol. 2*, ed. Paul Mizen. Northampton, MA: Edward Elgar, 2003, pp. 126–153.

Jaramillo, Carlos Felipe, Daniel Lederman, Maurizio Bussolo, David Gould, and Andrew Mason. *Challenges of CAFTA: Maximizing the Benefits for Central America*. Washington, DC: World Bank, 2006.

Jean, Sebastian, Orsetta Causa, Miguel Jimenez, and Isabelle Wanner. "Migration in OECD Countries: Labour Market Impact and Integration Issues." Organization for Economic Cooperation and Development, Economics Department Working Paper no. 562, September 2007.

Johnson, Harry G. *Money, Trade and Economic Growth*. Cambridge, MA: Harvard University Press, 1962.

———. "Optimal Trade Policy in the Presence of Domestic Distortions." In *Trade, Growth and the Balance of Payments*, ed. Robert E. Baldwin. Chicago: Rand McNally, 1965.

Jones, Kent. *Who's Afraid of the WTO?* New York: Oxford University Press, 2004.

Jones, Ronald W., and Peter B. Kenen, eds. *Handbook of International Economics*. Two volumes. New York: North-Holland, 1984.

Joyce, Joseph P. "Adoption, Implementation and Impact of IMF Programmes: A Review of the Issues and Evidence." *Comparative Economic Systems* 46, no. 3 (September 2004), pp. 451–467.

Kee, Hiau Looi, Alessandro Nicita, and Marcelo Olarreaga. "Estimating Trade Restrictiveness Indices," *Economic Journal* 119, no. 534 (January 2009), pp. 172–199.

Kee, Hiau Looi, Cristina Neagu, and Alessandro Nicita. "Is Protectionism on the Rise? Assessing National Trade Policies during the Crisis of 2008." World Bank Policy Research Paper 5274, April 2010.

Keller, Wolfgang. "International Technology Diffusion." *JEL* 42, no. 3 (September 2004), pp. 752–782.

Kelly, Trish. "WTO, the Environment and Health and Safety Standards." *World Economy* 26, no. 2 (February 2003), pp. 131–151.

Kindleberger, Charles P., and Robert Aliber. *Manias, Panics, and Crashes*, 5th ed. New York: John Wiley & Sons, 2005.

Klein, Michael W., and Jay C. Shambaugh. *Exchange Rate Regimes in the Modern Era*. Cambridge, MA: MIT Press, 2010.

Kletzer, Lori G. *Job Loss from Imports: Measuring the Costs*. Washington, DC: Institute for International Economics, 2001.

———, and Howard Rosen. "Easing the Adjustment Burden on U.S. Workers." In *United States and the World Economy: Foreign Economic Policy for the Next Decade*, ed. C. Fred Bergsten. Washington, DC: Institute for International Economics, 2005.

Krueger, Anne O. "Trade Policies in Developing Countries." In Jones and Kenen, eds., *Handbook*, vol. I (1984).

Krugman, Paul. "The Increasing Returns Revolution in Trade and Geography." *AER* 99, no. 3 (June 2009), pp. 561–571.

Krugman, Paul R. "Increasing Returns, Monopolistic Competition, and International Trade." *JIE* 9 (1979), pp. 469–479.

Lane, Philip R. "The Real Effects of European Monetary Union." *JEP* 20, no. 4 (Fall 2006), pp. 47–66.

———, and Gian Maria Milesi-Ferretti. "The External Wealth of Nations Mark II: Revised and Extended Estimates of Foreign Assets and Liabilities, 1970–2004." IMF Working Paper no. 06/09, March 2006.

Lawrence, Robert Z. *Blue-Collar Blues: Is Trade to Blame for Rising US Income Inequality?* Policy Analyses in International Economics, vol. 85. Washington, DC: Peterson Institute for International Economics, 2008.

Leamer, Edward E., and James Levinson. "International Trade Theory: The Evidence." In Grossman and Rogoff (1995).

Leontief, Wassily. "Factor Proportions and the Structure of American Trade: Further Theoretical and Empirical Analysis." *Review of Economics and Statistics* 38, no. 4 (November 1956), pp. 386–407.

———. "Domestic Production and Foreign Trade: The American Capital Position Reexamined." *Economia Internazionale* 7 (February 1954), pp. 3–32.

Levich, Richard M. "Evidence on Financial Globalization and Crises: Interest Rate Parity." In *Encyclopedia of Financial Globalization*, ed. Gerard Caprio. Amsterdam: Elsevier, forthcoming.

Levich, Richard M. "Is the Foreign Exchange Market Efficient?" *Oxford Review of Economic Policy* 5, no. 3 (October 1989), pp. 40–60.

Lindert, Peter H. *Key Currencies and Gold, 1900–1913*. Princeton, NJ: Princeton University Press, 1969.

———. "Foreign Trade and Trade Policy in the Twentieth Century." In *Cambridge Economic History of the United States*, vol. III, ed. Stanley Engerman and Robert Gallman. New York: Cambridge University Press, 2000.

Lindsey, Brink, and Dan Ikenson. "Antidumping 101: The Devilish Details of 'Unfair Trade' Law."

Cato Institute Trade Policy Analysis No. 20, November 21, 2002.

Liu, Xuepeng. "GATT/WTO Promotes Trade Strongly: Sample Selection and Model Specification." *Review of International Economics* 17, no. 3 (August 2009), pp. 428–446.

Lyons, Richard K. *Microstructure Approach to Exchange Rates*. Cambridge, MA: MIT Press, 2001.

MacDonald, Ronald, and Mark P. Taylor. "Exchange Rate Economics: A Survey." *IMF Staff Papers* 39, no. 1 (March 1992), pp. 1–57.

Madsen, Jakob B. "Technology Spillover through Trade and TFP Convergence: 135 Years of Evidence for the OECD Countries." *JIE* 72, no. 2 (July 2007), pp. 464–480.

Magee, Christopher S. P. "New Measures of Trade Creation and Trade Diversion." *JIE* 75, no. 2 (July 2008), pp. 349–362.

Magee, Stephen P. "Information and Multinational Corporations: An Appropriability Theory of Direct Foreign Investment." In *New International Economic Order*, ed. Jagdish N. Bhagwati. Cambridge, MA: MIT Press, 1977, pp. 317–340.

———. "Twenty Paradoxes in International Trade Theory." In *International Trade and Agriculture: Theory and Policy*, ed. Jimmye Hillman and Andrew Schmitz. Boulder, CO: Westview, 1979, pp. 91–116.

Mark, Nelson C. "Exchange Rates and Fundamentals: Evidence on Long-Horizon Predictability." *AER* 85, no. 1 (March 1995), pp. 201–218.

Marston, Richard C. *International Financial Integration: A Study of Interest Differentials between the Major*

Industrial Economies. New York: Cambridge University Press, 1995.

McCalla, Alex F., and John Nash, eds. *Reforming Agricultural Trade for Developing Countries, Volume One: Key Issues for a Pro-development Outcome of the Doha Round*. Washington, DC: World Bank, 2007.

McCallum, John. "National Borders Matter: Canada-U.S. Regional Trade Patterns." *AER* 85, no. 3 (June 1995), pp. 615–623.

McKinnon, Ronald. "Optimum Currency Areas." *AER* 53, no. 1 (March 1963), pp. 717–725.

———. "International Money in Historical Perspective." *JEL* 31, no. 1 (March 1993), pp. 1–44.

———. *Rules of the Game*. Cambridge, MA: MIT Press, 1996.

Meade, James. *Trade and Welfare*. Oxford, England: Oxford University Press, 1955.

Meissner, Christopher. "A New World Order: Explaining the International Diffusion of the Gold Standard, 1870–1913." *JIE* 66, no. 2 (July 2005), pp. 385–406.

Menkhoff, Lukas, and Mark P. Taylor. "The Obstinate Passion of Foreign Exchange Professionals: Technical Analysis." *JEL* 45, no. 4 (December 2007), pp. 936–972.

Messerlin, Patrick A. *Measuring the Costs of Protection in Europe: European Commercial Policy in the 2000s*. Washington, DC: International Institute for Economics, 2001.

Meyer, Laurence H., Brian M. Doyle, Joseph E. Gagnon, and Dale W. Henderson. "International Coordination of Macroeconomic Policies: Still Alive in the New Millennium?" Board of Governors of the Federal Reserve System, International Finance Discussion Paper no. 723, April 2002.

Mihaljek, Dubravko. "Survey of Central Banks' Views on Effects of Intervention." In *Foreign Exchange Market Intervention in Emerging Markets: Motives, Techniques and Implications*. Bank for International Settlements Papers no. 24, May 2005.

Morgan, T. Clifton, Navin Bapat, and Valentin Krustev. "The Threat and Imposition of Economic Sanctions, 1971–2000." *Conflict Management and Peace Science* 26, no. 1 (February 2009), pp. 92–110.

Mundell, Robert. "A Theory of Optimum Currency Areas." *AER* 51, no. 4 (September 1961), pp. 657–665.

———. *International Economics*. New York: Macmillan, 1968.

Murray, John. "Why Canada Needs a Flexible Exchange Rate." *North American Journal of Economics and Finance* 11, no. 1 (August 2000), pp. 41–60.

Mussa, Michael. "Tariffs and the Distribution of Income." *JPE* 82, no. 6 (December 1974), pp. 1191–1204.

Mutti, John H. *Foreign Direct Investment and Tax Competition*. Washington, DC: Institute for International Economics, 2003.

Neal, Larry, and Daniel Barbezat. *Economics of the European Union and the Economies of Europe*. New York: Oxford University Press, 1998.

Neeley, Christopher J. "The Practice of Central Bank Intervention: Looking under the Hood." *Federal Reserve Bank of St. Louis Review* 83, no. 3 (May/June 2001), pp. 1–10.

———, and Lucio Sarno. "How Well Do Monetary Fundamentals Forecast Exchange Rates?" *Federal Reserve Bank of St. Louis Review* 84, no. 5 (September/October 2002), pp. 51–74.

Nelson, Douglas. "The Political Economy of Antidumping: A Survey." *European Journal of Political Economy* 22, no. 3 (September 2006), pp. 554–590.

Neumayer, Eric. "Trade and the Environment: A Critical Assessment and Some Suggestions for Reconciliation." *Journal of Environment and Development* 9, no. 2 (June 2000), pp. 138–159.

Niels, Gunnar. "What Is Antidumping Policy Really About?" *Journal of Economic Surveys* 14, no. 4 (September 2000), pp. 467–492.

———, and Adriaan ten Kate. "Antidumping Policy in Developing Countries: Safety Valve or Obstacle to Free Trade?" *European Journal of Political Economy* 22, no. 3 (September 2006), pp. 618–638.

Nurkse, Ragnar. *International Currency Experience: Lessons of the Interwar Period*. Geneva, Switzerland: League of Nations, 1944.

Obstfeld, Maurice, and Alan M. Taylor. *Global Capital Markets: Integration, Crisis, and Growth*. New York: Cambridge University Press, 2004.

Ohlin, Bertil. *International and Interregional Trade*. Cambridge, MA: Harvard University Press, 1933.

Olson, Mancur. *The Logic of Collective Action*. Cambridge, MA: Harvard University Press, 1965.

Organization for Economic Cooperation and Development (OECD). *Economics of Climate Change Mitigation: Policies and Options for Global Action beyond 2012*. Paris: OECD, 2009.

———. *Sugar Policy Reform in the European Union and in World Sugar Markets*. Paris: OECD, 2007.

———. *Tax Effects on Foreign Direct Investment: Recent Evidence and Policy Analysis*. Paris: OECD, 2008.

———. *European Union's Trade Policies and Their Economic Effects*. Paris: OECD, 2000.

O'Rourke, Kevin, Alan M. Taylor, and Jeffrey G. Williamson. "Land, Labor, and the Wage-Rental Ratio: Factor-Price Convergence in the Late Nineteenth Century." Discussion Paper no. 1629. Cambridge, MA: Harvard Institute of Economic Research, March 1993.

———, and Jeffrey G. Williamson. "Were Heckscher and Ohlin Right? Factor-Price Convergence in Economic History." *Journal of Economic History* 54, no. 4 (December 1994).

Ostry, Jonathan D., Atish R. Ghosh, Karl Habermeier, Luc Laeven, Marcos Chamon, Mahvash S. Qureshi, and Annamarie Kokenyne. "Managing Capital Inflows: What Tools to Use?" International Monetary Fund Staff Discussion Note SDN/11/06, April 2011.

Ottaviano, Gianmarco I. P., and Diego Puga. "Agglomeration in the Global Economy: A Survey of the 'New Economic Geography.'" *World Economy* 21, no. 6 (August 1998), pp. 707–731.

Ozkan, F. Gulcin. "Currency and Financial Crises in Turkey 2000–2001: Bad Fundamentals or Bad Luck?" *World Economy* 28, no. 4 (April 2005), pp. 541–572.

Panagariya, Arvind. "Miracles and Debacles: In Defence of Trade Openness." *World Economy* 27, no. 8 (August 2004), pp. 1149–1171.

Panizza, Ugo, Federico Sturzenegger, and Jeromin Zettelmeyer. "The Economics and Law of Sovereign Debt and Default." *JEL* 47, no. 3 (September 2009), pp. 651–698.

Pearson, Charles S. *United States Trade Policy: A Work in Progress*. New York: John Wiley & Sons, 2004.

Pfaffenzeller, Stephan, Paul Newbold, and Anthony Rayner. "A Short Note on Updating the Grilli and Yang Commodity Price Index." *World Bank Economic Review* 21, no. 1 (2007), pp. 151–163.

Pigott, Charles A. "International Interest Rate Convergence: A Survey of the Issues and Evidence."

Federal Reserve Bank of New York Quarterly Review 18, no. 4 (Winter 1993–1994), pp. 24–37.

Pomfret, Richard. *Economics of Regional Trading Arrangements*. Oxford: Clarendon Press, 1997.

Pope, David, and Glenn Withers. "Do Migrants Rob Jobs? Lessons of Australian History, 1861–1991," *Journal of Economic History* 53, no. 4 (December 1993), pp. 719–742.

Porter, Michael E. *The Competitive Advantage of Nations*. New York: Free Press, 1990.

Read, Robert. "The Political Economy of Trade Protection: The Determinants and Welfare Impact of the 2002 US Emergency Steel Safeguard Measures." *World Economy* 28, no. 8 (August 2005), pp. 1119–1137.

Reagan, Ronald. *An American Life*. New York: Simon & Schuster, 1990.

Reinhart, Carmen M., and Kenneth S. Rogoff. "Modern History of Exchange Rate Arrangements: A Reinterpretation," *Quarterly Journal of Economics* 119, no. 1 (February 2004), pp. 1–48.

———. *This Time Is Different: Eight Centuries of Financial Folly*. Princeton, NJ: Princeton University Press, 2009.

Ricardo, David. *On the Principles of Political Economy and Taxation*. London: John Murray, 1817.

Rivera-Batiz, Francisco L., and Luis A. Rivera-Batiz. *International Finance and Open Economy Macroeconomics*, 2nd ed. New York: Macmillan, 1994.

Rivera-Batiz, Luis A., and Paul M. Romer. "Economic Integration and Endogenous Growth." *Quarterly Journal of Economics* 106, no. 2 (May 1991), pp. 531–556.

Robertson, Raymond. "Trade and Wages: Two Puzzles from Mexico." *World Economy* 30, no. 9 (September 2007), pp. 1378–1398.

Rodrik, Dani, and Arvind Subramanian. "Why Did Financial Globalization Disappoint?" *IMF Staff Papers* 56, no. 1 (March 2009), pp. 112–138.

Rogoff, Kenneth. "International Institutions for Reducing Global Financial Instability." *JEP* 13, no. 4 (Fall 1999), pp. 21–42.

———. "Rogoff's Discontent with Stiglitz: An Open Letter." *IMF Survey* 31, no. 13 (July 8, 2002), pp. 209–211.

Romalis, John. "NAFTA's and CUSFTA's Impact on International Trade." *Review of Economics and Statistics* 89, no. 3 (August 2007), pp. 416–435.

Romer, Paul. "New Goods, Old Theory, and the Welfare Cost of Trade Restrictions." *Journal of Development Economics* 43, no. 1 (February 1994), pp. 5–38.

Rose, Andrew K. "Do We Really Know That the WTO Increases Trade?" *AER* 94, no. 1 (March 2004), pp. 98–114.

Roubini, Nouriel, and Brad Setser. *Bailouts or Bail-Ins?*

Responding to Financial Crises in Emerging Economies. Washington, DC: Institute for International Economics, 2004.

Rueff, Jacques. *The Monetary Sin of the West*. Translated by Roger Glemet. New York: Macmillan, 1972.

Ruffin, Roy J. "The Missing Link: The Ricardian Approach to the Factor Endowments Theory of Trade." *AER* 78, no. 4 (September 1988), pp. 759–772.

Rybczynski, T. M. "Factor Endowments and Relative Commodity Prices." *Economica* 22, no. 84 (November 1955), pp. 336–341.

Sachs, Jeffrey D., and Andrew M. Warner. "Economic Reform and the Process of Global Integration." *Brookings Papers on Economic Activity*, no. 1 (1995), pp. 1–95.

Sager, Michael J., and Mark P. Taylor. "Under the Microscope: The Structure of the Foreign Exchange Market." *International Journal of Finance and Economics*, 11, no. 1 (January 2006), pp. 81–95.

Sampson, Gary P. "Closer Economic Relations Agreement between Australia and New Zealand." In *Regionalism, Multilateralism and Economic Integration: The Recent Experience*, ed. Gary P. Sampson and Stephen Woolcock. New York: United Nations University Press, 2003.

Samuelson, Paul A. "International Factor-Price Equalization Once Again." *Economic Journal* 59, no. 234 (June 1949), pp. 181–197.

Sarno, Lucio, and Mark P. Taylor. "Official Intervention in the Foreign Exchange Market: Is It Effective and, If So, How Does It Work?" *JEL* 39, no. 3 (September 2001), pp. 839–868.

———. "Purchasing Power Parity and the Real Exchange Rate." *IMF Staff Papers* 49, no. 1 (2002), pp. 65–105.

Schiff, Maurice, and L. Alan Winters. *Regional Integration and Development*. Washington, DC: World Bank, 2003.

Schindler, Martin. "Measuring Financial Integration: A New Data Set." *IMF Staff Papers* 56, no. 1 (March 2009), pp. 222–238.

Schott, Peter K. "One Size Fits All? Heckscher–Ohlin Specialization in Global Production." *AER* 93, no. 3 (June 2003), pp. 686–708.

Shambaugh, Jay C. "Effect of Fixed Exchange Rates on Monetary Policy." *Quarterly Journal of Economics* 119, no. 1 (February 2004), pp. 301–352.

Slaughter, Matthew J. "Globalization and Wages: A Tale of Two Perspectives." *World Economy* 22, no. 5 (July 1999), pp. 609–629.

———. "What Are the Results of Product-Price Studies and What Can We Learn from Their Differences?" In *Impact of International Trade on Wages*, ed. Robert C. Feenstra. Chicago: University of Chicago Press, 2000, pp. 129–170.

Smith, Adam. *Wealth of Nations*. Originally published 1776. New York: Random House (Modern Library edition), 1937.

Smith, James P., and Barry Edmonston, eds. *New Americans: Economic, Demographic, and Fiscal Effects of Immigration*. Washington, DC: National Academy Press, 1997.

Stiglitz, Joseph E. *Globalization and Its Discontents*. New York: W. W. Norton & Company, 2002.

Stolper, Wolfgang F., and Paul A. Samuelson. "Protection and Real Wages." *Review of Economic Studies* 9 (November 1941), pp. 58–73.

Subramanian, Arvind, and Shang-Jin Wei. "The WTO Promotes Trade, Strongly but Unevenly." *JIE* 72, no. 1 (May 2007), pp. 151–175.

Summers, Robert, and Alan Heston. "A New Set of International Comparisons of Real Product and Price Levels: Estimates for 130 Countries, 1950–1985." *Review of Income and Wealth*, series 34, no. 1 (March 1988), pp. 1–25.

Suranovic, Steven M. "A Positive Analysis of Fairness with Applications to International Trade. " *World Economy* 23, no. 3 (March 2000), pp. 283–307.

Tamiotti, Ludivine, Anne Olhoff, Robert Teh, Benjamin Simmons, Vesile Kulaçoğlu, and Hussein Abaza. *Trade and Climate Change*. Geneva, Switzerland: World Trade Organization, 2009.

Tokarick, Stephen. "Who Bears the Cost of Agricultural Support in OECD Countries?" *World Economy* 28, no. 4 (April 2005), pp. 573–593.

Tower, Edward, and Thomas D. Willett. "The Theory of Optimum Currency Areas and Exchange Rate Flexibility." *Special Papers in International Economics*, no. 11. Princeton, NJ: Princeton University, May 1976.

Trefler, Daniel. "International Factor Price Differences: Leontief Was Right!" *JPE* 101, no. 6 (December 1993), pp. 961–987.

———. "The Case of the Missing Trade and Other Mysteries." *AER* 85, no. 5 (December 1995), pp. 1029–1046.

Trefler, Daniel, and Susan Chun Zhu. "Structure of

Factor Content Predictions," *JIE* 82, no. 2 (November 2010), pp. 195–207

Triffin, Robert. *Gold and the Dollar Crisis*. New Haven, CT: Yale University Press, 1960.

Trionfetti, Federico. "Discriminatory Public Procurement and International Trade." *World Economy* 23, no. 1 (January 2000), pp. 1–23.

Tsiang, S. C. "Fluctuating Exchange Rates in Countries with Relatively Stable Economies: Some European Experiences after World War I." *IMF Staff Papers* 7 (October 1959), pp. 244–273.

Uimonen, Peter, and John Whalley. *Environmental Issues in the New World Trading System*. New York: St. Martin's Press, 1997.

Van den Berg, and Joshua J. Lewer. *International Trade and Economic Growth*. Armonk, NY: M. E. Sharp, 2007.

Vanek, Jaroslav. *International Trade: Theory and Economic Policy*. Homewood, IL: Richard D. Irwin, 1962.

Vernon, Raymond G. "International Investment and International Trade in the Product Cycle." *Quarterly Journal of Economics* 80, no. 2 (May 1966), pp. 190–207.

———. "The Product Cycle Hypotheses in a New International Environment." *Oxford Bulletin of Economics and Statistics* 41 (November 1979), pp. 255–267.

Waugh, Michael E. "International Trade and Income Differences." *AER* 100, no. 5 (December 2010), pp. 2093–2124.

Wolf, Holger C., Atish R. Ghosh, Helge Berger, and Anne-Marie Gulde. *Currency Boards in Retrospect and Prospect*. Cambridge, MA: MIT Press, 2008.

Wolf, Martin. *Why Globalization Works*. New Haven, CT: Yale University Press, 2004.

World Bank. *Globalization, Growth, and Poverty: Building an Inclusive World Economy*. Washington, DC: World Bank, 2002a.

———. *Transition the First Ten Years: Analysis and Lessons for Eastern Europe and the Former Soviet Union*. Washington, DC: World Bank, 2002b.

World Bank and Food and Agriculture Organization of the United Nations. *Sunken Billions: The Economic Justification for Fisheries Reform*. Washington, DC: World Bank, 2009.

Wyplosz, Charles. "European Monetary Union: The Dark Sides of a Major Success." *Economic Policy* 21, no. 46 (April 2006), pp. 207–261.

Yeager, Leland B. "A Rehabilitation of Purchasing-Power-Parity." *JPE* 66, no. 6 (December 1958), pp. 516–530.

Zanardi, Maurizio. "Anti-Dumping: What Are the Numbers to Discuss at Doha?" *World Economy* 27, no. 3 (March 2004), pp. 403–433.

Zettelmeyer, Jeromin. "Impact of Monetary Policy on the Exchange Rate: Evidence from Three Small Open Economies." *Journal of Monetary Economics* 51, no. 3 (April 2004), pp. 635–652.

Zimmerman, Klaus F. "Tackling the European Migration Problem." *JEP* 9, no. 2 (Spring 1995), pp. 45–61.

Thomas A. Pugel
International Economics，15th Edition
0-07-352317-8

北京市版权局著作权合同登记号：01-2014-0936

图书在版编目（CIP）数据

国际贸易：第15版/普格尔著；赵曙东等译. —北京：中国人民大学出版社，2014.4
（国际商务经典译丛）
ISBN 978-7-300-19001-3

Ⅰ.①国… Ⅱ.①普…②赵… Ⅲ.①国际贸易 Ⅳ.①F74

中国版本图书馆CIP数据核字（2014）第059363号

国际商务经典译丛
国际贸易（第15版）
托马斯·A·普格尔　著
赵曙东　沈艳枝　译
Guoji Maoyi

出版发行	中国人民大学出版社		
社　　址	北京中关村大街31号	**邮政编码**	100080
电　　话	010－62511242（总编室）		010－62511770（质管部）
	010－82501766（邮购部）		010－62514148（门市部）
	010－62515195（发行公司）		010－62515275（盗版举报）
网　　址	http://www.crup.com.cn		
	http://www.ttrnet.com（人大教研网）		
经　　销	新华书店		
印　　刷	涿州市星河印刷有限公司		
规　　格	185 mm×260 mm　16开本	**版　　次**	2014年5月第1版
印　　张	23 插页2	**印　　次**	2018年4月第4次印刷
字　　数	572 000	**定　　价**	49.00元

教师反馈表

麦格劳-希尔教育集团（McGraw-Hill Education）是全球领先的教育资源与数字化解决方案提供商。为了更好地提供教学服务，提升教学质量，麦格劳-希尔教师服务中心于 2003 年在京成立。在您确认将本书作为指定教材后，请填好以下表格并经系主任签字盖章后返回我们（或联系我们索要电子版），我们将免费向您提供相应的教学辅助资源。如果您需要订购或参阅本书的英文原版，我们也将竭诚为您服务。

★ 基本信息					
姓		名		性别	
学校			院系		
职称			职务		
办公电话			家庭电话		
手机			电子邮箱		
通信地址及邮编					

★ 课程信息					
主讲课程		课程性质		学生年级	
学生人数		授课语言		学时数	
开课日期		学期数		教材决策者	
教材名称、作者、出版社					

★ 教师需求及建议			
提供配套教学课件（请注明作者 / 书名 / 版次）			
推荐教材（请注明感兴趣领域或相关信息）			
其他需求			
意见和建议（图书和服务）			
是否需要最新图书信息	是、否	系主任签字/盖章	
是否有翻译意愿	是、否		

Higher Education

教师服务热线：800-810-1936

教师服务信箱：instructorchina@mheducation.com

网址: www.mheducation.com

麦格劳-希尔教育教师服务中心

地址：北京市东城区北三环东路 36 号环球贸易中心 A 座 702 室 教师服务中心 100013

电话：010-57997600

传真：010-59575582

教师教学服务说明

中国人民大学出版社工商管理分社以出版经典、高品质的工商管理、财务会计、统计、市场营销、人力资源管理、运营管理、物流管理、旅游管理等领域的各层次教材为宗旨。

为了更好地为一线教师服务，近年来工商管理分社着力建设了一批数字化、立体化的网络教学资源。教师可以通过以下方式获得免费下载教学资源的权限：

在“人大经管图书在线”（www. rdjg. com. cn）注册，下载“教师服务登记表”，或直接填写下面的“教师服务登记表”，加盖院系公章，然后邮寄或传真给我们。我们收到表格后将在一个工作日内为您开通相关资源的下载权限。

如您需要帮助，请随时与我们联络：

中国人民大学出版社工商管理分社

联系电话：010－62515735，62515987，62515782，82501048

传　　真：010－62515732，62514775　　　　电子邮箱：rdcbsjg@crup. com. cn

通讯地址：北京市海淀区中关村大街甲 59 号文化大厦 1501 室（100872）

教师服务登记表

<table>
<tr><td>姓 名</td><td></td><td>□先生　□女士</td><td>职　　称</td><td colspan="2"></td></tr>
<tr><td>座机/手机</td><td colspan="2"></td><td>电子邮箱</td><td colspan="2"></td></tr>
<tr><td>通讯地址</td><td colspan="2"></td><td>邮　　编</td><td colspan="2"></td></tr>
<tr><td>任教学校</td><td colspan="2"></td><td>所在院系</td><td colspan="2"></td></tr>
<tr><td rowspan="3">所授课程</td><td>课程名称</td><td>现用教材名称</td><td>出版社</td><td>对象（本科生/研究生/MBA/其他）</td><td>学生人数</td></tr>
<tr><td></td><td></td><td></td><td></td><td></td></tr>
<tr><td></td><td></td><td></td><td></td><td></td></tr>
<tr><td colspan="2">需要哪本教材的配套资源</td><td colspan="4"></td></tr>
<tr><td colspan="2">人大经管图书在线用户名</td><td colspan="4"></td></tr>
<tr><td colspan="6">院/系领导（签字）：
院/系办公室盖章</td></tr>
</table>